LEOPOLD BANNY

DRÖHNENDER HIMMEL

BRENNENDES LAND

LEOPOLD BANNY

DRÖHNENDER HIMMEL

BRENNENDES LAND

DER EINSATZ DER LUFTWAFFENHELFER IN ÖSTERREICH 1943 – 1945

UNTER MITARBEIT VON OTHMAR TUIDER

ÖBV

BUNDESVERLAG

© Österreichischer Bundesverlag Gesellschaft m.b.H., Wien 1988.
Alle Rechte vorbehalten.
Jede Art der Vervielfältigung, auch auszugsweise, gesetzlich verboten.
Gedruckt auf Gardapat 100 g ∞.
Satz und Druck: Styria, Graz.
ISBN 3-215-**06272**-0.

INHALT

5

Gewidmet jenen, die damals in den dunklen Jahren von den Schulbänken geholt wurden, und jenen, die damals der Zeit und den Bomben ausgeliefert waren . . .

und ebenso herzlich den jungen Menschen von heute, die den glücklichen Frieden so gewohnt sind, als hätte es niemals Krieg gegeben . . .

Im August 1988   Leopold Banny

ZU DIESEM BUCH

Anlaß zur Entstehung dieses Buchs war ein Gespräch mit meinem Freund, Hofrat Dr. Othmar Tuider, dem Leiter der Militärwissenschaftlichen Abteilung des Bundesministeriums für Landesverteidigung, bei welchem er – 1943/44 selbst im Flakeinsatz in Linz – das Thema „Luftwaffenhelfer" erwähnte. Eine erste Befragung seiner eigenen Klassenkameraden fand zunächst großes Echo, ohne daß dabei schon an ein Buch gedacht war. Durch zahlreiche Zuschriften ermutigt, veranstalteten wir gemeinsam eine Fragebogenaktion, unterstützt durch Presseeinschaltungen, die bald überraschend viele Zuschriften einbrachten. Die Datenerfassung wurde in der Folge durch zahlreiche Einzelbefragungen bei Klassentreffen, Tonbandaufnahmen usw. ergänzt.

Das Ergebnis der Fragebogenaktion war ganz ausgezeichnet. Nur in zwei Fällen wollten ehemalige Luftwaffenhelfer „nicht mehr an diese Zeit erinnert werden". Genauer gesagt: Über 260 der Angesprochenen reagierten positiv.

Neben zahlreichen Erinnerungen, Erinnerungsstücken, Tagebüchern, Briefen, Personaldokumenten usw. wurden über tausend Fotos eingesandt; erst mit diesen Fotos war es möglich, den Bild- und Dokumentationsteil des Buchs in wirklich erschöpfendem Umfang zu gestalten. Zweifellos ist kein noch so eindrucksvoller Text imstande, das Bild jener Tage so wiederzugeben, wie es die Zeitzeugen aus dem persönlichen Erleben heraus oder unmittelbar unter dem Eindruck der Ereignisse niedergeschrieben haben. Derartige Auszüge aus Originaltexten spiegeln nicht nur die anfangs allgemein sichtbare Unbekümmertheit der Jugend wider, sondern zeigen auch, wie rasch die turbulenten Kriegsereignisse jener Zeit diese jungen Menschen zu reifen und letzten Endes dem Schicksal ausgelieferten Männern machten.

Dieses Buch soll keine rein wissenschaftliche Arbeit sein. Alles in diesem Buch ist aber belegt oder belegbar. Hauptthema ist vor allem der militärische Einsatz der Luftwaffenhelfer. Dennoch war ich bemüht, auch auf die von der bisherigen Literatur aufgezeigten Probleme, soweit mir entsprechende Quellen österreichischer Luftwaffenhelfer zur Verfügung standen, einzugehen. Es kam mir u. a. auch darauf an, nachzuweisen, daß die Tätigkeit der Luftwaffenhelfer der von Soldaten der Flakartillerie durchaus gleichzusetzen war und der Vergleich mit einem „letzten Aufgebot" hinkt. Schüler und Lehrlinge waren an denselben Waffen und Geräten eingesetzt wie die Flaksoldaten auch, sie haben nicht nur Hilfsfunktionen ausgeübt, sondern sogar gegen Ende des Kriegs nachrückende Jugendliche an den Geschützen und Geräten ausgebildet.

Die Fliegerabwehr wurde von 1943 bis 1945 zu einem großen Teil von den Luftwaffenhelfern getragen. Die Zahl der Kriegstoten des Jahrgangs 1928 während der Endkämpfe, hauptsächlich im Osten Österreichs, kann mit etwa 2 000 angenommen werden. Zahlreiche dieser jungen Menschen waren vordem oder eben zu diesem Zeitpunkt Luftwaffenhelfer.

Das alles erschien mir Anlaß genug, über den Einsatz der österreichischen Schüler als Luftwaffenhelfer dieses Buch zu schreiben: Ihnen zur Erinnerung an eine Zeit, in der sie als 15- bis 17jährige, auf der untersten militärischen Ebene stehend, so wenig Einblick in jene Organisation besaßen, der sie dienten, und zur Mahnung an die bei Bombenangriffen und Erdeinsätzen gefallenen oder in den letzten Kriegswirren umgekommenen und verschollenen Luftwaffenhelfer.

Dieses Buch möge aber nicht zuletzt vor allem die Generation ansprechen, die heute im gleichen Alter steht, und ihr vor Augen führen, mit welchen Problemen, Sorgen und Nöten ihre Altersgenossen von damals in jenen schweren Kriegsjahren 1943 bis 1945 gezwungenermaßen fertig werden mußten.

Mein Dank für die selbstlose und überaus zuvorkommende Hilfestellung bei der Suche nach Kontakten und Unterlagen gebührt vor allem Hofrat Dr. Tuider, der die militär-

9

wissenschaftliche Überarbeitung und die Durchsicht des Manuskripts besorgte.

Dem Bundesarchiv in Koblenz und dem Bundesarchiv – Militärarchiv in Freiburg im Breisgau habe ich für die rasche und unbürokratische Beistellung zahlreicher Aktenkopien und Unterlagen zu danken.

Redakteur Alfred Borth danke ich sehr für seine Hilfe bei der überaus schwierigen Suche nach Unterlagen über verschiedene Einzelschicksale.

Universitätsassistent Dr. Siegfried Beer von der Universität Graz hat mich bei der Suche nach den Missing Air Craft Reports in den National Archives in Washington besonders unterstützt. Hiemit danke ich auch gleichzeitig den National Archives für die rasche Hilfe.

Für die unbürokratische Beschaffung von Luftbildern und sonstigem Bildmaterial danke ich dem Imperial War Museum in London, Mrs. Sheila Walton von der Air Library der University of Keele in Großbritannien und dem Bildarchiv der Österreichischen Nationalbibliothek sowie dem Heeresgeschichtlichen Museum in Wien.

Klaus Woche von der Wehrmachtsauskunftsstelle (WASt) Berlin habe ich besonders herzlich zu danken. Er hat mir stets besonders rasch die angeforderten Unterlagen übermittelt.

Amtsrat Erwin Pitsch von der Militärwissenschaftlichen Abteilung stand mir mit wertvollen Ratschlägen zur Seite.

Hauptschuldirektor August Tropper, Leibnitz, möchte ich herzlich für seine Hilfe bei der Zusammenstellung der Flugzeugabschüsse über österreichischem Gebiet danken. Erst aufgrund seines fast lückenlosen Archivs und seiner besonderen Bereitwilligkeit war es möglich, Teile des Anhangs zusammenzustellen.

Eine wesentliche Hilfe in allen Fachfragen, die mit dem Kriegseinsatz der Organisation und mit Erlässen der Hitlerjugend zusammenhängen, war mir Major a. D. Horst Voigt in Hannover. Sein fundiertes Fachwissen hat dazu beigetragen, gewisse Zusammenhänge besser zu erkennen und den Tatsachen entsprechend darstellen zu können.

Ganz besonders danke ich aber meiner Frau Eveline, die ich wieder um die kärgliche Freizeit mit mir gebracht habe. Sie hat mir bei der Arbeit an diesem Buch sehr viel Verständnis entgegengebracht.

Für die saubere Reinschrift des Manuskripts und die unendliche Geduld bei den laufend notwendigen Korrekturen danke ich Marianne Leser, Susanne Hofmann und Silvia Burgschauer.

Bei der Auswertung der mir zugesandten Fragebogen und den damit verbundenen persönlichen Kontaktgesprächen und Rückfragen wurde mir immer wieder zum Ausdruck gebracht, daß man mir trotz Zusicherung des Datenschutzes selbstverständlich gestatte, auch Namen zu nennen. Ich habe jedoch ganz bewußt soweit wie möglich keine Namen genannt, um das ungewöhnliche Engagement aller ehemaligen Luftwaffenhelfer, die mir behilflich waren, gerade durch diese Unterlassung hervorzuheben.

Sofern es sich außer den Fragebogendaten um besondere, literarisch beachtenswerte Beiträge handelt, habe ich wenigstens die Namen jener, die mir diese zur Verfügung stellten, in den Quellenteil aufgenommen. Vor allem bitte ich auch alle ehemaligen Luftwaffenhelfer um Verständnis, daß viele der mir in großzügiger Weise zur Verfügung gestellten Erinnerungsfotos in diesem Buch aus Platzgründen unberücksichtigt bleiben mußten.

Dieses Buch ist in gemeinsamer kameradschaftlicher Zusammenarbeit vieler ehemaliger österreichischer Luftwaffenhelfer entstanden. Es ist mir daher unmöglich, jedem einzelnen für seine wertvolle Mithilfe zu danken. Daher sei mir gestattet, aber auch vergeben, daß und wenn dies allein durch die Anführung des Namens geschieht. Ich danke hiermit folgenden ehemaligen Luftwaffenhelfern, Flakoffizieren, Lehrern und Informanten:

Hugo Albert · Kurt Albert · Winfried Althaller · Josef Baldinger · Franz Bauer · Josef Bauer · Werner Bazata · Hermenegild Benedetti · Herbert Benesch · Kurt Biak · Walter Bicher · Otto Biebl · Hans Blecha · Werner Bodingbauer · Otto Brandtner · Leopold Bucher · Fritz Czauczer · Viktor Czepl · Franz Graf Czernin-Chudenitz · Robert Dachauer · Albert Dauschan · Hermann

Diemling · Helmut Dietz · Walter Dietz · Othmar Doblander · Walter Doblander · Rudolf Dopler · Johann Doppler · Walter Dusak · Hans Ebner · Rudolf Eder · Friedrich Ehrlich · Herbert Eipeldauer · Herbert Eischer · Robert Erhardt · Walter Fandl · Ernst Fasan · Raimund Feyertag · Hanns Filz · Josef Fink · Erich Fitzbauer · Eduard Förg · Helmut Forster · Klaus-Günther Fradinger · Erich Frank · Anton Fröschl · Wilfried Gallin · Erwin Gepperth · Maximilian Geretschläger · Alfred Gerl · Ernst Gidl · Hubert Ginner · Herwig Glassl · Helmut Godai · Roland Godai · Richard Gössinger · Erich Göttlicher · Leo Graf · Franz Grammer · Paul Grande · Josef Gratz · Fritz Greiderer · Hubert Greinecker · Friedrich Grögler · Peter Gruber · Walter Gstraunthaler · Karl Gutkas · Josef Hackl · Otto Hadl · Otto Haider · Franz Handlbauer · Alfred Hanifl · Josef Hartmann · Franz Hasenberger · Friedrich Heczko · Wilhelm Hennings · Erich Hillbrand · Ernst Hinterecker · Franz Hirtenlehner · Oswald Hlubucek · Rudolf Hochedlinger · Fritz Hofbauer · Karl Hofbauer · Franz Hofer · Josef Hoffmann · Vinzenz Höfinger · Friedrich Hofmann · Rudolf Holzer · Otto Hotwagner · Franz Huber · Rudolf Hunger · Helmut Illetschko · Josef Irlbacher · Heinz Isak · Karl Jakob · Harald Janisch · Siegfried Janisch · Franz Janousek · Alfred Jungreithmeier · Erich Kadlec · Albrecht Kalckstein · Herbert Karl · Otmar Kelz · Gerhard Kerschbaumer · Herbert Kiefer · Fritz Kirchweger · Albert Kirnbauer · Peter Kisler · Ernst Kneschitz · Gerhard Knie · Albert Köck · Herwig Koczor · Hubert König · Albert Konrad · Gerhard Kornher · Alexander Kranich · Gerhard Krapf · Gerald Kriwanek · Wolfgang Kudrnofsky · Ernest Lauscha · Rudolf Lechleitner · Ludwig Lechner · Hans Legat · Hans Leitner · Gerhard Lentner · Stefan Lörincz · Maximilian Lux · Herbert Maiwald · Harald Malczek · Walter Mang · Max Martinz · Erich Marx · Karl Maurer · Erich Mayer · Josef Mayer · Rüdiger Mehl · Franz Meininger · Josef Melchart · Egon Melcher · Alois-Erich Michner · Walter Mickerts · Walter Miedler · Rudolf Migacz · Ferdinand Mihalics · Hans Miksch · Rudolf Mitterlehner · Walter Mock · Karl Mor · Max Morawetz · Josef Moser · Reinhold Mühlmann · Walter Müllauer · Josef Müllebner · Johann Müllegger · Herta Müller · Richard Müller · Wolfgang Müller-Thalheim · Carl Nemeth · Franz Niederwolfsgruber · Erich Nöbauer · Heinz Oberwinkler · Karl Orthuber · Walter Panzenböck · Richard Pazelt · Helmut Pemsel · Richard Perger · Gunther Peyrer-Heimstätt · Herwig Pfleger · Friedrich Pfohl · Kurt Pichl · Franz Pilz · Rudolf Pischinger · Friedrich Placek · Walter Pöschl · Walter Potacs · Rudolf Pracher · Karl Prasch · Adolf Preslmayr · Anton Proksch · Johann Pum · Nils Raabe · Ludwig Radil · Felix Rameder · Othmar Rappersberger · Rudolf Reichl · Herbert Reiger · Paul Reiter · Albert Resch · Rudolf Rigler · Gerhard Rill · Alfred Ritter · Hans Rödhammer · Josef Roppert · Leopold Rosenberg · Franz Roser · Herbert Rothansl · Erwin Rotter · Alfred Ruhaltinger · Johannes Rüling · Robert Ruschitzka · Heinrich Rybar · Franz Sailler · Josef Sailler · Norbert Satrapa-Binder · Hans Sauer · Fritz Schachinger · Alois Schäffert · Josef Schafhauser · Otto Schimon · Georg Schmid-Schmidsfelden · Friedrich Schnopfhagen · Friedrich Schragel · Paul Schreihans · Franz Schrögendorfer · Karl Schubert · Anton Schulz · Karl Schuster · Rudolf Schwaiger · Friedrich Schwarz · Erwin Schwetz · Herbert Seiser · Maximilian Siegl · Karl Sochor · Walter Söllinger · Grete Söser · Victor Spitzer · Friedrich Steffe · Erwin Stöhr · Alfred Strobl · Erich Strobl · Josef Strobl · Gerhart Tatra · Franz Tomschi · Walther Trauneck · Franz Trübl · Friedrich Tscherney · Hans Tschida · Othmar Tuider · Mathäus Tuschl · Heinrich Übleis · Anton Vesely · Max Villgrattner · Walter Vlk · Friedrich Vukovich · Rudolf Wagner · Erwin Wallner · Gerhard Wallner · Gustav Wallner · Ludwig Wallner · Johann Weber · Heinrich Wegschaider · Franz Weichselbaum · Rudolf Weiler · Walter Weinzierl · Margarethe Weishappel · Hanns Weiskopf · Helmut Weiss · Franz Weninger · Rudolf Widdeck · Christof Wieser · Gerhard Winkel · Arthur Winkler · Herbert Wittich · Stefan Zach · Franz Zauner · Alfred Zeif · Bernhard Zeitler · Leopold Ziehaus · Johannes Zopp

Leopold Banny

11

EINLEITUNG

„Baby-Soldaten" oder auch „Flak-Pimpfe" nannte man sie, als die ersten von ihnen an die Geschütze, Meßgeräte und Scheinwerfer traten. Aber schon ein Jahr später galten diese „Kinder" nach dem Urteil ihrer Flakkommandeure und Batterieoffiziere als „die besten und flinksten Flaksoldaten der Wehrmacht". Und in einer Studie des Reichsluftfahrtministeriums hieß es sogar hochoffiziell: „Ohne ihren Einsatz wäre eine Reichsluftverteidigung nicht mehr möglich!"

Dieses Buch ist ein Bericht über jene Tausenden Österreicher, die neben blutjungen „fremdvölkischen" Staatsangehörigen, wie Ukrainern, Balten, Franzosen, Kroaten und Ungarn, in einer namenlosen Armee dienten, wie es sie zuvor noch nie gegeben hatte: in der Armee der Luftwaffenhelfer der deutschen Wehrmacht. Im Februar 1943 waren auch im Luftgau XVII (Wien), zu dem die damaligen Reichsgaue Wien, Niederdonau, Oberdonau, Salzburg, Steiermark und Kärnten zählten, die ersten 1 394 Oberschüler und Gymnasiasten sowie im Gau Tirol-Vorarlberg, der zum Luftgau VII (München) gehörte, eine unbekannte Zahl von Schülern der Jahrgänge 1926 und 1927 im Rahmen der „Heranziehung von Schülern zum Kriegshilfseinsatz der deutschen Jugend in der Luftwaffe" eingezogen worden. Sie wurden auf schwere und leichte Flakbatterien, Sperrfeuerbatterien und Scheinwerferbatterien verteilt.

Die Feuertaufe sollten sie bald erhalten: Schon acht Tage nach der Einberufung standen im Westen des Reichsgebiets einige der 16jährigen als Ladekanoniere an der berühmten schweren 8,8-cm-Flak und wuchteten 15 kg schwere Granaten in die heißen Geschützrohre.

Diese 15- bis 17jährigen in den fliegerblauen Uniformen wurden bald zu einer „Geheimwaffe" der Reichsluftverteidigung, die mehr leistete, als man von ihr erwartet hatte. An den schweren Geschützen nahmen sie bald sämtliche Funktionen wahr, hockten als Richtschützen hinter den 2-cm-Vierlingen, bedienten Kommandogeräte und Scheinwerfer, taten in Gefechtsständen Dienst und rückten schließlich sogar zu Geschützführern auf. Sie standen in ihren Stellungen, bis ihnen die Augen zufielen, warteten, froren, kämpften, wurden verwundet und starben auch – aber „Soldaten" waren und wurden sie nie. Weder in völkerrechtlichem noch in juristischem Sinn, noch im Urteil der deutschen Führung.

Über den Status der „Schüler-Soldaten", wie man sie auch nannte, konnten sich die Experten im Reichsluftfahrt-, im Reichserziehungs- und im Reichsjustizministerium niemals einigen. Doch man war sich immer darüber im klaren, daß Luftwaffenhelfer, die in Feindeshand fielen, nicht damit rechnen konnten, als „Kombattanten" anerkannt zu werden. Das konnte also bedeuten: Exekutionskommando! Schließlich erwog man, alle Flakhelfer mit einer gelben Armbinde als „Soldaten" kenntlich zu machen, „denn", so hieß es, „der Stahlhelm allein macht den Luftwaffenhelfer noch nicht zum Kombattanten".

In enger Beziehung zur Uniformierung der Luftwaffenhelfer war auch das Bemühen der Reichsjugendführung zu sehen, die Frage des Kombattantenstatus der Luftwaffenhelfer juristisch geklärt zu wissen. Das Reichsluftfahrtministerium hatte eine zusätzliche Kennzeichnung für die Luftwaffenhelfer gefordert, da die Luftwaffenhelferuniform nicht nach dem Muster einer in der Wehrmacht üblichen Uniform eingeführt, sondern von der Flieger-Hitlerjugend übernommen worden war. Neben dem Luftwaffenhelfer-Abzeichen war das Gebietszugehörigkeits-Abzeichen („Gebietsdreieck") der Hitlerjugend weiter zu tragen.

Reichsjugendführer Axmann, der nicht nur ein Abgehen von der Luftwaffenhelfer-Uniform, sondern auch jede Änderung ablehnte, ließ sich ein Rechtsgutachten erstellen, in dem man zu dem Schluß gelangte, daß die Forderung des Artikels 1 der Haager Landkriegsordnung insoweit erfüllt würde, als die Luftwaffenhelfer im

Einsatz unter militärischer Führung stünden und auch dabei Stahlhelme trügen, was die Anerkennung des Kombattantenstatus als gesichert erscheinen lasse.

Alkohol und Tabak waren den Luftwaffenhelfern nach der Dienstvorschrift verboten. Statt dessen teilte man ihnen Drops und Kekse zu, über die die bald zu harten Kriegern gewordenen Jünglinge nur milde lächeln konnten. Selbst der Tod eines Luftwaffenhelfers war reglementiert: Die Überführung hatte auf „billigste Weise" zu geschehen, für Grabstein und Beerdigungskosten standen den Eltern 200 Reichsmark zu. Ähnlich spartanisch war der Wehrsold: 50 Reichspfennig pro Tag.

Im Juni 1944 standen bereits 56 000 Luftwaffenhelfer in der Reichsluftverteidigung. „Die Luftwaffenhelfer sind den alten Flaksoldaten absolut ebenbürtig, häufig sogar überlegen", wurde ihnen vom Generalstab der Luftwaffe bescheinigt. Gerühmt wurden auch die schnelle Auffassungsgabe, das technische Verständnis, die überragende Reaktionsschnelligkeit und auch der Mut und die Härte der jüngsten Soldaten der deutschen Wehrmacht. Vortrefflich bewährten sie sich vor allem an den 2-cm- und den 3,7-cm-Geschützen der leichten und der mittleren Flakartillerie. Da kamen ihre jugendlichen Talente am besten zum Tragen: 16- und 17jährige Richtschützen erzielten zahlreiche Abschüsse.

Abschußerfolge, Bombennächte und militärischer Alltag ließen die „halben Männer" den echten Soldaten sehr bald ähneln: „Wir hatten ein halbes Dutzend Standardthemen", berichtete ein ehemaliger Luftwaffenhelfer. „Das waren: 1. Abschüsse; 2. Verpflegung; 3. die militärischen Vorgesetzten und unsere Lehrer, denn wir mußten neben dem militärischen Dienst ja auch den Schulunterricht fortsetzen; 4. Schlafmangel; 5. die militärische Lage; 6. Mädchen. Das war das schönste Thema . . ."

Der Tod hingegen war, seltsamerweise, wie für alle jungen Menschen überhaupt kein Thema. Sie versuchten ihn zu übersehen, ihn einfach zu verdrängen. Viele Schüler-Soldaten, die neben den feuerbereiten Geschützen für die Matura büffelten, erinnern sich heute, daß es für sie nur die schützende Ein-

stellung gegeben hätte: Wo gehobelt wird, fallen auch Späne!

Dabei hatten die Schüler in Uniform täglich vor Augen, wie vor ihren Stellungen die Städte ihrer Heimat in Schutt und Asche sanken, und sie erlebten schließlich auch, wie ihre Stellungen selbst zum Kampfgebiet wurden.

Bald gab es unter ihnen auch die ersten Toten.

Die ersten Schüler, Angehörige einer leichten und einer schweren Flakbatterie, fielen am 23. April 1944 bei Wiener Neustadt und bei Vöslau.

Aber das ist nur eine Episode.

Alltag und Dienst, Kämpfen und Sterben der österreichischen Luftwaffenhelfer, die in den letzten Kriegstagen zum Teil auch noch in schwersten Erdkämpfen, für die sie gar nicht ausgebildet waren, „verheizt" wurden, sind hier, wenn auch bruchstückhaft, dokumentarisch belegt und festgehalten. Auch für sie gilt der Nachruf des letzten Inspekteurs der Flakartillerie, Walther von Axthelm, wenige Tage vor Kriegsende: „Die Luftwaffenhelfer haben in den Rachen der Hölle geblickt. Es ist ihnen nichts erspart geblieben!"

Die ehemaligen Luftwaffenhelfer lassen sich in zwei Gruppen einteilen. Die mit der ersten Welle Eingezogenen verbrachten in der Regel nur einen Teil ihrer Militärdienstzeit bei der Flakartillerie. Sie wurden anschließend, meist nach kurzer Zwischenstation beim Reichsarbeitsdienst, zur Wehrmacht eingezogen. Für diese Gruppe, nämlich die geschlossenen Jahrgänge 1926 und 1927, war die Flakhelferzeit bloß Durchgangsstation.

Die jüngere Gruppe der Luftwaffenhelfer, Jahrgang 1928 und jünger, verbrachte ihre gesamte Militärdienstzeit bei der Flak, auch wenn man sie gegen Kriegsende der Form halber noch rasch zu regulären Soldaten machte. Das änderte an ihrer Tätigkeit und an ihrer Zugehörigkeit zu bestimmten Einheiten dann aber nichts mehr. Diese große Gruppe der Luftwaffenhelfer traf die verschiedensten Schicksale. Im günstigsten Fall konnten sie noch rechtzeitig und offiziell entlassen werden und in ihre Elternhäuser zurückkehren, oft genug auch nur, um sich dann sofort mit der Familie oder dem, was von ihr übriggeblieben war, irgendwohin zu begeben. Aber sie waren jedenfalls wieder Zivilisten. Andere dagegen, die mit ihren Flakbatterien im Frühjahr 1945 zum direkten Fronteinsatz kamen, erlebten oder überlebten den Feueratem der Front. Die schlimmsten Dinge in Ostösterreich geschahen nach dem Eindringen der Roten Armee während der Endkämpfe im Wiener Raum und in Niederösterreich, dem damaligen Niederdonau. Einige wenige österreichische Luftwaffenhelfer gerieten dabei auch in Kriegsgefangenschaft. Wer die erste Stunde überlebte, war meist gerettet. Über die Gefallenen jener Tage und ebenso über die bei den oft gewaltigen Luftangriffen umgekommenen Luftwaffenhelfer gibt es keine zuverlässigen Zahlen. Nur einzelne Verlustmeldungen sind erhalten geblieben. Luftwaffenhelfer starben im Bombenhagel und bei Tieffliegerangriffen oder auch mit erhobenen Händen.

Und noch ein anderer Verlust schlägt zu Buche, mag er auch dem des Lebens oder der Gesundheit gegenüber vergleichsweise nebensächlich sein, nämlich der Verlust von Ausbildungs- und Schuljahren. Eine ganze Generation der mittleren und höheren Schulen verlor jene Zeit der Jugend, die man mit Sinnvollerem als Schießen hätte verbringen können. Für die Überlebenden blieb jene schwere Zeit keineswegs bloße Erinnerung. Sie hat auf ihr ganzes Leben eingewirkt und praktische Folgen gehabt.

Die bisherige Luftwaffenhelfer-Literatur

Der Einsatz der Luftwaffenhelfer ist in der Fachliteratur lange vernachlässigt worden. Die erste Auflage des Standardwerks von Horst-Adalbert Koch über die Flak enthält nur wenige Angaben. Erst in der zweiten, erheblich erweiterten Auflage wurde den Luftwaffenhelfern nicht nur ein eigenes Kapitel gewidmet, sondern ihr Einsatz sogar durch die Aufnahme in den Untertitel des Buchs gewürdigt. Allerdings beruht das entscheidende Kapitel im wesentlichen auf den

Angaben nur eines einzigen Luftwaffenhelfers.

Den entscheidenden Durchbruch – auch im Bereich der Massenmedien – brachte das Buch von Ludwig Schätz, ,,Schüler-Soldaten". Der Autor verwertete zum ersten Mal die Unterlagen des Bundesarchivs in Koblenz sowie des Instituts für Zeitgeschichte in München und zeigte die grundsätzlichen Probleme des Luftwaffenhelfer-Einsatzes auf. Schätz' unbestrittenes Verdienst ist es, daß er die Geschichte der Luftwaffenhelfer der Vergessenheit entrissen hat. Die Arbeit von Schätz bildete folglich zumeist die Grundlage für jene Veröffentlichungen, die in den folgenden Jahren herauskamen.

Ein Jahr nach den ,,Schüler-Soldaten" erschien die ,,ungekürzte Dissertationsausarbeitung" von Karl Antosch: ,,Klassenweiser Milieuwechsel höherer Schüler in den Jahren 1943 bis 1945". Antosch benützte nicht wie Schätz die Bundesarchive, sondern schrieb über 500 höhere Schulen an, um Adressen von ehemaligen Luftwaffen- und Marinehelfern zu erhalten. Das Buch stellt den eigenen Erlebnissen des Verfassers, dem sogenannten ,,Grundbeispiel", einen Vergleichskatalog gegenüber, in dem die Aussagen zahlreicher ehemaliger Helfer zu verschiedenen Bereichen gesammelt sind. Diese Arbeit bietet eine ungeheure Fülle von Einzelaussagen zu verschiedenen Themen, eine tiefere Durchdringung des Stoffs fehlt jedoch.

1981 erschien die nach Schätz bedeutendste Luftwaffenhelfer-Monographie von Hans Dietrich Nicolaisen, die 1984 in einer Neubearbeitung herauskam. Der Schwerpunkt des Einsatzes liegt hierbei im norddeutschen Raum. Als sehr wertvoll erweist sich bei Nicolaisen der Dokumentationsteil.

Im gleichen Atemzug ist das 1984 erschienene, ebenfalls ganz ausgezeichnete Buch ,,Feuer frei – Kinder!" des Autorenkollektivs Itschert-Reucher-Schuster-Stiff zu nennen, das den Luftwaffenhelfer-Einsatz im Saarbrücker Raum behandelt.

Als das bemerkenswerteste Buch über die Luftwaffenhelfer nach den bisher genannten erschien 1984 die politologische und sozialkritische Untersuchung von Rolf Schörken:

„Luftwaffenhelfer und Drittes Reich. Die Entstehung eines politischen Bewußtseins", auf die hier genauer eingegangen werden soll. Der ehemalige Luftwaffenhelfer und heutige Universitätshistoriker versuchte die bisher noch nicht behandelte Frage nach den Anfängen eines politischen Bewußtseins dieser Jugendlichen zu beantworten. Schörkens Methode, die kritische Auswertung von Quellen und Literatur durch eigene Erinnerungen und systematische Befragung von ehemaligen Luftwaffenhelfern sowie durch eine differenzierende Auswertung ihrer Antworten zu ergänzen, ist für zeitgeschichtliche Untersuchungen vorbildlich. Dabei gelangte der Verfasser zu Ergebnissen, die von den Miterlebenden durchaus zu bestätigen sind, und räumt mit dem bisherigen vereinfachten Geschichtsbild und dem Klischee von den fanatisch kämpfenden Kinder-Soldaten auf: Im Winter 1944/45 gab es unter den Luftwaffenhelfern nur noch eine Minderheit von ca. 11 Prozent, die von nationalsozialistischen Erwartungen geprägt waren. Mit wenigen Ausnahmen hatten die Jahrgänge 1926 bis 1928 ihre gesamte Schulzeit unter dem nationalsozialistischen Regime verbracht und waren seit ihrem zehnten Lebensjahr vom Deutschen Jungvolk und von der Hitlerjugend (HJ) beeinflußt. Viele hatten selbst untere Führungspositionen eingenommen. Dennoch blickten diese Jahrgänge in demselben Augenblick, in dem sie in eine militärische Organisation übernommen wurden, auf die Hitlerjugend mit Peinlichkeit zurück und wollten nichts mehr damit zu tun haben. Diese Einstellung ging weit über den fast durchwegs empfundenen Stolz oder das jugendliche Geschmeicheltsein über die neue Verwendung hinaus. Schörken relativiert wiederholt den Begriff politisches Bewußtsein für die damaligen Jugendlichen, stellt aber überzeugend heraus, daß es keine politischen Einwirkungen der Hitlerjugend auf die ihr nominell angehörenden Luftwaffenhelfer gab, daß auch der verbliebene Schulunterricht auf diesem Gebiet nichts hergab und daß militärische Vorgesetzte oder nationalsozialistische Führungsoffiziere nur in wenigen, erfolglosen Ausnahmefällen eine politische Indoktrination versuchten. Dennoch gab es vor allem bei den Oberschülern Anfänge politischen Bewußtseins. Diese orientierten sich vor allem nach den früheren oder noch verbliebenen Einflüssen des Elternhauses und nach Gesprächen der Jugendlichen untereinander. Als stark erwiesen sich traditionelle Verhaltensweisen; die Pflicht zur Landesverteidigung, nationale Loyalität, Autorität, Disziplin und militärische Hierarchie wurden anerkannt. Die Einengung im täglichen Dienst auf der untersten Stufe der militärischen Ordnung erzeugte jedoch auch Gegenpositionen zum ständigen „Drangsaliertwerden". In diesem Zusammenhang sind die entstehenden Sympathien für die Amerikaner, den bei ihnen vermuteten „lässigen Dienst", ihre Jazzmusik und ihre technisch-materielle Überlegenheit, die mit den Bomberverbänden unmittelbar erlebt wurde, zu sehen. In dieser Generation war die Aufnahmebereitschaft für Demokratie vermutlich größer als bei der älteren.

Die politikwissenschaftlichen, soziologischen und pädagogischen Aussagen des Verfassers brauchen hier nicht besonders vorgestellt zu werden. Von militärgeschichtlichem Interesse sind die Ergebnisse der Arbeit aber deshalb, weil aus ihr die Mentalität und die Motivation der jüngsten Jahrgänge der Wehrmacht erkennbar sind – die meisten Luftwaffenhelfer wurden 1944/45 noch Soldaten. Da sie überwiegend Oberschüler waren, stellten sie auch die letzten Jahrgänge der Kriegsoffiziersbewerber. Trotz aller örtlichen und personellen Unterschiede haben die als Luftwaffenhelfer eingesetzten 15- bis 17jährigen unter gleichartigeren Bedingungen gestanden, als sie sonst in der Wehrmacht zu finden waren. Der Verfasser hat ihre Verhaltensweise ausgezeichnet analysiert und trefflich geschildert. Es wird künftig auch kaum möglich sein, über das politische Bewußtsein einer anderen Jahrgangsgruppe in der Wehrmacht ebenso allgemeingültige Erkenntnisse zu ermitteln, da die älteren Jahrgänge von sehr viel unterschiedlicheren Einflüssen geprägt worden waren. In der schöngeistigen Literatur haben sich Günter Grass („Hundejahre", „Katz und Maus"), Dieter Noll („Die Abenteuer des Werner Holt"), Josef C. Grund („Flakhelfer

15

Briel") und Klaus Granzow („Tagebuch eines Hitlerjungen") mit dem Thema befaßt. Aber nur bei den drei letztgenannten Büchern steht der Einsatz der Luftwaffenhelfer im Mittelpunkt. Bei Granzow ist die Grenze zwischen Fiktion und Wirklichkeit nicht klar zu erkennen. Er selbst erhebt, wie er im Vorwort schreibt, keinen literarischen Anspruch und betont den dokumentarischen Wert des Buchs.

In jüngster Zeit hat sich auch der Film des Themas angenommen. Am 27. April 1987 strahlte das Zweite Deutsche Fernsehen den Fernsehfilm „Luftwaffenhelfer" von Claus Hubalek aus, eine objektive und gelungene Verquickung von Dokumentar- und Spielfilm „über den Tod junger Menschen im November 1943, deren Ideale mißbraucht wurden", wie es in der Programmankündigung heißt.

Seit den frühen sechziger Jahren befassen sich auch österreichische Historiker, Schriftsteller und Publizisten mit dem Thema „Luftkrieg". Die Ergebnisse ihrer Forschungsarbeiten liegen in zahlreichen Monographien, in Zeitschriftenaufsätzen sowie in Teilkapiteln einschlägiger Werke vor. Wegen der komplexen Materie und der zum Teil sehr schwierigen und unvollständigen Quellenlage wurden aber durchwegs bloß Teilaspekte des Luftkriegs der Alliierten gegen Österreich 1943 bis 1945 dargestellt.

Der erste österreichische Autor, der sich eingehend mit dem Thema „Flakeinsatz" befaßte, war der ehemalige Luftwaffenhelfer Gustav Holzmann. Aber auch er konnte aus den gerade genannten Gründen in seiner Monographie „Der Einsatz der Flak-Batterien im Wiener Raum 1940–1945" „nur" den Wiener, den Wiener Neustädter und den Moosbierbaumer Raum erfassen, wobei er sich in seiner Darstellung im überwiegenden Maß auf die Aussagen seiner ehemaligen Schulkameraden und in weiterer Folge anderer angesprochener Luftwaffenhelfer stützte. Der Luftwaffenhelfer-Einsatz wird darin als Teilkapitel behandelt. Holzmanns Monographie kann aber als Muster für andere derartige Arbeiten angesehen werden.

Für den oberösterreichischen Raum sind die Arbeiten von Richard Kutschera und Harry Slapnicka sowie der Aufsatz von Othmar Rappersberger zu erwähnen, für Graz die Aufsätze von Siegfried Beer und von Stefan Karner. Die übrigen österreichischen Gebiete zeigen im Hinblick auf den Flakeinsatz immer noch weiße Flecken. Im Steiermärkischen Landesarchiv befindet sich ein bedauerlicherweise bisher unveröffentlichtes und dem Autor nicht zugänglich gewesenes Manuskript des seinerzeitigen Polizeichefs von Graz, Major Rudolf Weißmann, über den Luftkrieg im Grazer bzw. im steirischen Raum.

DIE SITUATION ZU BEGINN DES LUFTKRIEGS

Die stetige Eskalation des Kriegs zeigte sich auf seiten der Westalliierten u. a. sehr deutlich auch in der Verschärfung des Luftkriegs. Schon zur Jahreswende 1942/43 lagen immer größere Gebiete im Bombenhagel ihrer Luftflotten.

1942 hatten die Westalliierten insgesamt 53 755 Tonnen Bomben auf Deutschland und die von diesem besetzten Teile Europas geworfen. Deutsche Maschinen brachten es bei „Vergeltungsschlägen" in diesem Jahr hingegen bloß auf 3 260 Tonnen. Schon jetzt erfolgte das Bombardement deutscher Städte und Rüstungszentren im Teamwork: tagsüber durch die United States Army Air Force (USAAF), nachts durch die Royal Air Force (RAF).

Die „strategische Bomberoffensive" der Westalliierten, die später zu unvorstellbaren Terrorangriffen auf Wohnviertel ausarten sollte, entwickelte sich zunächst relativ langsam. Aber schon seit Jahresfrist lag die Initiative der Luftkriegführung im Westen einwandfrei bei den Anglo-Amerikanern.

Die „Donau- und Alpen-Reichsgaue", das vormalige Österreich, waren zu dieser Zeit vom Luftkrieg noch verschont. Gemeinsam mit dem Protektorat Böhmen und Mähren bildeten diese Zonen den sogenannten „Reichsluftschutzkeller". Das konnte aber nicht darüber hinwegtäuschen, daß schon Ende Mai 1943 der erste westalliierte 1 000-Bomber-Angriff gegen eine deutsche Stadt, Köln, erfolgt war.

Die gewaltige Stärke der amerikanischen Industrie, die schnellere Entwicklung der Radartechnik bei den Briten, dem eine absolute Bindung der deutschen Jagdverbände an der Ostfront, dem „Verdun" der Luft, gegenüberstand, bildeten die wesentlichsten Faktoren für die rasche Steigerung der westalliierten Luftoffensive.

Der österreichische Raum lag Ende 1942 im großen und ganzen immer noch außerhalb der Reichweite der westalliierten Bomber.

Doch war allen zuständigen militärischen und zivilen Stellen im Wiener Raum völlig klar, daß diese letzte Atempause bald zu Ende sein würde.

Immerhin war der erste Luftangriff auf München schon am 20. September 1942, auf Nürnberg am 26. Februar 1943, auf Pilsen am 17. April 1943 und auf Ploesti in Rumänien am 1. August 1943 erfolgt. Rein technisch gesehen, lagen also auch die österreichischen Industriezentren bereits in Reichweite der westalliierten Bomber.

Der erste feindliche Fallschirmagent war der Gestapoleitstelle Wien schon Mitte 1942 in die Hände gefallen. Für das Luftgaukommando XVII in Wien war dies eine Alarmmeldung gewesen. Die Aufgabe dieses Kundschafters und ebenso die der bald danach bei Wien abgesetzten weiteren Fallschirmagenten bestand in der Erkundung von Luftzielen und der periodischen Durchgabe von Wettermeldungen.

Im übrigen war der österreichische Raum schon im Winter 1941/42 wiederholt von Fernbombern der Royal Air Force überflogen worden. Auf diesem Weg waren auch die Vorbereitungen zum Prager Heydrich-Attentat im Mai 1942 erfolgt. Vom bombenbedrohten Westen und Norden Deutschlands waren mittlerweile zahlreiche Rüstungsbetriebe in den österreichischen Raum verlegt worden.

Die Folge all dieser Ereignisse war ein fieberhafter Ausbau der Luftabwehr im gesamten Großdeutschen Reich und in den von der Wehrmacht besetzten Gebieten. Mit geringer Verzögerung erfolgte der Ausbau der Luftverteidigung mit dem Schwergewicht Flakartillerie auch in den Donau- und Alpen-Reichsgauen.

Österreich war innerhalb der Luftwaffenorganisation in zwei verschieden große Gebiete aufgegliedert. Dem Luftgaukommando XVII in Wien unterstand der Großteil der damaligen Donau- und Alpen-

Reichsgaue; der Reichsgau Tirol-Vorarlberg und später, ab 1944, auch der Reichsgau Salzburg unterstanden dem Luftgaukommando VII (München).

Um einen wirksamen Flakschutz aufbauen zu können, bedarf es an Menschen und Material. Vor allem Flakpersonal, aber auch Waffen und Geräte, standen um die Jahreswende 1942/43 aber nur noch in begrenztem Umfang zur Verfügung. Die militärische Lage des Großdeutschen Reichs stand schon ganz unter dem Eindruck der deprimierenden Ereignisse im Osten.

In dieser Phase erfolgte die Heranziehung von 16- und 17jährigen, bald auch von 15jährigen Burschen als Luftwaffenhelfer zu den Flakbatterien im Reich. Diese jungen Menschen, Schüler der Jahrgänge 1926, 1927, 1928 und sogar 1929 – ihre Zahl geht in die Zehntausende –, sollten bis zum Zusammenbruch 1945, auch in Österreich, bald zu den verläßlichsten und erfolgreichsten „Schüler-Soldaten" zählen.

Die Einbeziehung der jungen Österreicher in die Hitlerjugend

Soweit es den österreichischen Raum betrifft, war die Einbeziehung der Jugend mit der Übernahme der österreichischen illegalen Hitlerjugend in die gesamtdeutsche Staatsjugend nach dem Anschluß Österreichs abgeschlossen. Ab Frühjahr 1939 war auch der letzte formelle und rechtliche Akt einer Einverleibung der Zehn- bis 18jährigen in die Hitlerjugend unter dem gesetzlichen Begriff der Jugenddienstpflicht erfüllt. Der HJ-Dienst war damit zur Sache des deutschen Volkes erklärt. So lag schon zu diesem Zeitpunkt einer straffen, vormilitärischen Ausbildung nichts mehr im Wege. Über sieben Millionen junger Mädel und Jungen Deutschlands waren in diesen Kreis einbezogen. Demgemäß holte sich der Staat die Schüler, die nun zur Jahreswende 1942/43 gewissermaßen über Nacht zu Soldaten werden sollten, über den Weg der gesetzlich fest verankerten Organisation der Hitlerjugend. Rechtlich gehörten diese jungen Menschen dann dem Hilfspersonal der Wehrmacht,

dem sogenannten „Wehrmachtsgefolge", an. Was aber letzten Endes keine sonderliche Bedeutung hatte. Eine Diktatur ist eben jederzeit sehr rasch imstande, eine neue, ihr genehme Rechtslage zu schaffen, um die Einziehung von Schülern zum Wehrdienst vor der Öffentlichkeit zu rechtfertigen.

Die Zugehörigkeit zum „Wehrmachtsgefolge" sollte aber, wie sich später zeigen sollte, für die Luftwaffenhelfer auch im österreichischen Raum unschätzbare Vorteile haben; so etwa beim Disziplinarrecht. Drastische Disziplinarstrafen gab es bei dienstlichen Verstößen kaum.

Für die 15- bis 17jährigen bestand damals in den wenigsten Fällen ein Grund, nicht „bei der Fahne" zu bleiben. Junge Menschen, die durchwegs ab dem zehnten Lebensjahr sowohl in der Schule als auch in der Hitlerjugend für einen, „ihren" Staat erzogen wurden, dessen diktatorische Struktur abzuschätzen sie gar nicht imstande waren, gerieten selbst, als ihnen durch die beginnende geistige Reifung die ersten Zweifel aufkamen, nur selten in eine ernsthafte Kollision mit der geltenden Ordnung. Hier trug die heute unvorstellbare propagandistische Beeinflussung und Indoktrinierung durch den Staat, insbesondere durch die Reichsjugendführung unter Baldur von Schirach, ihre Früchte. Die Begeisterungsfähigkeit der Jugend, ihre Achtung vor „ganzen Kerlen" und weniger vor ganz vereinzelten und viele Jahre älteren vorsichtigen Warnern prägten zum großen Teil diese heranwachsenden, noch unreifen Menschen. Sicherlich nicht nur negativ. Sie waren eben das Spiegelbild ihrer Zeit.

Die totale geistige und körperliche Erfassung der Jugend führte auch in Österreich – durch die unbeschränkte Macht des Staates – zu einem neuen politischen Bewußtsein. 1944 war der durch Schirachs Lyrik eingehämmerte Wertbegriff „Die Fahne ist mehr als der Tod" bei vielen schon längst abgebröckelt. Ebenso wie der deutsche Soldat der Jahre 1944 und 1945 stand die überwiegende Mehrzahl der Luftwaffenhelfer, die in den letzten beiden Kriegsjahren die absolute Hauptlast des Flakeinsatzes der Reichsluftverteidigung trugen, nicht für den „Führer" an den Geschützen, Ortungs-, Leitgeräten

Beispiele der allumfassenden Eingliederung Jugendlicher in die verschiedenen HJ-Ausbildungsgruppen: Marine-HJ Neusiedl am See, Marine-HJ-Gruppen aus Deutschland erreichen Wien auf dem Wasserweg.

250 Hitlerjungen landen bei der Reichsbrücke.

Eröffnung der Seesportschule der HJ am Neusiedler See (rechts).

> *„Heute fand in Neusiedl am See die feierliche Eröffnung der Gebietssportschule der H.J, in Anwesenheit von SS-Oberführer Scharitzer und SA-Brigadeführer Kozich, durch Vizeadmiral von Trotha statt. Die Schule erhielt vom Reichsjugendführer den Namen „Admiral von Tegetthoff."*

> *„Heute mittag trafen bei der Reichsbrücke 250 Hitlerjungen aus allen Gauen Deutschlands ein. Die Ostmarkdeutschen hatten dabei Gelegenheit, zum ersten Mal Zehnerkanadier auf der Donau zu sehen."*

und Scheinwerfern, sondern im Bewußtsein der Ausweglosigkeit, angesichts eines erbarmungslosen Gegners, dessen gnadenloser Bombenkrieg täglich Hunderten schuldlosen Frauen und Kindern das Leben kostete. Zuletzt blieb man in den wenigsten Fällen „bei der Fahne", grundsätzlich aber bei seinen dem Geschehen ringsum ebenso hilflos ausgesetzten Kameraden.

Daß zu Kriegszeiten junge Menschen, häufig weit vor dem wehrfähigen Alter, zu den Fahnen geholt werden, stellt nicht nur in Deutschland, sondern auch in Österreich keinen Sonderfall dar. Um nur bei diesem Jahrhundert zu bleiben, sei an die Standschützen des Ersten Weltkriegs, die gemäß dem aus dem Jahr 1511 von Kaiser Maximilian erlassenen „Tiroler Landlibell" als standhafte Verteidiger ihrer Heimat Legende wurden, erinnert. Schon damals beachtete man die Altersgrenzen nicht sonderlich genau. An der Tiroler Front kämpften genug 15-, 16jährige Standschützen, über deren Schicksal vielgelesene Bücher geschrieben wurden und man weitere Bücher füllen könnte, vom Einsatz österreichischer Kadetten ganz zu schweigen.

Rechts oben: Wien, 1940. 8,8-cm-Flakbatterie auf dem Schafberg.

Rechts unten: Mai 1940: Amiens nach deutschen Luftangriffen.

Unten: Russisches 8,5-cm-Beutegeschütz der Heimatflakbatterie 203/XVII in Wien-Döbling. Die Batterie bestand bis Ende Mai 1944 aus sechs auf die deutsche Flakpatrone 8,8 cm aufgebohrten russischen 8,5-cm-Geschützen.
Von einigen Flaksoldaten, aufgefüllt mit Luftwaffenhelfern, konnten tagsüber nur maximal vier Geschütze besetzt werden. Abends kamen die Flakwehrmänner der Batterie, meist Weinhauer aus der Umgebung, um die Batterie nachts mit sechs Geschützen feuerbereit zu halten. Im übrigen ein Trugschluß der deutschen Planung, da Wien fast keinen Nachtangriff (der RAF) erlebte, die US-Luftstreitkräfte aber nur tagsüber angriffen.
(Foto: „Sammlung Apfel")

Bereits 1939 und 1940 waren in Wien einige Flakbatterien, insbesondere bei und auf den Donaubrücken, postiert worden. Damals war der Luftkrieg von den ostösterreichischen Industriezentren noch weit weg. Mehr oder weniger dürften diese auch für die Zivilbevölkerung deutlich sichtbaren Geschütze als eine psychologische Hilfe besonderer Art gedacht gewesen sein. Man war selbstbewußt, Bilder, wie sie Österreicher in der deutschen Wehrmacht im Mai 1940 in Frankreich sahen, brachten wohl manchen Betrachter dazu, den Atem anzuhalten, schienen aber für den österreichischen Raum unvorstellbar. Daß genau fünf Jahre danach Wiener Neustadt noch weit katastrophaler zerstört sein sollte und nach Hiroshima und Dresden die Nummer drei in der Rangordnung der durch den Luftkrieg meistverwüsteten Städte einnehmen würde, war nicht einmal Apokalypse. 1940 saßen die drei Jahre später zu Luftwaffenhelfern gewordenen halben Kinder noch in den ersten und zweiten Klassen, und das wöchentliche Abschreiben des parteipolitisch ausgerichteten „Kriegstagebuches der deutschen Wehrmacht" an den Schulen gehörte einfach zum Unterricht.

Vorgeschichte des Luftwaffenhelfer-Einsatzes

Die ersten Notmaßnahmen

Im Jahr 1942 war die Decke der deutschen Luftverteidigung, insbesondere der Flak, schon dermaßen gestreckt, daß es angesichts der ernsten Personallage ab Juni als erste Notmaßnahme zur Aufstellung sogenannter „Alarmflakbatterien" kam, von Batterien, die erstmals nicht mit Luftwaffenpersonal besetzt waren, sondern im Alarmfall von Soldaten bedient wurden, die örtlichen Kommandostellen, Versorgungseinrichtungen und ähnlichem angehörten. Ihr Einsatz blieb problematisch, da diese Batterien hauptsächlich mit Beutegeschützen ausgestattet waren und Feuerleitgeräte fehlten. Ihre unumstrittene Stärke lag im Sperrfeuerschießen.

Schon drei Monate nach Aufstellung der Alarmflakbatterien in der zweiten Septemberhälfte entstanden als weitere Variante die „Heimatflakbatterien". Auch diese neue Art von Batterien sollte nicht mehr mit Luftwaffen-Flaksoldaten besetzt werden. Ihr Bedienungspersonal bestand aus sogenannten „Flakwehrmännern", Belegschaftsangehörigen nahe gelegener Werke, die im Alarmfall direkt auf oder unmittelbar neben dem Werksgelände ihre Geschütze bedienten. Zu diesen Batterien erfolgten um diese Zeit bereits Einberufungen von Schülern höherer Lehranstalten, falls sie das 17. Lebensjahr erreicht hatten.

Die Lage an der deutschen Ostfront verschlechterte sich im Herbst 1942 derart rasant, daß zunächst die Sollstärken der Heimatflakbatterien herabgesetzt werden mußten, um dem Befehl Hitlers vom 20. September 1942 entsprechen zu können, zusätzlich 120 000 Mann der Luftwaffe dem deutschen Ostheer zuzuführen.

Anfang 1943 verharmloste man die Realität der gegnerischen Luftangriffe auf Deutschland noch in Illustriertenberichten. Die offizielle Luftwaffen-illustrierte „Der Adler", kostenlos in Deutsch und Englisch an Schüler der Mittelschulen und höheren Hauptschulklassen verteilt, gab sich bescheiden.

Die Reportage „Männer der Heimatflak" sollte auf die wohlvorbereiteten heimatlichen Abwehrkräfte hinweisen. Mit der nebenan im Fabrikshof postierten leichten Flak würden diese Männer noch allemal mit dem frechen Gegner fertig werden.

Übergreifen des Luftkriegs auf Österreich

Zur absoluten Verschärfung des Kriegs trugen in diesem Zeitabschnitt auch die Alliierten bei. Von 14. bis 25. Jänner 1943 trafen einander Churchill, Roosevelt und deren Generalstabschefs zur Konferenz in Casablanca. Stalin war eingeladen worden, war aber nicht gekommen. Neben anderen Programmpunkten beschlossen die beiden westalliierten Regierungschefs die verstärkte Luftoffensive gegen Deutschland und die später für Österreich so verhängnisvolle Eröffnung der „Zweiten Luftfront" von Süden. Ein Teamwork sollte Deutschlands Militär-, Industrie- und Wirtschaftssysteme zerschlagen und insbesondere den Widerstandswillen der Bevölkerung durch Zerstörung der Wohnviertel brechen: tagsüber die Bomber der US Army Air Force und nachts die Royal Air Force. Und noch eine künftige Tragödie von nicht abschätzbarer Bedeutung wurde in jenen Tagen besiegelt: die Formel der bedingungslosen Kapitulation Deutschlands („Unconditional Surrender"). Diese sollte sich später für Deutschland verhängnisvoll auswirken, da sie der deutschen Führung keinen Weg zu irgendeiner noch akzeptablen Kapitulations- oder Friedenslösung offenließ. Millionen von Menschen wurden somit zusätzlich und ohne Notwendigkeit zum Tod verurteilt.

Als die Amerikaner sich im Spätherbst 1943 in Süditalien festsetzen konnten, waren die Voraussetzungen dafür gegeben, den zentral- und den südosteuropäischen Luftraum insgesamt vom Süden her anzugreifen. Zu diesem Zweck wurden die Alliierten Mittelmeer-Luftstreitkräfte geschaffen, die aus fünf Bomber-, einem Jagdbomber-Geschwader und mehreren Fotoaufklärungsgruppen der 15. US Army Air Force (15. Luftflotte) sowie aus dem 205.

Schematische Skizze des Luftkriegs der Westalliierten gegen Österreich 1943 bis 1945.

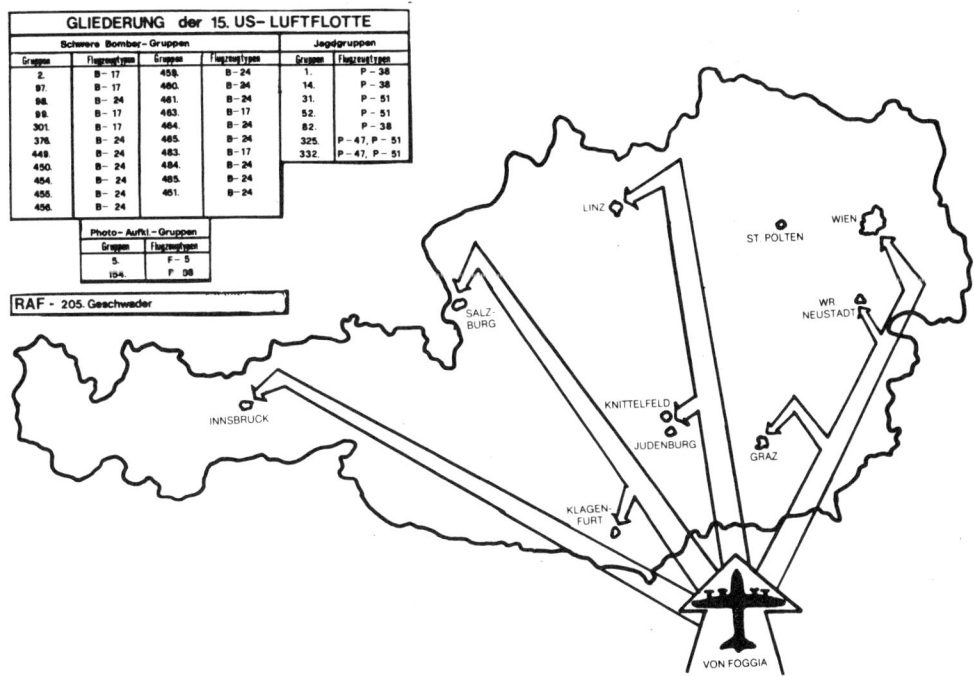

Geschwader der Royal Air Force bestanden. Der 15. US Army Air Force standen Ende 1944 bereits etwa 1 500 viermotorige Bomber der Typen B-17 („Flying Fortress") und B-24 („Liberator") zur Verfügung. Dazu kamen knapp 700 Jagdbomber vom Typ B-38 („Lightning") und P-51 („Mustang"). Das 205. Geschwader verfügte über bedeu-

tend weniger Fluggeräte, konnte aber immerhin an die 100 Bomber der Typen B-24, „Wellington" und „Lancaster" aufbieten. Die Briten, die das nächtliche Flächenbombardement übernahmen, flogen in der Folge weniger Einsätze gegen Österreich als die auf Präzisionsangriffe bei Tag eingestellten Amerikaner.

Kräfteverteilung der Flakartillerie und der für ihre Führung zuständigen Ln-Einheiten in Österreich nach Eröffnung der zweiten alliierten Luftfront von September 1943 bis Ende November 1944.

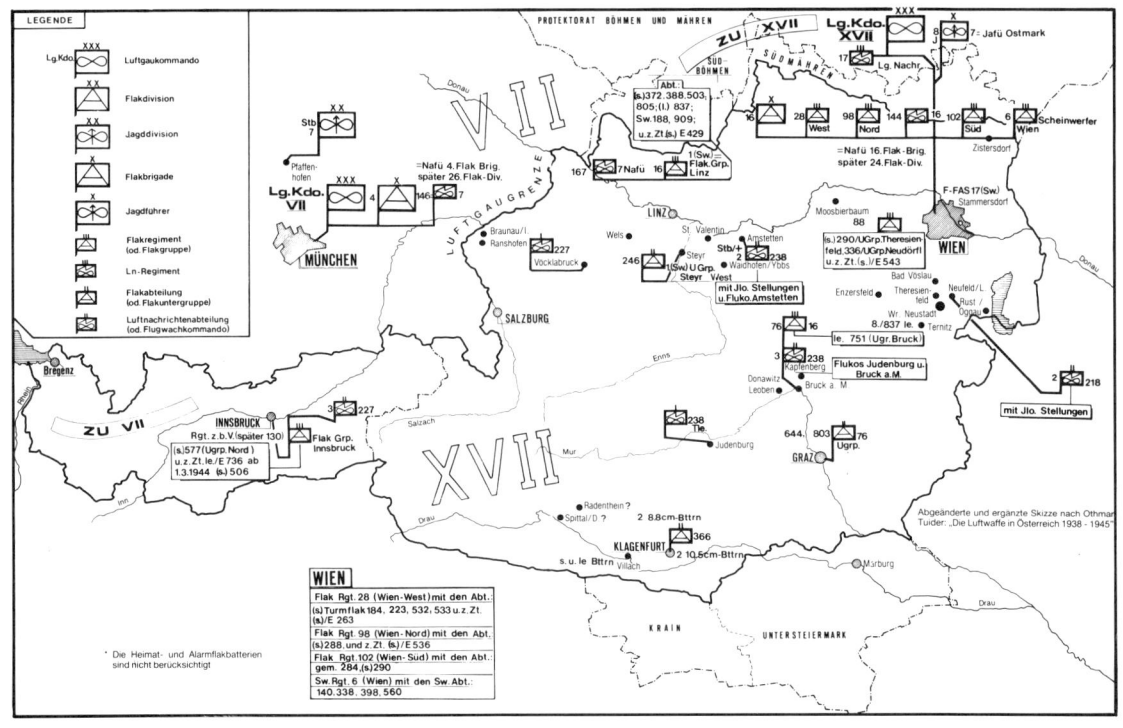

ORGANISATION DER LUFTVERTEIDIGUNG

Die Heimatluftverteidigung war den 1940 geschaffenen Luftgaukommandos anvertraut. Im österreichischen Raum waren dies das Luftgaukommando VII München, dem Tirol, Vorarlberg und ab 1944 auch Salzburg angehörten, und das Luftgaukommando XVII, dem die übrigen österreichischen Gaue unterstanden.

Die aktive Luftverteidigung im Dritten Reich bestand aus Jagd- und Flakabwehr. Die für den österreichischen Raum zuständigen Jägerstäbe, zuletzt die 8. Jagddivision mit ihrem Kommando am Wiener Cobenzl, wurden erst relativ spät eingerichtet. Sie verfügten nur über unzureichende Tag- und Nachtjagdgruppen, während ab Mitte 1944 die verbesserten amerikanischen Langstreckenjäger zum Einsatz kamen. Bedeutend besser war es hier schon um die Flakkräfte bestellt, die ab Beginn der Luftoffensive aus dem Süden (13. August 1943) bis Herbst 1944 von 60 auf über 200 schwere Flakbatterien verstärkt wurden.

Verteidigungsschwerpunkte in Österreich waren zur Jahreswende 1942/43 die kriegswirtschaftlich bedeutenden Rüstungs- und Verkehrszentren im Großraum Wien, ferner Wiener Neustadt, Moosbierbaum, Steyr, St. Valentin, Ranshofen, Linz, Graz, Klagenfurt, Spittal an der Drau, Villach und Innsbruck.

Die Entscheidung Hitlers über den Luftwaffenhelfer-Einsatz

Im Oktober 1942 kam es zu den ersten einleitenden Gesprächen zwischen der Luftwaffenführung und dem Reichserziehungsministerium. Fazit des Ganzen nach zahlreichen Verhandlungen zwischen Reichserziehungsministerium, Rüstungsindustrie, Luftwaffe, Reichspost, Auswärtigem Amt und Reichskanzlei: Weibliche und männliche Angehörige der höheren und mittleren Schulen im Alter von 16½ und 17 Jahren waren zur Luftverteidigung einzuziehen. Vorerst lautete der Begriff des daraus sich rekrutierenden Personals „Flakhelfer".

Am 7. Jänner 1943 fiel die Führerentscheidung nach schier endlosen Konferenzen der direkt und am Rand betroffenen Ministerien und Institutionen. Hitler stellte persönlich die Weichen für die Heranziehung der Schüler, vorerst der 6. und 7. Klassen mittlerer und höherer Schulen, machte aber den Einsatz bei der Flak von mehreren Voraussetzungen abhängig.

Nur ein Teil der 16- und 17jährigen Schüler der höheren und mittleren Schulen durfte anfangs eingezogen werden. Der Einsatz hatte örtlich, d. h. am Schulort oder in dessen naher Umgebung, zu erfolgen. Ausgenommen blieben vorerst nur Heimschüler, Schüler der Napolas (der Nationalpolitischen Erziehungsanstalten NPEA) und der Adolf-Hitler-Schulen. Diese konnten auch überörtlich eingesetzt werden. Der Einsatz von Mädchen wurde vorerst völlig ausgeklammert.

Der Hitlerjugend wurde schließlich das Recht zugestanden, 10 Prozent der einzuziehenden Luftwaffenhelfer als Hitlerjugendführer zurückbehalten zu können. So kamen etwa Anfang 1944 von 166 neu zum Kriegshilfeinsatz vorgesehenen Schülern aus dem Reichsgau Salzburg nur 60 zum Einsatz. 106 waren von der Hitlerjugend zurückbehalten worden oder hatten den Tauglichkeitsuntersuchungen nicht entsprochen.

Hier täuscht der erste Eindruck. Tatsächlich bedeutete die Einberufung der älteren Jahrgänge der Ober- und Mittelschulen, später aber auch der Berufsschulen, einen großen Aderlaß für die Führung der Hitlerjugend, aus deren Reihen bereits eine außergewöhnlich hohe Zahl von freiwillig eingerückten Führern gefallen war. Allein bei den Bannführungen waren so viele Führungskräfte ausgefallen, daß deren Aufgaben zum Teil von Mädelführerinnen (Bannmädelführerinnen) übernommen werden mußten.

Nur für den Dienstgebrauch!

Betrifft: Luftwaffenhelfer.

1. Allgemeines.

Die Schüler der 7. und 6. Klasse der höheren und der 6. Klasse der mittleren Schulen der Geburtsjahrgänge 1926 und 1927 werden zum Kriegshilfseinsatz als Luftwaffenhelfer (Lw.-Helfer) herangezogen, sofern sie an ihrem Schulort eingesetzt werden können oder als Heimschüler einer Internatschule angehören.

Die Luftwaffe übernimmt mit dem Einsatz der Lw.-Helfer eine hohe Verantwortung. Die Lw.-Helfer sind im rechtlichen Sinne nicht als Soldaten anzusehen. Sie haben auch während des Kriegshilfseinsatzes als Schüler zu gelten. Die jungen Menschen sind stolz darauf, daß sie bereits in noch nicht wehrpflichtigem Alter für den Sieg Deutschlands im Rahmen der Wehrmacht aktiv eingesetzt werden. Diesen Stolz zu vertiefen, die Begeisterung für das Soldatische wachzuhalten und zur Wehrfreudigkeit zu steigern, ist die Aufgabe aller Vorgesetzten und Soldaten, die mit Lw.-Helfern zusammenarbeiten.

2. Zweck.

Durch den Kriegshilfseinsatz der Lw.-Helfer sollen Soldaten zum Dienst mit der Waffe und zum Dienst an allen anderen Stellen, die nicht durch Aushilfskräfte besetzt werden können, freigemacht werden. Unter keinen Umständen dürfen die Lw.-Helfer als zusätzliche Arbeitskräfte betrachtet werden.

Dienstverhältnisse der Luftwaffenhelfer.

1. Der Dienst als Luftwaffenhelfer gilt als Erfüllung der Jugenddienstpflicht. Die Betreuung der Luftwaffenhelfer durch die HJ. erfolgt nach besonderen Bestimmungen, die von der Reichsjugendführung im Benehmen mit dem Reichsluftfahrtministerium erlassen werden.

2. Einsatz: Die Luftwaffenhelfer werden nur zu einer ihrer Entwicklungsstufe entsprechenden Tätigkeit herangezogen. Der Einsatz erfolgt klassenweise am bisherigen Schulort oder in dessen unmittelbarer Umgebung. Heimschüler können geschlossen im Reichsgebiet auch außerhalb des Schulortes eingesetzt werden.

   Der Einsatz endet spätestens mit der Einberufung zum Arbeitsdienst oder zum Wehrdienst.

3. Die ärztliche Betreuung der Luftwaffenhelfer erfolgt durch Truppenärzte der Luftwaffe.

4. Die Luftwaffenhelfer erhalten freie Verpflegung, Bekleidung und Unterkunft (in gesonderten Räumen) sowie eine tägliche Abfindung von 0,50 RM.

Komm, deutscher Junge, und fliege mit uns gegen England!

Nach knapp einem Jahr wurden die Vorkämpfer Englands zu Boden geschlagen. An den Siegen über Polen, Norwegen, Holland, Belgien und Frankreich hat die deutsche Luftwaffe einen entscheidenden Anteil gehabt. Jetzt aber gilt der Kampf „England". Hierzu setzt die Luftwaffe Tag und Nacht gegen die britische Insel den Würgegriff an. Komm auch Du, deutscher Junge, zu uns und hilf mit am *Endsieg* für Deutschland unter der Parole:

Bomben auf England.

Jetzt, aber erst recht in der Zukunft braucht Deutschland ganze Kerle in der Luftwaffe, die das Herz auf dem rechten Fleck haben und die Unternehmungsgeist, Frische und Tatfreudigkeit besitzen.

Willst Du Offizier werden bei der Flieger-, Flak- oder Luftnachrichtentruppe, dann gibt es für Dich zwei Wege:

1. *Mit Reifezeugnis (Abitur, Matura):* Für die unmittelbare Einstellung als Offizierbewerber ist der Besitz des Reifezeugnisses und die Vollendung des 17. Lebensjahres Voraussetzung. *Die nächste Einstellung erfolgt voraussichtlich am 1. 10. 1941. Wünsche* für eine bestimmte Waffengattung (Flieger-, Flak-, Luftnachrichten- oder für die Ingenieuroffizierlaufbahn des Flugzeugwesens) werden berücksichtigt. Sie sind im Bewerbungsgesuch anzugeben. *Auskunft* über *Einstellungsbedingungen und Einstellungsverfahren als Offizierbewerber* erhältst Du bei allen Wehrersatzdienststellen. Auskunft jedoch über Wesen, Werdegang oder Verwendung des *Ingenieuroffiziers des Flugzeugwesens* gibt Dir der Generalluftzeugmeister. Seine Anschrift lautet: *Der Reichsminister der Luftfahrt und Oberbefehlshaber der Luftwaffe Generalluftzeugmeister G. L. / P. T., Berlin W 8, Leipziger Straße 7.*

   Wenn auch die Ableistung der Arbeitsdienstpflicht im Kriege durch die Annahme bei der Luftwaffe entfällt, so wird den Abiturienten, die im Frühjahr das Reifezeugnis erlangen, doch im eigenen Interesse angeraten, den Arbeitsdienst vom April bis Oktober *als militärische Vorschule* abzuleisten. *Dein Bewerbungsgesuch* kannst Du ab sofort an *die* „Annahmestelle für Offizieranwärter der Luftwaffe" richten, die Deinem Wohnsitz am nächsten liegt:

   Annahmestelle 1 für Offizierbewerber der Luftwaffe: Berlin-Charlottenburg 2· Uhlandstr. 191, oder Annahmestelle 2 für Offizierbewerber der Luftwaffe: Hannover · Escherstraße 12, oder Annahmestelle 3 für Offizierbewerber der Luftwaffe: München · Lerchenauerstraße 115, oder Annahmestelle 4 für Offizierbewerber der Luftwaffe: Wien XVIII · Schopenhauerstraße 44-46.

2. *Ohne Reifezeugnis:* Auch ohne das Reifezeugnis kannst Du, deutscher Junge, Offizier werden, wenn Du bei mehrmonatiger Bewährung als Soldat durch Charakter und Leistung hervorstichst und Dir durch Deine militärischen Vorgesetzten die Eignung zum Offizier zugesprochen wird. Bist Du aber in der Flieger-HJ. oder in dem NS.-Fliegerkorps vormilitärisch ausgebildet, so hast Du erst recht die Pflicht, Dich freiwillig zu melden. Wenn Du diesen Weg beschreiten willst, dann richte Dein Gesuch um Einstellung als Freiwilliger an Deine Wehrersatzdienststelle! Dort erhältst Du auch jede Auskunft über alle Einzelheiten der Einstellung sowohl als Offizierbewerber als auch als Freiwilliger.

Werbetext, abgedruckt in einem 1941 erschienenen Heft der ,,Kriegsbücherei der deutschen Jugend". Diese Hefte kamen insbesondere in den ersten Kriegsjahren in Riesenauflage heraus.

1943 befanden sich jene Mittelschüler, die plötzlich Luftwaffenhelfer wurden, bereits in einem Alter, in dem es auch für sie schon eine klare Unterscheidung zwischen Propaganda und Wirklichkeit gab. Ein Jahr später, als ein ungeheurer Bombenregen auch auf die österreichischen Städte niederging, gab es solche Texte schon lange nicht mehr. Jetzt erinnerte sich vielleicht so mancher wieder daran und wurde somit zum kritischen und zwangsläufig pessimistischen Beobachter des Zeitgeschehens.

Letzte Vorbereitungen der Schulbehörden

Um eine einheitliche Regelung der in den Bereich der Schulverwaltung fallenden Angelegenheiten des Einsatzes zu gewährleisten, wurde für jeden Luftgau ein „Sonderbeauftragter des Reichsministeriums für Erziehung, Wissenschaft und Volksbildung für den Einsatz von Luftwaffenhelfern", abgekürzt SB REM oder SB, eingesetzt. Die Institution des SB REM wurde erforderlich, weil sich die Bereiche der Schulbehörden mit denen der Luftgaue nicht deckten. Der Sonderbeauftragte des REM hatte also eine Mittlerrolle zu übernehmen und für die Abstimmung der Belange der Schule mit denen der Luftwaffe zu sorgen.

Als Sonderbeauftragte des REM wurden im Luftgau VII am 30. Jänner 1943 Ministerialrat Dr. Friedrich beim Bayerischen Staatsministerium für Unterricht und Kultus in München und für den Luftgau XVII beim Reichsstatthalter in Wien am 27. Jänner 1943 Oberschulrat Ille eingesetzt.

Tauglichkeitsuntersuchung

Da nun innerhalb von knapp zwei Wochen die Jungen eingezogen werden sollten, mußten die letzten Vorbereitungen in größter Eile durchgeführt werden.

Vor der Heranziehung hatten die örtlichen Gesundheitsämter eine ärztliche Voruntersuchung bei den kriegshilfsdienstpflichtigen Jungen vorzunehmen. Diese Untersuchung sollte lediglich eine ganz offenkundige Untauglichkeit für den Luftwaffenhelfer-Dienst feststellen. Nur wer auch für den „einfachen Bürodienst" untauglich war, blieb vom Kriegshilfsdienst als Luftwaffenhelfer freigestellt. In der für die Musterungsorgane erlassenen Anweisung hieß es u. a.: „. . . der untersuchende Arzt läßt alle Schüler vortreten, die im letzten Halbjahr länger als 14 Tage hintereinander krank waren, ferner alle Schüler, die vom Turnen und Sport teilweise oder völlig befreit sind . . .!"

Der Begriff der Untauglichkeit war auf ein verschwindendes Minimum eingeengt. Großes Gewicht wurde auf die Einhaltung der Bestimmungen des Jugendschutzgesetzes gelegt. Luftwaffenhelfer „blieben Jugendliche", obwohl sie de facto Soldaten waren. Unmittelbar nach der Einberufung nahmen die Truppenärzte die endgültige Tauglichkeitsfeststellung vor. Für die ärztliche Betreuung der Luftwaffenhelfer waren Gesundheitsbücher ähnlich jener des HJ-Gesundheitspasses anzulegen.

Elternversammlungen

Eine der wichtigsten Vorbereitungsarbeiten der Schulbehörden war die Planung der Aufklärungsversammlungen für die Elternschaft. Gewiß war schon einiges – zumindest gerüchteweise – an die Öffentlichkeit durchgesickert. Die Schulleitungen wurden angewiesen, bis 10. Februar 1943 gemeinsam mit den zuständigen Kreisleitungen der NSDAP Elternversammlungen abzuhalten. Hierzu hatte die Parteikanzlei eigene Richtlinien erlassen, um jeden Protest im Keim zu ersticken.

Dem Schulleiter kam es zu, über die schulische Seite des Einsatzes die erforderliche Aufklärung zu geben. Ein Flakoffizier des jeweiligen Luftgaukommandos hatte hinsichtlich der militärischen Aspekte dieses Kriegshilfsdiensts Rede und Antwort zu stehen, Aufgabe des Kreisleiters oder seines Stellvertreters war die politische Begründung für diesen Einsatz im Hinblick auf den „Kriegshilfsdienst" und auf das blinde Vertrauen zum Führer. Ganz besonders war auf die Verpflichtung des Staats hinzuweisen, die Jugend auch am neuen Ort vor Schaden zu bewahren. Waren so die Eltern „weichgekocht", wurden gegen Ende der Versammlungen die Heranziehungsbescheide übergeben. Das System arbeitete perfekt.

Die Aushändigung der Heranziehungsbescheide ließ sich aus technischen Gründen augenscheinlich nicht überall durchführen. Zum Teil erfolgte sie dann direkt in den Schulklassen. Der Grund hierfür lag vielfach im verspäteten Eingang der Formulare bei den Schulen. Überhaupt brachte die hektische Eile, mit der die erste Einberufung von Luftwaffenhelfern durchgezogen wurde, Schwierigkeiten mannigfacher Art.

Letzten Endes kam es noch zur entscheidenden Regelung über die direkten Zuweisungen der Luftwaffenhelfer an die Batterien:

Heranziehung von Schülern zum Kriegshilfseinsatz der deutschen Jugend in der Luftwaffe

An
Herrn / ~~Frau~~ / ~~Fräulein~~   Karl G l a s s l ,

in   W i e n , IX.,

Spittelauerplatz 5.

(als Erziehungsberechtigter des nachstehend genannten Schülers) *).

Die deutsche Jugend der höheren und mittleren Schulen wird dazu aufgerufen, in einer ihren Kräften entsprechenden Weise bei der Luftverteidigung des Vaterlandes mitzuwirken, wie dies in anderen Ländern schon lange geschieht. Schüler bestimmter Klassen des genannten Schüler sollen als Luftwaffenhelfer für Hilfsdienste bei der Luftwaffe eingesetzt werden.

Hierfür wird der Schüler   Herwig G l a s s l ,

geboren am   8. November 1927   der   Ober- Schule f. Jungen

in   W i e n , 2e., Unterberggasse 1 ,

auf Grund der Notdienstverordnung vom 15. Oktober 1938 (Reichsgesetzbl. I. S. 1441) bis auf weiteres zum langfristigen Notdienst herangezogen und der Luftwaffe zur Dienstleistung zugewiesen.

Er hat sich am   13. Februar   1943 um   8   Uhr in seiner Schule zu melden. Der Einsatz erfolgt   ~~am Schulort oder in dessen unmittelbarer Umgebung~~ **). Die
                                                           außerhalb des Schulorts
Schüler werden geschlossen der Einsatzstelle zugeführt.

Dieser Heranziehungsbescheid ist mitzubringen ***).

Die umstehenden »Anordnungen« sind genau zu beachten.

W i e n , den   1e. Februar   1943.
(Ort)   (Datum)

Dr. A i t z i n g e r m.p.
(Unterschrift des Polizei-Präsidenten, Polizei-Direktors
Oberbürgermeisters oder Landrats)

Beglaubigt.
Ecker

*) Bei Heimschülern, die im Heim wohnen, ist eine zweite Ausfertigung des Heranziehungsbescheids an den Leiter der Schule zu richten unter Streichung der eingeklammerten Zeile

**) Nichtzutreffendes ist zu streichen. Auswärtiger Einsatz kommt auch bei Heimschülern in Betracht, im Heim wohnen.

***) Bei Heimschülern ist auf der für den Erziehungsberechtigten bestimmten Ausfertigung des Heranziehungsbescheids diese Zeile zu streichen, daß der Schulleiter einen Wohnsitz für den Schüler erhält.

29

Eine Großbatterie sollte etwa 100, eine Einzelbatterie etwa 50, leichte und Scheinwerferbatterien etwa 20 Luftwaffenhelfer zugewiesen bekommen. Um den Schulunterricht so wenig wie möglich zu beeinträchtigen, sollten die Luftwaffenhelfer klassenweise den Batterien zugeteilt werden.

Schulunterricht und Schulabschluß

Die Erziehung durch die Schule und durch die Hitlerjugend „mußte gewährleistet" sein. Der Unterricht der Luftwaffenhelfer sollte von dazu bestimmten Lehrern als „Sonderführer der Luftwaffe" erfolgen. Vorgesehen war der Unterricht zumindest in den wichtigsten Fächern: Sprachen, Geschichte, Erdkunde, Naturwissenschaften und Deutsch mit zwei zusätzlichen Wochenstunden Mathematik. Jedenfalls war ein mindestens achtstündiger Unterricht pro Woche anzustreben. Nach Erreichen der Arbeitsdienstpflicht sollte der Luftwaffenhelfer zum Reichsarbeitsdienst (RAD) abgestellt werden. Bei Ausscheiden aus dem Kriegshilfsdienst sollte den Luftwaffenhelfern eine Bescheinigung über ihr militärisches Verhalten und ihre Schulerfolge ausgestellt werden. Bei zufriedenstellender Führung sollten die Luftwaffenhelfer nach Erreichen des Zeitpunkts, zu dem sie unter normalen Umständen die Reifeprüfung hätten ablegen können, in das Zeugnis einen Vermerk ihrer Schule erhalten, der die gleichen Rechte einräumen sollte wie das Reifezeugnis. Die Zulassung zum Hochschulstudium setzte ferner ein Vorsemester voraus, das aber in die normale Studienzeit einzurechnen war.

DIE ERSTE EINBERUFUNGSWELLE

Mitte Februar 1943, als sich in Deutschland das ernsthafte Aufbegehren einer jungen Generation in der Gruppe der „Weißen Rose" manifestierte, erfolgten die ersten Einberufungen. Sie trafen die künftigen Luftwaffenhelfer keinesfalls unvorbereitet. Immerhin waren Mittelschüler so wie alle anderen Angehörigen der Hitlerjugend schon jahrelang an alle möglichen „Einsätze" gewöhnt. Haus- und Straßensammlungen des Kriegswinterhilfswerks (KWHW), Altmetallsammlungen, Verwundetenbetreuung in den Spitälern usw. und meist einwöchige „Ausbildungslager" in Heimen oder Zelten, die meist nicht nur in den Ferien stattfanden, wurden, zumindest in den Anfangsjahren, von Elf- bis 16jährigen nicht ungern mitgemacht. Von Ferienlagern in landschaftlich schön gelegenen Gebieten an gab es fast alles, was einer vormilitärischen Ausbildung gleichkam: Bergsteigen und Schifahren in den Alpen, Geländekunde in allen möglichen Teilen Österreichs, Schwimmen, Rudern und Segeln an Alpenseen, Segelfliegen, etwa am Spitzerberg bei Deutsch-Altenburg, sowie Reit- und Gespannfahrlehrgänge in Schloßhof. Letzten Endes war die Hitlerjugend eine Jugendorganisation, der jeder der Zehn- bis 18jährigen angehörte. Sogar die „Wiener Sängerknaben" bildeten eine eigene Gruppe der Wiener Hitlerjugend.

Ab 1942 waren Ernteeinsätze der Hitlerjugend durchaus üblich, 1943 kam schockartig der Einsatz der HJ-Gruppen bei Aufräumungsarbeiten nach Luftangriffen dazu. Bis zu einem gewissen Grad war „man" also schon abgehärtet. Die Kriegsjahre hatten ihre Auswirkungen auch auf die Heranwachsenden gezeigt. Ein Einsatz von der Schulbank weg zur Flak war aber doch etwas, das den bisherigen Rahmen sprengte.

Die Heranziehung zur Flakartillerie als Luftwaffenhelfer war im Grunde genommen nichts anderes als eine der ersten anlaufenden Maßnahmen des „totalen Kriegs", der nicht zuletzt unter dem Eindruck der Entwicklung auf dem nordafrikanischen Kriegsschauplatz und der schweren Niederlage von Stalingrad am 17. Februar 1943 im Berliner Sportpalast von Goebbels ausgerufen worden war.

Entsprechend den jeweiligen Verteidigungsschwerpunkten erfolgten die Bedarfsmeldungen der Luftgaukommandos über den damals für die Reichsluftverteidigung zuständigen Luftwaffenbefehlshaber Mitte an das Reichserziehungsministerium.

Für die erste Einberufungswelle wurden mit Ausnahme von Tirol-Vorarlberg (Schwerpunkte Innsbruck, Brennerstrecke) für die zur Zeit vorhandenen 15 schweren, 34 Sperrfeuer-, 31 leichten und 9 Scheinwerferbatterien im Luftgau XVII zunächst 2 248 Luftwaffenhelfer angefordert.

Für den Luftgau XVII meldete der Schulbeauftragte Ille: „Die Stimmung bei den Jungen begeistert!"

Im Luftgau XVII wurden am 15. Februar 1943 von den ursprünglich angeforderten 2 248 Schülern schließlich 1 394 aus den höheren Schulen zum Kriegshilfseinsatz bei der Luftwaffe geholt. 850 Jungen kamen aus den 6. Klassen, 544 aus den 7. Klassen. Zur Flakgruppe Linz wurden im Februar 1943 auch 400 ukrainische Gymnasiasten der 6. und 7. Klassen eingezogen.

Das von den Luftgauen VI, VII, XI, XII und XVII insgesamt angeforderte Soll von 28 160 kriegshilfsdienstpflichtigen Schülern konnte also zuerst mit der Einberufung von 17 111 Jungen zu 60 Prozent, bis 19. April 1943 schließlich zu 80 Prozent abgedeckt werden.

Aufgrund der Notdienstverordnung wurde die Hitlerjugend während des Kriegs vermehrt zu sozialen
Einsätzen herangezogen. Eine Verwendung im Ka-
tastropheneinsatz war selbstverständlich. Nach Beginn des Luftkriegs wurden beispielsweise vom
BDM in den Bannen (Bezirken, damals „Kreisen") aus jeweils 100 und mehr Mädeln die Ein-
satzscharen aus BDM-Einheiten gebildet, deren
Mitglieder nach Luftangriffen freigestellt werden
mußten. Offiziell zum Gesundheits-, Nachrich-
ten(übermittlungs)- und Haushaltsdienst bestellt,
wurden diese Mädelscharen ebenso wie die gleichaltrigen Jungen vermehrt zum Bergedienst eingesetzt.

15. Februar 1943. Kagran, Karl-Kaserne, und Wien, Trostkaserne. Hochnebel, Temperatur 17 Minusgrade. In den beiden Wiener Kasernen Troststraße und Kagran werden die ersten Luftwaffenhelfer eingezogen.

Kaserne, am 16.2.

Liebe Mutter!

Sind heute eingekleidet worden, der Rock und die Hose sind ziemlich alt, aber doch noch recht gut erhalten. Mein Mantel ist naglneu aus der Fabrik gekommen. Auch Stahlhelm und zahlreiche andere Geräte faßten wir.

Werde Freitag, gegen ½ 4 auf einige Stunden nach Hause kommen. Dazu brauche ich eine H.-J.-Armbinde. Bitte kaufe eine. Du brauchst nur zu sagen, ich sei Luftwaffenhelfer. Richte bitte mein H.-J.-Koppel oder kaufe eines, denn wir haben hier keine Koppeln gefaßt.

Wie geht es dem Vater und Großvater und Tante? Hoffentlich gut. Nun verbleibe ich mit vielen Grüßen

Dein Sohn
Günter

34

Als Uniform gab es gewissermaßen ein Kuriosum, das auf Anhieb die meisten der neuen Luftwaffenhelfer enttäuschte. Empfangen wurde eine Art Neuschöpfung in der Zeit der damaligen Uniformierungstendenz: Die Luftwaffenhelfer erhielten die normale blaugraue Uniform der Flieger-HJ, Bluse und Hose mit Luftwaffenschiffchen bzw. Schirmmütze und Luftwaffenkoppelschloß. Auf der rechten Brustseite wurde ein Stoffdreieck mit eingesticktem blauem Luftwaffenadler und den Buchstaben LH aufgenäht. Zu dieser Uniform mußte am linken Oberarm die Hakenkreuzarmbinde der Hitlerjugend getragen werden – etwas, das viele enttäuschte und später nicht immer eingehalten wurde. Wenn schon bei den Soldaten, so wenigstens in Ehren und nicht mit dem 1943 bereits manchem verhaßten Emblem eines – wie die meisten neuen Luftwaffenhelfer es jetzt sahen – nationalsozialistischen Zwangskindervereines.

An Bekleidung bzw. Ausrüstung kam dann noch die 2. und 3. Garnitur und unter anderem Luftwaffenrucksack, Stahlhelm und Gasmaske hinzu. Gewehre gab es nur in manchen Batteriestellungen, fast immer Beutewaffen meist französischer Herkunft. Die späteren Einberufungsgruppen erhielten häufig eine bereits der vorgeschrittenen Kriegszeit entsprechende modifizierte Uniform, vereinfacht auf normale blaugraue Luftwaffenbluse und nicht selten von den roten Umrandungen der Flak abweichende Farbränder auf den Schulterklappen, die letzten Endes nicht mehr so genau genommen wurden. Kragenspiegel wurden in der Regel keine getragen.

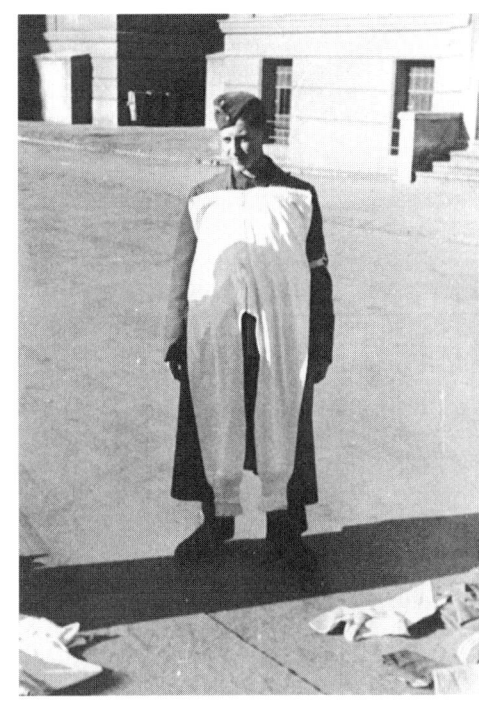

Wien, Karl-Kaserne. Einkleidung von Luftwaffenhelfern der ersten Einberufungswelle (15. Februar 1943). Skepsis bei den künftigen Ausbildern.

In den Wiener Kasernen Kagran und Troststraße begann 1943 und 1944 der Weg zahlreicher Luftwaffenhelfer. Auch bei der Einkleidung lief alles so ab, wie es beim preußischen Kommiß gar nicht anders sein konnte. Der übliche Monolog des Kammerbullen lautete: ,,Paßt, der nächste!" – stur und knapp.

Die ersten Tage bei den Batterien

Bei dem in so knapper Zeit vom Planungsstadium in die Wirklichkeit umgesetzten Kriegshilfseinsatz konnte man gerade zu Beginn vieles nur improvisieren. So hatten die meisten der im Februar 1943 einberufenen Luftwaffenhelfer einen Großteil ihrer Bekleidungs- und Ausrüstungsgegenstände selber mitzubringen, und zwar:

1 HJ-Winteruniform (soweit vorhanden)
1 Paar Schuhe
2 Hemden (möglichst Braunhemden)
2 Unterhemden
3 Unterhosen
1 Leibriemen (soweit vorhanden: Hosenträger)
1 Paar Handschuhe
1 Sporthemd (soweit vorhanden)
1 Sporthose
Aus Truppenbeständen wurden ergänzt:
1 Mütze
1 Bluse
1 Hose
1 Paar Schnürschuhe
1 Hemd, blaumeliert, 2 Klappkragen
1 Binder
1 Erkennungsmarke
1 Personalbuch
1 Feldflasche
1 Gasmaske
1 Brustbeutel
3 Taschentücher
1 Fahrtenmesser
1 Eßbesteck
1 Kamm
1 Zahnbürste
1 Rasierzeug
1 Brotbeutel
1 Vorhängeschloß
1 Unterhose
2 Paar Strümpfe
1 Mantel
1 Drillichhose und Rock oder Arbeitsschutzanzug
1 Rucksack
2 Mannschaftsdecken
2 HJ-Armbinden
1 Garnitur Reinigungsbürsten

Ab Mitte 1943 entfiel dann die „Selbstversorgung", und die alten wie auch die neu einzuziehenden Luftwaffenhelfer wurden voll aus Truppenbeständen ausgerüstet.

Einkleidung
Das (stets amüsante) Einkleidungsritual der angehenden Luftwaffenhelfer vollzog sich nach preußischer Norm. Die Einkleidung erfolgte zumeist in viel zu großen Drillichen und Uniformen, begleitet vom üblichen Auftritt des „Kammerbullen", so daß es später in der Regel dem Tausch untereinander vorbehalten blieb, einigermaßen passende Strümpfe, Unterwäsche, Uniformen, vor allem aber Schuhe und Stahlhelme zu ergattern.

Auch der Tod war reglementiert
Jeder Luftwaffenhelfer erhielt beim Empfang seiner Ausrüstungsgegenstände auch eine Erkennungsmarke. Ein vor der üblichen Nummer eingestanztes B – allerdings nicht immer – wies den Träger als Angehörigen des Wehrmachtsgefolges aus.
Die Bestimmungen über den Kriegshilfseinsatz enthielten zudem genaue Richtlinien für die Überführung und Beisetzung gefallener und verstorbener Luftwaffenhelfer: Danach erhielt die Reichsbahn pro Achse und Kilometer 0,25 RM für eine derartige Überführung ersetzt.
Die Überführung hatte auf „billigstem Wege" zu erfolgen, nämlich in einem gut abgedichteten Holzsarg, dessen Boden mit einer 5 bis 10 cm starken Saugschicht aus Torfmull oder Sägespänen bedeckt sein mußte.
Den Angehörigen wurde für Sarg- und Beerdigungskosten ein Betrag von 150 RM erstattet, und für die Beschaffung eines Grabsteins wurden weitere 50 RM gewährt. Im übrigen waren gefallene oder verstorbene Luftwaffenhelfer nach den gleichen Bestimmungen beizusetzen, wie sie für Wehrmachtsangehörige galten. Die örtlichen Partei- und Hitlerjugend-Dienststellen waren wegen Abordnungsstellung vom Beerdigungstermin zu verständigen.

„Mittwoch, 17. 2. 43
Endlich werden wir eingekleidet als letzte Aufsicht. Wir erhalten eine ganze Menge Klamotten, leider aber Flieger-HJ-Ausgehuniform. Das wurmt uns. Das Schifferl, das Koppelschloß und das Hemd mit der Krawatte sind prima. Nachmittags Untersuchung durch den Oberstabsarzt. Er findet mich kräftig."

Selbst die Erkennungsmarken waren uneinheitlich. Obwohl Angehörige der gleichen Batterie und des gleichen Jahrgangs, gab es für Luftwaffenhelfer auch unterschiedliche E-Marken. Ganz oben eine Kennzeichnung, die es eigentlich in keiner Verordnung oder Verfügung gab.

Luftwaffenhelfer verschiedener Wiener Batterien.

Luftwaffenhelfer mit Flieger-HJ-Mütze . . .

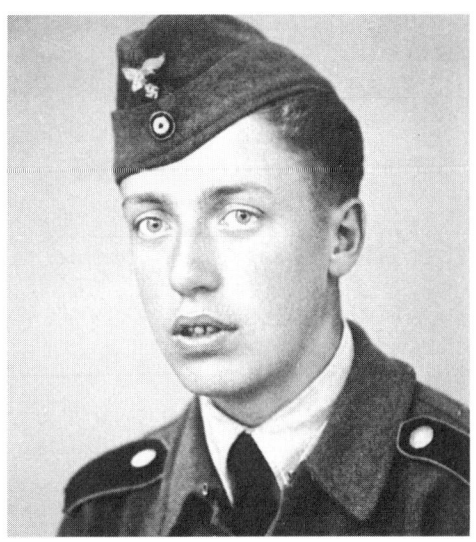

. . . und Luftwaffen-Schiffchen.

37

PERSONALBUCH

Nr. 028

für

den Luftwaffenhelfer

Walter Vlk

ab:	1. 10. 1944	*Luftwaffenoberhelfer*
(Datum)		(neuer Dienstgrad)

3./schw. Flakabteilung 696 (O)
f. z. b. V.-Batterie 6412 / B 28

Erkennungsmarke: _____

Blutgruppe: _____

Gasmaskengröße: 3

---

geb. am: *26. Juni 1928* in: *Wien*
(Ort, Kreis, Verw.-Bezirk)

Religion: *r. kath.*

Personalbeschreibung:

Größe: *1.76*   Gestalt: *schlank*

Gesicht: *oval*   Haar: *d. blond*

Augen: *braun*

Besondere Kennzeichen (z. B. Brillenträger): *keine*

Vlk Walter
(Vor- und Zuname, eigenhändige Unterschrift des Inhabers)

Die Richtigkeit der Angaben auf Seiten 1 und 2 und der eigenhändigen Unterschrift des Inhabers bescheinigt

den *1. März 1944*

schw. z. b. V.- Batterie 6412
(Ausstellender Truppenteil, Dienststelle)

(Eigenhändige Unterschrift und **Oberleutnant und Battr.-Chef**
Dienststellung des Vorgesetzten)

2

A) Zuletzt besuchte Schule und Klasse: *Staat.-Oberschule für Jungen, Wien V./55, Reinergasse 39. Kl. 6*

B) Letzte HJ.-Einheit: *Bann 502/J.7.*

Sonderausbildung bei der HJ.: *Hortvolk*

C) Truppenteil bzw. Dienststelle *):

von	bis	Truppenteil bzw. Dienststelle
3.7.1944	19.4.44	*schw. z. b. V.- Batterie 6412*
20.4.44	27.3.45	**3./schw. Flakabteilung 696 (O)**

Eintragung von Schlacht- u. Gefechtsbezeichnungen s. Seite 18
*) Vom Truppenteil bzw. von der Dienststelle einzutragen und bei Versetzungen
zu einem anderen Truppenteil bzw. einer anderen Dienststelle derart abzu-
ändern, daß die alten Angaben nur durchstrichen werden, also leserlich bleiben.

3

Anschriften
der nächsten lebenden Angehörigen

des *Walter Vlk*
(Vor- und Zuname)

1. Eltern. Vor- und Zuname des Vaters:

Johann Vlk

Stand oder Gewerbe: *Straßenmeister*

Vor- und Mädchenname der Mutter: *Theresia Bauer*

12a   Wohnort (Kreis): *Wien XII*

Straße, Haus-Nr.: *Feichergasse 39*

2. Gesetzlicher Vertreter oder Verwandte *) (falls Eltern verstorben oder nicht erziehungsberechtigt):

Vor- und Zuname: _____

Stand oder Gewerbe: _____

Wohnort (Kreis): _____

Straße, Haus-Nr.: _____

*) Ausfüllung nur, wenn 1. nicht ausgefüllt ist.

4

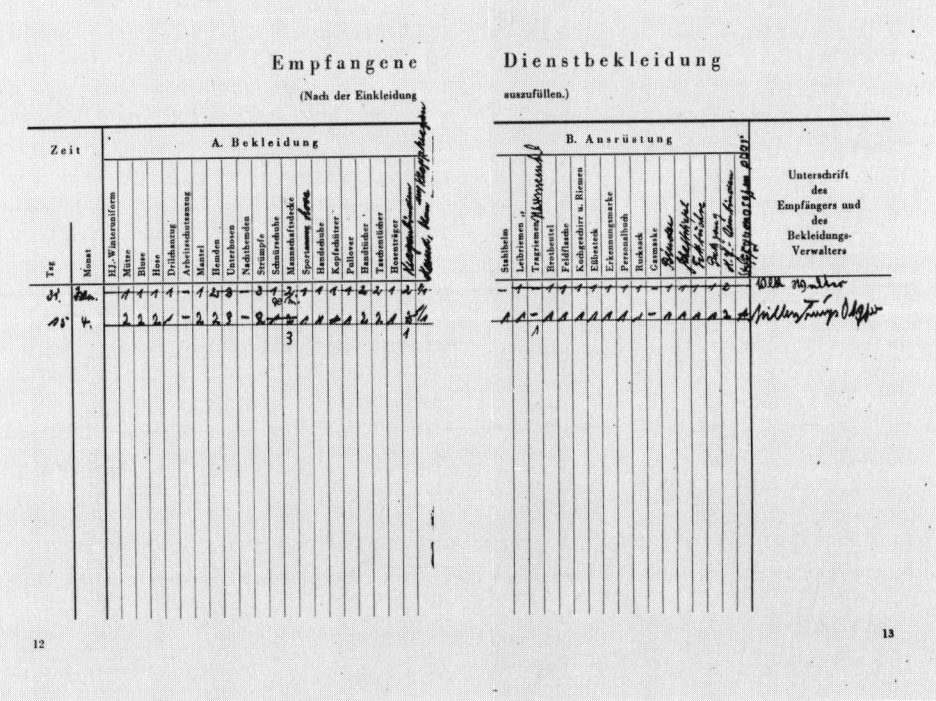

Empfangene   Dienstbekleidung

(Nach der Einkleidung   auszufüllen.)

Zeit		A. Bekleidung																					
Tag	Monat	HJ.-Winteruniform	Mütze	Bluse	Hose	Drillichanzug	Arbeitsüberzanzug	Mantel	Hemden	Unterhosen	Nachthemden	Strümpfe	Schnürschuhe	Mannschaftsdecke	Sporzeug / Hosen	Handschuhe	Kopfschützer	Pullover	Handtücher	Taschentücher	Hosenträger		
31.	Jan.	1	1	1	–	1	2	3	3	1	2	4	1	1	1 (2 Stck.)	1	2	1	2	1	2		
15.	4.	2	2	2	–	2	2	3	–	2	–	4	1	1	3	1	1	1	2	2	1	2 1	

B. Ausrüstung													Unterschrift des Empfängers und des Bekleidungs-Verwalters
Stahlhelm	Lehrriemen /	Tragriemen /	Brotbeutel	Feldflasche	Kochgeschirr u. Riemen	Eßbesteck	Erkennungsmarke	Personalbuch	Rucksack	Gamasche			Will. Müller
	1	1	1	1	1	1	1	1	–	1	1	1	Müller Trupp Osf.

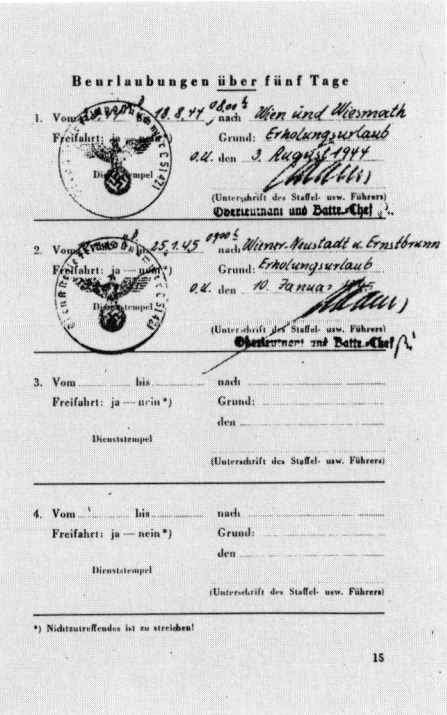

Beurlaubungen unter fünf Tagen

5. Vom _____ bis _____ nach _____
Grund: _____
den _____

Dienststempel

(Unterschrift des Staffel- usw. Führers)

6. Vom _____ bis _____ nach _____
Grund: _____
den _____

Dienststempel

(Unterschrift des Staffel- usw. Führers)

Auszeichnungen

Bezeichnung der Orden usw.	verliehen am	durch Verfügung usw.
Kampfabzeichen der Flakartillerie	8.1.1945	Verl.-Urkunde No 24. Flak-Division
		Oberleutnant und Battr.-Chef
Abzeichen: Schießauszeichung der Flakartillerie	29.12.1944	Geb.-kgro. Paushenwald -Kdt. No 9
		Oberleutnant und Battr.-Chef

Beurlaubungen über fünf Tage

1. Vom _____ 18.8.44 nach Wien und Wiesmath
Freifahrt: _____ Grund: Erholungsurlaub
O.U. den 3. August 1944

(Unterschrift des Staffel- usw. Führers)
Oberleutnant und Battr.-Chef

2. Vom _____ 25.1.45 nach Wiener-Neustadt u. Ernstbrunn
Freifahrt: ja — nein Grund: Erholungsurlaub
O.U. den 10. Januar 1945

(Unterschrift des Staffel- usw. Führers)
Oberleutnant und Battr.-Chef

3. Vom _____ bis _____ nach _____
Freifahrt: ja — nein*) Grund: _____
den _____

Dienststempel

(Unterschrift des Staffel- usw. Führers)

4. Vom _____ bis _____ nach _____
Freifahrt: ja — nein*) Grund: _____
den _____

Dienststempel

(Unterschrift des Staffel- usw. Führers)

*) Nichtzutreffendes ist zu streichen!

15

Luftwaffenhelfer-„Eid"

Der Einkleidung folgte nach wenigen Tagen die Verpflichtung. Die Luftwaffenhelfer wurden nicht vereidigt, sondern hatten bloß im Rahmen eines militärischen Zeremoniells ein feierliches „Versprechen" abzugeben:

Verpflichtungsformel:
„Ich verspreche,
als Luftwaffenhelfer
allzeit meine Pflicht zu tun,
treu und gehorsam,
tapfer und einsatzbereit,
wie es sich für einen Hitlerjungen geziemt."

Der völkerrechtliche Status der Luftwaffenhelfer

Die Reichsjugendführung bemühte sich darum, den Kombattantenstatus der Luftwaffenhelfer juristisch geklärt zu wissen.

Der begutachtende Völkerrechtler mußte allerdings einräumen, daß für nicht im Einsatz stehende Luftwaffenhelfer die Gefahr nicht auszuschließen wäre, vom Gegner unter Umständen als Freischärler behandelt zu werden.

Das Reichsministerium des Innern zeigte sich von diesem Gutachten nicht befriedigt und sah keine Gewähr dafür, daß der Gegner den Stahlhelm als ausreichend zur Kenntlichmachung der Kombattanteneigenschaft der Luftwaffenhelfer betrachten sollte, da der Stahlhelm auch von vielen zivilen Einrichtungen, wie Polizei, Feuerwehr, Luftschutz usw., benutzt werde.

Schließlich wurde noch zusätzlich eine gelbe Armbinde für die Luftwaffenhelfer gefordert, die dauernd getragen und daher fest an die Uniform angenäht werden sollte. Es kam aber nicht dazu.

Luftwaffenhelfer von Wiener Batterien. – Oben: Batterie Haschhof (5./288); E-Messer mit ihren vorschriftsmäßigen Sonnenbrillen.

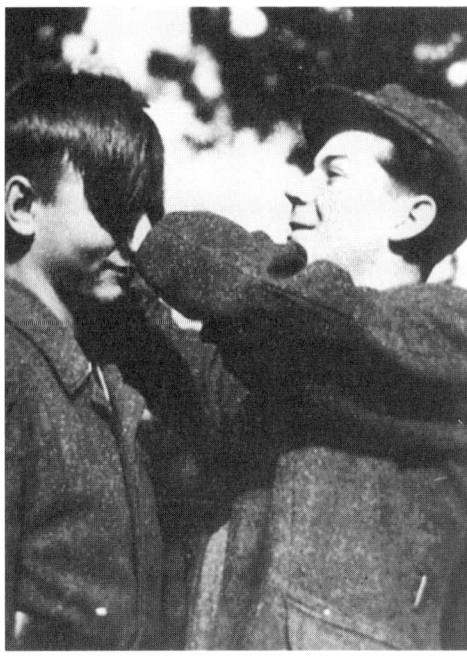

Linke Seite und oben: Luftwaffenhelfer der schweren Flakbatterien Schwechat-Ost (1./807), Eichkogel (2./533) und Groß-Enzersdorf (4./288).

. . . mit einem derartigen Haarschnitt lief man nicht lange herum . . .

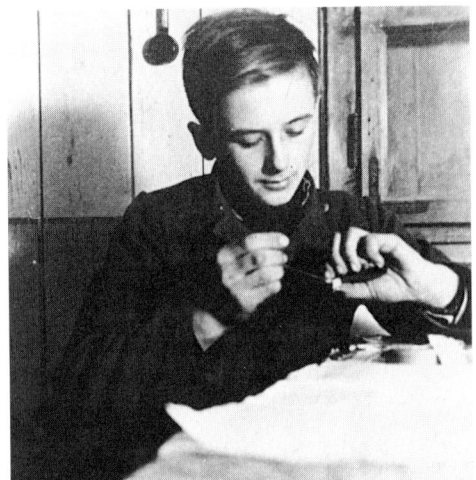

„Bald erschienen vor versammelter Mannschaft einige Offiziere niederen Dienstgrades, die uns musterten, und, soweit ich glaube, sie erweckten den Anschein, als seien sie etwas unschlüssig diesbezüglich, was sie mit uns beginnen und wie sie uns behandeln sollen. Die Klassenvorstände standen abseits von uns, die meisten von ihnen schienen etwas traurig zu sein, nur wenige von ihnen, wahrscheinlich die Nationalsozialisten, blickten wohlwollend und siegessicher drein.

Nun stellte sich ein schlanker Leutnant namens Schultz als Ausbildungsoffizier vor. Er stamme aus Berlin, und sein Vater sei ebenfalls Berufsoffizier, und er müsse ihn gegebenenfalls auch dienstlich als ‚Herr Major' ansprechen. Für uns Buben war diese Art von Etikette natürlich ungewohnt und neu, welcher Umstand natürlich in uns Eindruck erweckte. Dieser Leutnant war faktisch der erste Offizier, mit dem wir zu tun hatten, und wir lernten ihn als intelligenten Menschen und geradezu als Vorbild kennen.

Ganz besonders einen guten Eindruck hinterließ bei uns die Offiziersuniform, die jedenfalls einen guten Körperbau manchmal auch nur vortäuschte, aber sich sonst von der Mannschaftsuniform wunderbar abhob. Sie erweckte in uns geradezu die Sehnsucht, auch eine solche zu besitzen und Offizier zu sein. Man stellte sich hiebei den Himmel auf Erden vor, denn man glaubte, er könne unbedingt befehlen und Anordnungen treffen, während die anderen herumlaufen mußten. Man erwartete in solch einer Offiziersstellung die Freiheit von allem."

Luftwaffenhelfer der Batterien Himmelhof (5./ 532) und Schwechat-Ost (oder Fischamend?).

Wien, Karl-Kaserne, 15. Februar 1943. Die künftigen Batteriechefs.

Oben: Flakoffiziere in der Karl-Kaserne.
Links: Die Obersten Grieshammer und Schwertfeger der 16. Flakbrigade (später 24. Flakdivision) Wien.

„Nach Abschluß der sechswöchigen Ausbildung am Malsi-Gerät fand unsere Vereidigung statt. Ein Podium wurde auf dem Hof aufgestellt, und wir mußten ordnungsgemäß adjustiert mit Stahlhelm auf dem Kopf antreten. Eine Menge von Offizieren jeden Ranges, an der Spitze der damalige Kommandeur der Wiener Flakdivision [richtig: ‚16. Flakbrigade'; sie wurde erst im Dezember 1944 zur 24. Flakdivision], Oberst Grieshammer, war eingetroffen. Grieshammer hielt eine zündende Ansprache mit bayerischem Einschlag, und dann gab es einen Vorbeimarsch, wobei manchen von uns Luftwaffenhelfern der Stahlhelm sehr drückte und den kleineren Köpfen die Ohren etwas abbog."

„Donnerstag, 18. 2. 43
Heute ist ein großer Tag für uns. Wir werden verpflichtet durch den Brigadekommandeur Oberst Grieshammer. Anschließend Vorbeimarsch. In den Ohren immer noch: ‚Ich verspreche . . . als Luftwaffenhelfer . . .‘ und die Marschmusik. Dann geschlossener Ausmarsch aus der Kaserne. 700 Luftwaffenhelfer marschierten mit Musik samt ihren Ausbildern in den neuen unbekannten Uniformen durch die Straßen der Stadt. Die Leute staunen, und wir sind stolz wie die Kaiser. Wir besichtigen die Batterie am Wienerberg. Nachmittag erster Ausgang. Bei der Rückfahrt weigert sich der Schaffner, uns Wehrmachtsfahrscheine zu geben. Das macht die verdammte HJ-Armbinde. Wir sind aufgebracht!"

Wien, Vereidigung der Luftwaffenhelfer im März 1943.

DIE AUSBILDUNG

Nach dem üblichen Anfangszeremoniell, dem Vorstellen des Batteriechefs bzw. Batterieführers, dem Bekanntmachen mit den Unteroffizieren und deren Funktionen, zuletzt mit dem Einweisen in die Aufgaben der Batterie und dem Erlernen der wichtigsten militärischen Grundbegriffe begann die eigentliche Ausbildung. Zunächst erfolgte die Grundausbildung, wie sie jeder mitmachen mußte, der in eine Uniform gesteckt wurde: Exerzieren, Kommandosprache, Grüßen und Grußpflicht – für Luftwaffenhelfer als Angehörige der Hitlerjugend war der Deutsche Gruß mit ausgestrecktem erhobenem rechtem Arm verpflichtend –, allgemeine Waffenlehre, Rangabzeichen und Auszeichnungen, politischer Unterricht, theoretische Grundlagen der Flakartillerie, Einteilung der Flakverbände, Geschütztypen, Flugzeugerkennungsdienst, Kasernen-, Stuben- und Spindordnung, Körper- und Gerätepflege u. a. m.

Als erstes ist einmal zu lernen, daß der Mensch nie langsam geht ...

Später ging man dann zur Spezialausbildung über. Diese war kurz und konzentriert, Dauer zwischen zwei Wochen und zwei Monaten. Viele kamen schon nach wenigen Tagen ans Geschütz. Geschütz- und Geräteexerzieren, das sogenannte „Batterieexerzieren“, bei dem man den Ernstfall übte, wurden ebenso forciert wie Flakschießlehre

> *„Ab ging es in die Stuben, unsere Klasse (15 Mann) eilte mit den Koffern, heftig angefeuert durch Zurufe der Unteroffiziere als zukünftige Gruppenführer, in den 3. Stock. Eine erhebliche Unordnung im Zimmer mit acht Felddoppelbetten nebst Waschraum, ausgestattet mit Blechwannen und versorgt mit eiskaltem Wasser für unsere Ermunterung, erwartete uns. Stroh aus den Strohsäcken lag weit verstreut bis auf die Gänge hinaus, denn die statt uns abziehenden Soldaten hatten offenbar keine rechte Lust mehr, die Stube für uns Schuljungen rein zu machen.“*

einschließlich Ballistik und die komplizierten Rechensysteme der Kommandogeräte. Auch der Unterricht im Flugzeugerkennungsdienst war wegen der Vielfalt der feindlichen Flugzeugtypen und ihrer charakteristischen Merkmale willkommen, konnte man sich doch dabei auch ein wenig ausruhen und entspannen. An den Geschützen mußten die Funktionen und Handgriffe aus dem Effeff beherrscht werden. Jeder kannte seine Bedienungsanweisung Wort für Wort. Beim sogenannten Stationsexerzieren wurde dies laufend überprüft. Gleiches galt für die Funkmeßgeräte, die Malsi-Umwertung und das Kommandogerät. Die infanteristische Ausbildung war knapp, das Fußexerzieren dafür stärker vertreten. Der Dienst mit Gasmasken fand keinerlei Sympathie. Das nächtliche Wacheschieben – erst ab Herbst 1944 vonnöten – wurde am liebsten zu zweit ausgeübt. Die Bewaffnung mit Gewehren gab es nicht in jeder Batterie.

Übung und nochmals Übung war das A und O der Ausbildung; Schnelligkeit (Schweiß) spart Blut, war das Motto, und das entschied über Leben und Tod. Es zeigte sich schon bald, daß die aufgeweckten Jungen den alten Stammannschaften in den Batterien überlegen waren, was sich bei Übungsvergleichen mit dem Sekundenzeiger feststellen ließ. Die jungen „Spunde" hatten ihr Geschütz nicht nur schneller feuerbereit, sondern beseitigten auch angenommene Hemmungen an der Waffe rascher. Der Einsatz, auch unter härtesten Kampfbedingungen, bewies dann auch bald ihr Durchstehvermögen und ließ sie als vollwertige Soldaten Anerkennung finden.

Zur Ausbildung läßt sich ganz allgemein sagen, daß manche Ausbilder, sowohl Offiziere wie Unteroffiziere, absolut kein Gefühl und kein Verständnis dafür hatten, daß es sich bei den Luftwaffenhelfern um junge Leute handelte, die eigentlich zu den Eltern und in die Schule gehörten und nicht auf einen Kasernenhof oder in eine Batteriestellung. Sie maßten sich Rechte an, die ihnen gar nicht zustanden, und vollzogen häufig die Ausbildung in einer Weise, die den von oben festgesetzten Richtlinien widersprach. Wem die Liebe zur Jugend fehlte und wer kein Verständnis für den einen oder anderen

Studentenulk aufbrachte, der reagierte bei gegebenem Anlaß und bei gegebener Möglichkeit natürlich schnell mit Härte und Gewalt. Das Prinzip der kollektiven Schuld, getarnt mit dem Mäntelchen von Gemeinschaft und Kameradschaft, führte oft zu sinnlosen „Schleifereien", schon bei geringsten Vergehen, die noch dazu meist gar nicht beabsichtigt waren oder durch Unkenntnis und mangelnde Erfahrung zustande kamen. Beschwerden vorzubringen war nicht immer leicht, da die Luftwaffenhelfer über ihre Rechte viel zuwenig informiert waren und sich schließlich bald den allgemeinen Grundsatz aneigneten: „Nur nicht auffallen!" Die Dienstanweisung vom 26. Jänner 1943, welche u. a. die Rechte der Luftwaffenhelfer enthielt, lief ja unter dem Titel „Nur für den Dienstgebrauch" und landete meist in der Schreibstube des Batteriechefs. Der von der Hitlerjugend aus den Reihen der Luftwaffenhelfer bestellte – nicht gewählte – Mannschaftsführer hätte sich hier einsetzen können, tat es aber aus Selbsterhaltungstrieb meist nicht.

Die Unbekümmertheit der Jugend, zu der häufig die Erkenntnis der geistigen Überlegenheit gegenüber rangniedrigen Flaksoldaten kam, warf oft Probleme auf. Ein allfälliger Studentenulk brach nicht selten das rauhe und unbarmherzige Kommißsystem. Übliche Strafen trafen mit Gesetzmäßigkeit fast immer Schuldlose.

> *„.... unsere Ausgangsuniform ein Gemisch aus Hitlerjugenduniform und Wehrmachtsuniform, ein Phantasieprodukt! In unserem Alter wollte man zwar die vielleicht noch härtere Ausbildung für aktive Soldaten nicht erfahren, doch sahen wir uns gerne in einer ordentlichen Soldatenuniform. Waren wir doch von unseren älteren Angehörigen, die bereits Soldaten waren, an eine Uniform gewöhnt, und wir wollten uns keinesfalls zurückgesetzt fühlen!"*

"Sehnsüchtig erwarteten wir immer das Wochenende, denn Samstag mittag bis Sonntag abend durften wir, als in Ausbildung stehend, heimfahren. War das ein schönes Ereignis, wenn wir Samstag vormittags nur das sogenannte ‚Revierreinigen‘ veranstalten mußten und in der Folge abhauen konnten. Gefürchtet war nur die allfällige Einteilung zum Luftschutzdienst in der Kaserne. Diese Leute wurden jeweils auf ein schwarzes Brett dann geschrieben, wenn sie während der Woche irgendwie ‚aufgefallen‘ waren. Unter ‚aufgefallen‘ verstanden wir damals ein abweichendes Verhalten im Dienst und eine folgende Beanstandung durch irgendeinen ‚Machthaber‘. Das war auch bereits dann der Fall, wenn man sich nicht in der normalen ‚Geschwindigkeit‘ auf den Gängen oder am Hofe bewegte. Jedenfalls mußte der Torposten rechtzeitig in Deckung gehen, wenn sich die Masse von uns Luftwaffenhelfern durchs Kasernentor ins Freie bewegte, gegebenenfalls wäre er von uns niedergestoßen worden."

„Die Unteroffiziere als unmittelbare Ausbilder waren durchschnittlich zu verkraften und unsere Gruppe hatte besonderes Glück, den erst Unteroffizier gewordenen Königs aus Bonn am Rhein zu bekommen. Ein freundlicher junger Mann, glaublich im Alter von 24 Jahren, mit dem wir in der Folge sehr zufrieden waren, und er sollte uns auch nach der Ausbildung in die Stellung begleiten.

Wir verblieben sechs Wochen zur Ausbildung in der Kagraner Kaserne. Wir hatten unsere Kenntnisse auf dem sogenannten Umwertegerät ‚Malsi‘ zu erwerben, während die andere Hälfte der insgesamt 400 Luftwaffenhelfer bereits am dritten Tag zu den einzelnen Kanonenbatterien abkommandiert wurde. Die Verpflegung war als gut zu bezeichnen, wenngleich auch mancher von uns das Mittagessen kaum erwarten konnte. Ich zum Beispiel kann mich noch erinnern, daß es einige Tage gegeben hat, wo ich kein Brot mehr hatte und gegen 11 Uhr bereits einen Wolfshunger hatte. Das waren jedoch nur Einzelfälle, im gesamten waren wir aber zufrieden.“

Die ersten Tage der neuen Luftwaffenhelfer. Ein Appell löst den anderen ab. Aus diesen Schülern sollen vorerst einmal Menschen gemacht werden ...

„Samstag, 20. 2. 43
Heute werden wir von den einzelnen Batterien abgeholt. Ein Schlag ins Gesicht: Wir kommen nach Schwechat. Das ist ungefähr am weitesten entfernt von unserer Schule. Wir fluchen auf den Oberschulrat Ille, der daran schuld ist. Vorher sind wir noch geimpft worden. Unangenehm. Wir haben am Abend alle Fieber bekommen. Die Ausbilder in der Kaserne waren prima. Wir empfangen unseren ersten Wehrsold, 3 RM (50 Rpf. im Tag). Wenig, aber immerhin etwas. Dabei sehen wir zum ersten Mal, daß unser Hauptmann das EK I besitzt.“

Rechts: Batterie 1./837 Winterhafen.

Die Gesichter sind ernster geworden. Aufteilung der Luftwaffenhelfer auf die einzelnen Batterien. Vorne Soldaten der Flakstammbesatzungen.

... und plötzlich war man in der neuen, von Stadt-
gebieten meist weit abgelegenen Flakstellung, empfangen von staunenden Stammbesatzungen ...
(Batterie 5./288, Haschhof).

... in der vorerst einmal ein Appell den anderen
ablöste, unterbrochen von Übungen ...

*Körperausbildung, Infanteriedienst, Sport? Das er-
müdende und unbeliebte ,,Gehen in der Hocke"
oder ,,Häschenhüpfen" bewegte sich oft am Rand
der Schikane.*

Gewehrappell.

Überprüfen des Kochgeschirrs.

51

Kleiderappell. Die Hosen wurden unter das Leintuch gelegt und mit dem ganzen Körper „gebügelt".

52

„Sonntag, 28. 2. 43
Wie wir vom Urlaub zurückkommen, ist eine neue Batterie hier. Da zuwenig Platz ist, müssen wir für diese Nacht zwei Mann in unsere Baracke aufnehmen. Die alte Batterie war halt gemütlich. Der Chef, Oblt. Kleine, war ein junger, lebendiger, prima Kerl. Uffz. Schedl war ein gemütlicher, baumlanger Lackel. Kanonier Inderlieth war auch in Ordnung. Bei uns bleibt der Ogfr. Rieschmann, der an Verarschungswahn stark leidet. Wir sind jedenfalls nicht begeistert. Wir haben zwar lauter neue 8,8-cm-Flak, aber kein Fmg. und gar nichts."

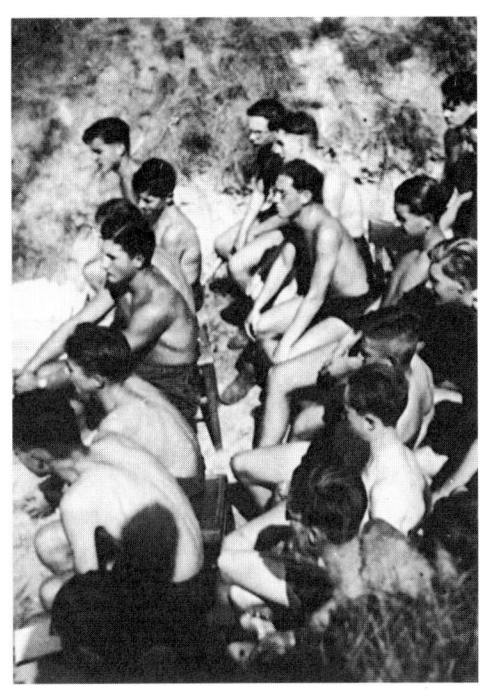

Batterie Rendezvous (2./223).

Flugzeugerkennungsdienst in einer Flakstellung. Der Unterricht war sehr beliebt, man konnte sich dabei wieder einmal ein wenig ausruhen.

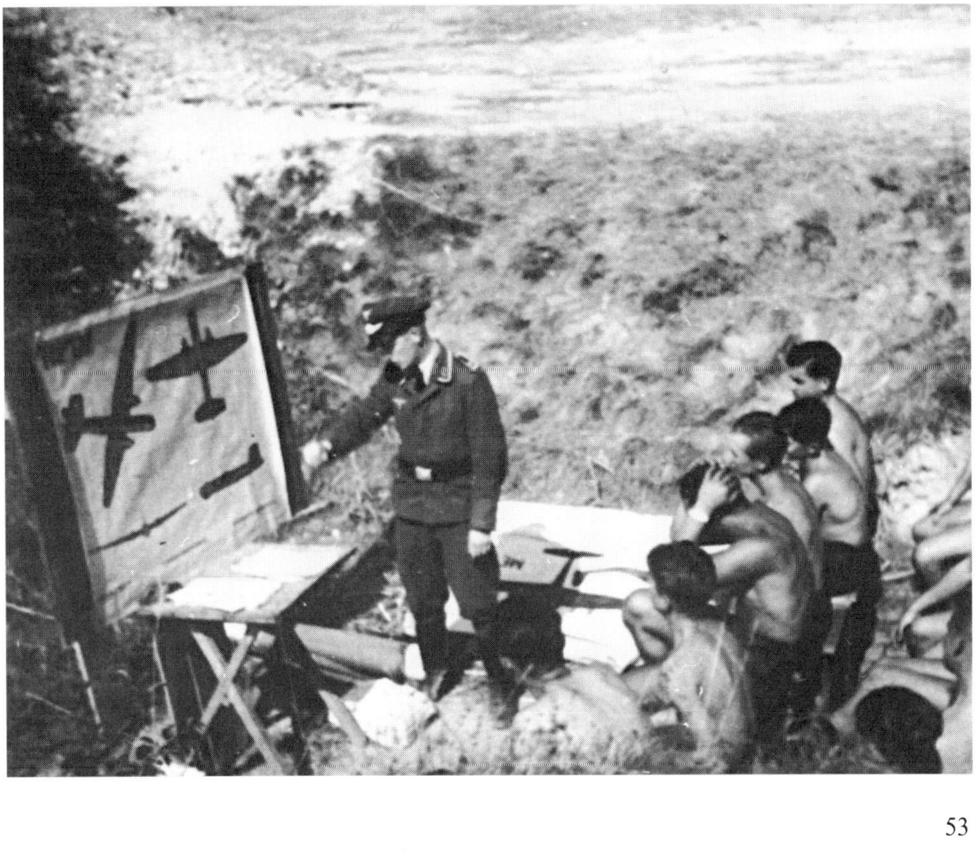

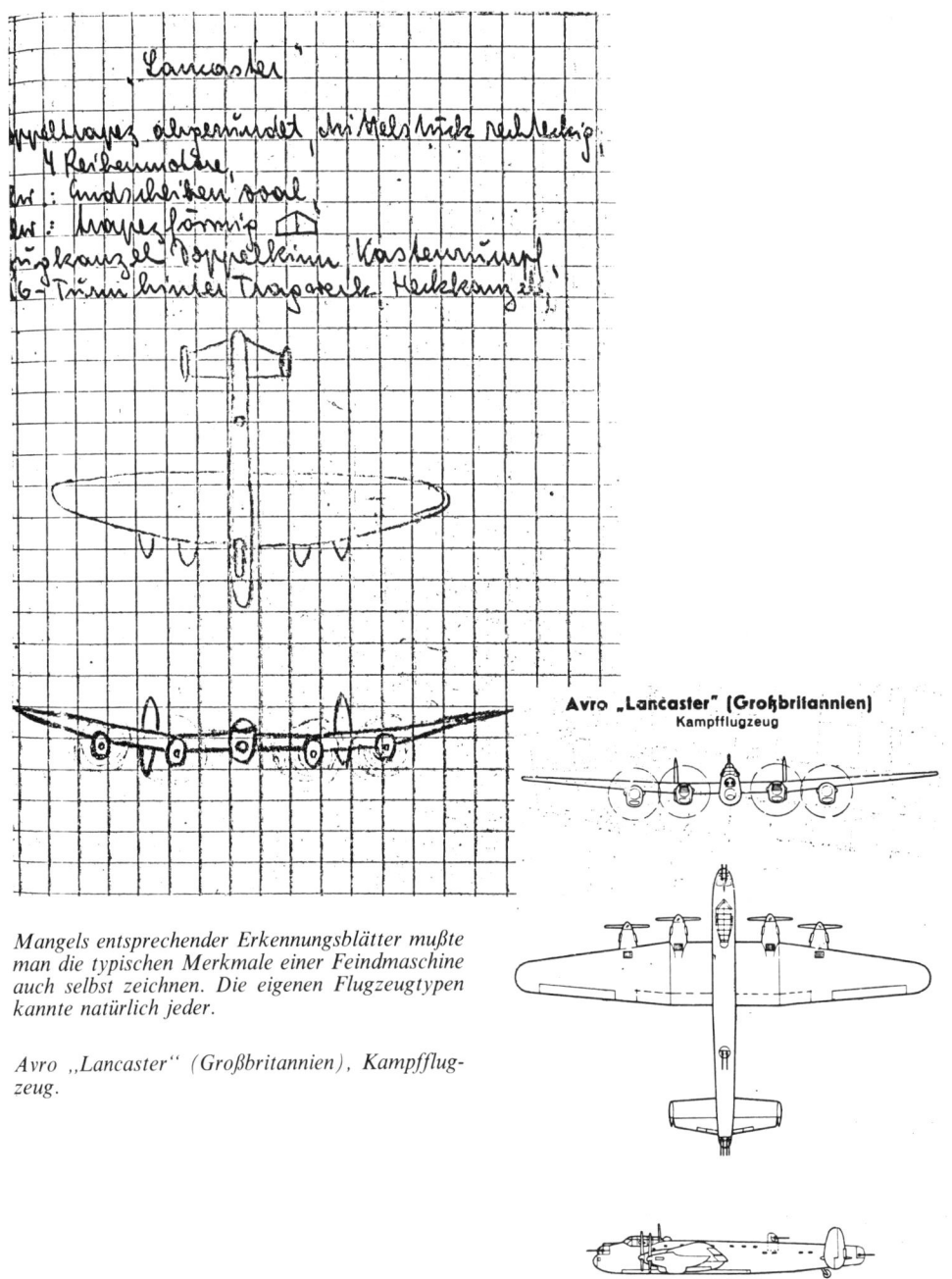

Mangels entsprechender Erkennungsblätter mußte
man die typischen Merkmale einer Feindmaschine
auch selbst zeichnen. Die eigenen Flugzeugtypen
kannte natürlich jeder.

Avro „Lancaster" (Großbritannien), Kampfflugzeug.

Avro „Lancaster" (Großbritannien)
Kampfflugzeug

Besatzung : 7 Mann   Motorleistung : 4 x 1200 PS
Bewaffnung : 3 MG.-Stände
Höchstgeschwindigkeit : 450 km/Std. In 5500 m Höhe
G: Eindecker, viermotorig, Doppelseitenleitwerk, ohne Fahrwerk
F: Doppeltrapezflügel, rechteckiges Mittelstück, Flügel weit,
 Seitenleitwerk, Endscheiben oval, äußere Motoren hängend,
 Heckkanzel
E: Lancaster, britisch
        33 m

„Sonntag, 21. 2. 43
Wieder Urlaub. Endlose Fahrerei. 72,
71, 118 und 62. Insgesamt 2mal 2 Stunden."

Oben: Im Gefechtsstand einer Flakbatterie. Das Bild zeigt den Malsi-Konverter, mit dem eine Stellung ohne Funkmeßgerät (FuMG) die Daten einer in der Nähe gelegenen Batterie auswerten konnte. Die Malsi-Umwerter trugen Kopfhörer und Kehlkopfmikrophone, mit denen sie Informationen über das Ziel aufnahmen und weitergaben.

Oben: Der Ausbilder „Bonzo" im Kreis seiner skeptischen Luftwaffenhelfer-Rekruten.
Unten: Ausbildung am Kommandogerät 40 (4-m-Basis).

Waffenunterricht war wichtiger geworden als Latein oder Biologie. Häufig gab es aber verständnisvolle Vorgesetzte, die ihre Grenzen gegenüber den Schülern der 6. und 7. Oberschulklassen kannten und positive Vaterfiguren abgaben.

„Anfang April 1943 wurde meine Klasse (15 Mann) mit dem Ausbilder zur Scheinwerferstellung neben der Flakbatterie Groß-Enzersdorf abkommandiert. Im Hinblick auf die damalige feuchte Jahreszeit wahrlich kein Vergnügen, inmitten eines Rübenackers zu lustwandeln. Trotzdem war das ‚Leben‘ dort auch sehr schön, zumal wir keinesfalls dem sogenannten Batterieleben unterworfen waren, wie zum Beispiel die Kameraden neben uns in der unmittelbar am Rande der Lobau gelegenen Kanonenbatterie. Unsere Scheinwerferbatterie hatte nämlich ihre Befehlsstelle in Wittau, also über 5 km entfernt von uns. Die insgesamt 12 Scheinwerfer dieser Batterie waren jeweils 2–3 km voneinander entfernt und reichten von Aspern bis Orth an der Donau. Wir waren daher mit unserem Unteroffizier ein kleiner Verein und neben uns die Scheinwerferbesatzung von 10 Mann. Nur einmal wöchentlich, ich glaube jeweils an einem Mittwoch, mußten wir zum sogenannten Batterietag nach Wittau marschieren, wo es auf dem dortigen und heute noch existierenden Sportplatz nebst Befehlsausgabe ein kleines Batterieexerzieren gab. Ansonsten blieben wir ziemlich unbehelligt. Ab Mai 1943 wurde alle 2 Tage vormittags Schulunterricht abgehalten, und zwar für uns in der damals neu erbauten Hauptschule Aspern. Dorthin gelangten wir mit Zügen der damaligen heftig schaukelnden Straßenbahnlinie 317, was für uns eine kleine Abwechslung war.“

Links oben: Luftwaffenhelfer der schweren Flakbatterie Groß-Enzersdorf (4./288) beim Arbeitsdienst – Aufschüttung von Splitterschutzwällen.

Rechts oben: Kommandogerät 40 (4-m-Basis).

Rechts: Am Flugmeldeglas.

Links: Ob das im Ernstfall jemals klappt? Batterie 5./807, Schönau.

In den Stellungen.

Aufgrund ihres Wissensstandes in Mathematik und Physik kam ein großer Teil der Luftwaffenhelfer vornehmlich zu den Meß- und Ortungsgeräten. Hier tat sich den Jungen bei den Meßstaffeln, den Ortungsgeräten und Scheinwerfern eine neue technische Welt auf. Horchgerät Batterie Traun/St. Martin, OÖ.

Links oben: Am Horchgerät.

Links Mitte: Der Flugmelder.

Oben: Der Höhenrichtkanonier – ,,K 1''.

Links: Am 150-cm-Scheinwerfer.

Batterien.

Rechts oben: Schwechat-Ost (2. und 4./223).

Oben: 10,5-cm-Batterie 7./684, Steyregg.

Mitte: „Schüler-Soldaten" der 2./533, Eichkogel.

Rechts: 2-cm-Vierling, Wien, Stadlauer Brücke.

Unterricht am Geschütz. Am häufigsten war die jetzt schon legendäre 8,8-cm-Flak. Vereinzelt gab es auch noch Beutebatterien wie z. B. die russische 8,5 cm, die man auf das Kaliber 8,8 aufgebohrt hatte – eine Notlösung.

Batterie 1./807, Schwechat-Ost.

„Mittagsappell, Befehlsausgabe. Wir haben jetzt Flieger-HJ-Uniform, nur gekennzeichnet durch das Brustdreieck. Das wurmt uns. Wenn wir Soldatendienst machen, so wollen wir auch als Soldaten angesehen und behandelt werden.

Kurz vor 14 Uhr Alarmstufe I. Mit Stahlhelm, Drillich und Turnschuhen ans Geschütz. Wir glauben zunächst an Probealarm. Dem ist aber nicht so. Etwa um 15 Uhr kommen Schußwerte vom Kommandogerät. Jetzt Stahlhelm auf, Lampen abdecken. Scharfe Granaten werden eingesetzt. Es wird Ernst. Und ich habe keine Watte in den Ohren. ,Gruppe' und auf grrrrr Peng. Draußen ist der Schuß. Ich bin ganz därrisch. Meine Ohren sirren und schmerzen. 6 Gruppen schießen wir. Das war prima. Ziel waren vermutlich feindliche Aufklärer. Die Kondensstreifen hoch oben am Himmel haben wir gesehen. Jede Gruppe war ein einziger Schlag aus 4 Rohren. Gute Arbeit der Geschützbedienungen. Die Sprengpunkte lagen dicht beinander. Der Chef ist gut aufgelegt. Wir auch. Es war prima, obwohl ich noch immer halbdärrisch bin."

Oben: Heimatflak-Batterie Ungerfeld (201/XVII). Der „K 6" an der Zünderstellmaschine.

„. . . der Verschluß

Die 8,8-cm-Flak hat einen selbsttätigen selbstspannenden Schubkurbelkeilverschluß, der sich nach dem Schuß beim Rohrvorlauf öffnet, hierbei die Patronenhülse auswirft und gleichzeitig die Schlagbolzenfeder spannt.
Die Hauptteile sind:
1. Verschlußkeil
2. Auswerfereinrichtung
3. Spann- und Sicherungseinrichtung
4. Bewegungseinrichtung
5. Abzugseinrichtung
6. Schlageinrichtung
7. Anschlagvorrichtung

Zu 1.: Keil mit seinen Ausnehmungen für die einzelnen Teile des Verschlusses. Stahlplatte mit Schrauben und auswechselbarem Stahlfutter.

Zu 2.: Auswerferwelle mit Griff und Federbolzen, Führungsleiste, die obere und untere Auswerferhälfte mit Haken, Krallen, Knacken, Nocken.

Zu 3.: Die Wiederspannscheibe mit Federknopf, Sicherungsbolzen mit Rückholbolzen, Sperrwelle mit Sperriegel und Feder. (Als Sicherung gegen vorzeitiges Abfeuern.)

Zu 4.: Bewegungseinrichtung mit Öffnungsfeder (unten) und Schließfeder (oben), Schließscheibe, Spannscheibe und Nabe, Stellring mit Federsplint, Schubkurbelwelle mit Hebel und Splint, Federgehäuse mit Griff und Klinke und Gegenlager.

Zu 5.: Abzugswelle mit Sperrbolzen und Feder. Links und rechts Abzug.

Zu 6.: Schlagbolzen mit Feder und Gegenlager. Schlagbolzenspitze auswechselbar.

Zu 7.: Anschlagtisch, Anschlaghebel mit Kurvenstück, Federbolzen. Beim Ausbauen des Verschlusses ist darauf zu achten, daß zuerst das Gegenlager am Bodenstück ausgeschaltet wird."

„M: Meßpunkt ist der Punkt in der Zielrichtung, in dem sich das Ziel im Augenblick der ersten Messung befindet.

A: Abschußpunkt ist der Punkt, in dem sich das Ziel im Augenblick des Abschusses befindet.

T: Treffpunkt ist der Punkt in der Zielrichtung, in dem sich Ziel und Geschoß treffen.

V: Vorhaltepunkt ist der Punkt, für den alle Vorhaltungen ausgerechnet sind.

S: Sprengpunkt ist der Punkt, in dem das Geschoß tatsächlich zerspringt.

G: Gegnerpunkt ist der Punkt, wo sich das Ziel im Augenblick der Geschoßdetonation befindet."

2-cm-Vierlingsgeschütze der gemischten Flakabteilung 807 schützen die Ölanlagen am Wiener Winterhafen.

Waffen und Geräte, an denen die Luftwaffenhelfer eingesetzt wurden

Schwere Flakartillerie

Das bekannteste und vermutlich beste Geschütz des Zweiten Weltkriegs war die „8,8". Sie war das deutsche Standardgeschütz der schweren Batterien und in den drei Versionen 18/36/37 verbreitet, die Version 41 gab es in geringerer Stückzahl. Bei einer $v°$ von 825 m/sec (8,8/36) erreichte die Waffe eine maximale Schußhöhe von 10,6 und eine Schußweite von 14,9 km. Etwa alle drei Sekunden verließ eine Granate das Rohr. Eine Sprenggranatpatrone wog 14,7 (8,8-41 19,2) kg.

Die 8,8-cm-Flak bedienten neun Kanoniere. Der K 1 war der Höhenrichtkanonier. Er hatte fortan nach dem Spruch „Der K 1 steckt den Stecker der Hörgarnitur in den Fernsprechanschlußkasten für Höhe und stellt durch Drehen des Handrades die durchgegebenen Werte laufend ein" zu leben.

Der K 2 war der Seitenrichtkanonier. Für ihn galt: „Der K 2 steckt den Stecker der Hörgarnitur in den Fernsprechanschlußkasten für Seite und stellt durch Drehen des Handrades die durchgegebenen Werte laufend ein. Dabei achtet er auf die Warnscheibe."

Der K 3 war der Ladekanonier. „Bei Ertönen der Feuerglocke drückt der K 3 mit der linken Hand den Haltering des Zünderstellbechers herunter, nimmt die Patrone mit beiden Händen aus dem Zünderstellbecher und führt sie in das Rohr ein. Dabei dreht er die rechte Hand so, daß sie mit innenliegendem Daumen am Patronenboden anliegt. Nur mit der rechten Hand schiebt er die Patrone mit gleichmäßigem Druck weiter in das Rohr hinein, bis der Verschlußkeil sich selbsttätig schließt und die Hand nach außen wegdrückt. Beim Ausklingen der Feuerglocke betätigt er mit der rechten Hand und abgewandtem Oberkörper den Abzugsgriff."

Der K 4 und der K 5 waren Muni(tions)-kanoniere.

Der K 6 saß an der Zünderstellmaschine. Er mußte den folgenden Satz beherrschen: „Der K 6 steckt den Stecker der Hörgarnitur in den Fernsprechanschlußkasten für Zünder und stellt durch Drehen des Handrades mit der linken Hand die durchgegebenen Werte laufend ein. Mit der rechten Hand betätigt er die Kurbel der Schwungmasse so, daß die Nadel in Mittelstellung steht."

„Der K 7 stellt die Patrone mit leichter Drehung senkrecht in den Zünderstellbecher und achtet auf die Schauklappe."

Der K 8 und der K 9 waren wieder Muni(tions)kanoniere.

Die 8,8-cm-Flak 18/36/37 hatte einen halbautomatischen Schubkurbelkeilverschluß, der sich nach dem Schuß selbsttätig öffnete, die leere Patronenhülse auswarf und die Verschlußfeder wieder spannte.

Die technische Entwicklung brachte es mit sich, daß die „8,8" in der letzten Kriegsphase eigentlich nur noch zum Objektschutz wirksam zu verwenden war, wenn die Flugzeuge in niedriger Angriffshöhe flogen. Hoch fliegende Ziele waren mit ihr nicht mehr zu erreichen.

Gefürchtet – mehr bei den Luftwaffenhelfern als bei den Feinden – waren die russischen 8,5-cm-Flakgeschütze, deren Rohre auf 8,8 cm aufgebohrt wurden und daher für Rohrkrepierer besonders anfällig waren. Außerdem wurden – in erster Linie in Heimatflakbatterien – französische Beutegeschütze vom Kaliber 7,5 cm, russische vom Kaliber 7,62 cm und tschechische vom Kaliber 8,35 cm verwendet.

Luftwaffenhelfer waren häufig auch in 10,5-cm-Batterien eingesetzt. Wegen der schweren Granaten waren diese Geschütze mit Ladeschalen ausgerüstet. Die Leistungen waren denen der 8,8 (36) ähnlich.

Die „12,8" hatte größere Reichweite und Wirkung als die anderen schweren Geschütze. Sie wurde zunächst nur auf Flaktürmen, später auch bei der Eisenbahn-Flak verwendet. Sie wurde als Solo- und als Zwillingsgeschütz gebaut.

Ladekanoniere waren meist ältere kräftige Flaksoldaten, häufig auch russische Hilfswillige, „Hiwis" genannt. Nicht selten fungierten auch Luftwaffenhelfer als „K 3".
Rechts: Die beiden „schweigsamen" russischen Ladekanoniere der Batterie Himmelhof (5./532).
Unten: „K 3" der Batterie Leopoldau (1. und 8./ 223).
Rechts unten: „K 3 Michael", ein Hiwi von der Batterie Schönau (3./533).

Links: 8,8-cm-Flak. Erkennbar die Skalen des Übertragungsgerätes 37. Die Richtkanoniere für Richtung und Richthöhe, „K 1" und „K 2", konnten die Kanone auf die errechnete zukünftige Position des Zielflugzeugs richten, indem sie die „Folgezeiger" der Kanone in einer Linie mit den Anzeigern der Feuerleitinformation vom Kommandogerät hielten.

Links unten: Die 10,5-cm-Flak 38 wurde kurz vor Beginn des Zweiten Weltkriegs in Dienst gestellt. Sie hatte eine größere Durchschlagskraft und eine höhere maximale Schußhöhe, als es mit den frühen 8,8-cm-Waffen möglich war. Sie verschoß eine 26 kg schwere Sprenggranatpatrone mit einer Mündungsgeschwindigkeit von 880 m/sec auf eine wirksame Schußhöhe von 12 800 m. Diese Waffe hatte eine elektrische Ladevorrichtung und eine hydraulische Zielvorrichtung, die ihr eine praktische Feuergeschwindigkeit von 10 bis 15 Schuß pro Minute verliehen. Die Bedienung bestand bei normalem Betrieb aus neun Mann oder aus elf Mann, wenn die Ladevorrichtung nicht arbeitete. Die 10,5-cm-Flak 38 glich im wesentlichen der 37, hatte aber ein besseres Datenübertragungssystem und andere kleine Verbesserungen.

Unten: Die 12,8-cm-Flak wurde gebaut, um der Anforderung nach einer Waffe mit noch größerer Durchschlagskraft als die der 10,5-cm-Geschütze zu entsprechen. Sie war die schwerste Kanone der Luftwaffe. Sie verschoß eine 47,7-kg-Sprenggranatpatrone mit einer Mündungsgeschwindigkeit von 880 m/sec und hatte eine wirksame Schußhöhe von etwa 20 900 m. Die Waffe war mit einer mechanischen Ladevorrichtung und einem Antrieb für Veränderungen der Richthöhe und der Schwenkung ausgerüstet und hatte eine praktische Feuergeschwindigkeit von 8 bis 10 Schuß pro Minute. Der 12,8-cm-Flakzwilling 40 bestand aus zwei Rohren, die etwa 1 m von einander entfernt auf einer gemeinsamen Lafette montiert waren.

Oben: 2-cm-Vierling. Luftwaffenhelfer an der leichten Flak, Wien, Winterhafen bzw. Praterspitz.

Unten: Eine 3,7-cm-Flak. Die Geschützbedienung bestand aus sechs Mann: Geschützführer, Richtschütze, Entfernungseinsteller, zwei Munitionskanoniere und ein Entfernungsmesser (Donawitz, 1944).

Mittlere und leichte Flakartillerie

Bei der leichten Flak kamen am häufigsten die 2-cm-Flak 30 und 38-Solo, die 2-cm-Flak 28 (Oerlikon) Solo und 2-cm-Flakvierling 38 zum Einsatz, bei der mittleren Flak waren es die 3,7-cm-Flak 36/37 und 43 und die 4-cm-(Beute-)Flak Bofors. An allen diesen Waffen waren auch Luftwaffenhelfer beim Objektschutz gegen Tiefflieger eingesetzt. Rüstungsbetriebe, Treibstoffindustrien, Öllager, Flugplätze und Brücken waren die Einsatzorte. Zu Kriegsende kamen verschiedene Geschütze in den Erdeinsatz.

Aufgrund ihrer kalibermäßig bedingten beschränkten Reichweiten konnten die meist in Höhen von 6 000 bis 8 000 m operierenden US-Bomber damit nicht bekämpft werden.

Die Schußweite der 2-cm-Flak-Vierling betrug 3 700 m, die Schußhöhe 3 700 m, die Feuergeschwindigkeit pro Rohr theoretisch 450, praktisch 220 Schuß/min. Die mittlere Flak 3,7 cm hatte eine größte Schußweite von 4 800 m und eine Feuergeschwindigkeit bis zu 160 Schuß/min.

Scheinwerfer hatten nicht nur die Aufgabe, die feindlichen Maschinen zu finden und im Lichtkegel für die Flakbatterien sichtbar zu machen, sondern auch den Gegner zu blenden. Im Wiener Raum sollen auf diese Weise einige Feindmaschinen zum Absturz gebracht worden sein.
Hier die Aufnahme einer österreichischen Flakhelferin.

Scheinwerfer

Auch mit dem Einsatz der Funkmeßgeräte (FuMG) verloren die Flakscheinwerfer nicht ihre Bedeutung. Luftwaffenhelfer kleiner Klassen kamen für den Einsatz in Scheinwerferstellungen in erster Linie in Betracht, da diese weit auseinanderlagen und so ein Schulunterricht größerer Klassen unmöglich wurde. Die Scheinwerfer dienten nicht nur zur Aufhellung des Luftraums, sondern auch zum Blenden des Gegners. Bei Tiefangriffen auf Flugplätze wurden mitunter selbst am Tag feindliche Flugzeuge durch Blendeinwirkung zum Absturz gebracht.

Im Gebrauch waren 60-cm-Scheinwerfer für die leichte und die mittlere Flak, 150-cm-Scheinwerfer 34 und 37 und die 200-cm-Scheinwerfer 43 als Leitscheinwerfer bei den schweren Batterien.

Feuerleitgeräte

Die Ausbildung der Luftwaffenhelfer erfolgte am Kommandogerät 40, am Kommando-Hilfsgerät 35, am Flakumwertegerät „Malsi 41-43" und am Funkmeßgerät.

Das Kommandogerät 40 ist auch heute noch ein technisches Wunderwerk. Das große Rechengerät unter dem E-Messer, nach modernem Sprachgebrauch ein „mechanischer Analogrechner", arbeitete damals schon so schnell wie heute leistungsstarke Computer. Der EM 4 m R blc (Abkürzung für: Entfernungs-Messer mit 4 m Basislänge, Raumbildverfahren, Baujahr 1940, blc = Kode für Zeiss, Jena) war ein Meisterwerk von Blenden, Spiegeln, Prismen und Objektiven. Die Werte des Funkmeßgeräts oder des Malsi-Geräts wurden an das Kommandogerät weitergegeben und so die Schußwerte unter Berücksichtigung von Geschwindigkeit und Flugrichtung bzw. Flughöhe an die Geschütze übermittelt.

Das Kommandogerät 40 brachte gegenüber dem Kommandogerät 36 eine wesentliche Verbesserung, da man mit diesem Gerät auch in der Lage war, Kurvenflüge und Höhenänderungen des Flugziels für die Schußdatenermittlung auszuwerten.

Das Kommandohilfsgerät 35 wurde bei

Ausfall des Kommandogeräts einer Batterie zum Einsatz gebracht. Es arbeitete als reines Winkel-Geschwindigkeits-Gerät wesentlich ungenauer. Auch die fernmündliche Übermittlung an die Geschütze schloß weitere Fehlerquellen – Hörfehler und Verzögerungsdaten – nicht aus.

Das Flakumwertegerät Malsi (benannt nach Major Malsi, der an der FAS I in Rerik an der Ostsee tätig war) ermöglichte es, bei Ausfall der eigenen Ortungsgeräte mit Hilfe der Werte anderer Batterien zu schießen. Mit ihm konnte man noch bis zu 8 km Entfernung brauchbare Orientierungsdaten für die eigene Batterie ermitteln. Wichtig war das Malsi-Gerät auch für die Anerkennung von Abschüssen. Auf dem Malsi-Tisch wurden ja die Zielflüge aufgezeichnet, in die man dann noch die Beschußzeiten einzutragen hatte, um einen Abschuß bzw. eine Beteiligung an einem solchen zugesprochen zu bekommen. Eine wertvolle Verbesserung der Flugzielerfassung brachten die Funkmeßgeräte, die, auf Radarbasis arbeitend, die Feindflugzeuge – je nach Gerätetyp – in einer Entfernung von 30 km bis zu 300 km erfaßten.

Die Funkmeßgeräte (heute „Radargeräte") unterlagen besonderer Geheimhaltung. Sie wurden von einem Extraposten bewacht. Die von einem Dipol ausgestrahlten Impulse wurden zurückgeworfen, wenn sie auf einen festen Körper trafen, und vom Parabolspiegel wieder aufgefangen. Auf einer Braunschen Röhre wurde dieser Vorgang durch fluoreszierende Zacken sichtbar gemacht. Wurde das Gerät gestört, etwa durch aus alliierten Flugzeugen abgeworfene Aluminiumfolien (Düppel, so genannt nach der Versuchsstelle Düppel in der Mark Branden-

Das Kommandogerät 40 mit dem 40-m-Raumbildentfernungsmesser diente zum exakten optischen Erfassen der angreifenden Bomber. Die 4-m-Basis hatte einen Meßbereich von 1,2 km bis 10 km. Die Optik war von 20fach auf 32fach umschaltbar. Unter anderem waren 20 Elektromotoren im Gerät eingebaut. Die Bedienung bestand aus einem Entfernungsmeßmann, zwei Richtleuten, zwei Bedienungsleuten und einem Mann am Schaltkasten. Die Abdeckung der Skalen und Kurven erfolgte ähnlich dem Höhen- und Seitenrichtsystem beim 8,8-cm-Flakgeschütz. Das Kommandogerät konnte ebenso mit einem dazugehörenden Funkmeßgerät gekoppelt werden. Der „technisch Schießende" betätigt vom Kommandogerät aus die Feuerglocke für die Geschützstaffel.

burg), so war der Zacken eines Flugzeugs von vielen anderen Zacken nicht mehr zu unterscheiden, oder er wurde von anderen Zacken, die von Störsendern herrührten, an Größe übertroffen. Es kam sehr häufig vor, daß das Funkmeßgerät ausfiel. Später versuchte man, durch empfindlichere Zusatzgeräte vor allem die Wirkung der Aluminiumfolien zu beseitigen oder auf andere Frequenzen zu gehen, doch blieb das Arbeiten mit dem Funkmeßgerät insgesamt gesehen unbefriedigend.

Von den drei Funkmeßgeräten 39, 40, 41 war das 39er-Gerät am meisten verbreitet, die Bedienung erfolgte jedoch mechanisch. Das 41er-Gerät war stärker elektrifiziert, erforderte aber von der Bedienung viel mehr Konzentration. Die Geräte trugen auch die Bezeichnung „Würzburg" (39 T), „Mainz" (40 T) und „Mannheim" (41 T).

Über den Einsatz am Geschütz und am Gerät und die Eindrücke während eines Gefechts schrieb ein Luftwaffenhelfer: „Ich hatte mich von der Umwertung an das Geschütz gemeldet, weil es mir in dem engen, betonüberdachten Raum neben dem Kommandogerät unheimlich war. Man konnte nur indirekt miterleben, was sich draußen tat. Aber am Geschütz sah man alles, jede Einzelheit des Gefechts, und war zudem durch einen hohen Erdwall vor Splittern geschützt. Mein Geschütz war Dora, das vierte von sechs, und lag direkt am Rand des unteren Sportplatzes. Ich war K 6 und hatte den Vorteil, an der Seite des Geschützes sitzen zu können. Beim Schießen sollten wir eigentlich Watte in den Ohren tragen. Aber das galt als unsoldatisch, obwohl der Mündungsknall der 8,8-cm-Kanone für das Trommelfell nicht gerade gesund war. Im Frühjahr 1944 erhielt die Batterie eine neue Munition. Bis dahin wurde, wenn wir in der Nacht schossen, durch das Mündungsfeuer die Batterie taghell erleuchtet und bot ein weithin sichtbares Ziel. Nun bekamen wir Munition, die das Mündungsfeuer vermied, was uns bei Nachtgefechten ein zusätzliches Gefühl der Sicherheit vermittelte. Da wußten wir allerdings noch nicht, daß die alliierten Flieger Radareinrichtungen an Bord hatten, mit denen sie unsere Funkmeßgeräte exakt anpeilen konnten."

Batterie Breitensee (2./803 und 2./354). Meßstaffel am Kommandogerät 40. Noch sind die Übungen von den dramatischen Ereignissen der kommenden Gefechte nicht überschattet. Kommandogeräte und Funkmeßgeräte waren in der Regel 200 bis 300 m abseits der Geschütze postiert, um ein störungsfreies Messen zu ermöglichen.

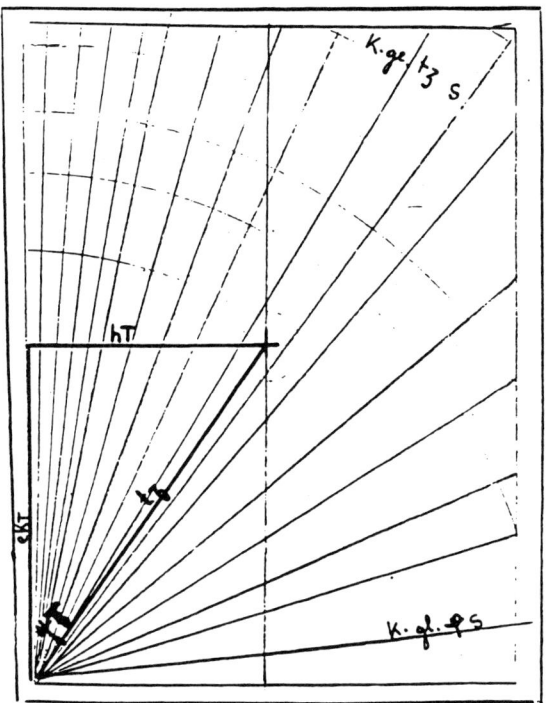

K. ge/tz S

hT

ckT

cz

eT

K. gl. φS

Auspanndiagramm.

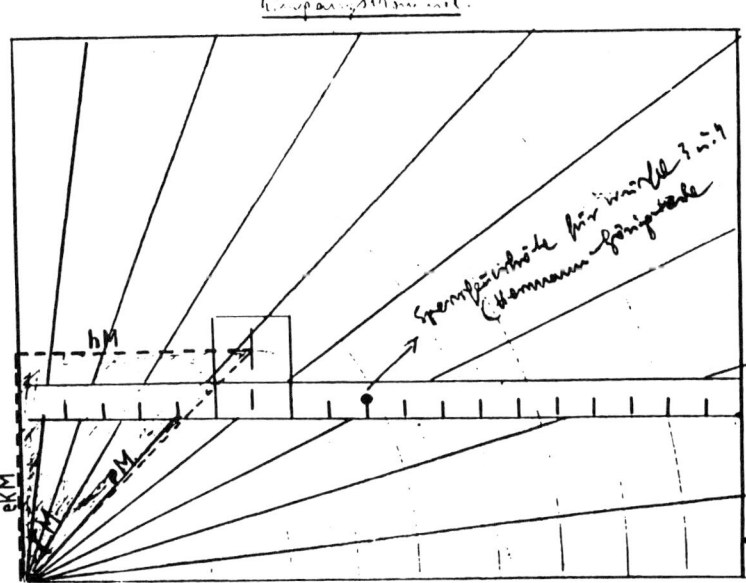

hM

ckM

cM

eM

Grenzlochkreis für Würfel 3 u 4
(Hermann Königstoebe)

Aus der Veränderung von γM und eM wird die ckM und hM
ermittelt (Meterdreieck)

Das deutsche Standardfunkmeßgerät für den Einsatz bei der Flak war das Würzburg D, das hier in einer typischen flachen Stellung gezeigt wird. Mittels elektrischer Datenübertragungsgeräte wurde die Information über die Position des Zielflugzeugs an das Kommandogerät gegeben. Das Würzburg-Gerät hatte eine maximale Reichweite von etwa 25 km. Während seiner Einsatzzeit wurde das Band der Betriebsfrequenzen von anfangs 560 MHz auf 450–600 MHz ausgedehnt, um die wachsende Behinderung durch die alliierten Störungen zu umgehen. Dieses Radargerät arbeitete auf etwa 25 bis 40 m Meßgenauigkeit. Maximale Meßentfernung 40 km.

4-m-Basis eines Kommandogeräts 36. Batterie 225/XVII, Wiener Neustadt, Feuerwerksanstalt.

Die meisten nahmen die Ausbildung an den Geräten stoisch, gemischt mit einer nach außen hin noch deutlicher gezeigten Gelassenheit, hin. Die Hölle des Luftkrieges hatte Österreich noch nicht erreicht. Noch hatte keiner eine Bombe detonieren gehört oder gar gespürt.

Die Verwendung der Luftwaffenhelfer an den einzelnen Waffen und Geräten

Der Einsatz der Luftwaffenhelfer erfolgte in den ersten Monaten zwar nur im Fernsprech- und Fernmeldedienst, in der Aus- und Umwertung, am Funkmeßgerät – also der gesamten Feuerleitung – und im Geschäftszimmerdienst, im späteren Kriegsverlauf kam es aber zufolge der immer trister werdenden Personallage zur Mehrfachausbildung sowohl an den Feuerleitgeräten als auch an den Geschützen. Im Bedarfsfall war somit jederzeit eine Austauschbarkeit gegeben. „Luftwaffenhelfer können auch an der Flakwaffe eingesetzt werden", heißt es in dem Geheimen Rundschreiben des RdL ObdL (Reichsminister der Luftfahrt Oberbefehlshaber der Luftwaffe) vom 13. Jänner 1943.

Während ein Einsatz an den leichten Flakwaffen von vornherein als normal angesehen wurde, erfolgte die Verwendung von Luftwaffenhelfern an den schweren Geschützen zunächst in solchen Funktionen, die keine besonderen körperlichen Anstrengungen erforderten, etwa als Höhen- und Seitenrichtmann und an der Zünderstellmaschine.

An den leichten Flakgeschützen übernahmen die Luftwaffenhelfer gleich von Anfang an sämtliche Funktionen der Geschützbedienung: Vom K 1, dem Richtkanonier, der das Ziel im Fadenkreuz seines Visiers durch Drehen der Höhen- und Seitenrichtkurbel festzuhalten und bei günstiger Entfernung mit den Füßen den Abzug zu betätigen hatte – und etwa bei der 2-cm-Vierling mit jedem Fuß paarweise die Waffen auslöste –, über den Visierkanonier, der die vom E-Meßmann zugerufenen Entfernungsdaten in das Visier einspeiste, so daß sich der richtige Vorhaltewinkel ergab, bis hin zu den Ladekanonieren, die links und rechts am Geschütz saßen und jeweils zwei Waffen mit den gefüllten Patronenmagazinen versahen, aber auch eventuelle Hemmungen zu beseitigen hatten.

Die leichte Flak war hauptsächlich zum Schutz vor Tieffliegerangriffen zum Punkt-Objekt-Schutz eingesetzt. Ihre Bedeutung nahm wieder stark zu, als durch die absolute Luftherrschaft des Gegners die feindlichen Jagdbomber (Jabos) sich nahezu unbehelligt von Jägern, die es fast nicht mehr gab, über dem Reichsgebiet tummelten und nicht nur den Eisenbahn- und den Straßenverkehr stark beeinträchtigten, sondern oft sogar die auf den Feldern pflügenden Bauern unter Beschuß nahmen. Selbst Einzelpersonen, Schulkinder und Radfahrer blieben von dieser Treibjagd nicht verschont. Hier kam die vom Feind gefürchtete 2-cm-Vierlingsflak, auf Eisenbahnwaggons oder Selbstfahrlafetten montiert, zum Einsatz.

Auch die Funktion des K 3, des Ladekanoniers bei den schweren Flakgeschützen, wurde bald von Luftwaffenhelfern übernommen. Gerade 1944 kam es immer wieder vor, daß die körperlich robusteren Luftwaffenhelfer diese Tätigkeit mit übernahmen. Und es ging hier wahrhaftig um eine enorme physische Belastung, wenn der Ladekanonier bei Dauerfeuer in rascher Folge die 15 kg schwere Granate aus der Zünderstellmaschine zu reißen und – oft genug – bei fast senkrechter Rohrstellung ins Geschützrohr hineinzustoßen hatte.

Am letzten Typ des Flugmeldeglases.

Für den Dienst bei der Flakwaffe waren rasche Reaktionsfähigkeit und geistige Wendigkeit unabdingbare Voraussetzungen – man griff nicht zuletzt aus diesem Grund gerade auf die Schüler der Oberschulen bzw. Gymnasien zurück.

Bei der leichten Flak bedeutete Schnelligkeit überhaupt alles. Die 2-cm-Flakgeschütze – in der Mehrheit gegenüber den 3,7-cm-Kanonen und in zunehmendem Maße als Vierlingswaffen im Einsatz – stellten mit ihrer hohen Feuergeschwindigkeit eine enorme Abwehrkraft dar. Diese Flakzüge von je drei Geschützen hatten mit einem eminent schnellen und gefährlichen Gegner zu kämpfen, den Mustang- und Lightning-Jägern, die sich in Rudeln von drei und mehr Maschinen auf einen solchen Flakzug stürzten. Oft ging es dann um Sekunden; und dabei konnten an diesen komplizierten Waffen 25 verschiedene Ladehemmungen auftreten, die dann im Feuerhagel der Angreifer in kürzester Zeit beseitigt werden mußten.

ORGANISATION EINER SCHWEREN FLAKBATTERIE

Im Lauf des Kriegs wurden viele verschiedene Stellungssysteme angewendet, daher kann die folgende Beschreibung allgemein nur für Geräte seit der Einführung des Kriegshilfsdiensteinsatzes gelten.

Ende 1941 führte eine Änderung der Schießtaktik zum Einsatz von schweren Batterien mit sechs Geschützen. Bei bereits vorhandenen Stellungen wurde dies dadurch erreicht, daß je eines der zusätzlichen Geschütze an zwei gegenüberliegende Seiten des Quadrats gestellt wurde, bei neuen Stellungen wurden diese sechs Geschütze entweder kreisförmig angeordnet oder in einem Kreis mit fünf Geschützen und einem sechsten in der Mitte. Noch später wurden allgemein Batterien mit acht Geschützen eingeführt, bei denen sieben in einem Kreis und das achte in der Mitte standen. Besaß eine Batterie ein Funkmeßgerät, lag dieses gewöhnlich in der Nähe der Feuerleitgeräte bei der Batteriebefehlsstelle.

1942 führte die Notwendigkeit, das Feuer gegen Bomber zu konzentrieren, die am Tag in Verbänden und in der Nacht in engen Strömen angriffen, zur Zusammenfassung zu sogenannten Großbatterien: Zwei oder sogar drei normale Batterien mit demselben Waffentyp wurden eng zusammengelegt und feuerten nach Schußwerten von einem gemeinsamen Gefechtsstand. Während der letzten drei Kriegsjahre stieg der Anteil schwerer Flakeinheiten, die in Großbatterien gruppiert waren, ständig.

In personeller Hinsicht wurden die Kommandeure der Flakgruppen von Obersten und Oberstleutnants bestellt, Untergruppen standen vorwiegend unter dem Befehl von Majoren, Hauptleuten oder Oberleutnants. Als Batteriechefs oder -führer fungierten in der Mehrzahl Offiziere im Oberleutnants- oder Leutnantsrang, aber auch Majore und Hauptleute. Allgemein wurden Truppenoffiziere Reserveoffizieren vorgezogen.

Eine schwere Flakbatterie besaß mindestens zwei Offiziere: den Batteriechef oder -führer und den Meßoffizier, selten gab es auch einen dritten Batterieoffizier, der die Geschützstaffel befehligte. Die schweren Batterien gliederten sich nämlich in drei Teile: Meß-, Geschütz- und Troßstaffel.

Die Geschützstaffel jeder Batterie unterstand meist einem Oberwachtmeister oder Wachtmeister, der unter Umständen auch Kriegsoffiziersbewerber (KrOB) war.

Der Troß unterstand dem Hauptwachtmeister oder „Hauptwachtmeisterdiensttuer" („Spieß") mit Schreibstube, Küche, Fourier, Bekleidungskammer und der Abteilung Waffen und Geräte (WuG), letztere in der militärischen Umgangssprache „Wirrwarr und Gerümpel" genannt.

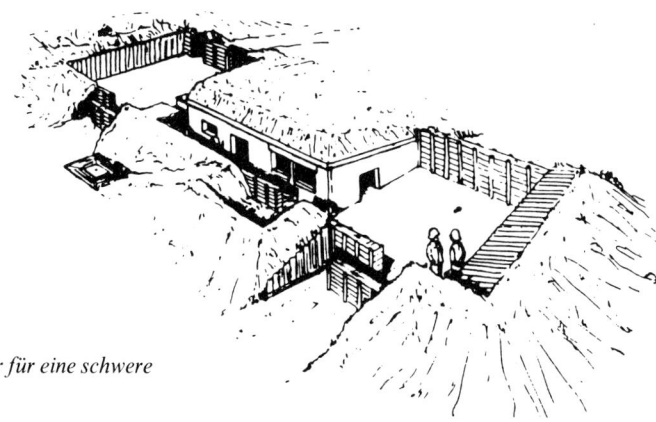

Ein typischer Gefechtsstandbunker für eine schwere Flakbatterie.

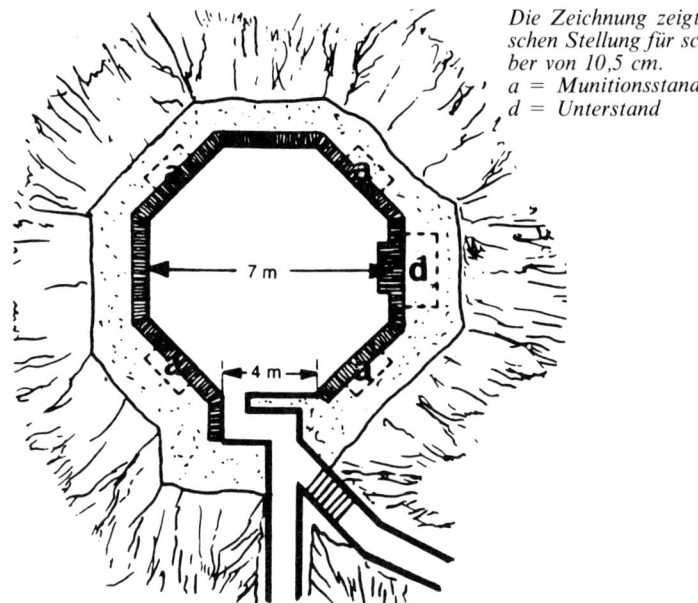

Die Zeichnung zeigt Größe und Form einer typischen Stellung für schwere Flak bis zu einem Kaliber von 10,5 cm.
a = Munitionsstand
d = Unterstand

Schema der Aufstellung von drei Flakbatterien zum Schutz eines Objekts. Jede Batterie ist durch das Symbol einer Kanone dargestellt.

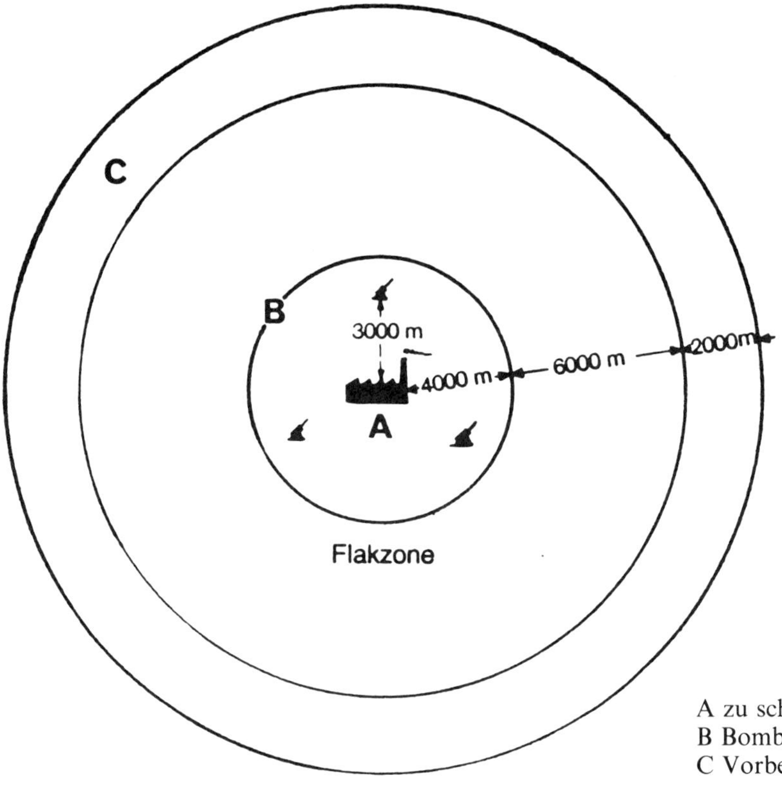

C

B

3000 m

4000 m — 6000 m — 2000m

A

Flakzone

A zu schützendes Objekt
B Bombenabwurflinie
C Vorbereitungszone

Regeln für die Aufstellung schwerer Flakbatterien

Bezogen auf die Geschützbedienungen, konnten feindliche Bomber ein Ziel aus jeder Richtung anfliegen. Deshalb mußten die Flakstellungen in einem Kreis um das zu schützende Objekt aufgestellt sein. Zu Beginn des Kriegs wurden die Stellungen aufgrund der Annahme angeordnet, daß die maximale Geschwindigkeit und die Höhe von angreifenden Bombern 425 km/h und 6 600 m sein würden. Die Bomben aus einem solchen Flugzeug würden nach dem Abwurf etwa 4 000 m weitergetragen. Ein Kreis oder eine runde Linie in 4 000 m Entfernung vom äußeren Rand des Objekts wurde Bombenabwurflinie genannt. Die Flakstellungen waren so angeordnet, daß die Bomber während ihres ganzen oder des größten Teils ihres Anflugs zum Bombenabwurf, der einem Zeitraum von etwa 50 Sekunden entsprach, beschossen werden konnten. In 50 Sekunden legte ein Bomber mit einer Geschwindigkeit über Grund von 425 km/h etwa 6 000 m zurück. Deshalb erstreckte sich die Flakangriffszone von etwa 6 000 m außerhalb der Bombenabwurflinie bis zur Bombenabwurflinie selbst. Jenseits der Flakangriffszone lag die sogenannte Vorbereitungszone, in der die Kommandogeräte die Ziele verfolgten und die notwendigen Schießwerte für die Geschütze errechneten, damit diese das Feuer eröffnen konnten, sobald die Flugzeuge in ihre Reichweite kamen.

Flugzeuge mit einer geringeren Fluggeschwindigkeit als der angenommenen Maximalleistung mußten die errechnete Bombenabwurflinie überqueren, um ihre Bomben auszulösen; deshalb bot der Angriff auf sie keine Probleme. Später im Krieg, als die neueren alliierten Bomber schneller und höher angriffen, als es zur Zeit der Einrichtung der Bombenabwurflinie vorausberechnet worden war, wurde die Bombenabwurflinie neu berechnet, um dies zu berücksichtigen.

Die Aufstellung der einzelnen Batterien hing von ihrer Zahl beim Verteidigungsobjekt ab. Waren es drei Batterien, so wurden diese in einem etwa gleichseitigen Dreieck aufgestellt, jede Batterie rund 3 000 m von dem zu verteidigenden Punkt. Waren es fünf Batterien, wurden vier an den Ecken eines etwa 4 000 m vom Ziel entfernten Vierecks aufgestellt und die fünfte in der Nähe des Ziels. Waren die Geschütze zur Deckung eines großen Ziels wie etwa einer Stadt eingesetzt, wurde dieses Gebiet gewöhnlich in mehrere kleinere Gebiete geteilt, in denen die Geschütze wie üblich aufgestellt waren.

Regeln für den Beschuß hoch fliegender Flugzeuge durch die schwere Flakartillerie

Das Feuer wurde eröffnet, wenn die Feindmaschinen in ihre maximal wirksame Reichweite einflogen (etwa 10 000 m im Fall der 8,8-cm-Flak 18/36/37), vorausgesetzt, daß sie genaue Feuerleitdaten von ihren Kommandogeräten erhielten. Einzeln fliegende Bomber wurden angegriffen, wenn sie in Reichweite kamen. Wurde ein Bomberverband angegriffen, war das vorrangige Ziel das Flugzeug an der Spitze des Verbands (wenn es nicht bereits einer in der Nähe liegenden Batterie zugewiesen worden war; in diesem Fall wurde ein zweites Flugzeug im Verband angegriffen). Falls ein Verband mit radargerichtetem Feuer angegriffen werden sollte, befanden sich wahrscheinlich mehrere Flugzeuge innerhalb der Selektionsgrenzen des Funkmeßgeräts. In diesem Fall wurde das Feuer auf den Mittelpunkt des vorne fliegenden Verbands gerichtet. Alle Geschütze der Batterie griffen dasselbe Ziel an, indem sie so schnell wie möglich Gruppen feuerten, wenn nicht Munitionsknappheit es anders erforderte.

Es lag beim Feuerleitoffizier, der in der Regel, wenn auch nicht immer, der Batteriechef war, zu entscheiden, wann das Feuer auf das nächste Ziel verlegt werden sollte. Dies geschah, wenn das angegriffene Flugzeug die Bombenabwurflinie überflogen hatte. Um einen reibungslosen Angriff einer Folge von Zielen zu gewährleisten, waren Großbatterien mit mindestens zwei Funkmeßgeräten und zwei Kommandogeräten ausgerüstet. Die erste Kombination Funkmeß-/Kommandogerät, die die Schießwerte für das vorausbestimmende Zielflugzeug errechnete, leitete das Feuer der Geschütze während des ersten Angriffs. Während dieses Ziel beschossen wurde, verfolgte die zweite Funkmeß-/Kommandogerät-Kombination ein Ziel in der folgenden Welle. Entschied der Feuerleitoffizier, das Feuer auf das zweite Ziel zu verlegen, schaltete er einfach die Geschütze auf die Daten von der zweiten Radar-/Kommandogerät-Kombination um und griff so mit minimaler Verzögerung an. Sobald die erste Funkmeß-/Kommandogerät-Kombination die Steuerung der Kanonen aufgegeben hatte, ging sie wieder zur Suche auf ein drittes Zielflugzeug über.

Die Gehirnzentrale jeder Batterie war, wie schon erwähnt, die Meßstaffel.

Das Flugmeldesystem außerhalb der Batterien stützte sich teils auf Suchgeräte des Typs Funkmeßgerät „Freya" (Reichweite bis zu 300 km, ein solches war am Freiberg bei Kritzendorf stationiert), teils auf zahlreiche Flugmeldeposten (so bei Mannersdorf am Leithagebirge oder zwischen Raasdorf und Groß-Enzersdorf, Stellung „Ilse").

Die Fernsprechvermittlung beaufsichtigte bei Gefechtsschaltung die Durchsagen des Flaksenders und war über eine Ringleitung mit der zuständigen Untergruppe und deren Batterien verbunden. Auf der Ringleitung kamen die Befehle der Untergruppen an die Batterie durch, und über eine zweite Leitung erstattete jede Batterie ihre Meldungen an die Untergruppe. Vor 1944 waren verschiedene Heimatflakbatterien auch mit benachbarten Feuerleitbatterien fernmündlich verbunden (wie die 301/XVII am Nußberg mit der 5./288 Haschhof).

Von den insgesamt 604 Rohren der schweren Flak, die im November 1944 um Wien, Wiener Neustadt und Moosbierbaum stationiert waren, besaßen 478 ein Kaliber von 8,8 cm, 94 ein Kaliber von 10,5 cm und bloß 32 ein Kaliber von 12,8 cm.

Die Flakgruppe Linz dürfte bei ihren etwa 45 schweren Batterien (ohne Differenzierung) um dieselbe Zeit über etwa 270 Rohre verfügt haben.

Das Leben in der Batterie

Die Luftwaffenhelfer wurden entweder sofort oder erst nach der Grundausbildung bestimmten Batterien zugeteilt, wobei nach Möglichkeit die Schul- und Klassengemeinschaft erhalten blieb.

Das Leben in der Batterie wurde im wesentlichen durch den Batteriechef (Batterieführer) bestimmt (Leutnant, Oberleutnant, Hauptmann), der natürlich auch Vorgesetzte hatte und gerne in der Heimat bleiben wollte. Man durfte aber auch die untergeordneten Mannschaftsgrade nicht übersehen, vor allem nicht den Hauptwachtmeister („Spieß").

Vieles hing aber auch von der Lage der Batteriestellung ab. Von einem gewissen „Komfort" in Stellungen, die in der Nähe von großen Betrieben oder Siedlungen lagen (Linz, Ranshofen), mit elektrischem Licht, Wasserleitung und Brauseanlagen mit Kalt- und Warmwasser bis zu den einsamen Feldstellungen (Schwechat-Ost) inmitten der Natur und des Bauernlandes, mit Karbidlampen und Wassermangel und ohne Radio – das alles konnte man erleben, und es war wirklich reine Glückssache, zu welcher Batterie man eingeteilt wurde.

Der Dienstplan

Der Tagesablauf wurde vom Dienstplan bestimmt, der angeschlagen oder täglich bekanntgegeben wurde und den Tag bis auf die Minute genau einteilte und daher zu Pünktlichkeit und Ordnung erzog. Im großen und ganzen sah der Tagesablauf eines Luftwaffenhelfers ungefähr so aus:

6.30 bis 7 Uhr: Wecken mit schriller Trillerpfeife und dem Befehl: „Alles aufstehen!" Mancher UvD verließ den Raum sofort, mancher blieb, bis wirklich jeder aufgestanden war. Frühsport war selten. Die Morgentoilette wurde nach den vorhandenen sanitären Einrichtungen durchgeführt. Im riesigen Ausbildungslager Linz-Wegscheid gab es beispielsweise eine eigene Wasch- und WC-Baracke zugleich für mehrere Wohnbaracken. In den Batteriestellungen war das anders. Meist gab es eine gemeinsame Waschanlage, oft aber nur Wasserschüsseln und Wasserkrüge, die auf die einzelnen Stuben aufgeteilt waren. Mit Wasser wurde im Interesse des Stubendiensts, der das Wasser holen mußte, sparsam umgegangen. Die Morgentoilette fiel daher nicht immer so aus, wie man sich das gewünscht hätte, und wurde oft am Abend nachgeholt oder bereits für den nächsten Morgen vorbereitet. Wenn sich ein Luftwaffenhelfer rasieren mußte, ging das nur am Abend. Dann folgte das Frühstück. Der Stubendienst brachte eine Kanne (10 l) schwarzen Kaffee („Negerschweiß“ genannt, der auch gerne als heißes Rasierwasser benützt wurde), wobei pro Person ca. ein großer Schöpfer verabreicht wurde. Dazu aß man Brot, Marmelade, Margarine, Kunsthonig, Wurst und Käse von der Ration, die man schon am Vorabend gefaßt hatte. Auch hier lernte man bald einteilen. Dann ging es, soweit das nicht schon zwischendurch geschehen war, an die Ordnung in der Stube: Bettenbau genau nach Vorschrift, Säuberung des Frühstücksgeschirrs, der Waschschüsseln, der Kaffeekannen, Ordnung im eigenen Spind. Manche Luftwaffenhelfer zeigten sich bei allen diesen Handlungen geschwind, manche wurden nie fertig.

Um 8 Uhr oder 8.30 Uhr war der Frühappell, der in manchen Batterien außer an Sonntagen täglich stattfand und die günstige Gelegenheit bot, zusätzliche Informationen an die Batterieangehörigen weiterzugeben. Es war eben die „Befehlsausgabe“. Die Vollzähligkeit wurde kontrolliert, Krankmeldungen wurden durch den Stubenältesten entgegengenommen, Änderungen des Dienstplans bekanntgegeben u. a. m.

Um 9 Uhr begann der Unterricht oder das Batterieexerzieren, je nachdem, wann der Unterricht eingeteilt war. Maßgebend war hier der Einsatzplan der Lehrerschaft, die den Batterien zugeteilt war.

Die Mittagspause dauerte mindestens zwei Stunden und diente dem Mittagessen („Fraß“) und der Einhaltung einer streng befohlenen Bettruhe, die sogar gelegentlich kontrolliert wurde.

Zwischen 14 und 15 Uhr begann der Nachmittagsdienst entweder mit Unterricht oder mit irgendeinem militärischen Dienst: Geräte- und Geschützpflege, Munitionsrei-

nigen, Flugzeugerkennungsdienst als wichtige Voraussetzung für den Flugmeldedienst, Sport in den Sommermonaten, Vorbereitung für die Schule oder eben Batterieexerzieren.

Um 18 Uhr erfolgte das Abendessen – warm oder kalt –, dann empfing man die Essenration für den nächsten Tag (Essenholen!), und anschließend gab es Freizeit.

Um 21 Uhr war Bettruhe, nachdem der UvD den Stubendurchgang, die „Stubenabnahme“, vollzogen hatte, bei dem der Stubendienst Meldung zu erstatten hatte. Dann sollte Nachtruhe herrschen. Sie wurde freilich im Lauf des Jahres 1944 immer mehr durch nächtliche Fliegeralarme unterbrochen.

Als das Reichserziehungsministerium versuchte, den überall auftretenden Schwierigkeiten bei der militärischen Dienstgestaltung entgegenzuwirken, da sich schulische und militärische Belange immer mehr im Weg standen, empfahl der Oberbefehlshaber der Luftwaffe den einzelnen Luftgaubefehlshabern wenigstens die Beachtung einiger Richtpunkte:

1. militärische Beanspruchung täglich nicht mehr als drei Stunden, ausgenommen Einsatzerfordernisse;

2. täglich höchstens vier Stunden Schulunterricht.

In den Luftwaffenhelfer-Bestimmungen war man von zehn Stunden Schlaf für die Jungen ausgegangen. Nun warfen aber Nachtangriffe diese ganze schöne Theorie oft über den Haufen, vor allem dort, wo die Feindverbände bei verschiedenen An- und Abflugrouten immer wieder aufs neue Feuerbereitschaft auslösten. Später wurde aus diesem Grund die Pflichtbettruhe für Luftwaffenhelfer zum regulären Dienst erklärt.

Der Samstag galt verstärkt einem allgemeinen Reinemachen („Bodenschrubben“) mit anschließendem Stubendurchgang durch den Spieß oder den UvD. Der Sonntag war unter normalen Umständen dienstfrei und konnte im Rahmen der Batterieordnung mehr oder weniger persönlich gestaltet werden. Manchmal wurde allerdings – das hing vom Chef ab – politischer Unterricht angesetzt.

Die Situation verschärfte sich 1944 dramatisch, als die Zahl der Feindeinflüge sich vervielfachte und der Gegner infolge seiner Luftüberlegenheit sich nahezu jede beliebige Stunde des Tags zum Angriff aussuchen konnte.

Den erlösenden Augenblick bei diesem stets nervenzermürbenden Warten an den Geschützen und Geräten bildete dann immer das Feuerkommando. Ab nun konzentrierte sich alle Aufmerksamkeit auf die tausendmal geübten Handgriffe; man wurde ganz ruhig, auch wenn sich das Dröhnen der eigenen Abschüsse bei der schweren Flak und dem Stakkato der leichten Flakwaffen mit dem Pfeifen der niedergehenden Bombenteppiche oder dem Hämmern der Bordkanonen der angreifenden Jabos zu einem wahren Inferno vermischte. Man konnte sich wenigstens seiner Haut wehren und fühlte sich nicht so hilflos wie die Menschen in den Luftschutzkellern.

Die Verpflegung

Eines der wichtigsten Themen im Soldatenleben 1943/44 war natürlich die Verpflegung. Hier wirkte sich die Jugendlichkeit der Luftwaffenhelfer zu ihrem Vorteil aus. So erhielten die Jungen zusätzlich zu den normalen Verpflegungssätzen täglich 100 g Kommißbrot oder ein Viertelliter Magermilch pro Kopf zur Herstellung einer zusätzlichen warmen Abendsuppe; dazu wöchentlich 100 g Mühlenerzeugnisse oder 150 g Teigwaren, um eine entsprechende Einlage für diese Suppe kochen zu können, 50 g Zucker, 60 g Frischwurst und 150 g Marmelade oder Kunsthonig.

Batterien mit vielen Luftwaffenhelfern bezogen daher mehr Lebensmittel als andere. War der Koch geschickt, profitierte die ganze Batterie von dieser Zulage. War der Koch in Ordnung und die Luftwaffenhelfer wachsam, wurden die Zulagen gewissenhaft ausgegeben. Für österreichische Luftwaffenhelfer war natürlich manches, was auf dem Wochenspeisenzettel stand und alles im Detail angab, in der Bezeichnung und im Geschmack, wie etwa „Pellkartoffel", „Königsberger Klopse", „Tunke" und „Dropse", unbekannt und ungewohnt. Aber nach dem Sprichwort „Hunger ist der beste Koch" gewöhnten sie sich rasch daran.

Wichtig war, daß der Magen voll wurde. Auf besondere Anweisung Hitlers durften die Eltern für die eingerückten Luftwaffenhelfer die Lebensmittelkarten weiterhin beziehen, um ihren Söhnen bei Urlaub oder bei Besuch immer ausreichende Verpflegung bieten zu können.

Des weiteren bekamen die Luftwaffenhelfer Frischobst im gleichen Umfang wie die gleichaltrigen zivilen Normalverbraucher. Bei Urlaub erhielten die Flakhelfer nicht nur Urlaubsmarken, sondern zusätzlich Reise- und Gaststättenmarken in Höhe jenes Satzes, wie er für Jugendliche im Alter von 14 bis 16 Jahren festgelegt war.

Kantinen und Marketendereien durften von den Luftwaffenhelfern nur zum Einkauf betreten werden.

Alkohol- und Tabakrationen durften an die Luftwaffenhelfer nicht ausgegeben werden. Dafür erhielten die Jungen „Vitamindrops" und Süßigkeiten. Alkohol und Rauchen waren ja wie bei der Hitlerjugend überhaupt verboten. Bald empfanden die Militärs die Unnatürlichkeit, bei Batteriefesten und anderen Anlässen die Jungen nur Limonade trinken zu lassen. So gestattete man mäßigen Wein- und Biergenuß. Ebenso konnte der Disziplinarvorgesetzte bei derlei Anlässen das Rauchen gestatten. In der Öffentlichkeit und in der Unterkunft blieb das Rauchen nach wie vor untersagt.

Für 1944 sind Mitteilungen vorhanden, die vom Mundraub auf den umliegenden Feldern einer Batteriestellung bis zur Feststellung, daß die Verpflegung ausreichend sei, reichen.

Luftwaffenhelfer erhielten eine tägliche Barvergütung. Geldbeträge über 5 RM (!) mußten dem Rechnungsführer zur Verwahrung übergeben werden.

Unterkünfte und Wohnverhältnisse

Die Luftwaffenhelfer lebten fast alle in Baracken, die von unterschiedlicher Größe und Gestaltung sein konnten, im Sommer aber alle sehr heiß und im Winter sehr kalt waren. Der Innenraum war durch die aufgestellten Spinde in einen Wohnteil und in einen Schlafteil gegliedert. Im Wohnteil standen die Tische und Hocker und der Ofen, der im Sommer weggeräumt wurde,

Speiſenzettel

Küchenverwaltung   **Dienststelle L 21 954 Lg.Pa.Wien**

für die Zeit vom **1.Jänner** bis **5.Jänner** 194**4**

Tag	Morgenkoſt	Stück oder g	Mittagskoſt	Einheitsſatz roh g	gekocht g	Abendkoſt	Stück oder g
1.44.	Kaffee	9	Rindsbraten Nudelsuppe Tomatengemüse Kartoffeln Aprikosenkompott	60 300 600		Frischwurst Butter Schwarzen Tee	80 40 2
1.44.	Bohnenkaffee (Preßkaffe) 125		Schöerbraten Briesuppe Fischgemüse Kartoffeln Pudding	60 300 600		Frischwurst Margarine D.Tee	80 40 4
1.44.	Kaffee	4	Rindfleisch Sosse Haferflockensuppe Wurzelgemüse Kartoffeln	60 300 600		Nudel-Eintopf -/Elchsenfleisch Marmelade Kaffee Lg.Helfer: Milchsuppe Brot	150 40 200 8 300
1.44.	Kaffee	9	Fikadellen Graupensuppe Sauerkraut Kartoffeln	60 225 600		Sauermilchkäse Butter Suppe D.Tee	150 40 30 4
1.44.	Kaffee	9	Wurzelsteiner- Eintopf (fleischlos) Kartoffeln Wurzelgemüse	 600 600		Gallisch Kartoffeln Margarine Kaffe	40 600 40 4

Speisenzettel der leichten z. b. V.-Batterie 7386 Berndorf.

Merkblatt
über die Verpflegung der Luftwaffenhelfer

nach dem Stande vom 30. April 1944.

Dieses Merkblatt ist von den Lw.-Helfern mit den Ausweispapieren stets bei sich zu tragen.

Durch Änderung der Verpflegungsportionssätze sich ergebende Berichtigungen sind von den Lw.-Helfern eigenhändig vorzunehmen.

Bei Verlust des **Merkblattes** ist ein Ersatz durch Abschrift von den Lw.-Helfern selbst anzufertigen.

Lw.-Helfer erhalten die gleiche Verpflegung wie die Soldaten der Flakbatterien, bei denen sie eingesetzt sind. (Siehe Ziffer I.)

Darüber hinaus werden ihnen noch besondere Verpflegungszulagen gewährt. (Siehe Ziffer II.)

I.

Die **Soldatenkost** besteht aus der

Morgenkost:

Kaffee mit Brot und Brotaufstrich.

Mittagskost:

Von dem Wochensatz für Frischfleisch mit Knochen in der Höhe von 680 g, zusätzlich 80 g Bratlingspulver, das sind insgesamt 740 g, entfallen auf die Mittagskost 420 g.

Brot:

Tagessatz: 680 g Roggenbrot oder
625 g „ und 50 g Weißbrot.

Brotaufstrich:

Im Monat 24 mal Fett je 30 g und 6—7 mal Marmelade je 200 g.

Puddings:

Im Monat 2 mal. Zur Herstellung werden verwendet:
20 g Puddingpulver oder
50 g Grieß,
20 g Zucker und zusätzlich
0,25 l entrahmte Frischmilch.

V-Drops:

Im Monat 4—5 mal je 20—35 g, je nach der Packung.

Obst:

Nach Anfall wie bei den Jugendlichen der Zivilbevölkerung.

II.

Zu dieser Soldatenkost

erhalten die **Lw.-Helfer** nachstehende **Zulagen:**

Täglich: 100 g Roggenbrot oder
70 g Roggenbrotmehl zur Zubereitung einer Frühstückssuppe,
¼ l entrahmte Frischmilch, die in erster Linie zur Herstellung warmer Abendsuppen zu verwenden ist.

Wöchentlich: 60 g Frischwurst,
150 g Marmelade oder Kunsthonig.
Zur Herstellung warmer, gesüßter Abendsuppen, besonders an Tagen, an denen die Truppe keine warme Abendkost erhält:
100 g Mühlenerzeugnisse und 50 g Zucker oder
150 g Teigwaren und 50 g Zucker.

Für die Aufteilung der Lebensmittel auf die Mittagskost wird folgende Regelung als Anhalt gegeben:

An 6 Tagen je 70 g Frischfleisch mit Knochen einschließlich Bratlingspulver. Gemüse zu nachstehenden Tagessätzen:

Kartoffeln Frischgemüse (Mohrrüben, Kohlrüben, Weiß-, Rot-, Grün- und Blumenkohl, grüne Bohnen, Spinat usw.)	Rohgewicht	1200 g	oder
eingelegtes Gemüse	„	400 g	„
Sauerkraut	„	450 g	„
Mühlenerzeugnisse (Graupen, Grütze, Grieß)	„	100 g	„
Teigwaren	„	150 g	„

Diese Gemüsesorten werden in den Truppenküchen erfahrungsgemäß wie folgt ausgegeben:

600 g Kartoffeln und 600 g Frischgemüse oder
800 g „ und 400 g „
800 g „ und 150 g Sauerkraut „
400 g „ und 65 g Hafergrütze

An einem Tag eine fleischlose Mittagskost aus einem Gemüsegericht.

Abendkost
(je Woche):

An 2 Tagen 80 g Frischwurst.
„ 4 „ warme Abendkost mit je 45 g Frischfleisch mit Knochen einschließlich Bratlingspulver und den halben Gemüsesätzen der Mittagskost, z. B. 75 g Teigwaren oder 300 g Kartoffeln und 300 g Frischgemüse.
„ 1 Tag Käse (125 g Weichkäse oder 150 g Sauermilchkäse oder 250 g Quark) oder Fischkonserven, je nach Doseninhalt 120 g bis 180 g, bei Ölsardinen 90 g bis 125 g.

Die zubereitete Fleischportion ohne Knochen beträgt je nach Sorte und Güte des Frischfleisches 40—50 % der angeführten Mengen.

Monatlich: 250 g Keks oder ähnliche Backwaren und 100 g Zuckerwaren, wenn der Lw.-Helfer mindestens einmal im Monat bei einem nächtlichen Luftangriff eingesetzt war.

III.

Urlauberkarten.

1. **Übernachtungsurlaub** (z. B. über Sonntag). Lw.-Helfer, die bis zum Abend des nächsten Tages beurlaubt sind, erhalten von ihrer Einheit eine Urlauberkarte für 2 Tage, wenn sie nach Einnahme der Mittagskost den Urlaub antreten. Wird an diesem Tage kalte Abendverpflegung mitgegeben, dann erhalten sie nur eine Urlauberkarte für einen Tag.

2. **Kurzurlaub** bis zu 4 Tagen einschließlich Hin- und Rückreise: Ausgabe von Urlauberkarten durch die Batterie.

3. **Längere Beurlaubung:** Es werden von der Batterie nur Urlauberkarten bis zu 2 Tagen ausgegeben. Für die restliche Zeit des Urlaubes sind von den Lw.-Helfern selbst Urlauberkarten bei den Kartenstellen des Urlaubsortes zu empfangen.

4. **Anspruch auf zusätzliche Lebensmittelmarken** in der Höhe des Ausgleiches der für Jugendliche vorgesehenen Lebensmittelmengen:
Dieser besteht bereits bei einem Urlaub von 2 vollen Tagen, nicht jedoch bei Übernachtungsurlaub.
Bei Kurzurlaub oder längerer Beurlaubung erhalten die Lw.-Helfer diese Lebensmittelmarken ebenfalls bei ihren zuständigen zivilen Kartenstellen.

Herausgegeben durch Luftgaukommando XVII, Verw. A 6 (Mai 1944) — Wehrkreisdruckerei XVII, Wien ·3278)

„Die neuen Unterkünfte und Vorgesetzten erwiesen sich als eine triste Welt. Da konnte man sich auch am Abend keine großen Hoffnungen für den nächsten Tag machen, da täuschten auch zwei, drei Unentwegte nicht darüber hinweg . . ."

im Winter aber das Herzstück des Raums war. In diesem Wohnteil spielte sich das tägliche Leben der Luftwaffenhelfer ab: Frühstück – Unterricht, eigene Unterrichtsräume waren eher selten – Mittagspause – Abendessen – Freizeit. Von Goethe und Schiller, von Cäsar, Cicero und Tacitus, von Pythagoras und arithmetischen und geometrischen Reihen haben die Barackenwände sicher nur in der Luftwaffenhelferzeit gehört! Im Bettenteil standen die Stockbetten mit Strohsack, zwei oder drei Decken, Leintuch, Decken- und Polsterbezug, meistens mit blau-weiß gewürfeltem Muster. In bestimmten Abständen wurde die Bettwäsche gewechselt (ebenso die Leibwäsche). Wer im unteren Bett lag, mußte damit rechnen, von oben bestaubt zu werden, so daß er beim Bettenbau besonders vorsichtig sein mußte, weil das Bett für den UvD leicht einschaubar war; wer im oberen Bett lag, hatte es wärmer, allerdings auch eine schlechtere Luft und einige Schwierigkeiten beim Bettenbau, weil er sich vorsichtig hochturnen mußte, um nicht das untere Bett zu zerstören. Ganz schlecht war man dran, wenn man in einem dreistöckigen Bett ganz oben liegen mußte: Man konnte sich im Bett nicht einmal aufsetzen! Auch die Einteilung der Spinde war genau geregelt. Jeder war für seinen Spind oder für sein Spindabteil verantwortlich.

Sonstige Verschönerungen und Verbesserungen blieben weitgehend der Initiative der jeweiligen Barackenbelegschaft überlassen. Die Batterien, die gemäß Vorschrift für entsprechenden Wandschmuck zu sorgen gehabt hätten, waren froh, die notwendigsten Einrichtungsgegenstände und das für den Winter so nötige Heizmaterial bereitstellen zu können – letzteres machte oft genug Schwierigkeiten.

Schon zu Beginn des Luftwaffenhelfer-Einsatzes gab es verschiedentlich Schwierigkeiten, geeignete Baracken zu beschaffen, so daß Bauten, die ursprünglich für andere Zwecke gedacht waren, verwendet werden mußten. Große Mißstände traten auf, als der allgemeine, überörtliche Einsatz eingeführt wurde und die oft schnelle und unvorbereitete Verlegung von Batterien an der Tagesordnung war.

In jeder Stube oder Baracke gab es einen Stubenältesten, der für Ordnung und Sauberkeit verantwortlich war. Das waren fast immer Flaksoldaten, die wegen dieser Berufung sicher nicht immer glücklich waren. Waren nur Luftwaffenhelfer in einer Stube, dann wurde einer von ihnen zum Stubenältesten bestimmt.

Die Baracken selbst standen ca. 1 m tief in die Erde gegraben. Das Aushubmaterial wurde rund um die Baracke – genau wie bei den übrigen Unterständen und bei den Geschützen – als Erdwall aufgehäuft und sollte zur Tarnung, aber auch zum Schutz gegen direkten Beschuß dienen. Von gut gebauten Baracken sah man nur das Dach, und zum Barackeneingang mußte man immer einige Stufen hinabsteigen.

In den Wintermonaten kamen wegen des Heizmaterialmangels nicht selten Erkältungskrankheiten hinzu. Die damit verbundenen oftmaligen nächtlichen Dränge und Pflichtausflüge aus dem warmen Bett zur „Toilette", meist eine einer primitiven Sänfte gleichende, schwere Holzhütte, auch „Lokus" oder „Ein- oder Zweizylinder-Außenbordmotor" genannt, waren ein Kapitel für sich.

Der Wachdienst

Konnte man Anfang 1943 noch einen gewissen zivilen Anstrich im Luftwaffenhelfer-Leben erkennen, so wird diesen Schülern hinter den Kanonen und Feuerleitgeräten mit fortschreitender Einsatzzeit der soldatische Stempel immer tiefer eingeprägt. „...aus dem eisernen Zwang der Notwendigkeit auch das letzte für die Verteidigung herauszuholen...", so schrieb der Kommandierende General im Luftgau VII Zenetti an die Eltern seiner Luftwaffenhelfer am 11. April 1944.

1944 wurde das Wachdienstverbot für Luftwaffenhelfer aus den Luftwaffenhelfer-Bestimmungen gestrichen. Körperlich gut entwickelte Jungen, die das 16. Lebensjahr vollendet hatten und vom Truppenarzt für diese Tätigkeit als tauglich befunden wurden, durften als Geräteposten, aber ohne Schußwaffen, eingesetzt werden; und zwar im Lauf von 24 Stunden entweder zwei Stunden für Tag- oder eine Stunde für

„16. Februar (1944). Muni-Reinigen mit ‚Fliegerfettblau‘. ‚Und wenn ihr einmal Doktors seid, könnt ihr sagen: Ich hab' auch mal gearbeitet.‘ – ‚So ein Idiot!‘ "

Oben: Heimatflakbatterie Nußberg (203 und 301/ XVII).
Unten: Batterie Himmelhof (5./532).

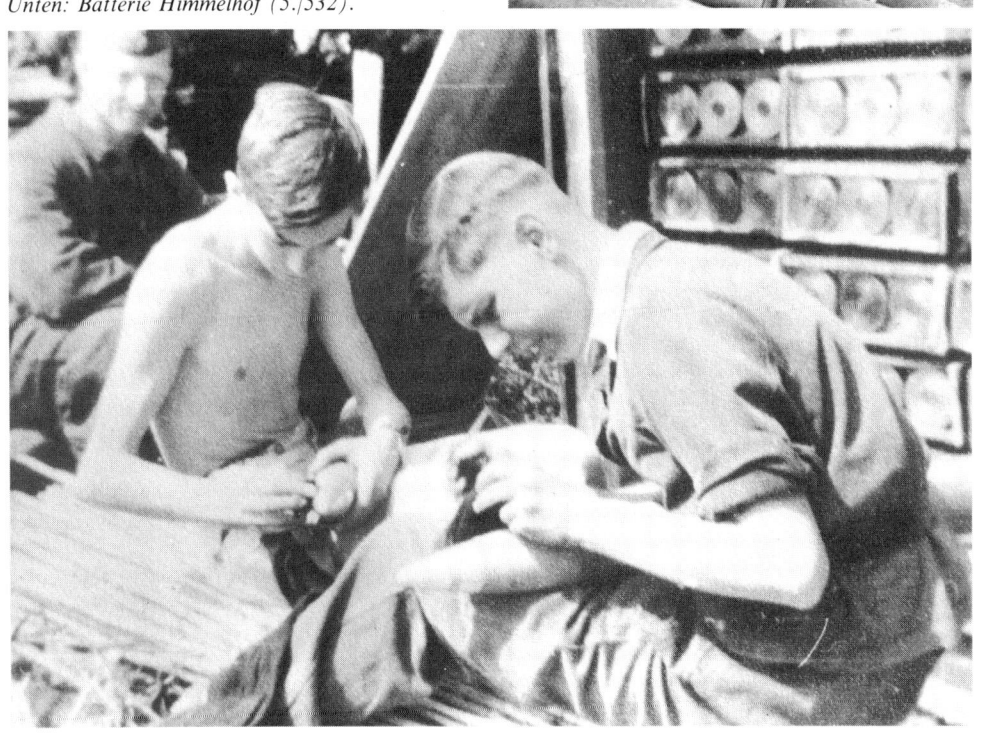

Nachtwache. Tagwachen waren auf den militärischen Dienst anzurechnen, bei Nachtwachen zwei Stunden Dienstbefreiung zu geben. Schule und Berufsschulausbildung durften durch diese Wachtätigkeit aber nicht beeinträchtigt werden.

An Luftwaffenhelfer-Posten durften Schußwaffen nur in unsicheren Grenzgebieten ausgegeben werden.

Der unvermindert anhaltende Abgang von Flaksoldaten an die Front zwang einfach zu mehr oder minder starker Wachdienstübernahme durch die Luftwaffenhelfer.

Zusammen mit der Wachdienstneufassung wurde auch ein Arbeitsdienst für die Luftwaffenhelfer zugestanden, soweit es sich um leichtere Arbeiten im Stellungsbereich handelte. Nun aber war gerade durch die vielen Verlegungen und Neuaufstellungen von Batterien häufig Stellungsaus- und -umbau genauso erforderlich wie Wiederinstandsetzungsarbeiten nach Angriffsschäden.

Gewehrexerzieren bei der 7./gem. Flak-Abt. 807. Ab Mitte 1944 wurden bei dieser Batterie Luftwaffenhelfer auch zum Wachdienst und Streifendienst gegen Luftlandetruppen herangezogen.

„In der Stellung ist es trostlos. Eine halbe Stunde von der Straßenbahn. Wir sind ziemlich niedergeschlagen. Wir denken aber an den Leitspruch, den uns der liebe Unteroffizier Schweiger mitgegeben hat: ‚Laßt euch durch nichts niederzwingen, denkt an Götz von Berlichingen.' Wir bewohnten zu acht Mann die östlichste Baracke der Stellung ‚Sibirien'. Klein, aber gemütlich, doch kalt. Wir sind ganz zerrissen worden. Wir sind hier gemischt von der 6. und 7. Klasse. Das wird wohl so weitergehen."

Stellungsbau bei der Batterie Haschhof (5./288).

Oben: Beim Brunnenschlagen bei einer Batterie im Wiener Winterhafen.

Links: Manchmal galt es erst einmal Hand anzulegen, um die Batterien und Stellungen auszubauen, Splitterschutzwälle aufzuschütten und geeignete Wohnverhältnisse zu schaffen. Das war so zur Anfangszeit, Angriff hatte es noch keinen gegeben, nicht einmal scharf geschossen hatten die Luftwaffenhelfer, da blieb abends oft der Übermut nicht aus.

Unten: Arbeitsdienst bei einer Batterie der schweren Flakabteilung 223.

Nachdem ausbildungsmäßig die volle Gefechtsbereitschaft einer Batterie gegeben war, ging es zum Scharfschießen auf einen der Flakschießplätze. Da konnte es schon auch passieren, daß eben erst die Bahnstrecke zerbombt worden war und Zwangspausen eingeschaltet wurden – Zeit des Luftkriegs.

Oben: Fahrtunterbrechung für die Batterie St. Valentin.

Links: Leutnant Junge, Batterieführer einer Wiener Neustädter Batterie (Heideäcker).

Unten: Luftwaffenhelfer der Steyregger Batterien.

*Alle Bilder: Batterien Schwechat-Ost, Fischamend
(Schwere Flakabteilung 223).*

*Oben: Für jene schweren Batterien, die zum Trup-
penübungsplatz Malacky in der Slowakei fuhren,
war im Grenzbahnhof Marchegg Marschpause.*

*Unten: Ankunft am Truppenübungsplatz Malacky-
Podhrady.*

Die Flakschießplätze Rust und Oggau am Neusiedler See, von alliierten Aufklärern im Dezember
1944 fotografiert. Das Flaklager Rust in der Bildmitte. Heute befindet sich an seiner Stelle eine
Großkellerei. (Foto: British Crown, University of
Keele.)

Für die leichten Batterien fand das Scharfschießen
im burgenländischen Oggau statt.
Links: Batterie Winterhafen am Zielbahnhof
Schützen am Gebirge. Ab hier wurde marschiert.
Rechts oben und Mitte: Für schwere Batterien gab
es neben dem Truppenübungsplatz auch einen österreichischen Flakschießplatz: Rust (Batterie Schwechat-Ost–Fischamend (4. und 5./223).
Rechts: Geschütze der Batterie 5./532 ,,Am Himmel" am Schießplatz Rust.

90

Besuche, Urlaub und Freizeit

Ortsansässige Luftwaffenhelfer erhielten das Recht, einmal wöchentlich die Eltern zu besuchen, soweit dies der Dienst gestattete, und konnten auch bei den Eltern „zur Aufrechterhaltung der Familienbeziehungen" einmal übernachten. Luftwaffenhelfer, die diese Möglichkeit nicht hatten, sollten bei der Vergabe des Wochenendurlaubs bevorzugt werden, was aber nicht immer geschah. Eltern und Verwandte besaßen das Recht, „ihre" Luftwaffenhelfer an Sonn- und Feiertagen zu besuchen. Dies zeigt sehr deutlich, daß die Luftwaffenhelfer eine Sonderstellung einnahmen und offiziell nicht einfach als Soldaten angesehen wurden. Die Besuche hingen natürlich davon ab, ob die Batterie nicht zu weitab vom öffentlichen Verkehr und nicht zu weit vom Heimatort lag und daher eine solche Besuchsfahrt zeitlich und auch finanziell tragbar war. Den größten Vorteil aus der Besuchsmöglichkeit zogen natürlich jene Luftwaffenhelfer, die in ihrem Heimatort oder in dessen unmittelbarer Umgebung in Stellung lagen.

Die Besuche waren nicht nur psychologisch wichtig, indem die Verbindung zur Familie aufrechterhalten wurde, sondern die Eltern brachten auch regelmäßig Neuigkeiten aus dem Heimatort und aus der Schule und vor allem etwas zu essen mit. Diese heimatlichen Leckerbissen waren als Zusatz zur eintönigen und ungewohnten Wehrmachtskost nicht zu verachten! Man traf sich dabei in der Baracke, denn eine andere Möglichkeit gab es ja nicht, und unterhielt sich mit allen Luftwaffenhelfern, die man ja ohnehin als Schulkollegen der Kinder kannte. Bei manchen Luftwaffenhelfern wurde freilich durch diese Besuche das Heimweh, unter dem sie litten, noch stärker.

Dienstfreie Tage und Kurzurlaub, dieser etwa alle zwei bis vier Monate, waren das Geschenk einer günstigen Stunde und konnten sehr rasch widerrufen werden, wenn Umstände dienstlicher oder persönlicher Art sich dagegenstellten. Je länger der Krieg dauerte, desto mehr Bahnanlagen waren zerstört, und desto länger dauerte die Fahrt in den Urlaub und zurück in die Batterie. Von vier Tagen Kurzurlaub gingen bei entsprechender Entfernung und Zerstörung oft ein oder zwei Tage für die Fahrt auf.

Auch beim Urlaub war den Luftwaffenhelfern eine Sonderstellung eingeräumt worden. „Die Luftwaffenhelfer erhielten jährlich 2 × 14 Tage Erholungsurlaub, zusätzlich zwei Reisetage. In Anbetracht des jugendlichen Alters war der Erholungsurlaub unter allen Umständen zu gewähren. Bei allen Beurlaubungen war freie Fahrt auf Wehrmachtsschein gestattet."

Ein Besuch in den Batterien ließ die Eltern immer etwas aufatmen. Man fand den Sohn inmitten von Kameraden, die in ihrer jugendlichen Unbekümmertheit den Luftkrieg alle nicht so ernst nahmen wie die Eltern. Urlaub, übers Wochenende gar, war anfangs etwas Beglückendes, ab Sommer 1944 brachte er für viele die herbeigesehnten Stunden, um sich gegenseitig die Sorgen auszureden . . .

Freizeitgestaltung

Schon bei den ersten Überlegungen zum Luftwaffenhelfer-Einsatz wurden genaue Vorstellungen über die Freizeitgestaltung entwickelt. Grundlage für die Gestaltung dieser Freizeit sollte die Lebensform der Hitlerjugend sein und in gemeinsamen Heimatabenden mit der örtlichen Hitlerjugend-Führung erarbeitet werden.

Aus der üblichen Wehrmachtsbetreuung sollten daher nur die für Jugendliche geeigneten Maßnahmen eingesetzt werden, die Wehrmachtsbüchereien – neben den Schülerbüchereien –, die Schaffung von Möglichkeiten zum Besuch kultureller Veranstaltungen wie Theater, Konzerte u. a. Bei Filmvorführungen im Rahmen der Wehrmachtsbetreuung war auf das jugendliche Alter der Luftwaffenhelfer Rücksicht zu nehmen. Die Luftgaukommandos konnten auch Rundfunkgeräte und Musikinstrumente anfordern. Eine besondere Art von „Freizeitgestaltung" soll nicht unerwähnt bleiben: Die Werbemaßnahmen für die aktive und die Reserveoffizierslaufbahn.

Freizeit war im Dienstplan reichlich vorgesehen und anfangs auch vorhanden.

Zunächst einmal konnte man innerhalb der Batterie lesen, Schach spielen, Karten spielen, musizieren; man konnte und sollte auch Hausübungen schreiben und sich auf den Unterricht vorbereiten, hatte aber meistens wenig Lust dazu; in der wärmeren Jahreszeit konnte man Sport betreiben.

Für außerhalb der Batterie war bereits eine Erlaubnis notwendig, da jedes Verlassen des Batteriebereichs gemeldet und bewilligt werden mußte. Ausgang gab es nur bis 21 Uhr, bei Kinobesuch bis zum Ende des Films. Wer in der Nähe einer Stadt in Stellung lag, konnte außer Kinos auch Theater, Konzerte und Vorträge besuchen.

Spezielle Theateraufführungen, Dichterlesungen und sogar Opernabende für Luftwaffenhelfer (und Soldaten) waren anfangs nicht selten. Ab und zu kamen bei manchen Batterien sogar Mädchengruppen des BDM zu Besuch. Alles streng dienstlich und reglementiert, aber für die jungen Luftwaffenhelfer ungemein erfreulich. Durch den immer heftigeren Luftkrieg kam es aber bald zu Einschränkungen.

Besonders beliebt war der Besuch des Zahnarztes mit „langer Wartezeit", die Besorgung verschiedener, für den Unterricht „notwendiger" Utensilien, die Beschaffung von Büchern für Referate usw.

Mit zunehmender Verschlechterung der Luftlage wurde eine planmäßige Freizeitgestaltung immer mehr zum Problem. Militärischer Dienst und Feuerbereitschaften gingen oft ineinander über, und wo da noch ein Quentchen Freizeit blieb, wurde etwas Spiel und Sport neben den Geschützen betrieben oder gelesen.

Es kam also, wenn sich die Luftwaffenhelfer bei dem alle Kräfte beanspruchenden Einsatz irgendwie wohl fühlen sollten, auf ein gutes Klima innerhalb der Batterie an, und das bestimmte vorwiegend der Batteriechef. In manchen Fällen waren die Luftwaffenhelfer bei Batteriefesten mit einbezogen und kamen so mit den Schattenseiten des Soldatenlebens in „hautnahe Berührung". Verschiedentlich wird sogar von Gelagen gesprochen.

Die Batteriefeste, so selten sie waren, sahen Soldaten, Unteroffiziere, Offiziere und Luftwaffenhelfer in buntem Kameradenkreis vereint. Einmal wurde Theater gespielt, gesungen und musiziert, ein anderes Mal gastierte eine Varietégruppe. Batteriefeste waren allgemein beliebt, weil es Sonderverpflegungen und Sonderzuteilung an Alkohol gab, natürlich letzteren nicht für Luftwaffenhelfer. So besorgten sich manche aus elterlichen Beständen ihren eigenen Alkohol, zu dessen Genuß stubenweise ein kurzer Rückzug vom offiziellen Batteriefest angetreten wurde.

Da bei den Großbatterien auch Scheinwerferstände in der Nähe waren, die mit RAD-Mädchen oder Flakhelferinnen besetzt waren, wurden diese Mädchen selbstverständlich zu solchen Festen eingeladen. Für manche Luftwaffenhelfer gab es dabei den ersten Tanz – und nicht nur das.

In Wien war im Juli 1944 für die Betreuungsaufgaben ein eigener „Inspekteur der Luftwaffenhelfer des Gaues Wien, der 24. Flakdivision und Verbindungsführer zum Luftgaukommando XVII" in der Person des HJ-Bannführers Ralf Roland Ringler eingesetzt worden. Sicherlich ein Kurio-

Sommer 1943
Noch gibt es sorglosen Sport. Ab
Herbst 1944 sollten sich die Luftan-
griffe derart häufen, daß zu solchem
Zeitvertreib kaum noch jemand geneigt
war.

Oben: Fußball bei der Batterie Haschhof (5./288).

Rechts oben: Boxen bei der Batterie Haschhof.

Rechts: Schwimmen, Batterie Himmelhof (5./
532).

Unten: Sport bei einer Batterie in Schwechat-
Fischamend.

sum, denn ähnliches gab es in anderen Luftgauen nicht.

Wie wenig ernst man zu dieser Zeit die Bemühungen der Hitlerjugend-Führung um die Betreuung der Luftwaffenhelfer sowohl im Luftgaukommando als auch bei den Flakführern und sogar seitens der Luftwaffenhelfer nahm, zeigte sich sehr bald, nachdem Ringler seine Tätigkeit aufgenommen hatte.

Gerade die Luftwaffenhelfer, das darf allgemein gesagt werden, wollten nach ihrer Einberufung zum Kriegshilfsdienst, da sie sich als Soldaten fühlten, von der Hitlerjugend nichts mehr wissen und standen allem, was von dort her kam, gleichgültig gegenüber. Daß es Ringler in seinem Wirkungsbereich dennoch gelang, diese Abneigung und dieses Mißtrauen zumindest zum Teil abzubauen, mag vielleicht sein persönliches Verdienst gewesen sein. Er berichtete viele Jahre später darüber und soll hier selbst zu Wort kommen, da vieles für diese Zeit so symptomatisch und es sicher einmal interessant ist, den Luftwaffenhelfer-Einsatz von der „anderen", der Parteiseite, her betrachtet zu sehen: „Hilfskräfte und Hilfsmittel erhielt ich keine. Fahrzeuge und Geld gab es auch nicht. Außer einem leeren Schreibtisch in der Abteilung ‚Wehrertüchtigung', erhielt ich bei Bedarf stundenweise eine Schreibkraft zugeteilt.

Ich lernte die komplizierten Unterstellungsverhältnisse in der Heimat kennen. Dieses System bewirkte ein bewußtes Aufteilen und Abschieben der Verantwortung . . .

. . . Offizielles Vorstellen im Luftgaukommando bei Major Fischer. Freundlich, unverbindlich, aalglatt. ‚Mal sehen', meinte der Rheinländer, ‚was sich für die Jungs machen läßt.'

. . . Auch bei der 24. Flakdivision im Schloß Cobenzl waren nur nichtssagende Worte und Versprechungen zu hören. Man wollte diesen unbequemen HJ-Führer möglichst rasch wieder loswerden.

. . . Da ich nie einen klaren Auftrag erhielt, steckte ich mir selbst das Ziel. Es konnte nur heißen – kulturelle Betreuung in der Freizeit. Was hätte ich ihnen sonst vermitteln können? Kultur und menschliche Werte waren bisher sicher zu kurz gekommen, ebenso wie das Denken, das Nachdenken über das Geschehen um uns, das kritische Überdenken.

. . . Die Luftwaffenhelfer mußten plötzlich den Dienst von Erwachsenen machen. Sie wurden wie Erwachsene behandelt, sie mußten mit Männern leben und womöglich wie Männer sterben. Was sollten sie mit Politik, was mit weltanschaulichen Betrachtungen? Sie standen ohnehin schon mitten in der Auseinandersetzung. Sie mußten das Gefühl bekommen, nicht allein der Welt der Militärs ausgeliefert zu sein. Sie mußten wissen, daß sich jemand um sie kümmert.

Mit der Straßenbahn und zu Fuß machte ich mich zur Besichtigungstour in die Flakstellungen auf.

Die Reaktionen waren unterschiedlich – die Reaktionen der Batteriechefs, denn mit den Jungen konnte ich kaum zusammentreffen. ‚Betreuung? Betreuung brauchen wir nicht. Die Jungs sind ja jetzt Soldaten.'

‚Haben Sie vielleicht selbst einen Sohn in diesem Alter?' wagte ich zu widersprechen. Verdutzt sah mich der Oberleutnant an und sagte dann seine Unterstützung zu.

Danach fuhr ich zu den Dienststellen des Luftgaukommandos XVII in Prag und Linz . . .

. . . Ich begann sofort mit der Betreuungsarbeit. Große Hilfe war mir die Erfahrung, die die entsprechende BDM-Abteilung des Obergaues Wien hatte. Sie kannte sich am kulturellen Sektor Wiens am besten aus.

Das einfachste wäre gewesen, Bücher zu sammeln und an die Batterien zu schicken. Das konnte jeder Depp, aber gemacht hatte es bis dahin auch noch niemand.

Die zweite Möglichkeit – Künstler in die Batterien zu bringen. Dadurch wäre die Einsatzbereitschaft nicht gefährdet, und kein Chef hätte sich beklagen können. Nur der Dienstplan wäre vielleicht ein wenig durcheinandergekommen. Da waren die Künstler natürlich das größte Problem.

Und zum Dritten – Veranstaltungen in Wien, Freiplätze in Theatern, Sonderveranstaltungen und so weiter. Die Schwierigkeit – jede Batterie ließ nur zwei bis drei Buben gleichzeitig weg. Unter dem Vorwand mangelnder Einsatzbereitschaft konnten die Batteriechefs die Entsendung der Jungen verweigern. Dazu kam noch der relativ lange Anmarschweg zu manchen Standorten. Der große Vorteil – die Burschen kamen aus der militärischen Tretmühle heraus. Sie konnten sich bei dieser Gelegenheit daheim wieder einmal auffrischen.

Da waren Bruno Brehm, Ernst Kratzmann und Josef Weinheber, der Leiter der Wiener Sängerknaben, Ferdinand Grossmann, und viele andere.

Zuerst waren die Luftwaffenhelfer erstaunt. Als sie erkannten, daß es keine der üblichen gefürchteten Betreuungen waren, reagierten sie begeistert . . .

Reckturnen bei der Batterie 2./223.

Frühsport bei der Batterie 3./696, Fuchsenboden.

Die Völkerballspieler der Batterie 3./696.
Auch Tischtennis war ein beliebter Sport.

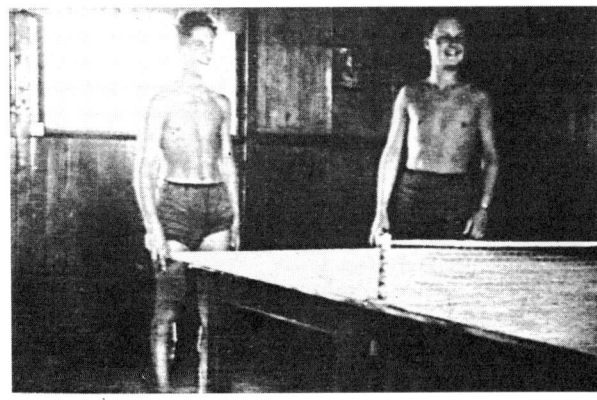

... Einer der ersten, der mir großzügig Hilfe zusagte, war Prof. Grossmann. Er bemühte sich rührend und aufrichtig – allen Schwierigkeiten zum Trotz –, wöchentlich mehrmals einen Chor der Sängerknaben in irgendeine Batterie zu bringen. Ende Oktober 1944 überraschte uns ein Luftalarm in der 8,8-cm-Flakstellung am Eichkogel. Nach der Entwarnung dauerte es Stunden, um wieder nach Wien zu kommen. Prof. Grossmann ertrug diese Strapazen und Unbille mit viel Humor und Geduld.

Bruno Brehm machte mit seiner Persönlichkeit den größten Eindruck auf die Jungen. Er scheute nicht harte Kritik an unserer Kriegführung im Osten, besonders aber verurteilte er die Zustände in den besetzten Gebieten. Als ehemaligem Angehörigen der k. u. k. Armee war ihm die jetzige Behandlung der Völker im Osten unverständlich und ein Greuel. Er sagte damals viel, was uns erst später bewußt wurde.

Durch Ausdauer und Hartnäckigkeit erhielt ich mit der Zeit genügend Freikarten für die wenigen noch in Wien stattfindenden Veranstaltungen.

In erster Linie waren es die Aufführungen des Reinhardtseminars im Schönbrunner Schloßtheater. Professor Niederführ unterstützte mich. Fast jeden Abend besetzten meine Burschen in dem winzigen Theater bis zu zwanzig Plätze. Die Aufführungen waren für alle ein echtes Erlebnis.

... September 1944 – in der Slowakei soll ein Aufstand niedergeschlagen worden sein. Auch Schirach war dort. Nach seiner Rückkehr wurde eine Großkundgebung auf dem Stephansplatz angesetzt. Der Stabsleiter befahl mir, mit einem Kontingent Luftwaffenhelfer teilzunehmen, sie einmal ‚vorzuzeigen‘.

Mit gemischten Gefühlen wartete ich am Treffpunkt bei der Oper. Wahrscheinlich würde ich mich mit einer kläglichen Schar lächerlich machen. Doch dann kamen sie von allen Seiten an, strahlend und selbstbewußt. Sie waren keine pseudomilitärische Einheit. Ohne sie wäre die Luftverteidigung Wiens eine Farce gewesen. Sie waren es, die immer wieder feindliche Bomber herunterholten.

Und das wußten sie.

Mußestunden bei der Batterie 2./223.

Luftwaffenhelfer-Schicksal: Endlich Ausgang und Kinokarten für „Die Frau meiner Träume" mit Marika Rökk – wegen Fliegeralarms ausgefallen.

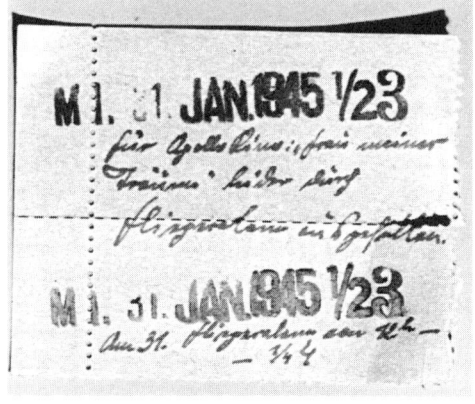

Oben und rechts oben: Truppenbetreuung bei der Batterie Fuchsenboden (3./696) . . .

. . . und bei der Batterie Stammersdorf (Feld-FAS 17) (rechts und unten links und rechts).

Ganz unten links und rechts: Besuch der Weberschule St. Pankratz, OÖ.

In tadelloser Disziplin marschierten mehrere hundert Jungen in zwei Marschblöcken zum Stephansplatz. Die Prominenz staunte, als die Luftwaffenhelfer, das Fliegerlied schmetternd, kamen.

Schirachs Rede war 08/15. Das einzige Neue waren sein weißer Kopfverband, mit dem er aus der Slowakei zurückgekehrt war, und seine feldgraue Uniform als ‚Reichsverteidigungskommissar‘.

Welch ein Unterschied zu 1938! Aus Idealismus war Militarismus, aus Schwung Disziplin geworden und aus Begeisterung – Pflichterfüllung ...

... Oktober – Kriegsfreiwilligenwerbung für den Jahrgang 1927 ... Es war der Ehrgeiz des Gebietsführers, den Jahrgang 1927 geschlossen ‚kriegsfreiwillig‘ melden zu können. Kriegsfreiwillig zur Waffen-SS ...

... Bei der Flakbatterie Arenbergpark klappte es gar nicht. Zuversichtlich fuhr ich hin und war sehr überrascht. Eine verhältnismäßig große Anzahl von Jungen war zu keiner Meldung zu bewegen. Das reizte und interessierte mich.

Ich wollte eine Diskussion beginnen. Eine eisige Mauer des Schweigens war die Antwort.

Nach einigen provozierenden Fragen tauten sie ein wenig auf. Ein großer, schwarzhaariger Bursch tat sich als Wortführer besonders hervor. Er kam mit gescheiten Argumenten, mit Fragen, auf welche ich nicht vorbereitet war, mit Fakten, die stimmten. Er beherrschte vollendet Dialektik und Demagogie.

Irgendwie mußte ich mein Gesicht wahren, konnte nicht einfach aufstehen und weggehen. So versuchte ich es – ich hätte es wissen und fühlen müssen, daß das nicht ging – mit Drohungen, mit Ankündigungen von Repressalien und einer Art Ultimatum: ‚Überlegt es euch bis morgen.‘

Wieder peinliches Schweigen.

Nachdenklich ging ich fort, fragte den Batteriechef, wie sie denn im Einsatz wären. Er war mit ihnen vollauf zufrieden und lobte sie sehr. Auf einer Seite mußte also der Fehler liegen ...

... Noch einmal fuhr ich zu den Luftwaffenhelfern im Arenbergpark. Diesmal war mein Auftreten freier, ungehemmter, offe-

ner. Als ich über ihre abweisenden Gesichter lachte, waren auch sie entwaffnet. Das Eis war gebrochen, wir konnten reden.

‚Es heißt doch Freiwilligenmeldung‘, sagte der große, lange Bursche. ‚Nun, wir wollen den Wehrdienst ja nicht verweigern, aber Freiwillige wollen wir auch nicht sein. Auch wir halten die Freiheit für das Höchste – also laßt uns die Freiheit.‘

Diese Argumente waren nicht übel.“

Dienstverhältnisse und Disziplinarstrafordnung

Vorgesetzte der Luftwaffenhelfer im Sinn des Militärstrafgesetzbuchs waren nur die militärischen Disziplinarvorgesetzten. Die Luftwaffenhelfer hatten jedoch den Anordnungen sämtlicher Offiziere, Wehrmachtsbeamten und Unteroffiziere ihrer Dienststelle sowie solcher Wehrmachtsangehörigen, denen eine besondere Anordnungsbefugnis übertragen war, Folge zu leisten. Daneben bestanden die Vorgesetztenverhältnisse der Lehrer und der Hitlerjugend im Rahmen ihres Dienstes weiter.

Die Luftwaffenhelfer unterlagen als Wehrmachtsgefolge den Militärstrafgesetzen nur nach den für das Gefolge der Luftwaffe erlassenen Vorschriften. Danach waren alle Schutzbestimmungen des Jugendstrafrechts auf die Luftwaffenhelfer anwendbar. Für die Ahndung disziplinärer Vergehen war die Disziplinarstrafordnung maßgebend. Wie alle Disziplinarstrafen waren diese bei den Luftwaffenhelfern besonders unter den Gedanken der Erziehung zu stellen. Eine unnötige Herabwürdigung oder Verletzung des Ehrgefühls war verboten.

Grußpflicht bestand nur gegenüber Offizieren, Wehrmachtsbeamten und Unteroffizieren der eigenen Einheit. Für alle Luftwaffenhelfer galt grundsätzlich die Anrede „Sie“. Als Strafmaßnahmen waren nach der Disziplinarstrafordnung vorgesehen:

1. Verweis.
2. Strenger Verweis.
3. Dienstverrichtungen außer der Reihe, z. B. Stubendienst für einen oder mehrere Tage, aber nicht über sieben Tage hinaus.

4. Entzug der freien Verfügung über die Barvergütung bis zu zwei Monaten.
5. Soldabzug bis zu einem Drittel der monatlichen Barvergütung bei vorsätzlicher, fahrlässiger oder mutwilliger Beschädigung von Dienstgegenständen.
6. Ausgangsbeschränkung oder Sperre bis zu vier Wochen. Kasernenarrest, stunden- oder tageweise – bis zu 14 Tagen.

Eine Koppelung verschiedener Strafmaßnahmen war möglich.

Grundsätzlich war bei Art und Umfang der Strafe auf das jugendliche Alter besondere Rücksicht zu nehmen. Verweis, Arrest und Ausgangsbeschränkung reichten im allgemeinen als Strafmaßnahmen bei Verstößen und Vergehen der Luftwaffenhelfer vollkommen aus. Während der strenge Verweis dem Bestraften vor versammelter Luftwaffenhelfer-Mannschaft zu erteilen war, mußte der Arrest vom Wecken bis zum Zapfenstreich in einem verschließbaren Raum – aber auf keinen Fall in einer Arrestzelle – vollstreckt werden. Zusätzlich konnten mit Arrest bestrafte Luftwaffenhelfer zum Dienst herangezogen oder mit dienstlichen bzw. nützlichen Arbeiten beschäftigt werden.

Ein besonderes Problem ergab sich hinsichtlich der Strafgewalt der Luftwaffenhelfer-Lehrer und der Schule gegenüber den Luftwaffenhelfern. Bei Verfehlungen im Schulunterricht unterlagen die Luftwaffenhelfer der Strafgewalt der Schule. Strafen, die sich auf die Dienstverhältnisse mit der Luftwaffe auswirkten, wie Arrest oder Schulverweis, konnten jedoch nur im Einvernehmen mit dem Einheitsführer verhängt werden.

Für die meist jungen Batteriechefs entstanden vielfach große Schwierigkeiten bei der gerechten Beurteilung von Verstößen ihrer Luftwaffenhelfer gerade da, wo weder Vorsätzlichkeit noch Rückfall, sondern Affektreaktionen dem zu ahndenden Vergehen zugrunde lagen. Diese jungen Batterieführer brachten zwar viel Verständnis für die meist auf Übermut zurückzuführenden Delikte der Jungen auf, waren aber andererseits genötigt, energisch durchzugreifen.

Bei einer Dienstbesprechung sämtlicher Sonderbeauftragten am 21. Juni 1943 wurde allgemein gefordert, Urlaubssperre nur in seltenen Fällen zu verhängen. Bei Verstößen gegen die Disziplinarstrafordnung, wie sie 1944 und bis Ende des Kriegshilfseinsatzes vorkamen, handelte es sich zumeist um unsoldatisches Verhalten, Überschreiten der Ausgangszeit und des Zapfenstreichs, Abhören feindlicher Sender, Wehrkraftzersetzung, Befehlsverweigerung und Kameradendiebstahl. In der Hauptsache wurden Arreststrafen ausgesprochen, es kam jedoch auch zu Jugendgerichts- und Feldgerichtsverfahren. In den letzten Kriegsmonaten, angesichts des nahen Zusammenbruchs, wurde mit der Zunahme der Verstöße und Vergehen eine Lockerung der Moral in der Truppe deutlich sichtbar.

Einzig für den Luftgau VII liegen die genauen Zahlen der über Luftwaffenhelfer verhängten Strafen für den gesamten Zeitraum des Luftwaffenhelfer-Einsatzes vor. Demnach kam es innerhalb der Batterien zu 692 Disziplinarstrafen und zu 23 Feldgerichtsverfahren.

Aus dem Luftgau XVII sind nur wenige Strafdelikte bekannt. So desertierte im Mai 1943 ein Luftwaffenhelfer aus der Flakstellung Bruckhaufen (1./288) und wurde an der deutsch-schweizerischen Staatsgrenze festgenommen. Das Feldgericht des Luftgaukommandos XVII überließ diesen Fall, man könnte sagen verständnisvollerweise, der Stammschule, deren Konferenz bloß eine Verwarnung aussprach.

Nach der Errichtung des Feldgerichts der 24. Flakdivision (Wien, Schwarzenbergplatz) und dem Fortschreiten des totalen Kriegs ergriff man jedoch strengere Maßnahmen. Im Jänner 1944 wurde so ein Luftwaffenhelfer der Batterie Groß-Enzersdorf (4./288) wegen Abhörens ausländischer Sender von der Gestapo verhaftet. In der Großbatterie Asparn-Langenrohr (2./657) stellte man einen Luftwaffenhelfer vor das Feldgericht, weil er eigenmächtig der Batterie ferngeblieben war. Das Urteil lautete auf drei Monate Gefängnis. In der Nachbarbatterie (1./657) wurden sogar sechs Luftwaffenhelfer wegen schwerbelastender politischer Äußerungen im Zusammenhang mit dem Attentat auf Adolf Hitler am 20. Juli 1944 vor das Feldgericht gestellt. Zwei davon wurden zu Gefängnis unbedingt, zwei jedoch bedingt verurteilt und zwei freigesprochen.

Am Eichkogel (2./533) gab es diesbezüglich keine Probleme, da die Offiziere selbst dem NS-Regime reserviert gegenüberstanden und ihrerseits die Schüler höchstens noch vor unbedachten Äußerungen warnten, wenn der NS-Führungsoffizier die Stellung inspizierte. Auch aus einer zu Weihnachten 1944 herausgegebenen Schrift, in der die Schüler den Alltag in der Stellung in einer Art Maturazeitung persiflierten, kann man keinerlei NS-Propaganda oder Durchhalteparolen herauslesen.

Trotz der mit derartigen Willenskundgebungen verbundenen großen Gefahren – einmal wurde ein Luftwaffenhelfer wegen abfälliger politischer Äußerungen einfach aus der Oberschule ausgeschlossen und von der Flak entlassen – fanden sich, wenn auch selten, Luftwaffenhelfer, die sich offen oder versteckt militärischer Vergehen, wie Beschädigen von Waffen und Geräten, schuldig machten.

Als häufige Nebenerscheinung von keineswegs sanktionierten Disziplinarmaßnahmen im Gefolge der infanteristischen Grundausbildung war das sogenannte „Strafexerzieren" an der Tagesordnung.

Je nach der – in den Augen der Vorgesetzten – Schwere der dienstlichen Verfehlungen, meist jugendlichem Leichtsinn entsprungen, gab es bei der Grundausbildung sehr fließende Übergänge vom normalen Fußdienst bis zur Schikane. Kommandos und Ausführungsformen waren da sehr vielfältig: „Hinlegen – Auf, marsch, marsch!", „Robben – auf dem Koppelschloß kehrt!" waren noch die harmlosesten Übungen, oft auch Strafen. Schon weitaus unbeliebter war das Marschieren mit aufgesetzter Gasmaske, das meist in einen Dauerlauf zu münden pflegte, bei dem zu allem Überfluß auch noch dumpf unter der Gasmaske Lieder erklingen mußten.

Höchst unbeliebt war das ständige Impfen gegen alle möglichen Krankheiten. Der Sani klatschte einem dabei ein Desinfektionsmittel auf die Brust; der Arzt packte die Brusthaut zwischen Daumen und Zeigefinger und rammte buchstäblich die Nadel hinein, die durch regen Gebrauch stumpf war. Hatte man Glück, klappte die Impfung beim ersten Mal. Manch einer fand sich auf einer Trage wieder, wenn er die ängstlichen Gesichter seiner Kameraden und die unbekümmerte Spritzerei des Truppenarztes nicht mehr ertragen konnte.

Unangenehm waren auch die Kleiderappelle, insbesondere vor einem Ausgang. Manchem UvD machte es eine diebische Freude, in einer Taschenecke noch ein Stäubchen zu entdecken. Der Delinquent bekam die Aufgabe, das Kleidungsstück neu zu säubern und wieder vorzuzeigen, um dann Gnade vor den Augen des UvD zu finden. Es konnte aber auch geschehen, daß der Nachappell Dutzende Male wiederholt werden mußte. Von Ausgang konnte man dann nur noch träumen.

DER UNTERRICHT

Hitler hatte in seiner Führerentscheidung vom 7. Jänner 1943 dem Kriegshilfseinsatz der Luftwaffenhelfer nur unter der Bedingung zugestimmt, daß die Jungen wöchentlich 18 Stunden Unterricht erhalten (die Unterrichtsstunde dauerte damals 45 Minuten). Vorgesehen war für die Oberschule:

Deutsch	3
Geschichte	3
Geographie	2
Latein	3
Mathematik	3
Physik	2
Biologie + Chemie	2 = 18

Es gab aber bestimmt nur ganz wenige Batterien, in denen diese Forderung eingehalten werden konnte. In den meisten Batterien dürfte nur ein Ausmaß von 10 bis 15 Stunden erreicht worden sein, und dies mit wochenlangen Unterbrechungen durch die Ausbildung, durch Schießübungen am Neusiedler See oder auf dem großen Truppenübungsplatz Malacky in der Slowakei.

In der ersten Ausbildungszeit war der Dienst in den Batterien durch eine harte und intensive Ausbildung an den Waffen und Geräten bestimmt; da blieb nicht viel Zeit für den Unterricht. Zudem war der Unterricht nach Klassen nur schwer durchzuführen, weil die Luftwaffenhelfer oft aus zwei oder drei verschiedenen Klassen kamen.

Als besonders schwieriges Problem erwies sich die Lehrerfrage. Die jungen und kriegstauglichen Lehrer waren durchwegs bereits zur Wehrmacht eingerückt; an den Schulen unterrichteten nur ältere oder aus dem Krieg verwundet heimgekehrte Lehrer. Der Weg

Die ersten Presseberichte über den Kriegshilfseinsatz.

103

in die Stellungen der Luftwaffenhelfer war meist zeitraubend, beschwerlich und anstrengend und mußte oft über weite Strecken zu Fuß zurückgelegt werden. Die Unterrichtsstunden waren wohl in der Lehrfächerverteilung verankert, nicht aber der Hin- und Rückweg zu den Stellungen. Manche Lehrer waren völlig überfordert und konnten die von ihnen erwartete Leistung auf Dauer nicht erbringen.

Zuständig für die Luftwaffenhelfer waren die Stammschulen, jene Schulen, denen die Luftwaffenhelfer vor ihrer Einberufung angehörten. Für den Unterricht wurden aber zusätzlich Betreuungsschulen eingerichtet, also Schulen in der Nähe der Batteriestellungen, die Lehrer für den Unterricht der Luftwaffenhelfer zu entsenden hatten. Wenn Luftwaffenhelfer während des Unterrichts Flugmeldedienst versahen oder sich dazu meldeten, durch Dienstverpflichtungen oder wegen Urlaub von der Batterie und damit vom Unterricht abwesend waren oder gar krank wurden, hatten die Lehrer gar keine Möglichkeit, mit ihren Schülern bekannt zu werden, sollten aber beurteilen. Dazu kamen dann noch überraschende Versetzungen „aus militärischen Notwendigkeiten", die einen Luftwaffenhelfer in eine andere Batterie mit anderen Lehrern und vielleicht auch etwas anderem Lehrstoff bringen konnten.

Beim örtlichen Einsatz der Luftwaffenhelfer ging man von der Überlegung aus, daß den Einheiten die Schüler klassenweise zugeteilt werden sollten. Schwierig wurde die Lage, wenn die Mehrzahl einer Klasse eingezogen war und nur wenige Zivilisten in der Klasse zurückblieben. Dann war von Fall zu Fall zu entscheiden, ob die Zivilisten mit den Luftwaffenhelfern gemeinsam oder getrennt unterrichtet oder einer anderen Klasse zugeteilt werden sollten.

Schon bald schob sich die militärische Seite des Luftwaffenhelfer-Einsatzes zu Lasten der schulischen Belange in den Vordergrund, vor allem in den Luftgaubereichen, die die zunehmenden feindlichen Luftangriffe am stärksten in Form vermehrter Tag- und Nachtalarme zu spüren bekamen. Es begann damit, daß die Luftwaffenhelfer durch die nächtlichen Alarme um ihren Schlaf gebracht wurden, so daß sie müde und abgespannt am nächsten Morgen im Unterricht saßen und oft genug vor Übermüdung einschliefen.

Damit aber noch nicht genug. Die Jungen wurden auch dadurch immer häufiger an der Unterrichtsteilnahme gehindert, daß sie dienstlich zu allem möglichen abkommandiert wurden. Zunehmend wurde militärischerseits von der ganzen Unterrichtsbetreuung nicht viel gehalten.

Sicher spielte hier auch ein Erlaß des Luftwaffenbefehlshabers Mitte eine Rolle. Diesem zufolge hatte im Fall einer Überbeanspruchung der Jungen durch Gefechtstätigkeit der Schulunterricht und der Hitlerjugend-Dienst entsprechend zurückzutreten, damit ausreichende Schlafmöglichkeiten für die Luftwaffenhelfer geschaffen werden konnten.

Schon nach dem ersten halben Jahr Luftwaffenhelfer-Unterricht war der vereinzelt zur Schau getragene vorsichtige Optimismus bei den Schulverantwortlichen einem nüchternen Realismus gewichen. Da im Sommer und im Herbst die Einberufungen zum Luftwaffenhelfer-Dienst nicht überall zum gleichen Termin erfolgten, kam es immer wieder zu Verzögerungen im Unterrichtsbeginn, die stellenweise bis in den Winter hinein reichten. Der Unterrichtserfolg war entsprechend. Dort, wo die Batteriechefs genügend Verständnis für die schulischen Belange aufbrachten und nicht dauernd Verlegungen von Einheiten stattfanden, konnte man das Unterrichtsergebnis gerade noch „als befriedigend" bezeichnen.

Dr. Ille, SB vom Luftgau XVII, der noch im April 1943 über die Zusammenarbeit mit den Militärs rühmend schrieb: „ . . . sie ist nicht nur reibungslos, sondern vollzieht sich in ganz besonders harmonischer Weise, wodurch alle aufgetretenen Schwierigkeiten überbrückt werden konnten und wohl auch in Zukunft beseitigt werden könnten . . .", mußte sechs Wochen später bekennen:

Kritische Stellungnahme der oberösterreichischen Schulbehörde an das Reichserziehungsministerium (REM) in Berlin. Spätestens ab Herbst 1943 war der sinnvolle und regelmäßige Unterricht für die Luftwaffenhelfer in Frage gestellt.

Professor
Hermann Foppa,
Linz, Mozartstr. 56.

Linz, 9. Oktober 1943.

An Herrn
Ministerialrat
F r e y s o l d t ,

B e r l i n ,
Reichsminister.

Betrifft: Gestaltung des
LWH-Unterrichtes
in Oberdonau.

Zum Luftwaffenhelfer-Dienst wurden im Frühjahr des
heurigen Jahres zunächst nur die Höheren Schulen von Linz:

Staatsgymnasium,

Oberschule für Jungen, Linz-Khevenhüllerstr.,

Oberschule für Jungen, Linz-Fadingerstr.,

die Heimschüler von:

Kremsmünster,

Melk,

Kreuzberg,

Eisenstadt und

Horn,

sowie die Nationalpolitischen Erziehungsanstalten von :

Wien-Breitensee,

Wien-Theresianum,

Spanheim und

Traiskirchen,

herangezogen.

Die 116 von den Nationalpolitischen Erziehungsanstalten
einberufenen Schüler wurden von eigenen von diesen Anstalten ab-
geordneten Lehrern unterrichtet.

Die 218 Schüler der Höheren Schulen von Linz und den
Heimschulen wurden von Lehrern der höheren Schulen in Linz unterrichtet.

Es wurden bis Abschluß des vorigen Schuljahres 334 Schüler unterrichtlich betreut. Der Unterrichtsbetrieb begann am
22. März 1943.

./.

Die Entwicklung des Unterrichtes vollzog sich in einer für die Schule immer nachteiligereren Art und dies in dem Maße, in dem die militärischen Anforderungen an die Luftwaffenhelfer wuchsen.

1. Einsatz der Schüler geschlossen nach Stammschule und Klassen, Unterricht in der Stammanstalt oder in stadtnahen Volksschulgebäuden, die an die Stellungen näher herangerückt waren.
2. Diese erste Organisationsform wurde immer allgemeiner zugunsten der Verlegung des Unterrichtes an stellungsnahe Schulen abgeändert.
3. Auch diese Form des Unterrichtes mußte gegen Ende des Schuljahres infolge der Notwendigkeit der ständigen Bereitstellung der Luftwaffenhelfer dahin abgeändert werden, daß der Unterricht zum Teil in die Stellungen selber (Kantine, Gemeinschaftsraum) verlegt wurde.

Es konnte aber das Schuljahr trotz dieser anwachsenden Schwierigkeiten ohne wesentliche Unterbrechungen zufriedenstellend abgeschlossen und das Lehrziel erreicht werden.

Als nachteilig machte sich bemerkbar, daß durch die zunehmende Verdrängung des Unterrichtes in schulfremde Räume der Unterricht mit Lehrmitteln immer mehr erschwert, wenn nicht unmöglich gemacht wurde. In einzelnen Fällen hatten die Lehrer bereits eine nicht unbedeutende Wegstrecke zu gehen, um zum Unterrichtsplatz zu kommen und verloren daher einen vollen Nachmittag für die Durchführung ihres Unterrichtsauftrages. Bei dem Mangel an Lehrkräften standen nur ältere Lehrer (zum Teil Pensionisten), bresthafte Lehrer und zum Teil auch Lehrerinnen zur Verfügung. Bei der Notwendigkeit einzelne Stellungen immer weiter hinauszuverlegen, erfüllte uns schon am Ende des letzten Schuljahres die Sorge, daß wir in der schlechten Jahreszeit mit diesen Lehrkräften nicht durchhalten würden.

Was die Organisation des Unterrichtes anlangt, so konnte derselbe überhaupt nur auf der Grundlage einer stundenplanmäßigen Aufteilung erfolgen. Die Einteilung war so erfolgt, daß die Lehrer für die Luftwaffenhelfer an bestimmt dazu festgesetzten Tagen den Unterricht bei den Luftwaffenhelfern, an den übrigen Tagen den Unterricht an der Stammanstalt abzuleisten hatten. Auf anderem Wege

„Diese Störungen sind einfach nicht mehr tragbar ..." Er meinte damit die seit dem März laufenden Scharfschießübungen in Malacky in der Slowakei für die Flakverbände des Luftgaus, an denen auch die Luftwaffenhelfer in Gruppen von jeweils 40 Mann teilzunehmen hatten. Es kam nämlich dadurch zu einem ununterbrochenen Fehlbestand in den Klassen, der bis zu einem Drittel ausmachte, so daß in keiner Unterrichtsstunde die Lehrer alle ihre Luftwaffenhelfer-Schüler vor sich hatten. Während ein Drittel fehlte, war das nächste Drittel mit dem Stoff nicht vertraut, da es die Woche vorher gefehlt hatte, und das letzte Drittel konnte mit dem Stoff nicht viel anfangen, da es ab der kommenden Woche zwölf Tage fehlen würde.

Ein weiteres Problem, das durch die verschärfte Luftkriegslage und den überörtlichen Einsatz nun auftauchte, lag in der Häufung der taktischen Verlegungen von Batterien. Die Schulverwaltungen kamen dabei in arge Bedrängnis, da sie von den Verlegungen meist erst einige Zeit später erfuhren. Wenn sie den Unterricht dann dementsprechend umorganisiert hatten, trat oft schon wieder eine Verlegung ein. Die Schule lief also stets hinter ihren Schülern her und erreichte sie dann noch nicht einmal.

Im Luftgau XVII konnte bei den Luftwaffenhelfer-Klassen der alte Klassenverband ebenfalls nicht aufrechterhalten bleiben, da es ständig zu Umgruppierungen, Neuaufstellungen, Abkommandierungen, Zersplitterungen und Neuzusammenfassungen ursprünglicher Einheiten kam. Bei diesen militärischen Maßnahmen wurde keine Rücksicht auf die Herkunft aus bestimmten Schulen und auf den Schultyp genommen. Dieser Misere versuchte man durch die Bildung von „Einsatzgruppen" zu begegnen. Die Schüler mehrerer Schulen konnten gegebenenfalls aber auch klassen- und schulweise zu Einsatzgruppen zusammengefaßt, größere Klassen wiederum auf nahe beieinanderliegende Einsatzstellen verteilt werden. In der Regel durften nur Schüler der gleichen Schulart zu einer Einsatzgruppe zusammengefaßt werden. In besonders gelagerten Fällen konnten aber Gymnasiasten und Oberschüler zusammengelegt werden.

Diese Einsatzgruppenbildung führte nun zur Gliederung der Einsatzgruppen in Unterrichtsabteilungen, und zwar in solche für Schüler der 6. Klasse und in eine solche für Schüler der 7. und 8. Klasse. Eine solche Unterrichtsabteilung soll nicht mehr als 30, aber auch nicht weniger als zehn Schüler umfassen.

Die militärischen Gegebenheiten machten diese Einsatzgruppenbildung oft illusorisch, da sie ständig zur Aufsplitterung der meist mühsam geschaffenen Unterrichtseinheiten führten. Die Schulverwaltungen standen dieser Entwicklung schließlich machtlos gegenüber.

Prof. Föppa (oder Foppa) stellte für seinen Bereich Linz fest, daß es ihm nicht mehr möglich sei, Schüler und Anstalten klassenweise in den Batterien einzusetzen, da auch hier die Besetzung neu aufgestellter Batterien mit Luftwaffenhelfern nur unter dem Gesichtspunkt der militärischen Eignung erfolge.

Aus Rücksicht auf die schulische Weiterbildung sollten Versetzungen und Kommandierungen, soweit damit ein Wechsel des Schulorts verbunden war, möglichst unterbleiben. Natürlich stand aber der militärische Einsatz im Vordergrund. Die Leidtragenden bei derartigen Verlegungen und Stellungswechseln waren wie immer die Luftwaffenhelfer, zumal wenn sie über den eigenen Luftgau hinausgingen. Da kamen die Jungen dann oft in unfertige Stellungen, die sie selbst erst ausbauen mußten, wurden sogar behelfsmäßig in Zelten untergebracht, oft genug überbelegt, und unter Umständen zusammen mit Flaksoldaten. Häufig kamen die Jungen wochenlang nicht aus ihren Uniformen. Dabei wurden die Verlegungen so kurzfristig vorgenommen, daß die Luftwaffenhelfer keine Möglichkeit mehr hatten, sich von ihren Eltern zu verabschieden.

Der Unterricht geriet schließlich auf diese Weise ganz ins Hintertreffen. So hagelte es dann Beschwerdebriefe von Eltern an die militärischen und die schulischen Dienststellen. Es war aber auch wirklich kaum einzusehen, daß z. B. Salzburger Luftwaffenhelfer nach Karlsruhe kamen und württembergische Luftwaffenhelfer nach Salzburg geschickt wurden.

Die in Verbindung mit den Verlegungen aufgetretenen Mißstände wurden durch das
Reichserziehungsministerium erfolglos dem
Oberbefehlshaber der Luftwaffe vorgetra-
gen. Es war eben Krieg.

Ab Sommer 1944 gab es durch den immer
häufigeren Einflug feindlicher Bomberverbände und einzelner Flugzeuge häufig schon
Alarm am Vormittag und damit eine Unterbrechung und sogar Verhinderung des
Unterrichts. An klaren Tagen warteten Lehrer und Luftwaffenhelfer auf das Schrillen
des Alarmzeichens. Der Unterricht wurde
bereits bei Voralarm (= ,,Vorspiel") unterbrochen, da die Luftwaffenhelfer sich für
den Einsatz bei eventuell folgendem Alarm
bereithalten mußten. Ein solcher Fliegeralarm bedeutete aber den Entfall dieses
Unterrichtsfachs für eine ganze Woche.

*Für den Unterricht blieb da nicht sonderlich viel
Zeit. Es war recht eigenartig, die Luftwaffenhelfer
in Uniform (unten) und mit ihren Schultaschen auf
dem Weg zur neuen Betreuungsschule zu sehen
(rechte Seite oben).*

*Batterie Sophienalpe (3./532), Frühsommer 1944.
Lateinprofessor Zeinitzer kommt zum Unterricht
in die Batterie.*

Unterrichtszeit.

Der Unterricht soll mindestens 18 Unterrichtsstunden wöchentlich betragen. Er kann entweder gleichmäßig auf alle Wochentage verteilt oder unter Zusammenfassung von bis zu 6 Stunden täglich auf einzelne Wochentage verlegt werden. Für die Ansetzung der Unterrichtszeit im Rahmen des Dienstplanes ist der Einheitsführer verantwortlich, der sich deswegen mit dem Schulleiter in Verbindung setzt. Sind Schüler einer Klasse auf mehrere Einheiten verteilt, so haben sich die beteiligten Einheitsführer im Benehmen mit dem Schulleiter über die gemeinsame Festsetzung der Unterrichtszeit im Rahmen des Dienstplanes zu verständigen.

Stundentafel und Lehrplan.

Der Unterricht soll wöchentlich mindestens umfassen:

a) bei der Oberschule für Jungen:

Deutsch	3	Stunden
Geschichte	3	„
Erdkunde	2	„
Mathematik	3	„
Physik	2	„
Chemie	2	„
Latein	3	„

b) bei dem Gymnasium:

Deutsch	4	Stunden
Geschichte	3	„
Erdkunde	2	„
Mathematik	3	„
Physik / Chemie	2	„
Latein	4	„

Dem Unterricht ist im allgemeinen der Normalplan der Schulform zugrunde zu legen. Im Deutschunterricht soll besonderer Wert auf die Pflege des schriftlichen und mündlichen Ausdrucks gelegt werden.

In Zeiten, in denen der Dienst der Luftwaffenhelfer vorwiegend aus Bereitschaftsdienst besteht, kann innerhalb dieser Dienstzeit die Anfertigung von Übungsarbeiten angeordnet werden.

„Freitag, 26. 3. 43
Ab sofort gibt es keinen Wochenendurlaub mehr, da die Batterie feuerbereit bleiben muß.“

Unten: „Kolchosschule“ Schwechat mit „Edi“.

„Donnerstag, 25. 3. 43
Erster Unterricht in der Gottschalkgasse. Mit Hugo in einer Klasse. Die Professoren sind als Offiziere verkleidet. Sehen aus wie . . .“

Oben: Luftwaffenhelfer der Batterie Schwechat (2., 4. und 5./223) mit den Professoren Giebisch und Franz.

Unten: Zum Studium blieb nicht viel Zeit ... – „Alarm" ...

„Samstag, 27. 3. 43
Nach der ersten Stunde aus der Schule abgerissen. Hoffentlich hat es keine unangenehmen Folgen. Ab 12 Uhr hätte ich ohnehin Urlaub bis morgen 12 Uhr. Die Verlockung war zu groß.

Sonntag, 28. 3. 43
Ein schwerer Tag heute. Vormittags war Geschützexerzieren, und ich wurde als K 6 eingeteilt. Ich ärgere mich wahnsinnig. Hoffentlich kann ich das ändern. Dann plötzlich unterm Mittagessen Antreten, und der Chef verkündet strafweise Urlaubssperre, weil gestern so viele aus der Schule abgerissen sind. Wir 16 Verbrecher haben nachher noch peinliches Einzelverhör durch den Chef."

„In Biologie schließlich hatten wir einen Herrn, der sogar einem ‚weißen Flecken auf der Landkarte seinen Namen gab‘. Das geschah folgendermaßen: Kam Alarmstufe II gegen Ende einer Unterrichsstunde, verließen unsere Lehrer meist die Stellung, da ein solcher Alarm erfahrungsgemäß weit über die Unterrichtszeit schritt. Sie versuchten vor dem Zivilalarm noch den Bus zu erreichen. Kam nun während dieses Abmarsches auch noch der Sirenenton hinzu, so begab sich unser Biologe in eine Aussparung des kleinen Steinbruchs linker Hand am Wege nach Ebergassing. Dort entdeckt, entstand für seinen Unterschlupf die Bezeichnung ‚Dr.-Goigner-Stollen‘. Diese Männer, teils schon im fortgeschrittenen Alter, taten für unsere wissensmäßige Ausbildung, was sie in dieser Situation machen konnten. Wenn wir bei der Flak jemals einen schulähnlichen Unterricht hatten, dann hier. Wir hatten ja nicht einmal richtige Schulhefte, dennoch wurden zwei, drei Schularbeiten geschrieben, sogar ein zeitgemäßer Aufsatz war dabei.“

Luftwaffenhelfer der Innsbrucker Batterie Lans beim Unterricht mit Prof. Fiegl. Der Zufall wollte es, daß sein Sohn (links) in dieser Batterie Dienst tat.

Batterie Schwechat-Ost, Luftwaffenhelfer mit ihrem Professor Dr. Goigner.

Häufig auf Wanderschaft. Dem Lächeln nach könnte man auf Heimaturlaub schließen. Möglicherweise aber geht es auch nur in Richtung zu einer anderen Batterie.

Lehrbehelf jener Zeit.

Der Mathematibrief, lieber Luftwaffenhelfer, soll Dir zur Auffrischung und Wiederholung des gekernten Stoffes dienen und auch neuen Stoffgebiet nahebringen.Zur Einübung werden Beispiele gebracht und Aufgaben gestellt. Die Aufgaben sollst Du lösen und die ausgearbeiteten Aufgaben mit den Angaben sauber und gut leserlich auf ein Blatt Papier schreiben und uns senden. Eventuelle Fragen, die Dir wichtig erscheinen und deren Beantwortung notwendig ist zum Lösung von Aufgaben,schließe mit ebenfalls bei.Bei der nächsten Sendung erhältst Du dann Deine Aufgaben verbessert zurück, so daß Du aus Deinen Fehlern lernst. Die beantwörteten Fragen werden ebenfalls beigelegt

Diesmal sollen eine Anzahl Beispiele zur Wiederhölung und Stoffauffrischung gestelkt werden.

Differentiere:

1.) $y = (x^2 + 2x + 3)\cdot(x^2 - 4x)$ Produktregel !

2.) $y = (3x^2 - 4)^3$ Kettenregel !

3.) $y = \dfrac{x^2 - 2x + 3}{(x + 1)^3}$ Quotietenregel !

4.) Bestimme Höchst-und Tiefstwert der Funktion $y = x^3 - 12x^2 + 36x$

5.) Welches Rechteck mit der Fläche $f = 64$ cm^2 hat den kleinsten Umfang ?

6.) Aus einer Kugel (R) soll eine Walze mit größten Rauminhalt geschnitten werden. Welche Maße hat sie ?

7.) Differenziere:

     $y = \sin 2x$

     $y = \cos(2x + 5)$ $y = \sqrt{\sin 2x}$

     $y = 3\sin 2x \cos^2 x$

     $y = \frac{2}{3}\sqrt{x^2 - 9}$

8.) Welches Rechteck vom Umfang $u = 2a$ hat die kleinste Diagonale ?

Die schulische Situation 1944 im Luftgau VII

Die immer häufigeren nächtlichen Angriffe und Überflüge durchlöcherten auch hier mehr und mehr die Regelmäßigkeit des Vormittagsunterrichts. Nachholung am Nachmittag gestaltete sich wegen der sich ebenso mehrenden Tageinflüge und der sich daraus ergebenden Alarmierungen immer schwieriger. So versuchte man, während der Bereitschaftsstufe „Edelweiß" (= Voralarm) den Unterricht noch weiterlaufen zu lassen, und befahl erst bei Alarmstufe „Alpenrose" die Jungen an die Geschütze und Geräte. Eine derartige Regelung hing natürlich entscheidend von der Mannschaftsstärke der jeweiligen Batterie ab und wurde im Verlauf des Kriegs immer weniger anwendbar, da der Luftwaffenhelfer-Anteil der Batteriebesetzungen ständig zunahm und so die Alarmbereitschaft bald ausschließlich von der Anwesenheit der Jungen abhing. Eine geschlossene Unterrichtserteilung wurde schließlich zur Ausnahme.

Der Lehrplan für die Luftwaffenhelfer war bereits im Oktober 1943 neu formuliert worden, wobei zwei Klassen vorgesehen waren:

6. Klasse = 1. Abteilung
7./8. Klasse = 2. Abteilung

Der Lehrplan sah vor:

Deutsch: Spracherziehung durch Aufsatzübungen, Stilübungen, Haus- und Schulübungen, Protokolle, Gliederungsübungen, Lesen, Vorträge, Inhaltsangaben, Besinnungsaufsätze.

Literatur: Götter- und Heldensagen der Germanenzeit, Nibelungenlied, Walther von der Vogelweide usw. Spruchdichtung, Goethe, Lessing, Herder, Schiller, Kleist.

Geschichte: Von den Germanen bis Friedrich II. von Preußen. Von Napoleon bis zum Dritten Reich.

Geographie: War vor allem geopolitisch orientiert.

Biologie: Stoffwechsel, Fortpflanzung, Rassenlehre.

Mathematik, Chemie und Physik: normaler Lehrplan.

Zu den Fächern, die im Luftwaffenhelfer-Unterricht nicht berücksichtigt wurden, gehörte der Religionsunterricht. Abgesehen davon, daß auch im zivilen Bereich in den höheren Klassen der öffentlichen Schulen Religionsunterricht nicht mehr erteilt wurde, erhob man gegen eine Teilnahme der Luftwaffenhelfer an von den Konfessionen für Jugendliche eingerichteten Unterweisungen keine Einwände. Allerdings durften für solche Veranstaltungen weder Unterrichts- noch Aufenthaltsräume der Luftwaffenhelfer zur Verfügung gestellt werden.

In Anbetracht der besonders gelagerten Verhältnisse des Luftwaffenhelfer-Einsatzes hatte die Parteikanzlei, abweichend von den für den Besuch konfessioneller Veranstaltungen in Parteiuniform geltenden Bestimmungen – man durfte in Parteiuniform an konfessionellen Veranstaltungen nicht teilnehmen –, keine Einwände, wenn Luftwaffenhelfer in Uniform an konfessionellen Veranstaltungen teilnahmen.

Reichsleiter Bormann übte wegen der schulischen Leistungsbewertung der Luftwaffenhelfer massiven Druck auf das Reichserziehungsministerium aus. In einem persönlichen Schreiben an den „Parteigenossen Rust" stellte Bormann lapidar fest: „. . . den Kriegsnotwendigkeiten haben sich die schulischen Belange unterzuordnen." Den Schülern dürfe keine Benachteiligung erwachsen. Auch die Reife-Zuerkennung dürfe nicht „. . . von der unter anderen Verhältnissen getroffenen Regelung abhängig gemacht werden . . ."

Das Problem der Notengebung 1944

Bedingt durch das ständig zunehmende militärische Übergewicht beim Luftwaffenhelfer-Einsatz machte sich unter den Luftwaffenhelfern eine gewisse Gleichgültigkeit gegenüber dem Unterricht breit. Durch die ständigen Verlegungen der Einheiten wurde eine Beurteilung der Luftwaffenhelfer-Schüler außerordentlich erschwert. Man versuchte dieser Schwierigkeit dadurch Herr zu werden, daß ein Betreuungslehrer bei Neu-

Oberschule für Jungen
Wien, XIX. Alfred Wegenerg. 10
(dzt. Wien, XIX. Krottenbachstr. 11)

Katalog Nr. ~~4~~ Schuljahr 19~~43-44~~

Luftwaffenhelfer-

Abgangszeugnis

Seidl Otto,

geboren den 7. Feber 1926 zu Wien,

Kreis Wien,

Sohn/~~Tochter~~ des Otto Seidl in Wien, 14. [illegible] 5,

besuchte die Oberschule f. Jungen von 1936 bis 1944

und war zuletzt Schüler — der 8. Klasse an der/~~em~~ Oberschule f. Jungen

Wien, 19. A. Wegenerg. 10.

~~Er/Sie wiederholte die Klasse im Schuljahre 19 /19~~

Er/~~Sie~~ erhielt folgendes Abgangszeugnis:

Allgemeine Beurteilung: ——

Leistungen in den Pflichtfächern		
Leibeserziehung	Leichtathletik: ; Turnen: ; Spiele: ; Boxen Schulgymnastik und Mädeltanz: ;	
	Schwimmen: ;	
	Schilauf: .	
	Gesamturteil	
Deutsch		befriedigend
Geschichte		gut
Erdkunde		gut
Kunsterziehung		
Musik		
Biologie		gut
Chemie		befriedigend
Physik		ausreichend
Rechnen und Mathematik		ausreichend

OS 101. Höhere Schulen aller Art Abgangszeugnis (Normalplan 1938) – Deutscher Schulverlag Wien. Blatt 6/44 – Druck: Josef Müller, Wien 27

Leistungen in den Pflichtfächern		
Latein	1. Fremdsprache	_befriedigend_
	2. Fremdsprache	
	3. Fremdsprache	
Naturwiss.-mathem. Arbeitsgemeinschaft		
Fremdsprachliche Arbeitsgemeinschaft		
Kochen, Haus- und Gartenarbeit		
Handarbeit		
Gesundheitslehre und -pflege		
Beschäftigungslehre		
Dienst (Säuglingsheim, Kindergarten, Familie)		

Unverbindliche Fächer	

Zahl der versäumten Lehrstunden: ....4........., davon nicht gerechtfertigt: .....0.....

.........................., am .....12. Febr..................... 194 4.

"Dem Luftwaffenhelfer Hadl Otto wird gemäss Erlass des Herrn
Reichsministers für Wissenschaft,Erziehung und Volksbildung vom
8.September 1939-EIIIa 1947,W,RV (b)-und dem Runderlass vom 9.
Oktober 1943-EIIIa 2320-die Reife zuerkannt."

Der Anstaltsleiter: Der Klassenleiter:

Dr Max Nawl   _Dr Frh Löhner_

Leistungsstufen in den Fächern	sehr gut	gut	befriedigend	ausreichend	mangelhaft	ungenügend

Leistungsbewertung in der Leibeserziehung: 9 höchste, 1 niederste Leistungsnote.

übernahme einer Klasse sich sofort ein Bild nicht nur über den Stand der Klassenleistung, sondern auch über jeden einzelnen Luftwaffenhelfer machte und seinen Eindruck schriftlich in sogenannten Erfahrungsnoten nach jedem Unterrichtstag festhielt. Bei der Verlegung ganzer Klassen oder der Versetzung einzelner Luftwaffenhelfer wurden dann diese Erfahrungsnoten an den nächsten Luftwaffenhelfer-Lehrer weitergegeben.

Unter all diesen Schwierigkeiten fand in Innsbruck am 15. März 1944 eine Reifeprüfung für Luftwaffenhelfer statt, der sich elf Luftwaffenhelfer unterzogen. Zwei von ihnen erzielten guten, weitere acht befriedigenden Erfolg.

Bei der Versetzung in die nächste Klasse spielte auch das militärische Verhalten eine wichtige Rolle, da der jeweilige Batterieführer neben dem Betreuungslehrer die Zeugnisse seiner Luftwaffenhelfer mit unterzeichnen mußte. Dabei kam es immer wieder zu Meinungsverschiedenheiten, da die Batteriechefs in der Regel Luftwaffenhelfer, die zwar schwache schulische, aber gute militärische Leistungen zeigten, durchaus einer Versetzung für würdig hielten. Andererseits kam es auch vor, daß ein Batterieführer die Unterschrift unter ein Versetzungszeugnis verweigerte, weil der Junge schlechte militärische Leistungen erbrachte.

Versetzungen und Zeugnisse

Luftwaffenhelfer brauchten ein gültiges positives Zeugnis, um aufsteigen zu können. Das Schuljahr 1943/44 endete am 8. Juli. Wer die 5. Klasse am 8. Juli 1944 nicht positiv abschloß und sie daher wiederholen mußte, konnte nicht weiter im Kriegshilfsdienst bleiben und durfte abrüsten, um die 5. Klasse in der Stammschule zu wiederholen. Ein Zeugnis über die abgeschlossene 7. Klasse erhielt, wenn es positiv war, zum Zeitpunkt der Einberufung zum RAD den sogenannten „Reifevermerk". Das Schuljahr 1944/45 begann in manchen Batterien, unter Ausfall der großen Ferien, gleich wieder im Juli 1944.

Große Schwierigkeiten bereitete die Art und Weise des Benotungsverfahrens.

Im Oktober 1943 wurde festgelegt, daß Luftwaffenhelfer den Vorsemester- bzw. Reifevermerk nach den gleichen Richtlinien erhalten sollten wie die nicht im Luftwaffenhelfer-Einsatz stehenden Schüler der höheren Schulen. Das bedeutete, daß Luftwaffenhelfer der 7. Klasse bei ihrer Einberufung zum RAD bzw. zum Wehrdienst eine Bescheinigung darüber erhielten, daß sie zu dem Zeitpunkt, an dem sie normalerweise die Reifeprüfung ablegen würden, den „Vorsemestervermerk", und jene, die in die 8. Klasse versetzt wurden, den „Reifevermerk" erhielten.

Eine weitere Sonderregelung bestand für jene Luftwaffenhelfer, die zwar in die 7. Klasse versetzt worden waren, aber zum Wehr- bzw. RAD-Dienst einberufen wurden, bevor sie die Vorsemesterbescheinigung erwerben konnten. Diese Jungen erhielten dann eine Bescheinigung, die sie zur Teilnahme an einem Sonderlehrgang für Kriegsteilnehmer zur Ablegung der Reifeprüfung berechtigte.

Die besonderen physisch-psychischen Belastungen der Luftwaffenhelfer-Lehrer

Schon bald nach Unterrichtsbeginn zeigte sich, daß sich die Lehrkräfte besonderen körperlichen Belastungen gegenübersahen, da der Unterricht meist aus den Schulen in die Stellungen verlegt werden mußte. Der Unterricht für die Luftwaffenhelfer mußte daher oft in Blockstunden zusammengefaßt werden, damit der entsprechende Fachlehrer abwechselnd einen Tag in der Stellung, einen Tag in der Schule für die zivilen Schüler einsatzbereit war.

Infolge der Kriegslage standen letztendlich für den Luftwaffenhelfer-Unterricht in der Mehrzahl nur noch ältere Lehrkräfte im Alter von etwa 55 bis 65 Jahren zur Verfügung. Psychologisch war es keinesfalls günstig, ältere und zum Teil kränkelnde Lehrkräfte zu den vitalen Jugendlichen in die Stellungen zu schicken. Zur physischen Belastung dieser Lehrer kam noch die psychische des Nicht-mehr-mithalten-Könnens hinzu. Vereinzelt wurden bereits zu Beginn des Luftwaffenhelfer-Unterrichts seitens der Truppe Lehrkräfte, die bei den Einheiten Wehrdienst leisteten, für den Luftwaffenhelfer-Unterricht abkommandiert. Das Luft-

Luftwaffenhelferzeugnis

(Abgangszeugnis)

Der Schüler _Miedler Walter_
(Namen und sämtliche Vornamen, Rufnamen unterstreichen)

geboren den _25. Juli_ 1926 in _Königstetten, Niederdonau_
(genaue Angabe des Ortes in Zweifelsfällen)

Sohn des _Walter Miedler Königstetten Tullingerstr. 7_ , zuletzt Schüler der
(Name und Vorname des Vaters sowie Wohnort)

~~der~~ ~~des~~ _achten_ Klasse der _Staatlichen Oberschule für Jungen in Tulln_ , ist seit
(genaue Angabe der Schule)

10. September 1943 als Luftwaffenhelfer (Marinehelfer) eingesetzt, und hat
an dem für Luftwaffenhelfer (Marinehelfer) angeordneten Unterricht mit folgendem Ergebnis teilgenommen:

Deutsch	befriedigend	Noten des letzten
Geschichte	ausgezeichnet	Schulzeugnisses, da vor-
Erdkunde	befriedigend	geschriebene Luftwaffen-
Mathematik	gut	helfer-Unterricht
Physik	ausgezeichnet	konnte nicht erteilt
Chemie	ausgezeichnet	werden.
Latein	befriedigend	

Mi 101. Luftwaffenhelferzeugnis. Deutscher Schulverlag Wien. Blatt 16/43. — Druck: „Thalia", Wien XVI.

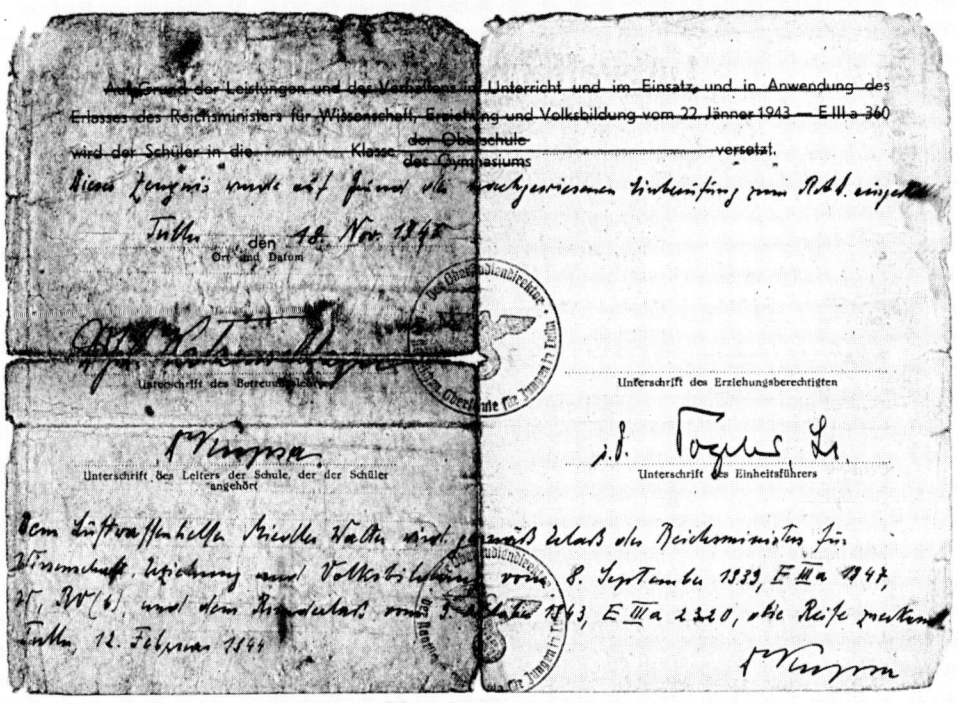

Auf Grund der Leistungen und des Verhaltens im Unterricht und im Einsatz, und in Anwendung des Erlasses des Reichsministers für Wissenschaft, Erziehung und Volksbildung vom 22. Jänner 1943 — E III a 360 wird der Schüler in die _____ Klasse der Oberschule des Gymnasiums _____ versetzt.

Tulln den _18. Nov 1943_
Ort und Datum

_____
Unterschrift des Betreuungslehrers

_____
Unterschrift des Leiters der Schule, der der Schüler angehört

_____
Unterschrift des Erziehungsberechtigten

_____
Unterschrift des Einheitsführers

117

Katalog Nr. **28.** | Schuljahr 19**43/44.**

LUFTWAFFENHELFER
Jahreszeugnis

Vlk Walter

geboren am **26. Juni** 19**28** zu **Wien**

im **Deutschen Reich**, Schüler der **sechsten** Klasse

der Oberschule für Jungen ~~Naturwiss.-mathem. Zweig~~ ~~Sprachlicher Zweig~~ des ~~Gymnasiums~~, erhält über

das Schuljahr 19**43** / **44** nachstehendes Zeugnis:

Allgemeine Beurteilung	Leistungen in den Pflichtfächern	
Der Schüler ist seit 3. Januar 1943 als Luftwaffenhelfer eingesetzt.	**Leibeserziehung** Leichtathletik: ; Turnen: ; Spiele: ; Boxen: ; Schwimmen: ; Skilauf: — Höchsterreichbare Punktzahl: 9 — Gesamturteil	
	Deutsch	ausreichend
	Geschichte	befriedigend
	Erdkunde	gut
	Kunsterziehung	
	Musik	
	Biologie	befriedigend
	Chemie	befriedigend
	Physik	ausreichend
	Rechnen und Mathematik	befriedigend
	1. Fremdsprache	
	Latein 2. Fremdsprache	befriedigend
	3. Fremdsprache	

OS 16. Oberschule für Jungen u. Gymn. — Deutscher Schulverlag Wien. Blatt 219/43. — Druck: Ketterl, Wien XVIII.

118

Leistungen in den Pflichtfächern		
Naturwiss.-mathem. Arbeitsgemeinschaft		
Fremdsprachliche Arbeitsgemeinschaft		

Unverbindliche Fächer		

Zahl der versäumten Lehrstunden: _____ , davon nicht gerechtfertigt: _____

Der Schüler wird in die *siebente* Klasse *der Oberschule* versetzt.
Im Sinne des Erlasses des Herrn Reichsministers für Wissenschaft, Erziehung und Volksbildung vom 22. Jänner 1943 – E II a 360 –.

Wien, am *13. Juli* 194 *4*.

Der Anstaltsleiter:

Betreuungslehrer:
Der Klassenleiter:

Dr. Viktor Müller

Leistungsstufen in den Fächern	sehr gut	gut	befriedigend	ausreichend	mangelhaft	ungenügend

gaukommando XVII stellte allein 60 Flak-offiziere vom Leutnant bis zum Hauptmann für den Luftwaffenhelfer-Unterricht frei. Auch weibliche Lehrkräfte kamen im Luft-waffenhelfer-Unterricht, z. B. im Raum Linz, zum Einsatz.

Im Zusammenhang mit dem ständigen Leh-rermangel sollen auch die tristen Verhält-nisse der fremdländischen Luftwaffenhelfer im Luftgau XVII nicht unerwähnt bleiben; von den 400 ukrainischen Gymnasiasten in Linz konnten lediglich 80 unterrichtet wer-den, ganz zu schweigen von den zwischen Dezember 1944 und Jänner 1945 hinzuge-kommenen ungarischen Jungen und Mäd-chen.

Die Betreuungslehrer

Von Anfang an versuchten die Schulen ihren pädagogischen Einfluß auf die kriegshilfs-dienstverpflichteten Schüler soweit wie möglich aufrechtzuerhalten. Ein Erlaß des REM sah die fürsorgliche und erzieherische Betreuung außerhalb des Truppen- und Hit-lerjugend-Diensts durch sogenannte Be-treuungslehrer vor. Diese Betreuungslehrer regelten im Rahmen des vom Einheitsführer aufgestellten Dienstplans die Zeiteinteilung für den Schulunterricht, den Hitlerjugend-Dienst und die Freizeit. Auch die Strafge-walt über die Luftwaffenhelfer stand dem Betreuungslehrer für die Zeit außerhalb des Truppen- und Hitlerjugend-Diensts zu. Allerdings durften die verhängten Strafen den Truppendienst nicht stören.

Schließlich sollte der Betreuungslehrer im Einvernehmen mit dem Klassenleiter und der Kreisleitung bestimmt werden und mög-lichst Soldat gewesen sein. Die Praxis zeigte aber, daß der Klassenleiter der jeweiligen Luftwaffenhelfer-Klasse bei der Durchfüh-rung seiner Aufgaben ohnehin auf engste Zusammenarbeit mit dem Einheitsführer angewiesen war. Er übernahm also meist die reine Betreuungslehrer-Funktion mit, vor allem in der ersten Zeit des Luftwaffenhel-fer-Einsatzes.

Auch die Luftwaffe hatte von sich aus hier und da in den Batterien den sogenannten „Fähnrichsvater" bestellt; das waren Offi-ziere, die sich der Luftwaffenhelfer ihrer Batterie in fürsorglicher Weise annehmen

sollten. Die Betreuungslehrer berieten dann den Flakgruppenkommandeur in allen schulischen und sonstigen Belangen der Luftwaffenhelfer. Sie entschieden im Auf-trag der Schulaufsichtsbehörde im Einver-nehmen mit der Flakgruppe über die Bil-dung der Luftwaffenhelfer-Einsatzgruppen. Bei auftretenden Meinungsverschiedenhei-ten übernahmen diese Verbindungsleute die Vermittlerrolle zwischen den beteiligten Schulen und der militärischen Dienststelle. Der Verbindungslehrer nahm auch solche Beschwerden der Eltern entgegen, die auf Batterieebene nicht gelöst werden konnten. Trotz aller Bemühungen, den Betreuungs-lehrer-Einsatz zu fördern, muß die gesamte Betreuungslehrertätigkeit, soweit sie von der zivilen Seite getragen wurde, in der vorgese-henen Form sowohl aus Mangel an Lehr-kräften wie auch wegen der fehlenden Unterkunftsmöglichkeiten in den Batterien als gescheitert betrachtet werden, obwohl sich bei einer intensiven Betreuung die Unterrichtsleistung wie auch die Grundhal-tung der Luftwaffenhelfer merklich steigern ließ. Lediglich in Batterien mit militärischen Betreuungslehrern war die Betreuungsfunk-tion zur vollen Entfaltung gelangt.

Der Unterricht für Lehrlinge und Flak-v-Soldaten

Für die im Sommer 1944 zum Luftwaffen-helfer-Einsatz gelangenden Schüler der Berufsschulen und Handelsschulen sollte eine Beschulung grundsätzlicher Art erfol-gen, das heißt, aus den Lehrlingen sollten nach Möglichkeit Berufsgruppeneinheiten gebildet und dafür ein entsprechender Unterricht eingerichtet werden. Den bereits tätigen Sonderbeauftragten wurden Berufs-schuldirektoren in beratender Funktion zur Seite gestellt. Berufsschullehrkräfte sollten die unterrichtliche Betreuung übernehmen.

Für die Luftwaffenhelfer aus den Wirt-schaftsaufbauschulen und den Handels-schulen waren neben Deutsch, Geschichte und Erdkunde fünf Stunden Englisch und drei Stunden Mathematik vorgesehen. Die Lehrlinge erhielten ab November 1944 berufliche Schulung. Als Lehrkräfte standen den militärischen Betreuungslehrern Lehr-kräfte der Berufsschulen zur Verfügung.

Karl. Nr. 3

Luftwaffenhelferzeugnis
Abgangszeugnis

Der Schüler *Benedetti Hermenegild.*

(Namen und sämtliche Vornamen, Rufnamen unterstreichen)

geboren den *27. November* 19 *26* in *Klagenfurt*

(genaue Angabe des Ortes in Zweifelsfällen)

Sohn des *Benedetti Hermenegild in Klagenfurt* , zuletzt Schüler der

(Name und Vorname des Vaters sowie Wohnort)

siebenten Klasse ~~der~~ *T. S. Oberschule f. Jungen in Klagenfurt* , ist seit

(genaue Angabe der Schule)

16. September 1943 als Luftwaffenhelfer (~~Marinehelfer~~) eingesetzt und hat

an dem für Luftwaffenhelfer (~~Marinehelfer~~) angeordneten Unterricht mit folgendem Ergebnis teilgenommen:

Deutsch . . . . *gut*
Geschichte . . . . *sehr gut*
Erdkunde . . . . *gut*
Mathematik . . . . *befriedigend*
Physik . . . . *befriedigend*
Chemie . . . . *gut*
Latein . . . . *gut*
Biologie . . . . *befriedigend*

Mi 101. Luftwaffenhelferzeugnis. Deutscher Schulverlag Wien. Blatt 246/43. — Druck: „Thalia", Wien XVI.

Auf Grund der Leistungen und des Verhaltens im Unterricht und im Einsatz und in Anwendung des Erlasses des Reichsministers für Wissenschaft, Erziehung und Volksbildung vom 22. Jänner 1943 — E III a 360 wird der Schüler in die _____ Klasse der Oberschule / des Gymnasiums versetzt.

Klagenfurt , den *15. Feber 1944.*

Ort und Datum

D. Herr Franz

Unterschrift des Betreuungslehrers

Unterschrift des Leiters der Schule, der der Schüler angehört

Unterschrift des Erziehungsberechtigten

Unterschrift des Einheitsführers

Leutnant

Der SB VII, Werner, richtete Anfang 1945 an das Reichserziehungsministerium (REM) das Ersuchen, zu prüfen, ob die die Luftwaffenhelfer ablösenden Flak-v(verwendungsfähige)-Soldaten der Jahrgänge 1927/28 nicht wenigstens in den wichtigsten Fächern unterrichtet werden könnten. Es folgte eine Vereinbarung mit dem LGK, wonach in Einheiten, in denen es noch Luftwaffenhelfer-Unterricht gab, alle Flak-v-Soldaten der Jahrgänge 1927/28, die aus einer höheren Schule oder der Berufsschule kamen, ab sofort an diesem Unterricht teilzunehmen hatten. Die jungen Flak-v-Soldaten wollten ihrerseits diesen Unterricht auch nach Beendigung des Luftwaffenhelfer-Unterrichts so lange weitererhalten, bis sie selbst aus diesem militärischen Dienst ausschieden oder bis zu dem Zeitpunkt, an dem sie ihre Schulpflicht beendet hatten. Auch die Militärs unterstützten diese Bemühungen. So wurden selbst noch im April 1945 Flak-v-Soldaten unterrichtet. In Salzburg erhielten im März 1945 noch 43 Flak-v-Soldaten Unterricht.

Als Kuriosa seien hier angeführt: Bei der Flakgruppe Braunau waren zwei militärische Luftwaffenlehrer tätig, ein Obergefreiter aus Schweinfurt, der Deutsch und Erdkunde unterrichtete und die Betreuungsaufgabe wahrnahm, und ein Kanonier als Mathematiklehrer. In der Tiroler Landeshauptstadt wieder gab es eine eigene Variante, die Wanderlehrer, die nicht nur bei den sieben Innsbrucker Batterien unterrichteten, sondern auch noch Batteriestellungen in fünf anderen Orten mitzubetreuen hatten.

Hitlerjugend und Luftwaffenhelfer-Einsatz

Da die Hitlerjugend zur Aufrechterhaltung ihres Dienstbetriebes im zivilen Sektor eine Mindestzahl an Führungskräften benötigte, versuchte sie von Anfang an, möglichst viele Hitlerjugend-Führer von diesem Kriegshilfseinsatz fernzuhalten.

Einzelregelungen in den verschiedenen Luftgaubereichen folgte am 15. Juli 1943 die generelle Bestimmung, daß 10 Prozent der einzuziehenden Luftwaffenhelfer für den Hitlerjugend-Dienst grundsätzlich freizustellen seien. Diese Quote ermöglichte es ohne weiteres, den für Sommer 1943 in den Luftgauen VII und XVII angeforderten zusätzlichen Bedarf an Hitlerjugend-Führern zu decken. Da aber die Reichsjugendführung den Kriegshilfseinsatz der Jugend bei der Luftwaffe bloß als eine weitere Ausformung der Jugenddienstpflicht verstand, wollte sie die ihr übertragene Aufgabe der öffentlich-rechtlichen Erziehungsgewalt auch bei diesem Einsatz der Jugendlichen wahrnehmen.

Als Bindeglied zwischen Hitlerjugend und Luftwaffenhelfern war daher für jede Luftwaffenhelfer-Klasse ein Mannschaftsführer vorgesehen, der das Gemeinschaftsleben der Jungen nach den Grundsätzen der Hitlerjugend gestalten und vor allem den wöchentlichen Heimabend mit dem üblichen Singen, weltanschaulicher Schulung, wöchentlich zwei Stunden Kleinkaliber-Schießen, Geländedienst und Leibesübungen ausrichten sollte.

Die Ausbildung derjenigen Luftwaffenhelfer, die Sondereinheiten (Flieger-, Marine-, Motor-, Reiter-, Nachrichten-HJ) der Hitlerjugend angehörten, sollte neben dem Luftwaffenhelfer-Einsatz weiterlaufen.

Die militärische Realität des Luftwaffenhelfer-Einsatzes beendete jedoch bald diesen vorgesehenen Hitlerjugend-Dienstplan. Es war klar, daß militärische Notwendigkeiten bei den Batterien kaum Zeit für Singen, lange ideologische Schulung oder gar Geländedienst übrigließen.

Im Amt für Wehrertüchtigung bei der Reichsjugendführung wurde die Hauptabteilung „Beauftragter für Luftwaffenhelfer und Marinehelfer der Hitler-Jugend" geschaffen, die in Österreich die Reichsjugendführung vertraten und für eine ständige Fühlungnahme mit dem Luftgaukommando sorgten. Ab dem gleichen Zeitpunkt wurde auch der Batteriechef für die Haltung und das Auftreten der Luftwaffenhelfer außerhalb ihres militärischen Dienstes und insbesondere auch außerhalb der Stellung verantwortlich gemacht.

Das Auftreten der Luftwaffenhelfer in der Öffentlichkeit sollte für die übrige Jugend beispielgebend sein. Monatlich war eine Belehrung über Verhalten in der Öffentlichkeit, Beachtung der Bestimmungen des Jugendschutzgesetzes, vorschriftsmäßige Uniformierung und Einhaltung der Grußpflicht abzuhalten.

Der Hitlerjugend-Streifendienst hatte gegenüber den Luftwaffenhelfern polizeiliche Kontrollbefugnisse wie auch das Recht zum Einschreiten; allerdings nur bei Einzelauftreten der Jungen in der Öffentlichkeit. Bei geschlossenem Auftreten unter militärischem Befehl und in der eigenen Unterkunft endete die Macht des Hitlerjugend-Streifendienstes. Desgleichen waren die Luftwaffenhelfer-Marinehelfer nur verpflichtet, ihren Personalausweis vorzuzeigen; er durfte ihnen auch durch den Hitlerjugend-Streifendienst nicht abgenommen werden.

In den wenigsten Fällen jedoch wurde der vorgesehene Hitlerjugend-Dienst ordnungsgemäß durchgeführt, was teilweise auf die Unfähigkeit der eingesetzten Hitlerjugend-Führer zurückzuführen war; zum anderen fehlte es an der erforderlichen Zeit, die entweder wegen äußerer Umstände nicht erübrigt werden konnte oder durch die Batterieführer nicht gewährt wurde.

Die HJ gab bloß den Namen her

Gegenüber dem Engagement der Batterieführer und der Luftwaffenhelfer-Lehrer für und im Interesse der Luftwaffenhelfer konnte von einem Einfluß der Hitlerjugend auf den Kriegshilfseinsatz nicht und von einer Fürsorge für die Jungen, die in ihrer, der HJ-Uniform an den Waffen und Geräten standen, nur selten die Rede sein.

Im Herbst 1943 setzte die Reichsjugendführung bei Hitler die Benennung „LwII-IIJ" als offizielle Version endgültig durch.

Der auf dem Papier bis ins Detail fixierte HJ-Dienst für die Luftwaffenhelfer aber blieb bis auf sporadische Ansätze nur Druckerschwärze. Es fehlte dafür nicht nur an geeigneten HJ-Führern, auch die Luftkriegssituation machte einen dicken Strich

durch all diese Vorstellungen. Die Jungen selber wollten am allerwenigsten etwas von der HJ wissen, sie reagierten häufig geradezu allergisch darauf, mit der HJ identifiziert zu werden, und legten Armbinden und Abzeichen der HJ ab, wo immer es nur ging. Man hatte sie „zu den Soldaten" geholt, in Stellungen, an Geschütze und Meßgeräte – das Sterben war in den absoluten Bereich des Möglichen gerückt –, so wollten sie nun auch als Soldaten angesehen werden. Mit einem, wie sie meinten, „Kinderverein" wollten sie nichts zu tun haben. Sie nähten deshalb die Armbinde an ihre Uniform auch nicht vorschriftsmäßig an, sondern befestigten sie nur lose oder auch nur mit Druckknöpfen. Selbst verschärfte Anweisungen und Belehrungen halfen da nichts oder nur sehr wenig. Gemeldete Verstöße wurden von den Batterieführern häufig gar nicht oder nur sehr milde bestraft, da zwischen militärischen Vorgesetzten und Luftwaffenhelfern ein stilles Einverständnis bestand.

Der verstärkte HJ-Streifendienst-Einsatz in der Öffentlichkeit zur Kontrolle „vorschriftsmäßiger und vollständiger Bekleidung", zur Überwachung der Jugendschutzbestimmungen insbesondere hinsichtlich des Filmbesuchs durch Luftwaffenhelfer und zur Kontrolle der Grußpflicht führte immer wieder zu Konflikten mit den beanstandeten Luftwaffenhelfern, die nicht selten in Handgreiflichkeiten ausarteten, wobei die Sympathien der Bevölkerung durchwegs auf seiten der Luftwaffenhelfer lagen. Je länger der Kriegshilfseinsatz dauerte, um so mehr lehnten die Luftwaffenhelfer jede Bindung mit der HJ ab – die Wucht des nun auch in Österreich einsetzenden gnadenlosen alliierten Luftkriegs brachte Diskussionen über den Sinn ihrer gesetzlichen Zugehörigkeit zur HJ dann vollends zum Verstummen. Im Bersten der Bomben, im Beben der Bombenteppiche fanden solche Überlegungen ein Ende.

DIE ZWEITE BIS VIERTE EINBERUFUNGSWELLE

Die Steigerung des Luftkriegs und der rasche Ausbau neuer Flakverteidigungszonen sowie der stetig steigende Bedarf an neuen Soldaten an den Fronten überhaupt bewirkte schon im August 1943 die Einziehung weiterer Luftwaffenhelfer zu den Batterien; ebenso wurden im Hochsommer 1943 sämtliche Luftwaffenhelfer von den Scheinwerferbatterien abgezogen und den Kanonenbatterien zugeteilt.

Die Erfassung der Schüler der 5. Klassen der höheren Schulen, soweit sie den Jahrgängen 1926/27 und in der Folge auch 1928 angehörten, wurde mit Energie vorangetrieben. Zunächst sollten nur jene Schüler eingezogen werden, die unter Berücksichtigung des örtlichen Bedarfs und der Aufnahmefähigkeit der jeweiligen Einheiten eingesetzt werden konnten. War dabei der Bedarf am jeweiligen Einsatzort geringer als die zur Verfügung stehende Schülerzahl, so traf der zuständige Sonderbeauftragte im Einvernehmen mit dem Luftgaukommando die Auswahl der zur Heranziehung in Frage kommenden Schulen.

Die für zeitlich untauglich erklärten Schüler aus der ersten Einberufungswelle wurden nunmehr bei der Musterung für die zweite Einberufung nachuntersucht und bei Tauglichkeit jener Batterie zugewiesen, bei der ihre Mitschüler schon Dienst versahen.

Für den österreichischen Raum gibt es zu diesen Einberufungen detaillierte Unterlagen. Schon am 23. Juli 1943 waren alle Schulverwaltungen verständigt worden, daß die männlichen Schüler der höheren Schulen, die den Jahrgängen 1926 und 1927 angehörten und die 6. bis 8. Klassen besuchten, als Luftwaffenhelfer erfaßt und demnächst eingezogen würden. Die bald darauf folgenden Einberufungen betrafen mit Wirkung vom 1. August 1943 die Jahrgänge der 6. bis 8. Klasse der Heimschüler, am 10. September 1943 folgten die restlichen Schüler der 6. bis 8. Klassen, am 5. Jänner 1944 der Jahrgang 1927 der 5. Klassen sowie die Jahrgänge 1928 der 5. und der 6. Klassen.

Diese Regelung war zwar reichseinheitlich, der Einberufungsmodus wurde aber sicher nicht nur in Österreich, sondern im ganzen Deutschen Reich mit gewissen, wenn auch geringen Varianten gehandhabt. Tatsächlich waren etwa Heimschüler der 5. und der 6. Klassen der Hauptschulen schon wesentlich früher eingezogen worden. Nachforschungen nach Einzelschicksalen ergaben, daß z. B. ab dem letzten Viertel 1944 auch Schüler des Jahrgangs 1929 als Luftwaffenhelfer eingezogen wurden.

Die zweite Hälfte wollte man dann im Jänner 1944 einberufen, damit die Mittelschüler der 6. Klasse am 1. April 1944 pünktlich in ihre Lehrstellen einrücken konnten. Verzögerungen, wie sie 1943 auftraten, sollten damit vermieden werden.

Die 4. Flakbrigade in München meldete unter dem 13. August 1943 weitere 209 Schüler aus Tiroler Schulen, die am 25. August zu den Einsatzstellen gebracht wurden. Es waren dies 132 Schüler der 6., 56 der 7., 21 Schüler der 8. Klassen der Oberschulen und des Gymnasiums in Innsbruck, der Oberschulen Hall, Schwaz, Kufstein, Landeck und der Hauptschule Wilten.

Im Reichsgau Oberdonau wurden im Zuge der Sommererfassung für den Augusttermin 1 076 neue Luftwaffenhelfer für Linz gemeldet, von denen 846 aus den übrigen Schulen des Gaus, aus den höheren Schulen der Gaue Niederdonau, Steiermark und Kärnten kamen.

Weiters wurden 2 326 Oberschüler der 6., 7. und 8. Klassen, davon 198 Hauptschüler aus Niederdonau, Oberdonau, Steiermark und Kärnten, gemeldet, von denen am 10. September 1 438 zur Flakgruppe Linz, 126 zur 16. Flakbrigade nach Wien-Mauer-Georgenberg einberufen wurden. 320 österreichische Schüler kamen zur Flakgruppe Böhmen.

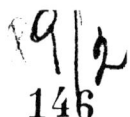
Luftgaukommando XVII   Wien, den 16.8.43
Abt.IIb/4   Az.23   I.,-lisabthstr. 9
(23587/43)   App.257,U/K.

Bezug: 1.R.d.L.u.Ob.d.L, Az 11b Nr. 1/43 NfD (Chef d.Lw./L Wehr 1
       III) v. 26.1.43
       2.R.d.L.u.Ob.d.L Az. 11b Nr. 57150/43 (L Wehr 1 III E)
       v. 31.7.43

Betr.: Heranziehung von Lw.-Helfern.

An Verteiler.

        Zum 10.9.43 erfolgt gem. o.a. Bezug 2.) eine weitere
Heranziehung von Schülern zum überörtlichen Einsatz als
Lw.-Helfer in der Flakartillerie.

        Es werden herangezogen die auf Grund des örtlichen
Einsatzes bisher noch nicht herangezogenen Schüler der
6., 7. und 8. Klassen der höheren Schulen und der 6.Klasse
der Hauptschulen.

        Der Bezugserlaß 1.) gilt entsprechend.

        Der Bezugserlaß 2.) wurde den Flakdienststellen mit
Schreiben Lg.Kdo.XVII Nr. 22256/43 v. 13.8.43 zugesandt.

        Die Heranziehung umfaßt folgende Schulen:

Höhere Schulen Nieder-Donau	6.Kl.	7.Kl.	8.Kl.
Amstetten	7	9	6
Berndorf	9	11	9
Bruck a/Leitha	15	9	-
Eisenstadt	4	2	
Gmünd	12	24	16
Hollabrunn	14	21	9
Horn	15	7	-
Krems Oberschule	10	18	-
Krems Gymnasium	8	19	-
Laa a/Thaya	16	-	-
Lundenburg	9	11	-
Melk	15	2	8
Nikolsburg	21	20	6
St.Pölten Oberschule	23	29	10
St.Pölten Gymnasium	12	23	16
Stockerau	15	25	7
Tulln	5	15	11
Waidhofen a/Thaya	17	13	-
Waidhofen a/Ybbs	9	7	12
Znaim	45	36	-
	281	296	110

                                                    -2-

Hauptschulen Nieder-Donau	6.Kl.	7.Kl.	8.Kl.
Engerau	2	-	-
Hainburg	9	-	-
Eisenstadt	9	-	-
Krems	9	-	-
Neubistritz	3	-	-
Dürrnholz	5	-	-
St. Pölten	1o	-	-
Scheibbs	6	-	-
Waidhofen a/Thaya	6	-	-
Znaim	1o	-	-
	69	-	-

Oberschulen Oberdonau

	6.Kl.	7.Kl.	8.Kl.
Gmunden	19	42	14
Freistadt	14	5	1
Krummau	11	18	-
Ried/Innkreis	1o	16	12
Steyr	23	26	8
Wels	31	31	15
	1o8	138	5o

Hauptschulen Oberdonau

Grieskirchen	8	-	-
Kaplitz	3	-	-
Krummau	2	-	-
Ischl	11	-	-
Lambach	9	-	-
Vöcklabruck	9	-	-
	42	-	-

-3-

Oberschule Steiermark	6.Kl.	7.Kl.	8.Kl.
1.Gymn. Graz	lo	28	16
2.Gymn. Graz	13	19	19
1.Obersch. Graz	25	54	26
2.Obersch. Graz	3o	25	15
3.Obersch. Graz	41	34	2o
4.Obersch. Graz	15	42	9
5.Obersch. Graz	33	47	23
Leoben	22	13	9
Knittelfeld	17	7	4
Judenburg	lo	11	–
Bruck a/Mur	19	2o	lo
Marburg Obersch.	19	11	5
Marburg Gymn.	15	11	4
Fürstenfeld	14	8	3
Oberschützen	13	9	5
Cilli	26	16	4
P Vettau	12	14	3
Rann	12	9	1
Admont	–	–	–
	346	378	176

Hauptschulen Steiermark

Graz Wielandgasse	19	–	–
Bruck a/Mur	16	–	–
	35		

Oberschulen Kärnten.

1.Obersch. Klagenfurt	31	27	2o
2.Obersch. Klagenfurt	14	34	18
Villach	23	38	16
Spittal a/Drau	6	–	–
Lienz	8	–	–
	82	lo9	54

Hauptschulen Kärnten

Klagenfurt Bismarkring	16	–	–
St. Veit a/Glan	lo	–	–
Villach	26	–	–
	52		

-4-

Z u s a m m e n s t e l l u n g
===

		6.Kl.	7.Kl.	8.Kl.
Höhere Schulen	Nieder-Donau	281	296	11o
Hauptschulen	Nieder-Donau	69	-	-
Höhere Shulen	Ober-Donau	1o8	138	5o
Hauptschulen	Ober-Donau	42	-	-
Höhere Schulen	Steiermark	346	378	176
Hauptschulen	Steiermark	35	-	-
Höhere Schulen	Kärnten	82	1o9	54
Hauptschulen	Kärnten	52	-	-
		1o15	921	39o

Die Bruttozahl der erfaßten Schüler ergibt somit

2326
========

Da mit einem Entfall v. 1o % für H.J.-Führer zu rechnen ist
(Gem. Erlaß R.d.L.u.Ob.d.L. Az. 11b Nr. 42872/43 (L Wehr 1 III C)
können für die Aufgaben der H.J. 1o % der tauglichen Schüler
freigestellt werden), ferner erfahrungsgemäß mit einem weiteren
Entfall aus Krankheitsgründen und wegen Mindertauglichkeit ge-
rechnet werden muß, wird sich die Zahl von 2326 auf etwa 1800 -
1900 Lw.-Helfer vermindern.

Unter der Annahme eines Entfalles von 432 Schülern
(1o% H.J., 2oo Erkrankungen) verbleiben somit zur Aufteilung

1 8 9 4 Lw.- Helfer
==============================

Diese werden wie folgt herangezogen:

nach Linz - Wegscheid   1438 für Flakgruppe Linz
nach Wien Mauer-Georgenberg 126 für Flakbrigade 16
nach Pilsen-Slovan   33o für Flakgruppe Böhmen
            insgesamt   1894
            ==================

-5-

In den Gefallenenlisten der Endkämpfe 1945 fanden sich im österreichischen Raum verschiedentlich sogar Angehörige der Jahrgänge 1930 bis 1932, wobei die meisten als Luftwaffenhelfer und einige als „Flakkanoniere" geführt wurden.

Die Einberufungen der Luftwaffenhelfer erfolgten durchwegs in Kasernen meist regionaler Gliederung. Die Abberufung bzw. Versetzung zu den Flakbatterien geschah relativ unterschiedlich, zwischen einigen Tagen und sechs Wochen. Die Ausbildung erfolgte zuerst in gekürzter Form als Grundausbildung, nach Plan dreiwöchig. Die Spezialausbildung an den Geschützen oder in den Batterien zugehörenden Meßstaffeln erfolgte im Grund genommen nach der Einstellung und letzten Endes der Entscheidung der zuständigen Batteriechefs. Von den befragten rund 260 ehemaligen Luftwaffenhelfern aus Österreich hatten etwa nur 5 Prozent negative Erinnerungen an diese meist väterlichen, wohlwollenden Offiziere. Diesen oblag es, aus den in ihre Obhut übergebenen jungen Menschen eine absolut schlagkräftige Batteriemannschaft zu schaffen. Wie dies auch immer mit physischem und psychischem Druck erfolgte, blieb den Offizieren überlassen.

Meist anders gestaltete sich, zumindest für geraume Zeit, das Verhältnis der jungen Schüler-Soldaten zu den vorgesetzten Unteroffizieren und Stammannschaften. Die Luftwaffenhelfer, im bildungsmäßigen Wissensstand durchwegs überlegen, gerieten oft in Konfliktsituationen mit diesem um viele Jahre älteren Personal. Leichtsinn der Jugend und üblicher Studentenulk waren anfangs der häufigste Anlaß. Gemeinsames Erleben dramatischer Situationen, die sich bald nach Einsetzen der massiven Bombenangriffe auf die Stellungen selbst oder auf deren unmittelbare Nähe ergaben, führten in der Regel aber sehr bald zu einem echten Kameradschaftsverhältnis, und nur in den seltensten Fällen gab es echte Feindschaften. Die Ausbildung der Luftwaffenhelfer, in erster Linie an den Geschützen, den Kommandogeräten, den Funkmeß- und Flug-Malsi-Umwertgeräten, lief folglich ebenfalls problemlos ab.

„Der Schulunterricht geht weiter...", hieß es in einem vorsorglich an die Eltern der eingezogenen Luftwaffenhelfer gerichteten Schreiben. Diese und andere tröstende Zusagen, wie „regelmäßiger Urlaub zugesichert" und ähnliches standen in der monatlich im Wiener Raum erscheinenden und kostenlos erhältlichen Zeitung „Front und Heimat". Tatsächlich erfolgte der Unterricht für „unsere jüngsten Soldaten" anfangs durchwegs regelmäßig. In vielen Fällen wurden die Luftwaffenhelfer einer für sie neuen Betreuungsschule zugewiesen. Zum Unterricht marschierte oder fuhr man als geschlossene Abteilung. Das Komplizierte und für viele Unerklärliche war die Zuweisung an eine Schule, die, und dies war kein Einzelfall, fast immer am anderen Ende der Stadt lag. Diese Situation hielt nicht lange. Spätestens mit Beginn des Luftkriegs im August 1943 kamen die Betreuungslehrer zum Unterricht in die Batterien. Die sich immer mehr und mehr häufenden Einflüge von „Störflugzeugen", feindlichen Fernaufklärern, führten zu rasch sich wiederholenden Bereitschaftsphasen der Batterien. „Vorspiel", als Bereitschaftsstufe I, unter dem Code „Edelweiß", unterbrach stets jede geregelte Unterrichtstätigkeit. Und später, ab Herbst 1943, als die Luftangriffe in verheerendem Maß zunahmen und dann im Sommer 1944 die Fliegeralarme oft die Dauer von zehn Stunden erreichten, wurde jeder sinnvolle Unterricht, der gemäß Vorschrift erst bei Bereitschaftsstufe II, „Alpenrose", abzubrechen war, illusorisch. Die geistige Weiterbildung der Luftwaffenhelfer blieb zum Großteil ihnen selbst überlassen. Es war das Phänomen dieser Zeit und dieser Jugend, daß gerade diese Situation zu einem wahren Bildungshunger führte. Die „Kriegspädagogik" hatte auch ihre guten Seiten. Der junge Mensch begann viel mehr zu begreifen und zu verstehen, als dies im Frieden möglich gewesen wäre. Die Professoren, nun durchwegs im Offiziersrang, taten das Ihre dazu. In vielen Fällen waren gerade sie diejenigen, die fern einer illusionären NS-Parteiorientierung bei ihren Schülern eine gesunde, kritische Meinungsbildung – und sei es unter den verschiedensten Tarnungen – förderten. In ihren behutsamen Händen – und das wußten sie – lag der

PROGRAMM

für die am 1.Juni 1944 um 19.oo Uhr
im

GROSZEN MUSIKVEREINSSAAL
in Wien
stattfindende.

ELTERNVERSAMMLUNG

der im Gebiete Wien und Wr.Neustadt eingesetzten Luftwaffenhelfer(HJ)
Beginn 19.oo Uhr

Musikstück

Begrüßung und einleitende Worte des Herrn
Kommandierenden Generals und Befehlshabers
im Luftgau XVII

General der Flieger Doerstling

Vortrag eines Batteriechefs

Oberleutnant Diefenbach

Vortrag eines Regimentskommandeurs

Oberstleutnant Arbhofer

Vortrag eines Truppenarztes

Stabsarzt Dr.Patri

Vortrag des Sonderbeauftragten
des Reichserziehungsministeriums

Oberschulrat Ille

Vortrag des Kommandeurs der
Flakdivision Wien

Generalmajor Grieshammer

Schlußworte des Herrn Kommandierenden
Generals und Befehlshabers im Luftgau XVII

General der Flieger Doerstling

Musikstück

spätere Lebensweg vieler junger Luftwaffenhelfer. Borniert und fanatische Nationalsozialisten waren beim Lehrerpersonal eher selten, und wenn, so wurden diese bald von ihren „Schüler-Soldaten" ausgetrickst. Schwierigeren Problemen gegenüber sahen sich die als Luftwaffenhelfer eingezogenen Heimschüler. Für sie galt gleich von Anfang an die wahrscheinlichste Einberufung fern ihrer Heimat. So kamen z. B. Tiroler nach Rosenheim, Steirer ebenso wie Hauptschüler aus Klagenfurt, St. Veit an der Glan, Villach und Wolfsberg zur schweren Flak-Ersatz-Abteilung 38 nach Linz-Wegscheid. Seit Herbst 1938 bestand das Burgenland

Wiederkehrende Eltern(trost)versammlungen 1943 und 1944 sollten die Menschen „daheim" beruhigen. Psychologisch wurde alles getan, um die Mütter der Luftwaffenhelfer zu beruhigen (links). Einberufungen zur Luftwaffenhelfer-Musterung waren dagegen in einem anderen Ton abgefaßt (unten).

nicht mehr, die Bezirke Oberwart, Güssing und Jennersdorf waren dem Gau Steiermark angegliedert worden, die Bezirke Oberpullendorf, Mattersburg, Eisenstadt und Neusiedl am See gehörten ab nun zum Gau Niederdonau; die Untersteiermark, mit den Gebieten um Marburg, Cilli, Pettau und Rann wurde 1941 nach dem Jugoslawienfeldzug ebenfalls dem Gau Steiermark angeschlossen.

Die Schüler der 6., 7. und 8. Klassen aus Gmünd, Krems, Laa an der Thaya, Lundenburg, Nikolsburg, Waidhofen an der Thaya, Znaim und Krumau und ebenso die Hauptschüler aus Engerau, Hainburg, Eggenburg, Krems, Neubistritz, Dürnholz, Scheibbs, Waidhofen an der Thaya, Znaim, Auspitz und Krumau verschlug es zur Flakgruppe Böhmen und Mähren nach Pilsen-Slovan. Tiroler, etwa aus Innsbruck, kamen mit Kameraden aus Wasserburg in Bayern nach Rosenheim, um von dort wieder nach geraumer Zeit nach Innsbruck zurückzukehren, wo sie wieder mit Oberschülern aus Rosen-

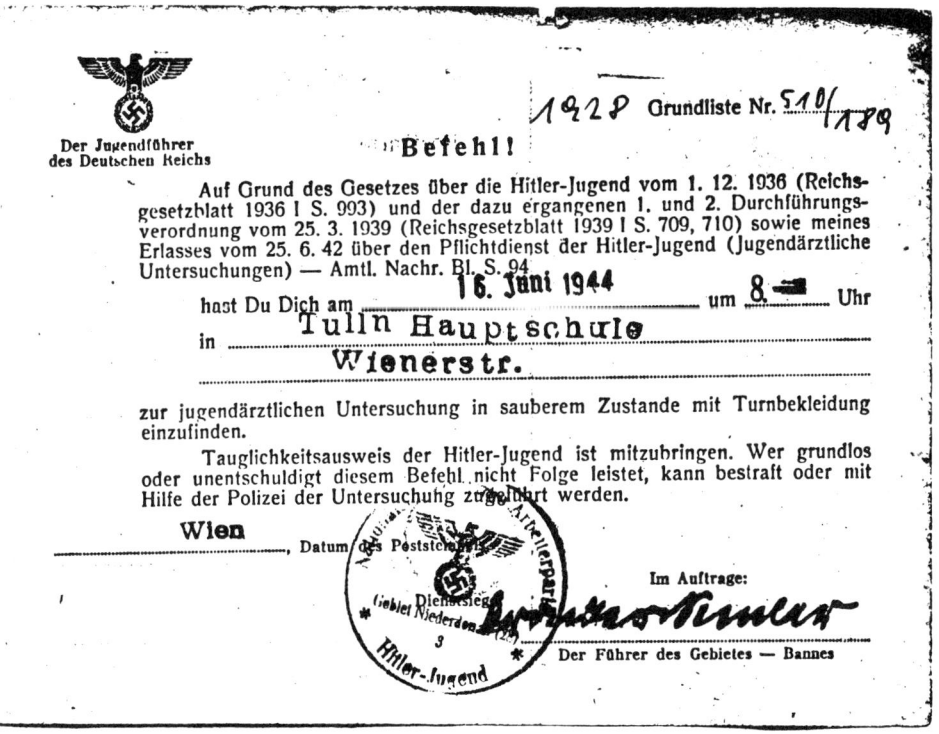

heim, Wasserburg und Friedrichshafen den 8,5-cm-R(russisch)-Batterien zugeteilt wurden. Während in Friedrichshafen am Bodensee Vorarlberger Oberschüler neben Kameraden aus 13 württembergischen Schulen, sieben badischen Anstalten, Jungen aus drei bayerischen Schulen (insgesamt 1 007 Luftwaffenhelfer) bei den 8,8-cm-Flakbatterien in der Friedrichshafen-Stellung Schnetzenhausen Dienst taten. Unmittelbar benachbart stand dort wieder eine Batterie mit Kroaten. Keineswegs sinnvolle Extreme gab es dann bald bei den von den Luftwaffenhelfern als vollkommen planlos erkannten Versetzungen. Kaum hatte mancher bei seiner Batterie einigermaßen Fuß gefaßt, wurde er schon wieder irgendwo anders hin versetzt.

Die angeblich mit der „Turbulenz" der Kriegslage zusammenhängenden Personalversetzungen nahmen manchmal geradezu groteske Formen an. Ein krasses Beispiel ist jener Wiener Luftwaffenhelfer, der von der 303/XVII Küniglberg nach Theresienfeld-Nord 225/XVII, weiter zur leichten Flak Ternitz 8./837 und dann wieder zurück nach Wiener Neustadt-Ungerfeld (2./290) wanderte. War er bisher als einzelner versetzt worden, so kam er nun bald mit der gesamten Batterie zu den Moosbierbaumer Batterien Asparn/Langenrohr und Schusterberg.

Solche Odysseen machte so mancher der Luftwaffenhelfer, wenn auch in abgeschwächter Form, mit, wie etwa ein Burgenländer, der zur Batterie Schwechat-Ost kam, um dann mutterseelenallein nach Mannheim (Käfertal) in die wahre Hölle des Luftkrieges zu geraten. Nach fast einem Jahr rüstete er ab, um gleich wieder zum RAD in die Krönungsstadt Speyer am Rhein zu gelangen. Dort erkannte man nach kurzer Zeit einen Spezialisten in ihm und versetzte ihn kurzerhand wieder nach Mannheim, diesmal natürlich zu einer RAD-Flakbatterie. Nach jeder Wahrscheinlichkeitsrechnung hätte er schon längst etwas abkriegen müssen. Nun traf dies auch bei einem der sich abwechselnden Tages- und Nachtangriffe zu, er wurde bei einem der verheerenden Nachtangriffe „nur" verwundet.

Ein anderes extremes Beispiel von Wanderschaft innerhalb nur eines Einsatzortes voll-

zog sich in Linz. Fürstenfelder Oberschüler der zweiten Einberufungswelle (September 1943) kamen nach der üblichen Einberufungsprozedur ins Flaklager Linz-Wegscheid. Von dort reichte man sie stets in kurzen Zeitabständen bis November noch an die Batterien Scharlinz, Leonding (s. 3./372), Steg und Parkbad weiter, bis sie endgültig Mitte Oktober 1943 bei „ihrer" 8,8-cm-Doppelbatterie am Hagen (s. 6./388), unterhalb des Pöstlingbergs, landeten.

Aber nicht nur Österreicher wurden in alle möglichen Orte und Winkel des deutschen Heimatkriegsgebietes, wie etwa von der Batterie Achau (3./532) nach Brünn, von den Asperner und den Schwechater Batterien (4./807 und 1./807) nach Brüx oder manche sogar nach Rastenburg in Ostpreußen, Köln, Halle-Merseburg oder gar Berlin verlegt.

Nach Österreich, in die Alpen-Donaugaue, wiederum kamen Luftwaffenhelfer aus Hohenelbe und Rumburg (Batterie Achau), aus dem Sudetenland (Batterie Achau und Kuckucksberg), Hamburger zu den Batterien Breitenlee, Klein-Neusiedl und Oberbierbaum und aus Lübeck zur Wiener Neustädter Batterie Heuthal. Dessen nicht genug, kamen auch etliche Luftwaffenhelfer aus Hannover, Osnabrück, Karlsruhe und Reutlingen, Bad Mergentheim und ebenso einige aus Sachsen hauptsächlich in den Wiener Raum.

Schüler aus Berchtesgaden, Freilassing und Bad Reichenhall kamen zum Einsatz nach Salzburg. Sogar für den Flakschutz des Truppenübungsplatzes Malacky in der Slowakei wurden Luftwaffenhelfer der acht Wiener Gymnasien bis zum Oktober 1944 herangezogen. Von der OSfJ Spittal an der Drau kamen 18 Schüler des Jahrgangs 1928 nach ihrer Ausbildung zurück in ihren Heimatort und dann ab Herbst nach Marburg an der Drau. Versetzungen hin und her, ohne Ende.

Ein weiteres Problem bildeten später die Abrüstung der Luftwaffenhelfer und ebenso ihre unmittelbar danach folgende Einberufung zum Reichsarbeitsdienst (RAD). Die Luftwaffenhelfer des Jahrgangs 1926 kamen am 15. Februar 1944 für drei, manche sogar für fünf Monate zum RAD, um dann zur

„Oooh, ich sprechen schon wie Daitscher!" Michel, unser russischer Freund (Batterie 225/XVII).

„Balalaikaspieler Iwan aus dem Ural", heißt es auf einem Foto eines Luftwaffenhelfers einer leichten Flakbatterie in Hafendorf bei Kapfenberg (z. b. V. 6404, später 1./gem. Flakabteilung 358) und „bestes Verhältnis zu unseren Gefangenen" (rechts).

„Hiwis" der Batterie z. b. V. 6404 (später 1./gem. Flakabteilung 358) in Hafendorf bei Kapfenberg.

Wehrmacht überstellt zu werden. Der Jahrgang 1927 rüstete im September 1944 ab, um den gleichen Weg zu gehen. Dort mußten nun die vormaligen Luftwaffenhelfer, häufig schon aufgrund ihrer bisherigen schulischen Ausbildung als Spezialisten in den Meßstaffeln, an Kommando-, Malsi-Umwertgeräten und Funkmeß-(Radar-)Geräten ausgebildet und viele Monate erfolgreich eingesetzt, plötzlich als gewöhnliche RAD-Männer die zu dieser Zeit bereits obligate, meist dreimonatige Infanterieausbildung mit allem bekannten und unbekannten preußischen „Zund" durchmachen, dem dann später allerdings viele ihr Leben bzw. Überleben verdankten. In ihren vormaligen Batterien mußten nun neue, unerfahrene Luftwaffenhelfer der Jahrgänge 1928 und teilweise sogar 1929 allen Zeitaufwand der Ausbildung von vorneweg durchmachen. Der Feuerkraft dieser Batterien gereichte das sicher nicht zum Vorteil. Nur bei den RAD-Batterien gab es die einheitliche Regelung, die durchwegs bewährten Kanoniere bis Kriegsende an den Geschützen zu belassen. Letzten Endes wurde durch dieses Wirrwarr bei Versetzungen und Entlassungen das Personal an den Flakbatterien immer knapper. Wie schon erwähnt, holte man zwischen Jänner und März 1945 – damals wurde der Großteil der Luftwaffenhelfer entlassen – bisher Untaugliche oder Unabkömmliche des Jahrgangs 1928 und jünger zu den Batterien als Flak-v-Soldaten. Diese waren es dann, die beispielsweise im Wiener Raum häufig in den Hexenkessel der Endkämpfe hineingerissen wurden.

In diese Phase fällt auch der Einsatz „fremdvölkischer" Luftwaffenhelfer in Österreich. Nach Parndorf, zu den rund um den wichtigen Feldflugplatz postierten 3,7-cm- und 2-cm-Vierlingsgeschützen, holte man Jungen Fliegerhorst postierten 3,7-cm- und Wien wiederum an die 300 ungarische Luftwaffenhelfer.

Aber auch das Stammpersonal der Batterien bestand oft aus Flaksoldaten verschiedener Nationalitäten. Schließlich gab es bei manchen Batterien ein regelrechtes Völkergemisch. Ein bei den Linzer Batterien Lichtenberg und Hagen-Pöstlingberg eingesetzter Luftwaffenhelfer vermerkte u. a.: 1. März 1944: „Heute sind Russen in die Stellung gekommen. Sie werden als Muni-Kanoniere eingesetzt." Am 7. März 1944 heißt es: „120 Italiener sind gekommen. Sie frieren jämmerlich." Am folgenden 24. April lautete die Eintragung: „Zuzug von westpreußischen Kanonieren, in Wirklichkeit sind's Polen, können kaum Deutsch. Wir sind schon ganz international!"

Luftwaffenhelfer verschiedener Nationalität aus den besetzten Ostgebieten, und zwar hauptsächlich Russen, Ukrainer, Weißruthenen, Litauer, Esten und Letten, gab es im deutschen Raum letztlich überall. Insgesamt hatte der Oberbefehlshaber der Luftwaffe, Reichsmarschall Göring, schon 1943 den Bedarf von 100 000 solcher „Hilfsfreiwilliger", die in der Regel zumeist mit Zwang und Deportation zu ihrem Luftwaffenhelfer-Dasein kamen, angemeldet.

Luftwaffenhelfer aus den deutschen Schulen des Reichsprotektorats Böhmen und Mähren waren zumindest im Osten Österreichs keine Seltenheit (z. B. Batterie Achau).

Ende Juni 1944 wurde auch mit der Anwerbung weiblicher ostvölkischer Luftwaffenhelfer begonnen. Diese Luftwaffenhelferinnen der Jahrgänge 1928 und 1929 erlebten wahre Odysseen. Von ihrer Heimat entwurzelt und nach Deutschland gebracht, endeten die meisten im Chaos.

Anfang 1945 standen im gesamten Deutschen Reich 34 910 Luftwaffenhelfer-Ost im Einsatz. Davon waren 29 100 Jungen. Schon vordem war von 5 103 weiblichen Luftwaffenhelfern-Ost ein Großteil schwanger. Über die Uniformierung der männlichen Luftwaffenhelfer-Ost, die durchwegs als spätere SS-Zöglinge vorgesehen waren, liegen keine Unterlagen vor. Die Mädchen unter ihnen trugen Uniformen italienischer Herkunft und hatten als Besonderheit einen höheren Verpflegungssatz als die deutschen Luftwaffenhelfer.

Ebenso wurden in der Zeit von November 1944 bis Jänner 1945 16 000 Ungarn, davon rund ein Drittel Mädchen, zum Luftwaffenhelfer-Dienst verpflichtet. Ein Teil davon kam auch nach Österreich. In Linz waren u. a. auch 400 ukrainische Gymnasiasten als Luftwaffenhelfer eingesetzt.

Ab 1943 wurden bei allen ortsfesten Luftwaffen- und Heimatflak-Batterien auch „hilfswillige" russische Kriegsgefangene („Hiwis") eingestellt. Sie waren in erster Linie bei den Ausbauarbeiten innerhalb der Stellungen eingesetzt und fungierten während der Gefechtstätigkeit bei den Geschützen als Munitionskanoniere. Diese „Hiwis" waren allerdings recht unverläßlich, oft liefen sie davon, wenn es für die Batterie gefährlich wurde. Im Winter 1944/45 schoß allerdings die dritte Haschhof-Batterie mit russischem Bedienungspersonal, denn es wurde dort der Versuch gewagt, eine eigene Hiwi-Flakeinheit zu verwenden.

Bessere Erfahrungen machte man mit den Italienern, die bei vielen Batterien im Wiener Raum ab 1944 teils als Munitionskanoniere, aber auch als Bedienungsmannschaften eingesetzt waren. So bei den Großbatterien Wienerberg (3./223), Leopoldau (1./223), Pysdorf (7./533) sowie am Kuckucksberg (5./657). Im Jänner 1945 hingegen wurde die 6./234 (Frauendorf) von ungarischen Honved-Soldaten übernommen. Zeitweilig war auch in der Lobau (Napoleonschanze) eine Slowakenbatterie – mit deutschem Führungspersonal – stationiert. Hatte Adolf Hitler noch am 16. Juli 1941 gemeint, daß „. . . nur der Deutsche Waffen tragen dürfe und nicht der Slawe, nicht der Tscheche, der Kosake oder der Ukrainer . . .", so streckte sich die deutsche Führung 1943 schon nach der Decke.

So erreichte z. B. die Zahl der unter deutscher Führung dienenden Ukrainer in den Hilfsverbänden und Osttruppen allein etwa 250 000 Mann. (Die Desertionsquote betrug bis Kriegsende Mai 1945 nur 3 Prozent.) Die Zahl der 15- bis 18jährigen ukrainischen Luftwaffenhelfer (Flakhelfer), die von März bis September 1944 zum Teil auch in Österreich eingesetzt wurden, betrug 5 933 Mann.

DER FLAKEINSATZ IM RAUM WIEN

Ausbauphase 1942/43

Die verstärkte Aktivität der westalliierten Bomberverbände über West-, Nord- und Mitteldeutschland im Jahr 1942 hatte eine zunehmende Verlagerung von Rüstungsbetrieben nach Wien und ins Wiener Becken zur Folge, damit verbunden aber auch die Gefährdung der bisher von Luftangriffen verschont gebliebenen Ostmark. Trotz der bedeutenden Entfernung zwischen England und Wien traute man es den alliierten Geschwadern durchaus zu, bis in den Wiener Raum vorzudringen. Daher ordnete die deutsche Wehrmachtsführung im Sommer 1942 unverzüglich eine Verstärkung der Wiener Flakkräfte an. Als erstes wurden fünf schwere Flak-Abteilungen (20 Batterien) herangezogen, die an die Stelle der bisher dominierenden Sperrfeuerbatterien traten. Die Feuerkraft dieser Einheiten wurde durch sechs Sperrfeuerbatterien ergänzt, die vielfach mit russischen 7,62-cm-Geschützen (aufgebohrt zu 8,8 cm) ausgerüstet waren. Im Lauf der folgenden Monate wurden auch zwei Eisenbahn-Flakbatterien (10,5 cm) nach Wien verlegt.

Damit umfaßte die Wiener Flak um die Jahreswende 1942/43 bereits 28 schwere Batterien mit 112 Geschützrohren. Organisatorisch unterstanden alle diese Einheiten, wie auch alle übrigen Flakkräfte im Luftgau XVII, der 16. Flakbrigade unter Oberst Fritz Grieshammer mit dem Gefechtsstand Wien-Cobenzl. Jenseits der Donau lag zu diesem Zeitpunkt die Flakgruppe Wien-Nord (Flak-Rgt. 98), Gefechtsstand in Kagran, Natorp-Schule; die Flakgruppe Wien-Süd (Flak-Rgt. 28) hatte ihren Gefechtsstand in Dornbach (Promenadegasse).

Verstärkung der Luftabwehr

Der Stellungsausbau für die Flakbatterien oblag hinsichtlich der technischen Planung und Bauausführung dem Wiener Stadtbauamt, das von Bautrupps des Reichsarbeitsdienstes (RAD) unterstützt wurde. Bereits damals wurde dem Wiener Stadtbauamt der Auftrag zur raschen Errichtung der späteren Hauptwerke der Luftverteidigung, der sechs Flaktürme im Arenbergpark, in der Stiftskaserne, im Esterházypark und im Augarten erteilt.

Die Bindung von Flakabteilungen an Wien zu einer Zeit größten Personalbedarfs an der Ostfront fand im Februar 1943 insofern eine Lösung, als in diesem Monat erstmals rund 1 200 Wiener Oberschüler und Gymnasiasten der Jahrgänge 1926 und 1927 (alle 6. und 7. Klassen) zum Luftwaffenhelfer-Einsatz bei den Wiener Flakbatterien herangezogen wurden. Da diese jungen Burschen sich bald imstande zeigten, die Flaksoldaten vollwertig zu ersetzen, konnten rund zwei Drittel der Soldaten entweder zu Fronteinheiten oder zu neu aufgestellten Batterien des Wiener Raums abgezogen werden. So wurde auch die Flakabteilung 803 (Gefechtsstand: Untergruppe Lobau, Versuchswirtschaft Großenzersdorf) im Frühjahr 1943 wieder abgezogen und mußte durch Vergrößerung der übrigen Abteilungen durch Bildung von fünften Batterien bzw. durch die Neuaufstellung der gemischten Flakabteilung (807) ergänzt und ersetzt werden.

Ein kurzer Blick auf die Batteriestandorte im Frühjahr 1943 läßt drei Flakgürtel erkennen. Der äußere Ring reichte von Stammersdorf-Rendezvous (2./223) über Pysdorf (3./803) und Groß-Enzersdorf (5./803) im Norden nach Schwechat-Ost (4./223), Johannisberg bei Unterlaa (3./223) und Vösendorf (1./803) im Süden sowie über Rodaun (4./532), Sophienalpe (3./532) und Himmelhof (5./532) nach dem Westen. Der zweite, enger gefaßte Flakring setzte sich aus den schweren Batterien Leopoldau (1./223), Breitenlee (2./288), Aspern-Jägerhaus (4./803), Simmeringer Haide (3./533), Wienerberg (6./223), Hagenberg (2./532) und Schafberg (1./532) zusammen. Den inneren Stadtkern schützten damals die Batterien Bruckhaufen (1./288), Stadion (4./533) und die Doppelbatterie (1./533) auf der Schmelz. Diese aktiven Flakbatterien wurden wie gesagt von Sperr-

Alarm! Unzählige Male geübt, bis zum Überdruß
jeder Handgriff geprobt. Plötzlich ist es blutiger
Ernst.

Rechts und unten: . . . das Ziel ist optisch aufgefaßt.

feuerbatterien (= Heimat- bzw. Alarmflak-batterien) ergänzt, deren Stellungen sich in Großjedlersdorf (202/XVII), Kagran (204/XVII), in der Lobau-Napoleonschanze (212/XVII), in Mannswörth (213/XVII), Schwechat-West (303/XVII) und auf dem Nußberg (301/XVII) befanden.

Vorbereitungen auf den Angriff

Die anglo-amerikanische Landung in Nord-afrika Anfang November 1942 ließ auf deut-scher Seite die Befürchtung wach werden, daß die Alliierten in Kürze im Mittelmeer-raum über Luftbasen verfügen würden, die ihnen Angriffe auf den südostdeutschen Raum ermöglichten.

Diese drohende Gefahr hatte im Frühsom-mer 1943 eine Reihe von Umgruppierungen der Flak zum besseren Schutz der südlichen und südöstlichen Industriezone des Wiener Raums zur Folge. So wurde die Batterie Stammersdorf-Rendezvous (2./223) nach Schwechat-Ost verlegt und dort mit der

Der Einsatz der deutschen Jagdgeschwader 1943 und im Sommer 1944 an der Ost- und Westfront bindet die Masse der Jagdverbände. Die Luftvertei-digung des österreichischen Raums lag zu 80 bis 90 Prozent bei der Flakartillerie.

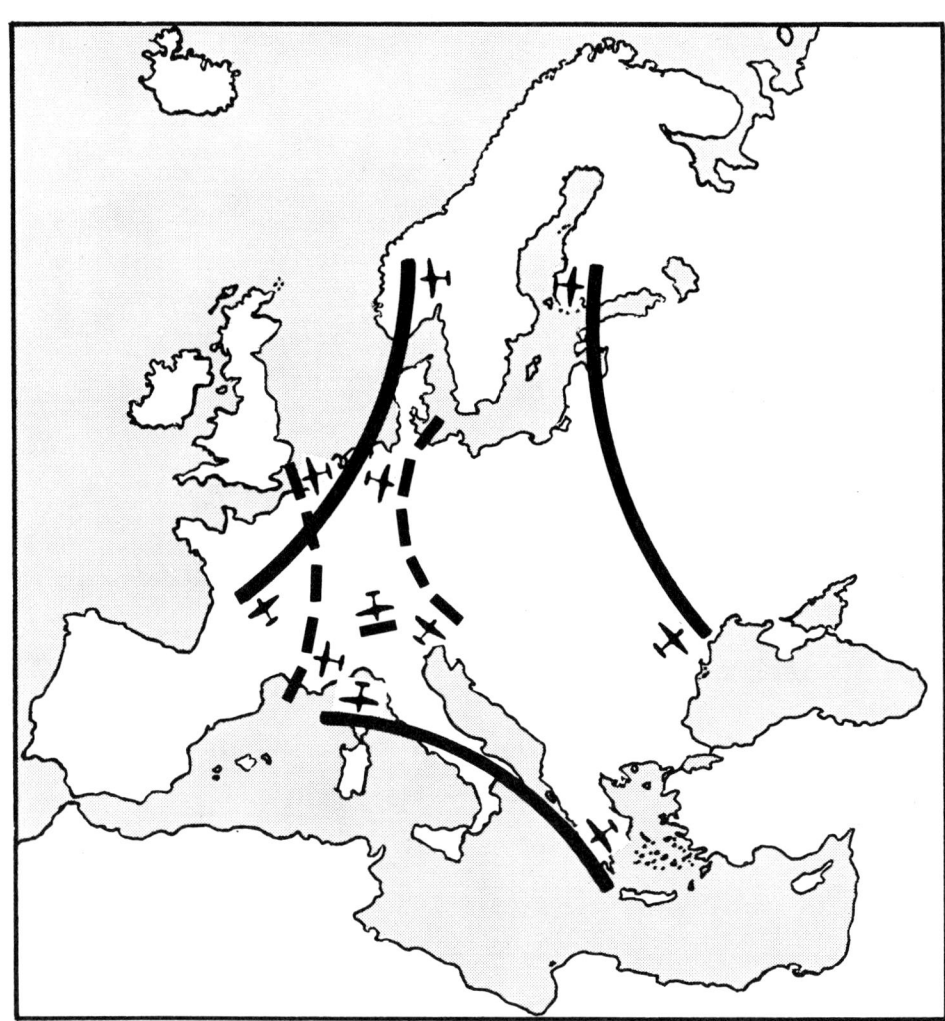

4./223 eine Großbatterie errichtet. Weiters wurden die 3./532 von der Sophienalpe nach Achau, die 1./532 vom Schafberg auf die Sophienalpe sowie die 2./533 von der Schmelz auf den Eichkogel (besetzt von Luftwaffenhelfern aus Baden bei Wien) verlegt. Die neuen Stellungen auf dem Haschhof bei Klosterneuburg (5./288), auf dem Bisamberg (1./288) und die Flaktürme im Arenbergpark (1./Turmflak 184) konnten ebenfalls bald bezogen werden.

Neben der Verstärkung des südlichen Flakgürtels war auch für einen Schutz im Nordwesten, zwischen Kahlenberg und Bisamberg, gesorgt worden. Noch wichtiger als die Standortverschiebungen war die Hebung der Feuerkraft der schweren Batterien um 50 Prozent, da die Geschützzahl je Batterie von vier auf sechs erhöht wurde; nicht zu vergessen die Vermehrung der Scheinwerferbatterien mit ihren Befehlsständen in Döbling, Kierling, Mödling, auf dem Laaer Berg, in Schwechat, Wittau, Deutsch Wagram, Großjedlersdorf und Korneuburg. Im Juli 1943 zog man jedoch die Luftwaffenhelfer von den Scheinwerferbatterien ab, was aber wiederum den Kanonenbatterien zugute kam.

Die Luftkriegssituation in Europa im Frühjahr und im Sommer 1943.

Von den großen Luftbasen in England aus wurde fast ganz Deutschland beherrscht. Die Flugroute bis zu den deutschen Rüstungszentren in Böhmen und Mähren (Pilsen und Brünn) und ebenso bis Österreich war wohl für einzelne Bomber technisch möglich, aber wegen des fehlenden Jagdschutzes nur unter großen Verlusten durchführbar.

Die Eroberung Nordafrikas und in der Folge auch Siziliens und Süditaliens (Foggia) durch die Alliierten im Frühjahr 1943 schuf die Voraussetzungen für die zweite Luftfront. Österreich war nunmehr zum Angriffsziel der USAAF (US Army Air Force) geworden.

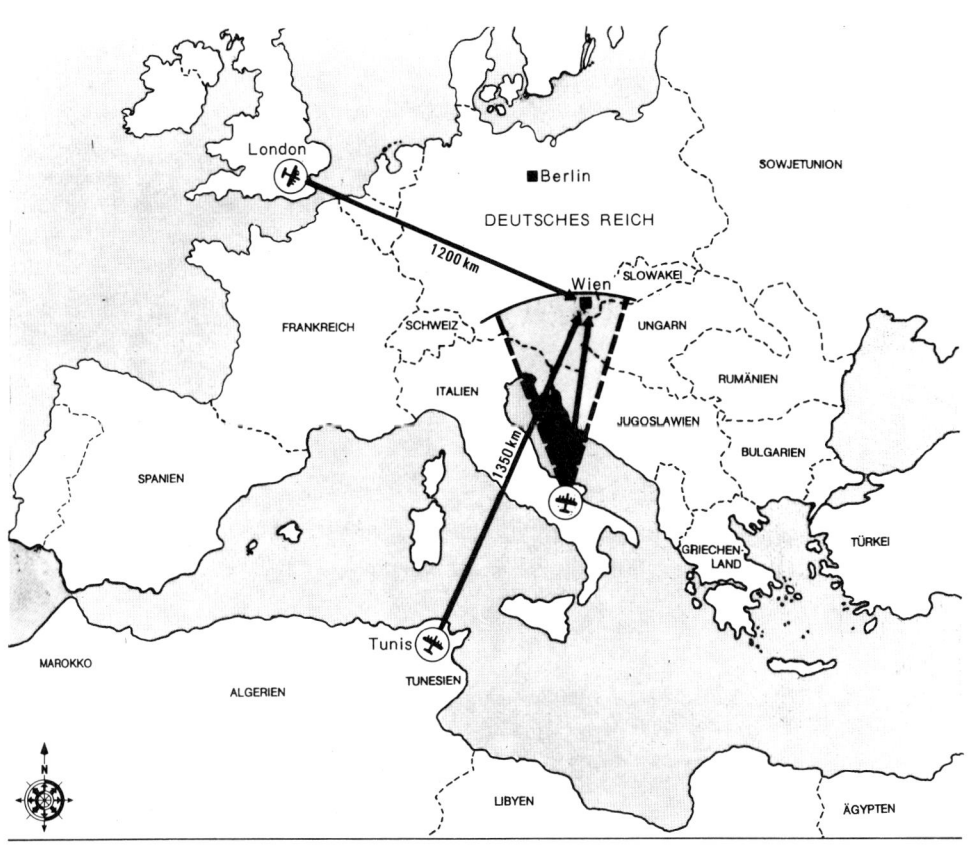

Konzentrationsphase 1943/44 und erster alliierter Luftangriff auf Österreich

Der Ausbau der Wiener Flakstellungen bis zum Sommer 1943 hatte, wie man bald erfahren mußte, einem falschen Schutzobjekt gegolten. Am 1. August griffen erstmals Bomber der mittlerweile in Nordafrika stationierten 9. US Army Air Force des Erdölzentrum Ploesti in Rumänien an. Das Unternehmen „Juggler", der geplante Angriff auf Wiener Neustadt, mußte zwischenzeitlich wegen Schlechtwetters verschoben werden. Am 13. August 1943 war es dann aber soweit: der erste Luftangriff der US Army Air Force auf ein österreichisches Ziel – Wiener Neustadt – wurde Realität. Von den mittlerweile in alliiertem Besitz befindlichen Flugplätzen Benina, Berka und Bengasi, von Libyen kommend, griffen nach 1 300 km und nach 4½ Stunden Flug über Kap Ostra, Cetinje, Brod, Plattensee und Neusiedler See 61 B-24 „Liberator" die Messerschmitt-Flugzeugwerke in der Industriestadt an.

Die Amerikaner waren zu diesem Zeitpunkt noch keineswegs perfekt, kamen aber völlig überraschend. Von den 83 gestarteten viermotorigen „Befreiern" fielen gleich 22 aus. Der Flakschutz von Wiener Neustadt befand sich damals erst im Aufbau. Feuerstarke Batterien standen nur in Theresienfeld-Nord (1./290) und bei Ternitz (2./290). Weitere, jedoch weniger feuerkräftige Batterien gab es noch in Ungerfeld (202/XVII) und in Fischau (bei der Feuerwerksanstalt). Diese drei Wiener Neustädter Flakbatterien, insgesamt 18 Rohre des Kalibers 8,8 cm – teilweise aufgebohrte Beutegeschütze französischer oder russischer Herkunft –, waren gar nicht erst imstande, diesen Überraschungsangriff auf die Wiener Neustädter Flugzeugfabrik II (die ehemaligen Daimlerwerke) und die Raxwerke (Lokomotivfabrik) zu verhindern.

Der Angriff selbst erfolgte noch während des viel zu spät gegebenen Fliegeralarms. Die Luftabwehr auf österreichischem Gebiet versagte total. Das Abwehrfeuer hatte zuallererst die Batterie 308/XVII der Flakartillerieschule Rust-Oggau eröffnet. In Wiener Neustadt waren zwar die Rotten der Industriestaffel der Wiener Neustädter Flugzeugwerke gestartet, erzielten aber vorerst keinen Abwehrerfolg. Der in drei Wellen erfolgende Angriff dauerte knapp 23 Minuten. Insgesamt fielen 150 schwere, 94 mittlere und 3 leichte Sprengbomben sowie 370 Stabbrandbomben. Die Wiener Neustädter Flak feuerte aus allen Rohren. Die sechs Batterien schwere 8,5- und 8,8-cm-Flak verfeuerten allein 734 Granaten, die drei leichten 2-cm- und 2,5-cm-Flakbatterien insgesamt 2 206 Schuß. Erst beim Rückflug stürzten drei Bomber infolge von Flaktreffern ab.

Das Dauerfeuer der leichten Flak kann im übrigen in Anbetracht der Flughöhe von mindestens 7 000 m und einer Reichweite der 2-cm- und der 2,5-cm-Geschütze nur als Panik- und Alibireaktion gesehen werden – in Anbetracht des ersten Luftangriffs leicht erklärlich.

Das Resultat bestand in einem beträchtlichen Produktionsausfall im „größten Jägerwerk des Reichs". Aus der Sicht späterer Angriffe entstand in den Wiener Neustädter Flugzeugwerken allerdings nur mäßiger Schaden.

E. O., den 3. XI. 1943

Liebe Mutter!

Ich habe zwar erst gestern einen Brief an Dich geschrieben, aber wie Du ja wissen wirst, ist inzwischen allerhand los gewesen. Ich hatte das Glück, zur Zeit des Angriffs gerade in Wr. Neustadt zu sein. Ich will Dir kurz schildern, welches Schwein ich da wieder einmal hatte.

Kurz als ich vom Lazarett zum Bahnhof zurückging – es war ungefähr ½1 Uhr, also die jeweilige Zeit der Fliegerangriffe –, gab es plötzlich Alarm. Da hättest sehen sollen, wie da alles gerannt ist in die Luftschutzkeller. Ich bin heraußen stehengeblieben und hab mir das Flakfeuer angeschaut. Die Flak hat auch wieder sehr brav geschossen diesmal. Auch die Jäger waren wieder wie die Wilden hinterdrein. Schon beim Anflug haben die Amerikaner zum Brennen angefangen. Natürlich nicht alle, aber ganz gewiß ein schöner Teil von ihnen. Als die Flugzeuge vorüber waren, standen wie üblich die kleinen weißen Punkte, die Fallschirme, am Himmel und schwebten langsam der Erde zu. Und diese Fallschirme hätten mir nämlich bald das Leben gekostet. Du

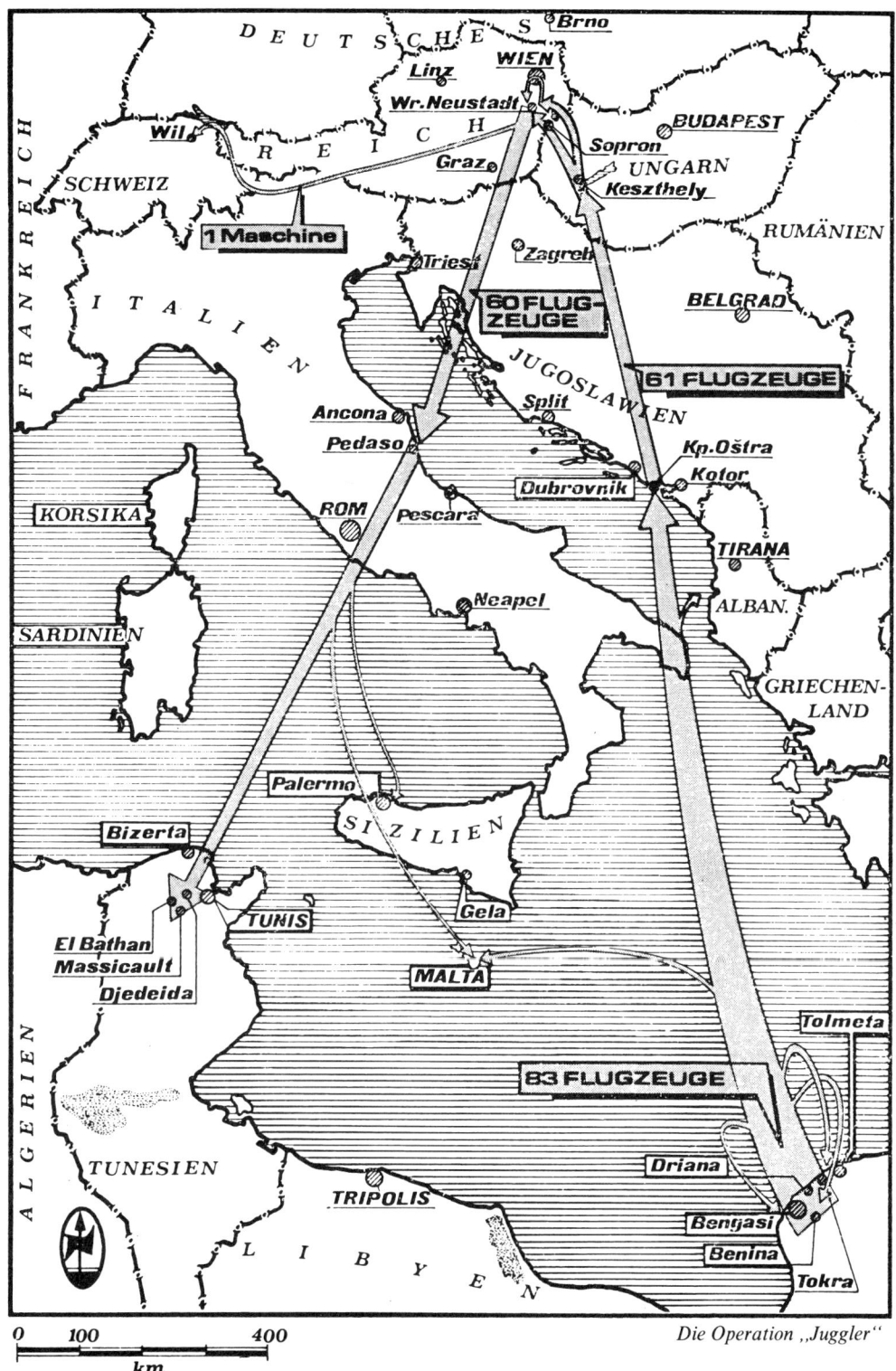

Die Operation „Juggler"

brauchst keine Angst haben, wenn Du jetzt die folgenden Zeilen liest, denn es ist ja alles schon wieder vorüber und ich sitze hier ganz gemütlich in der Stellung und schreibe jetzt diesen Brief. Nun kommt das Schönste von dem Ganzen.

Wie gesagt, als ich so die Amerikaner herunterpendeln sah, ging ich in die Richtung, wo sie ungefähr herunterkommen mußten. Ich wollte nämlich einen gefangennehmen. Wie ich das gemacht hätte – Waffe hatte ich doch keine bei mir –, weiß ich jetzt noch nicht. Jedenfalls hatte ich den Entschluß, das zu machen. Wohlgemerkt es war noch keine Entwarnung gekommen, das war alles während des Fliegeralarms. Und als ich da am nördlichsten Ende Wr. Neustadts ankam, sah ich, daß die Fallschirme schon weit abgetrieben waren und ich sie unter keinen Umständen erreichen konnte. Da stand ich eine Weile und sah nur den Rauch an, der hinter der Artilleriekaserne aufstieg und durch ein paar Bombentreffer verursacht wurde. Dann machte ich mich auf den Weg zum Bahnhof in der Hoffnung, der Alarm würde bald aus sein und mein Zug bald abfahren. Als ich so 200 bis 300 Meter gegangen war, traf ich einen Mann, der mit einem Stahlhelm auf der Straße stand. Der sprach mich an und machte mich auf ein Motorengeräusch aufmerksam. In der festen Meinung, es seien vom Feindflug zurückkehrende eigene Jäger, ging ich nicht weiter drauf ein und erkundigte mich über den letzten Angriff. Als wir da so miteinander sprachen, ballert wie wild die Flak los. Der Mann ist gleich davongelaufen, und ich stand jetzt mutterseelenallein auf der Straße. Da warf ich schnell einen Blick auf den Himmel, um nach den Flugzeugen zu spähen. Das war ja leicht, ich brauchte nur auf die Flakwölkchen zu schauen. Als ich da so in die Luft spähe und plötzlich über mir die Flugzeuge erkenne, fängt es auch schon ringsum zu pfeifen und singen an. Da war ich so überrascht, daß ich nicht wußte, was ich tun sollte. In der Verzweiflung fing ich halt zu laufen an. Alle 20 Meter muß ich mich auf den Boden werfen, um nicht von den Splittern getroffen zu werden. Eine Serie schlug ungefähr 50 m neben mir ein. Da wurde ich von dem Luftdruck an die Wand geschleudert, daß ich fast bewußtlos liegen blieb. Aber ich mußte ja weiter. Und da

lief ich wieder los. Von dem Staub, der durch die Detonationen aufgewirbelt wurde, begannen mir die Augen zu rinnen und ich konnte nicht mehr gut sehen. Nicht einmal Luftholen konnte ich mehr ordentlich. Die Straßen waren so schwarz, daß ich nicht einmal mehr die Häuser sah. Neben und hinter mir krachte es immer wieder ganz ordentlich. Ich wollte das Laufen schon aufgeben, denn ich wußte ja gar nicht, wo ich überhaupt hinlief. Mitten in die Aufregung hinein schlägt 100 Meter vor mir eine Bombe ein. Jetzt war's mit mir zu Ende. Vor Erschöpfung taumelte ich zur Seite. Eine Art Tür bildete mir einen Widerstand, und ich schaute nach oben und erblickte eine Tafel „Luftschutzraum". Aber jetzt nichts wie rein in die Bude. Bei der Kellertür bin ich gleich hineingeflogen. Die Leute haben mich gleich gewaschen und mich ein bißchen erfrischt. Die Frauen stellten allerhand Fragen an mich, aber mir war das Reden vergangen. Kein Wort konnte ich sprechen. Als dann nach einer Viertelstunde die Entwarnung kam, war auch mir wieder ganz gut. Nun war es ganz klar, daß ich fahren würde, um Verwundete zu bergen. Auf so ein Auto rauf und ab. Von SA-Männern wurden wir in die verschiedenen Straßen eingewiesen und erreichten nach einer schwierigen Fahrt unsere befohlene Stelle. Was mir da an Grauen begegnete, das kann ich gar nicht mit Worten ausdrücken. Ich sprang gleich vom Wagen herunter und ging an die Arbeit. Da habe ich so sechs, sieben Frauen aus dem Keller herausgezogen. Ob die noch lebten oder nicht, konnte ich nicht unterscheiden. Das Ganze sah fürchterlich aus. Die Leute stöhnten und weinten, daß es fast nicht zum Aushalten war. Ich hatte auch bald genug. Da mein Zug bald gehen sollte, ging ich nun weg. Auf dem halben Weg blieb ich stehen und schaute noch mal zurück. Einfach grauenhaft das Bild. Plötzlich entstand unter der Bevölkerung eine Panik. Wie wild lief alles davon. Da lief ich auch wieder. Ich wußte nicht warum, aber ich lief halt. Da hörte ich jetzt die Sirene. Jetzt schnell in den nächsten Keller, denn ein zweites Mal wollte ich das nicht mehr erleben. Der zweite Alarm war nach einer Viertelstunde aus. Da war den Leuten wieder leichter im Keller, als die Entwarnung kam. Mir war auch wieder leichter, denn das Vorhergegangene war gewiß nicht ohne. Ich sage, ich bin mit dem Tode um die Wette gelaufen. Wenn ich jemals Glück gehabt habe, dann war das gestern. Als ich da einmal am Boden lag und mich umschaute, sah ich das Haus, wo ich mit dem Mann gesprochen hatte, einstürzen. Das war ein Gefühl. Nun Schluß, ich will nicht mehr zurückdenken. Also sei bitte nicht aufgeregt, wenn Du das liest, aber ich mußte es schreiben, daß Du beruhigt bist.

Viele Grüße und Küsse Dein Walter

Wiener Neustadt nach dem Angriff vom 13. August 1943 – Bombenschäden nicht nur bei den WNF (Wiener Neustädter Flugzeugwerken), der V-2-Raketenfertigung und anderen Rüstungsbetrieben, sondern auch zahlreiche Treffer in der Stadt.

Trauerfeier nach dem Luftangriff auf Wiener Neustadt. Für die ersten 185 Toten und 30 Vermißten sandte Adolf Hitler noch einen Kranz mit persönlicher Widmung.

Diese erste Attacke gegen eines der wichtigsten Rüstungswerke löste bei der Flak eine rasche Reaktion aus: Die Untergruppe Theresienfeld (Stab/s. Flak-Abt. 290) wurde zuerst durch die Untergruppe Neudörfl (Stab/s. Flak-Abt. 336) sowie später durch die Untergruppe Fischau (Stab/gem. Flak-Abt. 284) ergänzt und alles der neuen Flakgruppe Wiener Neustadt (Flak-Rgt. 88, Oberstleutnant Nicolai), Gefechtsstand Schloß Theresienfeld, unterstellt.

Empfindlich waren die Menschenverluste: 185 Tote, 150 Schwer- und 700 Leichtverwundete (hinzu kommen 26 Tote und 128 leichtverwundete Ausländer; im Schwerpunkt der Wiener Neustädter Flugzeugwerke: etwa 70 tot und 126 verwundet).

Der Wiener Neustädter Flakabwehr bedeutete die nachträgliche Auswertung des Angriffs eine Lehre. Die Flakabwehr wurde völlig umgruppiert. Rasch herbeigeholte Batterien standen bei den folgenden Angrif-

fen amerikanischer Bomber am 1. Oktober und am 2. November 1943 um Wiener Neustadt in einem Kreis bereit und wehrten gemeinsam mit den Jagdfliegern der Industriestaffel Wiener Neustadt zahlreiche Angriffe ab. Es handelte sich dabei um die Großbatterien Theresienfeld-Nord (1./290, 225/XVII) und Ungerfeld (201/XVII, 2./290), um die Heeresflak bei der heutigen Maximiliankaserne (1. und 2./Heeresflak-Ersatz- und Ausbildungsabt. 277), um die Einzelbatterien Heuthal (nordöstlich von Neudörfl), Katzelsdorf (1./336) und Fischau (östlich von Bad Fischau = 3./336) sowie eine weitere 8,8-cm-Großbatterie (z. b. V. 6392 = 6./290, z. b. V. 6394 = 3./290). Darüber hinaus war auf einem Industriegleis beim Petrifeld (2./543) und im Einfahrbahnhof (3./543) je eine 10,5-cm-Eisenbahn-Flakbatterie tätig. Auch die Stellungen Heuthal, Katzelsdorf und Fischau waren mit 10,5-cm-Geschützen ausgerüstet. In der Summe waren es damals 81 Rohre (58 vom Kaliber 8,8 cm und 23 vom Kaliber 10,5 cm), die man im Herbst 1943 um Wiener Neustadt einsetzte. Die Langstreckenbomber der 9. US-Luftflotte, ab 22. Oktober 1943 der 15. US-Luftflotte, konnten dennoch nicht daran gehindert werden, derart schwere Schäden anzurichten, daß die Erzeugung von Me 109 stillgelegt und eine Totalverlegung der Produktion begonnen werden mußte. Die Dezentralisierung nach 24 Betriebsstätten in Niederdonau, Steiermark und Kärnten dauerte einige Monate. Fast ebenso lang brauchten die Alliierten, um die Ende September 1943 in Süditalien eroberte große Luftbasis Foggia als Absprungbasis für künftige Großeinsätze im süddeutschen Raum herzurichten. Unmittelbare Reaktion war eine weitere im November 1943 von Hitler befohlene beschleunigte Flakverstärkung um Wien und um Wiener Neustadt.

Militärisch gesehen, geschah dies im Heranholen und durch Neuaufstellung zweier 10,5-cm-Flakabteilungen, einer Ballung der Feuerkraft durch Zusammenlegen der Batterien zu Doppel- und Dreifachbatterien („Flakfestungen", Mammutbatterien) sowie durch den Bau neuer Flakstellungen. Organisatorisch hieß dies aber, daß die

16. Flakbrigade unter Ausscheiden der übrigen dem Luftgaukommando XVII unterstellten Flakkräfte Ende November 1943 zur 24. Flakdivision (unter Oberst bzw. seit 1. April 1944 Generalmajor Grieshammer) aufgestockt und diese das Flak-Rgt. 102 als Führungsorgan der Gruppe Wien-Süd (Gefechtsstand Himberg-Walch) zugeteilt bekam. Die bisherige Gruppe Süd erhielt nunmehr die Bezeichnung „Flakgruppe Wien-West" (weiterhin mit Sitz in Dornbach).

Der Schock des Wiener Neustädter Angriffs war beträchtlich und zog neben der Flakverstärkung auch noch andere Maßnahmen nach sich. Im österreichischen Raum setzte unmittelbar danach der Bau von Großbunkeranlagen und der Ausbau zahlreicher Luftschutzkeller ein. Dachböden wurden entrümpelt, Dachstühle und Türen mit feuerfesten Stoffen beschichtet, Löschteiche und Splittergräben in den Städten und bei den Industriebetrieben angelegt. Überall wurden Luftschutzkurse veranstaltet, das Alarmsystem rasch auf einen brauchbaren Stand gebracht.

Schließlich begann auch die Rüstungsindustrie, unterirdische Anlagen zu bauen. Bei den sechs auch heute noch unzerstörbar scheinenden Wiener Flaktürmen war schon um die Jahreswende 1942/43 Baubeginn gewesen.

Der Bau bzw. die heute noch bestehenden Wiener Flaktürme rechtfertigen eine nähere Betrachtung dieser militärischen Hochbauten. Der Planer dieser gewaltigen Betonfestungen war kein anderer als Adolf Hitler selbst. Nach dem Baubeginn von je vier Flaktürmen (je zwei Zwillingstürme) in Berlin und in Hamburg ordnete Hitler im September 1942 zunächst den Bau von zwei Flakturmpaaren auch im Stadtbereich von Wien an.

Nach den Plänen der Luftwaffenführung sollten die Wiener Flaktürme auf der Schmelz, im Prater und in Floridsdorf errichtet werden. Hitler, der sich, wie so oft, in der gesamten Kriegführung selbst mit

Der Augenblick, auf den alle mit Bangen gewartet hatten . . . Der Luftkrieg über Österreich ist bittere Wahrheit geworden. Eine Formation B-24-Liberators überquert die Alpen im Anflug auf die ost-österreichischen Industriezentren. (Foto: British Crown, Imperial War Museum.)

nebensächlichsten Details befaßte, lehnte diese Plazierung ab. Einen Monat später, im Oktober 1944, notiert Speer: „Der Führer hält auf alle Fälle einen dringenden umfassenden Schutz für das Stadtzentrum von Wien, das er als eines der wertvollsten in Deutschland bezeichnet, für erforderlich." Es wurde ihm ein Stadtplan mit den möglichen Standorten der Türme vorgelegt, und Hitler legte die Reihenfolge fest, in der sie gebaut werden sollten: 4, 6, 2, 5, 9. Welche Nummer welcher Standort sein sollte, weiß man heute nicht mehr. Ende März 1943 kürzte Hitler das Programm auf drei Flakturmanlagen, „wobei es ihm gleichgültig war, ob neben den bereits begonnenen Flaktürmen 1 und 2 (Arenbergpark und Stiftskaserne) als nächstes der Flakturm 3 oder 4 in Angriff genommen werde, doch war es ‚ihm allerdings angenehmer‘, wenn der Flakturm 3 (Roßauer Kaserne) die Reihenfolge fortsetzt". Schließlich legte er die endgültigen Standorte im Hof der Stiftskaserne (mit dem dazugehörigen Feuerleitbunker im 500 m entfernten Esterhazypark), im Augarten und im Arenbergpark fest, wobei bei den letzteren beiden die Feuerleittürme nahe bei

den Gefechtstürmen erbaut wurden. Die Detailplanung erhielt der 37jährige Professor Dipl.-Ing. Friedrich Tamms, ein bereits durch die erfolgreiche künstlerische Planung der Autobahntrassen und Brücken zu Ehren gekommener reichsdeutscher Städteplaner. Die ersten Detailpläne und sämtliche Unterlagen der Wiener Flaktürme verbrannten bei einem Luftangriff auf Berlin. So mußten in Wien (Dipl.-Ing. Ruschitzka) innerhalb von zwei Tagen neue Pläne angefertigt werden. An jedem Turm arbeiteten dann an die 300 bis 500 Fremdarbeiter – Jugoslawen und Griechen – und nur wenige österreichische Fachleute. Das Material wurde mit eigens angelegten Feldbahnen zur Baustelle befördert.

Der ersterbaute Geschützturm, im Arenbergpark, ist noch – wie jene in Norddeutschland – viereckig, 57 m im Quadrat.

2. November 1943
Erste Erfolge der Wiener Neustädter Luftwaffenhelfer. Einer der absturzreif geschossenen Bomber kam noch bis Eltendorf im südlichen Burgenland. Weitere US-Bomber stürzten bei Wiesmath in der Buckligen Welt und bei Bocksdorf im südlichen Burgenland ab.

Zielwegskizze der 3./336 zum Abschuß einer Boeing-FortreßII am 2.11.43 M.1:75000 Koordinaten: r. 558070 h=529870 Einheitsblatt: 4956

```
Batterie        ...3./schw,Flakabt.336, 7 Gesch.lo.5 cm
Absturzort      Eltendorf
Flugzeugtyp     Fortress II
Datum           2.11.43
und Abschuss=
zeit            12.3o Uhr und 3o Sek.
Beschusszeit    12.28 Uhr 3o Sek.bis 12.3o Uhr 3o Sek.
Haltezeit       12.28 Uhr bis 12.3o Uhr 30 Sek.
Höhe            7800 m
vh              11o m/sec
                eKT     25oo m
1. Gruppe       Sigma   415o⁻
                tz      186 °⁺

                eKT     84oo m
letzte Gruppe   Sigma   155o⁻
                tz      3o8°⁺
eKW             4oo m
wieviel Rohre   7
Kdo.-Gerät      4o
Muni-Verbrauch 75 Schuss lo.5 cm
Koordinaten der Batterie, Einh.Blatt 4856
r   55 89 563      h    52 99 756
Koordinaten der Absturzstelle, Einheitsblatt 4956
r   55 88 7o       h    52 o3 7o.
```

Leutnant und stellv.Battr.-Führer.

Stellungnahme zum Abschuß einer Fortress
am 2.11.1943 in Eltendorf.

Nach dem Angriff auf Wr.-Neustadt und die Schutzobjekte
flogen mehrere Maschinen unter Höhenverlust nach Süden ab. Eine dieser
Maschinen stürzte bei Eltendorf ab, nachdem sie bereits während des
Abfluges aus dem Raume Wr.-Neustadt eine lange Rauchfahne hinter sich
herzog. Dies wurde vom Gendarmeriemeister D i e r s c h e l in Eltendorf beobachtet. Als Absturzzeit kann nur die Zeit gegen 13.00 Uhr
angegeben werden, da sich von den Zeugen in Eltendorf die Zeit niemand
genau merkte. Seine Aussagen decken sich auch mit dem Zeugenbericht
des Schneiders Jost Rudolf, der ebenfalls gesehen hat, wie die Maschinen
aus nördlicher Richtung kamen und lange, brennde Rauchfahnen hinter
sich herzogen. Eine dieser Maschinen stürzte ganz in der Nähe von
Eltendorf ab. Der Absturz ist also zweifellos durch Flakfeuer herbei-
geführt worden. Aus den übereinstimmenden Zielwegskizzen, den Wahrnehmungen der Batterien und den Zeiten des Beschusses erscheint es
gerechtfertigt, den beteiligten Batterien je eine Abschußbeteiligung
zuzuerkennen. Es sind dies die Batterien:

1./336, 3./336, 3./543 (Eis), 1./277 und 2./277 Heeres-Alarmflak-
batterie zusätzlich.

m. d. F. b.

[Unterschrift]

Oberstleutnant.

In Wien wurde ab der Jahreswende 1942/43 mit dem Bau der Großbunkeranlagen Arenbergpark, Stiftskaserne und Augarten begonnen. Zu jedem Gefechtsturm gehörte ein Feuerleitturm.

Oben und unten: Zubringerbahn im Zuge der Landstraßer Hauptstraße zur Baustelle der Flakturmgruppe Arenbergpark.

Rechte Seite: rechts oben: Gefechtsturm Arenbergpark im Bau. Links oben und unten: Die drei Gefechtstürme waren ausschließlich mit halbautomatischen 12,8-cm-Geschützen ausgerüstet, die etwa im Hochbunker Stiftskaserne durch Stahlkuppeln geschützt waren.

Die beiden anderen, weiterentwickelt und komprimiert, sind 16eckig, fast rund, mit 37 m Durchmesser; 60 000 Kubikmeter Stahlbeton wurden pro Turm benötigt.

Alle drei Feuerleittürme sind rechteckig und bedeutend schmäler (18 × 31 m).

Die Türme sind verschieden hoch, so daß sich ihre Plateaus auf einer waagrechten Ebene befinden. Für die exakte Meßwerte-Übermittlung, die Feuerleitung, war es notwendig, daß die „Würzburger Riesen" – das deutsche Pendant des Radars – und die Geschütze auf gleicher Höhe aufgestellt waren.

Der niedrigste steht in der Stiftskaserne, der höchste im Augarten (50,6 m). Rund 10 m unter dem Plateau führt eine Plattform rundum, eine Galerie mit 5 m Breite, mit weit ausgreifenden Erkern (Schwalbennester). Gebaut wurden die Wiener Flaktürme auf einer durchwegs mindestens 2 m dicken Betonplatte, lediglich der Arenbergbunker erhielt infolge der Bodenbeschaffenheit ein 16 m tiefes Fundament. Verwendet wurde eine eigene Betonmischung, die eine außergewöhnliche Endhärte ergab und mit Spiralstahl armiert wurde. Die Wände der Flaktürme wurden über 2 m und die Decken mit

Auf den sechs Wiener Flaktürmen taten neben weiblichen Flakhelferinnen auch Luftwaffenhelfer Dienst. Bilder vom Arenberg-Bunker: Die 12,8-cm-Zwillingsgeschütze arbeiteten halbautomatisch. Die Reichweite betrug beim Beschuß von Erdzielen (im April 1945) 21 km. Oben ein Funkmeß-(Radar-)Gerät vom Typ Würzburg-Riese. Dieser Gerätetyp war einheitlich auf den drei Wiener Feuerleittürmen postiert. Die erzielten Reichweiten betrugen bis zu 70 km (Skala 0–80 km). Die Peilgenauigkeit betrug etwa ±0,2 Grad.

je 5 m Stärke dimensioniert. (Formel: 100 kg Bombenladung = 1 m Stahlbeton). Die Bauzeit betrug zwei Jahre, als letzter war der Geschützturm in der Stiftskaserne ab Frühsommer 1944 feuerbereit. Je vier der elektrisch gesteuerten automatischen 12,8-cm-Flakzwillingsgeschütze wurden auf den Plateaus der Geschützbunker aufgebaut. (1., 2. und 3. Batterie, gem. Turmflakabteilung 184). Am Stiftsbunker wurden diese Flakzwillinge durch eigene Stahlkuppeln gegen Seitenfeuer geschützt. Die Schußweite der 12,8-cm-Flak betrug 20 900 m, Zünderreichweite 12 800 m. Die Feuergeschwindigkeit betrug 20 bis 24 Schuß/min. Im oberen Drittel der Geschütztürme wurden an den Außenwänden Plateaus für leichte Flakgeschütze gebaut, aber nie armiert. Die Funkmeßgeräte mit einer Reichweite von etwa 80 km waren zum Semmering hin postiert. In der Regel begann aber ab einem Nahbereich von 20 bis 30 km die Störung durch Aluminiumfolien, so daß die meisten Gefechtseinsätze mittels optischer Meßmethoden erfolgten. Bei Ausfall eines Geräts konnten automatisch die Werte der beiden anderen Leitbunker übernommen werden. Kommandogerät 40 (6 m Basis) und Malsi-Umwertegerät vervollständigten die Meßbatterien. Jeder der neun bis zwölf Stockwerke hohen Türme, und zwar jeder für sich, verfügten über Eigenbrunnen, eigene Kraftwerke und waren gegen Kampfgase sowie Sprengstoffe völlig abgeschirmt. Sie waren in jeder Weise gegenüber der damaligen Waffentechnik autark. Gewisse Räume in den Türmen waren für militärische Zwecke bestimmt. Sie waren von Stäben und Kommandostellen sowie von Einheiten der Luftwaffe besetzt. In allen übrigen Etagen gab es sehr große Auffangräume zum Schutz der Zivilbevölkerung, zur Errichtung von Krankenhäusern (mit teilweise 800 Betten, mehreren OP- und Röntgenräumen) sowie zur Aufnahme von wertvollem Kulturbesitz.

Schon damals war aber allen klar, daß diese Betonmonster auch nach dem Krieg nicht zu entfernen sein würden. Daher war geplant, die Wiener Flaktürme zur Mahnung an diese Zeit, im Stil der mittelalterlichen Stauferburgen in Deutschland und Italien, mit Rohziegeln und französischem Marmor zu verkleiden, als grotesk muß die Tatsache vermerkt werden, daß sämtliche Marmorteile für die Wiener Flaktürme aus den Marmorbrüchen bei Paris, Lyon und Orléans noch 1944 fertig und technisch abgenommen waren. Lediglich der Transport war infolge der Kriegsereignisse nicht mehr möglich.

Die Wiener Flaktürme haben sich voll bewährt und bei Luftangriffen je bis zu 15 000 Menschen Schutz geboten. In ihren Mauern befanden sich auch Rüstungsbetriebe (Flugmotorenproduktion, elektrische Röhren- und Munitionsfertigung), im Arenbergbunker war ein Lazarett untergebracht. Es ist als sicher anzunehmen, daß die Wiener Flaktürme durch die Feuerkraft die unmittelbar benachbarten Gebiete vor bedeutenden Bombenabwürfen bewahrt haben. So hatte z. B. der 7. Wiener Gemeindebezirk (Stiftsbunker) die geringsten Bombenschäden und „nur" 107 Luftkriegstote zu verzeichnen. Der letzte amerikanische Luftangriff auf Wien sowie auf Baden, Gloggnitz und den Fliegerhorst Zeltweg erfolgte am 2. April 1945. Wiener Neustadt wurde am Vortag zum letzten Mal angegriffen.

Am 29. März hatte die Rote Armee die burgenländische Grenze bei Rattersdorf-Klostermarienberg überschritten und näherte sich rasch dem Wiener Raum. Die ersten Vorhuten erreichten am 4. April die Stadtgrenze. Gemeinsam mit den Batterien des Flakriegels der Batterie Eichkogel, Rodaun, Laaer Berg, Achau, Königskogel und Fischamend-Reichsstraße, griffen auch die Batterien der Wiener Turmflakabteilung 184 in die Erdkämpfe ein. So lag das Sperrfeuer bis zum 8. April, erst jetzt erreichten die vordersten russischen Kampftruppen die nähere Umgebung der Wiener Innenstadt, ununterbrochen auf den Einfallstraßen im Südosten, Süden und Westen von Wien. Die 2./ Turmflak-Abteilung 184 auf dem Stiftsbunker schoß z. B. bis Laxenburg. Ebenso lagen Hennersdorf, Perchtoldsdorf, Rodaun und Mauer unter Sperrfeuer. Munitionsmangel dürfte generell bei der Wiener Turmflak nicht geherrscht haben. Beim Erdeinsatz sind Tausende Gruppen verschossen worden. Trotzdem lagerten nach der deutschen

Kapitulation zum Teil noch bedeutende Munitionsmengen in den Turmbunkern. Bekanntlich brachten nach dem Krieg im Wiener Augartenbunker spielende Kinder einige hundert Flakgranaten zur Explosion, die im übrigen an der Betonkonstruktion praktisch keinerlei Schäden hinterließen.

Über die letzte Gefechtstätigkeit der 1./ Turmflakabteilung 184 auf dem Wiener Arenbergbunker liegen konkrete Aussagen vor: Die vier Zwillingsgeschütze richteten am 4. April 1945 ihr Sperrfeuer im wesentlichen auf Erdziele in der Südzone Wiens. Himberg war der bevorzugte Feuerbereich dieser Batterie, doch wurde nach Bedarf auch in andere Deckungszonen gefeuert, lediglich der Raum Donaubrücken und Floridsdorf blieben ausgespart. Die Luftwaffenhelfer dieser Batterie waren allerdings vorher, ebenso wie die weiblichen Flakhelferinnen, entlassen bzw. abgezogen worden. Nach vier tage- und nächtelangem, pausenlosem Feuer verließ die Restbesatzung, nachdem sämtliche Munition verschossen, die Geschütze auf der Plattform und die technischen Einrichtungen im 8. Stockwerk gesprengt worden waren, den Arenbergbunker am 8. April 1945.

Mit dem Angriff auf Wiener Neustadt hatte im Grund genommen der totale Luftkrieg auch in Österreich begonnen. Bald bot sich den Alliierten infolge des Zurückweichens der deutschen Südfront die zukünftige Benützung von Flugbasen im süditalienischen Raum. Um Foggia wurden allein 16 Flugplätze für die 15. US-Luftflotte, deren spezielles Angriffsziel Österreich werden sollte, gebaut. Mitte August 1943 standen im gesamten Reichsgebiet bereits 38 000 Luftwaffenhelfer im Einsatz, 1944/45 waren nach Schätzungen Holzmanns im Luftgau XVII rund 4 000 Luftwaffenhelfer eingesetzt.

Mit 27. August 1944 war auch die Bestimmung, Luftwaffenhelfer nur in der Nähe ihrer Schulorte einzusetzen, hinfällig geworden. Fortan kamen sie auch in zum Teil weit von ihren Schul- und Heimatorten befindlichen Flakbatterien zum Einsatz.

Weiterer rascher Ausbau der Flakstellungen

Die Flakverstärkung Wiens lief in den Wintermonaten 1943/44 auf vollen Touren weiter. Die Auswahl der Flugzeugwerke von Wiener Neustadt als Angriffsziel ließ den Verantwortlichen der Luftabwehr klarwerden, welche Ziele die US-Bomber als nächste anfliegen würden. Gab es doch außer den Großserien- und Reparaturwerken in Wiener Neustadt selbst – die dortigen Flugzeugwerke – auch ein Reparatur- und Teilfertigungswerk südlich von Fischamend. Und in unmittelbarer Nachbarschaft davon befanden sich östlich von Schwechat (heute Flughafen Wien) das Heinkel-Nachtjägerwerk Heidfeld, bei Zwölfaxing ein Entwicklungswerk. Bei Wiener Neudorf entstand eben das Ostmark-Flugmotorenwerk.

Das Hauptaugenmerk der Flakverstärkung galt also dem Südosten und dem Süden der Wiener Randzone. Die Vösendorfer 8,8-cm-Batterie (5./533) kam nach Wiener Neudorf und wurde dort gemeinsam mit der neuen 2./807 zur Großbatterie. Die Stadionbatterie (4./533) hingegen verstärkte die Stellung Achau (3./532), so daß es am Südrand nun eine zweite Doppelbatterie gab. Die dritte Doppelbatterie, Kaliber 10,5 cm (7. und 8./ 657), bezog Stellung in Vösendorf, in Rodaun kam auf dem Maurerberg zur 4./ 532 die 6./533.

Eine ähnliche Massierung von Batterien erfolgte im Südosten: Schwechat-Ost, mit zwei Batterien (4./223 und 2./223), bekam eine dritte Einheit (1./807) zugeteilt und war damit erste „Flakfestung" von Wien geworden. Und in Fischamend-Reichsstraße, beim Bahnhof, entstand eine Doppelbatterie: Die 5./223 wurde neu aufgestellt und die 2./288 von Breitenlee hierher verlegt. Östlich von Fischamend (Fischamend-Ost, 3. und 4./ 657) sowie bei Klein-Neusiedl (1. und 2./ 657) wurden je eine 10,5-cm-Doppelbatterie stationiert. Aber auch damit begnügte man sich nicht, denn bei Pellendorf (8. und 9./ 223) und auf dem Rauchenwarther Königskogel (8./533) gingen ebenfalls 8,8-cm-Batterien in Stellung. Im Frühjahr 1944 holte man als Verstärkung noch die 5./288 vom Haschhof auf den Königskogel.

Dieser massive Flakriegel im Süden erfuhr eine weitere Verstärkung durch eine 10,5-

Schwere Flak-Batterien um Wiener Neustadt (Stand: Mai 1944)

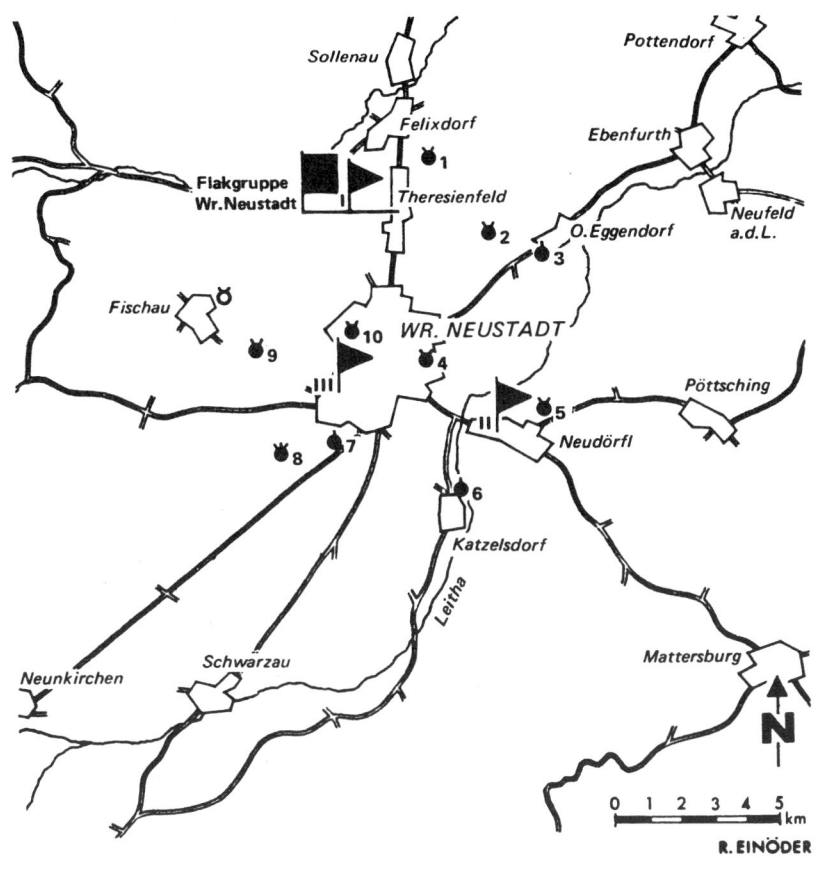

Sollenau

Pottendorf

Felixdorf

Ebenfurth

**Flakgruppe
Wr. Neustadt**

Theresienfeld

● 1

● 2

O. Eggendorf

Neufeld
a. d. L.

● 3

Fischau

WR. NEUSTADT

● 10

● 4

Pöttsching

● 9

● 5

Neudörfl

● 8

● 7

● 6

Katzelsdorf

Leitha

Mattersburg

Neunkirchen

Schwarzau

N

0 1 2 3 4 5
km

R. EINÖDER

◼ Gruppenkommando

▶ Untergruppenkommando

● Einzelbatterie

Doppelbatterie

Dreifachbatterie

leere Stellung

Flak-Gruppe Wiener Neustadt

I. Flak-Untergruppe
Theresienfeld
1 Theresienfeld-Nord (8,8)

2 Heideäcker (8,8)
3 Obereggendorf-Bahnhof (Eisenbahn-
Flak; 12,8)

II. Flak-Untergruppe
Neudörfl

4 Ungerfeld (8,8)
5 Heuthal (10,5)
6 Katzelsdorf (10,5)

III. Flak-Untergruppe
Fischau

7 Einfahrbahnhof (Eisenbahn-Flak; 12,8)
8 Luckerweg (8,8)
9 Fischau (10,5)
10 Art. Kaserne Heeresflak (8,8)

cm-Batterie am Nordausgang von Münchendorf (5./657) sowie durch zwei Eisenbahnbatterien (12,8 cm), die auf der Süd-
bahnlinie zwischen Atzgersdorf und Bad
Vöslau sowie auf der Pottendorfer Bahnstrecke zwischen Achau und Ebreichsdorf
ihre Standorte wechselten. Zum Unterschied vom Süden, wo das „Klotzen" üblich
wurde, begnügte man sich im Westen, auf
den Abhängen des Wienerwalds, mit dem
„Kleckern". Man vermehrte die Einzelbatterien um die 8,8-cm-Stellung Knödelhütte
(3./807) sowie um die 10,5-cm-Batterie
Hohe Warte (6./657); die Großbatterie
Haschhof – wohin im Oktober 1943 die
Schmelzbatterie (1./533) verlegt worden war
– wurde durch die Abgabe der 5./288 auf
den Rauchenwarther Königskogel verlegt.
Inzwischen waren auch die Flaktürme Arenbergpark (1./184, vier 12,8-cm-Zwillingsge-
schütze) und Stiftskaserne (2./184, vier 12,8-
cm-Zwillingsgeschütze) – letzterer zwar erst
im Frühjahr 1944 – einsatzbereit. Einzelbatterien blieben weiterhin die 3./223 (Wienerberg), 6./223 (Johannisberg), 7./223 (Stadion) und 3./533 (Simmering), wenn auch
mit Ausnahme der westlichen Batterien alle
8,8-cm-Einheiten noch feuerkräftiger wurden: nämlich durch Vermehren der
Geschützzahl von sechs auf acht Stück.
Ebenfalls eine starke Absicherung erhielt
der Flakgürtel jenseits der Donau um die
Lobau (Erdölraffinerie), um Aspern (Jäger-
[leit]horst und Zivilflughafen) sowie um Floridsdorf (Industrieballung). Bei Schönau an
der Donau, gegenüber dem Fischamender
Flugzeugwerk, wurde eine Doppelbatterie
aufgebaut (5./807 sowie die von Simmering
herbeigeholte 3./533). In Aspern entstand
die zweite 8,8-cm-Flakfestung zwischen
Jägerhaus, Biberhaufen und Ortskern (3.
und 6./288, 4./807). Südostwärts von Breitenlee, beim Verschubbahnhof, breitete sich
die 10,5-cm-Dreifachbatterie Breitenlee (4.
und 5./696, 2./354) aus. Außer diesen beiden
Flakstellungen gruppierte sich eine dritte
Dreifachbatterie neben der Kagraner Karlskaserne (Flakersatz- und Ausbildungsabteilung 92).

Die Ersatztruppenteile der Flak waren nämlich verpflichtet worden, Alarmbatterien
aufzustellen. Genauso war es bei der Feld-
Flakartillerieschule XVII in Stammersdorf,
wo sich 8,8-cm- und 10,5-cm-Batterien
abwechselten. Ebenso waren am Bruckhaufen zwei Heimatflakbatterien (217/XVII,
218/XVII) stationiert worden. Vorläufig
blieben nur die Stellungen von Großenzersdorf (4./288), Pysdorf (6./807), Leopoldau
(1./223), Rendezvous (7./288), Bisamberg
(1./288) und die 10,5-cm-Batterie Fuchsenboden bei Langenzersdorf (3./696) von einzelnen schweren Flakeinheiten besetzt.
Genauso wie in Wien ging man auch in Wiener Neustadt im Winter 1943/44 emsig
daran, den Flakgürtel auszubauen. Im Mai
1944 standen dort schließlich insgesamt 18
Batterien mit 64 Rohren vom Kaliber
8,8 cm, 22 vom Kaliber 10,5 cm und acht
vom Kaliber 12,8 cm, meistens Mehrfach-
batterien. Im Norden waren die Stellungen
Theresienfeld-Nord (1./290, 225/XVII),
Heideäcker (7./533), 6./532) mit 8,8-cm-
Geschützen, verstärkt von der 12,8-cm-
Eisenbahnflak (2./423) am Bahnhof Obereggendorf. Den östlichen Abschnitt schirmten
die Stellungen Ungerfeld (2./290, 201/XVII
– zwei 8,8-cm-Batterien), Heuthal (3. und
4./284; 10,5 cm) und Katzelsdorf (2./696;
10,5 cm) ab. Der Süden und der Westen hingegen wurden der 8,8-cm-Dreifachbatterie
Luckerweg (7., 8. und 9./290) sowie der 10,5-
cm-Doppelbatterie Fischau (1./284, 1./696)
anvertraut. Die 1./284 war eine RAD-Batterie. Ergänzt wurde dieser starke Ring von
der Eisenbahnbatterie am Einfahrbahnhof
(1./145 bzw. 3./145) sowie von einer Doppelbatterie der Heeresflak im Stadtkern von
Wiener Neustadt.
Auch dieser massive Flakschutz war in der
Folge nicht imstande, die gegnerischen
Großangriffe abzuwehren. Von April bis
Juli 1944 zerschlug die 15. US-Luftflotte die
Flugzeugindustrie des Wiener Raums fast
zur Gänze, und ab Juni 1944 konzentrierten
sich die amerikanischen Industriebombar-
dements auf Treibstoffwerke und Erdöl-
lagerstätten.

Steigerung des Luftkriegs

Weitere Angriffe auf Wiener Neustadt und auf Wien

Kaum hatten sich die Wiener Neustädter Flugzeugwerke von den Schlägen im Herbst erholt, gingen die alliierten Bomberverbände daran, in fünf Großangriffen, am 12. und 23. April, 10., 24. und 29. Mai 1944, das Rüstungspotential von Wiener Neustadt total zu vernichten. Besonders schlimm war der 23. April, als rund 500 amerikanische Bomber mit Jagdschutz große Zerstörungen im östlichen Stadtzentrum hinterließen. Bis 29. Mai waren die Wiener Neustädter Flugzeugwerke völlig vernichtet. Die Stadt konnte hierauf acht Monate hindurch eine relative Ruhe registrieren.

So wie Wiener Neustadt erging es aber auch den Verlagerungsbetrieben: Am 23. April wurde Vöslau-Kottingbrunn und am 30. Mai Neudörfl zerschlagen. Die Leichtmetallwerke Berndorf erlitten am 10. Mai 1944 Schäden, nachdem kurz vorher (am 20. April) die dort stationiert gewesene leichte Flakbatterie (8./284) nach dem Fliegerhorst Parndorf verlegt worden war. Ähnlich verhielt es sich im Juni 1944 in Ternitz, als die dortige leichte Flakeinheit (8./837) Anfang des Monats abgezogen wurde und knapp darauf Tieffliegerangriffe erfolgten.

Ab 17. März 1944 wagten sich die US-Flugzeuge erstmals an Groß-Wien heran, wenn auch vorläufig nur an die industriereichen Randgebiete. Zuerst kamen die Flugzeugwerke von Fischamend (12. April), Heidfeld bei Schwechat (23. April und 26. Juni) sowie das Entwicklungswerk Zwölfaxing (8. Juli) unter Beschuß, gefolgt von den Flugzeugmotorenwerken Wiener Neudorf (8. Juli) und den Nebenbetrieben Guntramsdorf (24. Mai) sowie Pottendorf (30. Mai). Der schwerste Angriff galt am 29. Mai dem Liesinger Industriegebiet. Die „Öloffensive" traf am 16. und 26. Juni sowie am 8. und 27. Juli 1944 unmittelbar das Wiener Stadtgebiet: Die Raffinerien Schwechat, Lobau, Kagran, Floridsdorf, Korneuburg und Vösendorf, aber auch das Tanklager am Praterspitz waren schwer getroffen worden.

17. März 1944. Bombenteppich auf das Treibstofflager Lobau, von einem Luftwaffenhelfer der leichten Flak Winterhafen fotografiert. Mit diesem Luftangriff auf den Industriebereich im Süden Wiens eröffnete die 15. US-Luftflotte den Bombenkrieg auf diese Stadt.

Links: Sekunden danach – Bombenteppich auf die Ostbahnbrücke.

Links unten: Nach dem Angriff liegen gewaltige Rauchwolken über der brennenden Raffinerie und dem Tanklager.

,,*Fr, 17. 3. 44*
Um halb 13 h Gefechtsschaltung, gleich darauf Fliegeralarm. Ernst oder Übung? Flaksender gibt um 12 h 33 durch: ‚Starke Feindverbände sammeln über Raum Plattensee.' Ist uns aber noch immer nicht klar, ob das ganze nicht nur Theater, spr. Großkampfübung ist. Eine halbe Stunde später geht ein Schüttern durch die Bude, wo wir mit unserem Malsi drinsitzen, daß die Notbeleuchtung etc. von den Stellagen geworfen wird und noch größeren Krawall macht als der Knall draußen. Erst beim nächsten Krach haben wir uns erholt und wissen nicht, sollen wir staunen oder lachen, denn die Batterie schießt. Jawohl, wir schießen. Ich stürz zum Fenster. Draußen stöbert es ganz kräftig. Sicht keine hundert Schritt. Aber da hören wir ein immer anschwellendes Brummen, ein Orgeln von schweren Motoren in der Luft, das immer mehr anwächst, lauter wird und nicht enden will. Sie fliegen also über uns. Sowas Blödes, und wir sehen keinen Schwanz, so ein blödes Gefühl da herinnen in der Bude! Vor lauter Aufregung vergesse ich bald die Meldung an die Untergruppe zu machen über die Plantrapezwerte des Zielweges. Draußen schießt immer noch die Batterie. Das Brummen, das abgeflaut war, verstärkt sich wieder. Nanu, was suchen denn die? Das Schneegestöber hat aufgehört. Bis auf ein paar hundert Meter Höhe hat es aufgeklart. Darüber eine dichte Wolkendecke ohne irgendeine Lücke. Die Rohre der feuernden Geschütze stehen ganz steil. Gruppe auf Gruppe wird rausgejagt. Ich kann jetzt ruhig zusehen, denn das Fumg. mußte wegen der starken Gegenstörungen aus größter Nähe abschalten und ich bekomme daher keine Werte. Das Brummen flaut nun ab. Plötzlich kommt ein Trumm von einem Flugzeug, es dürfte ein Stück Tragwerk sein, durch die Wolken heruntergeflattert. Prima! Wir haben also was erwischt. Dabei haben wir ja ohne Sicht rein elektrisch und dann sogar rein akustisch, dh. frei nach Ohr, geschossen! Ein Mann mit Fallschirm kommt auch unweit der Tragfläche heruntergesegelt. Angeblich ein Neger, gesehen habe ich ihn ja nicht. Müssen also Amerikaner gewesen sein. Es wurden mindestens 200 Maschinen geschätzt. Von Osten kommend, dann eine Schleife fliegend, und wir immer dr*ff! Schließlich nach Süden Abflug. Vh, also Geschwindigkeit 90–100 m/s = 324–360 km/h. Ganze 12 min hat der Zauber gedauert und doch schien es uns so lang. In einiger Entfernung wurden angeblich Bombenwürfe beobachtet. Jedenfalls war es heute bedeutend toller als damals am 1. Oktober. Nun, wir sind gespannt, ob das nun so weitergehen wird. Nachmittags kommt durch, daß unsere Untergruppe Rauchenwarth insgesamt 4 Maschinen abgeschossen hat. Wir sollen angeblich auch einen zuerkannt bekommen. Prima! Wenn das so weitergeht, bekommen wir vielleicht das Flakkampfabzeichen. Das wäre etwas für so einen kleinen Lwh! Daumen halten, vielleicht wird's! Jedenfalls liegt jetzt so ein ‚Reisekoffer' im Zentralfriedhof, ein anderer stückelweise in Kaiserebersdorf, das Leitwerk z. B. hängt an einem Hausdach. In Schwechat durch Bombenwurf angeblich ein Toter und mehrere Verletzte. In der Au bei Fischamend hat auch eine Bombenreihe eingeschlagen. Vermutlich Notwurf. Oder vielleicht auf uns? Auf Wien haben sie jedenfalls nichts geworfen, vermutlich wegen des unsichtigen Wetters.''

Links und oben: Nach dem Angriff! Das Tanklager Lobau brennt. Die Härte dieser Stunden spiegelt sich in den Zügen eines Luftwaffenhelfers der Batterie Winterhafen wider.

Unten: Das Tanklager Kaiserebersdorf brennt.

Oben: Ein Tanklager im Raum Wien-Lobau brennt. Minuten nach dem Angriff. Der Schock steht noch in ihren Gesichtern.

Rechts: Beim Aufmunitionieren der „10,5 cm".

Unten: 17. März 1944, Absturz eines US-Bombers auf den Wiener Zentralfriedhof.

Leichte Flak Wien-Winterhafen und Praterspitz

Der Zweck dieser Batterien war der Schutz der nahe gelegenen Donaubrücken, des Winterhafens und des Getreidehafens (Albern) sowie des gegenüberliegenden Ölhafens Lobau gegen feindliche Tiefflieger. In einigen wenigen Fällen konnten auch bereits von der schweren Flak getroffene Bomber bekämpft werden. Die wesentliche Aufgabe dieser leichten Flakbatterien dürfte aber die vorsorglich eingeplante Abwehr feindlicher Minenleger gewesen sein. Die britische Royal Air Force hatte schon 1943 begonnen, die Donau als wesentliche Aufmarsch- und Nachschublinie (Öltransporte) der deutschen Wehrmacht und der Rüstungsindustrie zu verminen. Massiv erfolgten die Verminungen in nächtlichen Einzeleinsätzen tieffliegender Royal-Air-Force-Bomber ab April 1944: Vermint wurde die Donau zwischen Stromkilometer 1 854 und Russe, am rumänisch-bulgarischen Unterlauf der Donau. Insgesamt wurden etwa 1 000 Minen, im wesentlichen mit Magnet- oder Akustikzündern, abgeworfen. Die Unterbindung der Öltransporte auf dem Wasserweg von Rumänien bis Preßburg bzw. Lobau gelang den Engländern zu einem großen Teil. Etwa 270 Schiffsverluste

waren auf Minenkontakt zurückzuführen. Allein im April 1944 sanken 32 Schiffe, weitere 39 wurden beschädigt. Zur Abwehr wurden die Donauschiffe im Wiener Winterhafen (Albern), in Beograd und in Russe entmagnetisiert. Durch Räumboote und Wasserflugzeuge wurden über 600 Minen geräumt. Zur Räumung von Minen aus der Luft wurden hauptsächlich die Ju 52 – Mausi-Version eingesetzt. In der Folge kam es aber wegen unterschiedlicher Sprengladungen in den Minen zu mehreren Verlusten der tieffliegenden deutschen Minenräumer.

Die Bekämpfung der einzelnen tieffliegenden Royal-Air-Force-Minenleger erfolgte durch deutsche Nachtjäger, die hauptsächlich auf dem burgenländischen Feldflugplatz Parndorf stationiert waren. Die fehlende Verminung der Donau nördlich von Preßburg bis über den Wiener Raum dürfte auf diese erfolgreiche Abwehr zurückzuführen sein.

Der bergwärts weiteste Schiffsverlust durch Minen erfolgte bei Stromkilometer 1 853,8 (Dampfer Bayern, 11. Oktober 1944), vergleichsweise liegt die neue Donaubrücke bei Bad Deutsch Altenburg am Stromkilometer 1 886,00, die alte Donaurollfähre, 1945 durch Artillerievolltreffer gesunken, lag bei Stromkilometer 1 887,10.

Vor den Flakstellungen der Luftwaffenhelfer: das Sperrgebiet Wien-Winterhafen. Deutsche Wasserflugzeuge zur Donausicherung: Blohm und Voss 238, Arado 96, Junkers 34.
Eine der Einsatzaufgaben dieser Wasserflugzeuge war die Räumung britischer Magnetminen.

Linke Seite und oben: Wasserflugzeuge der im
Wiener Winterhafen stationierten ,,Minenräum-
gruppe Obere Donau`` und ihre Beschützer, ein Zug
Luftwaffenhelfer der leichten Flakbatterie 7./807,
Hafen Lobau, Stadlauer Brücke.

Rechts: Stadlauer Brücke, Turmplattform eines
leichten Flakgeschützes.

Unten: Aufgang zum Flakgeschütz.

Luftwaffenhelfer an der leichten Flak Wien-Winterhafen bzw. Praterspitz.
Links: Am Flugmeldeglas an der Donau.
Unten: Gefechtsübung mit Gasmasken.

Sämtliche Fotos wurden im Herbst 1944 am Winterhafen und am Praterspitz aufgenommen. Die Luftwaffenhelfer stammten von den Wirtschaftsschulen sowie von Wiener Berufsschulen. Es handelte sich um die gemischte Flakabteilung 7./807 mit den Batteriestandorten Stadlauer Brücke, Winterhafen und Rennplatz Freudenau.

166

... Gefechtspause vor der Wiener Ostbahnbrücke.
Kampfauftrag war vor allem die Bekämpfung von
Tieffliegern, in wenigen Fällen auch der Beschuß
von bereits getroffenen tieffliegenden Bombern.

Unmittelbar vor dem Gefecht ...

Links: Stellung „Cäsar" 3./837 am Praterspitz; 3. Zug, drei Geschütze 2-cm-Vierling, hintereinander gestaffelt. Anfangs war diese Batterie mit 2-cm-Solo-Oerlikon-Geschützen ausgerüstet.

Westrand Schwechat, Getreide-(Entmagnetisierungs-)hafen Albern, Praterspitz und Ölhafen Lobau auf einem westalliierten Aufklärungsluftbild vom 18. Februar 1945. Das Gebiet ist von zahllosen Bombentrichtern übersät, der Nordrand des Ölhafens Lobau eingeebnet. In dieser Bombenhölle lagen die Luftwaffenhelferbatterien Winterhafen, Praterspitz, Stadlauer Brücke und Lobau. (Foto: British Crown, University of Keele.)

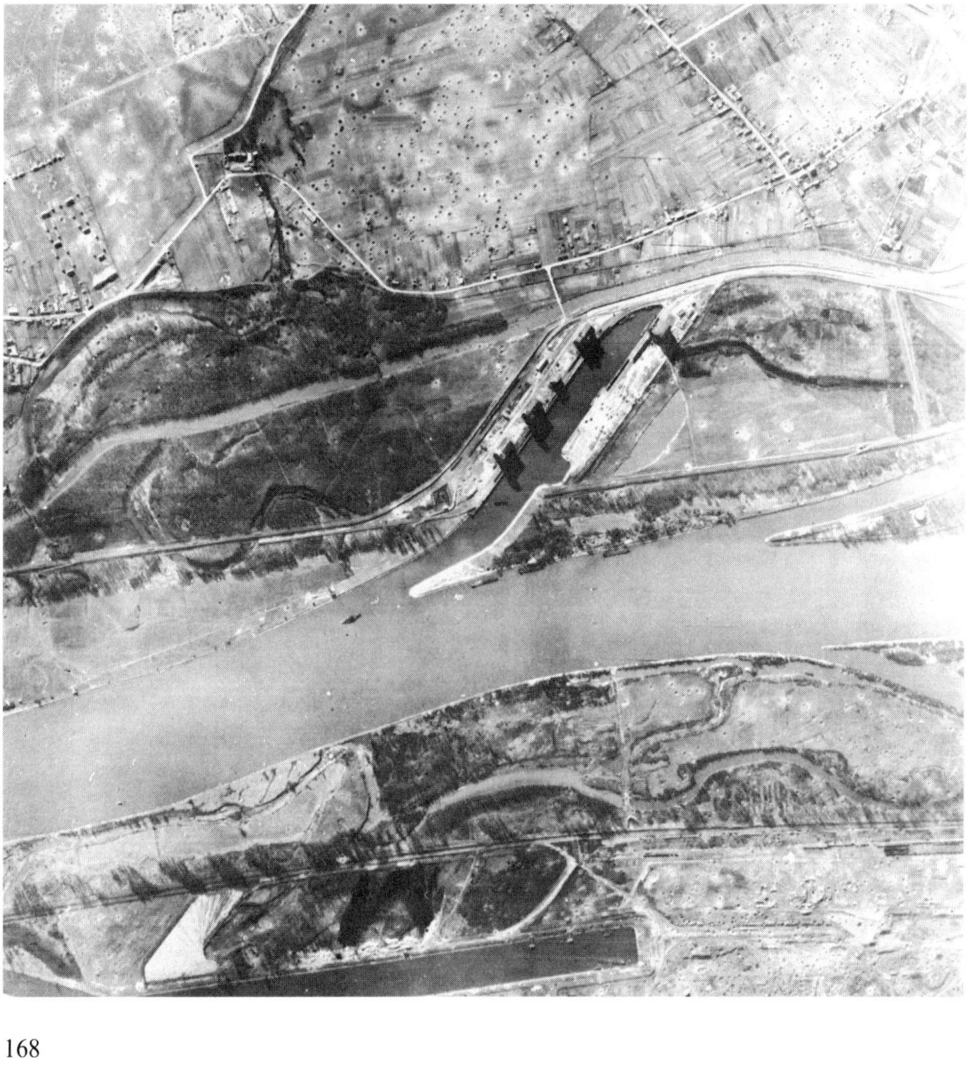

Oben und rechts: Batterie feuert!

12. April 1944, Mittag, Auftakt zu einem heißen Sommer. Großangriff von 150 US-Bombern auf die Wiener Neustädter Flugzeugwerke im Osten Österreichs. Während der Hauptverband Bad Vöslau und Wiener Neustadt angreift, bombardiert ein Teilverband Fischamend. Am oberen rechten Bildrand die mit Luftwaffenhelfern besetzte Batterie 5./223 Fischamend-Reichsstraße. (Foto: British Crown, Imperial War Museum.)

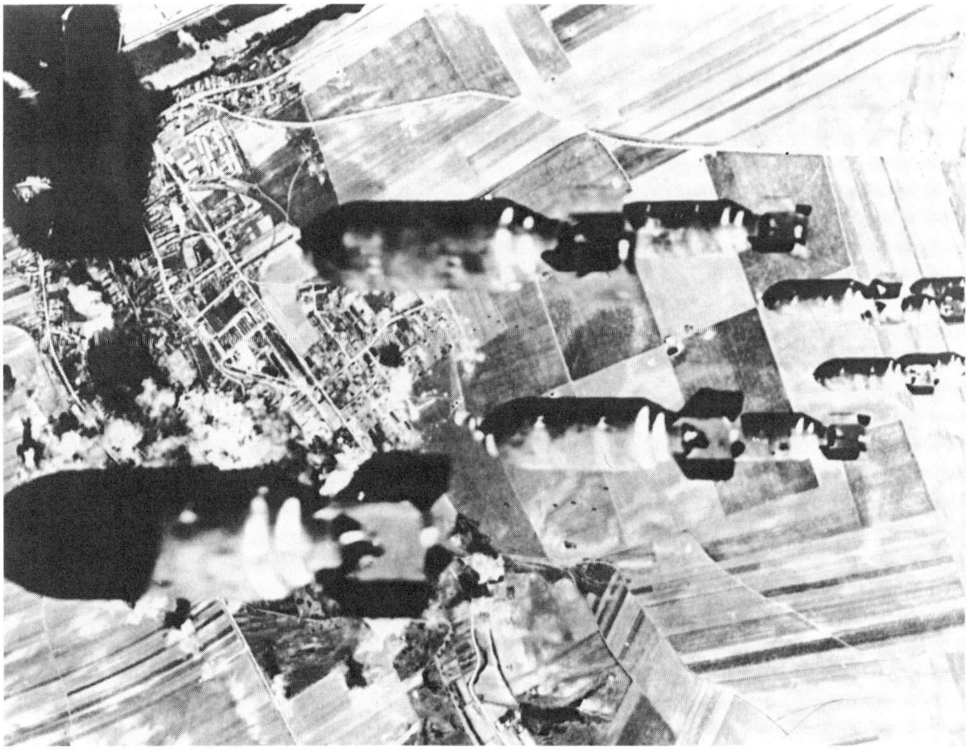

169

Oben: Kommandogerät 40 der Batterie Theresienfeld, Heideäcker (201/XVII). Im Luftbild unten
Lage der Batterie in Bildmitte, oberhalb Theresienfeld, erkennbar.

Eine B-24 Liberator über Wiener Neustadt;
Nordrand der Stadt mit Theresienfeld und
Tritolwerk – rechter oberer Bildrand. Aufnahme
vom 12. April 1944. (Foto: British Crown, Imperial
War Museum.)

24. Mai 1944, kurz nach dem Angriff auf Industriezentren am Südrand Wiens: Atzgersdorf brennt.

Das dem Angriff nachfolgende westalliierte Aufklärungsluftbild, Abschnitt Hennersdorf.

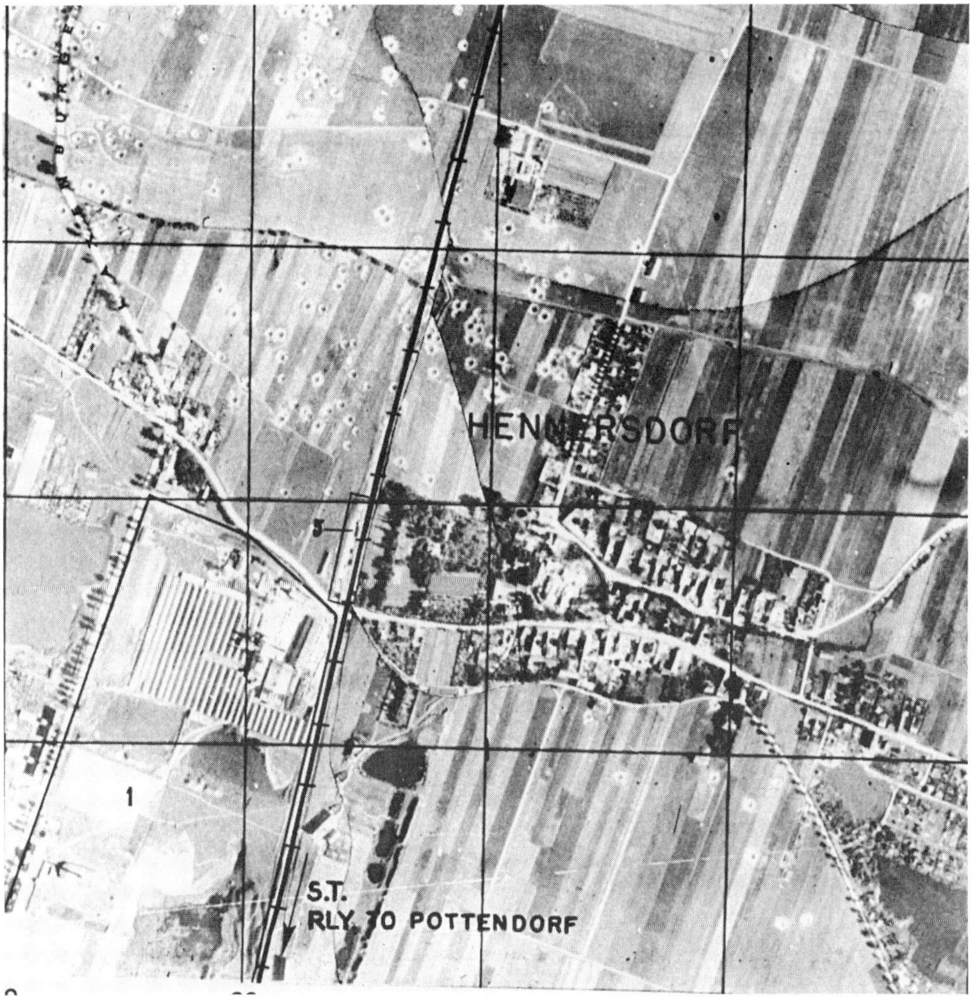

HENNERSDORF

5

1

S.T.
RLY TO POTTENDORF

Anpassung der Flak

Die Flakführung sah sich nunmehr gezwungen, auf die zunehmenden, immer stärker werdenden Luftangriffe entsprechend zu reagieren. Zu dieser Zeit war in der Normandie mit der alliierten Landung am 6. Juni 1944 die zweite Landfront errichtet worden, und in Rußland stand der Zusammenbruch der deutschen Mittel- und Südfront bevor oder war bereits im Gang. In Wien gab es zunächst im Juli und im August 1944 Umgruppierungen. Die Amerikaner hatten bei ihren Einflügen bald herausbekommen, daß der Wiener Westrand die flakartilleristisch schwächste Stelle war. Deshalb bevorzugten sie beim bombenbeladenen Anflug den Nord- und den Westsektor, wo meistens Einzelbatterien standen. Dieses Manko wurde dadurch ausgeglichen, daß dort durch Zusammenlegungen im Juli 1944 Großbatterien entstanden. Die Hagenberg-Flak (2./532) zog in die Stellung Knödelhütte, wo sich bereits die 3./807 befand, die 1./532 auf der Sophienalpe wurde mit der 1./533 Haschhof zur Doppelbatterie.

Nach der Zerstörung der Flugzeugwerke im Südosten wurden von dort einige Batterien abgezogen. Die eine Pellendorfer Einheit (8./223) wurde nach Leopoldau verlegt und

Sommer 1944, erfolglose Bombenangriffe auf die Batterien Schwechat und 5./807 Schönau an der Donau.

bildete gemeinsam mit der 1./223 eine neue Großkampfbatterie. Die zweite Pellendorfer Batterie (9./223) kam nach 4./288 Großenzersdorf, womit dort ebenfalls zwei schwere Flakeinheiten nebeneinanderlagen. Auch die Wienerbergstellung (3./223) bekam durch eine zweite RAD-Batterie Verstärkung, und die Stadion-Flak (7./223) kam auf den Johannisberg zur 6./223.

Im Süden mußte die 5./533 (Wiener Neudorf) nochmals wandern, diesmal nach Möllersdorf (Stadtrandsiedlung Traiskirchen), die Münchendorfer 10,5-cm-Batterie (5./657) bezog die neue Stellung am Kuckucksberg zwischen Himberg und Ebergassing. Diese räumliche Verschiebung war eine unmittelbare Folge davon, daß drei 10,5-cm-Batterien nach Moosbierbaum kommandiert wurden, nämlich die 1. und die 2./657 (Klein-Neusiedl) sowie die 3./657 (Fischamend-Ost). Mit Beginn der Öloffensive der Alliierten war man bei der 24. Flakdivision alarmiert und schob daher alle verfügbaren Kräfte den Hydrierwerken Moosbierbaum (im westlichen Tullnerfeld) zu.

Oben: 10. September 1944, Dreifachbatterie Breitenlee nach dem Angriff. Rauchsäulen der zerbombten Ölziele verfinstern den Himmel.
Mitte und rechts unten: Die Luftwaffenhelfer der Meßstaffel. Von ihrer Genauigkeit und Schnelligkeit hingen zum Großteil die Abschußerfolge ab.

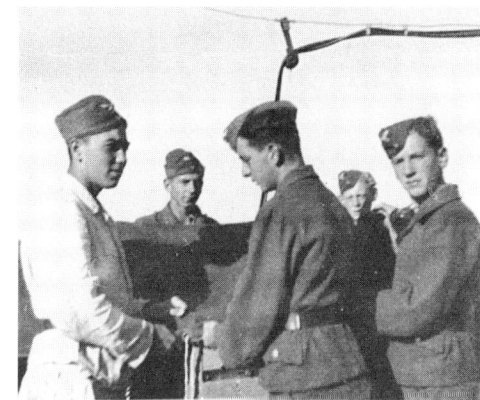

Kagran brennt.

173

Breitenleer Luftwaffenhelfer der 2./803.

Tagebuchaufzeichnungen eines Luftwaffenhelfers der schweren Batterie 2./803 Wien-Breitenlee vom 7. Oktober 1944.

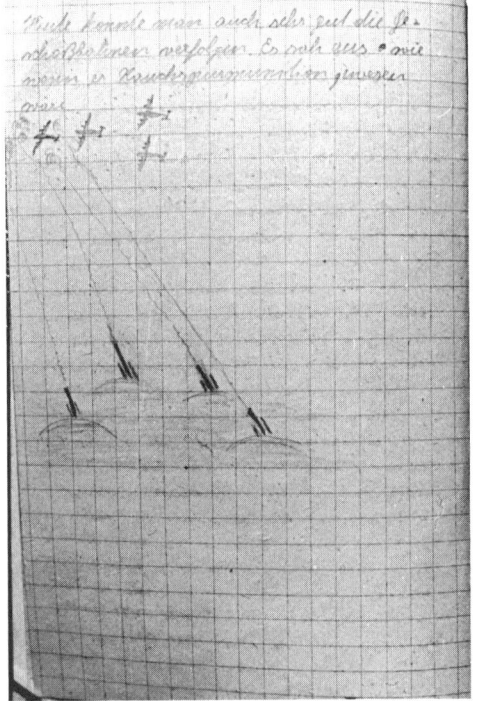

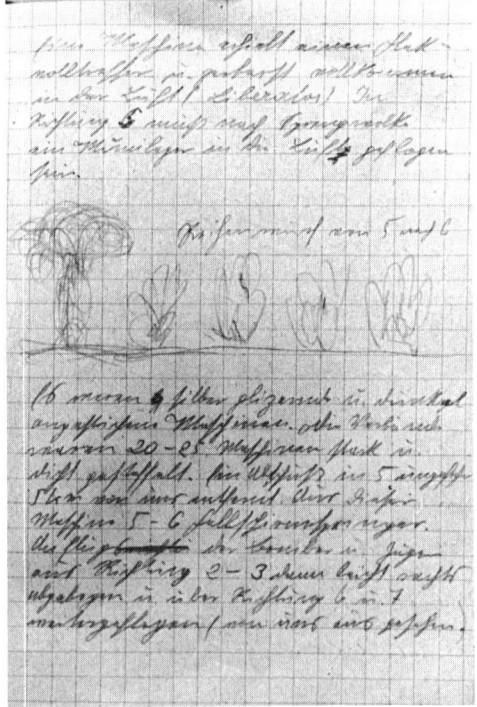

Einer der Bombentrichter nach dem Angriff.

Oben: Kondensstreifen zeichnen den Weg der Bomber über Wien.

Rechts oben: Wieder brennt der Ölhafen Lobau, Standpunkt Batterie 2./288 Breitenlee.

Unten: 13. Oktober 1944. Eine B-24 Liberator durchfliegt das Sperrfeuer der Wiener Flakbatterien. Im Oktober 1944 erzielte die 24. Flakdivision mit 30 abgeschossenen Maschinen ihren größten Erfolg.

Westalliiertes Aufklärungsfoto vom 21. März 1945: Raffinerie Moosbierbaum bei Tulln. Nach zahlreichen Luftangriffen erfolgte der totale Zusammenbruch der Flugbenzinproduktion erst ab 1. März 1945. Moosbierbaum hatte im Mai 1944
mit 5 Prozent der gesamten deutschen Produktion den Höchststand der Flugbenzinerzeugung erbracht. Der Flakgürtel erwies sich letzten Endes als wertlos. (Foto: British Crown, University of Keele.)

177

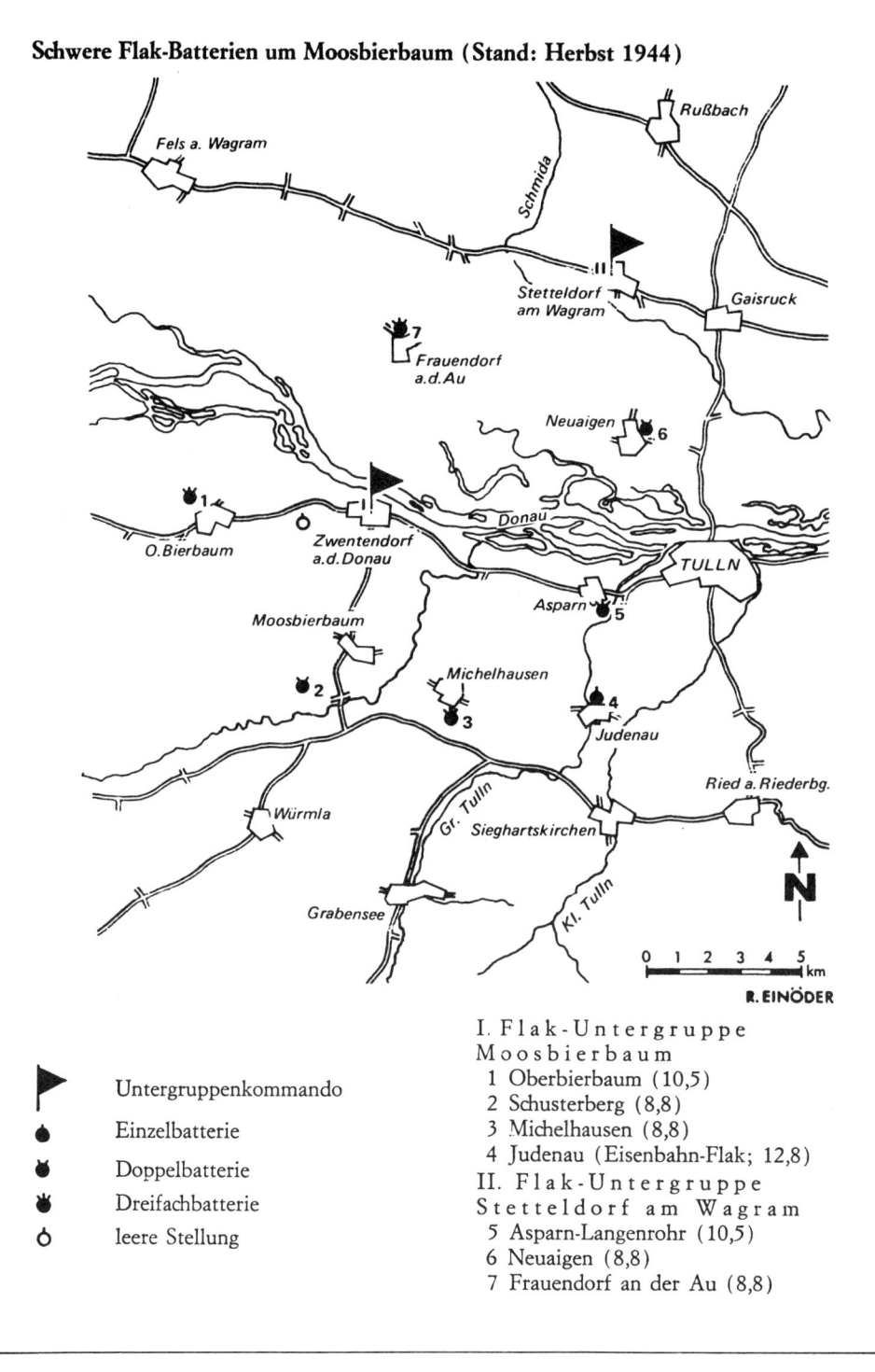

Schwere Flak-Batterien um Moosbierbaum (Stand: Herbst 1944)

Fels a. Wagram

Rußbach

Schmida

Stetteldorf
am Wagram

Gaisruck

7
Frauendorf
a.d. Au

Neuaigen
6

1

Donau

O. Bierbaum

Zwentendorf
a.d. Donau

TULLN

Asparn
5

Moosbierbaum

Michelhausen

2

3

4

Judenau

Ried a. Riederbg.

Würmla

Gr. Tulln
Sieghartskirchen

Kl. Tulln

N

Grabensee

0 1 2 3 4 5 km

R. EINÖDER

► Untergruppenkommando

● Einzelbatterie

● Doppelbatterie

● Dreifachbatterie

○ leere Stellung

I. Flak-Untergruppe
Moosbierbaum
1 Oberbierbaum (10,5)
2 Schusterberg (8,8)
3 Michelhausen (8,8)
4 Judenau (Eisenbahn-Flak; 12,8)
II. Flak-Untergruppe
Stetteldorf am Wagram
5 Asparn-Langenrohr (10,5)
6 Neuaigen (8,8)
7 Frauendorf an der Au (8,8)

2-cm-Vierlingsgeschütz der Luftwaffenhelfer-Batterie Ternitz (8./837), Schoeller-Bleckmann.

Abzug von Wiener Neustadt

Da die Schutzobjekte dort nicht mehr arbeiteten, wurde Wiener Neustadt großteils seines Flakschutzes entblößt. Die Flakgruppe Wiener Neustadt (Flak-Rgt. 88) wanderte nach Brüx und nahm die 8,8-cm-Batterie 6./532 (Heideäcker) mit. Die 1./290 (Theresienfeld-Nord) und die 7./533 (Heideäcker) kamen nach Pysdorf bei Raasdorf, die 2./290 (Ungerfeld), die 9./290 (Luckerweg) und die 3./284 (Heuthal) wurden nach Moosbierbaum verlegt. Die Heeresflak-Ersatz- und Ausbildungsabteilung 277 kam von Wiener Neustadt nach Ried im Innkreis.

Im Juli 1944 befanden sich daher um Wiener Neustadt nur noch folgende Flakstellungen: im Norden Heideäcker (225/XVII, 201/XVII), Heuthal (4./284), Katzelsdorf (2./696), Luckerweg (7. und 8./290) sowie Fischau (1./696, 1./284). Auch hier kam es zu einer Übernahme von weiteren drei Batterien (Heuthal, Katzelsdorf und 8./290 – Luckerweg) durch den RAD. Die 1./284 (Fischau) hatte schon seit dem Winter 1943/44 eine RAD-Bedienung.

Nach dem Abzug der leichten Flakbatterie 8./837 aus Ternitz in den ersten Junitagen 1944 lagen um die Industrieballung von Ternitz, Wimpassing und Pottschach immerhin noch die drei schweren Heimatflakbatterien 202/XVII (früher Großjedlersdorf), 204/XVII (früher Kagran) und 212/XVII (früher Lobau-Napoleonschanze). Von einzelnen schweren Flakeinheiten wurden damals auch die Zementfabrik von Mannersdorf am Leithagebirge sowie die Böhlerwerke im Ybbstal geschützt.

Da die Treibstofferzeugung bei der Zielauswahl der 15. US-Luftflotte an vorderster Stelle stand, erhielt das Hydrierwerk Moosbierbaum im Juni einen ersten Flakschutz. Vorher hatte dort die Verteidigung noch der leichten Flak unterstanden. Als die Amerikaner am 26. Juni 1944 erstmals Moosbierbaum mit Bomben belegten, war man darauf bereits vorbereitet.

In Asparn (2. und 9./290), Michelhausen (6./403) und Bärndorf (6./807) feuerten 8,8-cm-Batterien aus 24 Rohren auf die Angreifer und schossen einige Flugzeuge ab. Die Asparner Einheiten stammten aus dem Raum Wiener Neustadt (Ungerfeld und Luckerweg), und die Batterie von Bärndorf hatte man von Pysdorf (Untergruppe Lobau) herangeschafft.

Dreifachbatterie Michelhausen (6./807; 6./403 und 6./458) nach dem Angriff vom 11. Dezember 1944.

Bombentrichter im Batteriebereich nach dem Angriff vom 11. Dezember 1944.

Ausbau des Flakschutzes um Moosbierbaum

Mitte Juli 1944 kam es dann zu einer größeren Veränderung im Tullnerfeld, denn durch Herbeiholen von weiteren 8,8-cm- und 10,5-cm-Batterien aus Südwest- und Norddeutschland sowie aus dem Raum Fischamend (Klein-Neusiedl und Fischamend-Ost) und von Wiener Neustadt (Heuthal) sowie durch Umgruppierung der bereits anwesenden Einheiten entstand ein beachtlicher Flakgürtel. Bei Judenau schoß zeitweise auch eine 12,8-cm-Eisenbahnbatterie. Im Spätsommer 1944 konnte man deshalb insgesamt 17 schwere Flakbatterien um Moosbierbaum mit 112 Rohren (4 12,8 cm; 28 10,5 cm und 80 8,8 cm) zählen.

Im Sommer 1944 verlagerte sich jedenfalls das Schwergewicht der Luftangriffe und damit der Flakverteidigung von Wiener Neustadt auf Groß-Wien und Moosbierbaum. Am Beispiel Moosbierbaum, wo man bereits ahnte, was kommen sollte, kann man ersehen, daß spätestens zu diesem Zeitpunkt die Wiener Flakführung versuchte, sich in die gegnerischen Absichten hineinzudenken. Ab Sommer 1944 gab es um Moosbierbaum folgende Flakstellungen: nördlich der Donau die Flakfestung Frauendorf bei Bierbaum (8,8 cm: 6., 7. und 8./234) sowie die Doppelbatterie Neuaigen (8,8 cm: 1. und 2./273) und südlich des Stroms die Flakfestungen Oberbierbaum (10,5 cm: 3./284, früher Heuthal bei Wiener Neustadt; 2./185 und 4./601, Asparn-Langenrohr (1., 2. und 3./657, alles 10,5-cm-Batterien von Klein-Neusiedl und Fischamend-Ost) und Michelhausen (8,8 cm: 6./807, früher Bärndorf bzw. Pysdorf; z. b. V. 6148 = 6./458; 6./403, vorher schon Michelhausen) sowie die Großbatterie am Schusterberg bei Atzenbrugg (2. und 9./290, von Asparn hierherverlegt).

Der folgende Herbst und Winter stand unter dem Zeichen des Zusammenbruchs der südlichen Ostfront und der alliierten Besetzung Frankreichs. Die alliierten Erfolge an den Landkriegsschauplätzen waren von einer Intensivierung der Luftangriffe auch auf den Wiener Raum begleitet. Am 10. September 1944 begannen die Bombenangriffe auf das

Westalliiertes Aufklärungsluftbild der Raffinerie Moosbierbaum vom 21. März 1945. (Foto: British Crown, University of Keele.)

Wiener Stadtzentrum. Von den Industriezielen ging die 15. US-Luftflotte auf die Verkehrsobjekte und auch auf die Wohnviertel über. Die aus großen Höhen von Hunderten von Langstreckenbombern durchgeführten Bombenwürfe wurden durch rasch auftauchende Jagdbomber, die sich auf einzelne militärische Objekte sowie Verkehrsobjekte stürzten, ergänzt.

Weitere Angriffe galten den Treibstoff- und Ölproduktionsstätten, vornehmlich Moosbierbaum und den Zistersdorfer Erdölfeldern. Mit dem Herankommen der Ostfront wandten sich die Luftattacken zusehends von den strategischen den operativen Zielen zu.

Wien war wegen seiner hochrangigen Funktion als Verkehrsknoten und Nachschubbasis für die südliche Ostfront ein immer wichtigeres Bomberziel geworden. Nicht einmal das nebelige Herbstwetter beeinträchtigte die Angriffswellen mehr, denn die „Pfadfinder" (meist „Lightnings") waren bereits mit Bodensichtradar ausgestattet.

Nochmals gelang es, alle verfügbaren Kräfte zu mobilisieren, neue Flakbatterien aufzustellen, andere herbeizuholen und insgesamt die Feuerkraft weiter zu vermehren. In und um Wien lagen damals 61 schwere Batterien mit 432 Rohren (28 12,8 cm, 48 10,5 cm und 356 8,8 cm)!

Funkmeßgerät Würzburg-Riese, Moosbierbaum, Winter 1944/45.

Luftwaffenhelfer, die diese Hölle um das Werk Moosbierbaum überlebten.

Dienstag, 25. Juli 1944:

Mittwoch, 26. Juli 1944:

Terrorangriff!!!!!

01/3(61)

Mittwoch, 23. August   (Amerik. nicht Pan.)

Vorspiel 12^h, Alarmstufe I 12^{30}
Starke Kampfverbände mit Jagdschutz
sammeln sich im Raum von Fr.
Neustadt.

Angriffsziele: Kösen, Baden,
Mödling, Favoriten, Meidling,
ebenso Wr. Neustadt. Unmittelbar
vor uns schlagen die Bomben ein,
hören zum ersten Mal die Bomben
pfeifen.

Sehr schlechte Sicht. Gebäude hatten
eine Höhe von 4000 – 8200 m. Angriff auf
Favoriten in 4 Wellen. Bittere schießt
61 Gruppen, Serte schießt alle
Gruppen.

Abgeschossen wurden dabei insgesamt
28 Flugzeuge (24 vernichtet)

Alarmende: 13.45!

731
(706)

☿ ⚥ eine vom RLM anerkannte [52/562]
Beteiligung!

Sonntag, 10. Sept. 1944.

9³⁰ Flakvorspiel. Feinde. Kampfverbände 150 km südwestlich von Wien.
Scheinbares Sammeln über Linz und Steyr.
Während 30 Maschinen dieser Manöver
vortäuschen, drehen die anderen
Maschinen nach Osten auf Richtung Wien
ab. Um 10ᵘ Alarmstufe I. Gleich darauf
Alarm in der Stadt. Kaum ist das
Alarmsignal gekommen, heult es bereits
vollecken und schon schrillt die Feuerglocke auf. Auch ein paar Freißen
fällt das Übertragungsgerät aus. Schreiten
mit feindändlichen Werten weiter.
Feindir fFeele schierst heute ausgezeichnet. Mehre Abschüsse sind zu
beobachten. Eine Liberator, deren
rechte Tragfläche glatt durchgeschossen
wurde, zieht vorerst in unmittelbarer
Nähe von uns nieder (Amstetten).
Heute versprochener Terrorangriff.
Betroffen werden sollen von Berlin.

$\overline{I}.,\ \overline{II}.,\ \overline{III}.,\ \bullet\ \overline{V}.,\ \overline{VI}.,\ \overline{VII}.,\ \overline{VIII}.,\ \overline{IX}.,\ \overline{X}.,\ \overline{XI}.,\ \overline{XV}.,\ \overline{XVI}.,$
$\overline{XVII}.,\ \cdot\overline{XIX}.,$ und Bezirk Schwechat. Besonders
in der inneren Stadt ~~Feuer~~ Kuestrin-
phieden. Eine Bombe hinter d. Rathaus,
eine Bombe hinter Burgtheater. Um
10¹⁵ Entwarnung in d. Stadt. Am
ganzen Horizont nichts als Rauchwolken
11ʰ Ende d. Alarmstufe I.

   Bei Terrainzielen auf Ulm, Stuttgart
Nürnberg und Heilbronn und über Wien
wurden insgesamt 45 Flugzeuge abgeschossen (davon 25 brennend). Berlin meldet
wieder einmal alle Gruppen (62!)

Mittwoch, 13. IX. 1944

   10¹⁵ Flakvorspiel. Feindver-
bände sammeln sich über dem
Plattensee. Stoßen in breiter
Front zw. Wien und Budapest
durch. Angriffsziel ist besonders
Mährisch- Ostrau u. Ziele im Ober-

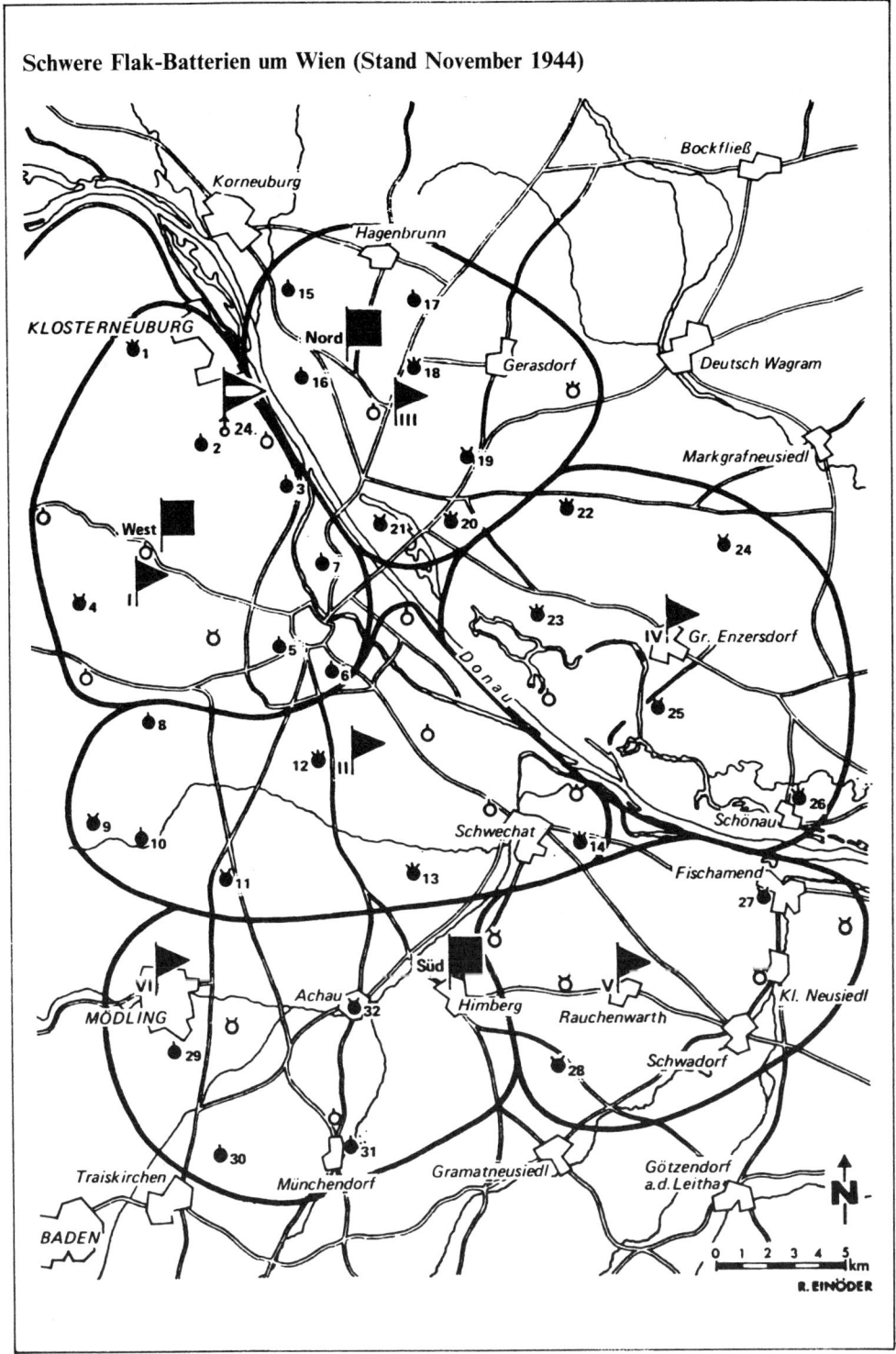

Schwere Flak-Batterien um Wien (Stand November 1944)

Bockfließ

Korneuburg

Hagenbrunn

15

17

Nord

16

18

Gerasdorf

Deutsch Wagram

KLOSTERNEUBURG

1

24

2

19

Markgrafneusiedl

3

West

21

20

22

7

24

4

23

IV Gr. Enzersdorf

5

6

Donau

25

8

12

II

9

10

26

Schönau

Schwechat

11

13

14

Fischamend

27

Süd

V

VI

Achau

Himberg

Rauchenwarth

Kl. Neusiedl

MÖDLING

32

29

Schwadorf

28

30

31

Traiskirchen

Münchendorf

Gramatneusiedl

Götzendorf
a.d. Leitha

BADEN

N

0 1 2 3 4 5
km

R. EINÖDER

Kräfteverteilung der Flakartillerie im Luftgau XVII
und VII vom Dezember 1944 bis Kriegsende 1945

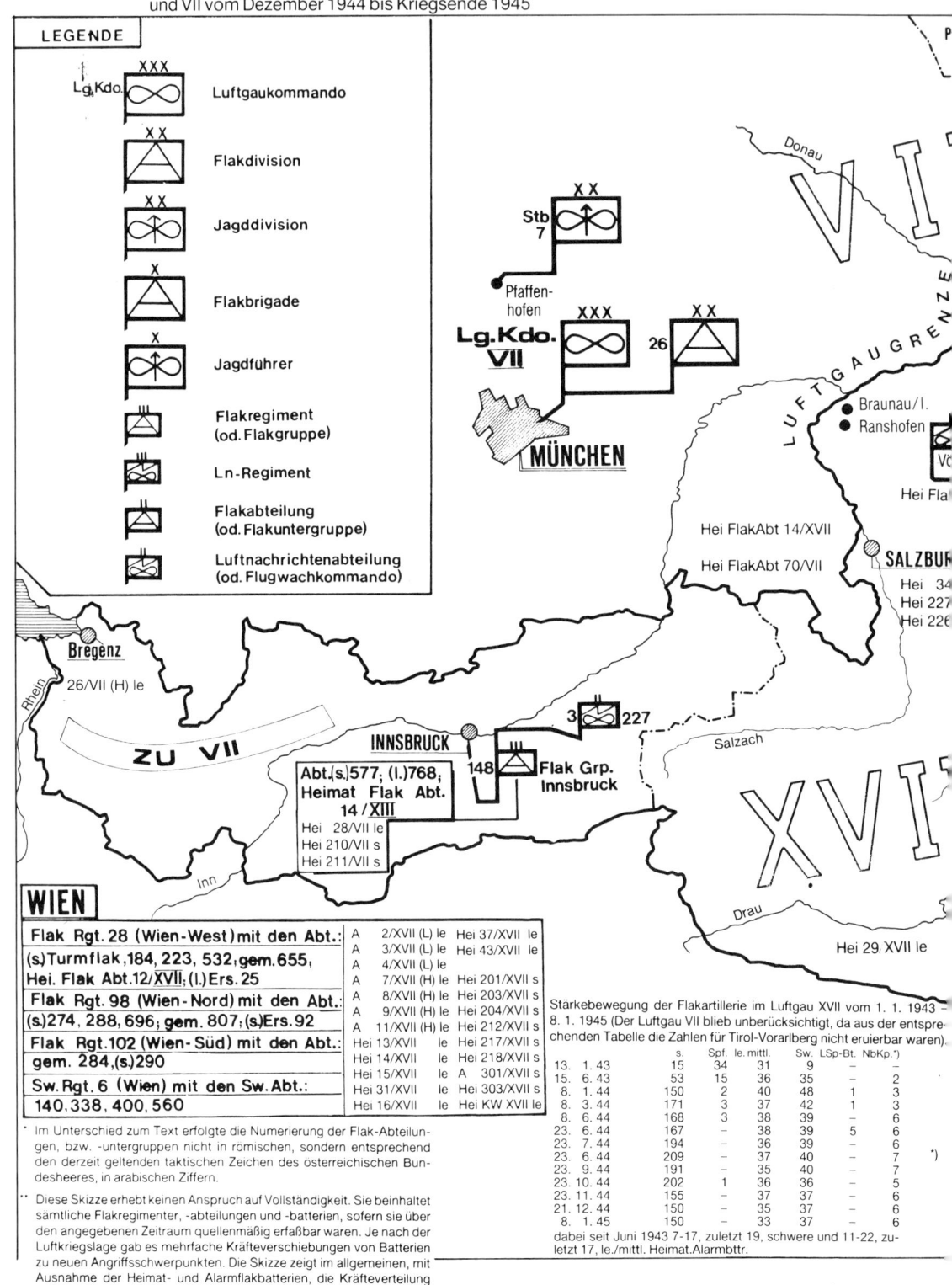

LEGENDE

Lg.Kdo.	Luftgaukommando
	Flakdivision
	Jagddivision
	Flakbrigade
	Jagdführer
	Flakregiment (od. Flakgruppe)
	Ln-Regiment
	Flakabteilung (od. Flakuntergruppe)
	Luftnachrichtenabteilung (od. Flugwachkommando)

Stb 7

Pfaffen-hofen

Lg.Kdo. VII   26

MÜNCHEN

Donau

Braunau/I.
Ranshofen

Hei FlakAbt 14/XVII

Hei FlakAbt 70/VII

SALZBURG

Hei 34
Hei 227
Hei 226

Hei Fla

Bregenz

26/VII (H) le

Rhein

ZU VII

INNSBRUCK   148   Flak Grp. Innsbruck

3   227

Salzach

Abt.(s.)577; (I.)768;
Heimat Flak Abt.
14/XIII
Hei 28/VII le
Hei 210/VII s
Hei 211/VII s

Inn

Drau

Hei 29 XVII le

WIEN

Flak Rgt. 28 (Wien-West) mit den Abt.:	
(s.) Turmflak,184, 223, 532; gem. 655;	
Hei. Flak Abt.12/XVII; (I.)Ers. 25	
Flak Rgt. 98 (Wien-Nord) mit den Abt.:	
(s.)274, 288, 696; gem. 807; (s)Ers.92	
Flak Rgt.102 (Wien-Süd) mit den Abt.:	
gem. 284,(s.)290	
Sw. Rgt. 6 (Wien) mit den Sw. Abt.:	
140, 338, 400, 560	

A   2/XVII (L) le   Hei 37/XVII le
A   3/XVII (L) le   Hei 43/XVII le
A   4/XVII (L) le
A   7/XVII (H) le   Hei 201/XVII s
A   8/XVII (H) le   Hei 203/XVII s
A   9/XVII (H) le   Hei 204/XVII s
A 11/XVII (H) le   Hei 212/XVII s
Hei 13/XVII   le   Hei 217/XVII s
Hei 14/XVII   le   Hei 218/XVII s
Hei 15/XVII   le A 301/XVII s
Hei 31/XVII   le   Hei 303/XVII s
Hei 16/XVII   le   Hei KW XVII le

Stärkebewegung der Flakartillerie im Luftgau XVII vom 1. 1. 1943 –
8. 1. 1945 (Der Luftgau VII blieb unberücksichtigt, da aus der entsprechenden Tabelle die Zahlen für Tirol-Vorarlberg nicht eruierbar waren).

	s.	Spf. le. mittl.	Sw. LSp-Bt.	NbKp.*)
13. 1. 43	15	34 31	9	– –
15. 6. 43	53	15 36	35	– 2
8. 1. 44	150	2 40	48	1 3
8. 3. 44	171	3 37	42	1 3
8. 6. 44	168	3 38	39	– 6
23. 6. 44	167	– 38	39	5 6
23. 7. 44	194	– 36	39	– 6
23. 6. 44	209	– 37	40	– 7 *)
23. 9. 44	191	– 35	40	– 7
23.10. 44	202	1 36	36	– 5
23.11. 44	155	– 37	37	– 6
21.12. 44	150	– 35	37	– 6
8. 1. 45	150	– 33	37	– 6

dabei seit Juni 1943 7-17, zuletzt 19, schwere und 11-22, zuletzt 17, le./mittl. Heimat.Alarmbttr.

* Im Unterschied zum Text erfolgte die Numerierung der Flak-Abteilungen, bzw. -untergruppen nicht in römischen, sondern entsprechend
den derzeit geltenden taktischen Zeichen des österreichischen Bundesheeres, in arabischen Ziffern.

** Diese Skizze erhebt keinen Anspruch auf Vollständigkeit. Sie beinhaltet
sämtliche Flakregimenter, -abteilungen und -batterien, sofern sie über
den angegebenen Zeitraum quellenmäßig erfaßbar waren. Je nach der
Luftkriegslage gab es mehrfache Kräfteverschiebungen von Batterien
zu neuen Angriffsschwerpunkten. Die Skizze zeigt im allgemeinen, mit
Ausnahme der Heimat- und Alarmflakbatterien, die Kräfteverteilung
vom Dezember 1944.

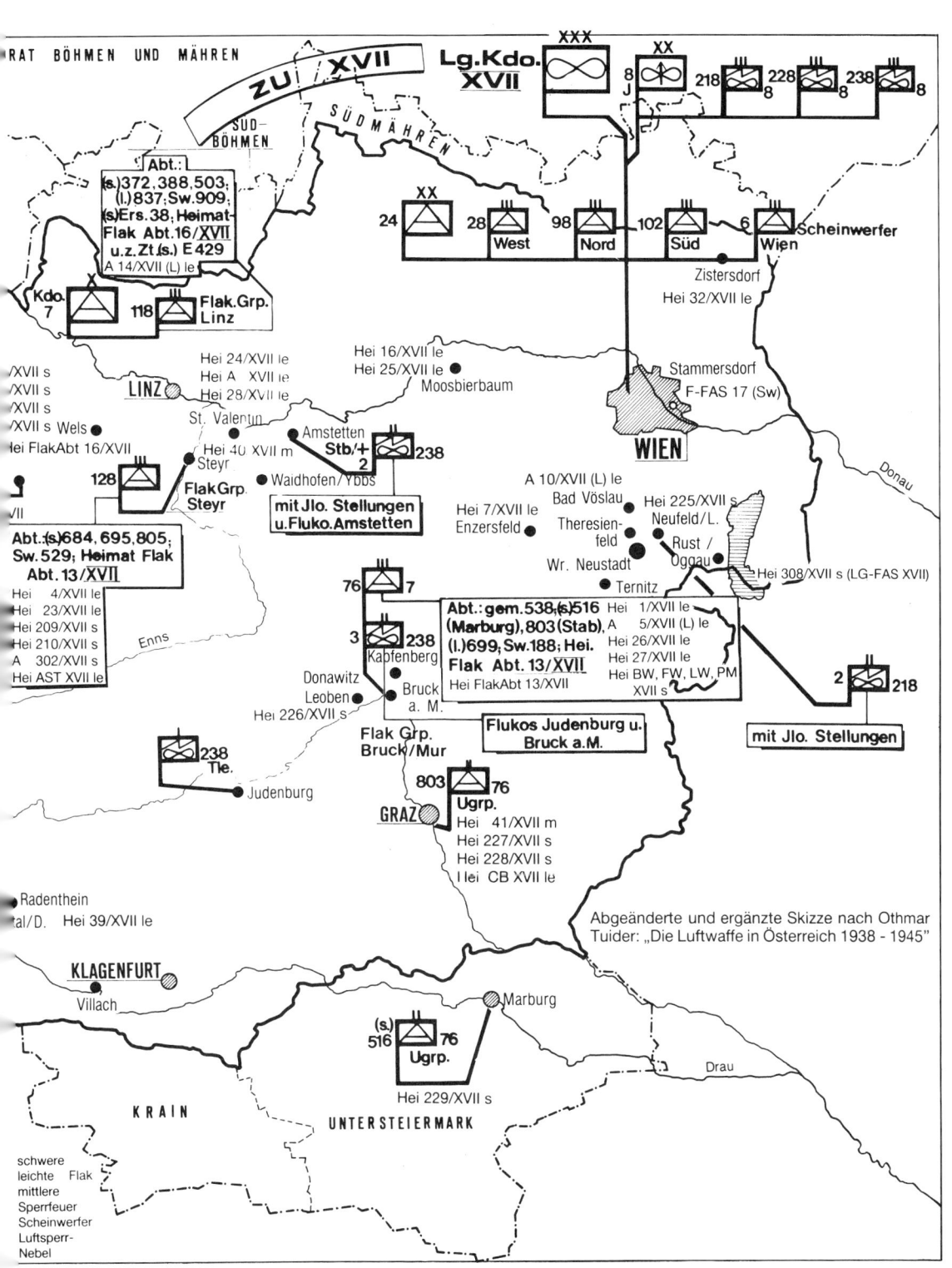

RAT BÖHMEN UND MÄHREN

ZU / XVII

Lg.Kdo.
XVII

SÜD-
BÖHMEN

SÜDMÄHREN

8
J

218 8   228 8   238 8

Abt.:
(s)372,388,503;
(l.)837;Sw.909;
(s)Ers.38; Heimat-
Flak Abt.16/XVII
u.z.Zt (s.) E 429
A 14/XVII (L) le

24   28 West   98 Nord   102 Süd   6 Wien **Scheinwerfer**

Zistersdorf
Hei 32/XVII le

Kdo.
7   118 **Flak.Grp.**
Linz

Hei 24/XVII le   Hei 16/XVII le
Hei A XVII le   Hei 25/XVII le
Hei 28/XVII le   Moosbierbaum

Stammersdorf
F-FAS 17 (Sw)

/XVII s
/XVII s
/XVII s
/XVII s Wels
Hei FlakAbt 16/XVII

LINZ

St. Valentin
Hei 40 XVII m

Amstetten
Stb./+
2   238

WIEN

128   **FlakGrp.**
Steyr
Steyr

Waidhofen/Ybbs

mit Jlo. Stellungen
u.Fluko.Amstetten

A 10/XVII (L) le
Bad Vöslau
Hei 225/XVII s
Neufeld/L.

Hei 7/XVII le
Enzersfeld   Theresien-
feld
Rust /
Oggau

Abt.:(s)684,695,805;
Sw.529; Heimat Flak
Abt.13/XVII

Hei   4/XVII le
Hei 23/XVII le
Hei 209/XVII s
Hei 210/XVII s
A 302/XVII le
Hei AST XVII le

76   7

Enns

3   238
Kapfenberg

Wr. Neustadt
Ternitz

Hei 308/XVII s (LG-FAS XVII)

Abt.:gem.538,(s)516
(Marburg),803(Stab),
(l.)699,Sw.188; Hei.
Flak Abt.13/XVII
Hei FlakAbt 13/XVII

Hei 1/XVII le
A 5/XVII (L) le
Hei 26/XVII le
Hei 27/XVII le
Hei BW, FW, LW, PM
XVII s

Donawitz
Leoben
Hei 226/XVII s

Bruck
a. M.

Flak Grp.
Bruck/Mur

Flukos Judenburg u.
Bruck a. M.

2   218

mit Jlo. Stellungen

238
Tle.

Judenburg

803   76
Ugrp.
Hei 41/XVII m
Hei 227/XVII s
Hei 228/XVII s
Hei CB XVII le

GRAZ

Radenthein
tal/D.   Hei 39/XVII le

Abgeänderte und ergänzte Skizze nach Othmar
Tuider: „Die Luftwaffe in Österreich 1938 - 1945"

KLAGENFURT

Villach

Marburg

Drau

KRAIN   **UNTERSTEIERMARK**

(s)   76
516
Ugrp.
Hei 229/XVII s

schwere
leichte   Flak
mittlere
Sperrfeuer
Scheinwerfer
Luftsperr-
Nebel

Donau

Letzte Anstrengungen

Angesichts dieses bewegten Hintergrunds lassen sich die enormen Anstrengungen zum weiteren Ausbau des Wiener Flakschutzes erst richtig werten. Konkret handelt es sich um folgende Maßnahmen: Den Doppelbatterien Haschhof, Schönau, Wienerberg, Johannisberg wurden dritte Batterien hinzugefügt, teils durch Neuaufstellungen, teils durch Verlegungen (z. B. der 203/XVII vom Nußberg auf den Wienerberg). Der Flakturm Augarten (3./184) konnte endlich mit seinen vier 12,8-cm-Zwillingsgeschützen in Aktion treten, und die 8,8-cm-Dreifachbatterien Aspern-Jägerhaus bzw. Schwechat-Ost wurden nach Süßenbrunn-Aderklaa bzw. nach dem Königskogel verlegt. Diese letzten Anordnungen hingen bereits mit dem Anlegen eines geschlossenen Verteidigungsrings für den zu erwartenden Erdkampf zusammen. Überdies sorgte man mit Hinblick darauf für eine Verschiebung der 3./696 (Fuchsenboden) nach dem Kuckucksberg, so daß dort gemeinsam mit der 5./657 eine 10,5-cm-Doppelstellung entstand.

Die Stellung Fuchsenboden bei Langenzersdorf konnte dann die RAD-Batterie 2./384 (10,5 cm) beziehen. Außerdem kamen aus Wiener Neustadt einige Batterien nach Wien: die 1./284 (RAD, Fischau) nach dem Küniglberg und die 201/XVII (Heideäcker) nach Pysdorf bei Raasdorf (Doppelbatterie gemeinsam mit der 7./533). Weiters verlegte man die Heimatflakbatterien 202/XVII und 204/XVII (Ternitz) wieder in den 21. Bezirk zurück und postierte sie auf dem Bruckhaufen, denn ihre Vorgänger (217/XVII und 218/XVII) waren vorher nach Passau geschickt worden. Es blieb jedoch nicht bei dieser einen Transferierung. Schon im September 1944 mußten drei Batterien nach Rastenburg (Ostpreußen) abgegeben werden: die 2./807 (Wiener Neudorf) und die Großbatterie Königskogel (5./288 und 8./533). Der südliche Gürtel wurde also schrittweise abgebaut und die nördlichen Batterien, jenseits der Donau, dafür verstärkt. Für diese Tendenz spricht auch die in den

ersten Februartagen 1945 erfolgte Anordnung, daß die 10,5-cm-Batterien von Vösendorf (7. und 8./657) sowie von der Stellung Hohe Warte (6./657) zur Abriegelung des sowjetischen Einbruchs nach Mährisch-Ostrau gebracht werden mußten.

Dasselbe Schicksal machten die beiden Lukkerweg-Batterien 7./290 und 8./290 (RAD) in Wiener Neustadt mit, die gleichfalls nach Mährisch-Schlesien mußten. Damit stand in Wiener Neustadt wieder eine Stellung leer, denn bereits im Oktober 1944 wurde die Großbatterie Heideäcker aufgelöst: Die 225/XVII fuhr nach Michelhausen (Untergruppe Moosbierbaum), um dort die 6./403 zu ersetzen, und die 1./284 (RAD) zog von Fischau auf den Küniglberg.

Im Dezember 1944 waren also um Wiener Neustadt nur noch fünf Batterien anwesend, die mit 30 Rohren (18 vom Kaliber 10,5 cm und 12 vom Kaliber 8,8 cm) feuern konnten. Dann aber, als die vehementen Angriffe auf den Verkehrsknotenpunkt Wiener Neustadt im Februar und im März 1945 durchgeführt wurden, stand nur noch beim Bahnhof eine Großkampfbatterie (zwei vom Kaliber 8,8 cm, eine vom Kaliber 10,5 cm).

Ähnlich war es auch um Ternitz bestellt, da die dortigen Heimatflakbatterien teils auf den Wiener Bruckhaufen, teils nach dem Südostwall befohlen wurden.

Anders sah es hingegen um Moosbierbaum aus: Dort verblieben die eingesetzten Flakeinheiten bis zum Erdkampf in ihren angestammten Stellungen, denn erst am 1. März 1945 wurde das dortige Hydrierwerk infolge eines stundenlangen Bombardements stillgelegt. Ab Februar 1945 erschienen die amerikanischen Bomber fast täglich über dem Wiener Raum und steigerten die Luftangriffe zu einer alles demoralisierenden Intensität. Auch in den Flakstellungen erwartete man das baldige Ende des militärischen Ringens: Die Luftwaffenhelfer wurden bis auf eine geringe Zahl von Spezialisten im Februar und im März 1945 nach Hause entlassen, wo sie meist umgehend die Einberufungen zum RAD oder zur Wehrmacht erhielten. Als Ersatz kamen nun die Flak-v-Soldaten in die Stellungen.

RAD-Flak

Um weiteres Personal für die von allen Seiten bedrängten deutschen Fronten freizumachen, bildete von August 1943 an neben den Luftwaffenhelfern eine weitere Gruppe junger Menschen die Besatzungen neuer Flakbatterien: die „Männer" des Reichsarbeitsdiensts. Aus den nach körperlichen Kriterien ausgesuchten etwa 18- bis 20jährigen Angehörigen des RAD wurden überwiegend schwere Batterien gebildet. Im Unterschied zu den Luftwaffenhelfern, die das meist knappe Stammpersonal von Luftwaffensoldaten bei den Flakbatterien ergänzten, stellten die RAD-Batterien „reinrassige", d. h. ausschließlich von 18- bis 20jährigen RAD-Männern bediente Batterien dar. 1945 erreichte ihre Zahl im Luftgau XVII zuletzt 1 800 Mann.

In der Mehrzahl übernahm der RAD ausgebaute Flakstellungen, so daß es nur einen Personalwechsel von den Flaksoldaten bzw. Luftwaffenhelfern zu den Arbeitsdienstangehörigen gab. Da es anfangs bei der RAD-Flak an ausgebildetem Führungspersonal

mangelte, standen diese Batterien in militärischer Hinsicht zunächst unter der Leitung von Flakoffizieren. Deshalb wagte man meist nur, innerhalb von Doppelbatterien solche RAD-Flakeinheiten zu errichten. Versetzungen gab es bei der RAD-Flak weit seltener, dementsprechend waren auch die großen Erfolge dieser gut eingespielten Batterien.

Den Anfang machte man in der Stellung Schwechat-Ost zu Beginn des Monats Oktober 1943, als die 2./223 (= RAD 7/352) übernommen wurde. Darauf folgte die Stellung Fischau (1./284), und zwischen Mai und Juli 1944 kam das Gros an die Reihe: zwei Batterien der Flakfestung Breitenlee, darunter die 4./696 (= RAD 2/354), weiters eine Stellung in Rodaun, 4./532 (= RAD 7/355), in Katzelsdorf, 2./696 (= RAD 2/352), in Achau, 3./532, sowie eine zweite Batterie in Schwechat-Ost, 1./807 (= RAD 7/351), eine am Wienerberg, in der Stellung

Meist nur ein Jahr älter als die Luftwaffenhelfer waren die Angehörigen der RAD-Batterien. „Männer" der RAD-Flak am Kommandogerät 40.

191

Heuthal (4./284), sowie in Aspern (4./807). Darüber hinaus kamen im Herbst 1944 die Stellungen Luckerweg (8./290) und Fuchsenboden, 2./384 (= RAD 4/355), unter RAD-Führung. Nachrichten über RAD-Batterien, die im Winter 1944/45 auf dem Nußberg und in Pysdorf (201/XVII) entstanden sein sollen, ließen sich nicht belegen. Die Fischauer 10,5-cm-Batterie (1./284) wurde im Herbst 1944 auf den Küniglberg beordert, die 4./807 (Aspern) kam im Winter 1944/45 mit den Nachbarbatterien nach Süßenbrunn-Aderklaa, genauso wie die Großkampfbatterie Schwechat-Ost (darunter die 2./223 und die 1./807, beide RAD) nach dem Rauchenwarther Königskogel kommandiert wurde. Die Luckerweg-Batterien (darunter die 8./290, RAD) schickte man im Februar 1945 in den Raum Mährisch-Ostrau.

Die letzten drei Batterien um Wiener Neustadt wurden beim dortigen Haupt- und Frachtenbahnhof zur „Großkampfbatterie Wiener Neustadt" zusammengezogen, um die amerikanischen und zuletzt die russischen Luftangriffe abzuwehren.

Die Erdkämpfe im April 1945 wurden für den RAD besonders verlustreich. Den aufopferndsten Kampf lieferte die RAD-Großkampfbatterie Königskogel, in der auch zahlreiche Luftwaffenhelfer eingesetzt waren, wo auch die beiden Batteriechefs, Oberfeldmeister Satori, 2./223 (= RAD 7/352), und Oberfeldmeister Hering, 1./807 (= RAD 1/351), fielen. Teile der Batterien Pellendorf (Himberg) und Königskogel wurden, soweit die festmontierten Geschütze noch in Eile abgebaut werden konnten, rasch in den russischen Durchbruchsraum südlich Ödenburg geworfen. Dort erzielten diese Batterien bei Zinkendorf und bei Horitschon zwar noch an die 30 Panzerabschüsse, mußten aber zum Teil noch während des Gefechts gesprengt und die Feuerstellungen fluchtartig verlassen werden.

Die Rodauner RAD-Batterie wurde zuletzt noch in drei Flakkampftrupps zersplittert, die in Wien und im Kierlingtal sowie bei Kritzendorf aufgerieben wurden. Mitten im Kampfgeschehen standen auch die RAD-Batterien Wienerberg und Süßenbrunn.

Und die RAD-Flakeinheiten Breitenlee waren wohl die letzten, die in der Nacht vom 13. auf den 14. April 1945 über Stammersdorf und Korneuburg dem Kessel nördlich der Donau entkamen. Erwähnt sei auch noch die RAD-Großbatterie 2./384 Fuchsenboden bei Langenzersdorf, die ihren wohl spektakulärsten Erfolg am 7. Februar (?) 1945 erzielt hatte. Durch Volltreffer detonierten damals schon nach der ersten Gruppe fünf Liberators mitsamt ihrer Bombenlast, die an der Spitze eines 400 Maschinen starken Angriffsverbandes in den Feuerbereich dieser RAD-Batterie geraten waren. Und noch am 12. April, als Wien schon in sowjetischer Hand war, feuerte diese Batterie im Direktbeschuß über die Donau in die gegnerischen Panzeransammlungen bei Klosterneuburg.

Insgesamt waren es rund 14 bis 16 schwere RAD-Flakbatterien. Damit stellte der RAD nicht ganz ein Fünftel der schweren Flak um Wien und Wiener Neustadt.

Im Heft 2 der vom „Oberkommando der Luftwaffe" herausgegebenen Zeitschrift „Front-Adler" sind die bisherigen Erfolge der 24. Flakdivision wie folgt besonders gewürdigt worden:

„Die im Raum Wien eingesetzten Batterien einer Flakdivision zeichneten sich mehrfach durch gute Treffsicherheit aus. Bei drei Angriffen wurden 37 feindliche Flugzeuge abgeschossen und bei drei weiteren Angriffen sogar 48. Mit 20 Rohren konnten bei einem späteren Angriff in kürzester Zeit 11 viermotorige Bomber zum Absturz gebracht werden. Das höchste Abschußergebnis bei einem Angriff betrug 17 Flugzeuge."

F. d. R.
gez. Hein, Major
Ic/24. Flakdivision

Heimatflak

Am 20. September 1942 war auch befohlen worden, milizartige Heimatflakbatterien aufzustellen. So mußten Betriebsangehörige z. B. von Schoeller-Bleckmann in Ternitz bei Fliegerangriffen die Geschütze bedienen. Am Nußberg (203/XVII) war es hingegen so, daß während des Tages vier Geschütze von der Stammbatterie (Soldaten und Luftwaffenhelfer) feuerbereit gehalten wurden, in der Nacht aber sechs, und zwar durch die Weinhauer in der Umgebung der Stellung. Sie waren eben als Flakwehrmänner einberufen worden wie die Landwirte und Weinhauer von Königsbrunn und Zaußenberg am Wagram, die in der Großbatterie Frauendorf ausgebildet wurden. In Schönau standen Marchfeldbauern an den Geschützen.

Gegen Kriegsende, als die Tagesangriffe überhandnahmen, zog man Flakwehrmänner auch zum Nachtdienst in den ortsfesten schweren Batterien der Luftwaffen-Flak heran wie bei der 1./223 Leopoldau. Im gro-

ßen und ganzen waren die Flakwehrmänner kein sehr einsatzfreudiges Personal, da die Interessen dieser älteren Männer mehr ihrem Beruf galten.

Das allerletzte Aufgebot waren die Flak-v-Soldaten – ganz junge und alte Jahrgänge –, die im Frühjahr 1945 zu den Flakkampfbatterien geschickt wurden. Diese Männer waren jedoch durchwegs weder physisch noch psychisch den Anforderungen gewachsen. Dennoch sollten sie zuletzt noch die Batteriestellungen gegen eine feindliche Übermacht halten. Die Folgen blieben in den von den Russen angegriffenen Flakstellungen nicht aus. Entweder versuchten die Flak-v-Soldaten in der Nacht zu fliehen, oder sie fielen, wie beim Gutshof Lobau in Großenzersdorf, einem fanatischen Heeresoffizier in die Hände, der sie kurzerhand füsilieren ließ, oder aber sie setzten ihrem Leben selber ein Ende, indem sie sich in den Baracken mit Telephondrähten erhängten (Großbatterie Wienerberg). Der Bericht eines überlebenden ehemaligen jungen Flak-v-Soldaten spricht für sich: „Nach einer

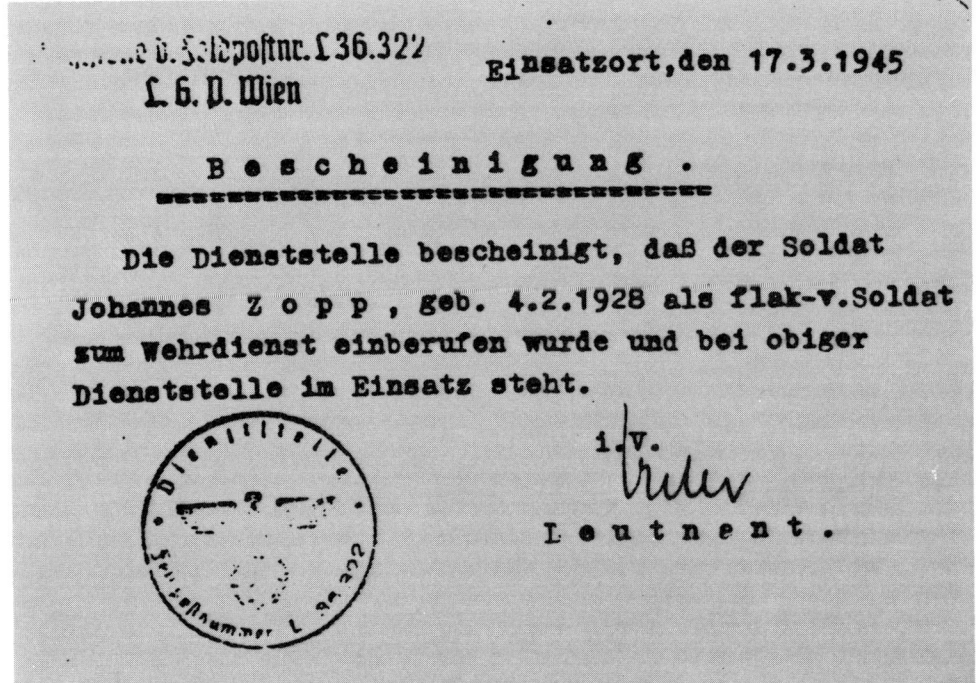

.......e ö. Felbpoſtnr. £ 36.32? Einsatzort, den 17.3.1945
£. G. D. Wien

B e s c h e i n i g u n g .

Die Dienststelle bescheinigt, daß der Soldat Johannes Z o p p , geb. 4.2.1928 als flak-v.Soldat zum Wehrdienst einberufen wurde und bei obiger Dienststelle im Einsatz steht.

i. V.

L e u t n a n t .

lächerlich kurzen Grundausbildung ging es direkt in den Einsatz, im vorliegenden Fall in die ‚Großbatterie Groß-Enzersdorf, Untergruppe Lobau‘, in einer noch heute erkennbaren Schottergrube unweit des Donau-Oder-Kanals gelegen und mit dem besonderen Flakschutz des WIFO-Ölumschlagplatzes (heute ÖMV-Ölhafen Lobau) beauftragt. 8,8-cm-Flakgeschütze, ringförmig um ein ‚Kommandogerät‘ angeordnet, bedient von einem ‚verlorenen Haufen‘ von 16- bis 17jährigen, kommandiert von einer Handvoll ‚alter Hasen‘: das war die Einheit der Feldpostnummer L 36 322 . . .

Seit der allerhöchsten ‚Belobigung‘ – siehe ‚Beleg‘! – auch gezielt angegriffen und einmal auch mit der gesamten Bombenlast eines ganzen ‚Pulks‘ bedacht – die allerdings von starkem NW-Bodenwind in die Lobau ‚abgetragen‘ wurde, hielt sich die Einheit bis gegen Kriegsende, wurde dann allerdings, eingezwängt zwischen Waffen-SS am Westufer des Donau-Oder-Kanals und sowjetischen Kampfverbänden im Lobaubereich, praktisch vollkommen aufgerieben. Nur ein kleiner Rest geriet damals in Kriegsgefangenschaft bzw. kam mit dem Leben davon. Der Rest von halben Kindern, die vor Begeisterung brüllen konnten, wenn ein Volltreffer eine B-17 in Stücke zerlegte und von den elf Mann Besatzung nur vier mit dem Fallschirm aussteigen konnten. Kinder, die nachher verläßlich keine mehr waren . . .

Und denen man es nicht übelnehmen kann, daß ihnen jede Kriegsbegeisterung seither total abhanden gekommen ist . . .“

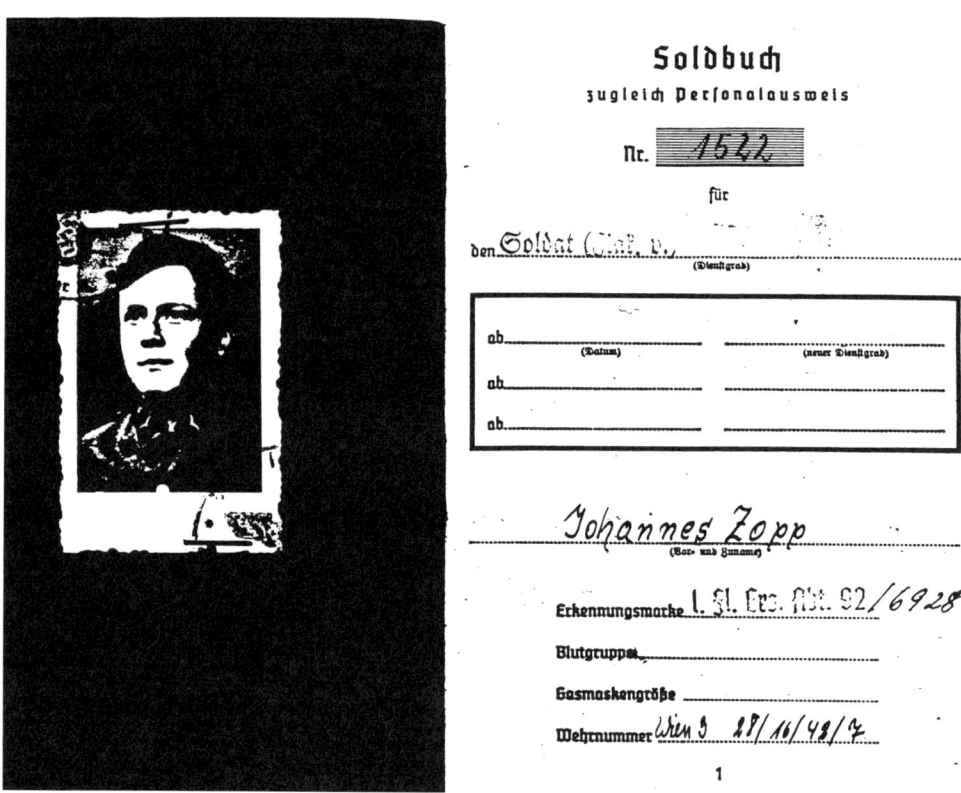

Soldbuch

zugleich Personalausweis

Nr. *1522*

für

den Soldat (*Char. u.*)

(Dienstgrad)

ab_____ (Datum) _____ (neuer Dienstgrad)

ab_____

ab_____

Johannes Zopp
(Vor- und Zuname)

Erkennungsmarke l. Sl. Ers. Abt. 92/6928

Blutgruppe_____

Gasmaskengröße _____

Wehrnummer Wien 9 28/16/48/7

1

Die Kameradinnen

Wenn vorhin von Luftwaffenhelferinnen die Rede war, dann dürfen auch die Kameradinnen der Luftwaffe nicht vergessen werden.

Die hohen Personalabgaben von Luftwaffenpersonal an die Ostfront vor allem zur Aufstellung von 23 Luftwaffenfelddivisionen hatten in verstärktem Maß auch die Heranziehung von jungen Mädchen und Frauen zum Kriegshilfseinsatz bei der Luftwaffe erforderlich gemacht. Mädchen ab dem 17. Lebensjahr konnten schon bald nach Kriegsbeginn freiwillig und ab 1943 dienstverpflichtet eingezogen werden. Sie sind unter dem Namen „Blitzmädchen" bekannt und wurden im Heer und bei der Kriegsmarine im Nachrichtendienst eingesetzt und waren als „Stabshelferinnen" im Bürodienst tätig. 1944 kamen sie dann auch als „Luftwaffenhelferinnen" zum Einsatz.

Die Bezeichnung „Luftwaffenhelferinnen" war ab Februar 1942 der Sammelbegriff für vier verschiedene Gruppen von Helferinnen dieses Wehrmachtsteils, nämlich die im Flugmeldedienst tätigen Frauen, die in den Fernsprechvermittlungen arbeitenden Frauen, die Fernschreiberinnen und die Angehörigen des Funkbetriebs-, Funkhorch- und Wetterdiensts. Luftwaffenhelferinnen, die als Schreib- und Bürohilfskräfte eingesetzt waren, führten in der Luftwaffe die Bezeichnung Betriebshelferinnen.

Die größte Gruppe von Frauen in der Luftwaffe waren die Flugmeldehelferinnen. Jede Jagddivision, so auch die 8. (Wien-Cobenzl), verfügte bei Kriegsende über etwa 6 000 weibliche Hilfskräfte dieser Art. Sie arbeiteten in den Flugwachen und Flugmeldezentralen, in den Gerätestellungen der Fernmeldetruppe, in Flugmeßdienst und Flugmeldewarndienst und in den Gefechtsständen der Jagdwaffe. Sie bedienten die Horchgeräte und Fernrohre, die Meß- und Peilgeräte, die Fernsprechvermittlungen und die Lichtpunktwerfer für die Lagekarten und übernahmen sogar die Funktion von Jägerleitoffizieren. Die Luftflotte Reich verfügte im Frühjahr 1944 über 111 000 Frauen, Angehörige der Luftwaffenhelferinnenschaft oder des RADwJ.

Die Luftschutzwarndiensthelferinnen gehörten zur Luftschutzorganisation. Sie arbeiteten in den Luftschutzwarnzentralen und den Luftschutzwarnwachen. Aufgabe des Luftschutzwarndiensts war, die angeschlossenen Betriebe und Behörden bei Fliegerangriffen mit Warnhinweisen zu versorgen, die akustischen Warnsignale auszulösen und die Verdunkelungsbefehle an die Verkehrs- und Energiebetriebe herauszugeben. Die Luftlagemeldungen und Warnbefehle erreichten die LS-Warnkommandos bzw. -zentralen bis 1944 aus den Flugwachkommandos, später aus den Flugmeldezentralen der Jagddivisionen. Im Herbst 1944 erfolgte ein Aufruf der Reichsfrauenführerin und der BDM-Reichsreferentin zur Freiwilligenmeldung von Mädchen und Frauen im Alter von 20 bis 25 Jahren als Wehrmachtshelferinnen. Die Freiwilligen wurden dann als Flakwaffenhelferinnen der Luftwaffe hauptsächlich an den elektronischen Meßgeräten, aber auch in den Flakbatterien eingesetzt. In Österreich waren ab 1944 zahlreiche Scheinwerferbatterien mit RAD-Luftwaffen-(Flakwaffen-)Helferinnen besetzt, im wesentlichen nach Abzug der Luftwaffenhelfer des Jahrgangs 1927 von den Batterien. Dem Anschein nach dürften aber diese Mädchen und Frauen nicht in sämtlichen Stellungen verwendet worden sein. Jedenfalls waren sie auch in den Großbatterien Oberbierbaum, Aspern, Haschhof, Johannisberg, Breitenlee, Groß-Enzersdorf, Schönau, am Eichkogel sowie bei den Turmflakbatterien Stiftskaserne und Arenbergpark innerhalb der Meß- und Troßstaffeln tätig. Sie bewährten sich während der Gefechte sowohl am Kommandogerät 40 als auch an den Funkmeßgeräten. Ab Spätherbst 1944 waren allein im Wiener Raum 21 Scheinwerferbatterien von RAD-Maiden des Arbeitsbezirks XXI RADwJ besetzt. Der Gefechtsstand befand sich in Wien-Grinzing. Als Kuriosum kann wohl gelten, daß in der Großbatterie Kagran (Flak-Ersatz-Abt. 92) die Flakwaffenhelferinnen grundsätzlich nur an den Geschützen standen und dort alle Funktionen mit Ausnahme der des Geschützführers und der der Munitionskanoniere ausübten. Die Flakwaffenhelferinnen betätigten sich aber stel-

lenweise auch bei den Scheinwerferbatterien sowie in den Vernebelungseinheiten. Während der schweren Luftangriffe gab es auch unter ihnen Verluste. So erhielt z. B. ein FuMG in der Großbatterie Schönau einen Volltreffer, der Tote und Verwundete unter der weiblichen Bedienung zur Folge hatte. Als sich die russischen Frontverbände näherten, sorgte man dafür, daß die Flakwaffenhelferinnen entweder nach Hause gehen oder nach dem Westen in Sicherheit gebracht werden konnten. Im Luftgau XVII waren insgesamt 1 500 RAD-Maiden eingesetzt. Ein weiteres dramatisches Beispiel war die „6. Flakbatterie der Flakreserve, Einheit 61, Wien-Kagran". Im Oktober 1944 schoß diese Batterie während eines Tagesangriffs einen Liberator-Bomber ab. Gleich darauf erhielt diese Batterie einen Volltreffer, bei dem drei Flakwaffenhelferinnen getötet und zwei verletzt wurden. Der Batterie Wien-Knödelhütte gehörten ab Ende 1944 neben Luftwaffenhelfern und Flak-v-Jungen des Jahrgangs 1928 auch etwa die Hälfte Flakwaffenhelferinnen an. Einige Zeit war geplant gewesen, aus diesen Flakhelferinnen den Grundstock einer weiblichen Divisions-Gruppe der 12. SS-Panzerdivision „Hitlerjugend" zu bilden.
Eine besondere Flakwaffenhelferinnen-Einheit, deren freiwillige Angehörige vordem durchwegs BDM-Führerinnen gewesen waren, darunter Mädchen aus Österreich, wurde zur Waffen-SS nach Prag abkommandiert. Bis zum Beginn der Erdkämpfe in den ersten Apriltagen 1945 erzielte diese Batterie zehn Abschüsse. In der Schlußphase unmittelbar zur Panzerbekämpfung nach Hütteldorf geworfen, schoß dann die Batterie, an deren Geschützen noch immer Jungen und Mädchen gemeinsam standen, unter schweren eigenen Verlusten noch sieben der angreifenden Panzer ab.
Eine weitere Gruppe, die Stabshelferinnen, waren im wesentlichen im Flugmeldedienst, Fernsprech-, Funk-, Horch- und Wetterdienst eingesetzt.
Neuland beschritt die Luftwaffe, als im November 1944 Frauen als Ersatz für fliegertechnisches Personal und Werftpersonal ausgebildet wurden. Bei Kriegsende arbeite-

ten 15 000 fliegertechnische Helferinnen und 7 000 Werfthelferinnen in der Bodenorganisation der Luftwaffe. Als fliegendes Personal wurden Frauen nur zur Überführung von Flugzeugen verwendet.
Die Luftwaffenhelferinnen, ausgenommen Stabshelferinnen, trugen Uniform in der Farbe der Luftwaffe. Ihr Einsatz wurde von 1944 an noch forciert, um die Auffüllung der Luftwaffenfelddivisionen zu ermöglichen. So sollten allein noch vom Herbst 1944 an in kürzester Frist rund 70 000 Soldaten der Luftwaffe durch Helferinnen freigemacht werden. Zur Durchführung dieses Befehls ist es allerdings bis zum Frühjahr 1945 nur noch teilweise gekommen.
Über den Einsatz der „Helferinnenkorps der Luftwaffe", wie die offizielle Bezeichnung lautete, im Luftgau XVII liegen nur wenige Zahlen vor. So werden die am 15. Jänner 1943 einzustellenden Luftnachrichten-Anwärterinnen mit 1 000 angegeben; an fliegertechnischem Personal sollen 1 950 Frauen tätig gewesen sein.
Von dem für die Werftabteilungen der Luftflotte Reich vorgesehenen weiblichen Personal von 7 000 Frauen waren dem Luftgaukommando XVII 1 480 zugewiesen worden.
Die Heranziehung von Frauen zum Kriegseinsatz war auch auf seiten der Alliierten gang und gäbe. Bei den Westalliierten, insbesondere aber bei der Roten Armee, wurden weibliche Kräfte noch in weit höherem Maß herangezogen. Bei der Roten Armee verzeichneten verschiedene Mädchen und Frauen höchste Erfolge und erhielten Auszeichnungen bei den Partisanen, der Luftwaffe und den kämpfenden Truppen.

RAD-Flakwaffenhelferinnen. Standorte Wien – Scheinwerferbatterien:
1/140 Klosterneuburg-Kierling
2/140 Mauer
3/140 Weidlingau
4/140 Schmelz, Schule
5/140 Laaer Berg – Lannerstraße
Leopoldsberg – Döbling

Rechte Seite oben: Flakwaffenhelferinnen am 150-cm-Scheinwerfer.
Rechts unten: RAD-Maiden an einem Scheinwerfer.
Links unten: Flakwaffenhelferinnen an einem 200-cm-Scheinwerfer.

196

Weibliches Personal war auch in Österreich hauptsächlich bei den Scheinwerferbatterien (oben: Angehörige einer RAD-Scheinwerferbatterie Linz), seltener als Flakwaffenhelferinnen an Geschützen eingesetzt (links).
Unten: Österreicherinnen als Angehörige einer 10,5-cm-Flakbatterie.

Eine Sonderstellung nahmen auch österreichische Luftwaffenhelferinnen ein, die sich im Herbst 1944 freiwillig zur Waffen-SS als Flakwaffenhelferinnen gemeldet hatten. Geplant war, diese Flakwaffenhelferinnen geschlossen der 12. SS-Panzerdivision „Hitlerjugend" zu überstellen und sie dort voll zu integrieren. Ein Veto der Reichsjugendführung verhinderte diese Überstellung zur Kampftruppe allerdings.
Oben: Pause bei der Ausbildung am Kommandogerät.
Unten: Vereidigung der Flakwaffenhelferinnen.

Kombattantenzusatz

Flakwaffenhelferinnen unterstehen der Militärstrafgesetzgebung.
Inhaberin dieses Dienstbuches ist berechtigt, Waffen zu tragen
und am Kampf teilzunehmen.

Prüfstempel

1. Okt. 1944

LV. d. l. A

Leutnant

Raffinerie Moosbierbaum in Niederösterreich, 1. März 1945. Ein Verband viermotoriger Consolidated B-24 Liberator der 15. US-Luftflotte während des Bombenwurfs auf die Anlagen des Hydrierwerks Moosbierbaum im Tullner Feld. Insgesamt greifen an diesem Tag 600 US-Bomber das Hydrierwerk an. Ein Luftwaffenhelfer der Batterie Kuckucksberg (5./657) bei Ebergassing schrieb in sein Tagebuch: „Schon knapp nach sieben Uhr morgens kam Flak-Vorspiel. Haufenweise Einflüge wurden gemeldet. Ab halb zehn Uhr kamen sie dann in Scharen in den Raum Wien. Mit der Masse allerdings außerhalb unserer Reichweite. In einem riesigen Zangenangriff von Süden, über Nordwest nach Südost eindrehend und nach der ,alten Masche' für die Wien-Angriffe: Von Süden her, über dem Plattensee sammelnd und dann nach Westen eindrehend und längs der Donau . . . bzw. von Süden her bis in den Raum Horn fliegend, dort sammelnd und dann nach Südwest eindrehend.

Dieser Tag war der einzige, an welchem schließlich jede andere Verbindung zwischen Flakdivision am Küniglberg und Flakschutzobjekt M ausfiel und der General sich über den Flaksender erkundigen mußte. Auf die Antwort: ,. . . Nordstern . . . 123 . . .' erfolgte dann von ihm: ,. . . . Gruß an alle! Euer General!' An diesem Tag wurde in allen Flak-Stellungen im Raum Wien der Dienstplan über den Haufen geworfen. An diesem Tag hatte die ,andere Feldpostnummer' den Dienstplan gestaltet. Alle Appelle fielen aus. Da erst gegen 17 Uhr (!) Entwarnung kam, ging man gleich zum Abendessen über. Dies war der längste Alarm, rund neun Stunden, und die größte Angriffsschwerpunktkonzentration während unserer ganzen Dienstzeit." (Foto: US Air Force.)

Links: Angehörige dieser Flakwaffenhelferinnen-Einheit wurden bei der „Feldflakartillerieschule Mitte 13, Schwer" in Stolpmünde am Kommandogerät 40 und Flugzeugerkundungsdienst, in der letzten Kriegsphase auch an Infanteriewaffen ausgebildet. Zum Erdkampfeinsatz gegen Panzer, wie dies in Wien mit Arbeitsmaiden einer RAD-Batterie geschah, kam es bei dieser Einheit nicht.

Als besonderes Kennzeichen trugen diese Flakwaffenhelferinnen am rechten Oberarm ein Stoffabzeichen mit Schwert und Luftwaffenadler (Bild oben) und am Unterarm die HJ-Raute.

Endphase April 1945

Ab dem Spätsommer 1944 rechnete man bei den Wiener Flakstäben mit der Möglichkeit eines Erdeinsatzes der unterstellten Batterien. Das rasche Näherkommen der südlichen Ostfront machte es notwendig, auch die ortsfesten Batterien für die Selbstverteidigung ihrer Stellungen gegen Infanterie- und Panzerangriffe zu rüsten. Die hohen Splitterschutzwälle um die Geschütze wurden so weit abgetragen, daß auch ein Erdbeschuß durchgeführt werden konnte. Weiters ließ man Schützengräben, Einmannlöcher und MG-Stände um die Flakstellungen ausheben sowie Verteidigung im Erdkampf üben. Selbstverständlich erhielten die Flaksoldaten und Luftwaffenhelfer generell nebst einer infanteristischen Ausrüstung auch eine entsprechende Ausbildung. Überdies sah der Alarmplan unter dem Stichwort „Kahlenberg" vor, einige Wiener Batterien zu mobilisieren und an die Reichsschutzstellung südlich und nördlich des Neusiedler Sees zur Verstärkung der dortigen Besatzung abzugeben.

Ende März 1945, als es dann soweit war, wurden insgesamt sechs Batterien in das mittlere Burgenland zwischen Güns und Lutzmannsburg geworfen. Nördlich des Neusiedler Sees wurden u. a. zwei Flakkampfgruppen dem russischen Ansturm entgegengestellt: Südlich von Petronell hatten die beiden motorisierten Kuckucksberger 10,5-cm-Batterien (5./657 und 3./696) den Abschnitt zwischen Donau und Leitha abzusichern, und vor der Brucker Pforte gingen zwischen Jois, Parndorf und dem Ungerberg drei schwere Einheiten und am Donauübergang Deutsch Altenburg eine leichte Batterie (8./284, vorher Flugplatz Parndorf) in Stellung. Diese Flakabteilung II./241 stand unter dem Kommando des „Flakführers Parndorf", Major Döring. Die Batterien südlich des Neusiedler Sees wurden bald zerschlagen, und was noch an Geschützen in Wiener Neustadt stand, wurde am 1. April 1945 gesprengt.

Wiener Neustadt wurde am 2. April 1945 von Verbänden der Roten Armee besetzt. Die Russen betraten eine Ruinenstadt, die zwischen dem 13. August 1943 und dem 1. April 1945 29 Luftangriffe über sich hatte ergehen lassen müssen, wobei mit Ausnahme von 18 Häusern sämtliche Gebäude zerstört oder beschädigt wurden. Der bedeutende Flakgürtel war nicht imstande gewesen, dieses Zerstörungswerk zu verhindern.

Ringen in der Brucker Pforte

Zur gleichen Zeit, als am 2. April 1945 Wiener Neustadt an die Russen verlorenging, wurde auch der Flakriegel in der Brucker Pforte mit dem Gegner konfrontiert. Ein Befehl der 24. Flakdivision besagte, daß der Widerstand bis zum totalen Munitionsverschuß dauern sollte. Nachher hatten die Geschütze gesprengt und das Personal nach Bruck an der Leitha zurückgeführt zu werden.

Die Flak-Erdkampfgruppen am Südostwall, aber auch die Flakampftrupps sowie etliche ortsfeste Batterien im Wiener Weichbild verfügten sowohl über schwere als auch über leichte Flakgeschütze. Diese „gemischten" Kampftrupps bewährten sich bei der Abwehr feindlicher Infanterie sehr, da die leichte und die mittlere Flak den Angreifern große Verluste zufügte. Vor allem die Vierlingsgeschütze traten dabei in den Vordergrund und fanden sogar bei den sowjetischen Frontberichten der Moskauer „Izvestija" eine entsprechende Würdigung.

Zuallerletzt befanden sich um Wiener Neustadt, Wien und Moosbierbaum rund 35 leichte und mittlere Flakbatterien, die ungefähr 840 Rohre (800 vom Kaliber 2 cm; 40 vom Kaliber 3,7 cm) aufwiesen.

Kehren wir zur Brucker Pforte zurück: Am 2. April 1945 kämpften die dortigen Flakeinheiten größtenteils bis zum Abend und sprengten nachher sämtliche Geschütze. Bei Parndorf waren allein 43 Panzer abgeschossen worden. Mit Infanteriewaffen ausgerüstet, gehörte das Personal am 3. April zum Verteidigungsbereich des Kampfkommandanten von Bruck an der Leitha, und am 4. April wurde der Rest auf der Höhe 216 bei Höflein von russischen Panzern überrollt. Die kroatischen Luftwaffenhelfer waren bereits von Bruck an der Leitha nach Wien zurückgeschickt worden.

KAMPFTAGELISTE

No.	Kampftag	Datum	anerkannte Beteiligung
			Hein beobachtet worden.
1	Kampftag	17. 3.1944	. . . .
2	"	12. 4.1944	. . . .
3	"	23.4. 1944	. . . .
4	"	24. 5.1944	. . . .
5	"	29. 5.1944	eine Beteiligung
6	"	3o. 5.1944	. . . .
7	"	16. 6.1944	eine Beteiligung
8	"	26. 6.1944	eine Beteiligung
9	"	29. 6.1944	. . . .
1o	"	8. 7.1944	eine Beteiligung
11	"	16. 7.1944	. . . .
12	"	26. 7.1944	zwei Beteiligungen
13	"	22. 8.1944	. . . .
14	"	23. 8.1944	. . . .
15	"	1o. 9.1944	eine Beteiligung
16	"	7.1o.1944	eine Beteiligung
17	"	11.1o.1944	. . . .
18	"	17.1o.1944	. . . .
19	"	1.11.1944	. . . .
2o	"	2.11.1944	. . . .
21	"	3.11.1944	. . . .
22	"	5.11.1944	. . . .
23	"	6.11.1944	. . . .
24	"	17.11.1944	. . . .
25	"	18.11.1944	. . . .
26	"	19.11.1944	. . . .
27	"	2o.11.1944	. . . .
28	"	2.12.1944	. . . .
29	"	3.12.1944	. . . .
3o	"	11.12.1944	. . . .
31	"	18.12.1944	. . . .
32	"	27.12.1944	. . . .
33	"	15. 1.1945	. . . .
34	"	21. 1.1945	. . . .

. . . der schweren Flakbatterie 3./223 Wienerberg.

Erster Flakriegel

Die bei Petronell in Stellung gegangenen Kanonen der beiden 10,5-cm-Batterien 5./657 und 3./696 waren noch in der Lage, längere Zeit hindurch in den Abwehrkampf einzugreifen. In der Nacht vom 4. auf den 5. April 1945 stürmten jedoch die Russen die Flakstellungen und vernichteten auch diesen letzten Widerstandskessel im Bereich der Hainburger Pforte.

In der Zwischenzeit hatten die Sturmtruppen der Roten Armee drei lange Tage benötigt, um die erste Flakverteidigungslinie im Südosten Wiens zu durchbrechen. Vom 3. bis 5. April bekämpften die Russen mit Infanterie, Granatwerfern, Panzern und Artillerie den Flakriegel, der sich vom Eichkogel (2./533) über Achau (4./533, 3./532-RAD) und den Königskogel (2./223-RAD, 1./807-RAD) nach Fischamend-Reichsstraße (5./223, 2./288) hinzog. Dazwischen waren Flakkampftrupps in Lauerstellung postiert, und überdies verstärkten zurückgehende Flakeinheiten die Zwischenräume. So kämpfte im Raum Himberg die 8,8-cm-Flak-Abteilung 181 auf Selbstfahrlafetten. Die Geschütze der Flakkampftrupps stammten teilweise von den ortsfesten Einheiten, teilweise wurden die Kanonen direkt aus den Produktionsbetrieben Wiens herbeigeschafft. Die ortsfeste Batterie Möllersdorf, im Vorfeld isoliert gelegen, hatte man am 30. März mobil gemacht und den Flakkampftrupps zugeteilt. Als erste dieser beweglichen Einheiten ging ein Flakkampftrupp am 1. April im Raum Traiskirchen in Stellung. Andere bekamen bei Wiener Neudorf, Achau, Laxenburg und Himberg, aber auch bei Fischamend Feindberührung. Bei Mödling stellten sich ebenso einzelne Geschütze ein, die sich aus dem Raum von Wiener Neustadt retten konnten. Im Grund waren die mobilen Kampftrupps, bestehend aus zwei bis vier schweren und einigen leichten Geschützen, wesentlich besser dran als die auf den Betonsockeln verankerten, unbeweglichen, ortsfesten Großkampfbatterien mit ihren 16 und mehr 8,8-cm-Geschützen. Denn die Flakkampftrupps zogen sich bei entsprechender Gefahr zurück; die meist ohne jeglichen Infanterieschutz sich verteidigenden ortsfesten Batterien Achau, Königs-

kogel und Fischamend wurden jedoch eingekesselt und durch Granatwerferbeschuß sturmreif gemacht. Da nützte es auch nichts, daß die weiter hinten postierten Flakbatterien, z. B. Rodaun-Maurerberg (4./532-RAD) oder Johannisberg (6./223, 7./223 und eine dritte Einheit), ja sogar die 12,8-cm-Flaktürme Stiftskaserne (2./184) und Arenbergpark (1./184) die ganze Zeit über Feuerunterstützung gewährten.

Am 5. April gelang es lediglich der Besatzung des Eichkogels (2./533), sich unter relativ geringen Verlusten und nach dem Sprengen der Geschütze in die Stellung Rodaun abzusetzen. Weniger glimpflich ging es in Achau ab, wo der Großteil des Personals in Gefangenschaft geriet. Wegen des lang andauernden Widerstands waren die Russen so verbittert, daß sie den Batteriechef, Hauptmann Hänschen, auf der Stelle erschossen. Einen überaus schweren Stand hatte auch die Großbatterie Fischamend-Reichsstraße. Sie wurde ebenfalls umzingelt, und erst nach schweren Verlusten gelang einigen Batterieangehörigen die Flucht über die Donau. Überaus turbulent ging es am Rauchenwarther Königskogel zu, wo sich um die dort verbliebenen zwei Batterien (2./233 und 1./807) ein Widerstandskern gebildet hatte. Unter der Führung eines Majors der Waffen-SS als Kampfkommandanten igelte sich dort eine SS-Infanterieeinheit von etwa 400 Mann ein, die durch die herangeholten Vierlingsflakgeschütze der Zwölfaxinger Batterie einen derart perfekten Schutz bekam, daß es den Russen trotz heftigster Versuche erst am Abend des 5. April 1945 gelang, in die Stellung einzudringen. Nur eine kleine Gruppe der Verteidiger konnte sich noch nach Schwechat durchschlagen. Die im Meßbunker gesammelten sieben Verwundeten gingen zugrunde, und im Gelände wurden 64 Gefallene der Besatzung gezählt.

Nach dem Überwinden des ersten Flakriegels, was drei Tage gedauert hatte, stießen die sowjetischen Soldaten auf die zweite Flaklinie, die vom Maurerberg bei Rodaun (4./532-RAD) über den Johannisberg, eine Flakfestung von drei Batterien (6./223, 7./223 und eine dritte Einheit), zu den Flakkampftrupps bei Maria Lanzendorf, Zwölfaxing, Rannersdorf und Schwechat-Ost verlief. Auf dem Rücken von Wienerberg und Laaer Berg warteten die Flakgroßkampfbatterien Wienerberg (3./223, 203/XVII und eine RAD-Batterie) auf die unmittelbare Feindberührung. Die Turmflakbatterien feuerten noch immer unentwegt ihre 12,8-cm-Gruppen den russischen Kolonnen entgegen.

Im Halterbachtal, zwischen Sophienalpe und Hütteldorf, wurde rasch versucht, mit der Flakgroßbatterie Knödelhütte (3./807, 2./532) als Verteidigungskern eine Widerstandslinie aufzubauen. Auch der Einsatz der Stabsbatterie der Flakgruppe West (Flak-Rgt. 28) bei der Sophienalpe war ein vergebliches Bemühen, die Russen aufzufangen. Schwere Verluste, darunter der Regimentsadjutant sowie der Batteriechef Knödelhütte, Oberleutnant Mack (3./807), waren bei diesem Unternehmen zu beklagen.

Ebenso waren die nur auf Luftbeschuß orientierten und überhaupt nicht für den Erdkampf geeigneten ortsfesten Stellungen Haschhof bei Klosterneuburg (1./532, 1./533 und eine dritte Batterie) sowie Himmelhof (5./532) bald ausgeschaltet. Den Besatzungen blieb nichts anderes übrig, als die Geschütze zu sprengen und zu flüchten, denn auch das massive Feuer der nördlich der Donau liegenden Batterien Bisamberg (1./288) und Fuchsenboden bei Großenzersdorf (2./384-RAD) störte die Rotarmisten bei ihrem Vordringen in die westlichen Wiener Bezirke nur wenig. Am 8. April hatten die Russen den Gürtel erreicht.

Die Flakkampftrupps entlang der unteren Schwechat wurden schrittweise zurückgedrängt: zuerst auf die Höhen des Laaer Bergs und dann später bis zum Südtiroler Platz. Vom Wienerberg aus konnte man verfolgen, wie die Großkampfbatterie Johannisberg bei Unterlaa von der Roten Armee eingeschlossen und mit Granatwerfern sowie mit Artillerie und Panzern zusammengeschossen wurde. Bloß einer kleinen Gruppe von Batterieangehörigen – Soldaten und Luftwaffenhelfern – gelang es, sich bis zum Laaer Berg durchzuschlagen. Was blieb, wurde niedergemacht. Auf der Anhöhe kam es bald zum Kampf um das dortige Kloster.

Das Schicksal der Großkampfbatterie Johannisberg blieb auch der Flakfestung Wienerberg (3./223, 203/XVII und eine RAD-Batterie) nicht erspart. Granatwerfer und Artillerie verhinderten eine aktivere Abwehr, und bald war die Stellung von der Infanterie so umzingelt, daß die Geschütze gesprengt werden mußten und die Flucht in den Stadtkern erfolgte.

Flakkampftrupps, zum Teil sogar mit Angehörigen des Jahrgangs 1928, stellten sich auch im dicht verbauten Stadtgebiet immer wieder den herankommenden russischen Panzern entgegen. So zog sich z. B. ein Flakkampftrupp etappenweise vom Vorfeld des Eichkogels über die Stellung Maurerberg und den Rosenhügel bis zum Auer-Welsbach-Park zurück. Vom Rosenhügel zur Kreuzung Johnstraße–Hütteldorfer Straße beordert, kam es beim Marsch der Kolonne dorthin unter der Westbahnbrücke (Johnstraße–Felberstraße) zum Zusammenstoß mit russischen Panzern. Im Auer-Welsbach-Park wurden hierauf die Geschütze gebrauchsunfähig gemacht und die mitgeführten Granaten gesprengt. Das war in den Morgenstunden des 8. April 1945. Die Russen brauchten also drei Tage dazu, um den letzten Flakgürtel auszuschalten und in den Stadtkern Wiens einzudringen.

Am 9. April begann dann für die nördlich der Donau befindlichen, gestaffelt angeordneten Großkampfbatterien der Flak der Erdkampf. Die Russen hatten begonnen, Wien auch von Osten und Norden her zu umfassen. Auf engem Raum schützten zwei Flakgürtel die beiden nördlichen Wiener Bezirke. Der äußere Halbkreis wurde durch die ortsfesten Kampfbatterien Großenzersdorf (4./288, 9./223), Pysdorf bei Raasdorf (7./533, 201/XVII), Süßenbrunn-Aderklaa (3./288, 6./288 und 4./804-RAD), Rendezvous bei Stammersdorf (7./288) und Bisamberg (1./288) gebildet. Dahinter standen die Flakfestungen Breitenlee (4./696, 5./696 und 2./354) und Kagran (Flak-Ersatz-Abt. 92) sowie die Batterien Leopoldau (1./233, 8./223), Fuchsenboden (2./384-RAD) und Bruckhaufen (202/XVII, 204/XVII). Die enorme Feuerkraft dieser Flakeinheiten wurde noch im Osten, wo man den Hauptangriff erwartete, durch die mobilgemachten Geschütze der drei Schönauer Batterien (3./533, 5./807 und eine dritte Einheit) wesentlich verstärkt.

Die heftigsten und verlustreichsten Kämpfe entbrannten ab 9. April bei Raasdorf sowie in den Bereichen der Batterie Süßenbrunn und Rendezvous. Die Geschütze dieser Einheiten griffen zum Teil mit hochgezogenen Sprengpunkten gegen die Infanterie und mit Panzergranaten in die unmittelbar zwischen Raasdorf und Gerasdorf wogende Panzerschlacht ein. Die Pysdorfer Batterie mußte aufgegeben werden, als die Stellung umzingelt wurde, und die Batterien Süßenbrunn und Rendezvous sprengten die Kanonen, als keine Munition mehr vorhanden war.

Was die mobilen Flakkampftrupps betrifft, so setzte der Flakkampftrupp-Leutnant Schwarzbauer bei der Weinstraße einen sowjetischen Panzer außer Gefecht. Bei Judenau wurden vier Panzer von der Großbatterie Asparn-Langenrohr und in der Gemeinde Atzenbrugg drei von der Großbatterie am Schusterberg erledigt. Die größten Erfolge wurden aber von den verlegbaren und durch leichte Flakgeschütze abgesi-

---

Tagebuchaufzeichnungen eines Luftwaffenhelfers der Batterie Achau (3./532 und 4./533)

Alarm in der Batterie
ab 17. September 1944

Tag:	Alarm-stufe:	Zeit:	Gruppe:
17. 9.	2 × I		0
18. 9.	1 × II		0
19. 9.	1 × I		0
19. 9.	1 × I	22.00	0
20. 9.	1 × I	12.00	0
20. 9.	1 × I	23.30	0
23. 9.	1 × I	11.30	0
24. 9.	1 × II	23.00	0

Oktober 1944:

4. 10.	1 × II	20.30	0
7. 10.	3 × I	12.30–15.45	210
11. 10.	1 × I	10.45–12.45	44
11. 10.	1 × I	13.25–16.00	20

Tiefflieger (2 Mustang)

12. 10.	1 × I	13.30–15.15	0
12. 10.	1 × I	23.15–24.00	0
13. 10.	1 × I	9.45–13.15	0
13. 10.	1 × I	14.30–15.30	0
13. 10.	2 × I	20.00–20.45	0
14. 10.	1 × 1	10.00–14.45	30
16. 10.	1 × I	10.45–12.37	0
17. 10.	1 × I	11.00–14.05	9
20. 10.	1 × I	13.15–13.45	0
20. 10.	1 × I	21.30–23.00	0
21. 10.	1 × I	10.00–11.25	0
21. 10.	1 × 1	19.30–20.00	0
23. 10.	1 × I	12.00–12.45	0
29. 10.	1 × I	11.50–14.00	0

313 Gruppen

November 1944:

1. 11.	1 × I	11.50–14.00	14
2. 11.	1 × I	20.15–21.30	13
3. 11.	1 × I	9.45–11.20	133
3. 11.	1 × I	13.30–14.45	0
4. 11.	1 × II	8.30– 8.45	0
4. 11.	1 × I	12.00–13.00	0
5. 11.	1 × I	10.45–13.45	0
6. 11.	1 × I	10.45–12.00	21
7. 11.	1 × I	12.30–15.05	0
11. 11.	1 × II	11.05–11.35	0
15. 11.	1 × II	11.15–13.00	0
15. 11.	1 × I	13.30–14.00	0
17. 11.	1 × I	10.30–13.36	0
18. 11.	1 × I	12.00–14.00	0
19. 11.	1 × I	11.30–14.00	44

Bomben auf unsere Batterie (150 m)

20. 11.	1 × I	10.15–14.00	0
22. 11.	1 × II	11.45–12.15	0
22. 11.	1 × I	14.15–14.20	0
22. 11.	1 × I	19.00–20.45	0
24. 11.	1 × I	15.00–18.00	0
26. 11.	1 × I	13.00–13.45	0
30. 11.	1 × I	5.00– 6.00	0

225 Gruppen

cherten Flakkampftrupps erzielt, davon etliche Panzer auf der Straße Großhofen–Raasdorf. Die letzte Gruppe wurde am 13. April um 22 Uhr von der Flakfestung Breitenlee auf die russische Infanterie abgefeuert, die sich vor der Stellung hinter den Dämmen der Ostbahn und des Verschubbahnhofgeleises verschanzt hatte.

Während die Russen den Wiener Stadtkern und das Marchfeld eroberten (also zwischen 7. und 14. April), drangen Panzereinheiten der Roten Armee auch ins südliche Tullnerfeld ein. Am 7. und 8. April stieß eine

sowjetische Panzergruppe auf die sechzehn 10,5-cm-Geschütze der Flakgroßkampfbatterie (1./657, 2./657, 3./657) zwischen Asparn und Langenrohr. Erst nach erbitterten Kämpfen gelang es den Russen, diese Flakfestung niederzuringen. Ähnlich war es am 8. und 9. April mit der 8,8-cm-Dreifachbatterie Michelhausen-Streithofen (6./807, 225/XVII, 6./458), die die Russen mit aufgepflanztem Bajonett stürmten.

Die Großbatterie Schusterberg (2./290, 9./290) wehrte sich mehrere Tage lang erbittert. Vom 9. bis 13. April wogten die Kämpfe.

Dezember 1944:

2. 12.	1 × I	10.00–14.00	0
3. 12.	1 × I	12.00–13.00	0
5. 12.	1 × I	12.00–13.00	0
6. 12.	1 × I	10.00–14.00	0
7. 12.	1 × I	11.30–12.30	0
8. 12.	1 × I	5.00– 6.15	0
8. 12.	1 × I	13.00–13.30	0
9. 12.	1 × I	11.30–14.00	0
11. 12.	1 × I	11.00–13.00	15

Bomben auf unsere Batterie (2 m), zwei Geschütze durch Volltreffer außer Gefecht, 11 Tote, 2 Verletzte

11. 12.	1 × I	13.45–14.00	0
12. 12.	1 × I	10.45–13.00	0
15. 12.	1 × I	11.00–13.45	0
16. 12.	1 × II	11.00–12.45	0
17. 12.	1 × I	10.45–13.45	0
18. 12.	1 × I	10.15–13.45	0
19. 12.	1 × I	10.30–14.30	0
20. 12.	1 × I	12.00–13.30	0
22. 12.	1 × I	18.00–19.15	1
25. 12.	1 × I	10.35–13.00	0
25. 12.	1 × I	13.40–14.00	0
25. 12	1 × II	22.15–23.00	0
26. 12.	1 × I	10.10–13.45	0
27. 12.	1 × I	11.00–13.00	7
28. 12.	1 × I	11.30–14.00	0

23 Gruppen

Jänner 1945:

6. 1.	1 × II	11.00–11.30	0
8. 1.	1 × I	12.45–13.45	0
15. 1.	1 × I	11.15–14.00	0
19. 1.	2 × I	9.30–11.15	0
19. 1.	1 × I	12.00–12.30	0
20. 1.	2 × I	12.50–13.35	0
21. 1.	1 × I	11.15–13.30	6

6 Gruppen

Februar 1945:

1. 2.	1 × I	12.00–15.30	10
1. 2.	1 × I	11.15–14.00	0
4. 2.	1 × I	15.00–15.15	0
5. 2.	1 × I	11.30–11.45	0
5. 2.	1 × II	13.30–13.40	0
7. 2.	1 × I	9.50–10.10	0
7. 2.	1 × I	11.00–15.10	46
8. 2.	1 × I	11.45–14.00	20
8. 2.	1 × I	15.00–15.30	0
9. 2.	1 × I	11.45–13.30	0
9. 2.	1 × I	23.00–23.30	0
13. 2.	1 × I	11.55–13.30	21

Munition ausgegangen, obwohl die Verbände alle über uns flogen. Bombenabwurf ca. 500 m

13. 2.	1 × II	22.00–23.00	0
14. 2.	1 × I	9.00– 9.45	0
14. 2.	1 × I	11.30–14.30	0
15. 2.	1 × I	11.15–14.00	26
16. 2.	1 × I	12.00–12.30	0
17. 2.	1 × I	12.15–14.00	0
18. 2.	1 × I	11.30–13.15	0
19. 2.	1 × I	11.30–14.00	11
20. 2.	1 × I	11.30–13.30	14
21. 2.	1 × I	12.15–14.30	95
21. 2.	1 × I	20.00–21.00	0
22. 2.	1 × I	12.45–13.30	0
22. 2.	1 × I	19.00–21.00	0
23. 2.	1 × I	11.30–13.45	0

243 Gruppen

Unter den Toten waren 20 gefallene Luftwaffenhelfer. Die vier 2-cm-Flakgeschütze bei Bärndorf, eine der Moosbierbaumer Batterien, kämpften ähnlich verzweifelt gegen die anbrandenden Rotarmisten.

Unterstützt wurde diese leichte Flakeinheit von der Flakfestung Oberbierbaum (3./284, 9./657, 2./185), die mit ihren 10,5-cm-Kanonen einer festen Frontlinie Rückhalt gab. Erst in der Nacht vom 13. auf den 14. April 1945 mußte auch diese letzte Großbatterie aufgegeben werden. Damit waren mit Ausnahme der im nördlichen Tullner Feld jenseits der Donau stationiert gewesenen Stellungen Frauendorf (6./234, 7./234, 8./234) und Neuaigen (1./273, 2./273) die gesamten Batterien der 24. Flakdivision um Wiener Neustadt, Wien und Moosbierbaum zerschlagen. Die Zahl der bei den Erdkämpfen 1945 durch die Flakbatterien abgeschossenen Panzer kann mit über 100 angenommen werden. Ebenso waren Hunderte Angehörige der Batterien gefallen, Tausende verwundet oder in eine ungewisse Gefangenschaft geraten. Den ungebrochenen Kommandeur der 24. Flakdivision, Generalmajor Fritz Grieshammer, aber hatten überlebende Luftwaffenhelfer überraschend wieder in Oberösterreich gefunden. Er hatte seinen ursprünglichen Befehlsstand am Wiener Cobenzl beim Herannahen der Russen rasch nach Floridsdorf und dann nach Oberrußbach verlegt. Zuletzt war er noch an der Thaya in einen kurzen Einsatz gegangen. Im Luftkrieg hatten am Ende die Bomber doch gesiegt. Den überlebenden Flakangehörigen aber blieb eine erschütternde Erinnerung.

DER LUFTWAFFENHELFER-EINSATZ IN OBERDONAU

Aufbau und Organisation der Flakkräfte im Linzer Raum

Die besondere Wichtigkeit des Linzer Raums als Rüstungszentrum und Schnittpunkt des Eisenbahn- und Straßenverkehrs, der hier den Donauweg trifft, veranlaßte die Luftwaffenführung schon 1938 zum Bau des Fliegerhorsts Hörsching und zunächst zur Aufstellung des Flakregiments 38 in Linz-Wegscheid. Vor 1942 gab es in Linz keine nennenswerten Flakkräfte, denn vom Flakregiment 38 gingen die I. und die II. Abteilung im Polenfeldzug an die Front. Zurück blieb nur die Ersatzabteilung 38/XVII. 1942 kam vorübergehend die leichte Flakabteilung 941 hinzu, wurde bald aber wieder abgezogen und am 2. Juli 1942 durch das schwere Flakregiment 118 ersetzt. Der eigentliche Aufbau der Luftverteidigung von Linz begann erst 1943. Zunächst gab es zwei Flakuntergruppen, „Süd" und „Nord", mit je drei Batterien zu sechs 8,8-cm-Geschützen, die der im April 1944 geschaffenen Flakbrigade 7 unterstanden und deren Stab auf dem Pöstlingberg (Haus Casagrande) und in Baracken seinen Sitz hatte. Als Gefechtsstand diente die Grottenbahn. Der Gefechtsstand der Untergruppe Nord 1/II befand sich im Petrinum in Urfahr, jener der Untergruppe Süd 2/II (die Grenze zwischen beiden Untergruppen dürfte die Donau gewesen sein) in Ebelsberg in Baracken an der Abzweigung der Straße nach St. Florian. Dazu kamen später die Untergruppen West (schwere Flakabteilung 372) mit ihren Gefechtsständen in Leonding und Ost (Mitte) im Versorgungshaus Linz. Im Raum Linz gab es an die 40 Flakbatterien, wobei Verschiebungen der Batteriestandorte vorkamen. Die Aufstellungsdaten der einzelnen Batterien und ihre Stellungen in und um Linz sind nicht in jedem Fall feststellbar. Die Batteriestandorte, an denen sich Flak- und Scheinwerferbatterien befanden, zeigt die nachfolgende Kartenskizze.

Zur Unterstützung der Flakbatterien bei nächtlichen Luftangriffen bestand im Raum Linz ein Ring von Scheinwerferstellungen. Zur Bedienung der Scheinwerferbatterien wurden hauptsächlich Flakwaffenhelferinnen herangezogen. Im Raum Linz war die Flakscheinwerferabteilung 909 (o) ortsfest, mit zwei Batterien (1./ bzw. 2./Scheinwerferabteilung 909), eingesetzt. Die Batteriebefehlsstelle befand sich gegenüber dem Barackenlager Haid, unweit der Straße Traun–Ritzlhof. Jede Batterie gliederte sich in drei Züge mit je drei oder vier Scheinwerfern. Wie die Flakbatterien wechselten auch die Scheinwerfereinheiten des öfteren ihre Stellungen. Nebelkompanien hatten die Aufgabe, Linz nach Möglichkeit der Sicht feindlicher Flieger zu entziehen. Ihr Einsatz erfolgte sowohl bei Tag als auch bei Nacht, wenn anfliegende Verbände gemeldet wurden. Die Aufstellungsplätze der Vernebelungsgeräte wechselten meist mit der Windrichtung, die im Zeitpunkt ihres Einsatzes herrschte. Bedient wurden sie von russischen Hilfswilligen unter Führung eines Flaksoldaten. Der Stab der Truppe war auf dem Freinberg untergebracht. Im Gelände der Hermann-Göring-Werke waren ein oder zwei Nebelkompanien eingesetzt. Weitere Nebelgeräte standen entlang der Mauthausener Bundesstraße zwischen Plesching und Pulgarn sowie in Abständen von 150 bis 200 m am Rand des Augeländes. Auge und Ohr aller dieser Abwehreinrichtungen bildeten die Luftnachrichtenstellen, wie die Funksendestation auf dem Breitenstein oberhalb von Kirchschlag oder die Wetterdienstfunkstelle mit ihren je zwei 50 m hohen Eisentürmen.

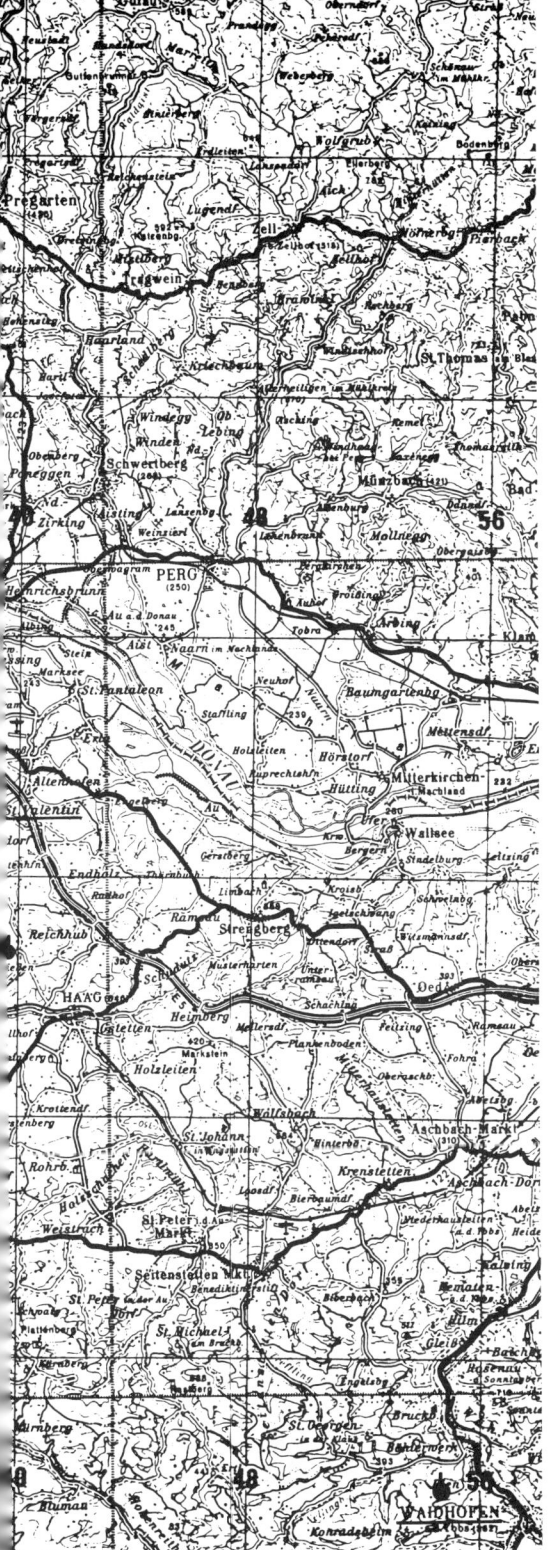

Die Gruppierung der Flakartillerie zum Schutz der Rüstungsindustrie im Raum Linz–Wels–Steyr–St. Valentin.

Linz

Im Raum Linz befanden sich auf dem Höhepunkt des Luftkriegs ca. 45 schwere, mittlere und leichte Flakbatterien. Aus taktischen Gründen kam es da und dort zu Verlegungen der Batterien bzw. Batteriestandorte.

Die Einzeichnungen in der Skizze geben bloß die Orte an und entsprechen nur annähernd dem tatsächlichen Standort der Batterien.

Als Standorte folgender schwerer Batterien konnten laut Angaben von Luftwaffenhelfern ermittelt werden:

8./684 und 6./388 – Doppelbatterie Hagen; 6./388 und 3./388 – Steg; 5./684 und 3./388 – Steyregg; 5./388 und z. b. V. 6423 = später 7./503 – Lichtenberg; 1./321 Eisb. (?) – Leonding; 3./372 und 3./388 – Scharlinz; (le.) A 14/XVII (L) – Wegscheid. Flakscheinwerfer der Flakscheinwerferabteilung 909 (o).

Wels

(s.) Hei 230/XVII; 231/XVII; 232/XVII; 233/XVII; (le.) 8./837; Hei 35/XVII.

Steyr

(s.) Hei 209/XVII; 210/XVII; 302/XVII; (le.) Hei 4/XVII; 5/XVII; 23/XVII; AST XVII.

St. Valentin

(s.) 3./805; 4./805 – Langenhardt bzw. Seggau; (le.) Hei 24/XVII, 28/XVII, An XVII.

Waidhofen an der Ybbs

(mi.) 40/XVII.

Zeichenerklärung

⬡ Flakbrigade

⬡ Flakregiment

⬡ Flakuntergruppe

● Flakbatterien bzw. -züge

♂ Flakscheinwerfer, -batterien bzw. -züge

H Horchgerät

ZNF Zentrale Nachrichtenstelle und Funkgerät

Y Beobachtungsstand (? Flugwachkommando)

211

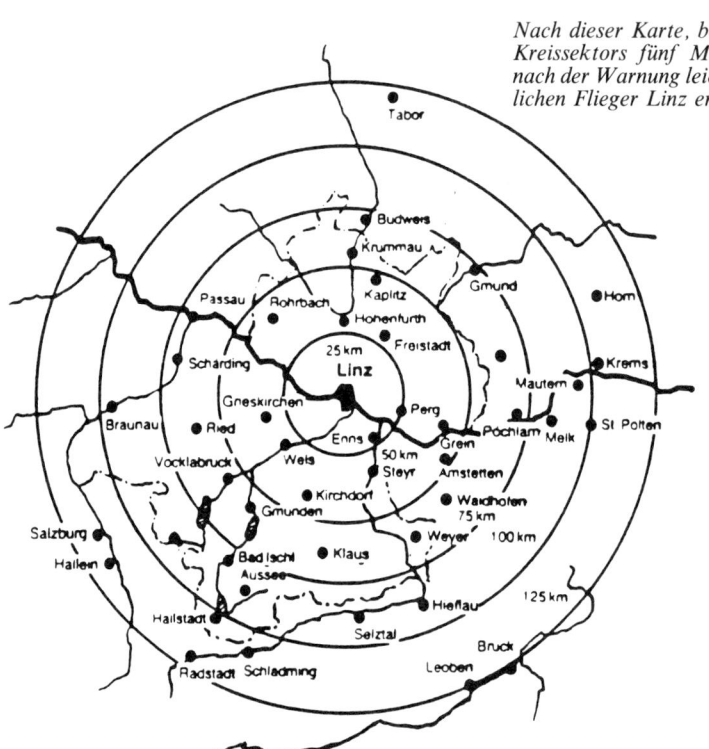

Nach dieser Karte, bei der das Durchfliegen eines Kreissektors fünf Minuten dauerte, konnte man nach der Warnung leicht feststellen, wann die feindlichen Flieger Linz erreichen würden.

Leichte Flak samt Bedienung auf dem Dach des Hauses Finanzgebäude Ost in Linz.

212

Luftwaffenhelfer-Batterie Dirnberg bei Steyr.

Typische Anordnung einer Meßstaffel. Links: Kommandogerät (4-m-Basis), Mitte: Kommandohilfsgerät, rechts: Malsi-Umwertgerät 43 mit dem Zeichentisch (Eingangstrommel – Ausgangstrommel). Mit diesem Gerät wurde unter Zuhilfenahme des Meßdreiecks die Sperrfeuerhöhe ermittelt.

Rechengruppen am Kommandogerät 40:
BWE-Rechengruppe

ķ-Gruppe, Geschoßflugzeitwandler
vh-Gruppe
Δ K-Gruppe, Kurswinkelvorhalt
Δ h-Höhenwinkelvorhaltgruppe
Zielwegwandler
Flugwinkelwandler
Gerät rechnet, Gerät in Endlage, Ziel auffassen, alle Werte Null, Ziel steigt, Ziel fällt, Ziel kurvt. Kurvenkörper gleichen Höhenwinkels, gleichen Seitenwinkels, gleicher Zünderlaufzeit: Kurvenkörper nach sin gedreht, nach cos verschoben.

Alle diese Abwehrmittel traten erstmals gemeinsam in Aktion, als die 15. US Army Air Force am 25. Juli 1944 ihren ersten Tagangriff auf den Raum Linz startete.

Für die Verteidigung des oberösterreichischen Luftraums war zunächst die für den gesamten Luftgau XVII verantwortliche 16. Flakbrigade (Wien) und nach deren Aufstockung zur 24. Flakdivision ab Dezember 1943 die 7. Flakbrigade zuständig. 1938 war ja das Flakregiment 38 nach Linz-Wegscheid verlegt worden, das zwar bald zum Fronteinsatz kam, dessen Ersatzeinheit ab 1944 aber für die inzwischen in den oberösterreichischen Raum verlegte Flakartillerie für Ausbildungs- und Ersatzaufgaben verantwortlich war.

Ab Juni 1944, ein Vierteljahr nach dem ersten Bombenangriff auf Ziele in Oberdonau, war sie für den Raum Linz–Steyr–Wels zuständig. Sie unterstand die längste Zeit dem Luftgaukommando XVII (Wien), im weiteren der Luftflotte „Reich". Die 7. Flakbrigade verblieb mit 40 Flakbatterien, einer Nebel- und mehreren Scheinwerferabteilungen bis Kriegsende in Oberösterreich. In den letzten Kriegswochen stand sie auch im Erdeinsatz gegen die aus Bayern vordringenden Amerikaner. Je mehr sich der Krieg dem Ende zuneigte, um so mehr wurden auch hier die Bedienungsmannschaften mit Studenten, Lehrlingen, Flakhelferinnen und „Hilfswilligen" durchsetzt.

Am 23. Februar 1944 wurde Oberösterreich, der damalige Reichsgau Oberdonau, erstmals zum Frontgebiet. An diesem Tag erfolgte der erste Bombenangriff, und zwar gegen Steyr und die dortige Rüstungsindustrie (Kugel- und Wälzlager, Flugzeugbestandteile und Autos). Ursprünglich als „Reichsluftschutzkeller" bezeichnet, waren auch zahlreiche Industriebetriebe nach Oberdonau und in andere Donau- und Alpenreichsgaue verlagert worden, in der Endphase des Kriegs bevorzugte Ziele der Alliierten.

Die Luftstreitkräfte der westlichen Alliierten waren, als die Angriffe gegen Oberdonau einsetzten, längst aus ihrer Experimentierphase herausgetreten, und in der nun folgenden dritten Phase des Bombenkriegs ab Februar 1944, vor allem in der „Big Week"

(„Große Woche", 20. bis 25. Februar 1944) wurde nunmehr vorrangig auch oberösterreichisches Gebiet angegriffen.

Ziele im Gau Oberdonau waren bei den ersten drei Angriffen vor allem Steyr, dann im Zusammenhang mit Steyr auch St. Valentin in Niederdonau und Wels, schließlich vor allem Linz. Beim Luftangriff auf Steyr vom 24. Februar 1944 kam es übrigens gleich zur größten Luftschlacht im oberösterreichischen Raum. Der Angriff auf Steyr war einer der schwersten während der „Big Week", wobei 200 B-24 die Industrieanlagen angriffen. Ein Nachtangriff des 205. Royal-Air-Force-Geschwaders auf Steyr richtete hingegen wenig Schaden an. Auch in der Folge blieben Nachtangriffe auf Oberdonau eher selten. Insgesamt flogen die Alliierten bis Jahresende 1944 27 Angriffe auf Oberösterreich, davon zwölf auf Linz, vier auf Wels, drei auf Steyr, weitere acht ohne besondere Schwerpunkte. Bis zur Jahresmitte 1944 erfolgten Angriffe eher sporadisch (auf Steyr am 23. Februar, am 24. Februar und am 2. April 1944). Am 30. Mai 1944 folgte der erste größere Angriff auf Wels. Am 21. Juli gab es kleinere Angriffe auf dem Rückflug aus dem Protektorat und am 25. Juli 1944 den ersten Großangriff auf Linz. Noch im August und im September folgte jeweils ein Angriff auf St. Valentin und auf oberösterreichische Dörfer an der Grenze zu Niederdonau sowie auf Wels.

Wie ein Luftangriff z. B. im Raum Linz in militärischer Sprache ausgedrückt ablief, kann aus dem Kriegstagebuch der Großbatterie Hagen (2./388, 4./388, 6./388) vom 25. Juli 1944 ersehen werden.

„9.58   Vorspiel
10.22 U   Spitze eines Feindverbandes
          KN 7,3 R 7–1
          Einflüge in breiter Front IM 7,
          JM 7,9
10.23 U   Stärke des Verbandes 80 Maschinen
10.25   Nr. 5 FW 189 R 7–4
10.26   L 30
10.29 U   Spitze der Feindmaschinen JM 1,3
          R 4–10
10.31   Gegen 10.55 starten eigene Jäger
          von München nach Wien Höhe 70

10.31	U	Spitze der FM HM Kurs Nord
10.33	U	FM in IN, JM, HJ 4
10.35	U	FM in JM 6, Kurs Nord
10.37	U	Spitze der Feindmaschinen HM, Kurs NW
10.38		Maschinensätze bleiben abgeschaltet, außer für Funk-Meßgerät
10.39	U	Spitze der Feindmaschinen GM 4, Kurs NW
10.41		L 15, Feuerbereitschaft melden
10.41		Nr. – feuerbereit
10.44	U	Die Feindmaschinen bestehen aus Fortresses, Liberators, Mustangs, Höhe 40–60
10.44		Nr. 5 Me 109 R 3–9
10.47	U	Spitze der Feindverbände FM 7,3, EN 7,2, vermutliches Angriffsziel Wien
10.48	U	Spitze der Feindmaschinen EN 7, nach FM 7, Kurs Nord
10.50		Maschinensätze bleiben abgeschaltet
10.50	U	Spitze der Feindmaschinen FM, EM 1,4, DM 1,9, Höhe 50
10.51	U	Spitze der Feindmaschinen EM 2, Höhe 50, Kurs Nord, Achtung auf eigene Jäger; es befinden sich 5 FW 190 und 3 Me 109 im Raume südlich Linz
	U	Spitze der Feindverbände DM 4,9 und DL 9,5, R 4–10
10.51		Nr. 5 6 Me 109 9–3 tief
10.55	U	Der Verband in DM 4,9 hat die Stärke von 35 Maschinen
10.59	U	Spitze eines Feindverbandes, Stärke 40 Maschinen CM 8,1, Spitze eines weiteren Feindverbandes 100 Maschinen in DM 1,6, 1 Luftziel in DL 3,6
	U	1 weiterer Feindverband, Stärke 30 Maschinen, R 4–10. Maschinensätze einschalten
11.03	U	Der in DL 2,1 gemeldete Verband DL 1,3–9, Stärke 14 Maschinen Ein weiterer Verband von 45 Maschinen DL 4,3 4–10
11.03		Unsere Me 109 3–11
11.10		Nr. 5 aufgefaßt 15 km R 3
11.10		Nr. 5 Feuer eröffnet
11.12		Nr. 5 21 Liberators erkannt Nr. 5 das Ziel dreht nach 12

11.14		Nr. 5 Feuer eingestellt
11.16		Folienstörung gemeldet
11.16		30 Liberators über Linz R 4–10
11.18		Nr. 5 Me 109 R 12–3
11.19		Über Bombenabwürfe an den Gefechtsstand berichten, Abschußunterlagen sofort vorbereiten, Maßstab 1 : 100 000 Neue Anflüge aus dem Süden Feuer sofort eröffnen
11.22		Nr. 5 Feuer eröffnet, Licht fällt aus, sofort umschalten auf Maschinensätze
11.23		Nr. 5 Feuer eingestellt, Batterien lebhafter schießen, mehr feuern
11.30		Nr. 5 Feuer eröffnet
11.32		Nr. 5 Feuer eingestellt, Abschußunterlagen vorbereiten Maßstab 1 : 100 000
11.34		Nr. 5 Feuer eröffnet, über neue Anflüge, Bombenabwürfe, Abschüsse melden
11.36		Nr. 5 Feuer eingestellt
11.37		Nr. 5 Abschuß R 6 Seite 3 300
11.43		50 Fortresses BJ 5 nach CJ 1 Kurs Süd Höhe 50
11.43	U	60 Fortress aus R 4, DK 9 – DK 1 Anflug auf Linz
11.45		Frage Bombenabwurf
11.46		Nr. 5 keine Bombenabwürfe beobachtet
11.48	U	54 Fortresses BL 7 – CK 7 Höhe 50, 50 Fortresses CJ 1 – CJ 7
11.49	U	Mehrere Feindmaschinen von BJ 2 – CJ 2, Kurs Süd
11.51		Frage Bombenabwurf
11.52		Chefbesprechung auf morgen verlegt, Termin wird bekanntgegeben
11.53	U	30 Stirlings DK 2 – DJ 5. Allgemeine Rückflüge aus dem Raume Linz, Kurs Süd
11.55		Batterien geben genaue Abschüsse, neue Angaben für Abschüsse, die die Batterien glauben, daß sie von uns sind. Vor allem interessieren die vermutlichen Abschußstellen
11.58		Sofortige Meldung der Schäden durch Bombenabwürfe in Gebäuden und Stellungen
11.58		Nr. 5 keine Schäden, Linz feindfrei

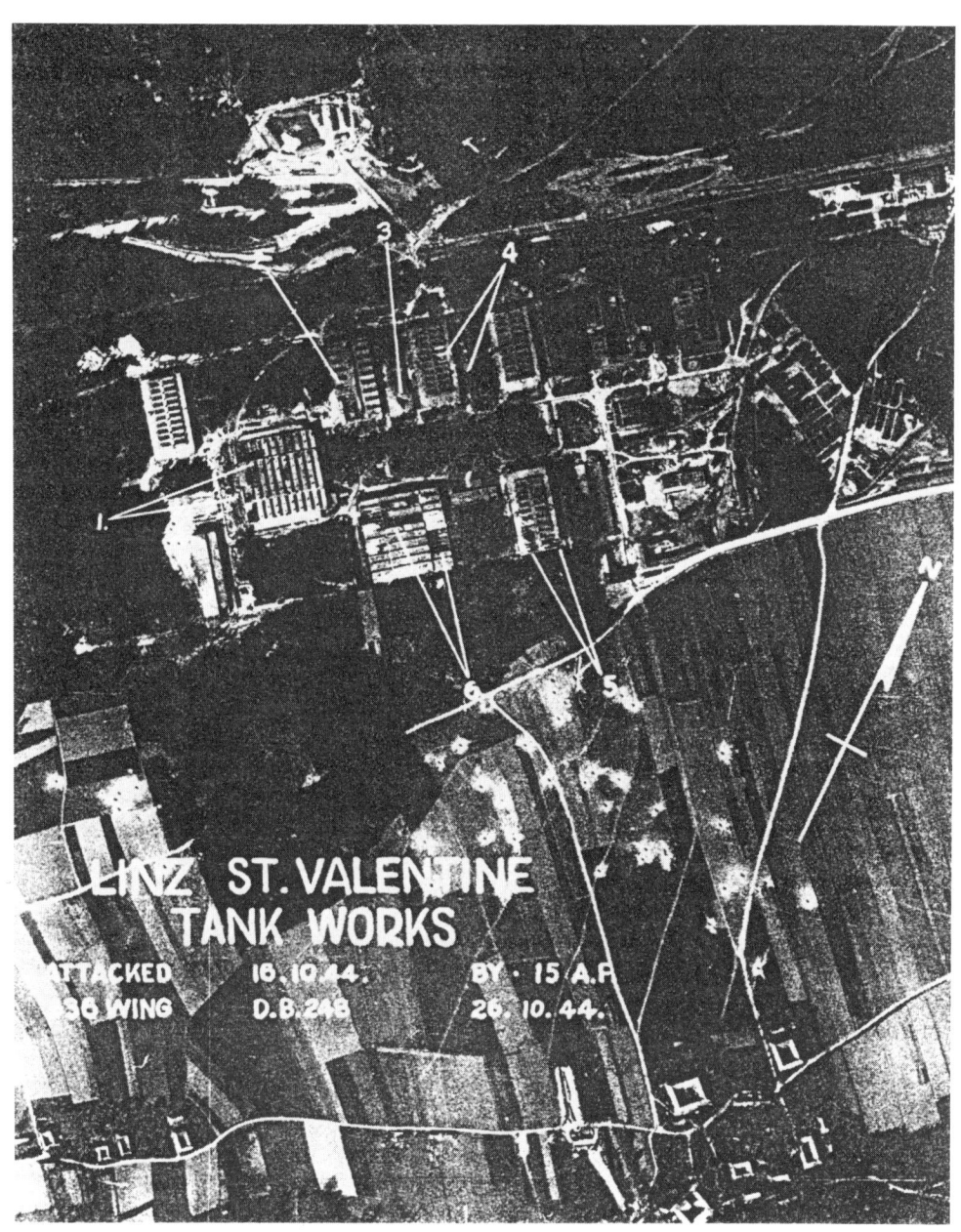

Alliiertes Aufklärungsluftbild der Nibelungen-Werke St. Valentin vom 26. Oktober 1944.

Rechts: Alliiertes Zielfoto Nibelungen-Werke St. Valentin.

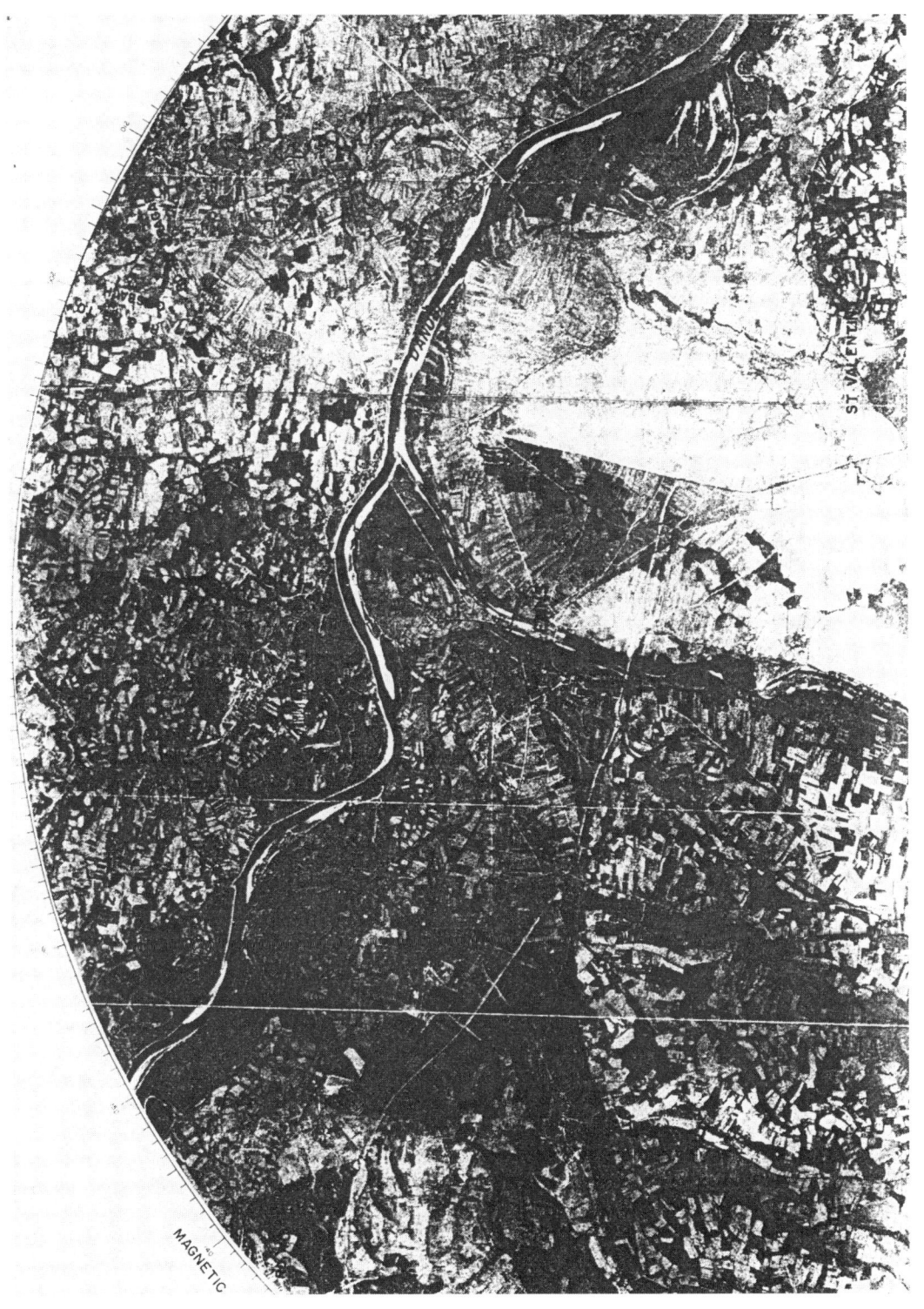

217

12.01	Maschinensätze abschalten, Munitionsverbrauch, Spritverbrauch und Unterlagen für Abschüsse auf takt. Leitung durchgeben
12.08	Gefechtspause, Maschinensätze abschalten
12.13	LZ normale Bereitschaft, Gefechtsschaltung aufgehoben
13.17	L 15
13.24	Uhrenvergleich
13.26	Vermutlich Feindmaschine DJ 3
13.27 U	1 FW 189 von DJ 3 nach DKL, sämtliche Rohre sind sofort auf irgendwelche Schäden zu untersuchen. Gez. Lampert, Oblt.
13.28	LZ normale Bereitschaft. Gefechtsschaltung aufheben! Munitionsverbrauch:

$$
\begin{array}{lll}
388 & 138 & \\
388 & 258 & \text{Schuß 8,8 cm} \\
388 & 133 &
\end{array}
$$

Großbatterie Hagen
529 Schuß 8,8 cm"

Laut Angaben von Luftwaffenhelfern der Batterie 2./388, am Hagen (ungefähr bei der heutigen Merkur-Siedlung), waren bei dieser Batterie am 25. Juli 1944 keine besonderen Ereignisse zu verzeichnen, da der Angriff in der Hauptsache den Industrieanlagen in Linz galt. Wie ein Flaksoldat den Einsatz einer Flakbatterie während eines Luftangriffs sah, zeigt der folgende Augenzeugenbericht über den 16. Oktober 1944: „Um 9.30 Uhr ist wieder Fliegeralarm! Wir hasten zu den Geschützen. Die Luftwaffenhelfer sind flinke, aufgeweckte Burschen ... Die Russen sind uns gegenüber etwas zurückhaltend ... Wir bekommen schärfste Schußbereitschaft. Die Jungen haben die Verbände bereits ausgemacht. Wir sind die südlichste Batterie. Wenn die Bomber nach Linz wollen, müssen sie über uns. Da klingelt schon die Feuerglocke, und durchs Mikrophon kommt an die Geschützführer der Befehl: Gruppenfeuer! Alle K 3 der ganzen Geschützstaffel und der Nachbarbatterie ziehen gleichzeitig ab. 16 Geschütze bellen in die Luft und dann wieder und wieder, alle drei Sekunden 16 Schuß. Wir schießen 48 Gruppen. Die Bomberverbände teilen sich, kommen in den Bereich anderer Batterien, werden auch dort beschossen; doch gelangen sie trotzdem über Linz, wo sie ihre gefährliche Last abladen. Trotz des starken Feuers gibt es keinen Abschuß. Wir sehen allerdings, wie ein Flugzeug aus dem Verband ausschert und nach Süden abfliegt.

Luftwaffenhelfer der Doppelbatterie Hagen; 6./ 388, später 8./684, im Hintergrund die Kirche auf dem Pöstlingberg.

Wahrscheinlich hat es Treffer bekommen. Dies muß aber ein Schuß aus einer 12,8-cm-Kanone gewesen sein, von der Batterie in Pasching oder St. Martin. Nur diese Geschütze schießen bis zu 12 000 Meter. Die Bomber fliegen über dem Schußbereich der 8,8-cm-Geschütze.

Um 13.30 Uhr ist der Alarm zu Ende. Der Batteriechef besucht die Geschütze . . . Er erklärt uns, daß wir die Verbände wenigstens von einem gezielten Abwurf abgehalten haben. Die Hermann-Göring-Werke sollen getroffen worden sein . . ."

Abschußliste

1.	24. 2. 1944	Fortress II	Lichtenberg	2 P.
2.	30. 5. 1944	Liberator	Lichtenberg	
3.	25. 7. 1944	Liberator	Lichtenberg	
4.	16. 10. 1944	Liberator	Hagen	
5.	19. 11. 1944	Liberator	Hagen	
6.	9. 12. 1944	Liberator	Hagen	

23 aus dem Luftwaffenhelfer-Kriegstagebuch hervorgehende Gefechtstage.

Aus den Tagebuchaufzeichnungen eines Luftwaffenhelfers der Linzer Batterie 6./388 Linz-Hagen.

„Die ‚Napolitaner' sind angekommen; jeder ein kleiner Gauleiter. Die werden sich anschaun! Seit gestern ist nämlich die Grundausbildung im Gang.

17. 1. Bis einschließlich Sonntag Ausgangssperre, weil die Ausgeher sich die HJ-Armbinde ‚abgemacht' und Koppel übergeschnallt haben.

1. 2. Die letzte Zeit ist der Schliff nicht mehr feierlich; am Donnerstag werden wir vereidigt, dann geht's in Stellung.

3. 2. Vereidigung im Volksgartensaal in Linz.

4. 2. Endlich unser Marschbefehl.

20. August 1944:

9–11 h L30, L15 Einflüge aus Ungarn, Abfahrt aus Rust, während Bahnfahrt Nachtangriff auf Valentin, Lichtenberg Gefechtstätigkeit; 2 Abschüsse beobachtet.

21. August: Früh zurück in Stellung. 9–10 h L30, L15 Aufklärer.

16. Oktober 44:

10.15–13.25 L30, L15 schwerer Angriff, starke Gefechtstätigkeit. Insgesamt 7 Verbände mit Vernichtungsfeuer belegt. Liberator Abschuß! 8./684: 149 Schuß Muniverbrauch bei 4 Rohren 10,5.

6./684: 211 Muni-Verbrauch bei 5 Rohren 10,5; Fred (?) aus 9 Verbänden im Fadenkreuz. ‚Seite steht!' ‚Bodenklappen öffnen sich!' Fast über uns klinken sie aus. Das trifft uns in alle Ewigkeit nicht!

? Eine Liberator im Tiefflug längs der Donau? – Blödsinn. Die B1 liegt auf der Nase, nur Kdo-Bedienung hat eiserne Ruhe, voran Strößner. Treffling meldet Bombentreffer in Stellung. Außerdem Abwurf eines Sackes mit Aufschrift ‚Feldpost'. Ich bin Flugmelder und schau mir alles durchs Zielfernrohr an. Die Liberator sind so groß, daß man höchstens die halbe Maschine im Glas hat. – Stllg schießt auch wie wild, immer zuckt das Mündungsfeuer, oder sind's Einschläge?

14.30–15.15 L15, mehrere Maschinen Raum Linz.

16.00–16.15 /L15, mehrere Maschinen Linz, Aufklärer!

November 44

3. Schwerer Angriff, starke Gefechtstätigkeit. Am Abend krepieren überall noch Zeitzünder.

4. Mit Wirkung vom 1. 11. zum Oberhelfer befördert. Wie man sich fühlt!

21. 9–9.30 Vorspiel, Angriff zu erwarten; Chef sehr nervös, Strößner die Ruhe. Von 9–13 h dürfen die Geräte nicht verlassen werden.

22. 11.30–13.00 Vorspiel, L15, FF Salzburg, München, Regensburg. Mustangs sausen bei uns herum.

23. 12.50–13.30 Vorspiel, ?

Dezember 44

9. Angriff auf Linz, Gefechtstätigkeit; 4 mot. in Brand geschossen; Absturz nicht mehr zu beobachten.

10. 3 × Alarm, nie zum Schuß gekommen.

15. *Schwerer Angriff auf Linz, Sperr-feuer und Zielfeuer wie wahnsinnig, Linz löst sich in Rauch auf.*
16. *Schwerer Angriff auf Linz, es geht um wie gestern. Mich wundert, wo wir so viel Muni herhaben. Bomben rund um Batterie, in Donau und bei der Kir-che. Bei der 6. Batterie springen einem Geschütz während des Feuerns die Sok-kelschrauben ab. Das hätte bald ein Unglück gegeben.*
17. *Angriff auf Wels. Jeden Tag stehen wir stundenlang draußen und frieren uns ab. Jeder freut sich aber aufs ‚Feuer frei!' – Zwischen FMG 6. und FMG 8. schwerer Wettbewerb im Ziel-auffassen. Wir sind meist etwas flinker.*
20. *Angriff. Liberator-Verbände mit Sperr- und Zielfeuer belegt.*
22. *Starke Aufklärertätigkeit. Stube auf Urlaub bis auf 3 Mann.*
24. *Vormittag Alarm. In der 1. Nacht 3 × Aufklärer.*
25. *Angriff auf Wels. 8 Verbände im Anflug, dabei Feuerverlust! So ein Irr-sinn!*
26. *Wie immer.*
27. *Schwerer Angriff, Bomben rund um Batterie, wir haben wieder Muni und schießen, daß man bald taub wird. – Aufs Rohr regnet's Splitter, wahr-scheinlich von Stllg, weil die Anflüge aus 9 kommen. Haller (B5) kriegt ein Mordstrumm aufs Rechengerät. Aber: ‚Gerät rechnet!' – Neben unserem Flug-melderstand haut ein Bombensplitter ein, der uns fast an die Köpfe wäre. Otto, Schwarzinger und meine Wenig-keit – wir haben uns nach dem verdäch-tigen Sausen etwas entgeistert am Grund des Horchrichters wiedergefun-den. Lt. Rechart hat sich ‚unseren' Splitter als Trophäe auf seine Bude ge-nommen.*

Jänner 45
8. *Jeden Tag waren wir draußen. Dafür übersiedeln alle LWHs in die Kantine auf Strohlager, weil in unsere Stuben Helferinnen kommen. Jetzt wird's hei-ter! Mitten in dem Trubel Alarm.*

Schwerer Angriff. Tolle Schießerei. Bomben vor der Batterie in 9. Das war auf uns gemünzt. Ebenso die Eier der zweiten Welle; die haben aber zu spät ausgeklinkt und ihren Segen hinter der Geschützstellung ins Schloß Hagen und Umgebung geworfen. Im Schloß allein 12 Tote. 1 Verwundeter in der Batte-rie."

Im Oktober 1944 erfolgten zwei Angriffe, davon einer auf Linz, im November 1944 waren es bereits sechs Angriffe, vorwiegend auf Linz, und im Dezember gab es nicht weniger als zehn Angriffe, davon sechs auf Linz, zwei auf Wels und zwei auf verschie-dene andere Orte. Der Dezember 1944 brachte zwar nicht die schwersten, aber die meisten Angriffe auf Oberdonau in der Endphase des Zweiten Weltkriegs; jeden dritten Tag wurde angegriffen, so am 3., 9., 15., 16. und 17., am 20., 25., 27., 28. und 29. Dezember.

1945 folgten ab dem 8. Jänner 1945 weitere 42 Angriffe, anfangs ebenfalls vorwiegend auf Linz. Am 20. März 1945 gab es noch einmal zwei schwerere Angriffe auf Wels, am 21. April 1945 erfolgte der Vernich-tungsangriff auf den Eisenbahnknoten-punkt Attnang-Puchheim, nachdem schon am 20. März 1945 der 33gleisige Rangier-bahnhof Wels restlos zerstört worden war. Am 22. März 1945 kam es nochmals zu einem kleinen Angriff von 13 aus dem Pro-tektorat zurückfliegenden Kampfflugzeu-gen, vorwiegend auf den Rangierbahnhof von Wels. Der vorletzte Angriff auf Wels am 25. April galt vor allem dem Bahnhof.

Nochmals kam es am selben 25. April 1945 zu schweren Luftangriffen auf Linz und auf Wels. Es war dies überhaupt der letzte Angriff vom Süden her und gleichsam der Schlußstrich im Bombenkrieg, da vier Tage später, am 29. April 1945, die Kapitulations-verhandlungen der Südfront abgeschlossen wurden.

Über jenen Luftangriff ist uns ein erschüt-ternder Bericht eines ehemaligen Luftwaf-fenoberhelfers einer Wiener 10,5-cm-Batte-rie überliefert, bei der er selbst während seiner Luftwaffenhelferzeit 34 oft schwere Gefechte bei 142 Fliegeralarmen miterlebte. An jenem 25. April 1945 war dieser ehemalige Luftwaffenhelfer bereits Arbeitsmann der RAD-Abteilung 2/355 in Schlickendorf bei Krems. Der Bericht zeugt von der inneren Einstellung eines jungen 17jährigen Menschen, der sich entgegen aller doktrinären Einflüsse und trotz der persönlich erlebten Härten des Krieges seine tiefe Humanität bewahrt hatte. So wie er hat sicherlich die überwiegende Zahl aller Luftwaffenhelfer empfunden und gedacht:

„25. April 1945
Nach dem Frühappell geht es wieder ins Gelände. Ein herrlicher Tag breitet sich über das Land, und wir bedauern, daß wir in Uniform stecken und ihn nicht nach eigenen Wünschen genießen können. Etwa gegen 11 Uhr beginnt es ganz annehmbar zu brummen, und wir bekommen Befehl, uns in das Gelände zu verstreuen. Ein Kamerad und ich legen uns auf den Rücken und suchen den tiefblauen Himmel ab. Ganz genau können wir die Verbände ausmachen, die sich im Anflug auf Linz befinden. Wir zählen an die 120 Maschinen, alle vom Typ Fortress 2. Kurz darauf beginnt die Flak zu schießen, und die ersten Sprengpunkte tauchen am Himmel auf. Sie schießen nicht schlecht, ein paar Gruppen liegen mitten im Verband. Unbeirrt ziehen aber die viermotorigen silbernen Vögel ihrem Ziel zu, wie ein unabwendbares Verhängnis. Linz liegt etwa 20 km von uns und hat noch einen verhältnismäßig starken Flakschutz. Ein paar Maschinen brennen schon, und eine Fortress 2 bekam bereits einen Volltreffer. Dann aber sind die Amis an der Reihe. Als ob ein Gewitter losbricht, so donnert es zu uns herüber, die Erde bebt und die Luft zittert mit. Verband auf Verband wirft seine Last ab. Schwarzgrau steigt eine Rauchwand zum Himmel. Dann hört man nur noch das Brummen der Maschinen, die über uns ihren Abflug nehmen. Totenstille herrscht, alles in der Natur ist verängstigt und erschüttert darüber, daß der Mensch an einem so schönen Tage nur Haß, Tod und Vernichtung kennt. Nicht lange aber währt diese Stille. Ein neuer Verband mit wieder 120 Maschinen ist im Anflug. Wieder das grausige

Schauspiel. Obwohl wir so weit weg sind, ist auch bei uns etwas los. Da Verbände über uns ihren Rückzug nehmen, tobt sich die Flak noch aus, und alles Gute kommt von ... Haufenweise tauchen die Sprengpunkte über uns auf und manche Maschine bekommt noch was ab. Es jault und pfeift nur so von den Splittern. Dann ein Zischen, das zum Pfeifen anschwillt. Wir pressen uns an den Boden, da ein berstender Krach. Ein Spätzünder von der Flak ist aufgeschlagen und explodiert. Passiert ist nichts. Fünfmal wiederholt sich das Theater. Rund 700 Maschinen greifen Linz an. Unsere Flak war aber auch nicht untätig. Immer wieder steigen über uns Flieger aus den brennenden Maschinen. Überall baumeln sie an den weißen Schirmen. Wir bekommen den Befehl, die abgesprungenen Amis gefangen zu nehmen. Sechs kommen auch in unserer nächsten Nähe herunter. Eine Nachbarabteilung ist schon ausgeschwärmt und beginnt zu schießen. Mich packt die Wut. Ich war 13 Monate bei der Flak und die Amis haben uns manch heiße Stunden bereitet, aber auf abgesprungene Flieger, die ja sowieso Gefangene sind, haben wir nie geschossen, obwohl wir manchmal Grund genug dazu gehabt hätten. Man kann deutlich sehen, wie sie in ungefähr 150 m über dem Boden ihre Pistolen wegwerfen und die Hände, noch am Schirm hängend, heben. Ein Vormann von der Nachbarabteilung kniet sich auf den Boden und läßt einen Piloten, der direkt auf ihn zubaumelt, auf knappe 30 m heran und jagt ihm mit der MP ein Magazin in die Brust. Es reißt den Ami ein wenig und dann ist es vorbei. Am liebsten möchte ich den feigen Hund selbst niederknallen. Jetzt trauen sie sich, solange die Verbände flogen, da waren sie still und bleich, jetzt, wo sie Wehrlose vor sich haben, da werden sie stark. Ein Kamerad, der auch in Neustadt bei der Flak war, und ich gehen ins Dorf zurück. Diese Sauerei haben wir satt. Da kommt ein Fallschirm gar nicht weit von uns herunter, der Schirm dürfte angebrannt sein, denn mit dem Leben kommt der Flieger nicht davon, da die Geschwindigkeit zu groß ist. Mit Spannung schauen wir zu. Wie er ungefähr 200 m über dem Boden ist, zieht er die Pistole und schießt sich in den Kopf.

Kurz darauf knatscht er auf dem Boden auf. Dann gehen wir ins Dorf, und der Dienst geht stur weiter."

Wenn auch die Schwerpunkte der Bombenangriffe Linz, Steyr und Wels hießen, so wurde doch auch immer wieder das flache Land angegriffen, wie z. B. gleich beim ersten Angriff neben Wels auch Bad Hall, Schiedlberg, Thalheim, Wimsbach, Scharnstein, Losenstein und Kematen an der Krems. Der letzte vorliegende, ausführliche Bericht über den 11. April 1945 registriert folgende Tieffliegerangriffe: Bahnhof Rohr, Achenlohe, Frankenmarkt, Teufelmühle, Holzleithen, Wolfschütte, Schwanenstadt, Breitenschützing, Puchkirchen, Mehrnbach, Eberschwang, Pram, Obertrattnach, Bruck-Waasen, Bad Schallerbach und Grieskirchen.

In Linz gab es seit 1940 50 Fliegeralarme, bis beim 51. der erste Bombenangriff erfolgte. Von kleineren Angriffen abgesehen, gab es in Linz 22 Großangriffe.

Mit dem Herannahen der alliierten Erdkampfverbände ging der Luftkrieg allmählich zu Ende. Zwar kam es noch zum Einsatz der taktischen Luftwaffe der Alliierten im süddeutschen und im österreichischen Raum, doch waren naturgemäß die alliierten Heeresverbände an weiteren Zerstörungen nicht mehr interessiert. Die amerikanische Luftwaffe unterstützte von Flugplätzen in Deutschland aus nur noch den Einsatz der in Oberösterreich einmarschierenden amerikanischen Divisionen.

Die Westalliierten hatten, als sie den Luftkrieg gegen Oberdonau im Februar 1944 begannen, genug Erfahrungen gesammelt, so daß ihre anfänglich starken Verluste bald rasch absanken. Die Reichweite des amerikanischen Langstreckenjagdschutzes erlaubte es, die Tagbomberverbände bis zu ihren fernsten Zielen zu begleiten. War zu Beginn in den Berichten von „Abschüssen" die Rede, so sprach man sehr bald nur noch von „abgestürzten Flugzeugen", wobei die Gründe naturgemäß unterschiedlich sein konnten. So wurden gleich für den ersten Angriff auf Steyr als Erfolg der „aktiven Abwehr" drei Abschüsse gemeldet. Die zu dem Zeitpunkt noch starke deutsche Jagdwaffe konnte am 23. Februar noch mit 24 Me 109 die 115 B-17 und die 146 Jäger (P 38, P 47) der 15. US-Luftflotte angreifen, so daß nur 87 Bomber tatsächlich Steyr angreifen konnten und ihre Bomben ungezielt abwerfen mußten. Beim Rückflug griffen deutsche Jäger die rückfliegenden US-Bomber nochmals an, wobei diese die 17 viermotorigen Maschinen, nach deutschen Angaben 21 Bomber und fünf Jäger, darunter alle zehn der letzten Formation, verloren. Die deutschen Verluste: drei Abschüsse, zwei Bruchlandungen. Die deutsche Wehrmacht berichtet bei diesem Luftkampf von 43 Abschüssen, darunter 37 Bomber. Am 24. Februar erfolgte sogar der Abschuß von 22 Bombern und zwei Jägern.

Schwärzester Tag für die US-Luftwaffe im oberösterreichischen Raum dürfte der 25. Juli 1944 gewesen sein, als allein über Oberdonau 16 Bomber und drei Jäger aus einer Gruppe von 400 Flugzeugen abgeschossen wurden bzw. abstürzten. Im ganzen Bombenkrieg dürfte das Linzer Flakregiment 38 20 gegnerische Flugzeuge abgeschossen haben.

Bei den angreifenden Bomberverbänden gab es auch kleinere Gruppen (6 bis 8 Flugzeuge); ihre Flüge wurden als „Störflüge" bezeichnet. Im Durchschnitt umfaßten die angreifenden Verbände 100 bis 200, auch 300, gelegentlich auch 400 und 600 Flugzeuge. Relativ selten griffen sämtliche dieser Flugzeuge gemeinsam ein oberösterreichisches Ziel an. Sehr oft wurden Industrieziele in sudetendeutschen Gebieten und im Protektorat angegriffen und erst auf dem Rückflug Bomben über Oberösterreich abgeworfen. Der erste An- oder Überflug geschah meist am Vormittag gegen 11 Uhr, die eigentlichen Angriffe erfolgten ein bis zwei Stunden später. Oft kamen die Bomberverbände auch in mehreren Wellen; gelegentlich griffen sie verschiedene Ziele an, so am 23. September 1944 Wien und Wels, am 15. Oktober Wien und Steyr, am 16. Oktober St. Valentin, Steyr und Salzburg, am 7. November Verkehrsziele in Wien, Linz und Salzburg, Villach und die Brennerbahn, am 3. Dezember Linz, Wien, Klagenfurt und Villach, am 16. Dezember Linz und Wien.

Von Anbeginn des Luftkriegs in Oberdonau

wurde auch das propagandistische Moment sichtbar, denn fast bei jedem Angriff wurden auch Flugblätter abgeworfen, teilweise vor allem für den österreichischen Raum bestimmt, so etwa die „Luftpostausgabe Süd", „Das neue Deutschland", „Zerschmetterung der deutschen Truppen im Westen", „Was die Zensur nicht durchläßt", aber auch „Hitlers Kriegsindustrie wird in Österreich vernichtet", „Konzentriertes Zielgebiet Österreich" und „Rotweiß-rot". Vergleichsweise warfen sowjetische Flugzeuge über Österreich Flugblätter in ungarischer Sprache für ungarische Soldaten ab.

Wichtigste Ziele der Rüstungsindustrie in Oberdonau waren Steyr, hier vor allem die Kugel- und Wälzlagerproduktion, die Autoproduktion, aber auch die Flugzeugteileerzeugung der Steyr-Daimler-Puch AG. In Linz gab es ebenfalls mehrere Schwerpunkte: die „Eisenwerke Oberdonau", die „Hermann-Göring-Werke, Hütte Linz" und die „Stickstoffwerke Oberdonau".

In der letzten Kriegsphase nahmen die Verlagerungen stark zu, sowohl innerhalb des Gaus wie auch aus anderen deutschen und Ostmarkgauen. So wurden eine Teilproduktion der Kugellagerproduktion von Schweinfurt nach Wels verlegt, die Kugellagerproduktion Steyr in die Zentralkellerei in der Linzer Kapuzinerstraße. In Ebensee wurde eine Raffinerie für hochoktaniges Flugzeugbenzin errichtet, wobei von Vierlingsflak geschützte Kesselwagen das Rohöl nach Ebensee befördern mußten. Daneben gab es gerade in Oberdonau zahlreiche „Ausweichunterkünfte". Diese Verlagerungen ermöglichten zwar eine behelfsmäßige Fortführung der Rüstungsindustrie und verhinderten auch manche Zerstörung von produzierten Gütern, machten aber auch das Nachschubproblem immer komplizierter und die Zerstörung der Verkehrswege, vor allem der Bahnen und Bahnknotenpunkte, für die Alliierten immer interessanter – und dies um so mehr, als die Bahn in ihrem ganzen Ausmaß durch Flakartillerie ja nicht annähernd so gut gesichert werden konnte wie die Großbetriebe.

Während die Stärke der englischen und der amerikanischen Luftstreitkräfte mit Beginn der Luftoffensive aus dem Süden, also mit 13. August 1943, ständig zunahm, gab es bei der deutschen „aktiven Luftverteidigung" nach anfänglichem Aufschwung bald eine rapide Abnahme der möglichen Abwehrmaßnahmen. Ende 1943 standen dem Luftgaukommando XVII nur 60 schwere Flakbatterien zur Verfügung. Diese konnten zunächst beträchtlich ausgeweitet werden. Je kritischer allerdings die Frontlage wurde und je näher die alliierten Fronten heranrückten, um so mehr wurden diese neu aufgestellten Batterien, vor allem die motorisierten, abgezogen und an die Front geschickt. Die so geschwächte Luftabwehr mußte dann nach dem Ausfall der Jagdwaffe fast die ganze Last des Luftkriegs der letzten vier Monate allein tragen. Die Gesamtschätzung der über Oberösterreich von Flak und Jägern abgeschossenen 70 alliierten Flugzeuge ist naturgemäß mit vielen Fragezeichen verbunden.

Der Luftwaffenhelfer-Einsatz in Linz

Im Februar 1943 wurden erstmals die Schüler von Linzer und von auswärtigen sowie auch von nicht deutschsprachigen Mittelschulen (6. und 7. Klasse) als Luftwaffenhelfer eingezogen. Die in Linz eingezogenen Jungen erhielten in der Flakersatzabteilung 38, im Lager Wegscheid, ihre Grundausbildung von zwei bis vier Wochen und wurden dann zur weiteren Ausbildung den Batterien zugeteilt. Gleichzeitig mit dem Batteriedienst wurde ihnen, zuerst in den Schulen, dann in den Stellungen, von ihren Professoren Unterricht erteilt. Im Jänner 1945 traten Flak-v-Soldaten, meist 16jährige Lehrlinge, an ihre Stelle. Bei fast jeder Batterie gab es auch russische Hilfswillige (Hiwis), im Schnitt etwa 20 Mann, die als Munitionskanoniere eingeteilt wurden, aber auch Erdarbeiten und sonstige Handlangerdienste leisten mußten.

Weiters gab es auch italienische Kriegsgefangene und Ungarn bei den Batterien. Anfang Jänner 1945 kamen Flakhelferinnen in die Stellungen. Sie lösten bei der Meßstaffel die jüngeren Soldaten und Männer ab. Als von den an der Front vernichteten Batterien immer mehr Soldaten in Linz einlangten und den Batterien zugewiesen wurden, zog man bis April 1945 die Flakhelferinnen wieder von den Batterien ab.

Bei den Heimat- und Alarmflakbatterien versahen wie üblich berufstätige Männer mittleren Alters – oder solche, die als nicht fronttauglich galten – turnusweise ihren Dienst. Der Luftwaffenhelfer-Einsatz im oberösterreichischen Raum wurde bisher noch nicht eingehend dargestellt. Lediglich aus der Sicht einer einzigen Schule, der Oberschule für Jungen in Freistadt, berichtet uns ein ehemaliger Schüler über seine Luftwaffenhelfer-Zeit. Dieser Bericht besitzt jedoch ein gutes Maß an Allgemeingültigkeit, so daß man ihn als charakteristisch für den Luftwaffenhelfer-Einsatz im damaligen Gau Oberdonau bezeichnen kann. Er soll hier teils in abgeänderter Form wiedergegeben, teils aber auch wörtlich zitiert werden:

Der erste Einberufungstermin für die Schüler der 6.–8. Klassen der Jahrgänge 1926 und 1927, nämlich der 15. Februar 1943, hatte für die Schüler in Freistadt keinerlei Bedeutung, da ein örtlicher Einsatz, wie ihn Hitler genehmigt hatte, nicht möglich war. Freistadt lag zu weit entfernt von den zu schützenden Objekten in Linz und Steyr. Aus den übrigen Schulen in Oberösterreich liegen nur recht unvollständige Mitteilungen vor. Von Admont rückten am 23. Februar nach Linz 10 Schüler des Jahrgangs 1926 und 1927 aus der 6. und 7. Klasse ein. Es stellte sich bald heraus, daß mit der Zahl der eingerückten Schüler der Bedarf nicht gedeckt werden konnte. Am 20. Juli 1943 beschloß daher die oberste Führung, den überörtlichen Einsatz der Luftwaffenhelfer allgemein einzuführen.

Zugleich wurden die Schulverwaltungen vom 23. Juli 1943 verständigt, daß alle männlichen Schüler aller höheren Schulen, die dem Jg. 1926 und 1927 angehörten und die Klassen 6 bis 8 besuchten, für den Dienst als Luftwaffenhelfer erfaßt und demnächst eingezogen werden sollten. In den Gau Oberdo-

nau kamen bei dieser 2. Einberufungswelle 1076 neue Luftwaffenhelfer aus Linz, aus dem übrigen Oberösterreich, aus Niederdonau, Kärnten und der Steiermark.

Am 1. August 1943 rückten nun auch die ersten Schüler aus Freistadt ein, und zwar Schüler des NS-Schülerheims. Wiederum hatten die Heimschüler den „Vorrang". Damit begann auch für die Schule in Freistadt die Zeit der Luftwaffenhelfer, die nun in drei Schüben – wie im ganzen Deutschen Reich – einberufen wurden:

Am 1. August 1943 Jahrgänge 1926 und 1927 der 6. bis 8. Klasse (Heimschüler); am 10. September 1943 Jahrgänge 1926 und 1927 der 6. bis 8. Klasse; am 5. Jänner 1944 Jahrgang 1927 der 5. Klasse, Jahrgang 1928 der 5. und 6. Klasse.

Die Schüler aus Freistadt wurden in das große Flakausbildungslager nach Linz-Wegscheid einberufen und dort in der Baracke 32 Nord untergebracht. Diesen Schülern machten die Baracken nichts mehr aus, sie waren das schon vom Schülerheim Freistadt gewohnt. Die Ausbildung in Wegscheid war nach übereinstimmenden Berichten hart, militärisch und fast unmenschlich und entsprach nicht den von oben gegebenen Vorschriften. Aber wo kein Kläger, da auch kein Richter! Einige Schilderungen sollen dies beleuchten.

Ein Luftwaffenhelfer schreibt: „Es ist mir noch in lebhafter Erinnerung, daß wir am 1. Sonntag das Lager nahezu ausgestorben vorfanden. Der ruhige Nachmittag wurde deshalb zu einem ausgiebigen Sonnenbad in der heißen Augustsonne mit zwischenzeitlichen kalten Duschen neben unserer Baracke genützt. Die Freude an diesem angenehmen Lagerleben währte aber nur kurz, denn ein vorbeigehender Unteroffizier war baß erstaunt ob dieses ungewohnten Bildes und sorgte sogleich und ausgiebig für Bewegung. Bettenkontrolle und ähnliche ‚Späße', so daß uns die Freizeit gründlich vergällt wurde ... Die Ausbilder hatten mit uns

‚jungen Spunden' wohl eine besondere Freude, weil sie alle möglichen Schnelligkeitsrekorde brechen wollten. Dazu gehörte in gewissen Zeitabständen immer wieder der sog. ‚Maskenball'. Das war ein mehrmaliges Antreten auf dem Appellplatz in verschiedenen Bekleidungsnormen (Drillich, 1. Garnitur, 2. Garnitur), wobei genau kontrolliert wurde, ob alle Knöpfe zu und die Schuhriemen gebunden sind. Auch die Adjustierung mußte der Vorschrift entsprechen. Ein Mangel wurde gewöhnlich immer festgestellt, und dies war der Grund für eine weitere Fortsetzung des ‚Zaubers'."

Ein anderer: „In Baracke 32 Nord wurden bei Stubenabnahme am Abend unter dem Tisch einige Brotkrümel gefunden. Gleich der Sonderschliff im Nachthemd, durch die Stockbetten durch, auf die Spinde mit Stahlhelm (‚wie Engerl'), mit dem Strohsack um die Baracke ... am nächsten Tag wir 24 Mann im hinteren Kasernenwinkel Sonderschliff, daß drei Mann weggetragen werden mußten."

Ein dritter: „Die Ausbildung war sehr hart, ärger als später beim Militär, eine richtige ‚Schleiferei'. Der Chef der Ausbildung war ein äußerst arroganter Leutnant, der sich am Sonntag mit der Prunkuniform und einem Hängedolch präsentierte."

Die Ausbildung dürfte zwei bis vier Wochen gedauert haben. Nach dem Ablegen des Versprechens wurden die Luftwaffenhelfer zur weiteren praktischen Ausbildung den Batterien zugeteilt. Die elf Luftwaffenhelfer aus Freistadt kamen zu einer 8,8-cm-Batterie in Scharlinz (s. Flak-Abt. 372), gemeinsam mit Schülern aus Baden und Wiener Neustadt, und verblieben im Aug./Sept./Okt. in diesem Raum, wurden aber dann auf verschiedene Batterien aufgeteilt. Ausschlaggebend dafür war die Klasse. Fünf Luftwaffenhelfer aus der 6. Klasse kamen zur 3./Flak-Abt. 372 (o), die sechs Luftwaffenhelfer aus der 7. Klasse zur s. Flakbatterie z. b. V. 1538 (dann z. b. V. 6381, dann Flak-Abt. 805). Die Standorte waren südlich von Linz – Harter Plateau, Scharlinz, Leonding. Die Luftwaffenhelfer der 7. Klasse, die ursprünglich auch auf dem Harter Plateau eingesetzt waren, übersiedelten nach einem recht erfolgreichen Scharfschießen im

Dezember 1943 in Rust–Oggau *) nach Lichtenberg und von dort noch während des Winters nach Aching bei Braunau zum Schutz der Aluminiumwerke Ranshofen (VAW). Damals wurden rund um Ranshofen die Batteriestellungen angelegt, und diese Gruppe wurde noch zum Ausbau der Stellungen herangezogen. Selbstverständlich lebten alle Luftwaffenhelfer in Baracken.

Diese Luftwaffenhelfer waren alle Heimschüler. Sie waren die Trennung von der Familie gewohnt und ertrugen es auch leicht, keine Besuche zu erhalten. Anders war es mit dem monatlichen Besuch im Elternhaus; nach der Ausbildung dürfte pro Monat ein Wochenendurlaub oder ein Kurzurlaub gewährt worden sein. Die Freizeitgestaltung im Raum Linz war günstiger als anderswo, gab es doch an dienstfreien Tagen die Kinos und das Café Landgraf in Urfahr an der Hauptstraße, damals „Münchnerhof", eine Gaststätte, die für die Luftwaffe bestimmt und reserviert war. Hier spielte sogar am Abend ein Salonorchester! Sport und Spiel im Bereich der Batterie gab es natürlich auch, und die Heimschüler waren ja in allen Fragen der Freizeitgestaltung bestens bewandert. Der Unterricht dürfte eher eine untergeordnete Rolle gespielt haben, da er den meisten Befragten fast völlig aus dem Gedächtnis entschwunden ist. Während des Aufenthalts in der Nähe von Linz unterrichteten Professoren aus Linzer Schulen. Die ständigen Verlegungen – Wegscheid, Harter Plateau, Lichtenberg, Aching – in einem Zeitraum von sechs Monaten machten für die Gruppe der 7. Klasse einen geordneten Unterricht ganz unmöglich, da ja die Lehrer nicht von Stellung zu Stellung mitziehen konnten. Besser wurde es erst in Aching, wo ein Betreuungslehrer Dr. Steinschulte genannt wird. 1944 unterrichteten auch Lehrer aus Burgkir-

---

*) In Rust (für schwere Batterien) und in Oggau (für leichte Batterien) war der Scharfschießplatz der Flakartillerie. In bestimmtem Abständen fuhr jede Batterie dorthin, auch aus dem Luftgau VII. Bei den Luftwaffenhelfern war dieser einwöchige „Ausflug" sehr beliebt, brachte er doch etwas Abwechslung in das eintönige Batterieleben.

chen, die dort mit Flüchtlingskindern aus Köln untergebracht waren, darunter auch der Batterieführer Oberleutnant Gassner und Leutnant Kutz. Die Luftwaffenhelfer der 6. Klasse, die in Linz geblieben waren, wurden Linzer Schulen zugeteilt, kannten die Lehrer aber überhaupt nicht und sicher auch umgekehrt! Man kann daher zusammenfassend sagen, daß auf den Unterricht in dieser Aufbauphase der Flakstellungen überhaupt kein Wert gelegt wurde und daß jene Gruppe, die ohnehin schon in der 7. Klasse war und mit dem sicheren Reifevermerk rechnen konnte, nämlich der Jahrgang 1926 der 7. Klasse, gar nicht mehr schulisch betreut wurde. Von 18 Stunden Unterricht laut Führerbefehl war natürlich keine Rede! Der Jahrgang 1926 der 6. Klasse zählte anscheinend überhaupt nicht.

So verblieben nur drei Schüler des Jahrgangs 1927, die im Verlauf des Jahrs 1944 einen noch halbwegs geordneten Unterrichtsbetrieb erlebten, in Aching, teils von Rieder Professoren, teils von Betreuungslehrern unterrichtet. Einer von ihnen mußte einen gesonderten Weg gehen und wurde der 1./Flak-Abt. 372, später deren Stab, zugeteilt, die von der Deutschen Heimschule Kremsmünster – Leiter Dr. Otto Becke – und einem Lehrer namens Dr. Oskar Wettengl betreut wurde.

Am 15. Februar 1944 rüstete der Jahrgang 1926 ab und rückte zum RAD und anschließend zur Wehrmacht ein. Es waren acht Luftwaffenhelfer. Sie haben alle noch die Schrecken des Kriegs mitgemacht, kehrten aber schließlich alle heim. Da sie die 7. Klasse abgeschlossen hatten, brauchten sie nach dem Krieg die Schulbank nicht mehr zu drücken. Die restlichen zwei Schüler des Jahrgangs 1927 begannen bei den Luftwaffenhelfern sogar noch die 8. Klasse, konnten sie aber nicht mehr abschließen. So läßt sich feststellen, daß diese erste Gruppe der Luftwaffenhelfer wohl die Anfangslasten des Luftwaffenhelfer-Betriebes – Improvisation, Verständnislosigkeit, mangelhaften Unterricht – zu tragen hatte, aber, zumindest was den Jahrgang 1926 betrifft, doch nur kurze Zeit zu dienen brauchte, nämlich vom 1. August 1943 bis zum 15. Februar 1944.

Die Luftwaffenhelfer des 10. September 1943

Gleich zu Beginn des Schuljahres 1943/44 wurden alle übrigen 17 Schüler der Jahrgänge 1926 und 1927 aus den Klassen 6 bis 8 zu den Luftwaffenhelfern einberufen. Naturgemäß war die Zahl größer als die der Heimschüler dieser Jahrgänge.

Die Luftwaffenhelferzeit dieser Gruppe kann in zwei Zeitabschnitte gegliedert werden:
– die Zeit in den Stickstoffwerken Linz, vom September 1943 bis März 1944;
– die Zeit in Ering–Mining am Inn, von März bis September 1944.

In den Stickstoffwerken

Die Schüler wurden nach Linz-Wegscheid einberufen, blieben dort aber nur einen Tag und marschierten dann in Zivil nach Außertreffling, wo sie bei einer 8,8-cm-Batterie eingekleidet wurden und ihre Grundausbildung erhielten. Vielleicht hatte man die Freistädter deshalb nach Treffling verlegt, um den Unterricht von Freistadt aus leichter zu gestalten. Nach zwei oder drei Wochen kamen die Luftwaffenhelfer aber zu einer 2-cm-Vierlingsbatterie in den Stickstoffwerken Linz und erhielten hier ihre Spezialausbildung. Batterieführer war Hauptmann Franke, ein Berliner, „18 Jahre Soldat", Spieß war Hauptwachtmeister Stauch, ein Hamburger, der gelegentlich seinem Namen alle Ehre machte, wie uns ein Luftwaffenhelfer berichtet:

„Ich benützte einen dienstfreien Tag, um als ,Altgedienter' meine jungen Klassenkameraden in den Stickstoffwerken zu besuchen. Schon aus einiger Entfernung erkannte ich zwei Schulkameraden an einem Vierlingsgeschütz beim Geschützexerzieren und grinste über das ganze Gesicht. Dabei hätte ich fast übersehen, den Ausbilder gebührend zu grüßen. Diesem war mein Erscheinen während der Dienstzeit offensichtlich ein Dorn im Auge. Sein Name war, wie ich später erfuhr, Oberwachtmeister Stauch. Er stauchte mich ohne Rücksicht auf meine Ausgangsuniform. Sie Nieselpriem! Können Sie nicht ordentlich grüßen? Hinlegen! Auf! Marsch marsch, hinlegen . . . So, jetzt gehen Sie erst einmal zurück und grüßen, wie Sie es gelernt haben!"

Die Stellung lag an der Westseite der Stickstoffwerke, der Gefechtsstand war in einem heute noch stehenden Bauernhaus neben einem Gasometer. Die Batterie trug die Nummer 2./837. Die Batterie hatte vier Züge (laut H. Pum 5) mit je drei Geschützen, also eine recht beachtliche Feuerkraft. Die Luftwaffenhelfer kamen aus Freistadt, Linz, Steyr, Seitenstetten und aus der südlichen Steiermark (Marburg, Cilli). Die einzelnen Züge lagen weit auseinander bis hinab zum Winterhafen und zu den Traunauen. Die Aufgabe der Batterie war der Schutz der Hermann-Göring-Werke (heute VOEST) und der Stickstoffwerke (heute Chemie Linz) gegen Tieffliegerangriffe, doch haben sie keinen Angriff erlebt.

Der Batteriealltag verlief in den bereits geschilderten Normen. Je sechs Luftwaffenhelfer bewohnten mit zwei Soldaten eine Baracke. Ein einheitliches Bild in diesem Abschnitt läßt sich nicht zeichnen, da die Züge weit auseinander lagen und fast schon ein Eigenleben führten. Ein besonderes Ereignis sei erwähnt.

Beim Geschützexerzieren war beim Entladen des Geschützes, wahrscheinlich durch Unvorsichtigkeit, ein Schuß losgegangen. Da die Rohre eine ziemlich waagrechte Lage hatten, detonierte die Granate in der Nähe des Maria-Empfängnis-Domes. Einem der Luftwaffenhelfer trat das Blut aus den Ohren, alle hatten einen Schock, sonst aber war nichts passiert.

Verwandtenbesuche waren selbstverständlich gestattet. Vielleicht brachte diese Regelung Vorgesetzten und Mannschaftsdienstgraden die Erkenntnis, daß es sich bei den Luftwaffenhelfern wirklich noch um Schüler und um Kinder handelte, die man nicht einfach Soldaten gleichsetzen konnte. Für die Freizeitgestaltung gab es Sport und Spielmöglichkeiten in der Batterie. Günstiger war es, wenn man Ausgang bekam oder gar einen dienstfreien Tag, weil man ja unmittelbar im Stadtbereich in Stellung lag. Wie man in dieser Batterie überraschend zu einem dienstfreien Tag kommen konnte, darüber schrieb ein Schüler:

„Unser Batterieführer wohnte in einer eigenen Baracke. Der Weg von seiner Unterkunft zum Batteriegefechtsstand führte an dem Stand, wo wir als Flugmelder Dienst versahen, vorbei. Es war Vorschrift, daß der Posten dem Chef Meldung zu erstatten hatte. Wenn nun diese Meldung besonders laut gebrüllt wurde und der Herr Hauptmann (Franke) gut aufgelegt war, passierte es oft, daß man gelobt wurde und dafür einen dienstfreien Tag mit Ausgang bekam."

Der Unterricht scheint zu dieser Zeit schon besser organisiert gewesen zu sein, denn alle ehemaligen Luftwaffenhelfer erinnern sich an den Unterricht, der von Professoren aus Freistadt – Professor Erwin Stöhr für Mathematik, Professor Karl Holzinger für Latein –, aus Linz und aus Steyr gehalten wurde. Die Lehrer dürften also so ausgewählt worden sein, daß aus jeder Stammschule zumindest ein Lehrer für den Unterricht in einem oder in zwei Fächern an einem Vormittag für je eine Klasse zur Verfügung stand und damit wenigstens eine gewisse Kontinuität Schule – Luftwaffenhelfer-Dienst gegeben war. Unterrichtet wurde von Montag bis Freitag in Baracken. Es gab auch Schularbeiten und Prüfungen. Diesen konnte man allerdings entgehen, wenn man sich rechtzeitig für die Zeit der gefährlichen Stunde als Flugmelder oder für eine andere militärisch dringende Tätigkeit einteilen ließ. In Erinnerung geblieben ist allen, die sie erlebt haben, eine Mathematikstunde mit Gasmaske, weil an diesem Vormittag jeglicher Dienst mit Gasmaske ausgeführt werden mußte. Kein Studentenstreich! Am wenigsten schulisch betreut wurde ein Schüler, der ja bereits die 8. Klasse besuchte, aber als einziger Angehöriger seiner Klasse dem Jahrgang 1926 angehörte. Da ihm der Reifevermerk ohnehin zustand, machte man sich mit ihm keine Mühe mehr. Er ist übrigens der einzige Schüler unserer Anstalt, der noch während seiner Luftwaffenhelfer-Zeit den Reifevermerk erhielt.

Am 15. Februar 1944 beendeten, wie gesagt, alle Luftwaffenhelfer des Jahrgangs 1926 ihren Kriegshilfsdienst bei der Flak und rückten zum RAD und anschließend zur Wehrmacht ein. Bis auf Herbert Hermentin, der seit Frühjahr 1945 im Raum Berlin vermißt blieb, und Erich Lindauer, der auf dem Rücktransport aus französischer Kriegsge-

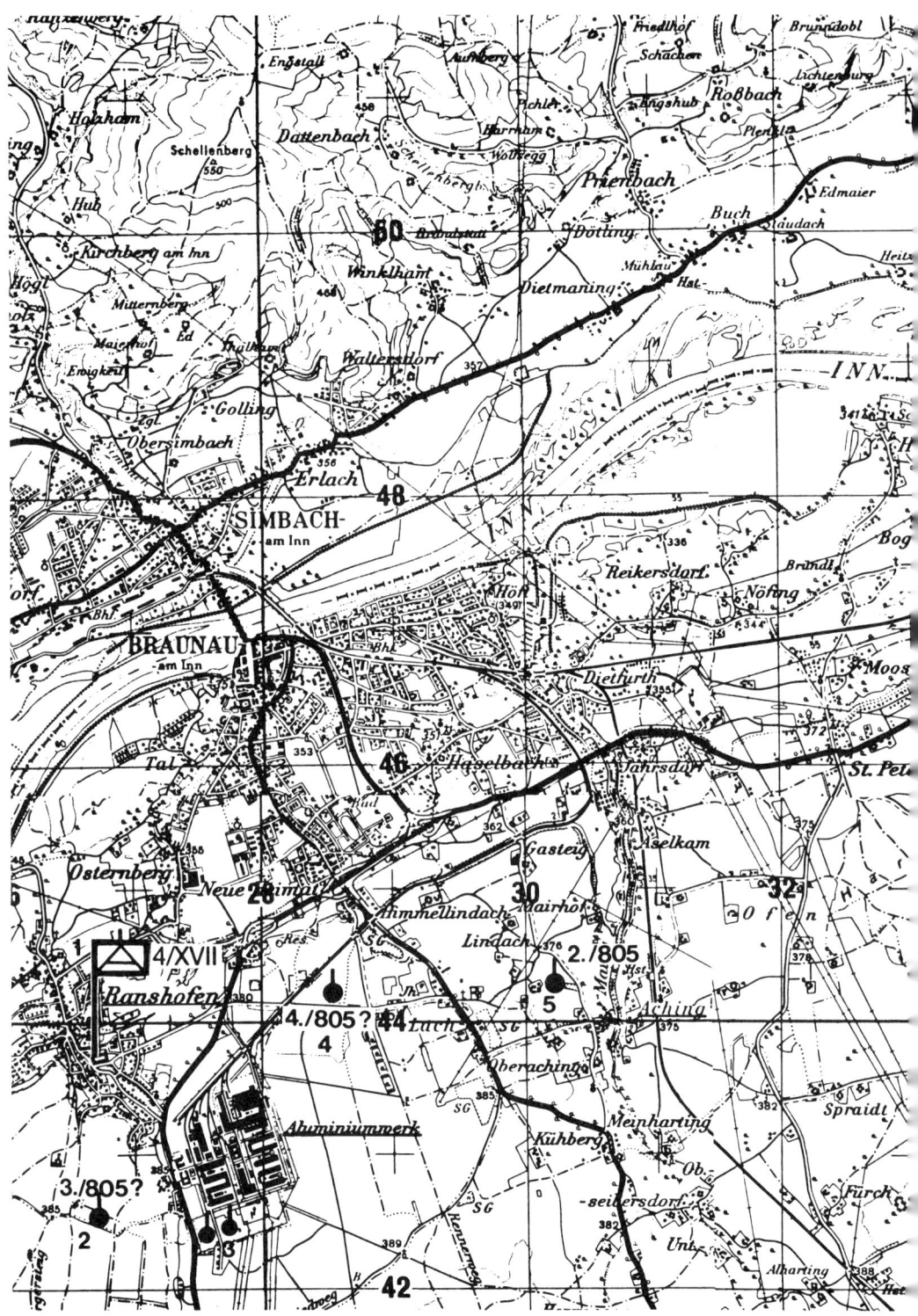

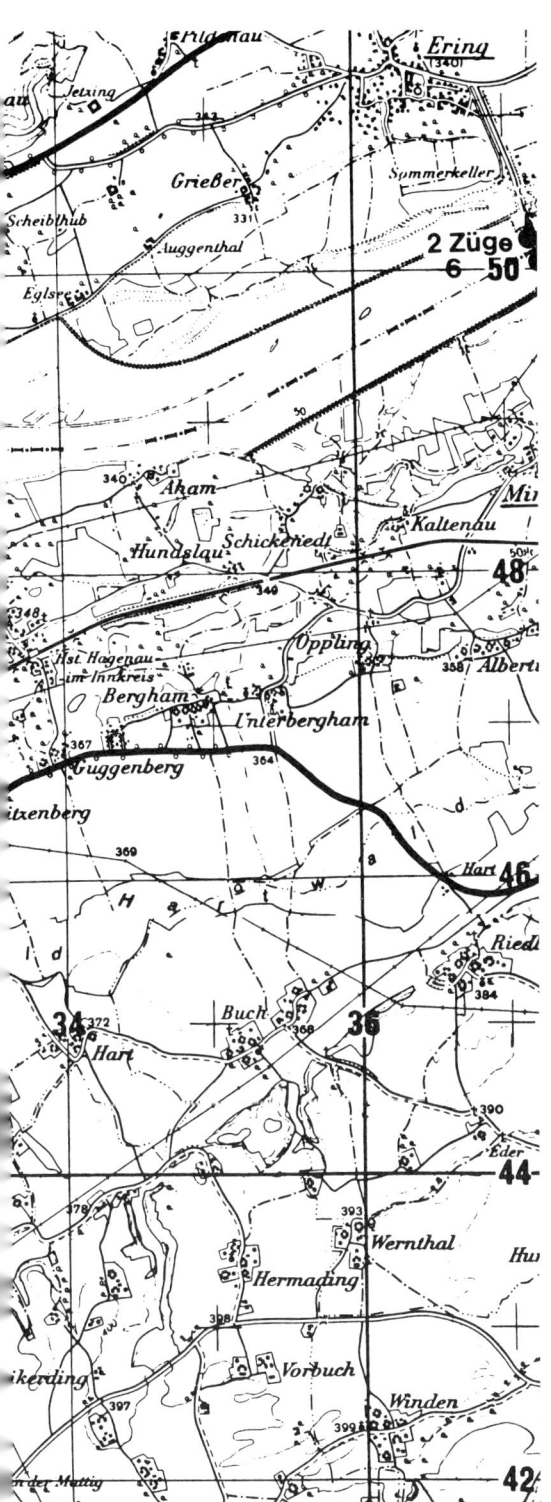

Der Flakschutz um Ranshofen
1 Batteriegefechtsstand der le Hei 4/XVII
2 3./805 (?), später ungarische Batterie
3 2 2-cm-Flakzüge der le Hei 4/XVII (?)
4 4./805 (?)
5 2./805
6 2-cm-Flakzüge, vermutlich der Hei 4/XVII, direkt auf dem Staudamm des Kraftwerkes postiert
Ungefähre Lage der Batterien bzw. Flakzüge.
Die Batterien unterstanden der Flakgruppe Steyr
(= Flak-Rgt. 128).

fangenschaft starb, sind alle aus dem Krieg heimgekehrt."

Die Zeit in Ering–Mining am Inn von März bis September 1944

Der Jahrgang 1927 blieb weiterhin bei dieser Batterie (statt des abgerüsteten Jahrgangs 1926 waren im Februar Schüler des Jahrgangs 1928 aus der Fadingerschule Linz dazugekommen), die im März 1944 nach Ering–Mining am Inn verlegt und dort zum Schutz des Staudamms und des Kraftwerks der Aluminiumwerke Ranshofen eingesetzt wurden.

Nunmehr begann eine ländliche Idylle, die vielleicht von manchen im Anschluß an das „Großstadtleben" als unangenehm empfunden wurde, aber ganz sicher auch im Frühling und im Sommer ihre Reize hatte. Ein Teil der Batterie war im Schloß Traunstein einquartiert, ein Teil lag auf der bayerischen Seite im Bereich der Verwaltungsgebäude. Die Geschütze des 1. und des 2. Zuges waren direkt auf dem Staudamm postiert. Die Luftwaffenhelfer hatten trotz zunehmender alliierter Lufttätigkeit gelegentlich Zeit, den Bauern bei der Arbeit zu helfen und so zusätzlich Lebensmittel zu erhalten. Im Juni fuhr die Batterie zu einer Scharfschießübung nach Oggau am Neusiedler See, wobei vor allem – und das erscheint bemerkenswert – der Einsatz im Erdkampf geübt und geprobt wurde. Wegen der Schnelligkeit der Schußfolge und der großen Treffsicherheit war die 2-cm-Vierling nicht nur als Flakgeschütz gefürchtet. Als besonderes Ereignis wird vermerkt, daß Hanna Reitsch, die berühmte deutsche Fliegerin, sich einmal mit ihrer Maschine in das Sperrgebiet verirrt habe und dabei bald abgeschossen worden wäre. Das Flugzeug wurde aber glücklicherweise doch noch rechtzeitig erkannt. Im Mai 1944 wurden die Luftwaffenhelfer zu Oberhelfern befördert und durften nunmehr als Kennzeichen ihrer neuen Würde die Silberlitze auf den Schulterstücken tragen.

Weil man dieses Ereignis festlich feiern wollte, machte man bei den Bauern eine Sammlung, die auf österreichischer Seite ein weitaus besseres Ergebnis erbrachte. Im Verlauf des Sommers kamen wie überall im Reich erstmals Lehrlinge als Luftwaffenhelfer in die Batterie, in diesem Fall aus Gmunden und Bad Ischl, um den Jahrgang 1927 zu ersetzen.

Den Unterricht erteilten nunmehr Lehrer aus Ried, also ein vollständiger Lehrerwechsel am Ende des zweiten Trimesters! Alle Luftwaffenhelfer schlossen aber am 8. Juli 1944 die 6. Klasse mit Erfolg ab und erhielten über das Schuljahr 1943/44 ein Jahreszeugnis. Der Unterricht dürfte in den großen Ferien fortgesetzt worden sein, obwohl er nicht mehr viel nützte, denn der Jahrgang 1927 wurde im Herbst 1944 aus dem Kriegshilfsdienst entlassen, um zum RAD und zur Wehrmacht einzurücken. Ein einheitlicher Termin wurde aber nicht mehr eingehalten. Als Betreuungslehrer wirkte bis August 1944 vermutlich Prof. Dr. Viktor Gerstenhengst aus Ried.

Die Luftwaffenhelfer dieses Jahrgangs sind alle aus dem Krieg heimgekehrt, bis auf einen, der seit Frühjahr 1945 in Ungarn vermißt wird.

Vierte und letzte Einberufungswelle
5. Jänner 1944

Als Ersatz für die am 15. Februar 1944 zum RAD einrückenden 26er wurden am 5. Jänner 1944 die Jahrgänge 1927 und 1928 der 5. und 6. Klassen zu den Luftwaffenhelfern einberufen. Über diese Einsatzzeit führte der ehemalige Schüler und heutige Direktor des Freistädter Bundesgymnasiums ein Tagebuch, mit dessen Hilfe er sich später erinnert:

„Studienrat Karl Sedlak, der liebenswürdige und freundliche Lehrer für Zeichnen und Mathematik, dessen Idealismus mit Fortschreiten des Krieges immer mehr vom Regime mißbraucht wurde, brachte uns am Mittwoch, 5. Jänner 1944 (der 6. Jänner war damals kein Feiertag!), nach Linz-Wegscheid zur schweren Flak-Ersatz-Abteilung 38. Transporte von Luftwaffenhelfern wurden immer nur unter Aufsicht einer erwachsenen Person – Lehrer oder Mannschaftsgrad der Flak – durchgeführt. Sie waren eben Schüler! In den Urlaub fuhr man allein!

Mit Schülern aus Wels bezogen wir in diesem riesigen Flaklager im Lager B die Stube Nord in der Baracke 50. Wenn man die Baracke über einige Stufen hinauf betreten hatte und durch die Haustür gegangen war, stand man in einem Vorraum mit drei Türen: links ging es in das Unteroffizier-Zimmer mit den Unteroffizieren Erbe und Hubmair, rechts in die Stube des Oberwachtmeisters Schöner, von Zivilberuf hervorragender Geiger und Kapellmeister, geradeaus kam man in unsere große Stube mit 32 Betten, natürlich Stockbetten, an den Längswänden, den 2 Spinden für 4 Personen jeweils am Fußende der Betten und Tischen und Hockern in der Mitte der Stube. An der Rückwand stand ein mächtiger Ziegelofen, ein sogenannter Elefant, davor ein kleinerer Ofen für nicht ganz kalte Tage. Spiegelgleich

Standort, den 5.1. 1943/4

Liebe Eltern!

Ich bin soeben im Einsatzort eingetroffen!

Meine Anschrift lautet: LWH Hans Müllegger,
Linz/Donau
Schw. Flak. Ers. Abt. 38, Lager Wegscheid, Baracke 50.
Jetzt werden wir dann eingekleidet.

Viele Grüße Euer

Friedl

dazu muß man sich die zweite Hälfte der Baracke, Stube Süd, denken, in der ebenfalls Luftwaffenhelfer untergebracht waren. Der Blick aus den Fenstern zeigte uns rechts und links ebenfalls Baracken. Zur Wasch- und zur WC-Baracke mußte man ca. 100 m gehen, ebenso zum Küchentrakt, wo gegessen wurde und für das Frühstück der schwarze Kaffee in großen Kannen geholt wurde. Die eigentliche Ausbildung begann erst am 12. Jänner mit den üblichen Übungen, dazu Schießlehre und Flugzeugerkennungsdienst. Am Samstag, 15. Jänner, war der 1. offizielle Stubendurchgang durch den Spieß persönlich, einen kleinen, aber recht humorvollen Mann, der mir noch in Erinnerung ist, weil er täglich beim Frühappell der 479 Luftwaffenhelfer betonte, daß das ‚Kouks stehlen verbouten‘ sei. Es war zwar verboten, wurde aber eifrig praktiziert, um die Stuben warm zu kriegen.

Die Ausbildung dauerte bis Anfang Februar. Es gab Strafexerzieren, ‚Maskenbälle‘, verschärfte Stubendurchgänge, war aber im großen und ganzen erträglich.

Am 3. Februar marschierten die Luftwaffenhelfer nach Linz in den Volksgartensaal, wo die Verpflichtungsfeier stattfand. Es sprach zuerst der Gebietsführer von Oberdonau der Hitlerjugend, und dann nahm ein Oberstleutnant der Flak unser Versprechen entgegen. Am 5. und 6. Februar erhielten wir alle die Erlaubnis zu einem kurzen Besuch der Eltern, stolzierten mit unserer Uniform in der Pfarrgasse auf und ab und ließen uns bewundern (oder bedauern).

Am Montag, 7. Februar, wurden wir mit der Eisenbahn nach Unterwinden bei St. Valentin gebracht und marschierten von dort in unsere Stellung. Es war eine 8,8-cm-Batterie, die 4./Flak-Abt. 805 (oder 2./695?) in Seggau. Wir sollten dort den Jahrgang 1926 ablösen. Die Luftwaffenhelfer dieser Batterie waren aus Niederösterreich, und zwar aus Horn und St. Pölten. Die Ablösung ging natürlich erst, wenn wir selbst mit den Geräten und Geschützen umgehen konnten. In der Stellung war kein Platz für uns. Wir wurden einige Tage im Revier, das beim Schrotbauern untergebracht war, in einem engen und niedrigen Kammerl zusammengepfercht und mußten jeden Tag in die Stellung marschieren. Einige kamen zu den Geschützen, die anderen in die Aus- und Umwertung.

Durch tägliches stundenlanges Batterieexerzieren wurden wir rasch in unsere Aufgabe eingeführt und damit die Ausbildung abgeschlossen. Nach der Entlassung des Jahrgangs 1926 übersiedelten wir in die Baracken, die gleich neben der Stellung lagen. Unsere Batterie bestand aus 6 Geschützen und war zum Schutze des Nibelungenwerkes St. Valentin bestimmt. Bereits am 23. Februar 1944 wurde das Kugellagerwerk in Steyr von amerikanischen Bombern angegriffen, wir kamen aber nicht zum Schuß.

Die Batterie lag auf einem Hügel, umgeben von Wiesen und Feldern. Ein Feldweg führte hinunter zu einem Bauernhof, in welchem der Batterieführer Oberleutnant Becker, der Spieß Böhm und einige Unteroffiziere wohnten und wo verschiedene Abteilungen untergebracht waren: die Schreibstube, W. u. G. (Waffen und Geräte), die Kammer, der Speiseraum, die Küche u. a. m. Dort wohnten auch die Hiwis, die Hilfswilligen aus anderen Nationen, in diesem Falle Italiener. Der genannte Feldweg lief an unseren Wohnbaracken vorbei und endete in der Batterie. Es gab zwei Luftwaffenhelfer-Baracken mit je zwölf Luftwaffenhelfern. Unser Stubenältester war der Gefreite Redl, im Zivilberuf Musikprofessor in Ried. Er führte kein allzu strenges Regiment, half uns aber über so manche Schwierigkeit hinweg. Die Baracken wurden mit Karbidlampen beleuchtet, an deren eigenartigen Geruch man sich erst gewöhnen mußte. Nach 14 Tagen erhielten wir elektrisches Licht, und wir begrüßten diesen Fortschritt mit großer Begeisterung. Das Wasser allerdings mußten wir vom Bauernhof holen, wo sich auch die Waschanlage befand. Der Stubendienst war für die Wasserversorgung und Sauberkeit der Baracke verantwortlich und hatte am Morgen den Kaffee von der Küche zu holen. Während der Wintermonate wurde am Abend in der Baracke fleißig gekocht. Es gab Milch, die wir uns bei den Bauern besorgten, Kartoffelschmarren mit Speck u. a. Mit den Kartoffeln, die es reichlich in Form der Pellkar-

Oben: Batterie St. Valentin (3./805), Meßstaffel   Unten: Nach dem Gefecht.
und 8,8-cm-Geschütze.

233

toffel – ungeschälte gekochte Kartoffel – zu essen gab, verknüpft sich allerdings auch eine unangenehme Erinnerung: Ein Luftwaffenhelfer unserer Baracke hatte die merkwürdige Idee, die Kartoffeln in seiner Aktentasche aufzubewahren. Der Spieß entdeckte bei einem heimlichen Stubendurchgang diesen Aufbewahrungsort, worauf ein fürchterliches Ungewitter über unsere Baracke hereinbrach und eine recht ungemütliche Schleiferei folgte.

Am Karsamstag, 8. April, erhielten wir statt der russischen 8,5-cm-Geschütze, die auf 8,8 cm aufgebohrt und nur zum Sperrfeuerschießen geeignet waren, deutsche 8,8-cm-Geschütze. Sie mußten an diesem Tag in Stellung gebracht werden, was viel Kraft und Anstrengung erforderte. Am Abend waren sie in Stellung! Als Belohnung gab es trotz des strengen Alkoholverbotes pro drei

Luftwaffenhelfer eine Flasche Sekt. Am Ostersonntag, einem strahlenden und warmen Frühlingstag, wurde dann gefeiert.

Für Besuche aus Freistadt lag die Stellung in Seggau, wenn man von einem längeren Fußmarsch absieht, recht günstig, da es damals noch die Bahnverbindung Freistadt–Gaißbach–St. Valentin gab. Es kamen daher jeden Sonntag Besucher aus Freistadt, die über die neuesten Ereignisse berichteten und manchen Leckerbissen mitbrachten und uns das Gefühl der Verbundenheit mit der Familie und dem Heimatort vermittelten. Freizeitbetätigung war nur innerhalb der Batterie möglich. Weit und breit gab es nur Felder und Wiesen und Bauernhöfe! Urlaube wurden nach der gewohnten Norm gewährt.

Der Unterricht begann offiziell bereits Mitte Februar. In der Batterie selbst hatten wir

LIST OF MATERIAL

G-2. TARG ..

rget No. __ GN-5055 __

rget Location ___ St.Valentin Nr.Enns, Austria _____

ILLUS-ATIONS	R../..	TW..	D	DB	HI	15DB	
d)143/1			354A	188	132(S)	15DB/21	
d)143/2				248	215	15DB/25	
d)143/3				328	270(S)	15S/596	
				354			

einen Betreuungslehrer, Johann Haas. Er war Studienrat, bereits Hauptmann im Ersten Weltkrieg und auch bei uns nur in der Hauptmannsuniform zu sehen. Sein markantes Gesicht, seine weißen Haare mit dem Bürstenschnitt verrieten den sportlich-asketischen Mann, der Ordnung, Sauberkeit und Disziplin verkörperte, aber auch menschliche Wärme ausstrahlte. Sein Bemühen, uns das Leben zu erleichtern und unsere Lateinkenntnisse (Caesar!) wenigstens zu erhalten, war rührend und bewundernswert. In Mathematik und Physik hatten wir einen Lehrer aus Steyr. Der Unterricht fand vormittags in den Baracken statt, in einer die 5., in der anderen die 6. Klasse. Lehrer aus Freistadt hatten wir keine, obwohl die Bahnverbindung günstig gewesen wäre. Als Betreuungsschule fungierte die Oberschule für Jungen Linz, Khevenhüllerstraße.

Zwei Ereignisse bestimmten das weitere Schicksal: Am 14. April 1944 wurden fünf Luftwaffenhelfer nach Ranshofen versetzt; die übrigen Luftwaffenhelfer folgten im Mai 1944 nach Langenhart bei St. Valentin. Bleiben wir zuerst noch in Langenhart. Es war wieder eine 8,8-cm-Batterie, und zwar die 1./Flak-Abt. 805 (später 1./Flak-Abt. 695), bei der die Luftwaffenhelfer aber in Erdbunkern untergebracht waren. Mehrere Angriffe feindlicher Bomberverbände auf das Nibelungenwerk wurden ohne Schaden in der Batterie überstanden. Die Besuche aus Freistadt waren in dieser Stellung günstiger und auch die Urlaube in das nahe Mühlviertel verkehrsmäßig leicht und ohne Zeitverluste zu bewältigen. Die Freizeitgestaltung war auf Ausgang in das nahe St. Valentin beschränkt, Sportmöglichkeiten gab es auf einer Wiese.

USSBS FORM

RGET FOLDER

CH

Target Name__ A.F.V.Factory of Reichswerke A.G.

__ Hermann Goring (Nibelungen Werke)

X	AF D	EXTRACTS	DATE OF ATTACK BY AIR FORCES	
			XV	
		Key to Works	20/21 Aug. 1944	
		A.I.S. No.52	16.10.44	
		A.I.S.No.74	17.2.45	
		W.I.S.No.14	20.3.45	
		L/159/1/2	23.3.45	
		Target Brief		

Schutzobjekt war die Panzerfertigung der Nibelungen-Werke St. Valentin, deren Produktion trotz
der Luftangriffe erst mit der Kapitulation im Mai
1945 endete. Im Bild einer der in den Werken ge-
fertigten Tiger-Panzer auf der Versuchsstrecke in
Batterienähe.

Die Nibelungen-Werke St. Valentin, westalliiertes
Aufklärungsluftbild vom März 1945. (Foto: British
Crown, University of Keele.)

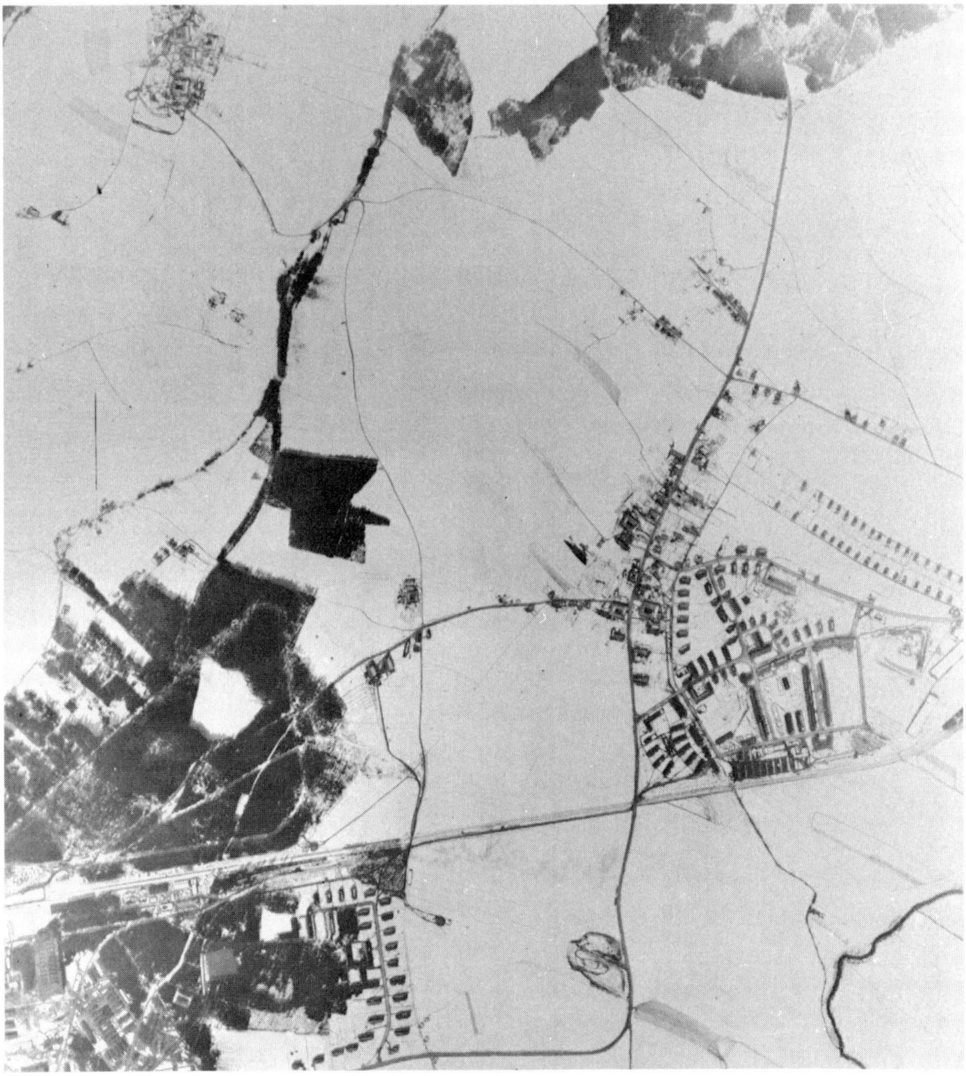

Oben: Batterie St. Valentin (3./805). In Sichtweite der Batterie die schwere Eisenbahnflak 12,8 cm (s. Eisenbahn-Flak-Abt. 429 [?]), die mit der Luftwaffenhelfer-Batterie gemeinsam feuerte.

Unten: 24. Februar 1945. Eine B-24 Liberator ist von den um Steyr – St. Valentin stationierten Flakbatterien des Flak-Regiments 128 (= Flakgruppe Steyr) in Brand geschossen worden. Maschine unmittelbar vor dem Absturz. (Foto: US Air Force.)

Oben: November 1944. Stellung einer leichten Flakbatterie (8./837 [?]) auf dem Fliegerhorst Wels zwischen Hangar und Bahnbetriebswerk.

Unten: 25. Dezember 1944. Fliegerhorst Wels, leichte Flakbatterie (3./837 [?]). Feuerpause zwischen Tieffliegerangriffen.

Den Unterricht in den Erdbunkern erteilten Professoren aus Amstetten. Von den Lehrern blieb der Betreuungslehrer Dr. Figl in Erinnerung. Die Luftwaffenhelfer schlossen bis Februar/März 1945 die 6. Klasse ab. Ein Teil rüstete am 23. Februar 1945 ab und rückte am 15. März zum RAD ein, der andere rüstete erst am 11. März ab und rückte am 10. April zum RAD ein."

Die fünf Luftwaffenhelfer, die nach Ranshofen versetzt wurden, hatten ein etwas anderes Schicksal.

„Wir kamen zur 3./805, einer 8,8-cm-Batterie, die gleich auf einer Anhöhe nahe bei Ranshofen lag. Das Leben unmittelbar in einer Ortschaft war ein großer Vorteil gegenüber der eintönigen Lebensart in Seggau. Wir waren im Gasthof Schönberger einquartiert, gleich am Marktplatz und neben dem Pfarrhof, in einem großen Saal im 1. Stock, und blieben dort bis September 1944. Der Gasthof war teilweise von unserer Batterie belegt (Batterieführer, Spieß, einige Unteroffiziere, Küche, Speiseraum, Schreibstube), bewirtete aber auch die Zivilbevölkerung. Auch die Hiwis, diesmal Russen, wohnten im Gasthof. Vom Marktplatz führte eine steile Straße hinauf zum Schloß mit der Schloßtaverne, dem Kino und der herrlichen Rokokokirche. Im Schloß war der Batteriegefechtsstand der 4/XVII untergebracht. In einiger Entfernung befanden sich die großen Werksanlagen der VAW – Vereinigte Aluminium-Werke Ranshofen –, die wir zu schützen hatten. Es fiel aber während unserer Dienstzeit von April 1944 bis März 1945 keine einzige Bombe! Bei unserer Batterie waren auch Luftwaffenhelfer aus Graz des Jahrgangs 1927; ein Teil wohnte oben in der Stellung in einer Baracke, ein Teil mit uns im großen Saal im Gasthof. Unser Mannschaftsführer war ebenfalls ein Grazer namens Müller.

Der Mannschaftsführer sollte das Bindeglied sein zwischen Hitlerjugend und Batterie. Zum Zeichen seiner Würde trug er einen silbernen Stern auf beiden Schulterstücken. Er wurde aber erfahrungsgemäß nicht von der Hitlerjugend, sondern von den Luftwaffenhelfern beeinflußt und in seinem Verhalten bestimmt. Auf seine Nominierung hatten die Luftwaffenhelfer allerdings keinen Einfluß. Er beschwerte sich eines Tages im Juni, von uns getrieben, über die mangelhafte Zuteilung unserer Zusatzverpflegung und trug die Beschwerde gleich in der Untergruppe und nicht beim Batterieführer vor. Chef und Spieß fühlten sich übergangen und reagierten auf ihre Art: Der Mannschaftsführer wurde abgesetzt, die Luftwaffenhelfer erhielten das Merkblatt über Verpflegung für Luftwaffenhelfer, ein neuer Mannschaftsführer – Kager – wurde bestimmt und die Luftwaffenhelfer in nächster Zeit etwas schärfer behandelt. Die gewissenhafte Zuteilung der Zusatzverpflegung dauerte einige Monate, wurde dann aber wieder vergessen, so daß die Beschwerde im Jänner 1945 wiederholt werden mußte.

Zusätzliche Verpflegung gab es im Sommer, weil an manchen Tagen Teile der Batterie im nahen Wald Heidelbeeren pflückten und Schwammerln suchten, beides mit erstaunlichem Erfolg. Dies war möglich, weil der Dienst meistens nicht nach Plan verlief, sondern, obwohl er jede Woche gewissenhaft erstellt und ausgehängt wurde, von vielen Umständen und Zufälligkeiten abhängig war. Es gab Tage und Wochen mit sehr lästigen Verpflichtungen und ständigen Appellen jeglicher Art, wobei der Vollzähligkeitsappell der lästigste war. Es gab Fußdienst bei Hitze und Gelsenplage, sogar mit Gasmaske, es gab aber auch Tage und Wochen, da tat sich überhaupt nichts. Jeden Freitag früh marschierte die Batterie in die VAW zum Duschen, aus Sparsamkeitsgründen mußten immer drei Mann unter eine Brause. Unsere Reinlichkeit änderte aber nichts daran, daß wir in unserem Wohn- und Schlafsaal von einer großen Flohplage heimgesucht wurden, gegen die wir vergeblich ankämpften.

Unsere Verbindung zur Hitlerjugend beschränkte sich bloß auf den Sport. In der Batterie wurde am 3. Juni der jährliche sogenannte Reichssportwettkampf in Form eines Dreikampfs (100-m-Lauf, Weitsprung, Keulenwurf) ausgetragen. Diesmal gab es statt der bisher üblichen Siegernadel nur eine kleine Urkunde. Am Sonntag, 25. Juni, nahmen elf Luftwaffenhelfer unserer Batterie als Mannschaft am Bannsportfest in Braunau teil, und schließlich wurden die besten Sportler der Batterie im Juli zum Gebietssportfest nach Wels geschickt (13. bis 16. Juli). Für uns war das eine schöne Abwechslung, wenn auch die sportlichen Erfolge mangels systematischen Trainings nicht allzugroß waren. Andere Beziehungen zur Hitlerjugend sind mir nicht in Erinnerung und dürfte es auch nicht gegeben haben, obwohl wir zum Bann Braunau gehörten, also der Geburtsstadt des Führers.

Die Gefechtstätigkeit steigerte sich im Laufe des Sommers. Die ersten ‚Gruppen‘ – so nannte man den gleichzeitigen Schuß aller sechs Geschütze – schossen wir am 9. Juni 1944. Von diesem Tag an blieben allerdings Vorspiel (= Voralarm) und Fliegeralarm unsere treuen Begleiter, besonders wenn schönes Wetter herrschte, und gelegentlich kamen wir auch zum Schießen. Unterricht und Dienstplan wurden durch die sich häufenden Alarme ständig gestört und durcheinandergebracht. Beginnend mit 9. September 1944, rüstete der Jahrgang 1927 ab und rückte zum RAD ein. In unserer Batterie waren das alle Studenten aus Graz und Freistadt. Zurück bei der Batterie blieben nur drei Luftwaffenhelfer, darunter auch ich. An die Lehrlinge, die bereits seit August bei unserer Batterie ausgebildet wurden und die als Ersatz für den Jahrgang 1927 vorgesehen waren, kann ich mich nur wenig erinnern. Sie sind nämlich nicht bei unserer Batterie geblieben, sondern es kamen nun Schüler aus Gmunden. Wir übersiedelten in die Luftwaffenhelfer-Baracke, wo uns allerdings der Stubenälteste, Gefreiter Drabandt, einiges aufzulösen gab. Im Oktober und November wurde die infanteristische Ausbildung verstärkt und auch das Schießen mit dem Gewehr geübt. Im Stellungsbereich wurden Zwillings-MG aufgestellt, die gegen die ständig herumschwirrenden Tiefflieger eingesetzt werden sollten.

Am 15. Oktober wurden alle Luftwaffenhelfer, die am 5. Jänner 1944 eingerückt waren, nach neun Monaten Dienstzeit zu Luftwaffen-Oberhelfern befördert. Am 1. November erhielten wir Oberhelfer schließlich auch noch das Flak-Tätigkeitsabzeichen.

Am 4. November trafen die ersten Flakhelferinnen ein: zwei für die Schreibstube, fünf für die Vermittlung. Sie wohnten im Gasthof Schönberger. Die Flakhelferinnen mußten nunmehr die abgerüsteten Luftwaffenhelfer und an die Front kommandierten Männer der Batterie ersetzen.

Schließlich wurde die 3./805 durch eine ungarische Batterie abgelöst. Nur der Batterieführer, der Spieß und einige Unteroffiziere blieben.

Wir Luftwaffenhelfer wurden am 25. November 1944 zur 4/XVII, einer leichten Flak, 2-cm-Vierling, die direkt im Werk stationiert war, versetzt und dort gemeinsam mit Lehrlingen aus der Südsteiermark, die zum Teil nicht einmal recht Deutsch konnten, ausgebildet. Die Baracken waren eng und mit Dreistockbetten ausgestattet. Auch der Schliff, den es bei dieser Batterie gab, paßte uns ganz und gar nicht, wohl aber das Essen, das wir in der Kantine der VAW erhielten.

Am 14. Dezember wurden mehrere Luftwaffenhelfer zur ehemaligen 3./805 zurückversetzt, um dort an Stelle der Flakhelferinnen den Fernsprechdienst, also die Vermittlung, zu übernehmen. Es gab keinen Befehl, den wir lieber befolgt hätten! Wir erhielten wieder Quartier im Gasthof Schönberger im 1. Stock in einem Zimmer, das wir erst Ende Jänner 1945 für Flakhelferinnen des F. A. Z. (Flakauswertezugs) räumen mußten. Ab Jänner 1945 übersiedelten wir wieder in eine Baracke und hausten dort mit ungarischen Flaksoldaten, von denen einige kein Wort, andere wiederum perfekt deutsch sprachen. Da wir in der Vermittlung eingesetzt waren, kamen wir mit den Ungarn nur in der Baracke zusammen, vertrugen uns aber recht gut mit ihnen. Um die Kälte in der Baracke erträglich zu machen, wurden im Schlafabteil die Fenster zugenagelt und regelmäßig Brennmaterial organisiert. Es gab regelrechte Raubzüge!

In der Vermittlung tätig zu sein war der angenehmste Dienst, den es für einen Luftwaffenhelfer überhaupt gab, wenn auch der Dienst im Jänner verschärft wurde: 4 bis 10, 10 bis 16, 16 bis 22, 22 bis 4 Uhr. Die Vermittlung war nicht nur zuständig für Telefonate, sie stellte auch die Verbindung her zur Außenwelt und gab die Alarme und Vorspiel durch. In der Nacht mußte sie doppelt besetzt sein. Wir bedienten einen Zehnklappenschrank. Wenn man bei Gesprächen mithorchte, was allerdings streng verboten war, erfuhr man den neuesten Stand der Dinge. Auch mit den Flakhelferinnen der Untergruppe und anderen Batterien konnten wir uns gut unterhalten.

Besuche gab es bei uns in Ranshofen nicht, weil die Entfernung Freistadt–Ranshofen zu groß und die Bahnverbindung viel zu umständlich war. Für die Freizeitgestaltung gab es günstige Möglichkeiten: eine Wiese als Sportplatz neben der Batterie, das Kino Ranshofen, zwei Gasthäuser, wo man sich zumindest zusammensetzen konnte, die NS-Volksbücherei in Braunau, wo man sich mit Lektüre eindecken konnte, das öffentliche Schwimmbad in Braunau, das wir gelegentlich besuchen konnten, u. a. m. Im August 1944 veranstalteten wir Luftwaffenhelfer einen bunten Abend mit Zweistundenprogramm, auch für die Zivilbevölkerung im völlig überfüllten Saal im Schloß. Es gab in der ungarischen Batterie ein Salonorchester unter der Leitung eines ganz hervorragenden ungarischen Geigers (er hatte eine Steiner-Geige!), das bei verschiedenen Veranstaltungen mitwirkte und sein Probenlokal im Pfarrhof hatte, weil dort ein Harmonium stand.

Urlaub wurde regelmäßig nach Maßgabe der Möglichkeiten gewährt, doch waren die Bahnverbindungen sowohl nach Graz wie nach Freistadt denkbar ungünstig, was den Wert der Kurzurlaube erheblich herabsetzte. Unterrichtet wurde im Gasthaus Schönberger und in der Schloßtaverne von Professoren aus Ried am Montag, Dienstag und Mittwoch von 8 bis 12 Uhr, also rund 15 Stunden (zu 45 Minuten!). Die Schüler wurden aus den umliegenden Batterien klassenweise zusammengezogen und unterrichtet. So lernten wir Freistädter auch die Schüler aus Ried, Gmunden und Horn kennen, die anderen Batterien zugeteilt waren, z. B. der 4/XVII und der 4./805.

Alle Schüler schlossen am 8. Juli das Schuljahr 1943/44 mit dem Zeugnis ab, die einen die 5. Klasse, die anderen die 6. Klasse, die der Jahrgänge 1927 aus Graz die 7. Klasse. Der Unterricht wurde in den großen Ferien fortgesetzt, doch verließen uns im Laufe des Sommers 1944 die Professoren aus Ried, und an ihre Stelle traten die Betreuungslehrer der einzelnen Batterien. Durch den ständig zunehmenden Luftkrieg wurde aber der Unterricht immer mehr eingeschränkt, und der Stundenplan stand nur noch auf dem Papier. Dieser Unterricht dauerte bis Ende Februar/Anfang März 1945, zu einer Zeit, zu der die Stammschule Freistadt ihre Pforten schon längst geschlossen hatte.

Bemerkenswert mag auch sein, daß unser Lateinprofessor es zustande brachte, eine Szenenfolge aus Goethes ‚Faust‘ mit Luftwaffenhelfern und Flakhelferinnen einzustudieren und schließlich in einem Saal der VAW unter großem Beifall im Jänner 1945 aufzuführen sowohl für das Militär wie auch für die Zivilbevölkerung.

Am 11. März 1945 wurden wir Luftwaffenhelfer nach mehr als 14 Monaten Dienstzeit endgültig entlassen und warteten zu Hause auf die Einberufung zum RAD, die auch bald kam. Alle Luftwaffenhelfer des Jahrganges 1928 dienten bis Ende des Krieges noch beim RAD und haben auch alle den Krieg gut überstanden."

GAU STEIERMARK

Der forcierte Aufbau der Flakverteidigung im Gau Steiermark erfolgte ab September 1942 im Rahmen der Aufstellung der 16. Flakbrigade, deren Kommandobereich um diese Zeit noch den gesamten Luftgau XVII umfaßte. Zur Verteidigung des steirischen Luftraums wurde die Flakgruppe Bruck an der Mur (= Flak-Regiment 76; Stab aufgestellt am 12. November 1943) gebildet. Sie bestand am 1. November 1943 aus den Flakuntergruppen Leoben (s. Flak-Abtn. 282 und 615), Graz (s. Flak-Abtn. 644 und 803) und Bruck an der Mur (le. Flak-Abt. 715). Von der schweren Flak-Abt. 282 war im Winter 1941/42 nur der Stab aufgestellt worden, sie erhielt 1943 die sechs Luftwaffen-Sperrfeuerbatterien 185–188, 190 und 192 zugeteilt; die schwere Flak-Abt. 615 bestand aus fünf Batterien (die 5. Batterie aus 5./ 265); die schwere Flak-Abt. 644 war eine Wiederaufstellung mit vier Batterien; die schwere Flak-Abt. 803 wurde 1943 mit fünf Batterien aufgestellt, die 3. Batterie aus der 3./223 gebildet; die leichte Flak-Abt. 751 mit vier Batterien entstand im Winter 1943, die 4. Batterie aus der 4./853.

Im Dezember 1943 wurde die starke 16. Flakbrigade ohne größere Veränderungen in 24. Flakdivision (Wien-Cobenzl) umbenannt, wobei es auch bei der Flakgruppe Bruck an der Mur einige Umgruppierungen gab. Anfang März 1944 wurde die Flak-Abt. 282 von Leoben nach Klagenfurt verlegt und dort mit der vier Batterien starken (aus Luftgau IV?) s. Flak-Abt. 336 die Flakuntergruppe Klagenfurt gebildet; die schwere Flak-Abt. 516, zunächst vier, dann sechs Batterien stark, bildete ab nun die Untergruppe Marburg an der Drau. In Bruck an der Mur verblieb lediglich weiterhin die leichte Flak-Abt. 615.

Schon 1943 hatte es sich gezeigt, daß sich ein derartiges Riesengebilde wie die 16. Flakbrigade (sie war mit sieben Flakregimentern und einem Scheinwerferregiment die stärkste innerhalb der Luftwaffe) und später 24. Flakdivision tatsächlich nur sehr schwer führen ließ.

Man entschloß sich daher, die Flakgruppen Bruck an der Mur, Linz und Steyr aus der 24. Flakdivision auszugliedern.

Am 1. April 1944 wurde mit diesen Flakgruppen in Linz die 7. Flakbrigade (Gefechtsstand Linz, Pöstlingberg) aufgestellt.

Die Flakgruppe Bruck an der Mur (= Flakregiment 76) präsentierte sich im Dezember 1944 folgendermaßen:

Die gemischte Flak-Abt. 358 war Ende November 1944 im Luftgau VII (?) aus den schweren Flakbatterien 6404-6407 und 10939 (als 1.–5.) und der leichten Flakbatterie 7379 (als 7.) zu sechs Batterien aufgestellt und der Flakgruppe als Flakuntergruppe Bruck an der Mur zugeschoben worden. In Marburg an der Drau verblieb weiterhin die Flak-Abt. 516. Die Flak-Abt. 644 mußte (vermutlich an den Luftgau I) abgegeben werden und wurde durch die im Winter 1943/44 aus der Ausb.- und Ers.-Abt. der slowakischen Flakbrigade gebildeten leich-

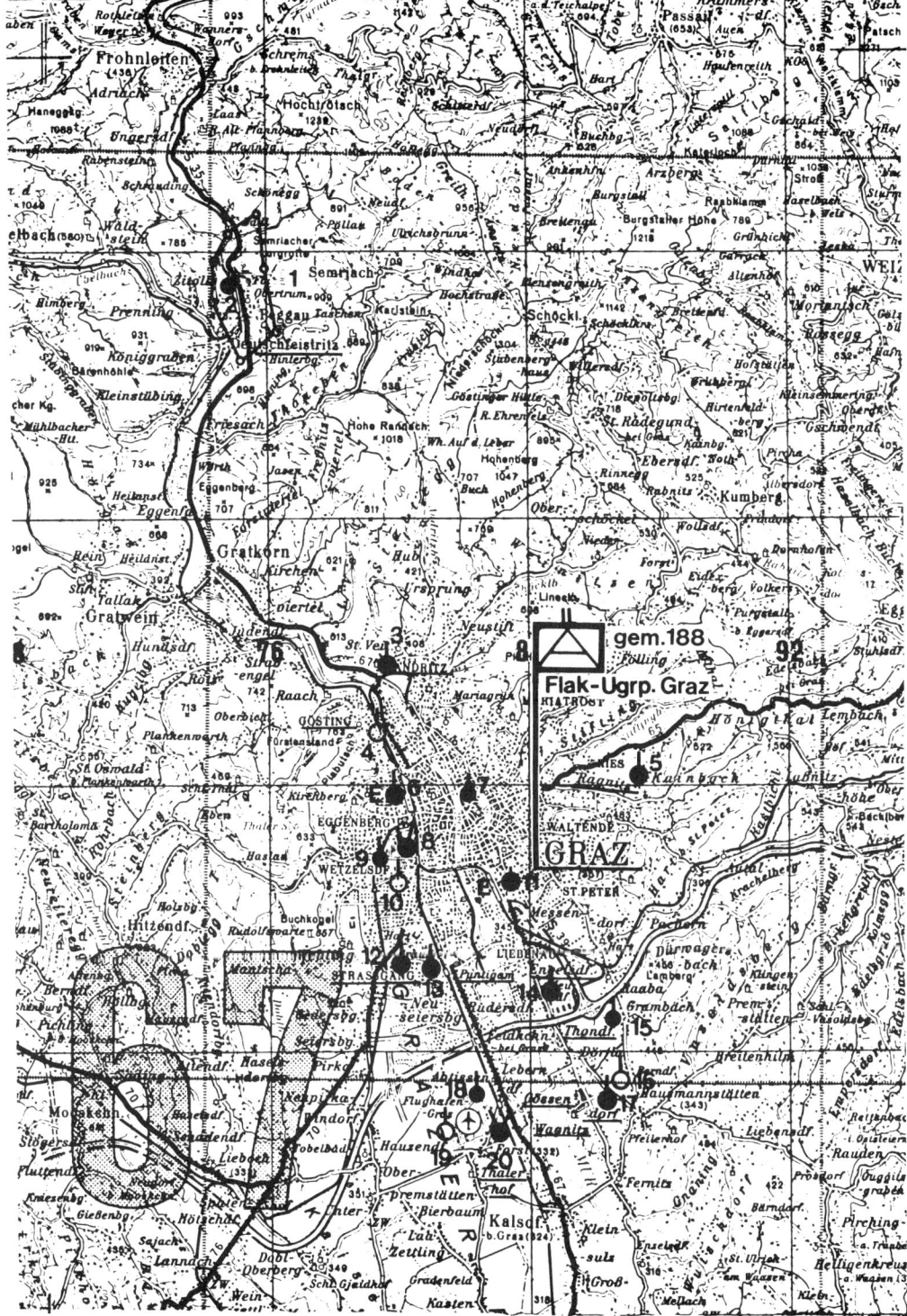

Einsatzbereite Jugend

Feierliche Verpflichtung von Luftwaffenhelfern in Bruck a. d. M.

Eigenbericht der „Kleinen Zeitung"

Bruck an der Mur, 20. Jänner.

Die Kreisstadt Bruck an der Mur erlebte gestern am frühen Nachmittag eine eindrucksvolle Stunde, als auf dem Adolf-Hitler-Platz eine größere Anzahl von jungen Luftwaffenhelfern zur feierlichen Verpflichtung angetreten war. Eine Ehrenkompanie mit der Regimentsfahne und einem Musikkorps hatten aus Anlaß der Feier, zu der sich Vertreter von Wehrmacht, Partei und Staat und viele Volksgenossen aus Bruck an der Mur eingefunden hatten, Aufstellung genommen. Nach einer kurzen Ansprache des Regimentskommandeurs an die Jungen erfolgte die feierliche Verpflichtung. Aus jeder Einheit trat ein Junge an die Fahne heran und sprach im Namen seiner Kameraden die Worte des Regimentskommandeurs nach, mit denen sich die Jungen verpflichteten, treue Dienste als Luftwaffenhelfer zu leisten. Ehrensalven beendeten die soldatisch-schlichte Feier auf dem Adolf-Hitler-Platz, an die sich noch ein Vorbeimarsch vor dem Regimentskommandeur und den Ehrengästen schloß.

Unsere Bilder zeigen (rechts) die feierliche Verpflichtung an der Fahne und (unten) die Aufstellung der bereits eingeleideten Luftwaffenhelfer, während der den Aufmarsch leitende Offizier dem Regimentskommandeur die Meldung erstattet.

(PK-Aufnahmen: Kriegsberichter Egon Blaschka.)

ten Flak-(Ausb.-)Abt. 699 ersetzt. Der Stab der Scheinwerfer-Abt. 188 in Linz wurde im Herbst 1944 nach Graz verlegt und die gemischte Flak-Abt. 188 mit sieben Batterien aufgestellt. Die 1.–4. Batterie wurde aus den dortigen Batterien 1.–4./803 gebildet, da die gemischte Flak-Abt. 803 selbst über keinen eigenen Stab verfügte. Die 5. Batterie entstand aus der schweren Flakbatterie 10955, die 6. und 7. wurde aus den leichten Batterien 7388 und 7385 gebildet. Gemeinsam mit der ebenfalls neu zudirigierten Heimatflak-Abt. 10/XVII (aus Brünn?) verfügte Graz Ende 1944 somit über den stärksten Flakschutz.

Naturgemäß schwankten die Stärken der steirischen Flakgruppe, wie auch anderswo, je nach der Luftlage. Nicht zu vergessen ist, daß die gem. Flak-Abt. 188 zeitweise ihre

leichten Batterien auch noch zum Schutz von Cilli und Klagenfurt abgeben mußte. Was über die Schwäche der Jagdabwehr bereits an anderer Stelle gesagt wurde, traf auch auf den steirischen Raum zu. Die zuständige 8. Jagd-Division war viel zu schwach, um mit ihren wenigen Jägern wirksam gegen die US-Bomberflotte auftreten zu können, weshalb die Hauptlast der Luftabwehr auch hier die Flakkräfte zu tragen hatten.

Die Einflüge der alliierten Bomberverbände in der Steiermark erfolgten in der Regel entweder über Udine, Laibach, Unterdrauburg oder über Jugoslawien und das westliche Ungarn, über Steinamanger, wobei der Plattensee als Sammelraum fungierte.

Die Steiermark als wichtiger Standort der Kriegs- und Rüstungsindustrie sowie des

Geschütz „Anton" der Großbatterie Reininghaus
(s. Heimatflakbatterie 227/XVII und 228/XVII).

Unten: Flakgeschütz auf dem Hochhaus der Stadt-
werke am Andreas-Hofer-Platz.

Flakuntergruppe Graz
(schw. Flakabt. 8o3)
Abt. Ia 2.

Gefechtsstand, den 24.7.44

2
19

Gefechtsbericht und Stellungnahme des Abteilungskommandeurs.

Am 16.7.44 wurde um 11.13 Uhr eine Liberator, aus Richtung
12 nach 6 fliegend, zunächst von der schw. Flakbatterie
Andritz aufgefasst und ab 11.15 Uhr bekämpft. Kurze Zeit später
beteiligte sich bereits die Grossbatterie Reininghaus an
dem Beschuss und anschliessend die Batterie Engelsdorf und
endlich ab 11.17 Uhr die Grossbatterie Wagnitz. 11.19 Uhr
wurde das Feuer ausserhalb des Wirkungsbereiches eingestellt.

Die Maschine hatte bei Beginn des Beschusses eine Zielhöhe von
3 7oo m und eine Zielgeschwindigkeit von etwa 12o m/sec.
Das Flugzeug wurde rein optisch mit Kdo.Ger. 4o, durch schnelles
Gruppenfeuer bekämpft. Insgesamt wurden während der Beschuss-
zeit von 11.15 bis 11.19, 456 Schuss 8,8 cm Sprengpatronen
auf die Maschine abgegeben.
Da die Maschine für sämtliche Batterien in einem günstigen
Wirkungsbereich flog, zeigte sich bald Trefferwirkung am
Ziel, durch den Ausfall beider rechter Motoren. Eine starke,
immer grösser werdende Rauchfahne zeigte weithin den Erfolg
des Beschusses. Von einer zu Beginn des Beschusses gemesse-
nen Zielhöhe von 3.7oo m fiel die Maschine am Ende des Beschusses auf eine Höhe von 2 ooo m herab und hatte zu diesem
Zeitpunkt nur noch eine V_h von 5o - 6o m/sec.
Nach Ende des Beschusses flog die Maschine zunächst in südlicher Richtung weiter, drehte langsam nach Osten ein, über-
flog etwa den Ort Wildon, nahm östlichen Kurs bis zur Ortschaft Hnas, drehte daraufhin wieder nach Norden ein, über-
flog etwa Feldbach, Unter-Grossau und stürzte, auf niedrigste
Höhe herabgekommen 11.4o Uhr bei Prebensdorf ab.
Die Maschine wurde nach Beschuss von den Batterien, insbesondere
der Grossbatterie Wagnitz, mit den Richtgläsern weiter verfolgt,
bis schliesslich 11.4o Uhr ein starker Rauchpilz den Aufschlagort anzeigte.
Notabsprünge wurden aus der Maschine nicht beobachtet.
Eigen Verluste traten nicht ein.
Wetterlage am Ziel: Sicht klar, - wolkenlos.

Die Beobachtungen der Batterien werden insbesondere durch die
Zeugenaussage des Gendarmeriemeisters P l o d e r bestätigt.
Auch die übrigen Zeugenaussagen bestätigen, dass die Maschine
um 11.4o Uhr abgestürzt ist.
Es wird daher gebeten, die endgültige Vernichtung der Liberator
für folgende Batterien anzuerkennen:
    Batterie Andritz   1./8o3
    Grossbatterie Reininghaus   schw.Hei.Fl.227/XVII und 228/
                                                    XVII.
    Batterie Engelsdorf: 2./8o3 RAD.
    Grossbatterie Wagnitz   3./8o3 und 4./8o3 RAD.

Major u. Abt.-Kommandeur 1

Transportwesens war im Vergleich zu seiner Bedeutung sehr unzureichend mit Flieger-abwehrmitteln versehen. Es mangelte vor allem an ausreichender Flakartillerie. Zu Beginn des Jugoslawienfeldzugs im April 1941 standen in Graz drei schwere 8,8-cm-Flakbatterien und vier 2-cm-Flakbatterien zur Verfügung: je eine 8,8-cm-Flakbatterie gab es auf der Reininghauswiese südöstlich der Brauerei, eine in Puntigam nordwestlich des Bahnhofs, eine in Gössendorf. Je zwei 2-cm-Flakgeschütze waren am Dach der Waggonfabrik, am Dach des Hochhauses und am Köflacher Bahnhof auf Hochstän-den montiert.

Als sich die Angriffe ab November 1944 ver-stärkten, wurde das Flakabwehrsystem ver-bessert und weiter ausgebaut. Auf der Rei-ninghauswiese kamen die s.Hei.Fl.Bttn. 227/XVII und 228/XVII hinzu, eine weitere Batterie (1./803) wurde nördlich der Maschinenfabrik Andritz aufgestellt; vor-übergehend befand sich auch in der Ragnitz südlich der Riesstraße eine schwere Batterie.

Eine 8,8-cm-Flakbatterie wurde weiter nordöstlich des Bahnhofs Straßgang, eine zeitweise nordwestlich des Bahnhofs Puntigam, weiters je eine in Gössendorf, Engelsdorf (2./803 RAD) und Wagnitz (3. und 4./803) südlich Feldkirchen postiert.

Mittlere 3,7-cm-Flak-Züge wurden seit Ende 1944 zeitweise auf der Reininghauswiese, einer im Werk Thondorf (Puchwerke), 20 (?) leichte Geschütze am Fliegerhorst Thalerhof und ein 2-cm-Flak-Zug (?) am Schloßberg aufgestellt. Die 2-cm-Flak am Schloßberg wurde über Einspruch des Wehrmachtsluftschutzleiters bald wieder abgezogen, weil man durch sie eine Gefährdung der Altstadt befürchtete. Gegen Kriegsende war vorübergehend auch Eisenbahn-Flak am Hauptbahnhof, am Ostbahnhof und am Bahnhof Puntigam aufgestellt. Außerhalb von Graz war der Flakschutz ebenfalls sehr schwach. In Deutschfeistritz standen zwischen den beiden Eisenbahnbrücken zwei leichte 2-cm-Flakgeschütze.

Als die Russen in Ungarn 1945 immer weiter nach Westen vordrangen und das Westende des Plattensees erreicht hatten, wurde ein Teil der schweren Flak von Graz und aus der Steiermark abgezogen, um mit ihr die Straßen gegen den Durchbruch von Panzern abzusichern und das weitere Vordringen russischer Verbände zu verhindern.

Zur Bekämpfung feindlicher Bomberverbände bei Nacht waren einige Flakbatterien mit Scheinwerfern ausgestattet. Solche Scheinwerferbatterien waren in Graz auf der Reininghauswiese, am Südende der Göstinger Au, vorübergehend in Gössendorf und am Flughafen Thalerhof aufgestellt.

Als Besonderheit sei erwähnt, daß sich in Peggau vom März bis Mai 1945 eine aus acht Sperrballons bestehende Ballonsperre befand, die im Viereck Schillervilla Deutschfeistritz bis zur Peggauer Wand, die Peggauer Wand entlang bis Mautbühel, von dort über das E-Werk Deutschfeistritz zum Kugelstein und entlang desselben bis zur Schillervilla zurück angelegt war. Sie hatte den Zweck, die in den dortigen Ortsbereich verlagerten Puchwerke, das E-Werk, die zwei Brücken und die Badl-Galerie der Eisenbahn sowie die Straße Bruck an der Mur–Graz zu schützen.

Um den Einsatz und die Effizienz der Grazer Flakbatterien zu illustrieren, wollen wir uns in den 9. März 1945 zurückversetzen. An diesem Tag erlebte Graz den längsten und schwersten Luftangriff. 418 Flugzeuge bombardierten die Stadt drei Stunden und 39 Minuten lang. Es war auch für die Grazer Flak der schwerste Einsatz. An diesem Tag wurden 2 400 Granaten verschossen und aus Maschinengewehren 1 283 Schuß verfeuert. Auf die Flakstellung in Engelsdorf wurden zweimal Bomben abgeworfen. Insgesamt fielen 26 Bomben in Batteriestellungen, wobei neun Mann fielen und fünf verwundet wurden. Ob sich darunter auch Luftwaffenhelfer befanden, ist nicht bekannt. Ein einziger feindlicher Bomber wurde so schwer getroffen, daß er südlich von Wagnitz abstürzte; weitere sieben Maschinen wurden angeschossen, zeigten Branderscheinungen und mußten aus ihren Verbänden ausscheren.

Beim Angriff von 141 amerikanischen Flugzeugen auf Graz am 4. März 1945 schoß die Andritzer Flakbatterie (1./803) zwei Flugzeuge, die den Grazer Verschiebebahnhof angegriffen hatten, ab; das eine Flugzeug, eine Liberator, ging am Hang des Plabutsch oberhalb des Brauhauses Gösting nieder, das zweite, eine Fortress, stürzte bei Gratkorn ab. Von vier Besatzungsmitgliedern, die sich mit dem Fallschirm retten konnten und im Gebiet von Straßgang niedergingen, wurden drei bei der Bahnübersetzung in Webling von SS-Leuten erschossen, der vierte in der Kärntner Straße von einem SA-Mann.

Das Ende der Grazer Flakbatterien bzw. der dort noch eingesetzten Luftwaffenhelfer dürfte ähnlich gewesen sein, wie dies ein ehemaliger Angehöriger der RAD-Flakbatterie Graz-Puntigam beschreibt:

„Zuletzt war diese Batterie noch von einem Bombenreihenwurf getroffen worden. Sofort waren drei oder vier Geschütze vernichtet, zehn Mann tot. Nach Abzug aus der Flakstellung wurde irgendwo in einem Wald gehalten. Da sollten die vormaligen Kanoniere zu den Werwölfen gehen, wie sich aber herausstellte, waren die Offiziere schon abgehauen. Jeder war auf sich selbst gestellt."

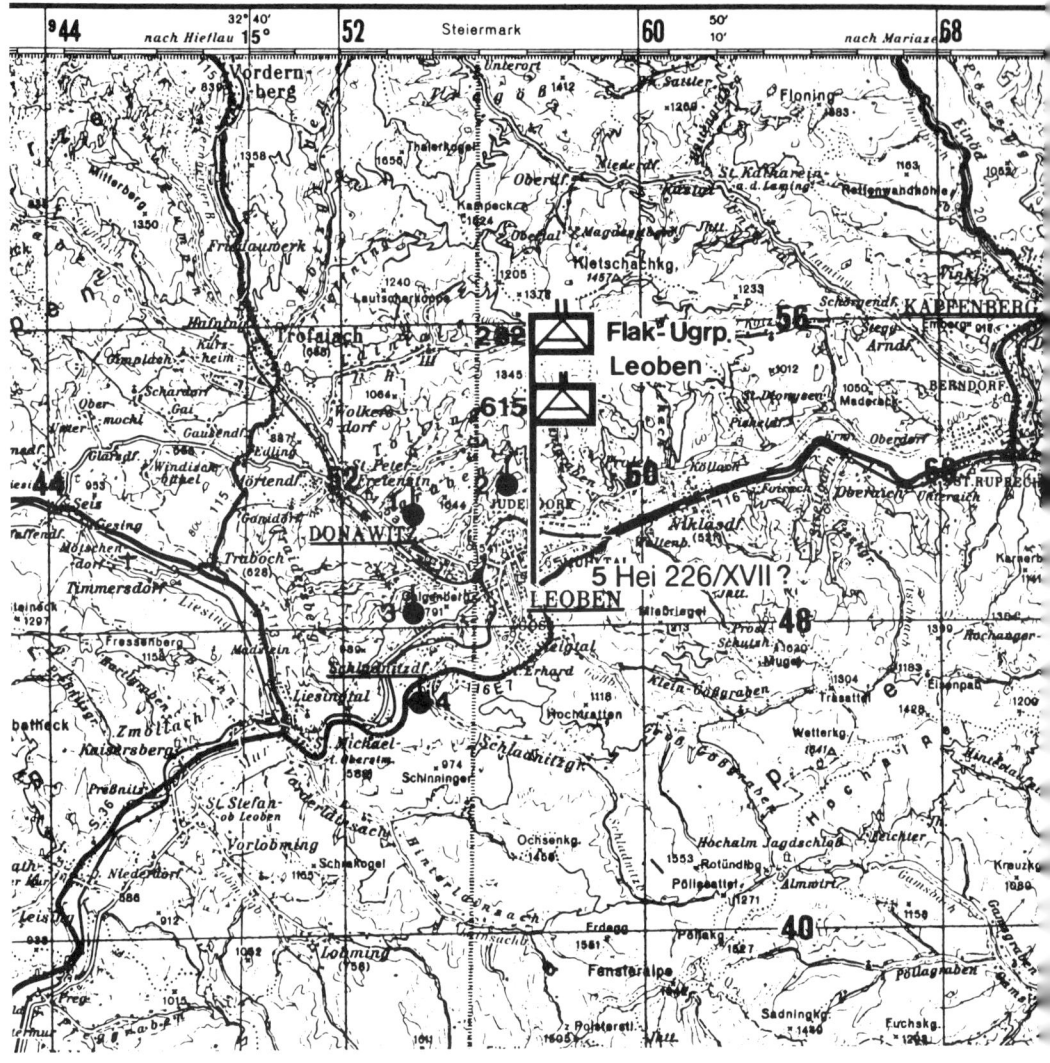

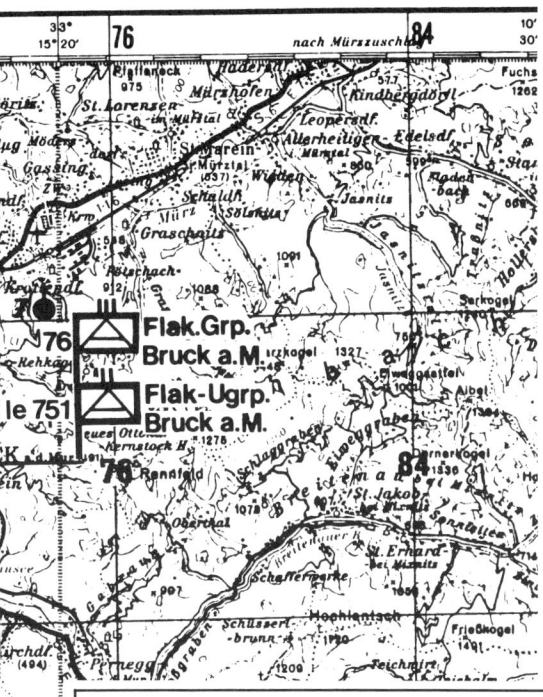

Die Flakkräfte im obersteirischen Industriegebiet
1 le. z. b. V. 7380 (später 2./gem. 282)
2 z. b. V. 640 (?) (?/gem. 358)
3 z. b. V. 640 (?) (?/gem. 358)
4 z. b. V. 6404 (später 1./gem. 358)
5 Hei 226/XVII (?)
6 z. b. V. 640 (?) (später ?/gem. 358)
7 ?/gem. 358 (?)

Ungefähre Batteriestandorte, nach Angaben von Luftwaffenhelfern. Mit Ausnahme von 1 und 4 sind die Batterienummern nicht eindeutig nachzuweisen.

Amerikanischer Aufklärungsbericht vom 17. November 1944 über die Folgen des Luftangriffs auf Graz vom 6. November 1944.

CONFIDENTIAL

E X T R A C T

INTERPRETATION REPORT NO. D.B. 261, dated 17 November 1944.

GERMANY

683 Squadron Sortie 683/766 dated 17 November 1944.

GRAZ NORTH M/Y (0950 hours)

     Attacked 6 November 1944 by 15th Air Force.
     Last Report: D.B. 240 of 14 October 1944.

    Assessment is hampered by small scale, snow covered prints but it is seen that there was very little damage to the M/Y. All damage to the yard appears to have been repaired and it is again fully serviceable. Three locos with approx. thirty wagons each are seen in motion at the time of photography.

    A large industrial plant adjacent to the West has been heavily damaged. At least two hits are seen to the largest multi-storey structure, and sections of the West and South wings have been destroyed. One probably workshop has been two-thirds destroyed, and four probable goods sheds have been damaged by direct hits and near misses.

    A small industrial plant East of the M/Y has been damaged by blast but is still in operation. Hits are also seen in the residential district to the North. One large structure has been destroyed by direct hits and several buildings have been damaged by blast.

Prints : 4004, 4005
Comparative : 682/594, 3005, 3006

249

War Theatre 12 (Graz-Neudorf, Austria).

Eine amerikanische B-24 während eines Bomben-angriffs auf die Steyr-Daimler-Puch-Werke in Graz-Neudorf am 16. Oktober 1944.

250

Ein Jagdbomberangriff (P. 38) im Raum Graz am 2. März 1945, bei dem 14 Ölwaggons in Brand gesetzt wurden.

251

Dezember 1943. 2-cm-Geschütz der leichten Flak-batterie z. b. V. 7380 zum Schutz der Rüstungs-betriebe Leoben-Donawitz (Tor IV).

Unten: Anfang 1944. Geschützstellungen mit Un-terkunftsbaracke (le. z. b. V. 7380).

4. Zug/leichte Batterie z. b. V. 7380 „in Ruhestellung".

Unten: Jänner/Februar 1944. Donawitz (Reiting im Hintergrund). 2-cm-Geschütz der Batterie z. b. V. 7380.

Luftwaffenhelfer der 8,8-cm-Batterie z. b. V. 6404 (später: 1./gem. Flak-Abteilung 358) in Schladnitz bei Leoben-Hinterberg beim Geschützexerzieren.

Geschütze der schweren Flakbatterie Hafendorf bei Kapfenberg (Flakgruppe Bruck an der Mur = Flakregiment 76) von der gem. Flakabteilung 358.

Sommer 1944. Batterie z. b. V. 6404 (?/ gem. 358) in Hafendorf bei Kapfenberg. Geschütz „Anton". Dahinter das riesige Lager der italienischen Kriegsgefangenen, die in den Rüstungswerken arbeiten mußten.

Batterie Hafendorf (?/gem. 358), Sommer 1944. Luftwaffenhelfer im B-1-Stand am Kommandogerät 40.

Funkmeßgerät der Batterie.

Unten: Hafendorf, Sommer 1944. Kommandogerät 40 der z. b. V.-Batterie 6404 (später ?/gem. Flakabteilung 358).

Ein Batterieoffizier der Hafendorfer Batterie, Sommer 1944. Dahinter B 1 mit FuMG, Badoglio-Lager und Renn-feld.

Hafendorf, Sommer 1944 (dahinter das Rennfeld [Badoglio-Lager]), Mitte: Oblt. Ulrich, Batterieführer (von Zivil-beruf Pastor), Hptwm. Zirow (Spieß) und Obwm. Helmsorig (Bauoffizier und Umwertetruppführer).

257

Einsatz in Marburg an der Drau

Eine Gruppe von Kärntner Luftwaffenhelfern der leichten z. B. V.-Batterie 7387 (o) wurde nach der Grundausbildung von Spittal an der Drau im September 1944 nach Markersdorf an der Pielach kommandiert, um dort den Flakschutz des Jägerhorsts zu übernehmen. Aber schon am 13. September erhielt sie den Marschbefehl nach Marburg an der Drau. Die einzelnen Züge bzw. Geschütze ihrer Batterie wurden den dort stationierten fünf 10,5-cm-Batterien in Frau Stauden (1. und 3./516 „Jungfernheide", „Kahler Berg"), Thesen (in der Nähe der Kadettenschule), (6. oder 4./516 „Tegel") und Unter-Kötsch (2. und 5./516 „Cluneshof", „Friedenau") zum Schutz gegen Tiefangriffe und Partisanenüberfälle zugewiesen.

Der Luftwaffenhelfer Diemling, der letzterer Batterie angehörte, berichtete viele Jahre später über den weiteren Einsatz: „Ich kam mit drei anderen Luftwaffenhelfern zur 2./516 nach Kötsch, ca. 3–4 km südlich der Stadt Marburg. Wir waren damit wohl die südlichste Batterie des Reichs mit Luftwaffenhelfern. Nach unserer Ankunft in der Stellung wurden wir sofort vom Batteriechef in unsere neuen Aufgaben eingewiesen. Ich erinnere mich noch genau, wir standen im Halbkreis in der Nähe eines Bahnhofs, und der Chef bemerkte so nebenbei: ‚Hier ist im Frieden der Balkanexpreß vorbeigefahren.' Bei diesem Wort ‚Frieden' wurden in mir sonderbare Gedanken wach, wie es dazu kommen sollte, ob wir ihn, den Frieden, noch erleben würden und was uns hier noch alles erwarten würde.

(Damals hätte ich nicht gedacht, daß ich genau 34 Jahre später – an meinem 50. Geburtstag – an der gleichen Stelle stehen würde und alles heil überstanden habe.) In dieser Batterie waren bereits Luftwaffenhelfer aus Berlin und Graz, und wir wurden von Berliner Professoren gemeinsam unterrichtet. Ich glaube, Schüler und Professoren kamen aus einer Schule des Stadtteils ‚Charlottenburg'? (Es waren u. a. Studienrat Prof. Hummel – er soll später bei einer Fahrt mit dem Fahrrad in die Batterie einem Jabo-Angriff zum Opfer gefallen sein – wie auch die Luftwaffenhelfer Albrecht, Marms, Lüdecke und Wedemeyer.)

Am 4. Oktober 1944 erlebte ich bei wolkenlosem Himmel den ersten größeren Tagesangriff von ca. 170 B-24 (Liberator) auf das Flugmotorenwerk (VDM/Vereinigte Deutsche Metallwerke – Luftfahrtwerke Steiermark) bei Tezno-Thesen, in dem Verstelluftschrauben hergestellt wurden, aus noch sicherer Entfernung im Vorbeiflug. Gleich aus dem ersten Pulk – eine sogenannte Pfadfindermaschine mit Tarnanstrich schoß plötzlich Leuchtsignale – erhielten zwei Bomber Volltreffer und stürzten brennend ca. 2 km von uns entfernt ab. Einige Besatzungsmitglieder konnten sich noch retten. Von nun an erfolgten in immer kürzeren Abständen Tagesangriffe aus allen Richtungen auf das scheinbar sehr lohnende Ziel. Die Abschüsse wurden aber immer spärlicher, da sich die Anflughöhen vergrößerten, mehr Stanniol (Düppel) abgeworfen wurde und die B-17 (Fortress I. und II.) beschußsicherer als die B-24 (Liberator) waren. Aufgrund der starken Flakabwehr um Marburg dürfte es auch zu dem einzigen Nachtangriff gekommen sein, den ich selbst wegen eines Kurzurlaubs nicht miterlebt habe. Dennoch dürften in der Zeit unseres Einsatzes in Marburg von Oktober 1944 bis März 1945 schätzungsweise 30 der ca. 1 500 angreifenden Bomber abgeschossen worden sein (2 Prozent).

Gegen Ende Oktober 1944 wurde unsere leichte Batterie wieder abgezogen und wir direkt der schweren 10,5-cm-Batterie (2./516) unterstellt. Dort erlebte ich auch sehr

Stellungen der Flakuntergruppe Marburg an der Drau (= schwere Flak-Abt. 516)
1. *2. und 3./342 = Großbatterie Drauweiler (?)*
2. *1./gem. 188 (?)*
3. *6./516 = Batterie Kadettenschule*
4. *Hei 229/XVII (?)*
5. *1. und 3./516 = Großbatterie Frau Stauden*
6. *2. und 5./516 = Großbatterie Unter-Kötsch*
7. *3./543 (E) = Eisenbahnbatterie Unter-Kötsch*
8. *1. und 4./342 = Großbatterie Rogeis*
9–12. *Einzelne Züge bzw. Geschütze der leichten Batterie z. b. V. 7383*
Die Einzeichnungen geben nur die ungefähren Batteriestandorte an.

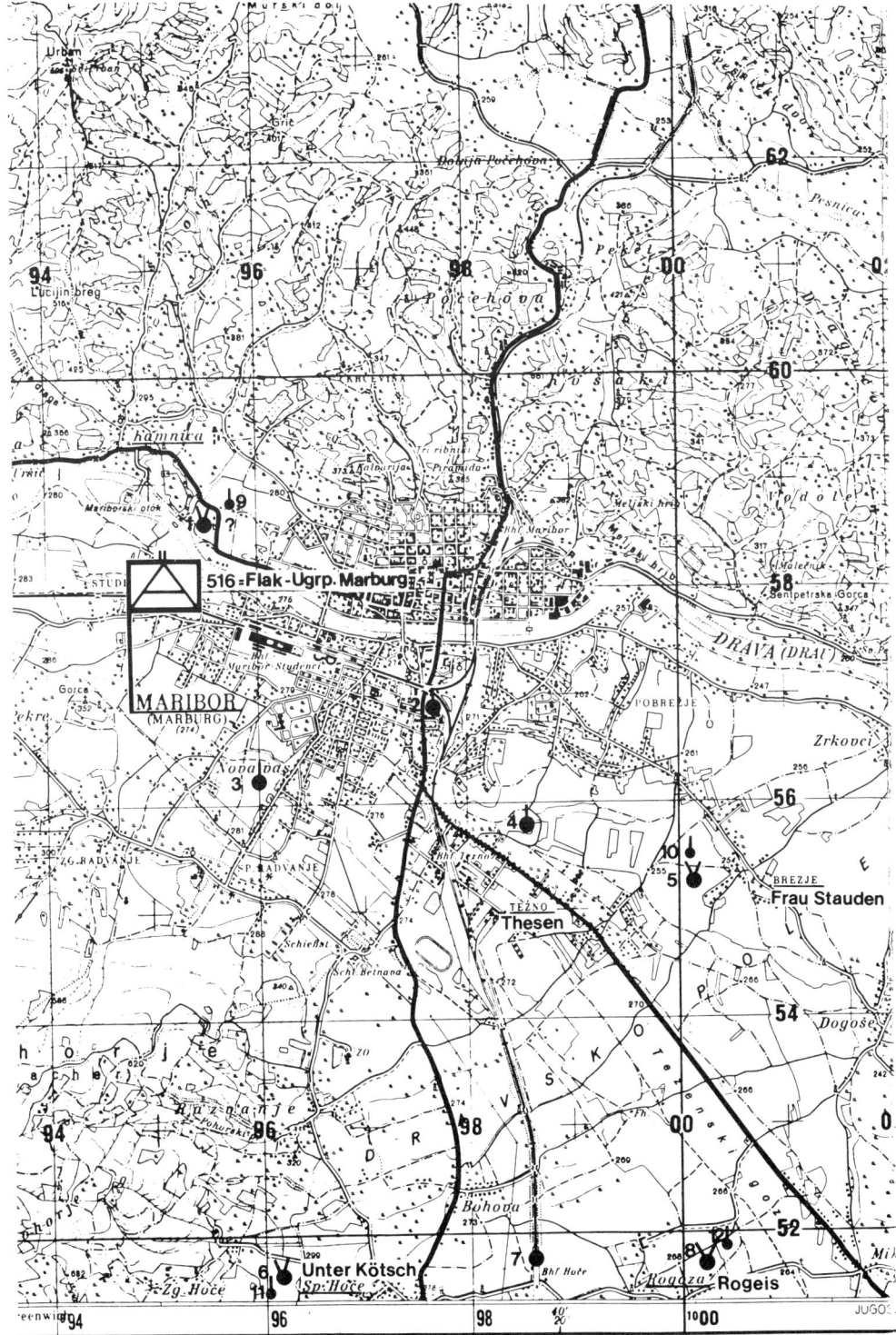

516 - Flak - Ugrp. Marburg

MARIBOR
(MARBURG)
(274)

DRAVA (DRAU)

Thesen

Frau Stauden

Unter Kötsch

Rogeis

bald meinen ersten Einsatz als K 6 am Geschütz ‚Cäsar‘.

In der Nacht gab es auch oft Partisanenalarm. Die Partisanen waren damals bereits sehr stark, hielten sich im dicht bewaldeten nahen Bacherngebirge auf und kamen in der Nacht in die umliegenden Ortschaften. Aber es blieb doch nur bei nächtlichem Gewehr- und MG-Feuer, einige Kilometer von unserer Stellung entfernt. Da wir aber jederzeit mit einem Partisanenüberfall rechnen mußten, wurden wir auch im Nahkampf ausgebildet und mit Handfeuerwaffen bewaffnet. Eines Abends – knapp nach Einbruch der Dunkelheit – gab es plötzlich Alarm. Unsere Hiwis (Russen) – teilweise auch als Munitionskanoniere eingesetzt – waren, bis auf einen, entflohen oder von den Partisanen entführt worden. Jedenfalls verlief eine im nahe gelegenen Bauerndorf (ca. 400 m) sofort durchgeführte Hausdurchsuchung ergebnislos. Ob diese Russen durch ihre riskante Flucht vor Wintereinbruch den Krieg besser überstanden haben, wird man wohl nie erfahren.

Ende November 1944 wurden wir Luftwaffenhelfer aus Spittal an der Drau und Graz von den umliegenden Batterien zusammengezogen und der in Thesen neu in Stellung gegangenen 8,8-Batterie (1./g. Flak-Abt. 188 v) zugeteilt. Hier lag auch noch eine andere 8,8-Batterie, die jedoch sehr bald wieder abgezogen wurde. Wir haben die Batterie ‚Tegel‘ (4. oder 6./516) und eine 7,62 russische Batterie abgelöst. Mit diesen Batterien dürften auch die beiden 10,5-cm-Batterien (1. und 3./516) in Frau Stauden verlegt worden sein. Unsere neue Batteriebezeichnung war ‚Lübars‘ (ein Vorort von Berlin). Bei dieser Batterie verblieben wir bis zum Tag unserer Entlassung am 3. März 1945. Wir lagen in einem ‚Teufelsdreieck‘ (Stadtrand von Marburg, nahe beim Flugmotorenwerk und Güterbahnhof Thesen, Eisenbahn- und Straßenbrücken über den Draufluß, Hauptbahnhof). Alle Anflüge zu diesen Zielen führten über unsere Batterie hinweg. Die immer größer werdenden Anflughöhen und die etwas geringere Reichweite und Schußhöhe der 8,8 zwangen zu einem näheren Heranrücken an diese Schutzobjekte. Ich machte als K 2 (Seiten-

richtkanonier) am Geschütz ‚Dora‘ Dienst, und wohl sehr oft ertönte der Ruf ‚Seite steht‘, auf einen direkten Anflug hinweisend. Mein Kurzurlaub, den ich zu Hause – 250 Bahnkilometer von Marburg entfernt – verbringen durfte, fiel gerade auf die Weihnachtsfeiertage 1944. Am 26. Dezember 1944 rückte ich wieder ein. In Unterdrauburg (heute Jugoslawien) gab es am Bahnhof plötzlich Fliegeralarm. Mit einem Kameraden lief ich in einen nahen Wald. Nach der Entwarnung mußten wir feststellen, daß unser Personenzug bereits abgefahren war. Es war bereits dunkel geworden. Um ja pünktlich in unserer Stellung zu sein – wir waren noch ca. 80 km von Marburg entfernt, und der Urlaub ging um Mitternacht zu Ende – benützten wir einen gerade zur Abfahrt bereitstehenden Güterzug mit Kriegsmaterial. Die einzelnen Waggons waren versperrt und bewacht, so begaben wir uns kurz entschlossen in einen der beiden der Lokomotive vorgespannten Sicherheitswaggons. Die Fahrt ging entlang des Bacherngebirges durch mehrere Tunnels und über Brücken im Partisanengebiet. Wir waren uns wohl nicht bewußt, in welche Gefahr wir uns dadurch begeben haben, und hatten ein ‚mulmiges‘ Gefühl, keiner sprach auch nur ein Wort. Aber es ging diesmal noch gut, und wir erreichten rechtzeitig Marburg und unsere Stellung. Die Kameraden waren bereits in den Betten, so begrüßten wir uns erst am anderen Morgen, dem 27. Dezember 1944. – Es sollte das letztemal sein, daß ich die später gefallenen Kameraden sah und mit ihnen sprach. Schon bald gab es Fliegeralarm, und es kam auch schon der ‚Aufklärer vom Dienst‘ – meist eine Spitfire oder Lightning. – Auf Einzelflugzeuge hatten wir schon damals – außer bei einem Angriff auf die Batterie – keine Feuererlaubnis, außerdem flogen diese Maschinen in sehr großer Höhe. Gegen Mittag gab es dann den obligaten Hauptalarm. Mehrere Pulks flogen uns ziemlich dicht aufgeschlossen aus Richtung 3 in einer Höhe zwischen 7 000 und 8 000 m an. Wir eröffneten das Feuer und schossen jeweils bis zum Wechselpunkt. Der letzte Pulk, der uns direkt angriff, dürfte jedoch schon ausgeklinkt haben, als wir den Zielwechsel vornahmen. So kam der

Bombenteppich auf unsere Batterie zu, und die letzte Bombe traf direkt in den Geschützstand von ‚Berta‘. Dabei fielen: drei Soldaten und die Luftwaffenhelfer Gabriel Leitner und Georg Ritter von Przyborski. Luftwaffenhelfer Sommerauer aus Graz wurde schwer verwundet. Einige Tage danach haben wir unsere gefallenen Kameraden am Friedhof in Thesen mit militärischen Ehren begraben. Es war ein ergreifender Abschied für immer.

Bis zu unserer Entlassung, am 3. März 1945, erlebten wir noch mehrere schwere Angriffe von jeweils einigen hundert Bombern.

Zwei dieser Angriffe habe ich noch in guter Erinnerung. Am 31. Jänner 1945, dem ‚Tag der Luftwaffe‘, wurden wieder einmal starke Verbände aus Richtung 6 im Anflug gemeldet. Bald sahen wir auch schon die vielen Kondensstreifen am blauen Winterhimmel. Aus Richtung 3 kam eine ganze Armada mit – laut Aussage des E 1 (Entfernungsmesser) – geöffneten Bombenklappen auf uns zu. Der Zeiger an der Zünderstellmaschine pendelte bereits bei 340°, da drehten die Verbände plötzlich in Richtung 12 ab. Ein Aufatmen ging durch uns, und wir rechneten schon mit einem Weiterflug auf andere Ziele. Doch diese Erwartung sollte sich sehr bald als trügerisch erweisen. Es vergingen einige Minuten, der ganze Verband machte kehrt, kam aus Richtung 12 auf uns zu und lud seine tödliche Fracht ab. Diesmal lag die letzte Bombe des Bereichs vor unserem Geschützstand ‚Dora‘. Der Kraterrand von mehr als 10 m Durchmesser berührte die Brüstung unseres Geschützwalls. Ich hörte nur noch den Befehl des Geschützführers ‚Volle Deckung!‘, und schon prasselten Erdreich und Steine auf unsere Stahlhelme herab. Der K 6, Luftwaffenhelfer Hubert Kohlmayer, fiel mit leichteren Verletzungen von der Zünderstellmaschine. Er bekam dafür später das Verwundetenabzeichen. Eine Haaresbreite, vielleicht eine tausendstel Sekunde, hatte diesmal über Leben und Tod unserer Geschützbedienung entschieden. Ich wäre wohl selbst schuld daran gewesen,

da ich mich vorher mit Erfolg wehrte, zur neu abgestellten Bedienung von ‚Berta‘ zu kommen. Eine alte Soldatenregel besagt zwar, daß eine zweite Bombe bzw. Granate in der Regel nicht in den gleichen Trichter fällt. Dennoch hatte ich kein gutes Gefühl, in den Geschützstand meiner vorher dort gefallenen Kameraden zu kommen. Es waren natürlich auch kameradschaftliche Gründe, die mich dazu bewegten.

Beim letzten, zahlenmäßig stärksten Angriff kamen die Bomber aus Richtung 9 (Kärnten). Wir verschossen dabei fast unsere ganze Munition im Geschützstand. Von 144 möglichen Gruppen schoß unser Geschütz ‚Dora‘ (mit Geschützführer Uffz. Zink aus der Gegend um Hannover und K 3 Obgefr. Lassnig) 143 Granaten bei nur einem Versager.

Von meinen persönlichen Kriegserlebnissen wären vielleicht folgende noch bedeutsam: Wir hatten ab dem Jahr 1945 – zeitweise aus Munitionsmangel – ein Feuerverbot auf einzeln fliegende Maschinen (Aufklärer), außer bei einem direkten Angriff auf die Batterie bzw. die zu schützenden Ziele. Da kam ein viermotoriger Bomber – ich glaube, es war eine B-17 (Fortress) – in ca. 1 000 m Höhe, Entfernung 2 km, vor unsere Rohre. Wir sahen bereits mit freiem Auge, daß ein Motor ausgefallen war, und der Propeller stand. Die Maschine flog mit verminderter Geschwindigkeit und geradem Kurs. Wir eröffneten das Feuer, und bereits nach wenigen Gruppen erhielt auch der zweite Motor einen Treffer. Die Tragfläche brach ab, und der Bomber stürzte mit heulenden Motoren in einer Spirale ab. Nur noch wenige Fallschirme öffneten sich kurz vor dem Aufprall. Die übrigen Besatzungsmitglieder dürften wohl bereits gefallen oder verwundet gewesen sein. Es war sicher – aus heutiger Sicht betrachtet – von uns nicht sehr ritterlich, denn die Maschine hätte kaum mehr ihren Heimatflughafen erreicht, da sie ja an Höhe verlor. Dennoch war eine Notlandung in dem von Partisanen beherrschten Gebiet nicht auszuschließen.“

Flakeinsatz in Kärnten

Aus dem Kärntner Raum lagen nur sehr dürftige Angaben über die Tätigkeit der Flakartillerie und den Kriegshilfseinsatz vor. Neben mehreren Batterien, vermutlich der schweren Flak-Abt. 336 (= Flakuntergruppe Klagenfurt), in Klagenfurt, zeitweise auch Eisenbahnflakbatterien, ist dort noch die leichte Heimatflakbatterie 29/XVII nachzuweisen. In Neudorf bei Stein (Viktring) soll es ebenfalls eine schwere Flakbatterie (?) gegeben haben.

Ein 2-cm-Zug der z.b.V. 7383 befand sich vorübergehend in Goggerwenig bei St. Veit an der Glan, einer südlich davon, auf dem Zollfeld, als Brückenschutz der Südbahn, über die der strategisch wichtige Nachschub nach Italien rollte. Ein, zwei weitere Flakzüge (?) schützten einen Ausweichflugplatz des Fliegerhorsts Klagenfurt-Annabichl, ebenfalls auf dem Zollfeld, sowie den Fliegerhorst selbst.

In Villach stationiert waren (zeitweise) die schwere (später gemischte) Flakabteilung 282 (= Flakuntergruppe Villach) mit vier 8,8-cm-Batterien (5./289; 7./285 und 3.–7./ 282 [?]) sowie die leichte Heimatflakbatterie 39/XVII. Villach war der wichtigste Verkehrsknotenpunkt im Kärntner Raum.

In Spittal an der Drau befanden sich Teile einer leichten Flakbatterie. Darüber gibt es einige Aufzeichnungen: Angehörige des Geburtsjahrgangs 1928 und Schüler der sechsten Klasse der „Oberschule für Jungen" in Spittal an der Drau wurden mit Schülern der 5. Klasse am 6. Jänner 1944 zur Grundausbildung nach Bruck an der Mur einberufen, zusammen an die 400 Schüler aus den ehemaligen Reichsgauen Kärnten und Steiermark (nämlich Graz, Klagenfurt, Villach, Spittal an der Drau, Lienz, Osttirol u. a.). Nach sechswöchiger Grundausbildung wurden die Jungen auf die einzelnen Batterien an verschiedenen Einsatzorten aufgeteilt.

17 Luftwaffenhelfer aus Spittal an der Drau hatten das besondere Glück, in ihrer Heimatstadt zur Stammschule zu kommen.

Ausbildung von Klagenfurter Oberschülern in der Jägerkaserne in Villach im Herbst 1943.

Oktober 1943: Grundausbildung von Klagenfurter
Oberschülern in der Jägerkaserne in Villach.

Unten: Luftwaffenhelfer einer 10,5-cm-Batterie in
Klagenfurt („Welzenegger Schachterl").

Dort wurden sie dem III. Zug der leichten z.b.V.-Batterie 7383 (2-cm-Flak 38) zugeteilt.

Die Luftwaffenhelfer waren direkt in einer Schule untergebracht. Die Stellung selbst befand sich auf sogenannten „Flaktürmen" aus Holz in ihrer unmittelbaren Nähe. Ein anderer Zug, nicht mit Luftwaffenhelfern besetzt, lag etwas abseits in einer Erdstellung. Ihr Kampfauftrag war der Schutz des Bahnhofs und der Eisenbahnbrücke über den Lieserfluß gegen Tiefangriffe. Schwere Flak gab es in dieser Kleinstadt keine. Die Spittaler Oberschüler verlebten dort eine verhältnismäßig ruhige Zeit. Zu Angriffen der 15. US Army Air Force kam es damals nämlich noch nicht.

Nach einem kurzen Intermezzo auf dem Jägerhorst Markersdorf an der Pielach im September 1944 wurden die Luftwaffenhelfer aus Spittal an der Drau am 13. September nach Marburg an der Drau verlegt.

Verteilung der Flakkräfte im Kärntner Raum 1943 bis 1945

1   *III./z. b. V. 7383 auf Holztürmen und in Erdstellungen zum Schutz des Bahnhofs und der Eisenbahnbrücke über den Lieserfluß*

2   *Leichter Flakzug der z. b. V. 7383*

3–5   *Leichte Flakzüge der Hei 29/XVII*

6   *Schwere Batterie ?/282*

7–9   *(?) 3 Batterien ?/282*

10–12   *Flakzüge der z. b. V. 7383*

13   *Flakzug, vermutlich der leichten Hei 39/ XVII; die übrigen Züge verteilt auf die anderen schweren Batterien, Nummern (?)*

14–18   *8,8- bzw. 10,5-cm-Batterien der Flakabteilung 336 (?)*

19   *10,5-cm-Eisenbahnbatterie*

In Aßling (Jesenice), am Südausgang des Karawankentunnels, und in Krainburg (Kranj) befanden sich ebenfalls je ein Flakzug der z. b. V. 7383.
Es sind nur die ungefähren bzw. vermuteten Standorte bzw. Stellungen der Batterien angegeben.

265

Oben: Geschützstaffel einer schweren Flakbatterie in Klagenfurt („Welzenegger Schachterl").

Unten: Ein 2-cm-Oerlikon-Solo-Geschütz der leichten Batterie z. b. V. 7383 (O) Spittal an der Drau.

*Zollfeld 1944. 3,7-cm-Geschütz einer leichten Flak-
batterie zum Schutz eines Ausweichflugplatzes des
Fliegerhorsts Klagenfurt-Annabichl.*

GAU TIROL-VORARLBERG

Die im Gau Tirol-Vorarlberg stationierten Flakkräfte waren im Vergleich mit jenen im Osten Österreichs ziemlich unbedeutend. Sie unterstanden anfänglich der seit 29. September 1942 im Luftgau VII in München liegenden 4. Flakbrigade, im weiteren gemäß der Gliederung vom 1. November 1943 dem Flakregiment z.b.V., identisch mit der Flakgruppe Innsbruck.

Das Regiment verfügte damals bloß über die schwere Flak-Abt. 577 (als Untergruppe Innsbruck-Nord) zu fünf Batterien, die allerdings im Sommer 1944 auf sieben Batterien verstärkt wurde, sowie die leichte Eisenbahn-Flak-Abt. 730 zu vier Batterien. Ohne Änderung ihrer Gliederung wurde das Flak-Regiment z.b.V. um die Jahreswende 1943/44 zum Flakregiment 130. Am 1. März 1944 trat nach Abgabe der leichten Eisenbahnflak-Abt. 730 die schwere Flak-Abt. 506 mit vier, dann mit fünf Batterien hinzu, so daß sie nunmehr etwa an die 60 schwere Rohre besaß.

Eine weitere, wenn auch nicht sehr bedeutende Flakverstärkung erfolgte Anfang Mai 1944 mit der Umwandlung der 4. Flakbrigade in die 26. Flakdivision. Das Flakregiment 130 wurde an den Luftgau V abgegeben und durch den neuen Stab 148, die schwere Flak-Abt. 506 durch die Heimatflak-Abteilung 14/XIII ersetzt. Neu hinzu kam die leichte Flak-Abt. 768 mit acht Batterien. Der Einsatz des Flakregiments 148 erfolgte, wie schon vorher beim Flakregiment 130, aufgesplittert, in Innsbruck, Salzburg und in der Umgebung von München. Mit der Einbeziehung des Tiroler und des Vorarlberger Raums in die alliierten Luftziele wurden allmählich auch noch die

Luftwaffenhelfer und Vorgesetzte der schweren Heimatflakbatterie 210/VII Tiergarten, Innsbruck. Bildmitte: Batteriechef Hauptmann Dr. Alois Schlögl, der den Luftwaffenhelfern ein väterlicher Freund war. Die Luftwaffenhelfer waren durchwegs zur Jahreswende 1943/44 eingezogen worden.

Oben: Schwere Heimatflakbatterie 4./577 Innsbruck I der Großbatterie Tiergarten.

Rechts: Innsbruck, schwere Flakbatterie z. b. V. 6./577. Obergefreiter Krupp mit seinen Luftwaffenhelfern in Erwartung des Feuerbefehls. Diese Batterie erzielte acht Abschüsse.

Leonhard Enzenberg, Lw.-Helfer   E.O., den 21. Dez. 1943
4./577

1. Z e u g e n b e r i c h t .

        Ich war am 19.12.43 während der Gefechtstätigkeit
von 11.54 bis 11.57 als Flugmelder eingeteilt und machte folgende
Wahrnehmungen:
        Der Liberatorverband, der von 6 nach 12 flog, wurde mit
stärkstem Munitionseinsatz bekämpft. Die Sprengpunkte lagen inmitten des Verbandes. Plötzlich flogen von einer Maschine Einzelteile weg und die Maschine stürzte mit Rauchfahne ab. Die Aufschlagstelle ist auf dem Berge Largatz. Der Absturz war kurz vor 12.00 Uhr
und stimmt mit der Uhrzeit 11.57 Uhr überein.

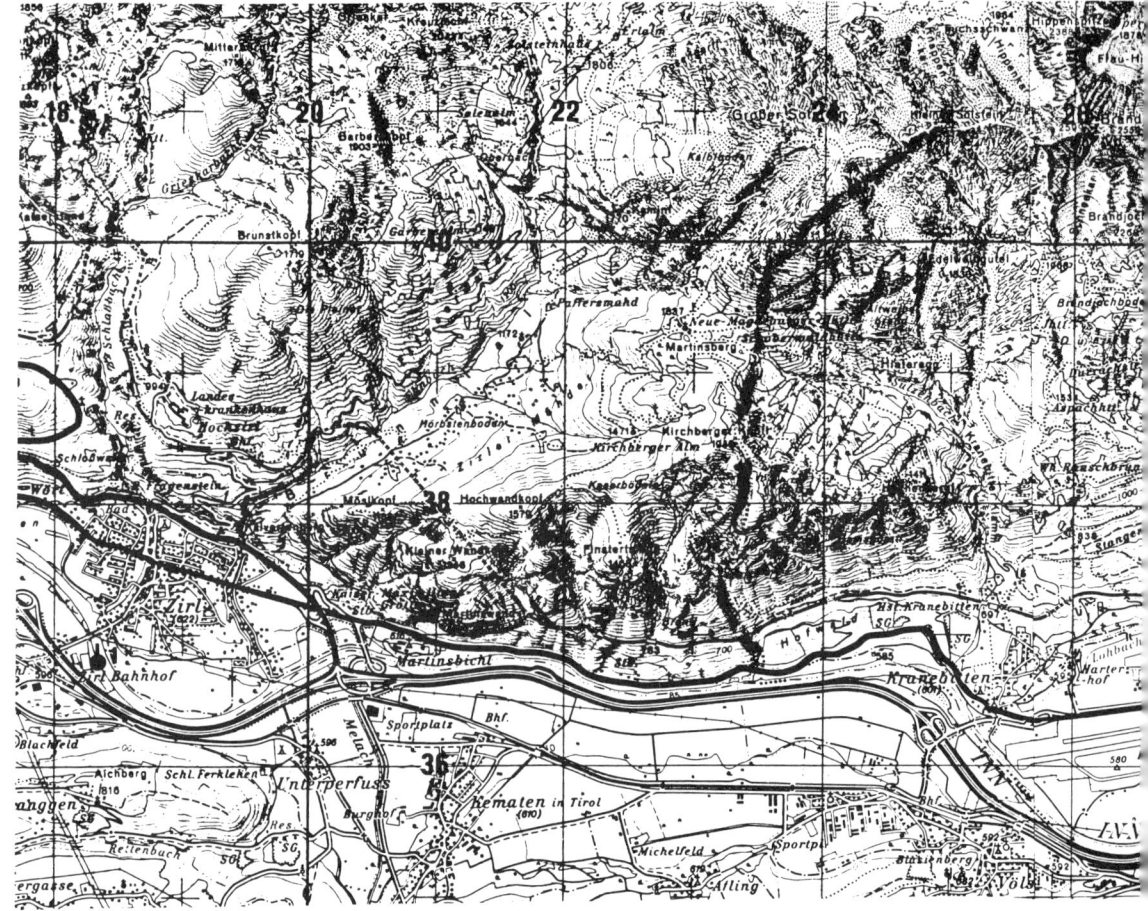

Die Flakkräfte im Raum Innsbruck 1943 bis 1945
Gliederung der Flakkräfte Innsbruck

1. 11. 1943 = Flakregiment z. b. V. mit der schweren Flakabteilung 577 (= Flakuntergruppe Nord) und zur Zeit leichten Eisenbahn-Flakabteilung 730
1. 3. 1944 = Flakregiment 130 mit den schweren
Flakabteilungen 506 und 577
1. 12. 1944 = Flakregiment 148 mit der schweren
Flakabteilung 577, der Heimat-
Flakabteilung 14/XIII und der leichten Flakabteilung 768

  1 = le. 7./768
2–5 = Leichte Flakzüge der leichten Flakabteilung
768 (?)
  6 = Großbatterie Tiergarten (auch: Innsbruck
I) mit den Batterien HeiFlakBttr 210/VII
und 6./577
  7 = Großbatterie Rum mit den Batterien Hei-
FlakBttr 211/VII, 7./577 und (?) 3./457 =
RAD 1./333 (?)
  8 = Doppelbatterie Natters mit den Batterien
4./577 = RAD 2./332 und 5./577
  9 = Großbatterie Vill mit den Batterien 1./577
= RAD 6./330, 2./577 und 3./577
10 = Batterie Lans mit den Batterien 1./384 =
RAD 5./302

Erwähnt wird auch noch die leichte Hei 28/VII. Die
Einzeichnungen geben nur die ungefähren Batteriestandorte an.

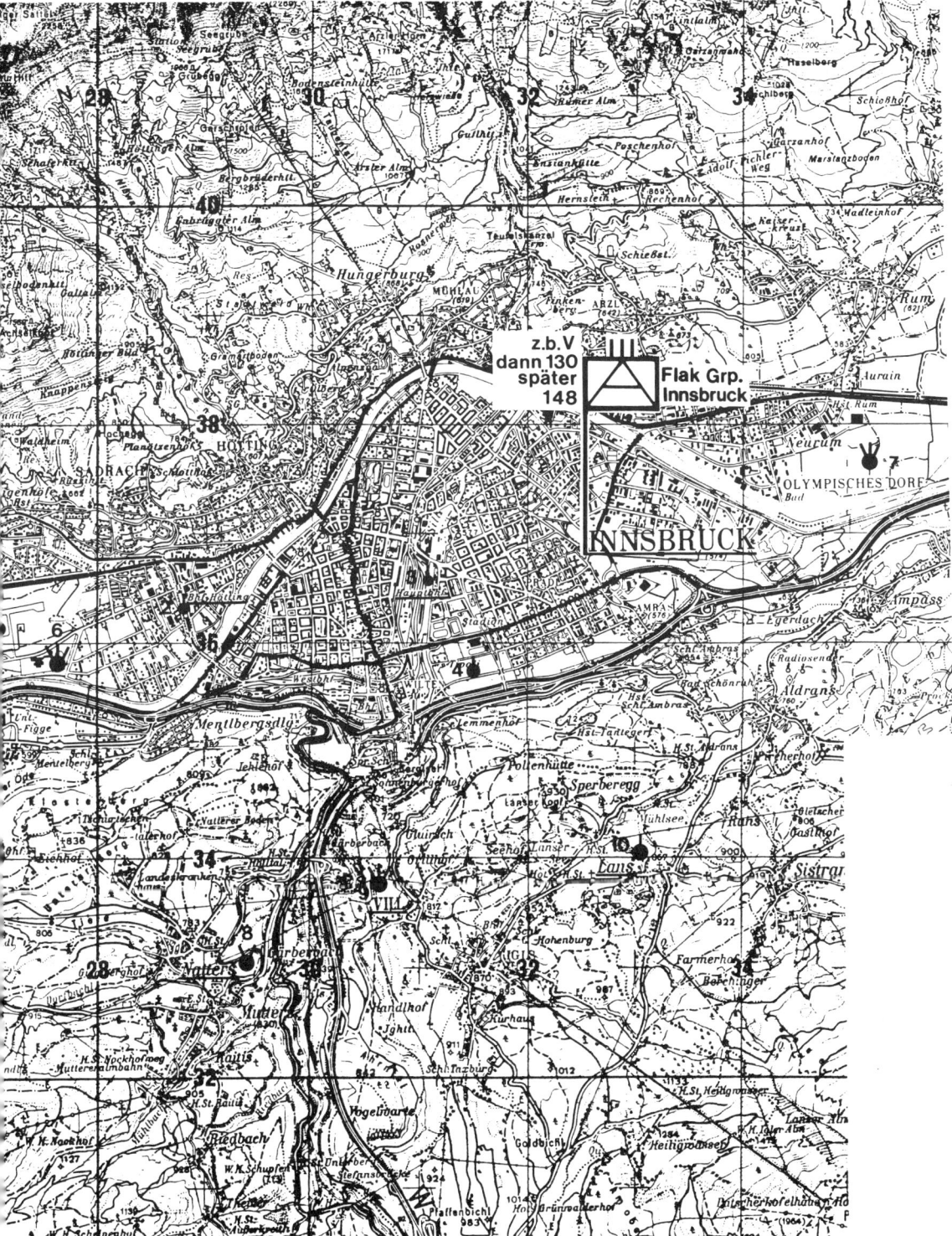

z.b.V
dann 130
später
148

Flak Grp.
Innsbruck

INNSBRUCK

leichte Heimatflakabteilung 28/VII sowie die schweren Heimatflakabteilungen 210/VII und 211/VII vom Luftgaukommando VII der Flakgruppe Innsbruck zugeschoben. In Bregenz stationiert war die leichte Alarmflakbatterie 26/VII (H). Die Vorarlberger Ill-Kraftwerke wurden von einer 130 Mann starken Flakbatterie geschützt, die in Partenen und Vermunt (Staumauer) mit drei 3,7-cm-, zwei 2-cm-Vierlings- und weiteren 2-cm-Geschützen in Stellung lag. Ob diese Geschütze und Mannschaften der A 26/VII (H) angehörten, ist nicht bekannt.

Der Flakgruppe Innsbruck unterstanden auch die Flakkräfte im Gau Salzburg. Dort befand sich die Flakuntergruppe Salzburg mit der Heimatflakabteilung 14/VII.

Für den Schutz des Salzburger Luftraums war die Flakuntergruppe Salzburg verantwortlich. Ihr unterstand die Heimatflakabteilung 14/XVII. Die Flakuntergruppe Salzburg verfügte über vier ungarische und drei RAD-Flakbatterien. Vier schwere Flakbatterien hatten ihre Stellungen im Stadtgebiet von Salzburg. Ausgewiesen werden die schweren Heimatflakbatterien 226/VII und 227/VII sowie die leichte Heimatflakbatterie 34/VII. Ferner zählten zur Flakuntergruppe Salzburg noch die Luftwaffen-Nebelbatterien 53 (Salzburg) und 77 (Töging in Bayern), desgleichen die für den Schutz von Berchtesgaden verantwortlichen

Heimatflak- und SS-Flakeinheiten mit drei Nebelbatterien. Über den Einsatz der Salzburger Flakkräfte bzw. vom Einsatz von Luftwaffenhelfern bei Salzburger Flakbatterien lagen dem Autor keine wie immer gearteten Berichte, Informationen oder ähnliches vor.

Die Tiroler und die Vorarlberger Luftwaffenhelfer waren durchwegs vor der Jahreswende 1943/44 einberufen worden. Neben Tirolern, meist aus den Innsbrucker Oberschulen oder Gymnasien, wurden auch Mittelschüler aus Rosenheim und Wasserburg in Bayern und sogar aus Friedrichshafen nach Innsbruck, etwa zur Heimatflakbatterie 210/VII (Tiergarten), eingezogen. Einige kamen anfangs nach Rosenheim zur Ausbildung an der leichten (2-cm-)Flak, nach etwa vier Wochen aber unerwartet nach Innsbruck zu einer 8,8-cm-Batterie, um dort gleich in der ersten Nacht an den ihnen vollkommen unbekannten Kanonentypen eingesetzt zu werden. Noch einmal war aber alles gutgegangen. Später, als aus dieser Batterie, der Geschützbedienung und den Meßstaffeln eine richtige Kampfgemeinschaft wurde, waren diese Luftwaffenhelfer an mehreren Abschüssen beteiligt. In der Hölle der Bombenangriffe taten sie mit ihren durchwegs verständnisvollen Vorgesetzten tapfer und in Kameradschaft verbunden über ein Jahr lang ihren schweren Dienst.

Innsbruck, Luftwaffenhelfer am Geschütz und am Kommandohilfsgerät.

Oben: Ein Innsbrucker Luftwaffenhelfer jener Tage (Batterie Tiergarten). Das Reinigen der 8,8-cm-Flakmunition gehörte zum Tagesbetrieb.

Rechts: Russisches 8,5-(8,8-)cm-Flakgeschütz einer Innsbrucker Batterie. Bei erbeuteten russischen 8,5-cm-Kanonen wie der abgebildeten wurden die Rohre aufgebohrt und neu gezogen, so daß mit ihnen die deutsche 8,8-cm-Standardgranate verschossen werden konnte. Sie erhielten die deutsche Bezeichnung 8,5-/8,8-cm-Flak (r).

Flakuntergruppe Innsbruck
(schw.Flakabt. 577 (o))

Gef.-Stand, den 21. 7. 44

Stellungnahme des Abteilungskommandeurs.

Am 12. Juli 1944 befand ich mich in der Grossbatterie Vill, als ein Verband gemeldeter Feindmaschinen, der sich im Vorbeiflug befand, vom Fu.M.G. aufgefasst wurde. Die Werte des Fu.M.G. ergaben gute Schiessunterlagen, sodass die Grossbatterie mit Aussicht auf Erfolg das Feuer geschlossen eröffnen konnte. Der Verband wurde unter den gleichen Voraussetzungen von den anderen mit Fu.M.G. ausgestatteten schweren Batterien des Einsatzes Innsbruck bekämpft. Das konzentrierte Feuer bewirkte, dass nach Beschuss eine Maschine ausscherte, die dann später 35 km westlich Innsbruck zwischen Stams und Obsteig um 15.20 Uhr abstürzte. Die Zünderlaufzeiten, mit denen geschossen worden ist, waren so günstig, dass der Erfolg durch den Beschuss der hiesigen Einheiten erzielt worden ist.

Hauptmann u. Abteilungskommandeur

Von den Tiroler, insbesondere den Innsbrucker Flakbatterien wurde ebenfalls eine größere Anzahl von Bombern, Jagdbombern und Begleitjägern abgeschossen, einige wenige auch von Jagdflugzeugen. Das Schwergewicht der Luftabwehr lag also auch in Tirol bei der Flak, deren Stärke schon aufgrund des veralteten Geschützmaterials weniger im „Herausschuß" von Bombern bestand als vielmehr – wie überall beim Flakeinsatz – im Sperrfeuerschießen und Abdrängen des Gegners. Ohne diesen Einsatz wären die Verluste unter der Zivilbevölkerung mit Sicherheit wesentlich höher gewesen.

Der Luftkrieg hatte für Innsbruck am 15. Dezember 1943 begonnen. Ein starker Verband B-17, begleitet von Lightning- und Thunderbolt-Begleitjägern und Jagdbombern, hatte überraschend die Stadt über die Nordkette angegriffen. Obwohl Feldkirch und Bozen bereits angegriffen worden waren, hatte bis dahin die überwiegende Mehrzahl der Bevölkerung einen Angriff auf die Stadt als absolut unwahrscheinlich und daher auch alle Luftschutzmaßnahmen für überflüssig gehalten. Nach dem Angriff zählte man 269 Tote und über 500 Verwundete. Der nur vier Tage danach folgende Angriff in zwei Wellen, am 19. Dezember – 500 Sprengbomben fielen auf die Stadt –, brachte weitere 70 Gefallene und versetzte die Bevölkerung in Panik.

Insgesamt kostete dieser Tag die 15. US-Luftflotte neun Bomber. Drei davon wurden von den Innsbrucker Batterien, wo ebenso wie bei der Mehrzahl der Flakbatterien zahlreiche Luftwaffenhelfer Dienst taten, heruntergeholt. Was Innsbruck betraf, so griffen 53 Liberators der ersten Welle die Stadt an. Es war sieben Minuten vor Mittag. Binnen Sekunden waren die 24 Geschütze der Innsbrucker schweren Batterie feuerbereit. 16jährige Luftwaffenhelfer, ein Jahr ältere RAD-Männer und ein paar ältere Flaksoldaten bedienten die Kanonen. Sie feuerten in atemloser Hast und versuchten Präzision zu halten, wie man es ihnen eingedrillt hatte. Sie, die Jungen, die man von den Schulbänken, den Lehrstellen und von den Familien geholt hatte, feuerten im Dröhnen der Bomber und im Beben der

Explosionen. Nach vier Minuten zerschellte die erste Liberator auf der nahe Hall gelegenen Largatzalm. Eine zweite Liberator schleppte sich im gleichen Kurs noch bis zum Rauchkofel und zerschellte dort in der Gipfelregion.

Mittlerweile griff schon die zweite Bomberwelle, 72 Fortress II, die Stadt an. Einer der Bomber schaffte es noch über die Alpen nach Süden, auch noch einen Großteil der Adria, aber bei Ancona endete der Flug im Meer. Ähnlich war es bei den weiteren Angriffen auf die Alpenstadt, auf die bei 22 Luftangriffen 17 496 Bomben fielen. 504

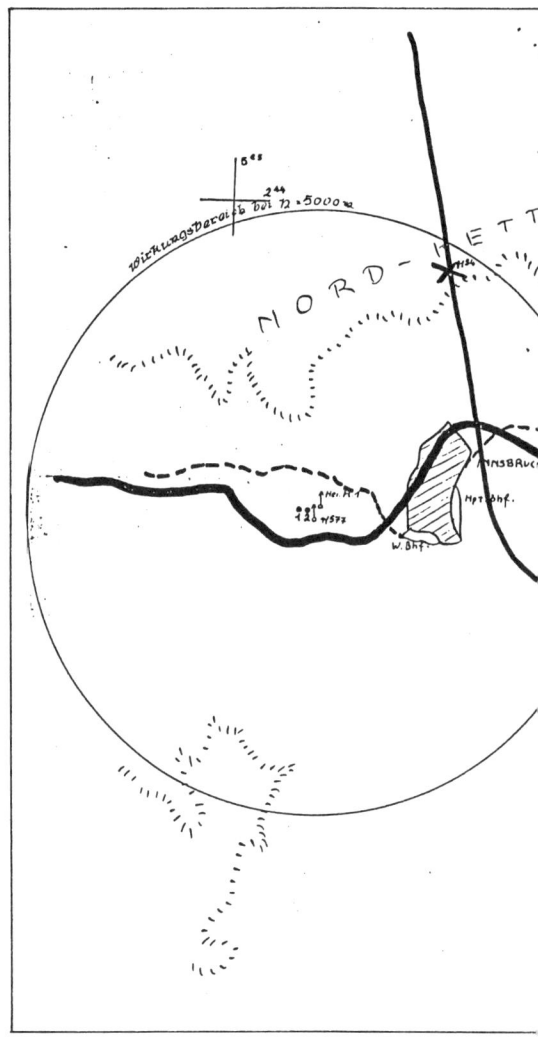

Gefallene, 344 total und 3 489 schwer- oder leichtbeschädigte Gebäude, insgesamt 15 386 zerstörte oder beschädigte Wohnungen, 60 Prozent der Stadt, lautete die Bilanz. Am Ende gab es zwar an die 236 Streckenkilometer unbefahrbare Gleisanlagen, aber worauf es ankam, den Verkehr nach Italien zu unterbinden, gelang den alliierten Bombern im Grunde nie. Wie überall beim Bombenkrieg waren die Zivilisten die sinnlosen Opfer.

Schulen wurden evakuiert, Familien verlegten den Wohnsitz aufs Land, und überall in Tirol begann man Luftschutzstollen in die Bergwände zu treiben. Nach dem Vollausbau sollten die Innsbrucker Stollen bis zu 20 000 Menschen Schutz bieten. Zwar folgte diesen beiden Angriffen eine Pause bis Juni 1944 und dann neuerlich bis 20. Oktober, von da an aber wurde Innsbruck in rascher Folge immer wieder angegriffen.

Einer der Höhepunkte des Luftkriegs über Tirol war der 3. August 1944. An diesem Tag holte die Innsbrucker Flak allein acht US-Bomber über Tiroler Gebiet herab. Angriffsstärke und Taktik der alliierten Luftstreitkräfte über Tirol waren sehr unterschiedlich.

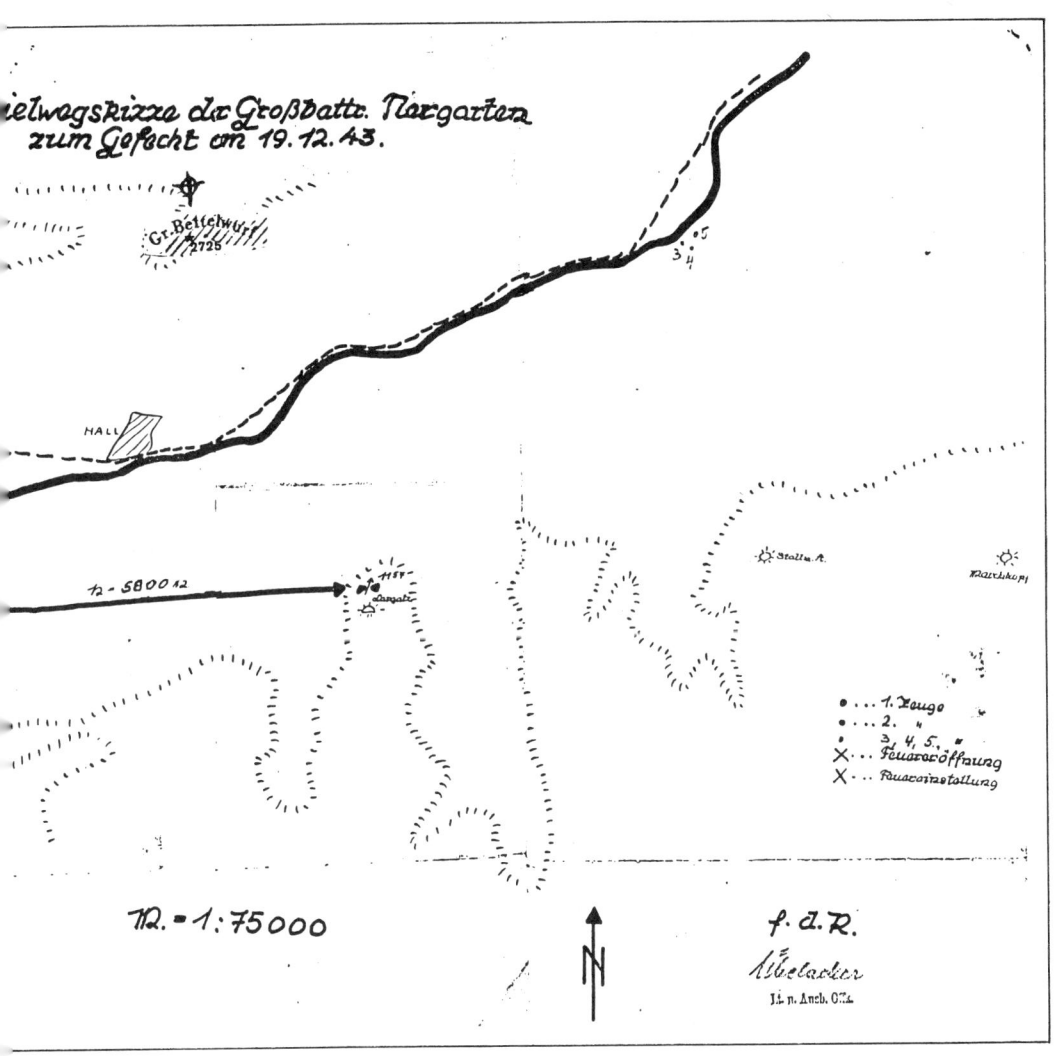

Grossbatterie Tiergarten

4./577. schw.Heimatflakbattr. ②
(Truppenteil) Innsbruck 1

Innsbruck, 21.12.1943
(Ort und Datum)

② 577

A b s c h u ß m e l d u n g.

1. Zeit (Tag,Stunde, Minute) des Absturzes: 19.12.1943, 11.57 Uhr
   Genaue Ortsbezeichnung der Absturzstelle mit Angabe des
   Kartenblattes und der Koordinaten:
   Aufschlag Largatz
   R 44 64 oo
   h 52 31 oo
   Höhe: 5 8oo m

2. Durch welche Einheit ist der Abschuss erfolgt ? 4./577 und
   (auch Züge, lei.Flaktrupps usw. angeben) : schw.Hei.Fl.Battr.

3. Flugzeugtyp des abgeschossenen Flugzeuges: Innsbruck 1
   Werknummer bzw. Kennzeichen: Liberator

4. Staatsangehörigkeit des Gegners: USA.

5. Art der Vernichtung und des Aufschlages:
   a) Flamme mit dunkler Fahne, Flamme mit heller
      Fahne,
   b) Einzelteile weggeflogen, abmontiert, auseinander-
      geplatzt,
   c) zur Landung gezwungen (glatt bzw. mit Bruch)
   d) senkrecht, im flachen Winkel, Aufschlagbrand,
      Staubwolke usw.,
   e) diesseits oder jenseits der Front.

6. Schicksal der Besatzung (tot, mit Fallschirm abgesprungen,
   gefangen) : 1 Mann mit Fallschirm abgesprungen, gefangen. 5 Mann tot an
   Absturzstelle. Übrige Besatzung Schicksal unbekannt.

7. Weshalb wurde Art des Aufschlages bzw. Schicksal der
   Besatzung nicht beobachtet ? Entfernung zu groß

8. Welche Zeugen haben:
   a) den Aufschlag einwandfrei beobachtet ? Lw.Helfer (HJ) Leonh.
   b) die Aufschlagstelle festgestellt ? v. Enzenberg, Lw.Helfer
      Helmut Plant

Ausführlicher Gefechtsbericht des Batteriechefs (Schiessenden,
Zugführers) und .....?........ Original-Zeugenberichte sind in
der Anlage beigefügt.

Zu Ziff. 5 und 6

Nicht Zutreffendes streichen.

i.O.

Im Zusammenwirken mit:

schw.flakbtl. 577 ②
(1.2.4.5)

schw.Heimatflakbtl. 2 10/VII
" 21/VII

10./T.G. U.d.t.
(Stv. Vorallko)

Hauptmann und Battr.Chef
der 4./577, zugl.für die
am Abschuß mitbeteiligte
schw.Heimatflakbattr.
Innsbruck 1.

Luftgaukommando VII
Az.8   Ic L

München, 28.1.44
App.2055

3

Bezug: L.V.Blatt 1941, 18.Ausg.v.28.4.41, Ziff.431.
Betr.: Anerkennung des Abschusses eines amerik.Bombers am
19.12.43, etwa 12.oo Uhr am Rauchkofel i.d.Zillertaler-
Alpen. (Abschussliste Nr.3)
Anlg.: -1 Akt-

    An den

    Reichsminister der Luft und
    Oberbefehlshaber der Luftwaffe
        -L.P. 5-

    B e r l i n W 8

    über:

    Luftwaffenbefehlshaber Mitte

    Berlin

Luftflottenbefehlshaber
29. JAN 1944
Br.B.Nr.: 10763/44
Kdo.: 12. Ia.:

    Der Abschuss am Rauchkofel in den Zillertaler Alpen, laut
Abschussliste Nr. 3, wurde durch Kommissionsentscheid vom 13.
1.44 in München unter Vorsitz von Oberstleutnant Dr. Tiemann,
Befh. Mitte, der 7.Jagddivision und der Flakgruppe Innsbruck
zuerkannt .
    Durch die beiliegenden Zeugenaussagen wird bestätigt, dass
aus dem von der Flakgruppe Innsbruck bekämpften Verbande, bestehend aus 53 Flugzeugen vom Muster Liberator, ausser dem bei
Largatz (Nr.1) aufgeschlagenen Flugzeuge ein weiteres Flugzeug
in steilem Neigungswinkel hinter den Bergen in Richtung Rauchkofel niederging.
    Auf Grund der Zielwegskizzen und Gefechtsberichte sind die
Grossbatterieen Tiergarten (4./ s 577 u. s Heimatflakbattr.
21o/VII) und Vill (1./s 577 u. 2./s 577) an diesem Abschuss
massgebend beteiligt. Sie bekämpften den Verband in günstigem
Wirkungsbereich im Vernichtungsfeuer (optisch) mit 24 Geschützen
und einem Munitionsaufwand von 377 Schuss 8,8 cm.
    Luftgaukommando VII bittet die Abschussbeteiligung folgenden Batterieen gemeinsam anzuerkennen :

    1./s Flakabt.577 (RAD 6/33o)
    2./s Flakabt.577
    4./s Flakabt.577
    s Heimatflakbattr. 21o/VII

            Für das Luftgaukommando
            Der Chef des Generalstabes :

                Pezolt

              Oberst i.G.

Luftflottenkommando 2   30. 1. 1944   **77**
Führungsabteilung
I c / Kriegsgefangene

<u>Abschussnummer:</u> 338.

<u>Betr.:</u> Vernehmung des S/Sgt. **S m i t h** (Funker)
           S/Sgt. **T h o r n e** (2. Bordwart)

notgewassert am 19.12.1943 gegen 1300 Uhr im Raume südlich
Triest mit einer Flying Fortress "B-17" der 346.schweren
amerikanischen Kampfstaffel, des 99. schweren amerik. Kampf.
geschwaders, der 15. amerik. Luftflotte.
Standort = Foggia 1.

An V e r t e i l e r !

1.) <u>Personalien.</u>

    a) S/Sgt. William Newman **S m i t h**, (Erk.-Nr.34082216),
       geb. am 19.8.1917 in Boston, Mass., U.S., ledig
       Juwelier. Eingezogen am 23.4.1941. Nach Ausbildung
       als Funker kam S. mit seiner gesamten Einheit
       (894. Service Group) in einem aus etwa 17 Schiffen
       bestehenden Geleit von New Jork nach Liverpool. Außer
       Zerstörerkräften war der "Convoy" von dem Flugzeug-
       mutterschiff "Andies" eskortiert. Der Gefangene sagte
       aus, daß der größte Truppentransporter dieses Ge-
       leits etwa 50 000 BRT hatte. Die Überfahrt dauerte
       11 Tage und wurde nur von wenigen Alarmstufen gestört.
       Die Gruppe blieb etwa 7 Monate in England und hatte
       ihren Standort für diese Zeit in Swindon. S. gehörte
       während des Englandaufenthaltes dieser Einheit als
       Funker an, ohne an Einsätzen selbst teilzunehmen.
       Anfang Februar 1943 verlegte die gesamte Group von
       Liverpool nach Oran, Nordafrika. In einem kleineren
       non-stop-Geleit liefen die englischen Schiffe unge-
       stört im Hafen von Oran ein. Die unveränderte Group
       schlug ihre Zelte in dem kleinen Ort St.Cloud, 10
       Meilen von Oran entfernt auf. Im Juli 1943 wurde S.zur
       340. amerik. schweren Kampfstaffel, des 97. schw.amerik
       Kampfgeschwaders erneut als Funker der Bodenorganisa-
       tion zugeteilt. Erst im November 1943 gelang es ihm,
       durch eine Versetzung zu seiner derzeitigen Staffel zum
       fliegenden Personal zu kommen.

       6 Feindeinsätze.

    b) S/Sgt, Richard Arthur **T h o r n e** , (Erk.Nr. 16122918),
       geb. am 30.1.1924 in Rockford, Illinois, U.S., ledig,
       Student.Eingezogen am 16.9.1942. Nach erhaltener Aus-
       bildung als Bordmechaniker und Bordschütze kam T. am
       20.9.1943 mit einem aus etwa 70 Schiffen bestehenden
       Geleit (u.a. waren "Liberty-ships" dabei, die, wie
       der Gefangene von sich aus sagte, auf der Rückreise
       als Gefangenentransporter dienen) von Virginia am

12. Oktober 1943 nach Casablanca/Nordafrika. Das Geleit wurde
von alliierten Zerstörerkräften gesichert. T. wurde von dort mit
seinen Ausbildungskameraden in Transportflugzeugen nach Tunis
gebracht. Dort wurden sie der 346. schweren amerik. Kampfstaffel
zugeteilt. Anfang Dezember verlegte T. mit dem gesamten 99. schw.
amerik. Kampfgeschwader von Tunis nach Foggia.

9 Feindeinsätze.

2.) <u>Flug und Auftrag.</u>

Genaues Ziel, Verbandstärke und Formation des Verbandes
ist den beiden Gefangenen nicht bekannt. Durch die Nichtteil-
nahme an der Einsatzbesprechung (Briefing), die auch in ihrem
Geschwader nur den Offizieren vorbehalten bleibt, wird den
Unteroffizieren über diese Punkte nie etwas bekanntgegeben.
Aufgrund der bei hiesiger Dienststelle vorliegender Erkenntnisse wird das Hauptangriffsziel als Augsburg/Innsbruck vermutet.

<u>Bombenzuladung:</u> 12 x 500 lbs. = 226 kg.

<u>Flughöhe über Ziel:</u> 23000 Fuss = 7500 mtr.

Angriff mit allen verfügbaren Flugzeugen des 99. schw.
amerik. Kampfgeschwaders. Den Gefangenen ist nicht bekannt,
welche anderen Geschwader an diesem Einsatz teilnahmen. Sie
wollen lediglich gehört haben, daß das 2. schw.amerik. Kampfgeschwader, welches ebenfalls in der Nähe von Foggia stationiert
ist, eingesetzt gewesen sein soll. Die Gefangenen gaben glaub-
würdig an, daß die Gesamtzahl der eingesetzten Flugzeuge sich
auf 100 belief. Ihre eigene Staffel war an diesem Einsatz mit
12 Maschinen vertreten. Geleitschutz von eigenen Jägerverbänden
war vorgesehen. Den Gefangenen ist jedoch kein einziges Jagdflug-
zeug zu Gesicht gekommen. Das abgeschossene Flugzeug, welches
die Nummer 223 trug, flog in folgender Formation:

```
                    T
             T        T
                       T
     223 ——— Ⓣ        T
```

Das rot gekennzeichnete Flugzeug wurde abgeschossen.

Die Gefangenen sagen übereinstimmend aus, daß ihr Verband
sowohl auf dem Anflug, als auch beim Abflug ständig von deutschen
Jägern (sie wurden auf 150 geschätzt) angegriffen wurde. Da ihre
Maschine als "Tail end Charlie" im Verband flog, war dieselbe
besonders stark den Angriffen ausgesetzt. Über der Nähe des Zieles wurde das Flugzeug von Flaksplittern in Motor Nr.3 und Nr.4
derart getroffen, daß das Flugzeug auf dem Abflugwege ständig
an Höhe und Geschwindigkeit verlor. Den Gefangenen ist nicht
verständlich, weshalb nicht schon über Land der Befehl zum Ab-
sprung gegeben wurde, da eine Rückkehr zum Einsatzhafen nach
Ausfallen der beiden Motoren unmöglich war. Nach Überfliegen der
Küste wurde Befehl gegeben zum Bereithalten aller verfügbaren
Schlauchboote. Nach etwa 30 bis 40 Meilen Entfernung wurde notgewassert und die Besatzung rettete sich in die verschiedenen
Schlauchboote. Nach einer Minute versank das Flugzeug in den
Fluten. Die Wetterbedingungen waren derart ungünstig, daß an

- 3 -

279

ein Zusammenbleiben der in den drei Schlauchbooten aufgeteilten
Besatzung nicht zu denken war. Aus diesem Grunde ist den Gefangenen nicht bekannt, was aus ihren Kameraden geworden ist.
Beide sind jedoch überzeugt, dass sie die einzigen Überlebenden
der Besatzung sind (im Pow-Bogen wurden die restlichen 8 Besatzungsmitglieder als tot angegeben). Nach achttägigenrichtungslosen Treiben wurden sie an 27.Dez.1943 gegen 1200 Uhr in der Nähe von Ancona an Land getrieben, wo sie total erschöpft in Gefangenschaft
gerieten.

        Besatzung:

1./Lt.	Simpson	1. Pilot	- tot
2./Lt.	Jacks	2. Pilot	- tot
2./Lt.	Eder	Orter	- tot
2./Lt.	Rayson	Bombenschütze	- tot
T/Sgt.	Tramble	Bordmechaniker	- tot
S/Sgt.	Thorne	2. Bordmech.	- Kgf.
S/Sgt.	Smith	Funker	- Kgf.
S/Sgt.	Bradbury	Hilfsfunker	- tot
S/Sgt.	Lawson	Bordschütze	- tot
S/Sgt.	Scott	Bordschütze	- tot

3.) 346. schwere amerik. Kampfstaffel.

        Die Gefangenen gaben im PoW-Bogen ihre Zugehörigkeit zur
346. schweren amerik. Kampfstaffel, des 99. schweren amerik.
Kampfgeschwaders an.

        Standort der Staffel mit dem gesamten Geschwader = Foggia 1.
        Die Gefangenen waren nicht in der Lage eine genaue Angabe
über die Staffelstärke zu machen.

        Die von den beiden Gefangenen bisher geflogenen Einsätze
führten dieselben zweimal nach Südfrankreich, die restlichen
Feindflüge nach Oberitalien.

        Die Vernehmung erbrachte, dass bei evtl. Jagdschutz der
Treffpunkt mit demselben in der Nähe des Abflughafens stattfindet.

        Durch das stete Wechseln war den Gefangenen das Staffelruf-
zeichen am Abschusstage nicht mehr bekannt.

        Offiziersnamen:

C/O der Staffel	=	Major E v a n s
Adj./Off.	=	Cpt. C u s t e r
Int./Off.	=	Cpt. G l e c b y (?)
Med./Off.	=	Cpt.Dr. H u g h e s
Ops./Off.	=	Cpt. B a r c u m oder B a u c u m
Comm./Off.	=	Cpt. P a r k e r .

Weitere Erkenntnisse waren nicht zu erhalten.

An Ic u.III./Ln.-Regt.2   Für das Luftflottenkommando
                                            Der Chef des Generalstabes
                                                    I. A.

F. d R. d. A.   gez. Unterschrift

                                                M a j o r

M a j o r

zun. Kom. Pakel

Luftgaukommando VII München, den 1o. 2. 1944 80

Az. 8 Ic **L** 2 App. 3121 *Innsbruck*

Bezug: L.V.Blatt 1941, 18.Ausg.v.28.4.41, Ziff. 431.

Betr.: Anerkennung des Abschusses einer Boeing Fortress II am
19. 12. 43 über Innsbruck, Notwasserung etwa 13,oo Uhr
auf der Adria.(Abschussliste Nr. 2o)

Anlg: - 1 -

An den

Reichsminister der Luftfahrt und
Oberbefehlshaber der Luftwaffe
L.P. 5

B e r l i n W 8

über:

Luftflottenkommando Reich

B e r l i n

Der Abschuss Nr. 2o, Aufschlagort in der Adria, wurde durch
Kommissionsentscheid vom 16. 1. 44 in München unter Vorsitz des
Oberstleutnant Dr. Thiemann, Luftflottenkommando Reich, der Flak-
gruppe Innsbruck und der 7. Jagddivision zuerkannt, vorbehaltlich
der Gefangenenaussggen der beiden am 27. 12. 43 bei Ancona im
Schlauchboot angetriebenen Besatzungsmitglieder.

Durch die in Abschrift beigefügte Vernehmung der beiden Besatzungsmitglieder wird bestätigt, daß das Flugzeug über dem Ziele
von Flaksplittern getroffen wurde und infolge des Ausfalles zweier
Motoren das Flugzeug ständig an Höhe und Geschwindigkeit verlor,
sodaß es auf der Adria notwassern musste. Diese Aussagen decken
sich mit den Beobachtungen des Kommandeurs des Flakregiments 13o
in Innsbruck, der Batterieehefs und den Aussagen der übrigen Zeugen
die übereinstimmend bekunden, daß nach gutliegendem Flakfeuer ein
Flugzeug starken Geschwindigkeits-und Höhenverlust zeigte.

Durch die beiliegenden Gefechtsberichte und Zielwegskizzen
ist erwiesen, daß die Flakgruppe Innsbruck den aus Boeing Fortress I
bestehenden Feindverband mit Vernichtungsfeuer (opt.) mit einem
Munitionseinsatz von 869 Schuss 8,8 cm wirksam bekämpfte.

Deshalb wird gebeten, diesen Abschuss folgenden Flakeinheiten der Flakgruppe Innsbruck zuzuerkennen:
1./s. Flakabt. 577 (RAD 6./33o)
2./s. Flakabt. 577
4./s. Flakabt. 577 (RAD 2./332)
s. Heimatflakbattr. 21o/VII.

Für das Luftgaukommando
Der Chef des Generalstabes
I.V.

Oberst

281

Vom Bordwaffenbeschuß auf einzelne Zivilpersonen bis zu 1 000-kg-Bomben auf Innsbruck kamen alle Varianten des Luftangriffs vor. Meldete z. B. der Gendarmerieposten Heiming am 23. September 1944 die Beobachtung des Abwurfs großer Mengen von Insekten – man vermutete Holzschädlinge –, so erfolgte mehrere Monate später der Angriff auf Brixlegg am 19. April 1945 in 24 Anflügen.

Ein weiterer Angriff auf Innsbruck am 16. Dezember 1944 erfolgte in sechs Wellen. Abgeworfen wurden etwa 60 Sprengbomben, 45 Langzeitzünder und an die 12 000 Stabbrandbomben. Die Innsbrucker Flak, die ihr Abwehrfeuer sehr wirkungsvoll abgab und u. a. am 25. Dezember 1944 einen Bomber direkt über der Stadt abgeschossen hatte, wurde nun selbst zum Ziel heftiger Angriffe. An diesem Tag wurde die Flakbatterie bei Neu-Rum heftig bombardiert und beklagte sechs Tote. Die Batterie Vill erhielt vier Tage später Treffer.

Daß angeschossene Bomber in überwiegender Mehrzahl der Fälle nicht im Feuerbereich der Batterie, sondern oft erst in weitentfernten Gebieten zu Boden gingen oder zerschellten, traf natürlich auch für die Innsbrucker Flakbatterien zu. Auf der Südroute mußten zahlreiche Bomber von ihren Besatzungen aufgegeben werden. Der in einem Gefechtsbericht beschriebene Absturz einer B-17 über der Adria, bei der zwei Überlebende nach achttägigem Treiben im Meer erst bei Ancona Land erreichten, stellte eine Ausnahme dar. Die meisten der über Innsbruck bzw. Tirol schwergetroffenen Bomber schafften die hohen Alpenketten nicht mehr, so wie etwa am 29. Dezember 1944 eine B-24 Liberator der 99. Bombing Group, die nach einem Flaktreffer am Marmoladagletscher zerschellte. Die Frontlage war zu dieser Zeit bereits so weit fortgeschritten, daß ein Teil der abgesprungenen Besatzung im Gebirgsmassiv der Marmolada in die Hände einer deutschen Schipatrouille fiel, während der andere Teil von Partisanen geborgen wurde. Am 20. April 1945 erfolgte der letzte von 22 Luftangriffen auf die Tiroler Gauhauptstadt. In der Stadt kam es während der Angriffe mehrmals zu Schreckensszenen.

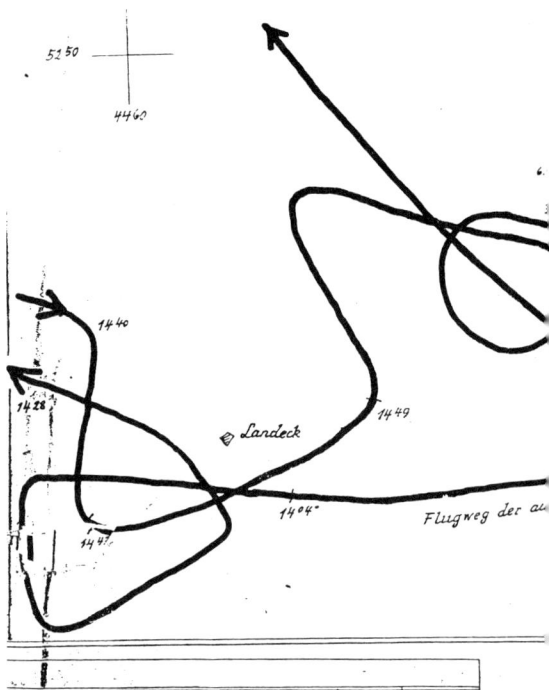

Zielwegskizze für der Liberator

Übersichtsskizze für den Feindüber
M = 1:300 000

	vh	tz	Beschuß-zeit	Flug-weg	Kaliber	Schußart	Muni-Verbrauch	
5500m/6000m	120 m/s	145°+ / 320°+	13⁷²-13⁵⁴	2-7	8.8 cm	Vernicht.-Feuer	90	2 24
5600m/6100m	120 m/s	145°+ / 320°+	13⁵²-13⁵⁴	2-7	8.8 cm	"	85	
5550m/6400m	120 m/s	125°+ / 320°+	13⁵²-13⁵⁴	2-7	8.8 cm	"	128	
5800m/6100m	120 m/s	120°+ / 339°+	13⁵³·⁵-13⁵⁴	2-7	10.5 cm	"	39	
5800m/6100m	120 m/s	120°+ / 223°+	13⁵¹·⁵-13⁵³	2-7	8.8 cm	"	106	
5800m/6100m	120 m/s	120°+ / 223°+	13⁵¹·⁵-13⁵³	2-7	8.1 cm	"	80	
5200m	120 m/s	241°+ / 277°+	13⁵²·⁵-13⁵⁶	2-7	8.8 cm	"	22	
5810m	120 m/s	241°+ / 279°+	13⁵²·⁵-13⁵⁵·⁵	2-7	8.8 cm	"	5	
							535	

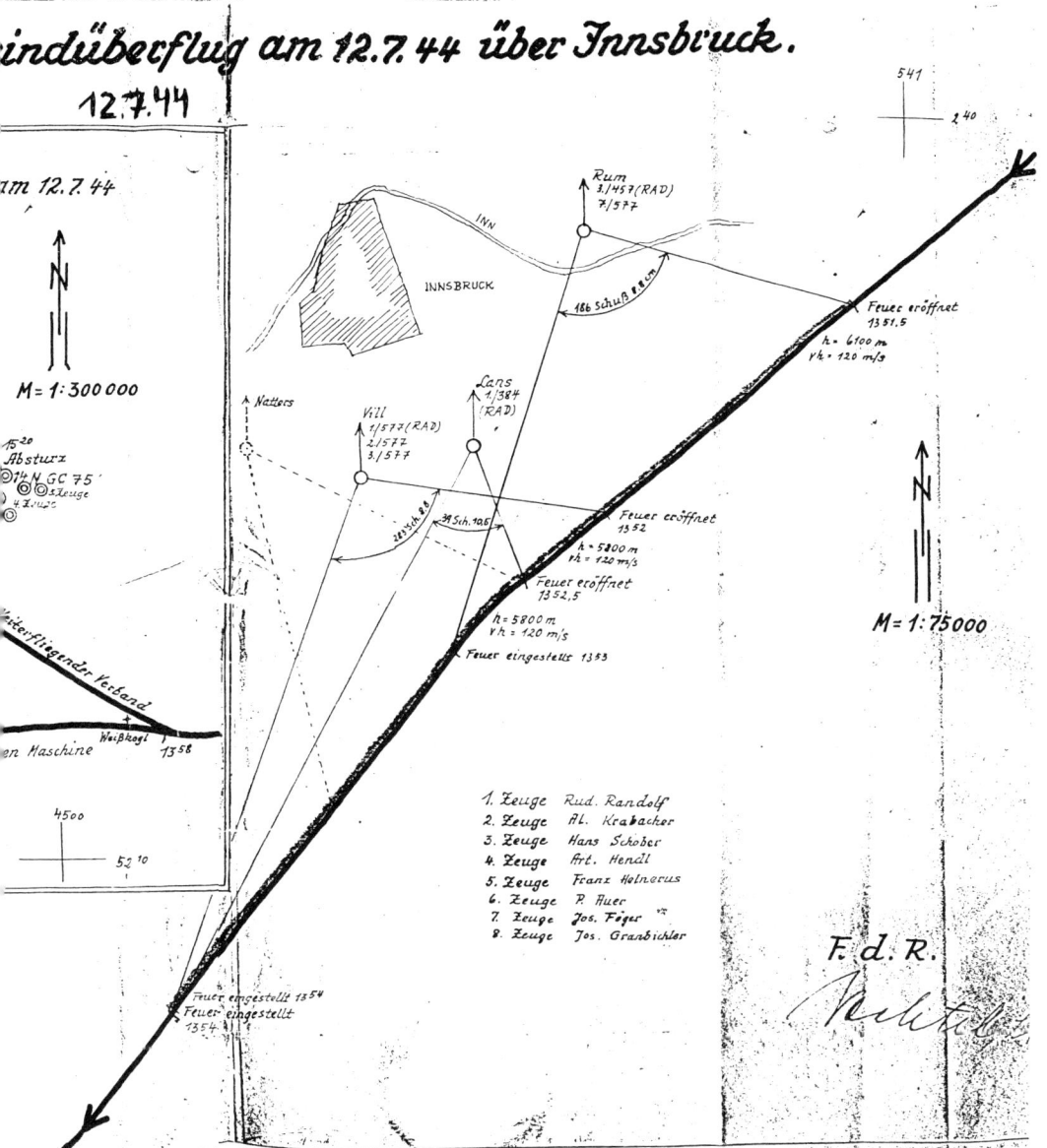

1. Zeuge   Rud. Randolf
2. Zeuge   Al. Krabacher
3. Zeuge   Hans Schober
4. Zeuge   Art. Hendl
5. Zeuge   Franz Helnerus
6. Zeuge   P. Auer
7. Zeuge   Jos. Föger
8. Zeuge   Jos. Granbichler

F. d. R.

1./schw. Flakabt. 384 Innsbruck, den 13.7.1944
(RAD 5/3o2)

Ausführlicher Gefechtsbericht!

a) 12.7.1944 elektrisch aufgefasst: 13.52 Uhr
                Bekämpfung   : 13.52 Uhr 30 sec. - 13.54 Uhr
b) h = 5 8oo m   vh = 12o m/sec.
c) Ein Verband, Stärke konnte wegen 9/1o Bedeckung nicht festgestellt
   werden. Nach Beurteilung des Fu.M.G.-Zielzeichens werden es ungefähr 3o - 4o Maschinen gewesen sein.
   Allgemeine Flugrichtung   : 2 nach 8, dann nach 6 und 7
   Flugrichtung des bekämpften Zieles: 2 nach 8, dann nach 6 und 7
d) Stellung der Batterie: Rechtswert 44/57 254, 85
                          Hochwert   52/33 881, 43
   4 Geschütze 1o,5 cm Flak 39
e) 13.52 Uhr 3o sec.-13.54 Uhr elektrisch
   Gruppenfeuer
   39 Schuss Spr. Gr. 1o,5 cm mit Zt. Z. S/3o
f) Gegen 13.5o Uhr wurde vom Fu.M.G. ein stärkerer Verband aufgefasst,
   nördlich Innsbruck vorbeifliegend mit Kurs West. 13.52 Uhr wurde
   Zielwechsel auf einen weiteren, aber kleineren Verband gemacht, der
   aus Richtung 2 geflogen kam. Es wird sich schätzungsweise um ca-
   3o - 4o Maschinen gehandelt haben. Kurz bevor der Verband von
   Osten her Innsbruck erreichte, drehte er nach Richtung 6 und 7 ab.
   Dieser Kurswechsel erfolgte kurz nach Feuereröffnung. In dieser
   Richtung ist er dann noch bis weit südlich Innsbruck geflogen und
   zuletzt nach 1o - 11 gedreht. In dieser Richtung erfolgte auch der
   Ausflug aus dem Reichsgebiet. Der Verband kam vom Angriff auf München. Da 9/1o Bedeckung war, konnte die Lage des Flakfeuers nicht
   beobachtet werden. Nach Zeugenaussagen und Flukomeldungen ist aus
   diesem Verband über Weisskogl (Oberinntal) eine Liberator ausge-
   schert. Das Ausscheren erfolgte in Richtung 9. Sie kreiste eine
   Weile über diesem Raum und flog dann in Richtung 3 in den Raum
   von Stams, dauernd an Höhe verlierend. Über Stams kreiste sie nochmals, ca. 1o min. Während dieser Zeit sind 1o Mann der Besatzung
   mit Fallschirm abgesprungen, 1 ist im Inn ertrunken, einer in der
   Maschine verbrannt. Alle 9 wurden gefangengenommen.
        Nach Zeugenaussagen war deutlich zu sehen, dass es sich um
   eine angeschossene Maschine handeln musste, da diese eine dunkle
   Rauchfahne hinter sich herzog. Die Maschine kam während des Krei-
   sens immer weiter herunter. Gegen 15.2o Uhr stürzte sie nordwestlich von Stams in die "Rote Wand". Kurz vor dem Aufschlag brannte,
   nach Zeugenaussagen, die Maschine schon ziemlich stark. Es waren
   Flammen zu sehen.
g) Die 1./schw. Flakabt. 384 (RAD 5/3o2) eröffnete auf eine Zünderlaufzeit von 139 Gr. v. Kr, das Feuer. Feuer wurde eingestellt bei
   einer Zünderlaufzeit von 339 Gr. v. Kr.. Die Grossbatterien Vill
   und Rum schossen zuerst auf diesen Verband.

h) Bedeckung 9/1o, diesig, Wolkenhöhe 2 2oo m, Sicht 2o km.
i) Eigene Verluste und Schäden sind nicht eingetreten.
k) Vor und während der Gefechtstätigkeit sind starke Folienstörungen
   aufgetreten. Nach Beendigung der Gefechtstätigkeit war der gesamte Raum ringsum bis zu einer Entfernung von 16 km durch Folien
   restlos gestört. Trotzdem konnte das Fu.M.G. einwandfrei arbeiten.
   Die durchgeführte Abschirmung zur Verminderung der Festzeichen hat
   sich wiederum ganz hervorragend bewährt. Zielauffassungen und -
   führungen erfolgten bis zu 4o km und waren einwandfrei möglich!
   Diese Feststellung konnte auch bei sehr kleinem Zielhöhenwinkel gemacht werden.

                          t. und takt. Schiessender der 1./ schw
                          Flakabt. 384 (RAD 5/3o2)

Entlassung der Luftwaffenhelfer

Ab Jänner 1945 endete die Dienstzeit auch für den Großteil der Luftwaffenhelfer des Geburtsjahrgangs 1928. Sie wurden etappenweise entlassen, in der Regel aber bald wieder einberufen und kamen zur Infanterieausbildung zum Reichsarbeitsdienst. Nach sechs bis acht Wochen rüsteten sie dann ab, um sofort von der Wehrmacht, der Waffen-SS oder auch der Marine vereinnahmt zu werden. Zur Luftwaffe dürften in dieser letzten Phase die wenigsten Luftwaffenhelfer einberufen worden sein. Infolge der mittlerweile nur mehr in Teilen vorhandenen Waffengattung wurden im Gegenteil bereits Luftwaffensoldaten, Flieger- und Bodenpersonal zu frontnahen Heereseinheiten überstellt. Den „normalen" Jahrgang 1928, also jene, die vordem nicht als Luftwaffenhelfer eingezogen worden waren, hatte man schon im Dezember 1944 zum RAD eingezogen. Generell wurden aber Angehörige dieses Jahrgangs im Februar und als allerletzte sogar Angehörige des Jahrgangs 1929 im März zur deutschen Wehrmacht einberufen. So wurden völlig regulär noch 16jährige Soldaten, wie übrigens auch 16- bis 60jährige schon seit Oktober 1944 wehrpflichtig für den „Deutschen Volkssturm" geworden waren. Zurück bei den Batterien blieben etliche Spezialisten und bei einigen Batterien auch die Luftwaffenhelfer der normalen Geschützbedienung. Hier gab es keine einheitliche Regelung. Zu den nun bereits stark reduzierten Batterien – einen großen Teil der Geschütze hatte die zurückflutende Front angefordert – holte man ab der Jahreswende 1944/45 die Flak-v-(flakverwendungsfähig-)Soldaten bzw. „Flak-Wehrmänner", ältere Jahrgänge, die bisher nicht fronttauglich oder in mittlerweile zerschlagenen Rüstungsbetrieben tätig gewesen waren. Aber auch eine beträchtliche Anzahl junger 1928er und 1929er wurde noch ab Jänner 1945 als Flak-v-Soldaten einberufen. Meist waren es Gewerbeschüler und Lehrlinge. Häufig standen dann diese Flak-v-Soldaten neben den verbliebenen Luftwaffenhelfern an den Geschützen. Viele von ihnen sind so noch bei den Endkämpfen, hauptsächlich im Osten Österreichs, in den Mahlstrom des Kriegs geraten.

Auch das war Luftwaffenhelfer-Zeit: Kein Besuch eines Filmstars in der Batterie St. Valentin, sondern Abschiedsfeier der Luftwaffenhelfer des Jahrgangs 1926 – die hübsche Dame ist eine Luftwaffenhelferin der Batterie, heute wohlbestallter Zahnarzt.

Nach Erreichen bestimmter Altersstufen wurden die Luftwaffenhelfer von ihren Batterien entlassen. Versetzungen vor dieser Zeit waren häufig. Manchem fiel der Abschied von den Kameraden schwer, aber was konnte es Schöneres geben als, und sei es nur für kurze Zeit, ,,heim zu Muttern" zu dürfen ... Batterie St. Valentin (3./805), Grazer Luftwaffenhelfer verlassen die Batterie.

BILANZ DES KRIEGSHILFSEINSATZES

Abschußerfolge – Einsätze – Verluste

Von 13. August 1943 bis 8. Mai 1945 wurden auf Österreich etwa 120 000 Tonnen Bomben abgeworfen und laut der unvollständigen Anzahl der in den National Archives, Washington, aufgefundenen Missing Air Crew Reports durch die im österreichischen Raum stationierte Luftabwehr über 650 feindliche Maschinen abgeschossen. Hievon können der Flakartillerie etwa 75 bis 80 Prozent der Abschüsse zugerechnet werden. Die restlichen 20 bis 25 Prozent sind durch Tag- und Nachtjäger allein oder in Zusammenarbeit mit der Flak abgeschossen worden. Hievon wiederum sind etwa 60 Prozent auf österreichischem Boden gelandet oder zerschellt, während der Rest erst auf dem Rückflug über Alpen und Adria häufig unter dramatischen Umständen verlorenging. (Siehe auch im Anhang „Verzeichnis der . . . abgeschossenen . . . Flugzeuge".)

Die 15. US Army Air Force, deren wesentliche Einsatzziele in Österreich lagen, verlor allein in sechs Monaten von 1. Jänner bis 30. Juni 1944 durch Flak 648 Flugzeuge. 16 767 Maschinen wurden durch das Sperrfeuer der Flak beschädigt. Für den Wiener Raum allein können 150 Abschüsse angenommen werden. Die meisten der Abschüsse wurden allerdings als Abschußbeteiligungen anerkannt, da in der überwiegenden Zahl mehrere Batterien gleichzeitig auf die anfliegenden Bomberverbände feuerten. So erreichte z. B. die Batterie Wr. Neustadt-Heideäcker bis Herbst 1944 21 Abschußbeteiligungen, die Batterie Eichkogel-Mödling erhielt im gleichen Zeitraum neun Abschußbeteiligungen bzw. Abschüsse zuerkannt. Der Batterie Wien-Breitenlee wurden ebenfalls 21 Abschüsse und den Batterien Fischamend-Reichsstraße und Schwechat-Ost bis Herbst 1944 17 Abschüsse zuerkannt.

Die absolute Stärke der Flakbatterien lag im Sperrfeuerschießen und Abdrängen der gegnerischen Bomberpulks von ihren Zielgebieten. Ein Direkttreffer, ein sogenannter „Herausschuß" wie z. B. am 24. Februar 1944, 13.17 Uhr, ein Kanzelvolltreffer in eine angreifende Fortress II, durch die Batterie Linz-Lichtenberg, gelang den Batterien verhältnismäßig selten.

Direkttreffer mit meist unmittelbarem Zerplatzen des Bombers und Absturz der Teile in das Stadtgebiet waren mehr oder weniger eine Art Trostpflaster für die dem Luftkrieg im allgemeinen hilflos ausgelieferte Bevölkerung, für die direkt betroffenen Zivilpersonen hingegen, so sie am Leben blieben, sicher ein Grund mehr, in noch tiefere Resignation und Apathie zu verfallen. Für die beteiligten Batteriebesatzungen, in der überwiegenden Mehrzahl Luftwaffenhelfer, stellten diese spektakulären Ereignisse gewissermaßen Höhepunkte in ihrer Tätigkeit an den Geschützen und Meßstaffeln dar. Immerhin hatten bis zum Sommer 1944 schon einige Batterien Direktangriffe auf ihre Stellungen erlebt.

Stellen auch diese Volltreffer spektakuläre Einzelerscheinungen dar, so kam es, selbst wenn man die technisch begrenzten Möglichkeiten der Flakgeschütze gegenüber den meist in Höhen zwischen 6 000 und 8 000 m operierenden Bomberströmen in Betracht zog, doch ab und zu auch zu Serienerfolgen. So schossen die Wiener Neustädter Batterien am 10. Mai 1944 zehn feindliche Bomber ab. Die Gefechtsberichte dieses Tages spiegeln die Luftkriegssituation der Luftwaffenhelfer anschaulich wider.

Von den Luftbasen um Foggia über die Adria, Jugoslawien und Ungarn kommend, griffen an diesem Tag an die 400 B-17 Flying-Fortresses und B-24 Liberators, begleitet von 200 Jagdbombern und Begleitjägern, hauptsächlich vom Typ P-51 Mustang, bei fast wolkenlosem Himmel die Wiener Neustädter Industrieanlagen, Flugplätze und das Stadtgebiet selbst an.

Schon bei Eisenstadt hatten die amerikanischen Bomber mit massiven Folienabwürfen (Düppel) und durch Rauschsender die deutschen Funkmeßgeräte auszuschalten begonnen. An diesem Tag eine unnötige Maßnahme, denn bei dem herrschenden klaren Wetter konnte die Flak ohnedies rein optisch auffassen. Deutsche Jäger schien es nicht zu geben. Vor Stinkenbrunn (Steinbrunn) geriet der Bomberverband, stur in 5400 m weiterfliegend, in den Feuerbereich des bereits massiv ausgebauten Wiener Neustädter Flakgürtels. Die nächsten Minuten sollten für viele US-Piloten zur Tragödie werden.

Die 8,8-cm-Batterie 7./533 Heideäcker östlich von Theresienfeld holt den ersten Bomber um 10.52 Uhr bei Sollenau herunter.

Die andere Seite: Fotos aus dem „Völkischen Beobachter", Wiener Ausgabe, über die Gefangennahme abgesprungener US-Piloten nach dem Angriff auf Fischamend und Bad Vöslau vom 12. April 1944. Die Überlebenden der abgeschossenen Liberator landeten mit ihren Fallschirmen im Raum Eisenstadt. Einmal mehr attackierte die erbitterte Bevölkerung die in Gefangenschaft geratenen US-Piloten. Hier hatte auch die NS-Hetze große Schuld. In der nach dem Krieg niedergelegten Aussage eines der Überlebenden spiegeln sich diese Stunden wider: „Six or more Americans were hung in the town near the point the ship was shot down. Germans impressed on me the fact that I was fortunate to be in the Armies hand and cited that example. After I was threatened and stoned . . ."
„6 oder mehr Amerikaner wurden in der Stadt, nahe dem Punkt, an dem die Maschine abgeschossen wurde, gehängt. Die Deutschen schärften mir ein, daß ich Glück hätte, in den Händen der Wehrmacht zu sein, und setzten dieses Beispiel . . . Nachdem ich bedroht und gesteinigt wurde . . ."

CASUALTY QUESTIONNAIRE

1. Your name __Edmund Trzcinski__ Rank __Tech/Sgt__ Serial No. __32495753__

2. Organization __454__ Gp Commander __Ainsworth__ Rank __Lt. Col.__ CO __Carithers__ Rank __Capt.__
   (full name)   (full name)

3. What year __1944__ month __April__ day __12__ did you go down?

4. What was the mission, __Bad Waslaw__, target, __13th.Mission__, target
   time, _____, altitude, __18000__ route scheduled, _____
   _____, route flown _____

5. Where were you when you left formation? __Waist Section__

6. Did you bail out? __Yes__

7. Did other members of crew bail out? __Yes__

8. Tell all you know about when, where, how each person in your aircraft for whom no
   individual questionnaire is attached bailed out. A crew list is attached. Please
   give facts. If you don't know, say: "No Knowledge". __Pilot Lt.O Connor CoPilot__
   __Lt. Kelley Eng. S/Sgt.Maken bailed out of ship befor me or tail Gunner__
   __Rockmeyer...Met them soon after capture...S/Sgt Rockmeyer left just__
   __before ship exploded (1000 Ft. from ground aproximatly)I left at about__
   __3 to 5000 feet...__

9. Where did your aircraft strike the ground? __in the wood main part on a farm...__

10. What members of your crew were in the aircraft when it struck the ground? (Should
    cross check with 8 above and individual questionnaires) __S/Sgt. John D.Read__
    __S/Sgt Raymond E.Lunsford S/Sgt.Charles H.Aldridge Lt.Wm.M.West__
    __Lt.Wm.J.Harden__

11. Where were they in aircraft? __Aldridge,Harden and West in the Nose Section.__
    __Reed and Lonsford in the Waist Section...__

12. What was their condition? __Reed and Lunsford were on the floor of the Waist.__
    __No Knowledge of others...__

13. When, where, and in what condition did you last see any members not already des-
    cribed above? __I was lying in the brush Saw (5) five bodies removed from__
    __Ship by Germans..Maken was badly burned when I saw him at Eisenstadt__
    __Prison ... O Connor and Rockmeyer were both burned when I saw them__
    __at Wien Neustadt...__

14. Please give any similar information on personnel of any other crew of which you
    have knowledge. Indicate source of information. __Six or more Americans__
    __were hung in the town near the point the ship was shot down..__
    __Germans impressed on me the fact that I was fortunate to be in the__
    __Armies hand and cited that example..After I was threatens and stoned..__

Besatzung:
2nd Lt. Pilot Sutton William R., Muskegon, Michigan – missed
2nd Lt. Co-Pilot Nutter John H., West Virginia – missed
2nd Lt. Nav. Gavigan Wiliam H. Jr., Forest Hills, New York – captured/Hospital
2nd Lt. Bomb. Stone Robert W., Topeka, Kansas – captured
T/Sgt. Evans Rector A., Maynard, Arkansas – captured
S/Sgt. Reichert James F., Syracuse, New York – captured
S/Sgt. Jensen Ernest H. Jr., San Francisco, California – remain unknown
S/Sgt. Brasher James L. Jr., Birmingham, Alabama – remain unknown
S/Sgt. Thompson John R. Jr., Starkville, Mississippi – remain unknown
Sgt. Austin Royce F., Underhill, Vermont – remain unknown
18-24 H, Liberator Nr. 41-29327.
(Aus den Unterlagen der) 15. U.S. Army Air Force Missing
Air Crew Report Nr. RG 92 NOS 06813–06815 Fiche 2465, Crash: 47 Grad 30 North, 6 Grad 30 East (Last sighted), weather 2/10 cumulus at 8 000 Feet, otherwhise clear – visibility 10 miles.
Hit during the intense flak over the target.

Oben: Abschuß durch die Batterien Heideäcker (6./532 und 7./533 und 201/XVII) und Ungerfeld/Wiener Neustadt. 23. 4. 1944.

Links: Verlustbericht eines US-Besatzungsmitglieds.

Unten: Absturz einer Liberator bei Purbach.

Rechts oben: 10. Mai 1944: Volltreffer im Rumpf einer B-24 Liberator im Raum Neufeld an der Leitha kurz vor dem Absturz bei Zillingdorf. (Foto: British Crown, Imperial War Museum.)

Rechts unten: Luftwaffenhelfer der Wiener Batterie Am Himmel (5./532) haben einen US-Bomber heruntergeholt.

Links: Grauen des Luftkriegs – ein verbrannter Pilot.

Oben und unten: Reste der B-24 Liberator nach dem Absturz (10.55 Uhr) bei Pöttsching-Stinkenbrunn. Am Abschuß mit 160 Schuß beteiligt: Batterie 4./284, Neudörfl-Heuthal.

Großbatterie Katzelsdorf   Feuerstellung, den 20.5.44

2./696 und 2./284 (RAD)

A b s c h u ß m e l d u n g
=====================================

1.) Zeit(Tag,Stunde.Minute)des Absturzes: 1o.5.44 11.1o Uhr

Genaue Ortsbezeichnung der Absturzstelle mit Angabe des
Kartenblattes und der Koordinaten: Föhrenäcker S Zillingdorf
                                    EN 9
                        Karte 1:75.000, Bl-4857
                        (Eisenstadt)
                        r = 56014
Höhe: 5.4oo m   h = 52998

2.) Durch welche Einheit ist der Absturz erfolgt:
Großbatterie Katzelsdorf (2./696 u. 2./ 284 (RAD))

3.) Flugzeugtyp des abgeschossenen Flugzeuges: Liberator
Werknummer bzw. Kennzeichen: -----

4.) Staatsangehörigkeit des Gegners: USA

5.) Art der Vernichtung und des Aufschlages:
    a) Flammen mit heller Fahne
    b) auseinandergeplatzt
    c) ---
    d) senkrechter Absturz
    e) diesseits der Front

6.) Schiksal der Besatzung(tot,mit Fallschirm abgesprungen,
gefangen):
4 Mann abgesprungen und gefangen,Rest tot.

7) Weshalb wurde die Art des Aufschlages bzw.das Schicksal der
Besatzung nicht beobachtet: ---

8.) Welche Zeugen haben
    a) den Aufschlag einwandfrei beobachtet
    b) die Aufschlagstelle festgestellt:
       zu a) 1. Walter Seidenstein,Adjunkt,Lichtenwörth
             2. Stabsfeldwebel Mühlehner,Fliegerhorstkomp
                Wr.- Neustadt.

       zu b) 1 u. 2 wie unter a.

Ausführlicher Gefechtsbericht des Batteriechefs(Schießenden,
Zugführers)und Originalzeugenberichte sind in der Anlage bei
gefügt.

Oberleutnant und Batterieführer

293

Großbatterie Katzelsdorf
2./696 und 2./284 (RAD)

Feuerstellung, den 2o.5.44

A b s c h u ß m e l d u n g
==================================

1.) Zeit(Tag,Stunde,Minute) des Absturzes: 1o.5.44   11.15 Uhr
    Genaue Ortsbezeichnugnder Absturzstelle mit Angabe des Kar=
    tenblattes und der Koordinaten: Frohsdorf EN 8
                                     Karte 1:75 ooo Bl.4856
                                     (Wr.-Neustadt)
                                     r 55953, h 52912

    Höhe   5.4oo m

2.) Durch welche Einheit ist der Absturz erfolgt:
    Großbatterie Katzelsdorf (2./696 u. 2./284 RAD))

3.) Flugzeugtyp des abgeschossenen Flugzeuges:Fortress   II
    Werknummer bzw.Kennzeichen: 8 - 1285

4.) Staatsangehörigkeit des Gegners: U S A

5.) Art der Vernichtung und des Aufschlages:
    a) Flammen mit heller Fahne
    b) kreist
    c) ᴛᴛ--
    d) senkrechter Absturz mit Aufschlagbrand
    e) diesseits der Front

6.) Schicksal der Besatzung(tot,mit Fallschirm abgesprungen,
    gefangen):
    5 Mann mit Fallschirm abgesprungen und gefangen,Rest tot.

7.) Weshalb wurde die Art des Aufschlages bzw.das Schicksal der
    Besatzung nicht beobachtet:

8.) Welche Zeugen haben
    a) den Aufschlag einwandfrei beobachete
    b) die Aufschlagstelle festgestellt:
    zu a u. b Josef Kornfeld,Eichbüchel
               Heinrich Ofenböck,Eichbüchel

    Ausführlicher Gefechtsbericht des Batteriechefs(Schießenden,
    Zugführers) und Originalzeugenbericht sind in der Anlage
    beigefügt.

                          Oberleutnant und Batterieführer

Zwei Minuten später erhält eine Fortress II den tödlichen Treffer durch dieselbe 8,8-cm-Batterie. Flammen und Rauch schlagen aus dem viermotorigen Bomber, er kreist kurz über Stinkenbrunn und stürzt um 10.55 Uhr mit einer breiten Rauchfahne neben der Ortschaft ab. Eine gewaltige Explosion kennzeichnet die Absturzstelle.

Zwei Besatzungsmitglieder versuchen ca. 1 km südlich von Stinkenbrunn mit ihren Fallschirmen zu landen. Ihr Leben endet grauenhaft. Beide werden auf Weingartenstöcken gepfählt.

Der Feindverband scheint nun Ausweichmanöver zu vollführen, kehrt aber wieder auf seinen Kurs zurück. In den nächsten Minuten geraten die Bomber vollends in das massive Abwehrfeuer verschiedener Batterien.

Um 11.08 ist der Verband auch von der 10,5-cm-RAD-Großbatterie Katzelsdorf (6./696 und 2./284) aufgefaßt. Neunzig Sekunden danach schrillt die Feuerglocke an den Geschützen. Sechs Rohre jagen 58 Granaten hinaus. Um 11.10 Uhr zeigt ein Bomber helle Flammen, löst seine Bomben im Notwurf, schert nach links aus dem Verband, stürzt und zerplatzt.

Augenblicke später springen vier Mann mit dem Fallschirm aus einer weiteren, hell brennenden Liberator. Eine Minute danach explodiert sie südlich von Zillingdorf in der Luft. Verstreut trudeln die Reste zu Boden. An diesem Abschuß sind allein acht Batterien der Flakgruppe Wiener Neustadt beteiligt: die schwere 12,8-cm-Eisenbahnbatterie Ober-Eggendorf-Bahnhof 2./423, die 10,5-cm-Großbatterie Heuthal 3. und 4./284, die schwere 10,5-cm-Eisenbahnbatterie Tritolwerk 3./145 östlich Theresienfeld, die 8,8-cm-Großbatterie 6./532 und 7./533 Heideäcker, ebenfalls östlich Theresienfeld, und die 10,5-cm-RAD-Großbatterie Katzelsdorf. Der Munitionsverbrauch bei diesem Abschuß beträgt 100 Schuß 12,8 cm, 118 Schuß 10,5 cm und 66 Schuß 8,8 cm. Eine Minute danach faßt die Großbatterie Katzelsdorf einen weiteren viermotorigen Bom-

Reste einer Flying Fortress, Absturz 10. Mai 1944 bei Frohsdorf-Eichbichl südöstlich von Wiener Neustadt. Am Leitwerk die Abschußanzeige für drei deutsche Jagdflugzeuge.

ber auf. Nach 52 Schuß 10,5 cm zeigt die Maschine eine Rauchfahne, schert aus dem Verband und beginnt zu kreisen. Atemlos sehen die Kanoniere plötzlich fünf weiße Fallschirme am Himmel stehen. Unmittelbar danach stürzt der qualmende Bomber bei Frohsdorf zu Boden. Um 11.02 Uhr macht ein gewaltiger Aufschlagbrand die Absturzstelle weithin sichtbar. Sofort faßt die Großbatterie Katzelsdorf den nächsten Gegner, eine Flying Fortress II. Nach etlichen Gruppen steht der Bomber in hellen Flammen und beginnt ebenfalls zu kreisen. Auch hier steigen noch fünf Mann aus der brennenden Maschine, der Rest muß schon tot sein.

Um 11.15 Uhr stürzt dieser Bomber ebenfalls im Raum südlich Katzelsdorf steil zu Boden. Für die Bedienungsmannschaften der Flakbatterien, meist 17jährige Luftwaffenhelfer, RAD-Flakkanoniere und wenige „echte" Flaksoldaten, gibt es jedoch keine Atempause. Granate um Granate wuchten die K 3, die Ladekanoniere, bereits schweißüberströmt in die rauchenden und heißen Verschlußmäuler der Geschütze. Ihre Kameraden mit den anderen Zahlenbezeichnungen am Geschütz arbeiten nicht minder hektisch. In das Brüllen der Geschütze mischt sich das dumpfe Wummern der in Wiener Neustadt detonierenden Bombenlast. Feuer und Rauch quellen aus der „Allzeit Getreuen". Es ist der siebente Angriff auf die Industriestadt. Schon sind sechs der todbringenden Bomber heruntergeholt. Die Serie ist aber noch nicht zu Ende. Die Geschütze dröhnen weiter.

Und das ist der ganze Wahnsinn des Krieges – die Besatzungen oben in ihren todbringenden Bombern handeln ebenso auf Befehl wie die Kanoniere neben ihren heißgeschossenen Geschützen unten in den Erdwällen. Beiden Parteien hat man beigebracht, daß es um eine gute Sache geht. Nur die Zivilbevölkerung unten in den stickigen, vollgepferchten, bei jedem Einschlag bebenden und dröhnenden Kellern, die hat keiner gefragt. Zivilisten sind in dieser Zeit nicht mehr als Randfiguren, ihr Tod bedeutungslos.

Um 11.16 Uhr trudelt ein von der Großbatterie Heideäcker schwer beschädigter Bomber westlich von Ternitz bei Vöstenhof

herab. Fünf Minuten später muß ein weiterer brennender Bomber, den die beiden Eisenbahnbatterien Obereggendorf und Einfahrbahnhof sowie die Großbatterie Heuthal erledigt haben, zu Boden.

Nunmehr verläßt der dezimierte Bomberverband den Wiener Neustädter Raum. Zahlreiche Maschinen haben Flaktreffer erhalten.

Auch wenn sie den Wirkungsbereich der Wiener Neustädter Batterien verlassen haben, so ist die Todesserie der Bomber noch nicht zu Ende. Eine angeschossene Maschine gelangt noch bis in den Raum Karlovac in Kroatien. Um 11.58 Uhr ist auch ihre Zeit abgelaufen. Den Abschuß verbucht die Großbatterie Theresienfeld Nord.

Zwölf Minuten danach ereilt das Schicksal noch einen weiteren brennenden Nachzügler. Um 12.10 Uhr schlägt, ebenfalls bei Karlovac, ein von den Wiener Neustädter Batterien Luckerweg und Heuthal absturzreif geschossener Bomber auf dem Boden auf.

Die Bilanz dieses Tages: mindestens zehn Bomber abgeschossen. Aber nicht für alle Batterien im Wiener Neustädter Raum ging dieser Großangriff schadlos ab. Die 10,5-cm-Großbatterie Fischau erhielt selbst Bombentreffer und büßte einen Toten und drei Schwerverletzte ein.

Die schwersten Angriffstage auf Wien dürften der 16. und 26. Juni 1944, der 7. Februar und der 12. März 1945 gewesen sein. Durch das Abwehrfeuer der Flak schwer gefährdet, versuchten die Bomberströme die Feuerbereiche der Batterien nach Möglichkeit zu umgehen oder zu durchbrechen. Wechselnde Einflugschneisen und wechselnde markante Wendepunkte, etwa der Neusiedler See, die Kirchen von St. Margarethen oder Donnerskirchen und ab Herbst 1944 eine bereits im Raum Kittsee deponierte „Peilboje", kennzeichneten dieses Geschehen ebenso wie die laufende Verlegung bzw. Verstärkung von verschiedenen Batterien.

Rechte Seite oben: Volltreffer in der Batterie Heideäcker – Wiener Neustadt. Rechte Seite unten: Luftwaffenhelfer bei Aufräumungsarbeiten.

„Crash" einer Flying Fortress am 29. Mai 1944 bei Loipersbach, Bezirk Mattersburg.

29. Mai 1944 – Tagesangriff der 15. US-Luftflotte auf Wien. Ein kleiner Verband greift Wiener Neustadt an. Im Bild eine von Sprengwölkchen der Flak umgebene B-24 Liberator nach dem Bombenabwurf auf Wiener Neustadt. (Foto: British Crown, Imperial War Museum.)

Tagebuch eines Luftwaffenhelfers der Batterie Wienerberg:
„Eine Beteiligung vom RLM anerkannt!“
„29. Mai 1944: Pfingstmontag. Schwerer Feindangriff auf Mödling, Mauer, Atzgersdorf. 81 Gruppen können durch. Anton schoß alle Gruppen. 4 Abschüsse eingereicht. Ununterbrochene Feuerfolge. In 11½ Minuten alle Gruppen heraus. Chef auf Heiratsurlaub. Oberfähnrich Lausenhammer. Taktisch schießender Offizier.“

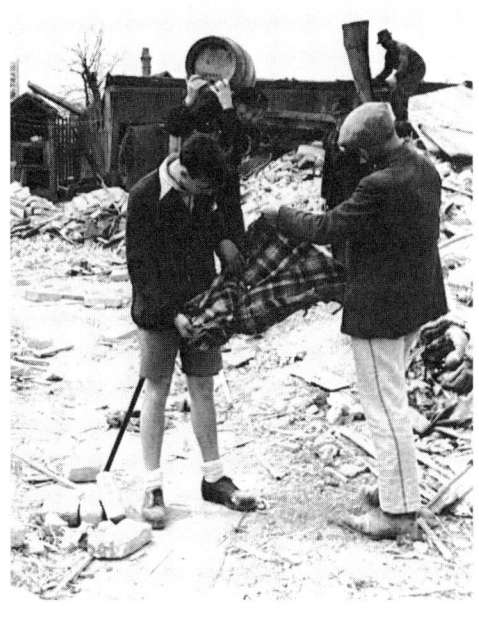

24. Mai 1944, nach dem Angriff auf Industrie- und Wohnviertel am Südrand von Wien. Hennersdorf: Einheimische und aus Wien beorderte Hitlerjugend bei Aufräumungsarbeiten.

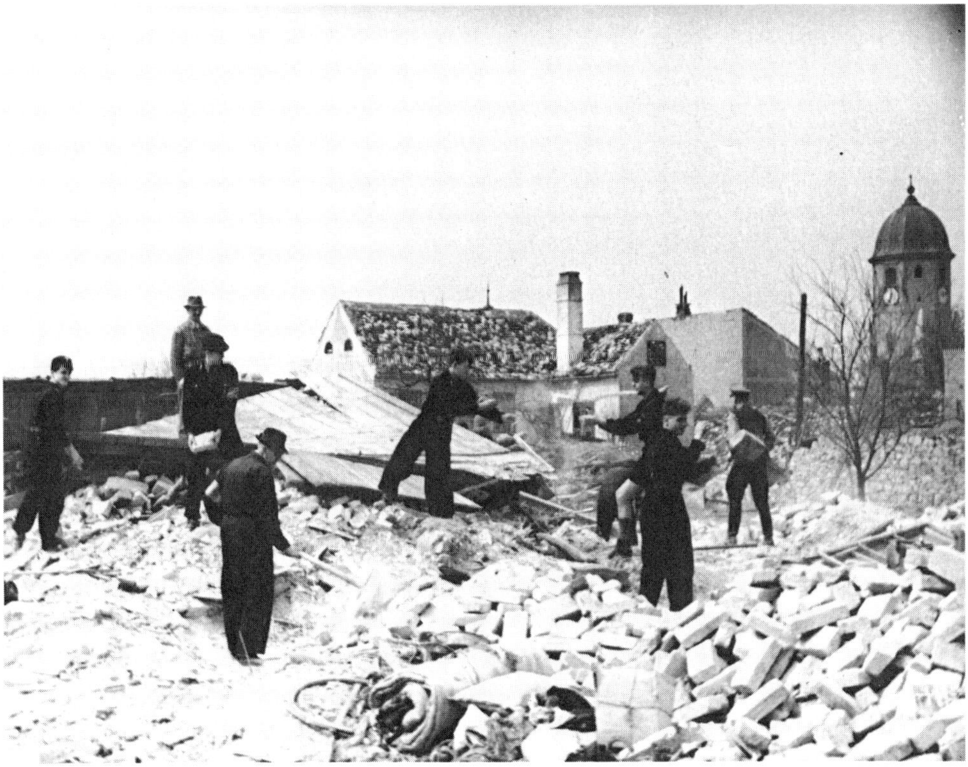

Frühjahr 1944, Wien.
Bei den Aufräumungsarbeiten nach Luftangriffen
wurden in erster Linie Frauen und Jugendliche eingesetzt. Die Jugend war so weit erzogen, daß selbst
das Freilegen von Leichen nichts Außergewöhnli-
ches war.

Hitlerjugend bei Aufräumungsarbeiten in Atzgersdorf, Hennersdorf und Mödling (unten).

Im Frühsommer 1944 standen schon manche der bisher bei Aufräumungsarbeiten eingesetzten Hitlerjungen als Luftwaffenhelfer an den Flakgeschützen, während die Mädchen zum Dienst bei RAD-Scheinwerferbatterien oder als weibliche Flakhelfer herangezogen wurden.

Wien, Juni 1944.
Schwerste Angriffe am 16. und 26. Juni.

Oben: Hitlerjugend hilft den überlebenden Zivilisten, ihre Habe zu bergen.

Links: Wien-Floridsdorf, eine bombengeschädigte Frau kehrt vom Lebensmitteleinkauf in die Notwohnung zurück.

Unten: Bombentreffer am Wiener Belvedere.

Angriff auf Wien-Floridsdorf.

Oben: Während des Angriffs am Kommandogerät.
Batterie Am Himmel, Wien.

Rechts: Kondensstreifen kurz nach dem Gefecht.

Unten: Schwere Schäden an den Verladeanlagen.

Zivilisten kehren aus einem Luftschutzbunker zur Arbeitsstelle zurück.

Alltag des Bombenkriegs: Ein Plakat, das 15- oder 16jährige Luftwaffenhelfer bei ihren Kurzurlauben sahen, dessen Inhalt aber so selbstverständlich war, daß keiner darüber nachdachte.

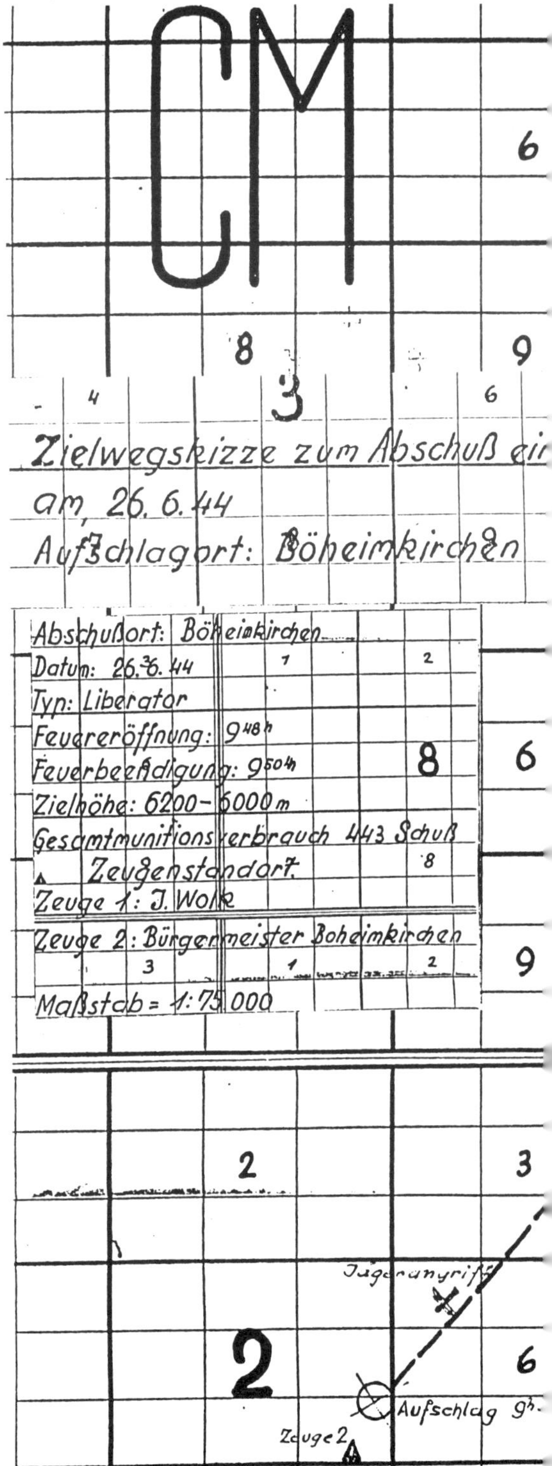

CM
6
8   9
4   3   6

Zielwegskizze zum Abschuß ei...
am, 26. 6. 44
Aufschlagort: Böheimkirchen

Abschußort: Böheimkirchen
Datum: 26. 6. 44
Typ: Liberator
Feuereröffnung: 9⁴⁸ʰ
Feuerbeendigung: 9⁵⁰⁴ʰ
Zielhöhe: 6200 – 6000 m
Gesamtmunitionsverbrauch 443 Schuß
Zeugenstandort:
Zeuge 1: J. Wolk
Zeuge 2: Bürgermeister Böheimkirchen

Maßstab = 1:75.000

2   3

2   Jagerangriff

Zeuge 2   Aufschlag 9ʰ

Für die Richtigkeit:
6.
Kraus
Leutnant.

305

Kommandogerät 40 und getarnte Batterieanlagen der am Abschluß beteiligten Batterie Haschhof (5./ 288).

Die Reste eines US-Bombers.

Flakuntergruppe Moosbierbaum
s. / Flakabteilung 696 (o)

Stellungnahme des Untergruppenkommandeurs
zum Abschuss einer Liberator bei Tulln CN 7
am 26.6.1944

Am 26.6.44 wurde das Schutzobjekt von einem Verband Liberator angegriffen, der sich 09,33 Uhr von Feindverbänden gelöst hatte, die Wien angriffen. Die Feindmaschinen flogen längs der Donau und wurden in Richtung 2 auf 25 km mit Fu.M.G. aufgefasst. Kurz darauf wurden aktive Störungen in dieser Richtung auf A 4 mittelstark festgestellt. Damit war der Anflug der Feindflugzeuge rechtzeitig bekannt, sodass sämtliche Batterien von der Untergruppe eingewiesen werden konnten. Auf Grund der sehr guten Sichtverhältnisse wurde die in sich geschlossene dritte Welle, die der zweiten im Abstand von 4 1/2 Minuten folgte, bereits ausser Wirkungsbereich erkannt, von den Feuerleitgeräten optisch aufgefasst und ab 09,44 Uhr schlagartig bekämpft.

Die dritte Welle war längs der Donau angeflogen und bog in Höhe Aspern zum Angriff auf das Schutzobjekt nach Südwesten ab. Die das Werk überlagernde Nebeldecke behinderte nicht das optische Auffassen, sodass die Maschinen, als sie den Wirkungsbereich der übrigen eingesetzten Batterien erreichten, gleichfalls ruhig und sicher geführt und mit grösstem Munitionsaufwand (23 Rohre, 371 Schuss) bekämpft werden konnten.

Die Bemerkungen des Prüfstabes der 24. Flakdivision, der sich während der Gefechtstätigkeit in der Großbatterie Aspern befand, sowie die Zeugenaussagen geben ein eindeutiges Bild von dem wirkungsvollen Flakbeschuss. Eine der letzten Maschinen des Verbandes zeigte auf das starke, mitten im Verbande liegende Flakfeuer hin eine starke Rauchfahne, scherte aus, ging im Bogen tiefer, fing an zu brennen und stürzte steil südlich von Tulln ab. Eigene Jäger wurden nach den übereinstimmenden Beobachtungen des Zeugen 1 und der Batterien während des Flakbeschusses nicht beobachtet.

Die zum Schutze des Objekts eingesetzten Batterien hatten bereits vorher im Raume Wr.-Neustadt ausreichend Kampferfahrung gesammelt und unter gleichen Schießbedingungen die überraschenden Erfolge am 1o.5.44 erkämpft.

Ich bitte im Namen der Batterien
2./290, 9./290
6./403, 6./807
um Anerkennung der bei Tulln abgestürzten Liberator laut Abschussmeldung.

m.d.W.d.G.b.

H a u p t m a n n

Studienrat Walter König
Betreuungslehrer d.Lw.-H.
u.Oberleutnant d.Reserve
Alter: 56 Jahre
Wien XVI.,

Wien,den 29.6.1944.

Z e u g e n b e r i c h t .
===============================

Am 26.6.1944 vormittags hatte ich Schulunterricht bei den Luft=
waffenhelfern der Haschhofbatterie,der durch Fliegeralarm etwa um 9.oo
Uhr unterbrochen wurde.Während des Alarm hielt ich mich in der Nähe der
Batteriebefehlsstelle auf,von wo ich folgendes beobachten konnte:
Ein gegen 9.3o Uhr aus nordöstlicher Richtung anfliegender feindli.
Bomberverband wurde von der Batterie beschossen.Die Granaten detonierten
in und um den Verband.Schon nach kurzer Zeit,noch während die Batterie
schoss,konnte ich sehen,wie die mittelste Maschine der 2.Kette eine
weisse Rauchfahne nach sich zog.Der Verband flog in Richtung Tulln weiter.
Nach wenigen Minuten sah ich plötzlich,wie die Maschine mit der Rauch=
fahne hell brennend,fast senkrecht zur Erde stürzte,Wo der Aufschlag er=
folgte konnte ich nicht feststellen,da das Blickfeld durch Bergrücken be=
hindert war.

                                              Hw. R. Walter König.

                                                              5.
                                                              4

              V e r m e r k

       des Prüfstabes der 24.Flakdivision zur Ge=
       fechtstätigkeit der Flakuntergruppe Moosbier-
       baum am 26.6.44 (entnommen aus dem Prüfbericht
       der 2.u.9./29o v.27.6.44).

              Abschrift.

Bemerkungen:
    Nach der Gefechtstätigkeit fuhr ich mit Hptm.Stolpmann in
das Werk Moosbierbaum um mich sofort, soweit möglich, über den
entstandenen Schaden zu orientieren, um dem Ia der Division, Mjr-
Weigert, hierüber Meldung erstatten zu können.
    Bei meinem Erscheinen in der Werkdirektion war Generalmajor
Volkmann, Kdr, der Luftkriegsschule Tulln, anwesend. Derselbe
beglückwünschte uns zu dem prachtvollen Schießen der Batterien,
da er von seinem Gefechtsstand das Schießen sehen konnte. Ebenso
begeistert sprachen mehrere Herren der Direktion über das Schies-
sen der Flak.

F.d.R.d.A.:   gez Unterschrift
                                            Major.
Koall

Lt.u.Ord.-Offz'.

Studienrat Hans Maranitsch
Betreuungdlehrer der Lw.-H.
u.Oberleutnant der Reserve
Alter: 56 Jahre
Wien VI.,Gumpendorferstr.63 d.

Wien,den 29.6.1944.

Z e u g e n b e r i c h t.

====================================

Ich hatte am 26.6.1944 vormittags in der Stellung Haschhof
Luftwaffenhelfer zu betreuen und Schulunterricht zu halten,als um etwa
9.oo Uhr Fliegeralarm gegeben wurde.Ich begab mich unmittelbar in die
Nähe der Batteriebefehlsstelle und machte da unter anderem folgende
Beobachtungen:

Etwa gegen 9.3o Uhr tauchte aus Richtung Korneuburg ein Bomber =
verband auf,auf den die Batterie wenige Zeit später das Feuer eröffnete.
Die Sprengwolken der Flakgranaten lagen inmitten des Verbandes.Noch
während des Schiessens zeigte die mittlere Maschine der 2.Kette eine
weisse Rauchfahne.Der Verband flog an der Batterie vorbei und drehte nach
Richtung Tulln ab.Etwa drei bis vier Minuten später beobachtete ich,wie
die Maschine mit der Rauchfahne hell brennend,senkrecht abstürzte.Den
Aufschlag selbst konnte ich nicht sehen,da Berge die Sicht begrenzen.

Studienrat Hans Maranitsch
Betr. Lehrer, Obll. d.R. a.D.

Studienrat Feucht
Oberleutnant d.R.
Betreuungslehrer der 1./s.532

26. 6. 1944

Z e u g e n a u s s a g e.

Während des Fliegeralarmes am 26.6.1944 hielt ich mich in der Zeit von
8.35 - 10.50 als Betreuungslehrer der 1./532 bei der BI auf.
Zwischen 9.35 und 9.45 Uhr bemerkte ich aus einem von Ost nach Nordwest
zwischen Haschhof und Sofienalpe vorbeifliegenden Verband,der von dieser
Batterie beschossen wurde,wobei das Feuer am Ziel lag,dass aus der zweiten Kette dieses Verbandes die mittlere Maschine plötzlich starke Rauch-
entwicklung zeigte,jedoch noch weiterflog. Einen Absturz dieser Maschine
konnte ich wegen Sichtbeschränkung nicht beobachten.

Feucht

Stellungnahme des Regimentskommandeurs

Zum Abschuß einer Liberator in Böheimkirchen, 12 km

ostwärts St. Pölten, Plantrapez DM 2, am 26.6.44, 09.53 Uhr.

Die 4. Welle (30 bis 40 Liberator) des am 26.6.44 ab 09.33 Uhr
das Objekt Moosbierbaum angreifenden Verbandes flog mit h = 6200m
und v_h = 100 m/sec. um 09.48 Uhr in die Flakzone Moosbierbaum
ein. Nach Zielwechsel von der 3. auf diese 4. Welle eröffnete
Großbattr. Asparn (2. und 9./290) bei einer Zünderlaufzeit von
299° v. Kr. Vernichtungsfeuer optisch mit 11 Geschützen 8,8cm
und Kdo.-Gerät 40.
Um 09.48,30 Uhr wurde die Welle ab Grenze des WBR ebenfalls
mit Vernichtungsfeuer optisch von der Batterie Michelhausen
(6./403) mit 6 Geschützen 8,8cm und Kdo.-Ger. 40 und von der
Batterie Bärndorf (6./807) mit 6 Geschützen 8,8cm und Kdo.-
Gerät 40 bekämpft. Eine Maschine zeigte 09.49 Uhr Flammen mit
dunkler Rauchfahne, ging auf Höhe 6000 m, versucht jedoch den
Anschluß an die nach Richtung 7 abfliegende Welle zu behalten.
Der Zeuge W o l k beobachtete diese Maschine mit lang nach-
ziehender Rauchfahne um 10.00 Uhr abstürzend über Böheimkirchen,
während der Bürgermeister von Böheimkirchen den Angriff eines
2-mot- Jägers auf diese mit Rauchfahne am Schluß der Welle
fliegende Liberator beobachten konnte. Die herausgeschossene
Maschine zerplatzte beim Beschuß durch den zweimotorigen Jäger
und stürzte in mehreren Teilen in Böheimkirchen selbst ab.
Die 4. Welle, aus der diese Maschine stammt, wurde mit insgesamt
23 Rohren 8,8cm und einem Munitionsaufwand von 433 Schuß bekämpft.
Ich bitte um Anerkennung des Herausschußes für Großbattr. Asparn
(2. und 9./290), Battr. Michelhausen (6./403) und Battr.
Bärndorf (6./807).

                    Morchel

                O b e r s t.

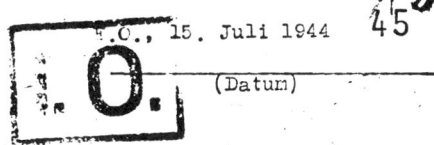

A b s c h u s s m e l d u n g .
----

1. Zeit (Tag,Stunde, Minute) des Absturzes: 26.6.44 9 Uhr 56'
   genaue Ortsbezeichnung der Absturzstelle Heidfeld
   mit Angabe des Kartenblattes u.der Koordinaten: Kartenblatt Umgeb.v.Wien
                                                   1 : 75.000

   Höhe: 6.400 m   R 63 92 820
                                                  H 53 31 300

2. Durch welche Einheit ist der Abschuss erfolgt ? Grossbatterie Königskog.
                                                   5./288 - 8./533

3. Flugzeugtyp   Liberator
   Werknummer bezw. Kennzeichen: unbekannt

4. Staatsangehörigkeit des Gegners: U.S.A.

5. Art der Vernichtung und des Aufschlages:
   a) Flammen mit dunkler, Flammen mit heller Fahne
   b) einzelne Teile weggeflogen, abmontiert auseinandergeplatzt
   c) zur Landung gezwungen (glatt bezw. mit Bruch)
   d) xxxxxxxxxx, in flachem Winkel, Aufschlagbrand usw.
   e) diesseits und jenseits der Front abgetrudelt.

6. Schicksal der Besatzung (tot, mit Fallschirm 3 Mann abgesprungen, die
   abgesprungen, gefangen):   übrigen tot.

7. Weshalb wurde Art des Aufschlages
   bezw. Schicksal der Besatzung nicht beobachtet?

8. Welche Zeugen haben
   a) den Aufschlag einwandfrei beobachtet?   Landwirt Hermann Kienl
                                                    "   Anton Rittmann
                                                    beide in Rauchenwarth

   b) die Aufschlagstelle festgestellt?
      Abteilungskommandeur, Oberstleutnant Gläsel.

Gefechtsbericht des Batteriechefs ist in der Anlage beigefügt.

                                          i.V. Maatz
                                          (Unterschrift)

Flakgruppe Wien-Süd,
Flakregiment 1o2 (o)
 - Kommandeur -

Stellungnahme des Regimentskommandeurs.

Am 26.6.1944 flog ein Verband Liberator (etwa 3o Maschinen) mit einer Zielhöhe von 64oo m und einer vh von 11o m/sec um 9 Uhr 54 in den Bereich des Regimentes ein.
Der Verband wurde im optischen Schießverfahren von nachstehenden Batterien bekämpft:

schw. Batterie	Fischamend Ost	√3./657
schw. Batterie	Klein Neusiedl	√1./657
Großbatterie	Reichsstraße	√5./223 u.√2./288
Großbatterie	Königskogel	√8./533 u.√5./288
Großbatterie	Pellendorf	√8./223 u.√9./223

Munitionsverbrauch insgesamt 38o Schuß 8,8cm und 93 Schuß 1o,5 cm.

Wie aus den Zeugenberichten und den Gefechtsmeldungen hervorgeht, wurde der Abschuß durch Flakvolltreffer erzielt.Die Maschine stürzte aus dem Verbande senkrecht heraus und zerschellte am Boden. Aufschlagsort Südteil des Flugplatzes Heidfeld.Zur Zeit der Bekämpfung des Verbandes durch die Flakartillerie waren eigene Jäger nicht vorhanden.
Der Abschuß war somit einwandfrei durch die oben angeführten Batterien erzielt.
Ich bitte daher,diesen den Abschuß zuzuerkennen.

Oberstleutnant u.Rgt.Kdr.

Batterie St. Valentin: Vier Abschüsse, erster Abschuß als Alarmbatterie am Schießplatz Rust am See. Bombenangriff auf Batterie ohne Verluste. Ein Blindgänger neben der Stellung. Insgesamt zwei Verwundete in der Stellung, die ohne vorschriftsmäßigen Stahlhelm geschossen hatten . . .

„Siegerdenkmal": Luftschraube einer abgeschossenen Liberator als Trophäe der Großbatterie Leopoldau (1. und 8./223), Sommer 1944. Im Hintergrund Geschütz „Cäsar".

„Trophäe" der Großbatterie Breitenlee (4. und 5./696 [RAD] und 2./354 [RAD]).

Wrack einer bei Unterloisdorf im mittleren Burgenland abgestürzten B-24 Liberator der 760 Bombarding Squadron (H)/460 Group, Heimatflughafen: Spinazzola, Italien. Bewaffnung neben der Bombenlast: 10 Maschinenkanonen.

Großbatterie Breitenlee   E.O.,den 8.Juli 1944
5.Batterie/schwere Flakabteilung 696(o)
4.Batterie/schwere Flakabt.696 (R A D)
2./354 - RAD-Batterie

G e f e c h t s b e r i c h t für den 8.7.1944

Um 10.39   fassten die Kdo.-Geräte einen Feindverband,bestehend
                aus 30.- 35 Maschinen "L i b e r a t o r " mit einer
                Zielhöhe von 6600 m und einer v_h von 100 m/sec. auf.
                Der Feindverband flog von 9 über 3 .

Ab 10.40^{05} wurde der Verband von der Großbatterie Breitenlee
                (5./s.696(o), 4./696 RAD und 2./354 RAD) mit
                2 Kdo.-Geräten und 11 Geschützen 10,5cm bekämpft .
                Das Feuer wurde schon vor Erreichen des Wirkungs-
                bereiches mit einer Zünderlaufzeit von 340 ^{o} vom +
                eröffnet.Im Wirkungsbereich wurde der Verband mit
                Gruppenfeuer im 6 sec.-Takt rein optisch beschossen.

Um 10.41   zeigte eine Maschine aus diesem Verband eine weiße
                Rauchfahne,dann eine Stichflamme und scherte nach
                links aus dem Verband aus.Beim Ausscheren brach
                der Maschine eine Tragfläche und 1 Motor ab.Die Teile
                gingen vor der Maschine zu Boden.Die Maschine selbst
                schlug 10.42 Uhr mit einem dunkelroten Aufschlagsbrand
                in der Nähe von Gerasdorf auf.Eine weitere scherte
                nach links aus und stürzte steil ab,eine dritte Maschine
                flog mit weißer Rauchfahne im Verband mit,stürzte aber
                später ab.

                Bekämpfungsdauer: bis 10.43 Uhr
                Munitionsverbrauch:340 Schuß 10,5 cm , eigene Jäger
                waren n i c h t am Feind.
                Lage der Batterie : Koordinaten:R 56 11 620,H 5346303
                Wetterlage   : 1/10 bedeckt ,klar, 20 km -Sicht
                Eigene Verluste und Schäden traten nicht auf.

                Von der Untergruppe Lobau war noch die Großbatterie
                Aspern und von der Untergruppe Jedlersdorf waren
                noch mehrere Batterien an der Bekämpfung des Feind-
                verbandes beteiligt.

                                    Oberleutnant und Batteriechef

VE 3290/17.7.44   - 4 -

"Liberator" (USAAF)

Abschuss-Nr. K 1576   8.7.1944   11.15h
Abschuss-Ort: im Raume Deutsch Wagram-Strasshoff, Schlosshoff b/?
829.(B)-Sqd. 485.(B)-Group, 55.Wing in Venosa (Italien).

Vernommen wurden: 1 Flugzeugführer (2nd Lt.), Bombenschütze (2nd Lt.),
Orter (F/O) und 2 Bordschützen (S/Sgt. + Cpl. letzterer wurde vom
S/Sgt zum Cpl. degradiert, weil er unvorsichtig mit seiner Pistole
hantierte). Sämtlich 31 Einsätze. Die wesentlichen Aussagen stammen
vom Orter.

Einsatz am 8.7.1944 in R a u m   W i e n :
Punktziel: Für die gesamte 485.(B)-Group Floridsdorf (Güterbahnhof
        mit anschliessendem Öl-Lager.)

1.Ausweichziel: Agram (Güterbahnhof)

2.Ausweichziel: Kleinere Fabriken entlang der Westküste Dalmatiens.

Beteiligung: 485.(B)-Group mit etwa 30 Flugzeugen
             429.(B)-Sqd. mit   7 Flugzeugen

Zeiten: Einsatzbesprechung: 03.30h (für Uffz.), 04.00h (für Offz.)
        Start: 06.50h
        Über Ziel: 11.11h (nach Angaben des Orters. Lt.An-
                            gabe des 1.Flugzeugführers u.d.
                            Bombenschützen 10.30-10.45h)

Kurs: Ausflug ital. Festland Raum Margherita, Wendepunkt 42°N 10°20'0,
        W Sibenik, W Agram, O Marburg.

Höhen: geflogene Höhen: befohlene Höhen:
        Raum Margherita: 6000 ft.(1800m)   8000 ft.(2400m)
        Dalmatin.Küste: 14000 ft.(3300m)
        Alpen: 10000 ft.(3000m)
        Über Ziel: 20000 ft.(6100m)   22800 ft.(6940m)

Wetter: Über Zielgebiet klar, gute Erdsicht.
Bombenzuladung: 10 x 225 kg. Sprengbomben
Windrichtung: lt. Voraussage: aus 290°, angetroffen: aus 330°
Pfadfindereinsatz: Nicht vorgesehen (nach Aussagen des Orters soll an-
        geblich BAW nur noch bei guter klarer Erdsicht in Zukunft vorge-
        nommen werden, mit Rücksicht auf die Zivilbevölkerung).
Störstreifen: Waren nicht an Bord.
D e u t s c h e   A b w e h r :
        Jäger: (max.effort, d.h.etwa 200 Flgz.jeglicher Art). Flak:
        erstmalig wurde nicht die Anzahl der Geschütze über Zielgebiet
        bekanntgegeben, sondern "sehr schwer, sehr konzentriert und
        sehr genau = very heavy, very intense and very accurate."
Begleitschutz: P38.
BAW: Erfolgte nach Beispiel des Führungsflugzeuges. In letzter Zeit
        wurde verschiedentlich neue BAW-Taktik befohlen. So wurde z.B. am
        7.7. beim Einsatz auf Ziele SO Breslau befohlen sofort nach BAW
        von 18000 ft.innerhalb von 3 Min. auf 14000 ft.herunterzugehen,
        um für in der Nähe angreifende Einheiten Platz zu machen. Ein-
        zelne Groups stürzen, andere steigen.
Unterbringung: Mannschaften in Zelten zu je 6 Mann, Offiziere je 4 Mann.
Abschuss: Nach BAW über Zielgebiet Flaktreffer. Kurz danach Angriff von
                                                3 Me

Noch einmal gutgegangen. Bombentreffer in unmittelbarer Batterienähe. Oben und unten: Batterie Schwechat-Ost, rechts: Batterie Haschhof, Winter 1944/45.

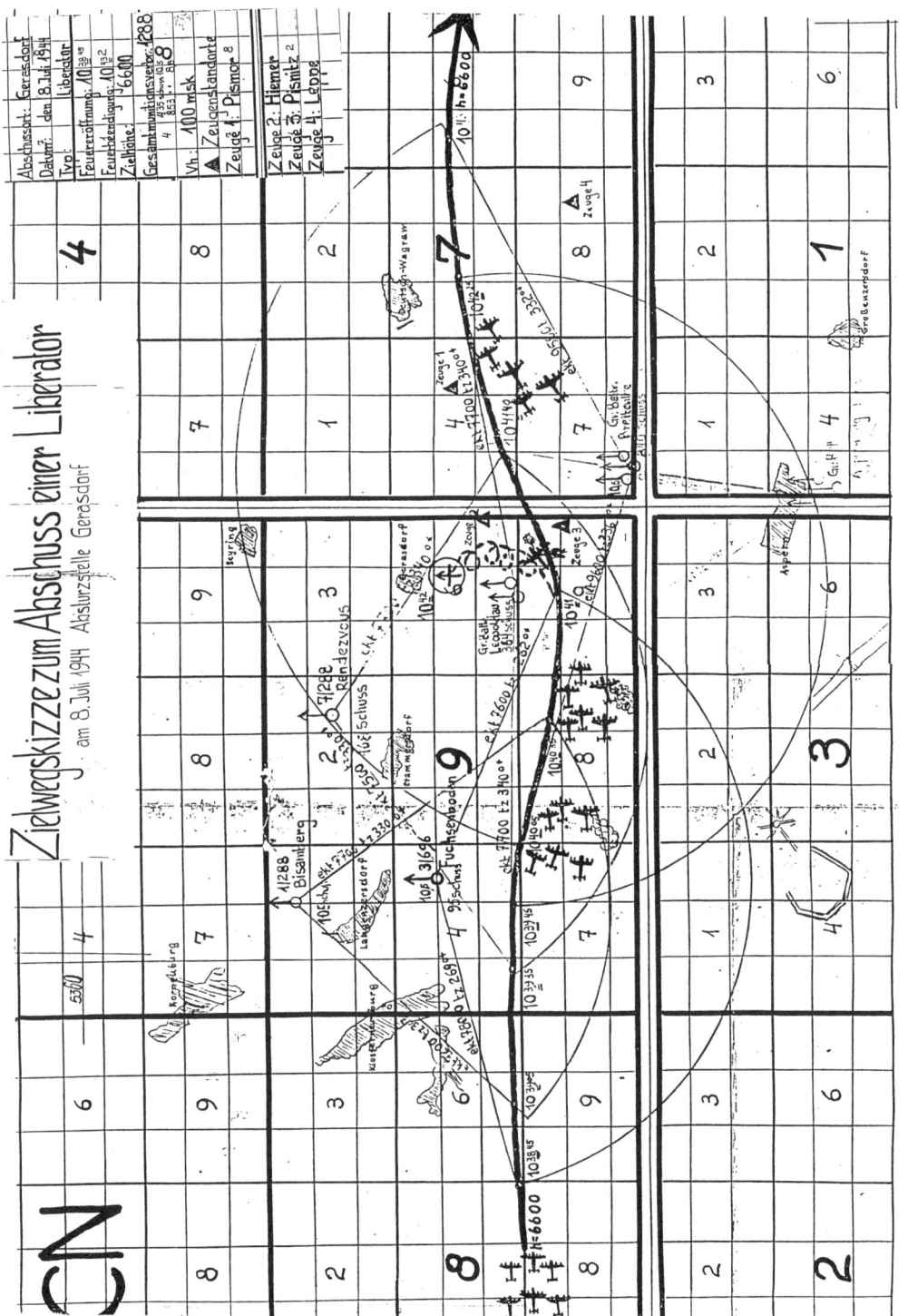

Zielwegskizze zum Abschuss einer Liberator
am 8. Juli 1944   Absturzstelle Gerasdorf

318

Anlage zur Zielwegskizze

Beteiligte Batterien:	Fuchsenboden 3./696	Bisanberg 1./288	Rendezvous 7./288	Grossbatterie Leopoldau 8./223,1./223	Grossbatterie Breitenlee 2./354 RAD 5./696,4./696	Grossbatterie Aspern-Jägerhaus 5./288 6./288 4./307 RAD
Beschusszeiten:	10.38 45- / 10.41	10.39 05- / 10.40 35	10.39 35- / 10.41 40	10.39 45- / 10.42 25	10.40 05- / 10.43	10.40 40- / 10.41 40
Haltezeiten der Fu.M.G.:	--- / gestört	gestört	gestört	gestört	gestört	gestört
Höhen: eKT	6600 / 7800	6400 / 7200	6600 / 7500	6600 / 7700	6600 / 9600	6600 / 7700
I. Gruppe sigma	4550	3970	4180	4320	5100	5780
tz	-269° v.Kr.	307° v.Kr.	330° v.Kr.	340° v.Kr.	336° v.Kr.	340° v.Kr.
eKT	7600	7700	7700	7700	9500	7700
Letzte Gruppe sigma	2020	2570	2200	1410	1110	0150
tz	262° v.Kr.	330° v.Kr.	340° v.Kr.	340° v.Kr.	332° v.Kr.	340° v.Kr.
eKW	1900	5300	5200	1100	2500	6650
Anzahl der Rohre:	4 x 10,5	6 x 8,8	8 x 8,8	14 x 8,8	11 x 10,5	17 x 8,8
Kdo.Ger.:	1 Kdo.40	1 Kdo.40	opt.m.Malsi	1 Kdo.40 / 1 Malsi 43	2 Kdo.40	2 Kdo.40
Munitionsverbrauch:	55 x 10,5	105 x 8,8	108 x 8,8	364 x 8,8	340 x 10,5	216 x 8,8
Koordinaten der Batterien: nach Umgebung von Wien M. 1:75000:	r 5601937 / h 5351260	r 5601205 / h 5354581	r 5605816,52 / h 5353852,50	r 5608725 / h 5349383	r 5611620 / h 5346303	r 5611520 / h 5342049

F.d.R.

Leutnant und Adjutant

Am 26. Juni 1944 erzielten die Flakbatterien um Wien, Wiener Neustadt und Moosbierbaum sechs Abschüsse innerhalb von acht Minuten.

Nach US-Angaben griffen 677 US-Bomber, begleitet von 260 Jägern und Jagdbombern, Wien, Schwechat, Korneuburg, Moosbierbaum und den Ölhafen Lobau an. An diesem Tag sollen auch insgesamt 150 bis 175 deutsche Jäger den Bomberstrom angegriffen haben, eine eher viel zu hoch gegriffene Zahl. Nach den gleichen US-Angaben verlor die 15. US Army Air Force bei diesem Einsatz rund 30 Bomber und schoß über 60 deutsche Jäger ab.

Am 7. Februar 1945 bombardierten 680 B-17 und B-24 mit 274 Begleitjägern, P-51-Mustang-Jagdbombern und P-38 Lightnings der 15. US-Luftflotte Ölziele in Wien, Schwechat, Moosbierbaum und Korneuburg. Zur gleichen Zeit griffen weitere 18 P-51-Mustang-Jagdbomber den Fliegerhorst Zeltweg an, während weitere P-38 Lightnings „freie Jagd" flogen. Aus dieser Hölle des Luftkrieges sei die Wiener Flakbatterie Haschhof erwähnt. Zwischen Klosterneuburg und dem Wiener Kahlenberg gelegen, feuerte sie insgesamt 65 Gruppen (381 Schuß). Dabei gelangen fünf Abschüsse mit nur 110 Schuß. Zwei der US-Bomber wurden voll getroffen und explodierten in einem Feuerball, ein dritter Bomber wurde von der Explosion mitgerissen, die weiteren zwei Abstürze erfolgten bei Stockerau und Tulln. Vier Bomber zogen mit Rauchfahnen ab.

Knapp eine Woche später, am 13. Februar 1945, erfolgte der zahlenmäßig stärkste Luftangriff auf Wien. Dieser Angriff der 15. US Army Air Force mit 640 viermotorigen Bombern und etwa 250 Begleitjägern auf Wohnviertel und Verkehrsziele im Wiener Raum mit gleichzeitigen Angriffen auf Graz und Marburg stellte aber nur eine Art Vorboten des nach etlichen Zwischenangriffen am 12. März 1945 auf Wien erfolgenden verheerenden Luftbombardements dar. Hauptziel war zwar Wien-Floridsdorf, doch bekam diesmal auch die Wiener Innenstadt eine entsprechende Probe des Könnens der 15. US Army Air Force ab. Allein in und um die Wiener Staatsoper wurden 75 Trichter

von bis zu 500-kg-Bomben gezählt. Wiener Neustadt, Graz, Zeltweg, Knittelfeld und Klagenfurt waren neben zahlreichen Tieffliegerangriffen entlang der Eisenbahnlinien und Verkehrsstraßen die Nebenziele dieses Tages.

Die Demonstration der absoluten Macht und auch des absoluten Willens, wenn nötig Wien oder auch Österreich selbst in Schutt und Asche zu legen, war der 15. US-Luftflotte mit diesem Angriff vollends gelungen. Das erstrebte Ziel, die Moral der Bevölkerung zu brechen, wurde damit allerdings nicht erreicht.

Über Abschüsse am 12. März 1945, dem schwersten Angriff auf das Wiener Stadtzentrum und die Wohnbezirke, liegen keine näheren Unterlagen vor, doch ist von den Wiener Batterien eine Reihe von angreifenden Bombern abgeschossen worden. Über Wien ging damals auch eine Flut von Flugzetteln nieder, deren Inhalt an den 12. März 1938, jenen schicksalsschweren Tag des Einmarsches der deutschen Truppen, erinnerte. Neben der ausdrücklichen Mahnung, sich an die Moskauer Deklaration zu halten und endlich Taten zu setzen, um die Gunst der Alliierten zu erwerben, waren es jedoch nur leere Worte, die da, auf Papier gedruckt und von Tausenden Bomben begleitet, zu Boden flatterten. Zu diesem Zeitpunkt waren die meisten Luftwaffenhelfer bereits aus ihren Batterien entlassen und von Jungen der Jahrgänge 1928 und 1929, meist Lehrlingen oder Schülern, die bisher noch nicht zum Wehrdienst erfaßt, und von älteren Männern, die vom Wehrdienst befreit waren, abgelöst.

Die Zahl der Flakbatterien wurde schon seit der Jahreswende 1944/45 laufend verringert. Immer wieder wurden ganze Batterien und Abteilungen zum Erdeinsatz an die in Schlesien und in Ungarn liegenden Frontlinien abgezogen. In und um Wien verblieben letzthin nur mehr jene Batterien, die für den Erdkampf im Flakgürtel vorgesehen waren. In der letzten Phase schossen dann sogar die Wiener Flaktürme tagelang ihr weitreichendes Sperrfeuer auf die Einfallsstraßen vom Südosten bis zum Westen der Stadt, im Süden und Südwesten bis Hennersdorf und Laxenburg, im Osten erstreckte sich der

Feuerbereich bis südlich der Reichsbrücke. So erlebten nur mehr wenige Luftwaffenhelfer die Endphase des Luftkriegs bei ihren Stammbatterien. Der strategische Bombenkrieg war bereits von rein taktischen, nur mehr von kurzen Atempausen unterbrochenen Luftangriffen abgelöst worden. Der Osten Österreichs wurde zum einen für die rasch vordringende Rote Armee sturmreif gemacht, zum anderen aber war man bestrebt, den Russen so weit als möglich nur zerstörte Industrieanlagen und Verkehrsverbindungen zu hinterlassen.

Verfolgt man rückblickend den Einsatz der Flakbatterien und somit den Einsatz von Tausenden österreichischen Luftwaffenhelfern, so erscheinen die Erfolge der Flakbatterien – diese hatten letztlich die Hauptlast der Luftabwehr gegen die gigantischen Bomberströme zu tragen – bis Kriegsende 1945 als fast bedeutungslos. Tagebucheintragungen und Aussagen ehemaliger Luftwaffenhelfer ergaben die erstaunliche Tatsache, daß Flakbatterien, die von ursprünglich vier Geschützen vielfach auf sechs oder sogar acht Rohre aufgestockt worden waren, beim Gefecht nicht selten über 1 000, in einigen Fällen sogar 1 500 Schuß 8,8-cm- oder auch 10,5-cm-Granaten auf die meist mit 300–600 km/h in 6 000–8 000 m Höhe fliegenden Bomber und Begleitjäger verschossen. Rein statistisch gesehen, waren für den Abschuß eines feindlichen Flugzeugs 3 343 Granaten der schweren Flak oder 4 941 Granaten der leichten Flak erforderlich.

Eine Abschußquote von 1 bis maximal 3 Prozent der angreifenden Bomber erscheint als hoffnungslos gering. Ungleich höher lagen hingegen die Beschädigungen der feindlichen Maschinen durch den Splitterregen des Flakfeuers. Verschiedene Autoren geben 30 bis 70 Prozent der heimkehrenden Bomber als beschädigt und reparaturbedürftig an. Ein Ausfall dieser Maschinen, zumindest für die unmittelbar folgenden Einsätze, war die Folge. So gesehen, war auch der Einsatz der Flakbatterien und der Luftwaffenhelfer ein im Rahmen des damals technisch Möglichen wesentlicher Erfolg. Boden-Luft-Raketen, die unter Umständen die Bomberströme gestoppt hätten, waren von deutscher Seite schon längere Zeit projektiert, aber erst in der allerletzten Kriegsphase in Produktion gegangen.

Österreich hat von 1943 bis 1945 rund 35 000 Luftkriegstote und an die 57 000 Verwundete und unzählige durch den Luftkrieg zu Schaden gekommene Personen aufzuweisen. Ohne den Einsatz der Luftwaffenhelfer, Schüler, die ihre Heimat zu ihrem Schutz aufgeboten hatte, wäre die Zahl allein der zivilen Luftkriegstoten sicher um ein Mehrfaches höher gewesen.

Das Ende im Bild

Westalliiertes Aufklärungsluftbild vom 7. Juli 1944: der schwer zerbombte Jägerhorst Fels am Wagram.

Die deutsche Jagdabwehr spielte im österreichischen Raum eine völlig untergeordnete Rolle. Bei der Eröffnung der zweiten alliierten Luftfront im Süden befanden sich im Südostraum nur schwache eigene Jagdeinheiten. Die deutschen Tagjagdverbände erreichten hier fast zu keinem Zeitpunkt die Stärke von vier Jagdgruppen. Das Stärkeverhältnis der im Luftgau XVII stationierten 8. Jagddivision (Wien-Cobenzl) gegenüber den westalliierten Begleitjägern kann mit etwa 1 : 10 angenommen werden. Hinzu kam noch der enorme Treibstoffmangel. Die eingesetzten Jäger mußten sich daher wegen der erdrückenden Übermacht der alliierten Begleitjäger meist darauf beschränken, die von der Flak schwer angeschlagenen Bomber zum Absturz zu bringen.

Wesentlich effizienter waren die z. B. im Sommer 1944 in Parndorf im Burgenland und in Steinamanger (Szombathely) stationierten Nachtjagdverbände. Zwar standen stärkemäßig selten mehr als zwei Nachtjagdgruppen der NJG 6 (vormals 5) und JG 10, ab Oktober 1944 auch der NJG 100 und 101, zur Verfügung, doch reichte ihr Einsatzraum gegen das hauptsächlich von Foggia einfliegende 205. Bombergeschwader der Royal Air Force, britische und russische Partisanenversorger und Störbomber von Süditalien bis Warschau. In einer zufällig erhalten gebliebenen Zielkarte der deutschen Jägerleitstelle „Selma", die am Sonnberg bei Hornstein am Leithagebirge postiert war, sind allein 138 Abschüsse eingetragen.

Das Schwergewicht der deutschen Luftabwehr im österreichischen Raum lag einwandfrei bei der Flak. Zu Beginn der Luftoffensive, August 1944, gab es im Bereich des Luftgaukommandos XVII nur 60 schwere Flakbatterien. Der Höchststand an schweren Batterien wurde im Oktober 1944 mit 235 schweren Batterien erreicht. (Foto: British Crown, University of Keele.)

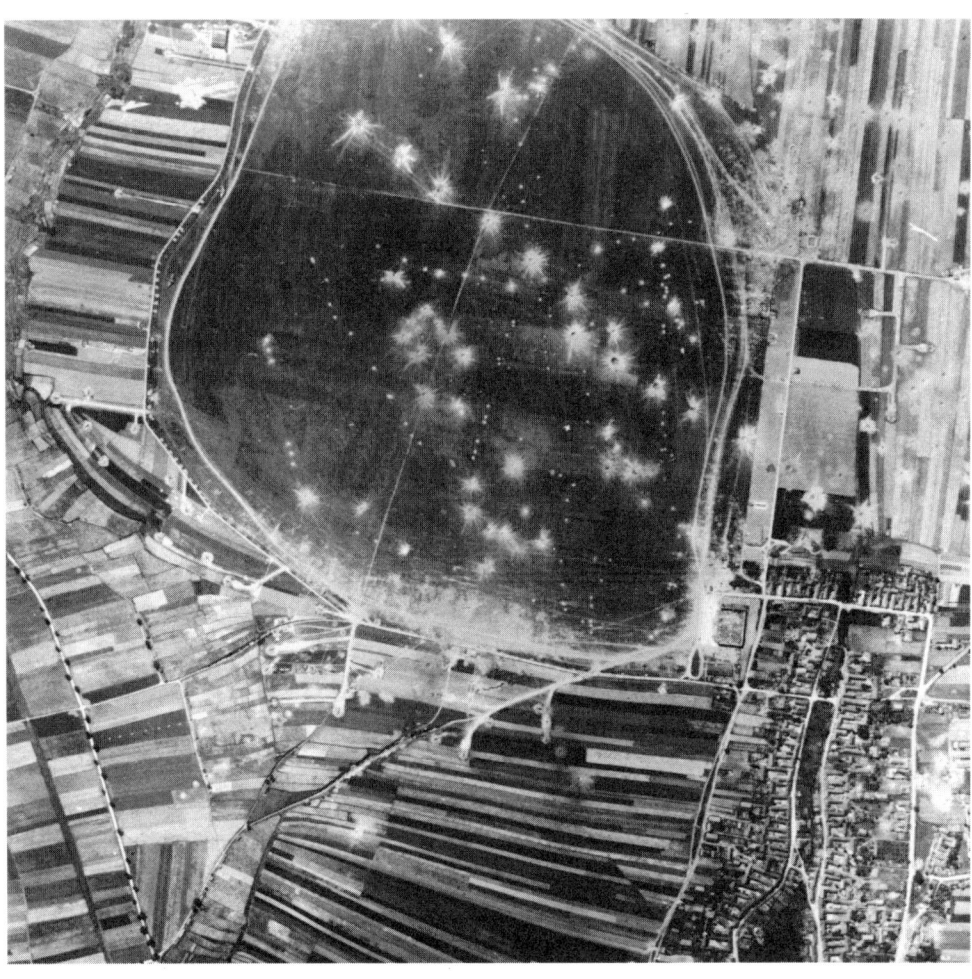

26. Februar 1945, Wien, Donau/Praterstadion. Bildmitte: ,,Stadionbatterie" 7./322. (Foto: British Crown, University of Keele.)

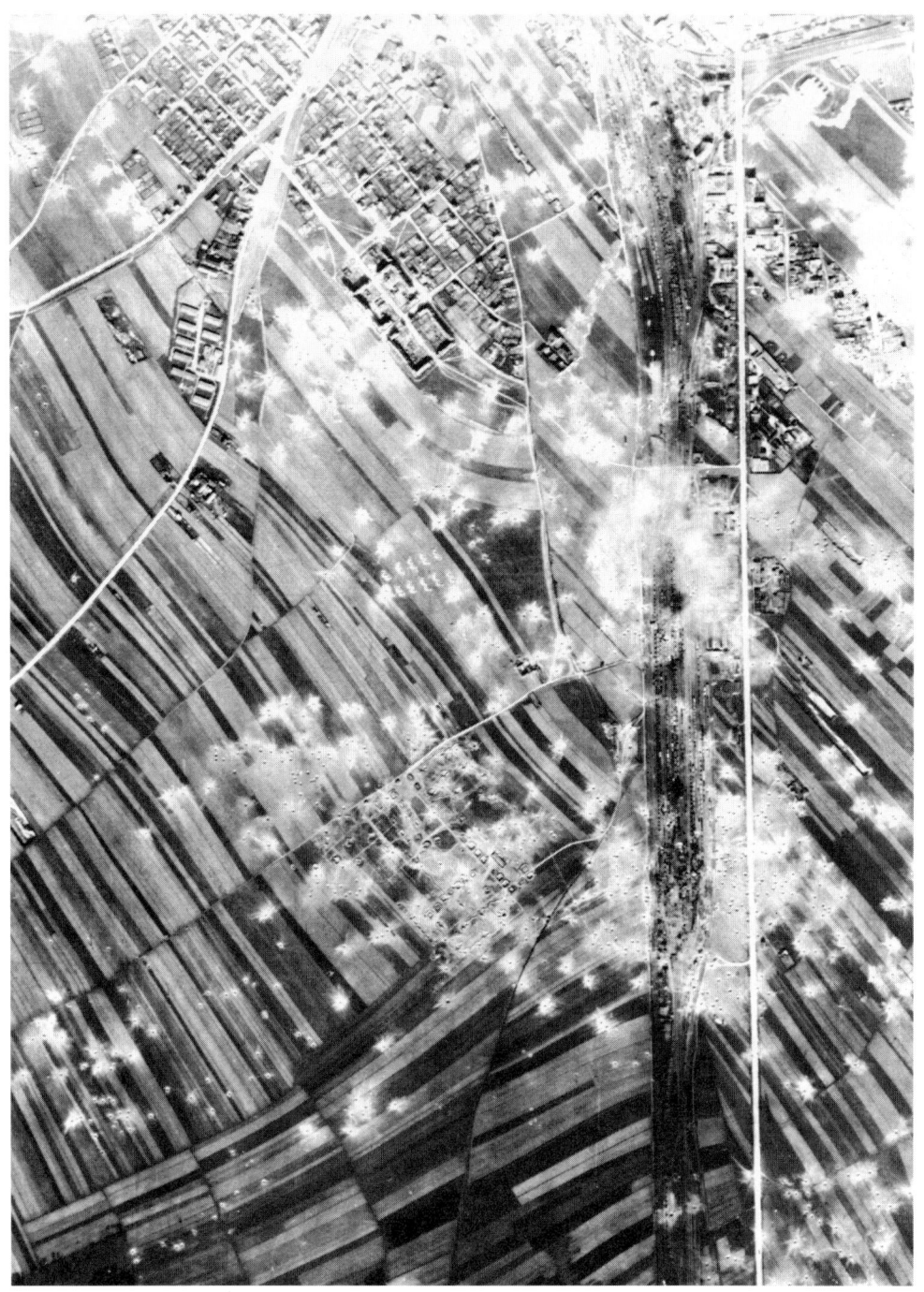

Westalliiertes Aufklärungsfoto vom 12. März 1945 – Bahnhof Wiener Neustadt. Unzählige Bombenkrater überdecken die vormaligen Angriffsziele. Die Schnelligkeit der Wiederinstandsetzung war oft erstaunlich, die durch Bombentreffer bedingte längste Verkehrsunterbrechung in Wiener Neustadt betrug zwölf Stunden. (Foto: British Crown, University of Keele.)

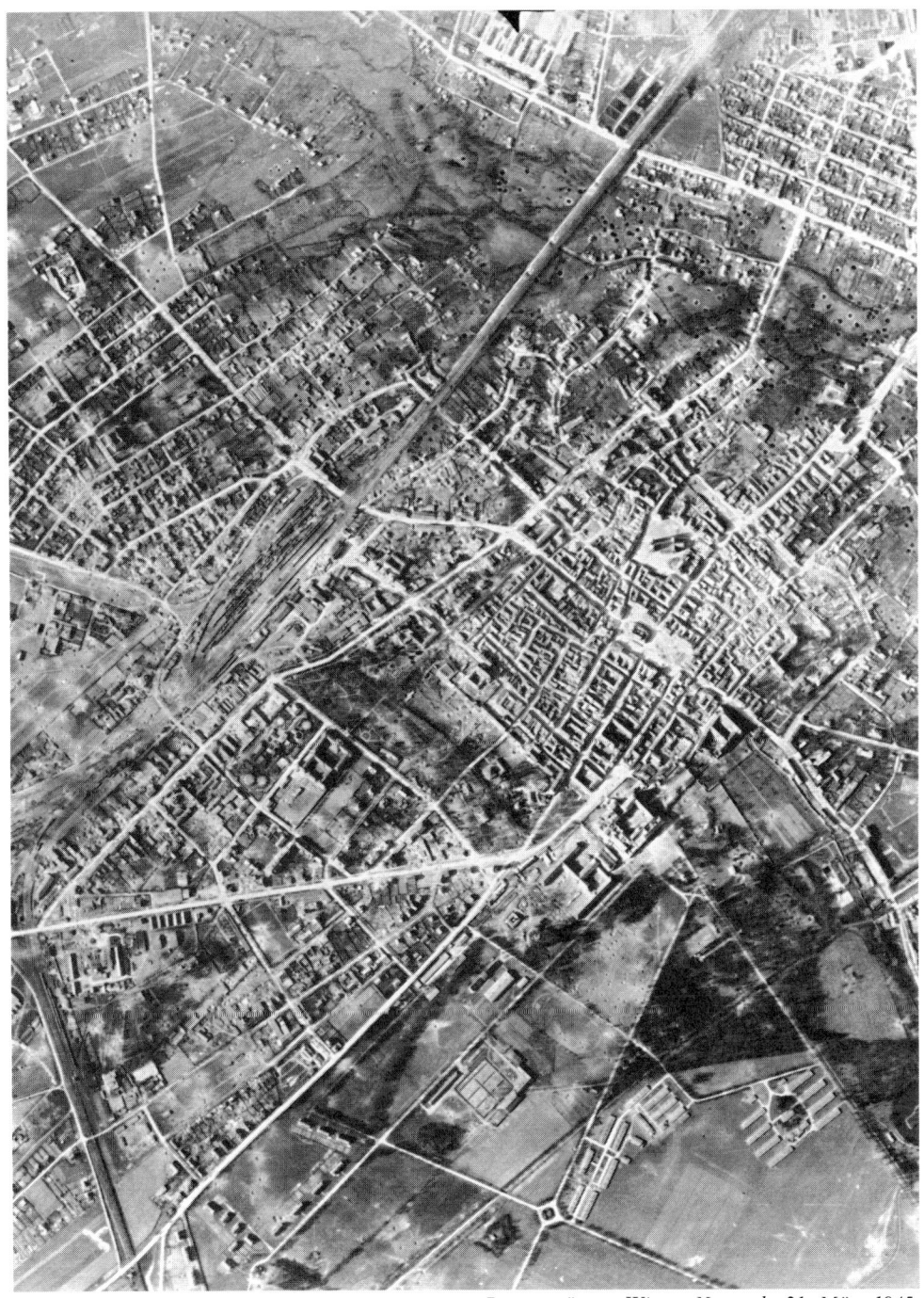

*Das verwüstete Wiener Neustadt, 21. März 1945.
Die Batterien Einfahrbahnhof und Luckerweg (7.,
8. und 9./290) lagen etwas außerhalb des unteren
linken Bildrandes. (Foto: British Crown, University of Keele.)*

Wiener Neustadt, 21. März 1945.

Die Stadt ist nur mehr eine Ruinenlandschaft. Zahllose Bombenkrater bedecken das Gelände. Insgesamt wurden auf die „Allzeit Getreue" bei 29 Luftangriffen 55 000 Bomben geworfen. Die Stadt hatte 800 Luftkriegstote zu beklagen.
Linke untere Bildmitte: 8,8-cm-Batterie 201/XVII Ungerfeld. (Foto: British Crown, University of Keele.)

5. *April 1945, Wien-Südbahnhof. (Foto: British Crown, University of Keele.)*

5. April 1945, Wien. Donau, abwärts Nordbahn-
brücke, unterer Bildrand: Gleisanlagen des Nord-
west- und Nordbahnhofs. Oberer rechter Bildrand:
Batterie 1./288 Bruckhaufen. (Foto: British
Crown, University of Keele.)

5. *April 1945, Wien. Alte Donau. (Foto: British Crown, University of Keele.)*

Westallierte Erkundungsaufnahme vom 5. April
1945 des 6., 7. und 8. Wiener Gemeindebezirks. Am
oberen Bildrand Mitte der Flakbunker Stiftskaserne, rechts davon der zugehörige Feuerleitbunker
Esterhazypark. Im Feuerbereich der Wiener Flaktürme erfolgten die wenigsten Luftangriffe. Der
7. Bezirk verzeichnete die geringsten Luftschäden.
Auf beiden Flaktürmen und zu den zugehörigen
Leitbunkern wurden Luftwaffenhelfer eingesetzt.
(Foto: British Crown, University of Keele.)

5. April 1945, Wien, 15. Gemeindebezirk.
Bildmitte: Batterie 1./533 Schmelz. (Foto: British
Crown, University of Keele.)

Westalliierte Aufklärungsluftbilder vom Sommer 1944 (linkes Bild) und vom 5. April 1945 (rechtes Bild), Wien-Favoriten.
Unterer Bildrand rechts: Schwere 8,8-cm-Flakbat- *terie 3./223 Wienerberg. Deutlich sichtbar der von Sommer 1944 bis Frühjahr 1945 erfolgte massive Ausbau der Batterie. (Fotos: British Crown, University of Keele.)*

Großbatterie Breitenlee (links oben), 5. April 1945. Unterer Bildrand: Flugplatz Aspern. Oberhalb der gitterförmigen Abstellplätze sind drei ab- *gestellte deutsche Flugzeuge erkennbar. (Foto: British Crown, University of Keele.)*

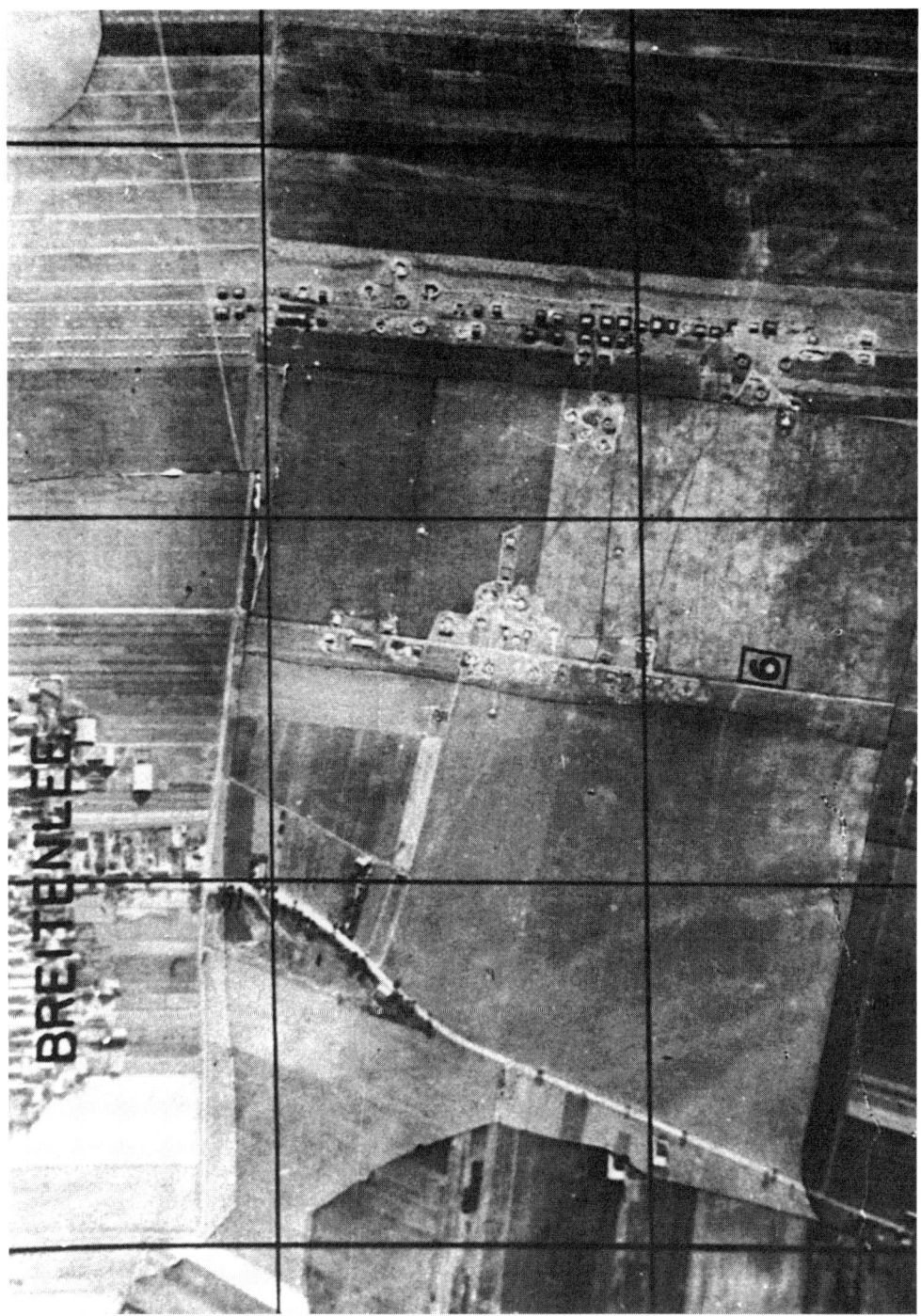

Die Großbatterie Breitenlee war eine der letzten deutschen Batterien, die im April 1945 im Erdeinsatz ihr Feuer einstellte.

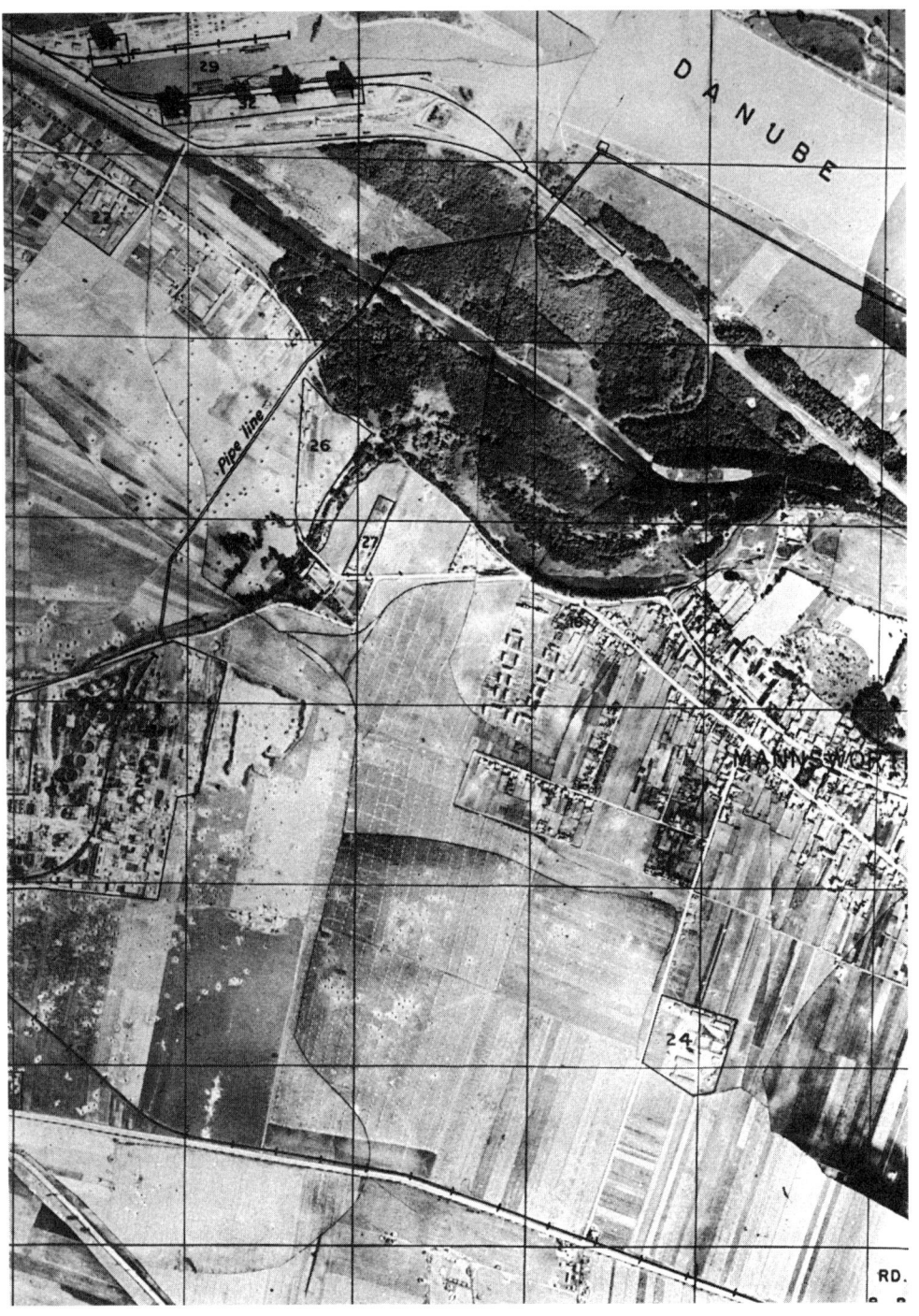

Sommer 1944: Westalliiertes Aufklärungsluftbild der Schwechater Raffinerie und Batterie Schwechat-Ost (unterer Bildrand Mitte).

Der Bahnhof Attnang-Puchheim nach dem Inferno des US-Bombenangriffs vom 21. April 1945. (Foto: British Crown, Imperial War Museum.)

Attnang-Puchheim, Georgskirche, nach dem Luft-angriff vom 21. April 1945. Die Bombenopfer wur-den nach dem Angriff in den Kirchen auf dem blan-ken Boden aufgebahrt, wenn möglich identifiziert und meist ohne Sarg beerdigt. Die verstümmelten Leichen wurden zusammengelegt und in ein gemein-sames Grab gebettet. Kurz vor dem Angriff war eine Zugsgruppe mit Flüchtlingen aus den Ostge-bieten, dem östlichen Österreich und Schlesien in den Bahnhof eingefahren. Die im Bombenhagel flüchtenden Menschen wurden zerfetzt und grauen-voll zerrissen. Auf einem nahen Feld wurden allein an die 200 Tote gezählt. Eine unbekannte Zahl von in Panik in das Inferno geflüchteter Menschen war überhaupt in der Kraterlandschaft verschwunden. Nach dem Einmarsch ebneten die Amerikaner schamhaft die Beweise des schrecklichen Massa-kers ein.

Auszeichnungen und Beförderungen

Luftwaffenhelfer gehörten gewissermaßen zu einer im Schatten stehenden Gruppe von Kriegsteilnehmern. Von 1943 bis 1945 stellten sie den Hauptanteil des bei der Flak verwendeten Behelfspersonals und bildeten damit den Kern der Kampfkraft der Flak in der Heimat. Die Mehrzahl der Abschußerfolge ihrer Batterien ist ihren Leistungen zuzuschreiben, dennoch rangierten sie bei der Verleihung von Auszeichnungen an letzter Stelle, obwohl sie den gleichen Dienst taten wie die bei den Batterien verbliebenen älteren Soldaten, und das gewiß nicht schlechter. Trotz durchwegs lebhafter Kampftätigkeit und Spitzenangriffsphasen ab Sommer 1944 mit täglicher Feuerbereitschaft und Gefechtstätigkeit, die nicht selten von Nachtalarmen abgelöst wurde, entsprach die Anzahl der verliehenen Kriegsauszeichnungen nicht den in vielen Fällen geleisteten persönlichen Einsätzen.

„Spezialisten" der Meßtrupps und Kanoniere der Geschützstaffeln erhielten nach neunmonatiger Tätigkeit an demselben Gerät als Anerkennung das „Flaktätigkeitsabzeichen", ein Stoffemblem, daß am linken unteren Ärmel des Waffenrocks getragen wurde. Das bei den Luftwaffenhelfern durchwegs begehrte „Flakkampfabzeichen", eine auf der linken Brusttasche des Waffenrocks zu tragende Auszeichnung der Luftwaffe, erhielten Luftwaffenhelfer wie auch Angehörige der RAD-Batterien oder der Heimatflakbatterien bei nachgewiesener Teilnahme an Gefechten, die mindestens acht Abschußbeteiligungen oder vier den Batterien allein zuerkannte Abschüsse zur Voraussetzung hatten. Für Offiziere, Unteroffiziere und Mannschaften der Flakartillerie waren hingegen nur fünf nachweisbare Abschüsse notwendig. Die Zuerkennung bzw. Verleihung dieser Auszeichnungen erfolgte durchwegs bürokratisch, oft erst nach längeren Zeiträumen. Hier zeigte sich beim Nachweis der Abschüsse die preußische Gründlichkeit, die in der Regel durch mehrere Zeugen, wenn möglich sogar durch die Aussagen beteiligter und abgesprungener feindlicher Besatzungsangehöriger oder den sogenannten „Anfaßbericht" eines Offiziers, der das abgeschossene Flugzeugwrack aufzusuchen hatte, belegt werden mußten. Unter Umständen waren hierzu weite Dienstreisen nötig*). So kam es durchaus vor, daß bereits abgerüstete Luftwaffenhelfer erst bei ihren nunmehrigen RAD-Einheiten Auszeichnungen verliehen bekamen.

Das Kriegsverdienstkreuz II. Klasse wurde durchwegs nur an Luftwaffenhelfer verliehen, deren Batterien verlustreiche Direktangriffe der feindlichen Bomber oder Jagdbomber überlebt hatten.

Über die in den Luftgauen VII und XVII verliehenen Auszeichnungen gibt es nur spärliche Quellen. Insgesamt erhielten im Luftgau VII 47 Luftwaffenhelfer das Kriegsverdienstkreuz II. Klasse oder das Eiserne Kreuz II. Klasse und 18 das Verwundetenabzeichen. Ob in diesen Zahlen auch Schüler aus dem Gau Tirol-Vorarlberg enthalten sind, ist nicht bekannt. Über Auszeichnungsverleihungen im Luftgau XVII sind keine Unterlagen vorhanden.

Nach Überprüfung zahlreicher Unterlagen, Tagebücher und Aussagen ehemaliger Luftwaffenhelfer dürfte weit über die Hälfte aller eingesetzten Luftwaffenhelfer das Flakkampfabzeichen erhalten haben.

Luftwaffenhelfer erreichten nach neunmonatiger „ordentlicher" Führung den Rang eines „Luftwaffenoberhelfers", gekennzeichnet durch je eine silberne Litze auf den Schulterklappen. „Mannschaftsführer", die vormalige HJ-Dienstgrade waren, wurden ohne Einfluß der Luftwaffenhelfer bzw. der Batteriebesatzung von der Hitlerjugendführung direkt ernannt. Sie trugen einen silbernen Stern auf beiden Schulterklappen. Ihre Machtbefugnisse waren beschränkt, sie stellten nur das Bindeglied zwischen Luftwaffenhelfer-Batteriebesatzungen und der Luftwaffe bzw. den Lehrkräften dar. Bei der Entlassung erhielten sie ein „Anerkennungsdiplom für Verdienste im Luftgau XVII".

---

*) Siehe Anfaßbericht des Leutnants Billig, Stab der Innsbrucker schweren Flakabteilung 577(o) vom 26. August 1944, der zu diesem Zweck die Reise zum Absturzort nach St. Konstantin am Schlern in Südtirol unternehmen mußte. Eine für den betreffenden Offizier in der damaligen Zeit sicher angenehme Abwechslung.

DER HITLERJUNGE

Franz Hasenberger

GEBOREN AM 4. 5. 27.
HAT VOM 5. 1. 44 BIS 20. 11. 44 DER LUFT-
WAFFE ALS LUFTWAFFENHELFER
ANGEHÖRT

ANLÄSSLICH SEINES AUSSCHEIDENS
WIRD IHM HIERDURCH FÜR DEN DEM
VATERLAND IN JUNGEN JAHREN GELEI-
STETEN KRIEGSHILFSDIENST DANK UND
ANERKENNUNG AUSGESPROCHEN

DIE EINHEIT: 7/533

DER BATTERIECHEF:

Ltn. u. Batte.-Führer

VERLEIHUNGS=URKUNDE

Im Namen
des Oberbefehlshabers der Luftwaffe
verleihe ich dem

Lw.-Ob.Helfer
Dienstgrad

Franz Hasenberger
Ruf- und Familienname

7./s.Flakabt. 533
Truppenteil

das

Flak=Kampfabzeichen

Gefechtsstand, den 15.12.4.
Ort und Datum

Unterschrift

Generalmajor und
Divisionskommandeur
Dienstgrad und Dienststellung

(Dienststempel)

H/54

Lager-Nr. 3367
H.b. Braunschweig-München-Berlin 01.44

Antrag zur Verleihung des Flakkampfabzeichens

1.) **Vor- und Familienname:** ...

2.) **Geburtsdatum:** ...3.1927

3.) **Dienstgrad:** einschl. Wehrverhältnis   ...ftwaffen-Oberhelfer

4.) **Dienststellung:** ...wertung

5.) **Truppenteil:** ...hw.Heimatflakbatterie 225/XVII

6.) **Angaben der angerechneten Kampfhandlungen:**

Abschuß- Datum	Ort	Typ	Verfügung		Punkt- bewertung
13.8.43	Wil/St.Gallen	Liberator	Kd. Gen. u.Befh.i.Lg.XVII Az 5m Ic/Pr.v.5.1.44.		2
2.11.43	Schlatten	Fortress II	"	"	2
2.11.43	Wismath	Liberator	"	"	2
23.4.44	Sieding	Fortress II	"	R.d.L.u.Ob.d.L.Nr.112/44 v.20.6.44.	2
10.5.44	Sollenau	Liberator	"	" Nr...../44 v.15.8.44	2
10.5.44	Lichtenwörth	Fortress II	"	" Nr.231/44 v.15.8.44	2
24.5.44	Siegless	Liberator	"	" Nr.246/44 v.20.8.44	2
29.5.44	Wr.Neustadt	Liberator	"	" Nr.247/44 v.20.8.44	2

Gesamtpunktzahl	16

E.O., den 27.Sept.1944
Ort u. Datum

Neuhaus
Unterschrift d. Battr. Chef

Hauptmann u. Batteriechef
Dienstgrad u.Dienststellg.

Vermerk über die Verleihung und Aushändigung:

24. Flakdivision. Abt. Ia verliehen am 17.Okt.1944

Personalakte. ...

VERLEIHUNGS=URKUNDE

Im Namen
des Oberbefehlshabers der Luftwaffe
verleihe ich dem

Lw.-Ob.Helfer
(Dienstgrad)

Franz   Trübl
(Ruf- und Familienname)

s.Hei.Flakbattr. 225/XVII
(Truppenteil)

das

Flak=Kampfabzeichen

Gefechtsstand, den 7.1o.44
(Ort und Datum)

(Unterschrift)
Generalmajor und
Divisionskommandeur
(Dienstgrad und Dienststellung)

T/4

Lager-Nr. 3367 Heß, Braunschweig-München-Berlin   08 43

Links: Ausgezeichnet mit dem Kriegsverdienstkreuz II. Klasse: Luftwaffenoberhelfer Gamauf, ein Niederösterreicher, der später als Soldat bei der 44. I. D. gefallen ist.

Oben: Luftwaffenoberhelfer Karl Orthuber von der Batterie Breitenlee. Er rüstete als einer der letzten Luftwaffenhelfer erst drei Tage vor Beginn der Kampfhandlungen um Wien von seiner Batterie ab und zeichnete sich abermals durch seine selbstlose Hilfe bei der Evakuierung von Flüchtlingen, Frauen und Kindern aus dem Feuerbereich der Front am Semmering aus.

Dienststelle L 49371
Luftgaupostamt Wien

E.O., den 11. 2. 1945.

Bescheinigung

Die Einheit bescheinigt hiermit, daß dem Lw.-Helfer(HJ)
Ludwig L e c h n e r geb. 19.4.1928
am 30.1.1945 das Flakkampfabzeichen durch den Kommandeur
der 24. Flakdivision verliehen wurde.

Oberleutnant u. Batterieführer

Im Namen des Führers
und Obersten Befehlshabers
der Wehrmacht

verleihe ich

dem

Luftwaffenhelfer

Karl O r t h u b e r

Kriegsverdienstkreuz 2. Klasse
mit Schwertern

Wien , den 24.Dezember 194 4

Der kommandierende General und
Befehlshaber im Luftgau XVII

(Dienstgrad und Dienststellung)

General der Flieger.

345

Nachweislich wurde bei der 10,5-cm-Batterie der gem. Flakabteilung 807/Breitenlee ein Luftwaffenhelfer mit dem Kriegsverdienstkreuz II. Klasse mit Schwertern und dem Flakkampfabzeichen sowie weitere drei Luftwaffenhelfer mit dem Flakkampfabzeichen ausgezeichnet. Bei der Batterie Achau (4./533) erhielt einer der hierher beorderten deutschen Luftwaffenhelfer aus Rumburg das Kriegsverdienstkreuz II. Klasse. Anläßlich eines Direktangriffs auf die Batterie mit 500-kg-Bomben Ende Juni 1944 war sein Geschütz ausgefallen. Als Ladekanonier (K 3) war er noch während des Angriffs zum Nachbargeschütz gelaufen, um dort die Tätigkeit des eben ausgefallenen K3 zu übernehmen.

Während einer Inspektion der Großkampfbatterie Frauendorf im Spätherbst 1944 entdeckte ein Luftwaffenhelfer des Kommandogeräts eine über der Batterie kreisende Lightning (P-38). Der Batteriechef gab Feuerbefehl, und mit wenigen Gruppen wurde das feindliche Aufklärungsflugzeug abgeschossen. Da der Batteriechef gegen die Anordnung, auf ein Einzelflugzeug nicht zu schießen, verstoßen hatte, wurde er umgehend strafversetzt. Der Luftwaffenhelfer bekam jedoch das Kriegsverdienstkreuz II. Klasse mit Schwertern verliehen.

Auf die schwere Batterie 4./288 Großenzersdorf wurden einige Direktangriffe geflogen. Einige Luftwaffenhelfer erhielten das EK II (nicht KVK?). Alle Luftwaffenhelfer dieser Batterie trugen das Flakkampfabzeichen. Abschüsse erzielte diese Batterie mindestens 20.

Insgesamt gaben 17 Luftwaffenhelfer, vier vom Luftgau VII, zwölf vom Luftgau XVII, in den Fragebogen an, selbst verwundet worden zu sein, aber auch, daß „Kameraden" bei Gefechten verletzt worden seien. Es ist anzunehmen, daß alle Verwundeten auch das Verwundetenabzeichen verliehen erhielten, die Zahl der tatsächlich verwundeten Luftwaffenhelfer ist sicher höher gewesen.

Einzelschicksale – Die Gefallenen

Ebenso wie bei den Auszeichnungen war es nicht möglich, verläßliche Zahlen über gefallene und verwundete Luftwaffenhelfer zu ermitteln.

Die meisten Verluste an Toten waren naturgemäß im Großraum Wien und Wiener Neustadt zu verzeichnen, und hier wiederum vor allem, als die dortigen Flakbatterien während der Schlacht um Wien in die Erdkämpfe hineingezogen wurden.

So kam im Herbst 1944 noch während der gezielten alliierten Angriffe auf die Wiener Flakstellungen u. a. auch die Großbatterie Schönau (5./807) an die Reihe. Durch Volltreffer gab es zahlreiche Ausfälle durch Tote und Verwundete. Auch Flakwaffenhelferinnen, die in weiterem Sinn ebenfalls zu den Luftwaffenhelfern zählten, waren unter den Gefallenen.

Der Luftangriff eines an die 800 Maschinen starken Verbandes der 15. U. S. Army Air Force vom 23. April 1944 war einer der Angriffe wie zahllose vorher auch, doch diesmal der Schicksalstag der schweren Heimatflakbatterie 201/XVII Ungerfeld am Ostrand von Wiener Neustadt. Ein Serienwurf eines US-Bombers ging quer durch die Geschützstellungen der Batterien. Luftwaffenhelfer Kühn war ebenso tot wie weitere zwei Kanoniere des Nachbargeschützes (bei Holzmann: ein Luftwaffenhelfer und vier Soldaten). Und bei der benachbarten 3,7-cm-z.b.V.-Batterie 7392 (= 9./807) am südlichen Rand des Fliegerhorsts Vöslau-Kottingbrunn hatte es gleich sieben Luftwaffenhelfer erwischt. Alle tot! (Holzmann gibt an: drei Tote und sechs Verwundete.) Alle vom Jahrgang 1926.

Den Luftwaffenhelfer H. W. als K 6 an der Zünderstellmaschine des 8,8-cm-Geschützes hatte es „nur" verschüttet.

Etliche Knochen waren durch den unerhörten Druck der neben dem Geschütz am Schutzwall detonierten Bombe gebrochen, beide Hände waren verletzt, ein Arm ragte aus der Erde, am Kopf hatte er Beulen, aber der Stahlhelm hatte ihm das Leben gerettet. Nach Sekunden der Lähmung wurde er von Kameraden ausgebuddelt, der erste zog im

Schock gleich am verrenkten, gebrochenen, aber noch herausragenden Arm an. Als man sah, daß der Luftwaffenhelfer trotz der Druckwelle noch am Leben war und die Detonation überlebt hatte, wurde er geborgen, und die Ärzte versuchten zu retten, was zu retten war. Nach etlichen Stationen ärztlicher Fürsorge lag der Luftwaffenhelfer H. W. in einem Zweibettzimmer eines Luftwaffenlazaretts in Felbring an der Hohen Wand. Sein vorerst stummer Bettnachbar war – zu seiner Überraschung – ein Amerikaner. Der „Gunner" in einer B-17-Flying Fortress war mit dem Fallschirm auf einem Fabriksdach in Ternitz gelandet, nachdem seine Fortress beim gleichen Angriff auf Wiener Neustadt nach dem Flakfeuer noch von einem Jäger verfolgt worden war. Über Sieding bei Neunkirchen war die Fortress als eine der 31 an diesem Tag heruntergeholten US-Maschinen dabei – „exploded in action". Dabei waren seine restlichen Kameraden gefallen.

Ebenfalls im April 1944 gab es in der Wiener Neustädter Stellung Luckerweg unter den sächsischen Luftwaffenhelfern zahlreiche Ausfälle und Verluste.

In der letzten Kriegsperiode lagen die westlichen und südlichen Wiener Flakbatterien im Bombenhagel. Stark getroffen wurden Anfang Februar 1945 die Stellungen Wienerberg, Fischamend (sechs Tote, einige Verwundete) und Hohe Warte, wobei es überall schwere Ausfälle unter den Lehrlings-Luftwaffenhelfern gab.

Verluste beim Luftwaffenhelfer-Einsatz im Gau Steiermark bzw. Untersteiermark, und zwar bei der Flakuntergrupe Marburg an der Drau (s. Flakabteilung 516 und gem. Flakabteilung 188), traten im Herbst 1944 bei einer aus Berlin (!) dorthin verlegten Luftwaffenhelfer-Batterie ein, als drei (Charlottenburger?) Schüler mit ihrem Professor bei einer Radtour in einen Jabo-Angriff gerieten und getötet wurden. Bei einem Bombenangriff am 27. Dezember 1944 auf die Stellung der 2./516 kamen zwei Luftwaffenhelfer, Österreicher, ums Leben, einer wurde verwundet. Von einem der beiden Toten gibt es eine Parte, die in erschütternder Weise die Gefühlswelt dieser halben Kinder und ihr tapferes Sterben beschreibt, so daß es hier angebracht erscheint, dieses Dokument wörtlich zu zitieren:

„‚Es ist heuer das erste Mal, daß ich das heilige Weihnachtsfest nicht im Kreise meiner Familienangehörigen feiern kann. Doch wird unser Herrgott damit wohl einen bestimmten Zweck verfolgen. Es ist vielleicht gut, wenn das Gemüt auch an solche Entbehrungen gewöhnt wird! Euch, die Ihr hoffentlich in Ruhe den Heiligen Abend verbringen könnt, wünsche ich vom ganzen Herzen Glück und Segen zum Geburtsfest unseres Heilands. Denkt, bitte, wenn Ihr vor dem Lichterbaum sitzt, auch etwas an Euren stets dankbaren Jörgl!'

Die schlichte, tiefe Frömmigkeit dieses Briefes vom 16. Dezember 1944 hat nicht nur den jungen Schreiber selbst in seinem bitteren Heimweh getröstet, sie muß auch uns, die wir sein frühes Hinscheiden schmerzlich betrauern, zum Troste dienen . . .

. . . Aus einer selten harmonischen Verbindung von sonniger Lebenslust und gemüthafter Tiefe entfaltete Jörgl schon als Oberschüler eine ungewöhnliche schriftstellerische Begabung. Mehr als alles andere gewann ihm aber seine echte und darum so liebenswürdige Bescheidenheit alle Herzen. Er war auch immer frohgemut und gut Freund mit jedermann . . .

. . . Im Toben eines Angriffes am Feste des heiligen Evangelisten Johannes tat Jörgl ganz gesammelt seinen Dienst am Geschütz. Durch die nahe Explosion einer Bombe wurde er weggeschleudert, nicht verstümmelt. Zwei kleine tödliche Wunden an Brust und Schläfe sind wie Spuren von des himmlischen Vaters Hand, die nach diesem Liebling griff, um ihn an sein Herz zu ziehen . . .'"

Mit dem Heranrücken der Fronten an das Reichsgebiet kam das Problem der Feindberührung der Luftwaffenhelfer mit gegnerischen Kampftruppen auf die militärischen Dienststellen zu. So verfügte das Luftgaukommando VII am 27. August 1944, daß die Luftwaffenhelfer bei leichten Flakbatterien in besonderen Ausnahme- und Notfällen, wie bei etwaigen handstreichartigen Luftlandeunternehmen gegen die Rheinbrücken, zum Erdkampf eingesetzt werden können. Dagegen durften Luftwaffenhelfer nicht bei innerem Aufruhr, im Rahmen von unter

Gott ist die Liebe
1.Joh. 4,9.

IHS

In Memoriam
Georg Ritter von Przyborski

geboren am 12. März 1928,
gefallen bei Marburg/Drau
am 27. Dezember 1944.

PINDER, WIEN, OPERNRING 7

„Es ist heuer das erste Mal, daß ich das
heilige Weihnachtsfest nicht im Kreise meiner
Familienangehörigen feiern kann. Doch wird
unser Herrgott damit wohl einen bestimmten
Zweck verfolgen. Es ist vielleicht gut, wenn das
Gemüt auch an solche Entbehrungen gewöhnt
wird! Euch, die Ihr hoffentlich in Ruhe den
heiligen Abend verbringen könnt, wünsche ich
vom ganzen Herzen Glück und Segen zum
Geburtsfest unseres Heilandes. Denkt, bitte,
wenn Ihr vor dem Lichterbaum sitzt, auch etwas
an Eueren stets dankbaren Jörgl!"

Die schlichte, tiefe Frömmigkeit dieses Briefes
vom 16. Dezember 1944 hat nicht nur den
jungen Schreiber selbst in seinem bitteren
Heimweh getröstet, sie muß auch uns, die wir
sein frühes Hinscheiden schmerzlich betrauern,
zum Troste dienen. Die Gnadenfülle aus dem
Empfang der heiligen Sakramente hat in unseres
Jörgls Seele ihre schönsten Früchte getragen.

Aus einer selten harmonischen Verbindung
von sonniger Lebenslust und gemüthafter Tiefe
entfaltete Jörgl schon als Oberschüler eine
ungewöhnliche schriftstellerische Begabung.
Mehr als alles andere gewann ihm aber seine
echte und darum so liebenswürdige Bescheidenheit alle Herzen. Er war auch immer frohgemut
und gut Freund mit jedermann.

Im Herzen des Fünfzehnjährigen erwachte
eine große Liebe zu den hohen Gipfeln seiner
Heimatberge. Mit einem noch jüngeren Freund
unternahm er einige Besteigungen im Gebiete
der Hohen Tauern, offenen Blickes für die
Erhabenheit der Natur und voll junger Freude
am kühnen Wagnis. Diese reine Leidenschaft
fesselte seine ganze Sehnsucht.

Uns, die wir ihn liebten, ist durch Jörgls
Heimgang ein klares, liebes Licht erloschen;

ein überaus hoffnungsreiches Leben ward in
seiner schönsten Blüte geknickt. Gott aber hat
daraus, wir dürfen fest darauf vertrauen, schon
eine gute, reife Frucht gewonnen.

Im Toben eines Angriffes am Feste des heiligen Evangelisten Johannes tat Jörgl ganz
gesammelt seinen Dienst am Geschütz. Durch
die hohe Explosion einer Bombe wurde er
weggeschleudert, nicht verstümmelt. Zwei
kleine tödliche Wunden an Brust und Schläfe
sind wie Spuren von des himmlischen Vaters
Hand, die nach diesem Liebling griff, um ihn
an sein Herz zu ziehen. Dort ruht er nun, so
hoffen wir, in seligem Frieden. Dennoch bitten
wir für ihn um die Gabe eines innigen Gebetes.

Arthur u. Philomena Przyborski als Eltern

Rudolf und Oda Schneider

Familie Przyborski

Sie sind wie die Engel Gottes im Himmel.
(Matth. 22, 30).

dem Stichwort „Walküre" anlaufenden Gegenmaßnahmen, eingesetzt werden.

Gerade die schweren 8,8-cm-Batterien erwiesen sich bei den Abwehrkämpfen wieder einmal mehr als Rückgrat der Abwehr, da sie als Panzerabwehrwaffe bei den eigenen Einheiten gesucht, beim Feind gefürchtet waren.

So haben sich die Luftwaffenhelfer bei diesen letzten, vergeblichen Kämpfen der deutschen Wehrmacht voll bewährt. Luftwaffenhelfer waren mit ihren Geschützen immer wieder das Bollwerk eines Sperr-Riegels oder einer sich zäh dem anstürmenden übermächtigen Gegner entgegenstemmenden Nachhut, um zurückflutenden Truppen oder Flüchtlingskolonnen so lange wie nur möglich den Rückzug zu decken. Hinzu kam da und dort auch noch der infanteristische Einsatz der Luftwaffenhelfer bei Gegenstoß- und Spähtruppunternehmen.

Wie schon an anderer Stelle erwähnt, mußten Luftwaffenhelfer und Flak-v-Soldaten auch bei etlichen im Osten und Süden Wiens stationierten Batterien bis zum Endkampf Ende April 1945 ausharren.

Unter anderem waren dies die Batterien Eichkogel bei Mödling, Laaer Berg, Wienerberg, Johannisberg, Königskogel, südöstlich von Schwechat, u. a. Die isoliert in ihren Stellungen sitzenden Flakführer wußten meist überhaupt nicht, was links und rechts von ihnen vorging. Den Krieg betrachtete man für verloren und war nur noch bestrebt, der russischen Gefangenschaft zu entgehen. Dabei hatten die ortsfesten Batterien ohne infanteristische Abschirmung gegen die russischen Granatwerferangriffe, wie sich bald herausstellen sollte, keine Chance. Nur am Rauchenwarther Königskogel, wo eine starke SS-Einheit mit Vierlingsgeschützen die Besatzung verstärkte, kam es zu einem schweren, den ganzen 5. April über andauernden Gefecht, bei dem 71 Soldaten, unter ihnen viele Schüler, den Tod fanden.

Zu schweren Kämpfen kam es auch in Achau, wo man die Luftwaffenhelfer kurzerhand in SS-Uniformen gesteckt hatte, um solcherart ihren Einsatz im Erdkampf zu legitimieren. Zuletzt zerschossen die Kanonen dort noch einen Turm der Wallfahrtskirche Maria Lanzendorf, in dem man einen russischen Artilleriebeobachter ausgemacht zu haben glaubte. Nur einem Teil der Besatzung gelang es schließlich, sich durch Rückzug nach Brunn der Gefangenschaft zu entziehen.

Mehrere Tage lang, von 9. bis 13. April 1945, wehrte sich die Großbatterie Schusterberg (2./290, 9./290) erbittert gegen die russischen Angriffe. Erst nach schweren Verlusten – darunter 20 gefallene Luftwaffenhelfer – erlahmte der Widerstand.

Bei Hütteldorf schossen Luftwaffenhelfer und Flak-v-Soldaten in die anrollenden russischen Panzerspitzen, während Mädchen einer Flakwaffenhelferinnen-Einheit für Munition sorgten. Diese Batterie erzielte etliche Abschüsse und ging dann im Feuerhagel zugrunde.

Die Batterie Johannisberg südöstlich Oberlaa feuerte bis zur letzten Patrone. Bei Morgengrauen lagen die Geschützstellungen im Feuerhagel der angreifenden russischen Panzer- und Infanterieverbände. Die meisten Angehörigen der Batterien waren bereits gefallen oder verwundet. Ein Luftwaffenhelfer wollte aus der Stellung flüchten, fiel aber schon beim Ausstieg aus der Deckung tot zurück. Einigen wenigen gelang die Flucht. Die letzten in der Stellung schossen noch mit Panzerfäusten auf die heranrollenden Panzer. Zuletzt lebten nur noch zwei Mann einer Geschützbedienung. Ein 16jähriger Flak-v-Kanonier fand in einer nahen Deckung Schutz und sah, wie nun die Verwundeten und Gefangenen erschossen wurden. Plötzlich selbst entdeckt, sprang er dem auf dem Deckungsrand auf ihn anlegenden Russen zwischen die Beine und krallte sich dort fest. So gewann er Sekunden. Ohne sich nicht selbst zu verletzen, konnte sein Gegner nicht feuern. Retter war ein weiterer Russe, der herbeieilte, seinen Kameraden beruhigte und dem Gerangel ein Ende machte. Zurück nach Rannersdorf getrieben, fand sich der vormalige Flakkanonier in einem Friedhof wieder, der als Gefangenensammelstelle diente. Das Schicksal wollte es, daß er dort seinen bis kurz vorher noch bei den Himberger Scheinwerfern eingesetzten Vater fand. Dies alles im anhaltenden indirekten Feuer der Wiener Turmflakbatterien. Während der hohen Ausfälle der Russen holte man unvermutet eine Gruppe Gefangener aus dem Schutz bietenden Friedhof, um sie als Gegenmaßnahme sofort an den benachbarten Bäumen aufzuknüpfen. Trotz Granatfeuer, den Strick schon um den Hals, kam in den gleichen Sekunden ein Offizier vorbei und beendete sofort diese Szene. Später im Gefangenentransport hatte wieder einer der bewachenden Russen gerade mit diesen beiden Mitleid. In der Dämmerung ließ er sie aus der Kolonne heraus frei. Wie er die Sollzahl seines Gefangenentrupps wieder aufgefüllt hat, verschweigt die Chronik.

Doch zurück zu den schauerlichen Stunden am Südrand Wiens. Das beschriebene Geschehen und etliches mehr hatten die Luftwaffenhelfer der oberhalb stationierten Batterie Laaer Berg mit Schrecken durch ihre Optik beobachtet. Zudem war es einer Gruppe von Luftwaffenhelfern und Soldaten gelungen, sich trotz Artillerie, Granatwerfern und Feuer aus den anrollenden Panzern zu den Stellungen dieser Batterie durchzuschlagen. Zuletzt eingeschlossen, soll sich dort eine Gruppe Luftwaffenhelfer mit Telefonkabeln erhängt haben.

Von der Batterie Königskogel selbst war der Großteil der Geschütze schon am Karfreitag alarmiert und bis zur Südspitze des Neusiedler Sees in Marsch gesetzt worden. Dort unmittelbar an die vorderste Front geworfen, erzielte die Batterie etliche Panzerabschüsse. Nach Verschuß der gesamten Munition wurden die Geschütze gesprengt. Der zurückgebliebene Teil der Batteriebesatzung am Königskogel wurde einer SS-Einheit unterstellt und verteidigte den erhöht liegenden Batteriestandort bis zum letzten Mann. Eines der Massengräber befindet sich heute noch auf dem Friedhof Rauchenwarth.

Eine der beim Endkampf um Wien bzw. im Marchfeld eingesetzten Batterien war die Batterie 3./803 Pysdorf, zu der ab Oktober 1944 ein Großteil der Luftwaffenhelfer der 7./533 Heideäcker (Wiener Neustadt) verlegt worden war. Im Winter 1944/45 war dort nicht mehr vorgefallen als bei anderen Batterien im Osten Österreichs auch; zuletzt rollende Luftangriffe. Ausnahmsweise gab es dort häufigen Munitionsmangel, geschos-

sen wurde nur auf Großverbände. Selbst eine einzeln fliegende Fortress war tabu. Trotzdem erzielte diese Batterie um die 20 Abschüsse. Die ersten Anzeichen eines möglichen Feldeinsatzes machten sich ab Februar 1945 bemerkbar. Einige Luftwaffenhelfer der Batterie wurden entlassen. Eine große Gruppe der 1928er blieb, vor allem jene an den Feuerleitgeräten. Im Februar zogen die ersten Flüchtlingskolonnen und rückströmenden ungarischen Einheiten vorbei. Bewaffnet und beladen mit allem, was für einen Luftwaffenhelfer leicht zu erkennen war, daß es nicht zum Kriegführen diente. Wagen mit Lebensmittelsäkken, lebenden Schweinen und ähnlichem. Eines Tages, im März, wurden diese noch immer oder immer häufiger auch im Batteriebereich vorbeiziehenden Ungarn entwaffnet. Da mußten Rohre der ortsfesten Geschütze auf 5 Grad gesenkt werden, um so die Straßen zu blockieren. Plötzlich, über Nacht, wurde Munition, Sprenggranaten mit Aufschlagzündern, in die Batterie gebracht und alles damit vollgestopft. In Richtung Osten, Obersiebenbrunn, wurde auf einer auf einem einsamen Hügel gelegenen alten Kapelle ein vorgeschobener Beobachtungsstand eingerichtet. Die Luftwaffenhelfer hatten dort jeweils vom Morgen bis zum Abend Dienst und zuckelten dann wieder mit den Fahrrädern zu den Geschützen zurück. Ende der ersten Aprilwoche war es dann mit der Ruhe vorüber.

Deutsche Panzer zogen sich, wie es schien sogar abteilungsweise, in den Bereich der Batterie zurück. Dazwischen fluteten deutsche Soldaten, bunt gewürfelt und leicht bewaffnet, querfeldein nach Norden – die Orte vermeidend. Die ersten feindlichen Tieflieger tauchten auf. Vier Geschütze einer Heeresflakeinheit zogen da auf einmal vorbei, einer der Unteroffiziere blieb gleich bei der Pysdorfer Batterie; wie sich herausstellte, ein „alter Hase" im Erdkampf. Er war es, der dann die Feuerleitung auch über die nun mit den Pysdorfern vereinten RAD-Flakgeschütze übernahm. Und plötzlich war die Stille da! In der Ferne, von der vorgeschobenen Feuerleitstelle aus einwandfrei zu sehen, die ersten sich nähernden russischen Schützenverbände! Als die Entfernung nur noch 500 m betrug, in der weiten Marchfeldebene keine Distanz, gab der Unteroffizier für die zwölf Rohre 8,8 und 10,5 „Feuer frei" mit hochgezogenen Sprengpunkten. Für die Luftwaffenhelfer war es eine dramatische Situation.

Der Angriff wurde abgeschlagen. Die Feuerleitstelle befahl nun, die zwölf Rohre auf einen Gutshof zu richten, in den sich der Gegner zurückgezogen hatte. Im indirekten Schuß gab es voll deckendes Feuer. Bis dann die Russen ihre Panzer nachzogen, die vorgeschobene Beobachtungsstelle ausmachten und selbst mit Artilleriefeuer eindeckten. Es war ein Wunder, daß keiner der sich absetzenden Beobachter verwundet wurde, als alles in Trümmer ging. Hinter Raasdorf, fast in Sichtweite, gab es dann ein heftiges Panzergefecht zwischen Deutschen und Russen mit zahlreichen Abschüssen. Die Pysdorfer schossen Sperrfeuer gegen die angreifenden Jagdbomber und wurden selbst bombardiert. Bei den Geschützen waren dann noch an die 15 Luftwaffenhelfer eingesetzt, bis noch bei Tageslicht und unter vollem Beschuß die Geschütze gesprengt wurden. Einige waren verwundet, ein Unteroffizier war gefallen. Rückzug gab es nur ein kurzes Stück, man konnte dann noch, nun schon im hereinbrechenden Dunkel, die russischen Panzer erkennen, wie diese die gesprengte Batteriestellung erreichten und den Rest in Brand schossen. Für die sich absetzenden Pysdorfer reichte die erste Etappe nur bis zur nächsten nördlich gelegenen ortsfesten Flakbatterie. Dort wurden sie gleich wieder eingesetzt, bis auch hier gesprengt wurde. Längerer Halt war bei einem Bahndamm, den bald russische Scharfschützen beschossen. Aber alle der ehemaligen Pysdorfer kamen dann doch noch durch die Frontenge nördlich Wiens, Unteroffizier Ostendorf sprengte sich irgendwo selbst in die Luft. Etliche Pysdorfer wurden nun bei der Infanterie eingesetzt. Irgendwo, nun schon weit hinter der Hauptkampflinie, rastete eine Gruppe Luftwaffenhelfer mit einem Unteroffizier am Straßenrand. Da zog der seine Pistole, eine P-38, und begann sie zu erklären, daß dies nämlich die sicherste Waffe der Welt wäre, und schoß sich dabei doch tatsächlich unbeabsichtigt ins Knie.

In Eggenburg sah man sich erst wieder. Es gab sogar so eine Art Appell, nachdem auch noch Luftwaffenhelfer aus allen möglichen Wiener Batterien aufgetaucht waren. Auf einmal war sogar General Grieshammer, der Kommandeur der 24. Flakdivision, da und hielt seine (letzte) Rede. Neue Befehle beorderten die Pysdorfer Luftwaffenhelfer in Tag- und Nachtmärschen nach Linz zur Übernahme der Luftwaffenhelfer-Batterie Pöstlingberg. Dort kaum eingerichtet, griffen amerikanische Jagdbomber an. Ein Geschütz wurde zerstört. Neuer Befehl: Alles nach Linz zur Entlassung! Es war eine Woche vor Kriegsende. Hunderte und Tausende zurückströmender oder ziellos wartender Landser, ein Oberst verteilte Entlassungsscheine für Luftwaffenhelfer. Der Krieg war zu Ende, also nichts wie heim! Vier Niederösterreicher schlossen sich zusammen. Zwei aus der Badener Gegend hatten es da eilig und fielen bald den Russen in die Hände. Einer von beiden kam bis Rußland und starb dort an Erschöpfung. Die letzten beiden der Batterie schlugen sich bis ins Waldviertel durch und warteten dort erst einmal ab. Als sich einer davon dann doch, wie er glaubte, nun im vollen Frieden, auf den Weg ins südliche Niederösterreich machte, erlebte er die erste kritische Situation auf der Wiener Reichsbrücke, da mußte er ja unbedingt drüber. Die Russen stellten aber gerade hier wieder einen Gefangenentransport zusammen und fischten an dieser Engstelle, vor den die Sprengstellen überspannenden Notstegen, jeden marschfähigen Mann aus der sich stauenden Menschenmenge heraus. Schon von den flankierenden Posten ergriffen, retteten den Luftwaffenhelfer zwei ihm vollkommen unbekannte Frauen. Sie ergriffen den schon Gefangenen und zerrten ihn als ihren Sohn und Bruder wieder zurück! Das hatten nun die russischen Posten auch nicht alle Tage erlebt und zögerten. Da war aber der letzte Pysdorfer schon wieder in der Menge untergetaucht. Kurz vor seinem Heimatort wurde er von der Straße weg nochmals gefangen und mit angehaltener Waffe zu einem Dorfgasthof, einer Gefangenensammelstelle, getrieben. Kannte aber gerade hier jeden Stein und jeden Strauch. Er hat überlebt.

Ein tragisches Schicksal traf auch jene Gruppe österreichischer Luftwaffenhelfer, die nach Preßburg zum Einsatz geholt wurden. Es waren dies vermutlich Schüler eines Floridsdorfer Gymnasiums (Franklinstraße?). Bei dieser letzten Gruppe, die aus der „Festung Preßburg" entkam, dürfte es sich um jene Namenlosen handeln, die zurückflutend bei Bad Deutsch Altenburg die Donau überqueren konnten und, nachdem westlich bei Petronell der Rückweg schon abgeschnitten war, im Marchfeld zwischen Zwerndorf und Angern vom Schicksal ereilt wurden. Uniformen mit Armbinden bedeuteten in jenen Tagen ja fast immer den Tod.

Es sei auch jener wenigen gedacht, die als Luftwaffenhelfer in russische Gefangenschaft gerieten und dort tragische Schicksale erlebten; wie etwa jene zwei Luftwaffenhelfer aus dem burgenländischen Seewinkel, die bei der Batterie Schönau zwar die Endkämpfe überlebten, aber später als Gefangene in Kiew gemeinsam bei einem Arbeitsunfall umkamen.

Als letzter möge, stellvertretend für alle in jenen Wirren und Schrecken eines Kriegs und sinnlosen Tötens Vermißten und Umgekommenen, ein Luftwaffenhelfer angeführt sein, dessen erschütterndes Schicksal erst viel später bekannt wurde: Theodor Mallinger, geboren 28. August 1928, Angehöriger des 2./Flak-Rgt. 76, 7. Flakbrigade (Linz), Flakgruppe Bruck an der Mur, verstorben vier Monate nach Kriegsende im Reservelazarett Bad Hofgastein. Da er aus Cilli gebürtig war, konnten seine Angehörigen nicht verständigt werden. Die Sinnlosigkeit des Kriegs wird im Gedenken an sein Schicksal offenbar. Aber nicht nur Luftwaffenhelfer waren es, die während des Zweiten Weltkriegs im österreichischen Raum im Kriegseinsatz standen. Es gab hier bis Kriegsende auch eine große Zahl gefallener 16- und 17jähriger Soldaten. Etliche dieser Halbwüchsigen trugen das Eiserne Kreuz. Ein Niederösterreicher, Jahrgang 1928, wurde als Führer eines 60 Mann starken Jagdkommandos für seinen Einsatz hinter den feindlichen Linien in Niederösterreich zum Ritterkreuz vorgeschlagen. (Siehe auch: Alfred Borth, „Nicht zu jung zum Sterben...".)

Ende März, im April und Anfang Mai 1945 schlug die Stunde auch für viele der damals 15- und 16jährigen, die in den Volkssturmbataillonen als Fronthelfer ihren Dienst taten. Unter diesen in letzter Stunde zur Verteidigung der Heimat Aufgerufenen befanden sich zahlreiche eben erst abgerüstete Luftwaffenhelfer. Insgesamt sind im österreichischen Raum an die 2 000 dieser letzten „Schüler-Soldaten" gefallen. Eine erschreckende Zahl! Sie verloren ihr Leben im irrigen Glauben an eine gute Sache, im Burgenland ebenso wie in Wien, in Niederösterreich und allen anderen Bundesländern bis Tirol. Nicht als Rechtfertigung, nicht als ein weiterer Versuch des in jüngster Zeit schon abgeschmackten Begriffs Vergangenheitsbewältigung, nicht als ein Auf- und Abwägen oder Aufrechnen von Schuld und Unschuld bei Freund und Gegner, sondern als Geste und Zeichen der Versöhnung und des Respekts sei hier an dieser Stelle auch an den aufopfernden Einsatz junger Menschen während des Zweiten Weltkriegs auf der anderen Seite gedacht. Komsomolzen und Stalinschüler bleiben jedem, der den Rußlandkrieg erlebt hat, ein unauslöschlicher Begriff.

Daß die deutschen Luftwaffenhelfer an den Geschützen standen, um ihr Leben für eine falsche Sache zu opfern, erfuhren sie erst nach der Stunde Null. Und noch viel später von jenen, die während der Jahre vorher selbst nicht imstande waren, ihnen diese schicksalhafte Tatsache zu erklären.

Widerstand?

1938, im Jahr der Annexion Österreichs, waren jene, die fünf Jahre später als Mittelschüler plötzlich von den Schulbänken zu den Fahnen oder, besser gesagt, zu den Kanonen gerufen wurden, zehn, elf oder zwölf Jahre alt. Mehr als vier Jahrzehnte nach 1945 ist die Diskussion über jene tragischen Jahre noch immer nicht abgeebbt, im Gegenteil, sie ist noch problematischer geworden. Problematischer insofern, als sich immer mehr Historiker, Zeitgeschichtler oder Journalisten mit dieser Thematik befassen, die diese Zeit nicht selbst erlebt haben. Tatsächlich hat es bei den Luftwaffenhelfern weder sonderliche Heldentaten, die vielleicht gar zur Verleihung des Ritterkreuzes gereicht hätten, noch einen nennenswerten Widerstand gegeben. Dies weder im damaligen Gesamtdeutschland noch in jenem Teil, der nach der offiziellen Änderung des Begriffs Ostmark „Donau-Alpen-Reichsgaue" hieß. Die Erklärung ist sehr einfach: Die Angehörigen der Jahrgänge 1926 bis 1928, und mit Einschränkungen 1929, waren einfach zu jung.

Wie sollte sich auch eine Jugend verhalten, die vor dem März 1938 noch das „Österreichische Jungvolk" in seiner militanten Art erlebt hat und mit dem Leitlied: „Ihr Jungen schließt die Reihen gut, ein Toter führt uns an . . .", womit auf den vier Jahre zuvor ermordeten Bundeskanzler Dollfuß hingewiesen wurde, erst einmal ohne Absicht, aber in geradezu grotesker Weise auf das Erziehungssystem der Hitlerjugend vorbereitet wurde.

Der letzte österreichische Bundeskanzler vor der Annexion Österreichs, Kurt von Schuschnigg, der nicht bloß einmal der österreichischen Jugend unter dem Schlagwort „Österreich bis in den Tod" den Weg in die Zukunft gepriesen hatte, sich aber im März 1938 kurz vor dem deutschen Einmarsch in seiner dramatischen Rundfunkansprache verabschiedete, jeden Widerstand ablehnte und nicht mehr da war, konnte sicher für diese Jugend kein Vorbild sein. „Sein österreichischer Weg", nämlich der des einfachen „inneren Widerstandes", war dann für viele der jungen Menschen gleichbedeutend mit einer für sie seltsamen Episode, die mit Wortbruch und Resignation endete.

Ab 1938 hatte die Hitlerjugend auch in Österreich bald den Status einer gesetzlich geregelten Staatsjugend eingenommen. „Widerstand" in der straff organisierten Hitlerjugend Österreichs war in einer eigenartigen Form bald gegeben. Nicht gegen das Regime, sondern als eine Art Trotz- und Abwehrstellung gegen seine Methodik. Für die Masse der Jungen war der tägliche Gruß „Heil Hitler!", das Marschieren und Exerzieren, Flaggenhissen, Einsammeln von Altmaterial und das nichtendende Absingen

von HJ-Liedern bald etwas ganz Normales – es waren Elemente des täglichen Lebens. Kommunisten waren etwas völlig Unbekanntes, weit Entferntes, genauso wie der Begriff „Demokratie" – nicht mehr als ein Wort. An die nationalsozialistischen Rituale hatte man sich gewöhnt – allenfalls waren ab Kriegsbeginn 1938 die beflissenen Amtswalter der NSDAP in der Heimat, gemessen an den Bildern junger Soldaten, komische Figuren, die nicht sonderlich ernst genommen wurden. Hauptamtliche Jugendführer, die durchwegs nur wenige Jahre älter waren als die Jugendlichen selbst, wurden nur in seltenen Fällen direkt abgelehnt. In der Regel gehörten sie der Kategorie an, die von den Jungen eben akzeptiert wurde. Ihre Gesamtzahl war erstaunlich gering. Auf zehn Millionen deutscher Jugendlicher kamen nur 8 000 hauptamtliche Jugendführer. (Günter Kaufmann: „Das kommende Deutschland", S. 265.) Sie blieben selten lange in ihrer Dienststelle und wurden rasch Soldaten. Die Mehrzahl wurde bald verwundet oder fiel an den Fronten.

Auf den vormaligen Reichsjugendführer Baldur von Schirach, der im August 1940 Reichsstatthalter von Wien geworden war, traf jedenfalls ab dem Beginn des Luftwaffenhelfer-Einsatzes diese innere Bindung und Achtung sicher nicht mehr zu. Die Einengung der persönlichen Sphäre, die absolute Festlegung der Lebensform durch die vorgesetzte Führung, das Fehlen jeglicher Information über die andere Seite waren letzten Endes zur Jahreswende 1942/43, dem Zeitpunkt der ersten Luftwaffenhelfer-Einberufungen, Dinge, die selbstverständlich waren. Widerstand dagegen war mit tatsächlichem Widerstand im heutigen Sinn allerdings nicht vergleichbar. Man könnte sich hier gewissermaßen auf die Eigenart des österreichischen Menschen – eigenwillig und musisch veranlagt und fast durchwegs dem straffen, preußischen Drill abgeneigt – berufen. Aber gerade hier zeigten sich ab und zu die konträren Effekte. Tatsächlich hat es sich während dieser Jahre oft gezeigt, daß die österreichischen Schleifer – die „Plazeks" unter den Ausbildern, die unteren Dienstgrade, bei den Rekruten die gefürchtetsten waren.

Mit der körperlichen Reifung und der Pubertätsschwelle setzte bei den Angehörigen der Hitlerjugend auch die durch den Nationalsozialismus geradezu gesetzmäßig geforderte Entstehung eines politischen Bewußtseins ein.

Die Diskrepanz zwischen einem konstant wiederkehrenden Leitbild, das nur aus Heldenfiguren zu bestehen schien, und jener von den heranwachsenden Menschen bald erkennbaren Position des Parteiapparats und seiner ausführenden Organe verfehlten nicht ihre Wirkung.

So sei nur an die fast ausschließliche Aufzählung germanischer Mythen und Mythologene im Deutschunterricht der Gymnasien oder der Oberschulen für Jungen erinnert. Hier beherrschten durchwegs Themen über Kampf, Sieg und Untergang die Lesebücher. Edda und Nibelungenlied, Gudrunsage und germanische Göttersagen beherrschten die Szene, in der bei neueren Erzählungen selten ein Autor neben Alverdes, Jünger, Kolbenheyer, Wittek, Hohlbaum oder gar Adolf Hitler bestehen konnte. Der angehende Luftwaffenhelfer hätte eigentlich „stolz auf die deutsche Art", auf die „absolute" deutsche Überlegenheit in allen Dingen sein müssen. Bomberströme, die fast unbeirrbar ihren Zielen entgegensteuerten und von Angriff zu Angriff stärker erschienen, brachten aber schließlich die innere Kritik zutage – zugleich eine Abkehr vom konstant wiederkehrenden Heldenbild und dem Zwang, nur dieses kennenzulernen. So wandte sich diese bisherige Erziehungsmethodik nun erst recht gegen die derzeitigen „Lehrer", die mit Waffenkunde und immer wiederkehrendem Geschützexerzieren, neben den sich später rasch häufenden Alarmen, den Schulunterricht abgelöst hatten.

So war es mehr ein sich dem sinnlosen Zwang Nichtbeugen, ein Aufbegehren gegen manche bald erkennbare und jeden Sinn verfehlende Willkür einzelner Vorgesetzter. Konträre, gegen die Vorschrift, gegen das Wunschdenken der Hitlerjugendführerschaft gerichtete Gedankengänge waren durchaus gängige Mechanismen, um innerlich aus dem Zwangskreis auszubrechen. Dazu gehörten längere Haare als die

berühmte Zündholzlänge, lässiges Rauchen, womöglich beim Sprechen die (verbotene) Zigarette nicht aus dem Mund zu nehmen und breite lange Hosen und Schuhe mit dicken Sohlen, sogenannte „Doppelbock". Diese gab es natürlich offiziell nicht zu kaufen, sie mußten angefertigt werden. Ab und zu ergatterte einer solche Schuhe, z. B. in Wien, bei einem älteren nicht einberufenen, meist böhmischen Hausschuster. Überhaupt war das demonstrative Tragen von „Räuberzivil", wozu jedenfalls auch breite Hüte und bunte Halstücher gehörten, etwas „Gewaltiges". Es lag aber sicher nicht jedem Jugendlichen. Besonders beliebt war auch das Hören amerikanischer „Neger"-Jazzmusik, das offiziell verpönt war. Ein wortwörtlich harmloses Äquivalent dazu waren regelrechte „Luftwaffenhelferlieder", die von Batterie zu Batterie verschieden waren. Die Grundmelodie war, zumindest in einigen Fällen, dem damals bei Jugendlichen beliebten und von der Hitlerjugendführung geduldeten Lied: „In einer Bar in Mexiko", entnommen. Die Texte schilderten in der Regel die Schrecken des Bombenkriegs unter dem Motto: „Wir sind noch einmal davongekommen, aber wir geben nicht auf!" Diese Art Abwehrsymbole zu setzen, war eher in Industriezentren zu finden als am flachen Land. Hinzu kam das Phänomen jener Zeit, daß sich Mädchen zu Trägern solcher Symbole, den „Schlurfs", nur in seltenen Fällen hingezogen fühlten. Wer schon beim demonstrativ gezeigten saloppen Äußeren darauf hinwies, daß es für ihn keine sonderlichen allgemeingültigen Vorschriften gab, der war sicher auch sonst nicht verläßlich.

Bei Luftwaffenhelfern trafen diese angeführten, einen gewissen Widerstand beweisenden Merkmale nur in seltenen Fällen zu, und wenn, so wurde meist deren Träger isoliert. 16- und 17jährige und bald auch 15jährige begriffen rasch, daß man in einem gemeinsamen Boot saß – man verläßt kein Schiff im Gefecht.

Einer der negativen jugendlichen Helden jener Zeit (1943/44) in Wien war der legendäre „Blaufuchs", der häufig im 2. Wiener Gemeindebezirk oder im Prater anzutreffen war. „Blaufuchs" deshalb, da er blau-

Eine besondere Art, über diese düstere Zeit hinwegzukommen, war das seltene gemeinsame Musizieren. Gleichgesinnte fanden bald zueinander. „Dekadente" ausländische Jazzmusik war verpönt und praktisch verboten. Manch einer lernte die neuen Rhythmen beim geheimen Hören ausländischer Sender. Wer diese Zeit erlebt hat, weiß, daß auch Louis Armstrong und Benny Goodman ihren Teil zum Vormarsch des Westens beigesteuert haben.

Rechts: Wien, Am Himmel

Unten: Batterie St. Valentin

schwarze Haare, mit der damals üblichen Brillantine reichlich gefettet, bis zum Nakken und dort schwalbenschwanzförmig gegabelt, trug. Einer geregelten Schulzeit oder Beschäftigung scheint er nicht nachgegangen zu ein. Er befehligte eine Art Schlägertruppe Gleichaltriger, bis im Herbst 1944 die Polizei seinem Treiben ein Ende setzte. „Amerikanische Doppelbock und einen überlangen Rock, die Haare bis in das Genick ...", lautete der Textteil einer Art Widerstands- und Trotzlieds Halbwüchsiger, das zu den Klängen des offiziell verpönten „Saint Louis Blues" gesungen wurde. Eine gewisse, aus heutiger Sicht gesehen eher harmlose Gruppen-„Banden"bildung unter Jugendlichen, insbesondere den Jahrgängen, die den Realitäten des Kriegsgeschehens bereits ausgeliefert waren und auch altersmäßig die absolute Sinnlosigkeit mancher Befehle und Anordnungen intellektuell oft unterlegener, jedoch älterer und in der Hierarchie des Kommißwesens fest verankerter unterer Vorgesetzter zu erleiden hatten, war auch unter Luftwaffenhelfern nicht selten.

Ein allfälliger Widerstand blieb aber – gemessen am Gesamtgeschehen – in bedeutungslosen Grenzen. Regelrechte Jugendbanden, die weit eher unter die Klassifikation der Jugendkriminalität fielen, wurden nur in wenigen Fällen bekannt. Widerstandskreise unter Jugendlichen, wie sie etwa beim britischen Sender BBC im Jänner 1945 zitiert wurden, hat es in Österreich nicht gegeben. Günter Grass hat in seinem Roman „Die Blechtrommel" die Situation des Widerstands unter Jugendlichen bei der Schilderung der Danzinger „Stäuber" aus eigenem Erleben geschildert.

Über die nach dem Einsetzen des Bombenterrors gegen die Zivilbevölkerung beginnende Vernichtung von Juden gab es bei den Luftwaffenhelfern keinen, der konkrete Vorstellungen oder gar Kenntnisse hatte. Bekannt war, daß Juden irgendwohin, vermutlich nach Polen, gebracht wurden, wenn sie nicht, wie man annahm, durchwegs ausgewandert waren.

Der von den Vereinigten Staaten vorerst erwogene, dann aber verworfene „Kaufmann"- und „Morgenthau"-Plan, von der deutschen Propagandamaschinerie unter Joseph Goebbels vehement ausgenützt, brachte sicher auch so manchen Wankenden wieder ins Lot. Zwar konnte keiner so recht glauben, daß solch ein Wahnsinn, wie etwa die Sterilisation aller Deutschen nach der Niederlage, wahr werden könnte, aber etwas blieb davon hängen. Die Verunsicherung zugunsten des damaligen Deutschlands war bei vielen gegeben. Selbst wenn man ganz intuitiv von Goebbels' Tiraden ein Gutteil strich, blieb immer noch genug, um die Altersgruppen der Luftwaffenhelfer absolut bei der Fahne zu halten. Wie konnte es auch anders sein, wenn ein übermächtiger Gegner bei seinen Terrorangriffen bewußt Wohnviertel angriff? Hatten Luftwaffenhelfer erst einmal einige Gefechte erlebt oder waren gar selbst im Bombenregen gestanden, waren alle diese Dinge um den Nationalsozialismus in den Hintergrund gerückt. Man war vom Schicksal vorzeitig zum Soldatsein bestimmt, die Politik gelangte höchstens noch bis zum Rand der Batterie, hinein aber nicht, und bald war sich jeder klar, nicht den Führer zu retten, sondern Obacht zu geben auf sein eigenes Leben und das seiner Kameraden; aber ebenso, es diesen am blauen Himmel dröhnenden und in silbernen Punkten blitzenden Gegnern nach besten Kräften heimzuzahlen. Luftwaffenhelfer wollten auch keine „Jungen" mehr sein. War man den Soldaten beigestellt, und dies bis zur letzten Konsequenz, so wollte man auch voll als Soldat genommen werden.

Die Hitlerjugendarmbinden waren ihnen nichts als ein notwendiges Übel und wurden, wenn es irgendwie ging, abgenommen, um bei Ausgang oder Urlaub demonstrativ den Soldaten herauszukehren. Schon der Erlaß der Reichsjugendführung im Frühjahr 1943, daß die offizielle Bezeichnung nicht Luftwaffenhelfer (LwH), sondern LwH-HJ lautet, war vielen demütigend vorgekommen. Wenn man unter Umständen sogar zum Sterben gut genug war, so wollte man auf keinen Fall einem Kinder- oder Jugendlichenverein angehören – es war nichts anderes als ein verständliches pubertäres Bedürfnis, endlich auch für voll genommen zu werden. Hiezu gehörte das Tragen von meist „organisierten", normalerweise nur in wenigen Fällen ausgefaßten Luftwaffen-Koppel-schlössern oder gar von echten Luftwaffen-röcken statt der Flieger-HJ-Bluse.

Österreichische Luftwaffenhelfer betrachteten es als eine Ehre und ein besonderes Zeichen der Bodenständigkeit, das irgendwie „organisierte" Gebirgsjägeredelweiß auf der linken Seite der Schirmkappe zu tragen. Man wollte „Österreicher" sein.

Aber alles bisher Erwähnte war recht nebensächlich gegenüber dem großen Problem des Essens. Verpflegung und nicht Sexualität oder gar extreme Politik war bei Luftwaffenhelfern Thema Nummer eins. Zwar gab es ja für Luftwaffenhelfer eigene, wesentlich höhere Verpflegungssätze – die „Milchsuppe" ist sicher jedem der damaligen Luftwaffenhelfer noch heute ein Begriff –, doch war es ganz natürlich, daß Menschen dieser Altersgruppen guten Appetit oder, besser gesagt, immer Hunger hatten. So kann Widerstand bei Luftwaffenhelfern nur in einem eigenen Licht, bedingt durch Umstände und Verhaltensweisen auch der konträren Bezugsgruppen wie NSDAP oder Hitlerjugend, gesehen werden.

Von rund 300 befragten ehemaligen Luftwaffenhelfern schrieb nur einer mit der Bitte

LwH der 7./gem. Flak-Abt. 807 oder 5./723(?)

Vom Luftwaffenhelfer zum Luftwaffenoberhelfer. Das Besondere der österreichischen Luftwaffenhelfer war das Edelweiß. Zwar nicht Vorschrift, aber geduldet. Man war stolz auf die engere Heimat.

zurück, nicht antworten zu müssen, um nicht an jene für ihn düstersten Jahre erinnert zu werden. Ein Luftwaffenhelfer aus dem Wiener Raum, der in einer Sabotagehandlung ein Malsi-Umwertgerät der Meßstaffel betriebsuntauglich gemacht hatte, wurde dann wohl von seiner Gruppe gedeckt – blieb aber fortan isoliert.

Wesentlichen inneren Widerstand setzten Luftwaffenhelfer, wie auch viele andere der gleichen Altersgruppen, den laufenden Freiwilligenaktionen entgegen. Daß sich aber in der Tat viele freiwillig zu den verschiedenen Waffengattungen meldeten, steht auf einem anderen Blatt. Es wäre eine Verzerrung des Bildes dieser jungen Menschen, deren Idealismus einmalig war. So wurden z. B. Oberschüler schon ab dem 15. Lebensjahr als Marine-, speziell U-Boot-Offiziersbewerber erfaßt. Ähnliches wurde von anderen Wehrmachtsteilen und der Waffen-SS durchgeführt. Sie wurden dann gut eineinhalb Jahre in Karteien geführt und betreut, bis der Zeitpunkt der altersmäßig möglichen Einberufung gekommen war. Bei diesen Offiziersbewerbern ging man eher behutsam vor. Das jugendliche Alter des Oberschülers wurde bewußt in Rechnung gezogen. Oberschüler, die etwa nach Wien, Wipplingerstraße, zur Musterung als Marine-Offiziersbewerber vorgeladen wurden, unterlagen keinerlei Zwang. Wesentlich anders verhielt es sich ab Sommer 1944, als 16jährige Mittelschüler zu ROB-(Reserve-Offiziersbewerber-)Musterungen oder zu Waffen-SS-Musterungen kamen. Der ehemalige höhere Hitlerjugendführer Ralf R. Ringler schrieb darüber vor einigen Jahren:

„Im Oktober 1944 startete in ganz Deutschland eine Aktion zur Freiwilligenmeldung des Jahrgangs 1927 zur Waffen-SS. Der Ehrgeiz des Wiener Gebietsführers war es, den Jahrgang geschlossen als Freiwillige zur Waffen-SS melden zu können. Viele entschlossen sich letzten Endes auf Grund sanfter, aber steter Gewalt. Schließlich waren nur mehr wenige Gruppen nicht gemeldet. Von den Luftwaffenhelfern der Turmbatterie Arenbergpark (1./Turmflak-Abteilung 184) ist eine bezeichnende Diskussion mit einem höheren HJ-Führer überliefert. Sie schafften es, nicht zu unterschreiben, eine

für die damalige Zeit seltene Ausnahme, die im übrigen nur symbolischen Wert hatte. Ende 1944 erfolgten die Einziehungen bereits nach dem Ermessen des zuständigen Wehrkreiskommandos XVII. Zur Waffen-SS kam dann so mancher, der sich gar nicht gemeldet hatte."

Der wesentlichste Widerstand österreichischer Luftwaffenhelfer dürfte von Angehörigen der Batterie Klein-Neusiedl bzw. anschließend Langenrohr bei Tulln durchgeführt worden sein. Schon in ihrer Dienstzeit bei der Batterie Klein-Neusiedl gab es bei den dort eingesetzten Luftwaffenhelfern, durchwegs Wiener des Jahrgangs 1928, passive Resistenz beim waffentechnischen Unterricht und ebenso Sabotage an Geräten der Nachrichtenübermittlung und ähnlichem. Dadurch soll die Batterie zum Teil nicht gefechtsklar gewesen sein. Nach dem Attentat auf Hitler am 20. Juli 1944 gab es heftige negative Äußerungen über Hitlers Überleben. Von einem der Luftwaffenhelfer der Batterie wurde dies gemeldet, die Gruppe verhaftet und dem Kriegsgericht der 24. Flakdivision Wien überstellt. Trotz ihres Alters wurden fünf Luftwaffenhelfer wegen Zersetzung der Wehrkraft verurteilt. Die Strafen lauteten auf je eineinhalb Jahre, ein Jahr, neun Monate, sechs Monate und drei Monate Gefängnis. Drei Luftwaffenhelfer wurden mangels an Beweisen freigesprochen.

Daß Luftwaffenhelfer den unter normalen Umständen verbotenen Umgang mit Kriegsgefangenen kennenlernten und daraus oft positive Kontakte entstanden, war keine Seltenheit. Daß in etlichen Fällen den russischen Hiwis von Luftwaffenhelfern, trotz Verbots, Essen zugesteckt wurde, war durchaus üblich, ist aber sicher nicht als Widerstand zu rechnen, sondern war eher menschliches Mitgefühl und zwischen Wien und Innsbruck häufig zu finden. Damit scheint auch der „Widerstand" österreichischer Luftwaffenhelfer erschöpfend dargestellt.

In diesem Sinn sind auch die ehemaligen österreichischen Luftwaffenhelfer soziologisch sehr einfach einzuordnen: Nach Durkheim bestimmt das Gruppengeschehen das menschliche Bewußtsein und in der Folge die menschlichen Handlungen. Dem ist für die Altersgruppen der ehemaligen Luftwaffenhelfer für die damalige Zeit nicht viel entgegenzuhalten. Für die inhumanitäre Zeit sei ihnen aus heutiger Sicht der wesentlichste Faktor anzurechnen: Sie waren einfach zu jung, um zu tapfer zu sein oder um entscheidenden Widerstand leisten zu können.

Der Kriegshilfsdienst im Urteil ehemaliger Luftwaffenhelfer

Wie stehen nun die unmittelbar betroffen gewesenen ehemaligen Luftwaffenhelfer heute zu diesem Einsatz, der ihnen wertvolle Jahre ihrer Jugend raubte?

Aus rund 270 Antworten lassen sich folgende Grundlinien erkennen: Die Luftwaffenhelfer reagierten auf die neuen Verhältnisse entsprechend ihrem Alter. Sie sahen zunächst das Ganze als Abenteuer an, aber meist nur bis zur Feuertaufe; dann dachten die einen rein pragmatisch und kehrten je nach Vorteilsmöglichkeit einmal den Schüler, einmal den Hitlerjugend-Angehörigen, dann den Soldaten hervor. Andere litten unter der Zwiespältigkeit dieses Kriegshilfseinsatzes und fühlten sich sozusagen zwischen alle Stühle gleichzeitig gesetzt. „Verkleidete Zivilisten, die zwar schießen, aber nicht rauchen dürfen", wie es einmal einer ausdrückte.

Die Mehrzahl jedoch war nüchtern genug, den militärischen Charakter des Luftwaffenhelferdienstes zu sehen und zu akzeptieren. Es ging ja im wahrsten Sinn des Wortes um den Schutz der engsten Angehörigen und der unmittelbaren Heimat.

Parallel dazu erwuchs fast von selber die ablehnende, ja feindselige Haltung gegen die Hitlerjugend und die „Goldfasane" oder „Bonzen" der Partei, da man, wenn auch nicht immer bewußt, so doch instinktiv, das Regime als den großen Schuldigen erkannte für all das, was nun diesen Kriegshilfseinsatz nötig machte.

Das wohl allgemeingültige Urteil über den Kriegshilfseinsatz der deutschen Jugend bei der Luftwaffe kleidete einer der ehemaligen Luftwaffenhelfer in die Worte: „Diese Zeit kann nur aus der Kriegssituation heraus verstanden werden. Man wußte, daß es nur noch darum ging, sich seiner Haut zu wehren oder unterzugehen. Dieser Kampf zwang dazu, den Kampf gegen das Regime zurückzustellen. Es gab keine andere Wahl."

RÜCKSCHAU

Dieses Buch schildert sicher nur eine Episode des Luftkriegs in Österreich von 1943 bis 1945, jene der ehemaligen Luftwaffenhelfer. Der Einsatz der Luftwaffenhelfer – im gesamten ehemaligen Großdeutschen Reich waren es rund 100 000 Mann oder besser gesagt: Jungen – erfolgte trotz aller Schrecken des Luftkriegs doch noch als eine Phase des vermutlich letzten konventionellen Kriegs überhaupt. Die Holocaust-Angriffe der anglo-amerikanischen Verbände verliefen jedoch in ihrer Intensität im Norden und im Westen Deutschlands sowie auch in dem im Osten gelegenen Dresden ungleich verheerender als auf österreichische Ziele. Heute über den Einsatz von Flakbatterien 1943 bis 1945 zu berichten, mutet als eine Art Anachronismus an.

Technische Vergleiche für eine allfällige kriegerische Zukunftsphase in unserer Heimat sind nicht ableitbar. Österreich ist seit 1955 ein neutrales, aufgrund der selbstgewählten Formulierung „immerwährend" neutrales Land. Im Fall eines europäischen Konflikts könnte es so nur mehr ungewollt als Durchzugsland für fremde Armeen dienen. Flakgeschütze von der Technologie jener der vierziger Jahre sind infolge der rasanten Entwicklung der Luftfahrt hinfällig geworden, eine Luftabwehr seines Hoheitsgebiets durch Raketen ist Österreich durch die alliierten Signatarmächte von 1955 verboten. Durch Flakgeschütze sind aber heute nur Radargürtel unterfliegende Flugzeuge bekämpfbar.

Selbst die Radartechnik, die den damaligen

Kriegsgefangenenlager Gneixendorf bei Krems. Das „positive" Ende für rund 4 000 Besatzungsangehörige der 15. US-Luftflotte, die hauptsächlich über österreichischem Gebiet abgeschossen worden waren. Westalliiertes Erkundungsluftbild vom 5. April 1945. (Foto: British Crown, University of Keele.)

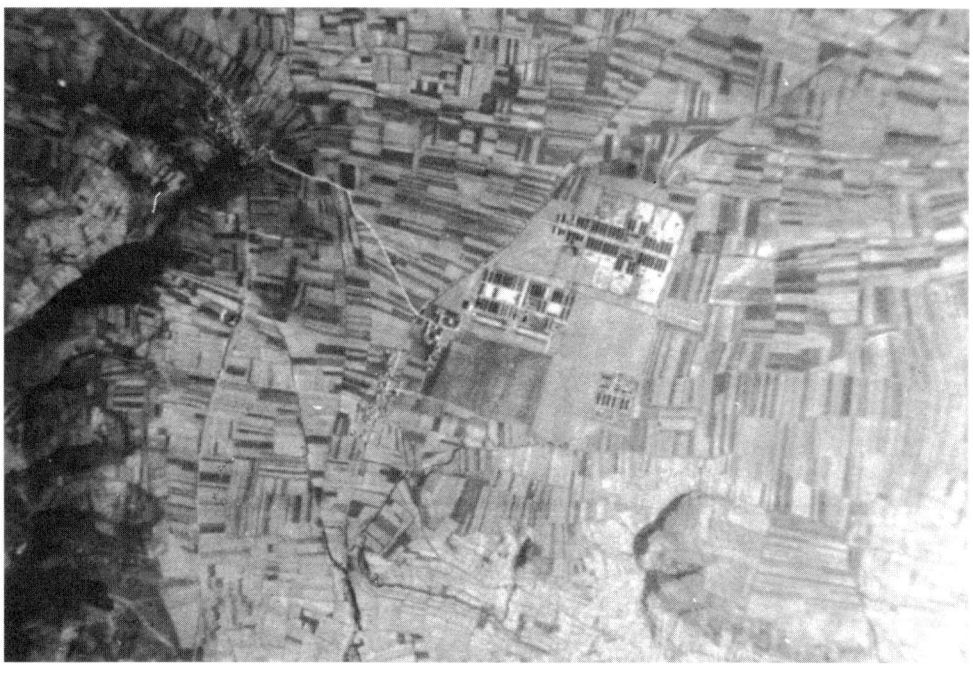

Als Dank für die glückliche Heimkehr
wurden noch 1945 da und dort Gipfel-
kreuze aufgestellt. Der Innsbrucker
Luftwaffenhelfer Franz Niederwolfsgruber und sein Freund Toni Federspiel
erinnerten sich nach Kriegsende an die
am 19. Dezember 1943 von den Innsbrucker Batterien abgeschossene und
auf der 2 100 Meter hohen Largatzalm
bei Hall zerschellte Liberator. Mit Kameraden stiegen sie zur Alm auf und
bargen dort die nötigen Leichtmetall-
bleche. An die 5000 Nieten mußten aus
der Tragfläche gelöst werden. Gemeinsam brachte man dann das seltene Roh-
material zu Tal. Dort entstand aus
Lärchenkantholz und den Flugzeugble-
chen in kunstvoller Arbeit ein würdiges
Mahnmal – ein Gipfelkreuz besonderen
Symbolgehalts. Bis ins Halltal half die
Salinenverwaltung mit einem Lkw,
dann packten die Freunde wieder zu. Es
war ,,ihr'' Gipfelkreuz, das sie auf den
2 725 m hohen Gipfel des Bettelwurf
brachten. Am 12. September 1948 erfolgte die Einweihung. Vielleicht er-
fährt ab und zu einer der heutigen Jungen von der Herkunft jenes Gipfelkreu-
zes: Eben bloß eine Luftwaffenhelfer-
Story aus einer dunklen, versunkenen
Zeit, die sich manch einer heute nicht
vorstellen kann oder gar mit einer
Handbewegung abtut. Es war mehr!

Seekrieg infolge der durch diese Technik möglichen revolutionären U-Boot-Bekämpfung entschied, steht wohl vor einer Wende. Mit dem Radar absorbierenden Metall (RAM), das die Energie auftreffender elektromagnetischer Wellen in Wärme umsetzt und somit nicht rückstrahlt, haben die USA bereits ihren „Stealth-Jagdbomber" in Verwendung. Eine Radarortung ist nicht mehr möglich. Gleichzeitig bahnen sich weitere bisher ungeahnte Entwicklungen an.

So ist es dieser und der nächsten Generation 15- bis 17jähriger zu wünschen, nicht einmal von fremden Machthabern zu irgendeiner Form von Wehreinsatz geholt zu werden. Es würde durch die Lebensform dieser heutigen glücklichen Jahre für sie sicher nicht leicht sein, sich so rasch in einer unter Umständen über Nacht einbrechenden dunklen Welt einzuordnen, so wie es jene Luftwaffenhelfer damals mußten. Die Luftwaffenhelfer waren es auch, die in ihrer Seele um Jahre gealtert, gereift heimgekehrt und eben dadurch zu einem neuen politischen Bewußtsein gekommen, zu „wahren Österreichern" geworden sind. Mit all ihren Kräften hat jeder einzelne von ihnen mitgeholfen, das damals zerschlagene und nach dem Kriegsende ausgeplünderte Österreich wieder aus den Trümmern aufzubauen.

Mit ungeheurer Energie, trotz Hunger, Kälte und Entbehrungen, haben sie geholfen, dieses Land mitzubauen, in dem heute eine unbekümmerte Jugend mit für jene Jahre unvorstellbaren Freiheiten lebt. Aber auch ihren persönlichen Werdegang haben die damaligen Luftwaffenhelfer gemeistert. Mit einem Fleiß sondergleichen haben sie sich in den Nachkriegsjahren hochgearbeitet. Sie sind heute Ärzte, Techniker, Pädagogen oder bekleiden hohe Ämter. Viele von ihnen sind Führungskräfte geworden. Sie hatten das Glück, überleben zu können. Allein von den Jahrgängen 1928 und jünger, als 17-, 16- und 15jährige und sogar einigen noch jüngeren, sind in Österreich während des Luftkriegs von 1943 bis 1945 und bei den Kämpfen 1945 an die 2 000 Jungen gefallen oder umgekommen. Sie alle haben damals den Krieg weder gesucht noch gewollt.

Das Ende für jene der anderen Seite . . .
US-Soldatenfriedhof in St. Avold in Lothringen. Unter den 10 338 bekannten, 151 unbekannten und 444 vermißten Amerikanern befinden sich auch jene über Österreich 1943–45 gefallenen Flugzeugbesatzungen.

Grabstätten von Luftwaffenhelfern.

Rechts: Das Theuer-Grab befindet sich in der Kriegsgräberanlage des Wiener Zentralfriedhofs.

Unten: Kriegsgräberanlage Oberwölbing bei St. Pölten. Weindich wurde am 7. März 1931 in Sackenheim (Württemberg) geboren, kam auf KLV nach Österreich und wurde als nicht einmal noch Vierzehnjähriger zu einer nicht näher bekannten Flakbatterie im Raum Wien „abkommandiert". Bei einem Tieffliegerangriff erlitt er einen Knieschuß und Verbrennungen durch Phosphormunition. Weindich starb im Lazarett Preßbaum.

Unten rechts: Letzte Ruhestätte des Roman Kneissl, der in Nachkriegsprozessen als „Flakhelfer" bezeichnet wurde. Laut Auskunft des Bürgermeisters der Stadt Ternitz vom 24. Juni 1985 rückte Kneissl am 24. Jänner 1945 zur Luftwaffe ein. Er hat nur die Volksschule besucht und war nicht einmal Lehrling. Demnach kann er nur Flak-v-Kanonier gewesen sein. Kneissl wurde am 15. April 1945 in Schwarzau im Gebirge „standrechtlich" erschossen. Er ist in seiner Heimatgemeinde Pottschach in diesem Kriegsgrab begraben. Kneissl war Geburtsjahrgang 1928.

ANHANG

Die Chronik des Luftkriegs über Österreich 1939 bis 1945

März 1940

Wiederkehrende Einflüge britischer „Störflugzeuge", Aufklärer, in den süddeutschen (österreichischen) Raum. Ende August 1940 stürzt eine britische Maschine bei Lech in Vorarlberg ab. Im März 1941 wird ein Bristol-Blenheim-Bomber der Royal Air Force (RAF) bei Markt Allhau im Burgenland zur Landung gezwungen.

6. April 1941

Zwei oder drei jugoslawische Bomber werfen am ersten Tag des Jugoslawienfeldzugs einige Splitterbomben auf den Grazer Frachtenbahnhof.

Dezember 1941

Einzelne britische Fernbomber überfliegen wiederholt den nordösterreichischen Raum zur Absetzung von Agenten in Böhmen und Mähren (z. B. Heydrich-Attentat im Mai 1942).

Dezember 1941

Die schon lange vorher ausgearbeiteten gemeinsamen Luftkriegsplanungen der militärischen Führung der USA und des britischen Generalstabs gegen Deutschland werden dem vereinigten Generalstab unterstellt.

1942

Wiederholte Einflüge britischer Aufklärer in den österreichischen Raum. Absturz einer britischen Maschine Mitte Juli 1942 bei Fügenberg in Tirol. In Abständen erfolgen Überflüge einzelner britischer Agentenversorger bis Böhmen und Mähren.

13. Mai 1943

Kapitulation der letzten deutschen und italienischen Afrikaverbände bei Tunis. US-Luftwaffe beginnt mit dem Ausbau von Luftbasen um Bizerta (Tunesien) und Bengasi (Libyen).

1. August 1943

Eröffnung der zweiten Luftfront der Westalliierten gegen Deutschland. Ab nun können die Bomber der 9. USAAF (Luftflotte) von den bereits in Tunesien zur Verfügung stehenden Flugplätzen im Raum Bizerta und Massicault Ziele in Italien, auf dem Balkan und der Südflanke Deutschlands angreifen. Der 9. USAAF werden zu diesem Zweck auch drei Gruppen der 8. USAAF aus England unterstellt. Der Luftangriff auf das rumänische Erdölzentrum Ploesti endet für die US-Bomber verlustreich. Von 179 B-24 Liberators gehen 54 verloren. 58 kehren beschädigt zurück. Schwerwiegend sind die Verluste an fliegendem Personal: 532 Mann. In Aussicht genommene Angriffe auf Wiener Neustadt werden wegen immer wiederkehrender Schlechtwetterlage verschoben.

8. August 1943

Der geplante Luftangriff der 15. USAAF auf Wiener Neustadt gemeinsam mit dem Luftangriff der 8. USAAF vom Westen auf Regensburg (Operation „Juggler") wird wegen Schlechtwettermeldungen verschoben.

9. August 1943

Baubeginn am Grazer Schloßbergstollen. Diese Luftschutzanlage für die Grazer Bevölkerung wird eine Stollenlänge von 6,3 Kilometer erreichen und durch 20 Eingänge passierbar sein. Bis zu 40 000 Menschen fanden dort während der 37 Tages- und fünf Nachtangriffe Schutz.
In Linz stehen bereits fünf Luftschutzbunker und sieben bombensichere Feld- und Sandstollen für insgesamt 4 860 Personen zur Verfügung.

13. August 1943

65 B-24 Liberators der 9. USAAF starten von ihren Luftbasen in Nordafrika zum ersten Luftangriff auf Österreich. Ihr Ziel sind die Messerschmitt-Flugzeugwerke, die

V2-Fertigung und Nebenziele in Wiener Neustadt. Bombenabwurfmenge 187 Tonnen. Die Bevölkerung ist unvorbereitet. 185 Tote, 30 Vermißte und 850 Verwundete. Die deutsche Luftabwehr über Österreich ist erfolglos. Die um Wiener Neustadt stationierten sechs schweren Flakbatterien verschießen 734 Granaten, die drei leichten Flakbatterien geben 2 122 Schuß ohne Erfolg ab. Zwei US-Maschinen gehen verloren.

14. August 1943
Zur Verstärkung der deutschen Jäger wird zusätzlich die 1. Staffel des Jagdgeschwaders 27 nach Fels am Wagram verlegt. Weitere zwei Staffeln folgen in den nächsten Tagen.

16. August 1943
Die 9. USAAF greift unter anderen Zielen die Stadt Foggia und die benachbarten deutsch-italienischen Flugbasen an. Der Raum Foggia wird später zum größten US-Luftstützpunkt der 15. USAAF für ihre Angriffe auf österreichisches Gebiet. Frontlage Süd: Messina von US-Streitkräften umkämpft.

20. August 1943
Im gesamten Reichsgebiet stehen bereits 38 000 Luftwaffenhelfer der Jahrgänge 1926 und 1927 im Einsatz. Ab August 1943 auch Einsatz von RAD-Flakbatterien.

8. September 1943
B-24 Liberators der 9. USAAF bombardieren in der Folge mehrmals den Raum Foggia. Frontlage Süd: Bei Salerno beginnt die US-Invasion (Operation „Avalanche") zur Eroberung Italiens.

9. September 1943
Ein kleinerer US-Bomberverband greift den Fliegerhorst Klagenfurt-Annabichl an.

16. September 1943
Englische Fernaufklärer über Wels und Vöcklabruck. Produktion der Wiener Neustädter Flugzeugwerke (WNF) läuft bereits wieder auf Hochtouren. Ebenso wird verstärkt am Projekt V2 in den Raxwerken gearbeitet.

22. September 1943
Letzter Luftangriff der 9. USAAF von den nordafrikanischen Basen auf Ziele in Italien. Bomber der 9. USAAF werden ab nun der 12. USAAF unterstellt.

25. September 1943
Lage Ostfront: Rote Armee befreit Smolensk.

29. September 1943
Italien bricht den Bündnisvertrag mit Deutschland. Marschall Badoglio unterzeichnet in Gegenwart General Eisenhowers auf dem US-Schlachtschiff „Nelson" vor Malta die Kapitulation Italiens.

1. Oktober 1943
Wiener Neustadt wird von B-17- und B-24-Bombern der 12. und den zugeteilten Bombergruppen der 8. USAAF angegriffen. Ebenso Angriffe auf verschiedene Nebenziele in Österreich. Mittags Luftangriff auf Feldkirch, Vorarlberg. Bevölkerung total überrascht – 171 Tote. Deutsche Jagd- und Flakabwehr bereits wesentlich erweitert. US-Verluste: 14 Bomber total, 52 beschädigt.

20./21. Oktober 1943
Nachts Störflugzeuge (Aufklärer) über Linz.

21. Oktober 1943
Im Raum Linz 13 Uhr und 13.15 Uhr Störflugzeuge.

22. Oktober 1943
In Süditalien wird eine neue US-Luftflotte aus Teilen der 12. USAAF aufgestellt: die 15. USAAF. Sie soll speziell Ziele in Süddeutschland (Österreich), Ungarn und auf dem Balkan angreifen.
Zur Unterstützung der 15. USAAF wird im Oktober von der RAF das 205. Bombergeschwader mit vorerst 120 Wellington-Bombern (sechs Staffeln) gebildet. Entsprechend den Beschlüssen von Casablanca sollen die RAF-Bomber die 15. USAAF hauptsächlich durch Nachtangriffe unterstützen. Zur Unterstützung der im massiven Ausbau begriffenen Flakartillerie stehen mit Stand 1. November 1943 im österreichischen

Raum lediglich an die 30 Jagdflugzeuge und ebenso viele Zerstörer (I./JG 27 und II./ZG 1) zur Verfügung.

24. Oktober 1943
B-24 Liberators der 12. USAAF (98th Bomb. Group) bombardieren Wiener Neustadt und durch dichte Wolkendecke Ebenfurth.

27. Oktober 1943
Über 170 B-17 Flying Fortresses und B-24 Liberators der 12. USAAF greifen Wiener Neustadt sowie Eisenbahnziele im Raum Friedberg und Ebenfurth an. Frontlage Süd: US-Truppen erobern den Raum Foggia.

1. November 1943
Die 15. USAAF ist ab diesem Tag aktiv. Ihr Hauptquartier befindet sich noch in Tunis. Die 15. Luftflotte besteht aus: 6 schweren, 5 mittleren Bombergeschwadern, 4 Jägergeschwadern. Zu diesem Zeitpunkt ist die 15. USAAF allerdings noch nicht voll ausgebaut. Die Sollstärke einer USAAF beträgt: 34 schwere, 12 mittlere und 10 leichte Bombergeschwader, 31 Jagdgeschwader, 12 Transportgeschwader, 16 Aufklärergeschwader. Das ergibt zusammen: 115 Groups (1 Group = Geschwader zu 48 Bombern).
Die Sollstärke einer USAAF beträgt somit 5 520 Flugzeuge. Tatsächlich ergaben sich aber auch nach dem rasch erfolgten Vollausbau der US-Luftflotten unterschiedliche Geschwaderstärken.

2. November 1943
Angriff der 15. USAAF: 74 B-17 und 38 B-24 mit P-38 (Lightnings) als Begleitschutz bombardieren Wiener Neustadt. Nach US-Angaben werden über 50 deutsche Jäger abgeschossen. Der Angriff erfolgt trotz schlechten Wetterberichten noch immer von Tunis aus, da die von den US-Truppen bereits eroberten Luftbasen um Foggia infolge der massiven deutschen Zerstörungen noch nicht benützbar sind. Über Wiener Neustadt werden insgesamt 327 Tonnen Sprengbomben abgeworfen. US-Verluste: 17 Bomber. H2S (amerikanisch H2X-)-Bodensichtradar bei der US-Luftwaffe eingeführt. Die Wiener Neustädter Flugzeug-

werke beginnen rasch mit der Dezentralisierung in 24 Teilbetriebe.

6. November 1943
Lage Ostfront: Kiew von den Russen rückerobert.

1. Dezember 1943
Das Hauptquartier der 15. USAAF von Tunis nach Bari verlegt.

12. Dezember 1943
Masse der 15. USAAF in den Raum Foggia verlegt.

15. Dezember 1943
Etwa 200 B-17 Flying Fortresses mit P-38-Lightning-Begleitschutz greifen Bozen und Innsbruck an. Hauptziele sind die Eisenbahnanlagen. Die Innsbrucker Innenstadt erleidet schwere Schäden. Zivilbevölkerung überrascht. 281 Tote, 500 Verwundete, 1 627 Obdachlose.

19. Dezember 1943
Über 150 B-17 überfliegen die Alpen und greifen die Eisenbahnanlagen in Innsbruck sowie die Messerschmitt-Werke Augsburg an. P-38 Lightnings und P-47 Mustangs bilden den Jagdschutz. In Innsbruck 70 Tote. Schwaz in Tirol wird als Nebenziel angegriffen. Zehn Tote.

25. Dezember 1943
Angriff auf Bozen. In Tirol beginnt auf Veranlassung des Reichsstatthalters (Gauleiters) der Stollenbau zum Schutz der Zivilbevölkerung. Allein in Innsbruck (Igls und Vill) werden 18 Luftschutzstollen in die Berghänge getrieben. Nach vorläufigem Plan sollen 20 000 Personen Schutz finden.

28. Dezember 1943
Von der Mittelmeer-Fotoaufklärungsstaffel wird die 15th Combat Mapping Squadron zur 15. USAAF überstellt und nimmt die Fernaufklärung für die 15. USAAF für Ziele zwischen Südfrankreich und Griechenland auf.

Ende 1943
Luftgaukommando XVII (Wien) verfügt über 60 schwere Flakbatterien.

Jänner 1944
Amerikaner bauen eigene Pipelines zu den Luftbasen um Foggia. Insgesamt entstehen in diesem Raum 16 Flugplätze. In Deutschland werden die Luftwaffenhelfer des Jahrgangs 1928 eingezogen und lösen den Jahrgang 1926 ganz und 1927 teilweise ab.

6. Jänner 1944
Nachts ein Störflug bis Wiener Neustadt.

7. Jänner 1944
40–50 B-17 Flying Fortresses und P-38 Lightnings greifen Marburg an der Drau an. U. a. 50 Tote. Zehn Lightnings abgeschossen. Drei deutsche Verluste.

16. Jänner 1944
B-17 Flying Fortresses greifen die Messerschmitt-Fertigung, Eisenbahnziele und das Stadtgebiet Klagenfurt an. Nach deutschem Wehrmachtsbericht 18 US-Flugzeuge abgeschossen.

1. Februar 1944
Tagsüber ein Störflugzeug bis Marburg an der Drau.

31. Jänner 1944
Luftangriff auf Klagenfurt. Nach US-Angaben 16 deutsche Flugzeuge abgeschossen.

2. Februar 1944
Marschall Stalin bietet erneut sechs Luftbasen für die 15. USAAF in der Sowjetunion für Zwischenlandungen an.

18.–25. Februar 1944
Big Week (große Woche) der USAAF und RAF. Die Zerschlagung der deutschen Luftwaffe ist oberstes Ziel dieser in Casablanca gefaßten Angriffsplanung. Auf der Zielliste stehen die Produktions(fertigungs)betriebe und die Zulieferindustrie der deutschen Jagdflugzeugproduktion. Insbesondere sollen Kugellagerfertigung, Aluminiumproduktion usw. bis zur Werkzeugerzeugung (z. B. Schmirgelscheiben) zerschlagen werden. Die deutsche Flugzeug- und Rüstungsproduktion hat schon vor Jahresfrist mit der Verlagerung der Produktionsstätten begonnen. Zu Kriegsende wird sich annähernd ein Drittel der Rüstungsbetriebe in unterirdischen Anlagen befinden.

22. Februar 1944
15. USAAF greift mit 183 Bombern von den großzügig ausgebauten Luftbasen um Foggia Regensburg an. Zahlreiche US-Verluste. Aufklärer über Wien.

23. Februar 1944
102 B-24 Liberators mit Jagdschutz greifen Steyr an. Nach US-Angaben werden über 30 deutsche Jäger abgeschossen. Aufklärer über Wien.

24. Februar 1944
Großangriff der US-Luftflotten auf die deutsche Kugellagerproduktion. Während die 8. USAAF aus England kommend Schweinfurt, Gotha, Eisenach und weitere Ziele in Deutschland bombardiert, greifen 114 B-17 Flying Fortresses mit 146 Begleitjägern P-38 Lightnings und P-47 Thunderbolts der 15. USAAF von Foggia über die Adria, Istrien und die Alpen kommend die Kugellagerproduktion in Steyr an. Etwa 20 Prozent der Wälzlagerproduktion werden zerstört. Ein weiterer Verband der 15. USAAF verliert nach eigenen Angaben 19 Maschinen und erzielt 35 Abschüsse deutscher Jäger. Dagegen deutsche Verlustmeldungen von nur 24 Me-109 der II./JG „Udet": drei Maschinen sowie zwei Bruchlandungen. Tagsüber Aufklärer über Wien. Nachts Angriff des 205. RAF-Bombergeschwaders ebenfalls auf Steyr mit geringem Erfolg.

25. Februar 1944
Etwa 50 B-24 Liberators greifen Eisenbahnanlagen in Zell am See und den Fliegerhorst Thalerhof bei Graz an. Innerhalb der „Big Week" hat die 15. US-Luftflotte 89 Bomber verloren. Die deutsche Jagdabwehr hatte sich insbesondere im reichsdeutschen Gebiet noch immer als sehr schlagkräftig erwiesen.

17. März 1944
Über 200 B-24 Liberators mit P-38 Lightnings und P-47 Thunderbolts als Begleitschutz greifen erstmals den Raum Wien an. (Weitere 100 Bomber nehmen infolge

Schlechtwetters am Angriff nicht teil.) Einflugroute des US-Verbands: Foggia–Split–Agram (Zagreb)–Neusiedler See. 12.52 Uhr Einflug zwischen Ödenburg und Preßburg in den Großraum Wien in drei Wellen und 6 000 Meter Höhe. Bombenabwürfe 13.03 bis 13.35 Uhr hauptsächlich auf Schwechat, Fischamend, Großenzersdorf, Lobau, Aspern und Schönau. Meist Fehlwürfe infolge Schlechtwetterlage. Flak schießt vier US-Bomber ab. Nachts einzelne Partisanenversorger über der Slowakei.

19. März 1944
Über 380 B-17 Flying Fortresses und B-24 Liberators mit Begleitjägern werden um 12.15 Uhr nördlich Šibenik (Adria) erfaßt, 13 Uhr Verband über Agram (Zagreb) in Richtung Marburg. Großverband gliedert sich hier in zwei getrennte Formationen auf. 234 Bomber mit 100 Begleitjägern greifen Klagenfurt und den Fliegerhorst Annabichl von 13.24 bis 13.34 Uhr und von 14.08 bis 14.10 Uhr an. Zweiter Kampfverband mit über 150 B-24 Liberators greift das Stadtgebiet Graz von 13.58 bis 14.10 Uhr an. Einzelne Maschinen erreichen Linz. Nach US-Angaben Verlust von 17 Bombern und einem Begleitjäger durch deutsche Jäger und Flak. Nach gleichen Angaben 30 deutsche Jäger abgeschossen. Bei der 15. USAAF ist nun auch die 460. Bomb. Group (B-24 Liberator) gefechtsklar. Damit erhöht sich die Stärke der Luftflotte auf insgesamt 14 schwere Bombergeschwader.

23. März 1944
Raum Wien Störflugzeuge (Aufklärer).

26., 28., 29. und 31. März und 1. April 1944
Einflüge von Störverbänden und einzelner Störflugzeuge aus dem Süden bis in den Wiener Raum.

März 1944
In Linz sind unter anderem 19 Luftschutzstollen ausgebaut. Weiters gibt es 33 trümmersichere Luftschutzbauten und verschiedene weitere Luftschutzanlagen, darunter einen 2 500 Personen fassenden Hochbunker in den Stickstoffwerken.

2. April 1944
Bisher schwerster Bomberraid der 15. USAAF mit 520 B-17 Flying Fortresses und B-24 Liberators und Begleitjägern auf Ziele in Jugoslawien, Kärnten und Steiermark. 9.50 Uhr Einflug über Laibach und Agram (Zagreb). Ab dort Aufgliederung des Bomberstroms in zwei Teilverbände. Erster Verband auf Klagenfurt, zweiter auf Graz und Steyr (11.15–11.50 Uhr). Einzelne Bombenabwürfe auf Bruck an der Mur und Kapfenberg. Nach deutschen Unterlagen 54 Abschüsse (42 sofort bestätigte). Störflugzeuge erreichen Wien. Nach US-Angaben über 150 deutsche Jäger in Luftkämpfen abgeschossen. Neuerliche Verstärkung der 15. USAAF im Raum Foggia. Mit dem Gefechtsklarwerden des 461. Bombergeschwaders verfügt die 15. USAAF nun über 768 einsatzbereite schwere Bomber.

3. April 1944
Störflugzeuge über Slowakei, Ostösterreich (vermutlich Agentenversorger).

5. April 1944
334 Bomber der 15. USAAF bombardieren Ploesti sowie Ziele in Jugoslawien. Ab 14 Uhr mehrere Feindmaschinen über Brenner–Innsbruck zum Bodensee (Aufklärer?). Zur gleichen Zeit eine Mosquito vom Westen über Hohe Tauern–Klagenfurt nach Italien ohne Angriff.

6. April 1944
Starker US-Kampfverband 15.30 Uhr über Großraum Laibach mit Angriff auf Agram (Zagreb). Verband überfliegt Marburg an der Drau und Großraum Graz ohne Angriff. Nach eigenen Angaben Verlust von sechs US-Maschinen. Von 94 gestarteten deutschen Jägern (davon 33 italienische) werden nach US-Angaben 17 in Luftkämpfen abgeschossen. Nach deutschen Unterlagen zwei deutsche und drei italienische Jäger verloren.

8. April 1944
Nachts (23.20–2.10 Uhr) einzelne Störflugzeuge aus dem Osten über Plattensee, Ostösterreich mit Abflug nach Osten (Agentenversorger?).

9. April 1944
Ab 8.15 bis 10 Uhr einige Störflugzeuge ohne Angriff über Marburg an der Drau nach Wiener Neustadt–Preßburg–Ungarn.

12. April 1944
Neuerliche Verstärkung der 15. USAAF durch die Einsatzbereitschaft des 483. Bombergeschwaders (B-17 Flying Fortress), somit bereits 17 Bombergeschwader einsatzbereit. Rund 650 Maschinen der 15. USAAF (450 B-17 und B-24 mit über 200 P-38-Lightning-Doppelrumpf- und P-47-Thunderbolt-Begleitjägern bzw. -Jagdbombern) greifen am Vormittag die Messerschmitt-Werke in Fischamend, Wiener Neustadt und Bad Vöslau an. 25 US-Maschinen bei zehn deutschen Verlusten werden abgeschossen.

13. und 14. April 1944
Störflugzeuge (Aufklärer) über Wien und Ostösterreich. Nachts einige Feindflugzeuge aus dem Süden über Kroatien–Budapest–Schlesien–Warschau ohne Angriff.

15. April 1944
Eine Delegation der 15. USAAF landet im von Partisanen besetzten Gebiet Jugoslawiens und erreicht Marschall Titos Hauptquartier in Drvar. Erfolgreiche Verhandlungen über die Hilfestellung für über Jugoslawien abgesprungenen oder notgelandeten US-Flugzeugbesatzungen.

16. April 1944
Lage Ostfront: Rote Armee erreicht Jalta.

23. April 1944
Über 500 viermotorige US-Bomber mit rund 300 Begleitjägern greifen um etwa 13.30 Uhr Wiener Neustadt, Schwechat, Wiener Neudorf und Bad Vöslau an. Nach US-Angaben Verlust von zwölf Bombern und einem Jäger. Nach gleichen Angaben sollen 40 deutsche Maschinen abgeschossen worden sein. Der Angriff auf Wiener Neustadt dauert über eine Stunde. Treffer hauptsächlich in der Innenstadt. Schwere Gebäudeschäden in Wohnvierteln. 70 Tote. Nach deutschem Wehrmachtsbericht 31 US-Flugzeuge abgeschossen. 11 Uhr ein-zelnes Störflugzeug (Aufklärer?) über Innsbruck nach München–Passau.

25. April 1944
Am Morgen ein Störflugzeug (Lightning) über Wiener Neustadt.

3. Mai 1944
Störflugzeug (Mosquito) aus dem Süden nach Salzburg–München mit Abflug nach Süden.

4. Mai 1944
Nachmittags Fliegeralarm für Tirol. Eine Lightning aus dem Süden über Meran–Ötztal nach Bayern, Rückflug über Innsbruck–Brenner, kein Angriff, vermutlich Aufklärer. Nachts vier Störflugzeuge aus dem Süden (Kroatien) nach Norden, davon eine Maschine in den Raum Wiener Neustadt, eine weitere in den Raum Steyr.

5. Mai 1944
Störflugzeuge nachts über Ostösterreich (22.45–24 Uhr). Seit einem Monat verminen Bomber der RAF in Nachteinsätzen die Donau vom Unterlauf bis nahe Preßburg.

9. Mai 1944
Lage Ostfront: Sewastopol von den Sowjets rückerobert.

10. Mai 1944
Eine Lightning (Aufklärer) Einflug über Kroatien in den Raum Graz, Steyr, St. Pölten. Ab 11 Uhr werden Ölziele südlich von Wien und von Wiener Neustadt von viermotorigen Bombern, die von über 200 Begleitjägern geschützt werden, angegriffen. Wiener Neustadt, Osten und Norden der Stadt, schwer getroffen. Angriffe auf die Krupp-Werke in Berndorf und die Gustloff-Werke in Kottingbrunn. Bombenteppich zwischen Enzesfeld und Bad Vöslau. Wohnviertel in Eisenstadt angegriffen. Nach US-Angaben Verlust von 21 Bombern und einem Begleitjäger. Nach gleichen Angaben 50 US-Luftsiege. Neuerliche Verstärkung der 15. USAAF im Raum Foggia. Durch Zuführung des 485. Bombergeschwaders wird die Gesamtzahl an einsatzbereiten schweren Bombern von 21 Bombergeschwa-

dern (= 1 008 viermotorige Bomber der Typen Flying Fortress und Liberator) erreicht. Auch die Begleitjäger bzw. Jagdbomberstreitmacht der 15. USAAF wird verstärkt. Mit dem 52. Fighter Group (Jagdgeschwader), ausgerüstet mit P-51 Mustangs, verfügt die Luftflotte nun über sechs Jagd- bzw. Jagdbombergeschwader.

12. Mai 1944
Störflugzeuge über Wiener Neustadt und Melk. Nachts Überflug Ostösterreichs durch die bereits üblichen Agentenversorger nach Polen.

13. Mai 1944
Störflugzeuge über Klagenfurt, Leoben bis Wiener Neustadt, Melk.

16. Mai 1944
Drei Störflugzeuge aus dem Süden (Kroatien) bis östlich von Wien.

24. Mai 1944
Schwere Luftangriffe der 15. USAAF auf Ölziele, Produktionsstätten der deutschen Luftrüstung und Fliegerhorste in Österreich. 620 schwere US-Bomber, begleitet von über 200 Jägern und Jagdbombern, greifen am Vormittag Ziele im Klagenfurter, Grazer, Wiener Neustädter und Wiener Raum an. Neunkirchen, Atzgersdorf, Hennersdorf, Münchendorf-Moosbrunn, Wöllersdorf, Bad Vöslau, Zwölfaxing und Knittelfeld sind Hauptziele. Über dem Voralpengebiet und den Wiener Randzonen kommt es zu heftigen Luftkämpfen mit den diesmal hauptsächlich im Bereich von Bad Vöslau stationierten deutschen Abwehrjägern. Nach US-Angaben werden allein in diesem Abschnitt sechs schwere US-Bomber abgeschossen. Nach deutschen Angaben im Raum Wiener Neustadt insgesamt 168 eigene Jäger, 32 sichere, fünf wahrscheinliche Feindabschüsse. Drei Maschinen Totalverluste, neun vermißt.

26. Mai 1944
Feindliche Aufklärer im Raum Wiener Neustadt. Nach dem zehnten Luftangriff der 15. USAAF sind in Wiener Neustadt 401 Gebäude total vernichtet und über 2 000

beschädigt. 6 000 Einwohner der Stadt sind ausgebombt (obdachlos). Schon jetzt zeigt sich, daß die Zivilbevölkerung am schwersten betroffen wird. Die Produktionsstätten sind durchwegs dezentralisiert und werden zum großen Teil unter Tag verlegt. Eine Statistik nach Kriegsende wird ein kaum glaubliches Ergebnis bringen: Der Anteil der luftkriegstoten Fabriksarbeiter, die an ihren Arbeitsstätten getötet wurden, beträgt nur 0,2 Prozent der gesamten Fabriksarbeiter.

28. Mai 1944
Nachts Störflugzeuge über Wien.

29. Mai 1944
Von den Luftbasen um Foggia über die Adria und Kroatien einfliegend, greifen 829 B-17 Flying Fortresses und B-24 Liberators mit Begleitjägern der 15. USAAF ab 9.41 Uhr den Raum Wiener Neustadt und Wien an. Schwere Schäden in Wiener Neustadt, Atzgersdorf, Liesing und im Wiener Stadtgebiet.
Verschiedene Überflüge von Teilverbänden und Störflugzeugen in der Steiermark. Nach US-Angaben werden 23 Flugzeuge verloren und über 60 deutsche Jäger abgeschossen. Nach deutschen Teilangaben werden allein im Raum Wien 17 US-Flugzeuge abgeschossen. Nachts Donauverminung durch die RAF und Bombenangriff auf deutschen Jägerhorst Fels am Wagram.

30. Mai 1944
Rund 500 B-17 Flying Fortresses und B-24 Liberators, begleitet von zahlreichen Jägern und Jagdbombern, fliegen von 9.25 bis 11.25 Uhr Ziele der Luftrüstung, Munitionsindustrie sowie Flugplätze in Ostösterreich an. Wels sowie der Raum Wiener Neustadt sind Hauptziele. Schwere Treffer in Pottendorf, Neudörfl, Großmittel, Blumau und Neunkirchen sowie bei Türnitz. Bombenabwürfe auf Tulln und Krems. Die Flak schießt nach ersten Meldungen allein elf US-Maschinen ab. Die RAF vermint nachts weiter die Donau. Abwurf in vier Nächten 364 Minen.

2. Juni 1944
Die US-Bomber der Operation „Frantic Joe" greifen von den russischen Luftbasen

aus Galatz in Rumänien an und kehren zu ihren Basen in der Sowjetunion zurück. Die Ölfelder und Raffinerien im Raum Ploesti werden von anderen Bombergruppen der 15. USAAF von Foggia aus schon seit einiger Zeit angegriffen. Im Westen hat im Morgengrauen die schon lange erwartete westalliierte Invasion begonnen. Die in England stationierten US-Bomber der 8. und 9. USAAF greifen in bisher kaum vorstellbarer Stärke die deutschen Verteidigungszonen, Eisenbahnziele, Brücken und Verkehrsknotenpunkte in der Normandie an. Von der 8. USAAF werfen 1 729 schwere Bomber 3 596 Tonnen Bomben ab. Begleitende Jagdbomber und Jäger fliegen allein 1 880 Einsätze. Die 9. USAAF bringt im gleichen Zeitraum über 800 Bomber und über 2 000 Jagdbomber und Jäger über der Normandie und Westfrankreich zum Einsatz. Die Luftherrschaft der Westalliierten ist endgültig. Von deutscher Seite werden alle verfügbaren Jägergruppen aus dem Heimatgebiet an die Invasionsfront geworfen. Im österreichischen Raum werden fortan nur noch wenige Tagjäger eingesetzt. Die überwiegende Hauptlast der Luftverteidigung insbesondere im ostösterreichischen Raum liegt von nun an bei immer mehr sich verstärkenden Flakbatterien.

8. Juni 1944
Einflug von 15 Feindmaschinen in den Raum Laibach–Graz. Angriff auf Eisenbahnziele bei Brückl bei Marburg und Radkersburg.

9. Juni 1944
Nachts Einflug eines Störflugzeugs (Agentenflug) in den Raum St. Pölten.

10. Juni 1944
Aus dem Süden fliegen vier Feindflugzeuge in den Raum Wiener Neustadt ein. Kein Angriff.

12. Juni 1944
Aus dem Süden Einflug einer Spitfire in den Raum Marburg.
Lage Westfront: In der Nacht vom 12. zum 13. Juni 1944 erster Einsatz der V1 gegen England.

13. Juni 1944
Über Foggia Versammlung von 560 schweren Bombern von 6.05 Uhr bis 7.20 Uhr. Verbände erreichten um 8.15 Uhr den Raum Pola. Von hier mit Jagdschutz über Linz, Augsburg nach München. Angriff ab 10.17 Uhr. 300 Tote, 15 000 Obdachlose. Ein schwächerer Verband greift ab 10.34 Uhr Innsbruck-Wilten mit 150 Sprengbomben an.
Über süddeutschem Raum 224 deutsche Jäger, davon vier Verluste. 23 Abschüsse von US-Flugzeugen. Nach US-Angaben Totalverlust von zehn Maschinen. Mehrere vermißt.

16. Juni 1944
Von Foggia starten 658 B-17 Flying Fortresses und B-24 Liberators der 15. USAAF, um mit 290 Begleitjägern den Raum Šibenik in Jugoslawien um 8.30 Uhr zu erreichen. Von dort fliegt der Verband zum Plattensee und nimmt Kurs auf den Raum Wien. Der Hauptverband erreicht Wien um 10.28 Uhr. Schwere Schäden in Floridsdorf. Vacuum Oil schwer getroffen. Weitere Ölziele in Schwechat (Nova). Dort brennt ein Tank mit 10 000 Tonnen total aus. Weitere Ziele Lobau, Praterspitz, Breitenlee. In Wien 200 Tote. Deutsche Abwehr setzt 230 Jäger ein. Deutsche Angaben: Abschuß von 31 (bestätigten) US-Maschinen, weitere drei wahrscheinlich. Sieben Abschüsse durch Wiener Flakbatterien. 16 eigene Verluste, hiervon zehn ungarische Jagdmaschinen. Acht Maschinen vermißt. US-Angaben: Verlust von 14 Bombern und sechs Jägern. 70 gegnerische Flugzeuge zerstört.

19. Juni 1944
9 Uhr Störflugzeug Raum Wien.

22. Juni 1944
Lage Ostfront: Beginn der sowjetischen Großoffensive zur Zerschlagung der Heeresgruppe Mitte.
Lage Balkan: Laufend heftige Kämpfe mit sich zunehmend verstärkenden Partisanenverbänden.
Ein Feindaufklärer über Marburg an der Drau.
Zwei Lightnings über Ostösterreich bis Prag.

Ein deutscher Fernaufklärer entdeckt die bei Poltawa in der Sowjetunion stationierten US-Bomber der Operation „Frantic Joe". Am Abend starten 200 deutsche Bomber in Ostpolen und greifen nach der RAF-Angriffstaktik nach 1 000 Kilometern Flug die US-Basen bei Poltawa an. 58 US-Maschinen und verschiedene sowjetische Flugzeuge vernichtet, zahlreiche weitere beschädigt. Ein US-Tanklager mit 1,7 Millionen Liter Flugzeugbenzin brennt aus.

23. Juni 1944
Neuerlicher deutscher Luftangriff auf die US-Flugbasen bei Pirjatin und Mirgorod in der Sowjetunion. Gesamte US-Vorräte an Bomben und Treibstoff vernichtet. Operation „Frantic Joe" von nun an unwesentlich.

26. Juni 1944
Zwei Feindflugzeuge über Wiener Neustadt ohne Angriff.
Lage Westfront: In der Normandie ebnen 1 507 schwere, 380 mittlere und 559 Jagdbomber die deutschen Stellungen ein.
Nachts greifen 120 RAF-Bomber Budapest an. Deutsche Nachtjäger, hauptsächlich in Parndorf im Burgenland stationiert, schießen 16 Bomber ab. Um 9.37 Uhr greifen 677 B-17 Flying Fortresses und B-24 Liberators der 15. USAAF Ölziele, Flugzeugwerke und Wohnviertel in Wien an. Begleitend 260 Einsätze von Jagdbombern und Jägern. Schwere Schäden im Heinkel-Werk Schwechat-Heidfeld (heute Flughafen Wien), im Gebiet der Eisenbahnanlagen und Raffinerien in Floridsdorf, Raffinerie Schwechat, Winterhafen und Lobau sowie im Gebiet der Raffinerie Korneuburg und Moosbierbaum. Schwächere Angriffe auf St. Pölten (zehnter Angriff bisher, 591 Tote) und Wiener Neustadt. Jagdbomber greifen verschiedene Ziele im Osten Österreichs hauptsächlich entlang der Eisenbahnlinien mit Bordwaffen an. Nach US-Angaben Verlust von 30 eigenen Maschinen, hauptsächlich Bombern, während die Amerikaner über 60 deutsche Jäger als abgeschossen annehmen.

27. Juni 1944
Ab 9.15 Uhr Einflug eines auf 36 Kilometer Breite gefächerten Verbands der 15.

USAAF bestehend aus rund 300 B-17- und B-24-Bombern und 90 P-51-Mustang-Begleitjägern in den westungarischen Raum. Angriff auf Budapest, Szolnok und Kecskemet. Abschuß von drei US-Bombern.

29. Juni 1944
Lage Ostfront: Bei Heeresgruppe Mitte Bobruisk verloren. Kämpfe im Raum Minsk und an der Beresina. Rote Armee in zügigen Vorgehen.
Lage Westfront: Schwerste Kämpfe um Caen.
Frontlage Süd: Kämpfe im Raum Perugia und am Trasimenischen See.
Nachts greifen 40 Wellington-Bomber der RAF den Jägerhorst Fels am Wagram, St. Pölten, Randzonen Wiens und einige Nebenziele an. Bombenabwürfe durch Einsatz von deutschen Nachtjägern nur verstreut. RAF verliert 18 Bomber.

30. Juni 1944
Drei US-Maschinen ohne Angriff bis Wien.

4. Juli 1944
Nachts Störflugzeuge über Wien.

6. Juli 1944
205. Staffel der RAF greift nachts Flugplatz Fels am Wagram an. Deutsche Nachtjäger schießen aus RAF-Verband 13 Maschinen ab. Reichweite deutscher in Niederösterreich, Burgenland und Ungarn stationierter Fernnachtjäger bis Foggia. Nachts Störflugzeug über Wien. Kein Angriff, Leuchtbombenabwurf über Wienerwald.

7. Juli 1944
560 B-17 und B-24 mit Begleitjägern der 15. USAAF erreichen über Kroatien, Plattensee und Neusiedler See das oberschlesische Industriegebiet ab 9.30 Uhr. Heftige Luftkämpfe beim Hin- und Rückflug über Niederösterreich. Nach US-Angaben gehen 18 US-Maschinen verloren, und eine noch höhere Anzahl wird vermißt. Deutsche Unterlagen verzeichnen Einsatz von 154 eigenen Jägern, Hauptabwehr durch Flakartillerie.

8. Juli 1944
Am Vormittag Großangriff der 15. USAAF mit 520 schweren Bombern auf Ölziele,

Flugplätze und Eisenbahnanlagen im Großraum Wien. Die Raffinerien in Vösendorf, Atzgersdorf (dreifacher Bombenteppich auf Aralwerke), Korneuburg und Wien-Floridsdorf, der Bahnhof Floridsdorf, der Franz-Josefs-Bahnhof, das Schlachthaus St. Marx, der Rennweg sowie die Jägerhorste Zwölfaxing, Münchendorf und Markersdorf werden massiv mit Bomben belegt. Außerdem werden die Eisenbahnanlagen in Wien-Floridsdorf und sieben Rüstungsbetriebe getroffen. Begleitende Jagdbomber und Jäger unterstützen die viermotorigen US-Bomber mit über 200 Einsätzen. Über Ungarn Abschuß von acht US-Maschinen. Etwa 50 deutsche Jäger greifen in zahlreichen Luftkämpfen ein – sechs Verluste. Die angreifenden US-Verbände verlieren nach eigenen Angaben 14 Maschinen. In Wien fordert der Großangriff 53 Tote.

16. Juli 1944
Rund 380 B-17- und B-24-Bomber, begleitet von 282 P-51-Mustang- und P-38-Doppelrumpf-Lightning-Jagdbombern der 15. US-Luftflotte, erreichen aus Foggia kommend über Jugoslawien–Ungarn–Plattensee ab 10.20 Uhr den Großraum Wien. Massive Treffer im Öllager Winterhafen, Praterspitz, Verkehrsanlagen in Wien, die Flugmotorenfertigung Wiener Neudorf und andere Industrieziele. Am Fliegerhorst Münchendorf Treffer an 15 deutschen Maschinen. In Wien 119 Ziviltote. US-Angaben: Verlust von zehn Maschinen, mehrere vermißt.

18. Juli 1944
Von einer neu und konzentriert eingesetzten deutschen Jäger-„Sturmgruppe", bestehend aus 41 Maschinen, werden bei einem Angriff von 600 Bombern der 15. USAAF auf Bayern 50 US-Maschinen abgeschossen. Deutsche Angaben: US-Verluste insgesamt 63 Maschinen, bei fünf eigenen Verlusten nach ersten Meldungen.

19. Juli 1944
Über 400 B-17- und B-24-Bomber mit Begleitschutz erreichen über die Alpen einfliegend mit der ersten Welle um 9.51 Uhr und mit der zweiten Welle um 11.03 Uhr München. Unterstützend etwa 300 Einsätze

von P-38 Lightnings und P-51 Mustangs. Nach US-Angaben heftiges und genaues Flakabwehrfeuer mit Verlust von 16 US-Maschinen. Etliche weitere US-Flugzeuge vermißt. Abwehrfeuer in Innsbruck, einzelne Maschinen erreichen auch den Großraum Linz.

20. Juli 1944
An die 450 B-17 Flying Fortresses und B-24 Liberators der 15. USAAF erreichen über den Adriaraum–Brenner–Innsbruck die Ziele Friedrichshafen und Memmingen. P-38 Lightnings und P-51 Mustangjagdbomber unterstützen den Angriff. Abflug des Großverbands über Innsbruck–Brenner. Neun der viermotorigen Bomber werden abgeschossen, weitere vier Liberators stürzen über der Schweiz ab. Je einer weiteren Fortress gelingt die Notlandung in der Schweiz und in Pajerne (Frankreich). US-Gesamtverlust: 15 Bomber.

21. Juli 1944
Einflug von 362 B-17 Flying Fortresses und B-24 Liberators mit Begleitjägern und Jagdbombern über Adria, Wörthersee–Kärnten, Steiermark, Voralpengebiet über Linz–Passau nach Brüx–Komotau. Elf US-Verluste nach deutschen Angaben. (Zur gleichen Zeit rund 1000 Bomber mit Begleitjägern aus dem Westen gegen München und Nebenziele.) Nachts Einflug von 70–80 RAF-Flugzeugen aus dem Adriaraum über Wien (ab ca. 23.20 Uhr aus dem Raum Wien massives Flakfeuer, weit über 1200 Schuß) nach Pardubitz. Dort Angriff und Abflug über Pilsen–München–Innsbruck–Brenner. Einzelne Störflugzeuge erreichen Liegnitz–Breslau–Gleiwitz. Einsatz von 51 deutschen Nachtjägern, die fünf RAF-Maschinen abschießen.

25. Juli 1944
Aus dem Süden um 9.30 Uhr Küstenüberflug von 420 B-17- und B-24-Bombern mit Begleitjägern. Über Agram (Zagreb) erreicht der Verband den Westrand Wiens. Teilverband greift Ölziele an. Hauptverband schwenkt nach Linz ein und greift von 11.15 Uhr bis 11.45 Uhr die stark vernebelten Industrieanlagen und Wohnviertel an. Zahlreiche Personenverluste. Weiterer Teil-

verband greift Bahnanlagen in Villach an. Heftige Luftkämpfe über den Voralpen. Nach US-Angaben 21 Verluste.

26. Juli 1944
330 B-17 Flying Fortresses und B-24 Liberators, von zahlreichen Jagdbombern und Begleitjägern unterstützt, erreichen am Vormittag über Adria–Kroatien kommend den Osten Österreichs. Großverband ist 60 Kilometer breit und hat eine Tiefenstaffelung von 1,5 Kilometern. Von 11.10 Uhr bis 11.45 Uhr Angriffe auf Fliegerhorste, Flugmotoren- und Flugzeugwerke in Wiener Neudorf, Zwölfaxing, Gumpoldskirchen, Vösendorf, Vöslau, Markersdorf, Graz-Thalerhof und Steinamanger (Szombathely) und Eisenbahnziele in der Steiermark beim Rückflug. Nach deutschen Angaben Einsatz von 153 Jägern, die 26 US-Maschinen sicher und weitere fünf wahrscheinlich abschossen.

30. Juli 1944
Frontlage Süd: Kämpfe bei Florenz.
Lage Ostfront: Russen erreichen Raum Warschau. Kämpfe westlich des Bug. Brest-Litowsk von der Roten Armee erobert.
Die 15. USAAF hat im Juli 318 Bomber verloren.

3. August 1944
Am Vormittag Einflug von über 600 viermotorigen Bombern und über 300 Begleitjägern der 15. USAAF über die Brennerstrecke in den Raum Innsbruck–Friedrichshafen. Beim Rückflug Bombenangriffe auf Ziele entlang der Brennerstrecke. Luftkämpfe über Reutte, Lermoos und den Lechtaler Alpen. Nach US-Angaben Verlust von elf US-Maschinen.

4. August 1944
In der Nacht zum 5. August ein Einzelflugzeug aus dem Süden über Laibach in den Raum Klagenfurt zur Partisanenversorgung. Ebenso je ein Störflugzeug in den Raum Linz und Graz.

7. August 1944
Einzelne Störflugzeuge über Wiener Neustadt, Wels und Linz. In der Nacht zum 8. August Störflugzeuge zur Agentenversorgung.

12. August 1944
Zwei Aufklärer aus dem Süden über Wien und Graz.

13. August 1944
Aus Italien mehrere Störflugzeuge über Wiener Neustadt, Linz, Klagenfurt und Wien.

20. August 1944
Bei Luftkämpfen über Österreich 15 US-Bomber abgeschossen.

22. August 1944
Infolge der sich stetig verstärkenden deutschen Flak- und Jagdabwehr versucht die 15. USAAF immer neue Angriffstaktiken. Am Morgen fliegt ein US-Verband, an die 530 B-17- und B-24-Bomber, mit dem bereits üblichen einige hundert Lightnings und Mustangs starken Jagdschutz über Adria–Kroatien–Plattensee ein und sammelt über dem Neusiedler See. Bei Preßburg teilt sich der Kampfverband. 300 Bomber nehmen Kurs auf Wien und greifen in zwei Wellen von 10.20 bis 10.50 Uhr die Raffinerien und Öllager Korneuburg, Floridsdorf, Lobau und Winterhafen sowie vier Fliegerhorste in der Umgebung Wiens an. Etwa 200 Bomber samt Begleitschutz nehmen Kurs auf das oberschlesische Industriegebiet. Wiener Flakbatterien schießen sieben Bomber ab.

23. August 1944
Unter anderem US-Angriff auf den Fliegerhorst Markersdorf. US-Großverband überfliegt Osten Österreichs.

24. August 1944
Ab 12.50 Uhr Großangriff in vier Wellen auf den 5., 6., 7., 10. und 12. Wiener Gemeindebezirk und ebenso auf Industrieziele, Eisenbahnanlagen und Ölziele am Südrand der Stadt. Siebenhirten, Brunn am Gebirge, Inzersdorf, Wiener Neudorf und Vösendorf sind die Hauptziele. Einzelbomber greifen Flakstellungen (Fischamend) an. Gesamtabwurfmenge etwa 1 200 Spreng- und zahlreiche Brandbomben. Im Wiener und im niederösterreichischen Raum werden 95 Jäger gegen die US-Bomber einge-

setzt. Nach deutschen Unterlagen 16 bestätigte Abschüsse, davon acht durch Flakartillerie.
Frontlage West: Alliierte haben Paris erreicht, Spitzen bereits im Stadtkern.

25. August 1944
US-Jagdbomber über Wien, Störflugzeuge sechsmal im Raum Linz. US-Großverband überfliegt Osten Österreichs und greift Brünn an.
Luftkrieg Westdeutschland: Erstmals vermehrte Bordwaffenangriffe alliierter Jagdbomber auf arbeitende Landbevölkerung.

26. August 1944
Am Vormittag Einflug von 50 Flugzeugen in den Raum Laibach und Krainburg ohne Angriff.

27. August 1944
Neuerlich Großverband der 15. USAAF über Osten Österreichs mit Angriffen auf Ziele in Preßburg, Brünn und Oberschlesien.

28. August 1944
Von den US-Luftbasen um Foggia starten 560 US-Bomber Liberator sowie einige hundert Jagdbomber und Begleitjäger. Ein Teilverband fliegt in sieben Wellen Richtung Wien. Gegen 10.25 Uhr Großangriff auf Hydrierwerk Moosbierbaum. Über Wien US-Begleitjäger, Tiefflieger über Schwechat, Winterhafen–Lobau. Ende Luftalarm Wien 12.30 Uhr.

31. August 1944
Frontlage Balkan: Nach Abfall Rumäniens Erdölfelder und Treibstoffproduktion verloren. Bukarest bereits in den Händen der Roten Armee.
Frontlage West: US-Truppen in Amiens. Brückenköpfe östlich der Maas.

1. September 1944
Gesamtlage deutsche Rüstung: Trotz laufender Steigerung der westalliierten Luftangriffe erzielt deutsche Rüstung bisher höchste Produktionszahlen. Ab September beginnender Rückgang. Hauptursache Treibstoffmangel infolge Angriffen auf die Raffinerien. Erst die Zerschlagung der Ver-kehrsverbindungen im Frühjahr 1945 wird entscheidende Wende bringen. Moral der deutschen Bevölkerung entgegen Strategie von Churchill und Harries ungebrochen. Luftkrieg treibt Menschen nur in Apathie und engeren Zusammenschluß infolge der alliierten Bedingungen nach bedingungsloser Kapitulation, Begriff der Ausweglosigkeit.

1.–3. September 1944
Lage Ostfront: In der Slowakei schwere Kämpfe mit Aufständischen und Partisanen.

10. September 1944
Ein schwerer Bomberverband der 15. USAAF mit 344 B-17 und B-24 samt Begleitjägern erreicht um 8.30 Uhr die jugoslawische Küste bei Šibenik und über Karlstadt (Karlovac) den Großraum Klagenfurt. Hauptverband erreicht um 10.27 Uhr den Großraum Wien. Schwere Schäden im Stadtgebiet sowie in den Industriegebieten und Ölraffinerien. Wiener Flakbatterien erreichen mindestens zwölf bestätigte Abschüsse. In Wien ca. 1 000 Tote.

12. September 1944
In Tirol Bombenabwürfe bei Schwaz.

14. September 1944
Nachts ein Störflugzeug über Wien.

22. September 1944
366 B-24 Liberators und B-17 Flying Fortresses mit 270 Begleitjägern der 15. USAAF erreichen zwischen Venedig und Triest den norditalienischen Raum. In Tirol (Haiming) Massenabwurf von Schadinsekten aus US-Maschinen.

23. September 1944
147 B-17, begleitet von einem Großverband Jagdbomber (290 P-38 Lightnings und P-51 Mustangs) der 15. USAAF erreichen über Villach den Raum Wels. Angriff auf Eisenbahnziele und Nebenziele in Österreich.
Im September 1 500 Einsätze der RAF hauptsächlich in Italien. Gesamtverlust nur 20 Bomber. Davon 14 Partisanenversorger nach Warschau von deutschen Nachtjägern,

die hauptsächlich in Parndorf, Burgenland, stationiert sind, abgeschossen.

1. Oktober 1944
Die 15. USAAF im Raum Foggia ist nun durch die 5. Photo Group, ein Aufklärungsgeschwader, ergänzt worden. Somit hat die 15. USAAF ihre Sollstärke von 21 schweren Bombergeschwadern, sieben Jagd-(Jagdbomber-)geschwadern und einem Aufklärungsgeschwader erreicht.
In Österreich verfügt das Luftgaukommando XVII nunmehr bereits über 235 schwere Flakbatterien (gegenüber 60 schweren Flakbatterien Ende 1943).

4. Oktober 1944
Bei Überflug Tirols am Nachmittag Abwurf von Stabbrandbomben auf Kaltenbach im Zillertal.

5. Oktober 1944
Frontlage Balkan: Belgrad von Einheiten der Roten Armee und Tito-Verbänden erobert.
Lage Ostfront: Letzter Widerstand der Aufstandsarmee unter General Bor in Warschau zusammengebrochen. Kämpfe in Ostungarn.

7. Oktober 1944
Um 11.25 Uhr erreicht Großverband der 15. USAAF mit 350 B-17- und B-24-Bombern und zahlreichen Begleitjägern die jugoslawische Küste mit Kurs auf Kroatien–Plattensee. In neun Teilverbände aufgegliedert, massive Angriffe auf Ölziele und Flugplätze im Großraum Wien ab 12.45 Uhr. Ziele: Lobau, Praterspitz–Winterhafen, Schwechat, Tankschiffe auf der Donau, Floridsdorf, Simmering.

11. Oktober 1944
Über 180 B-17 und B-24 mit Begleitjägern der 15. USAAF erreichen über Kroatien–Ungarn den Großraum Wien um 11.34 Uhr. Teilverbände werfen Bomben auf 4., 5., 10., 13. und 16. Gemeindebezirk sowie Südrand der Stadt. Fliegeralarm bis 12.45 Uhr. Kurz danach neuerlicher Angriff auf die gleichen Ziele. Massive Tieffliegerangriffe auf Zivilbevölkerung Wiens und umliegende Zonen.

Niederösterreichisches Weinviertel, Marchfeld, Fliegerhorst Parndorf ebenfalls massiv mit Bordwaffen angegriffen.

12. Oktober 1944
160 P-51-Mustang-Jagdbomber mit Bordwaffenangriffen auf Eisenbahnziele und den Donauschiffsverkehr zwischen Budapest–Raab (Györ) und Wien.

13. Oktober 1944
Bomberstrom mit über 650 B-17 und massivem Jäger- und Jagdbomberschutz erreicht um 9 Uhr jugoslawische Küste. Teilverbände bis Schlesien–Blechhammer–Heydebreck und Odertal.
In Österreich Wien (Osten der Stadt), Graz (Hauptbahnhof) und Aspern angegriffen. Tagsüber zahlreiche Bordwaffenangriffe auf Ziele entlang der Eisenbahnlinien und Landstraßen im Osten Österreichs.

14. Oktober 1944
Angriff auf Ölgebiet Zistersdorf (Brände!), ebenso zahlreiche Bordwaffenangriffe der Begleitjäger. 52 B-24 Liberators greifen Marburg an der Drau an.

16. Oktober 1944
Etwa 600 B-17- und B-24-Bomber, begleitet von zahlreichem Jagdschutz der 15. USAAF, am Vormittag bis Laibach. Dort Aufgliederung in vier Teilverbände. Nordkurs und Angriff auf Industrie-, Ölziele und Wohnviertel in Graz-Thondorf (12.02 Uhr), Salzburg-Bahnhof (244 Tote, 130 Häuser zerstört; 11.10 Uhr), Stadtgebiet, Dom Volltreffer (Mozart-Haus), Villach, Klagenfurt, Steyr, Linz (11.35 Uhr), St. Valentin (Nibelungenwerke), Spittal an der Drau, Zeltweg, Trieben und St. Veit an der Glan. Nachts 21 bis 22 Uhr Störflugzeuge.

17. Oktober 1944
330 viermotorige US-Bomber mit massivem Begleitschutz erreichen um ca. 10 Uhr die jugoslawische Adriaküste. Aufgliederung in mehrere Teilverbände. Angriffe auf Marburg an der Drau, Graz und Fürstenfeld. Großverband über Raab (Györ), Neusiedler See bis Preßburg. Von hier erreicht der nach

Westen eingeschwenkte Hauptverband mit 200 Bombern und Begleitjägern Wien. Breitgefächerte Bombenabwürfe auf strategische Ziele und Wohnviertel, hauptsächlich am Südrand der Stadt. 2., 9., 10., 11., 12. und 19. Gemeindebezirk schwer getroffen.

20. Oktober 1944
13.13 Uhr Angriff von 65 US-Bombern auf Innsbruck (bisher vierter Angriff, Versagen der Luftwarnung, 34 Tote). Einzelne Feindmaschinen bis Mürzzuschlag.

21. Oktober 1944
Tagsüber Störflugzeuge über Wien, St. Pölten, Klagenfurt. Nachts greift die RAF mit über 70 Bombern Flüchtlingstransport in Marburg an der Drau an.

23. Oktober 1944
US-Angriffe auf Ziele im Raum Saalfelden und Zell am See. Störflugzeuge über Wien.

25. Oktober 1944
Am Vormittag greifen 10 B-17 Klagenfurt an.
Luftlage Reich: 11 Uhr Einflug von 1 200 viermotorigen US-Bombern über Deutscher Bucht.

26. Oktober 1944
Sieben B-17 Flying Fortresses aus dem Süden bis Salzkammergut–Stubaier Alpen mit Angriff auf Innsbruck.

28. Oktober 1944
Aus dem Süden 14.43 Uhr zehn B-17 Flying Fortresses mit Angriff auf Klagenfurt.

29. Oktober 1944
30 P-38 Lightnings bis Linz, Amstetten, St. Pölten mit Bordwaffenangriffen auf Verkehrsziele zwischen Wels und Kienberg. Nach US-Angaben allein 17 Lokomotiven zerstört. US-Verband über Tirol bis München.

1. November 1944
320 B-17 und B-24, mit starkem Jagdschutz, überfliegen die jugoslawische Adriaküste und erreichen ab 12.32 Uhr mit etwa 250 Flugzeugen den Großraum Wien. Massive

Angriffe auf Industrieziele (Dieselproduktion) und Verkehrsziele im Süden und Südosten der Stadt. Fünf Werke sowie Wohnviertel im 11. Wiener Gemeindebezirk und Verkehrsanlagen getroffen.
Ab 13.55 Uhr etwa 150 US-Maschinen über Graz. Abwurf von zahlreichen Spreng- und Brandbomben, hauptsächlich auf das Stadtzentrum und den Grazer Hauptbahnhof mit schweren Gebäudeschäden. Ebenso auf Eisenbahnanlagen bei Güssing und verschiedene weitere Ziele Österreichs.
Einige US-Jagdbomber greifen bei „freier Jagd" Eisenbahnziele und militärische Anlagen bei Parndorf sowie im Großraum Neusiedler See an.

2. November 1944
Schlechtwetter stoppt die üblichen US-Angriffe vom Süden, Insgesamt erreichen nur sieben US-Maschinen den österreichischen Raum. Fünf B-17 Flying Fortresses bis Moosbierbaum mit Angriff auf die Raffinerieanlagen. Weitere zwei Störangriffe auf Klagenfurt.

3. November 1944
Zwischen 9.20 und 11.55 Uhr Einflug von 46 B-17 und B-24 über Agram–Graz bis Wien. Bombenabwürfe auf ein Geschützdepot südlich Wiens und auf die Ölraffinerie Moosbierbaum. Zur gleichen Zeit Einflug einer anderen Bombergruppe in den Raum Klagenfurt mit Angriffen auf Flugzeugwerke sowie auf Eisenbahnlinien südöstlich von Graz. Das anhaltende Schlechtwetter zwingt die US-Bomber zu ungezielten Abwürfen. Weitere 15 Mustangs auf Marburg an der Drau, ebenso 20 viermotorige US-Bomber über Innsbruck mit ungezielten Abwürfen.

4. November 1944
715 viermotorige US-Bomber mit Jagdschutz erreichen mittags aus dem Süden den Großraum Salzburg. Dort Teilung und Angriff von 300 Kampfflugzeugen im Raum Linz. Schwere Schäden in den Hermann-Göring-Werken, Eisenbahnanlagen und Hydrierwerken. Teilangriff auf Wels.
Ein kleiner Teilverband von 24 viermotorigen Bombern auf Kufstein mit Abwurf von

etwa 50 Spreng- und bis zu 3 000 Brandbomben. Dort 15 tote Zivilpersonen, fünf
Fremdarbeiter und zahlreiche Gebäudeschäden.
Zwölf US-Bomber auf Marburg an der
Drau. Etwa 20 Einzelflugzeuge mit Störan-
griffen auf Klagenfurt–Graz–Wien.

5. November 1944

Größter Luftangriff des Zweiten Weltkriegs
auf ein Einzelziel!
Der US-Großverband erreicht von den süditalienischen Luftbasen kommend die jugoslawische Adriaküste um etwa 10 Uhr. Die
US-Maschinen, 500 B-17 Flying Fortresses
und B-24 Liberators mit 139 P-38 Light-
ning-Doppelrumpf- und 198 P-51 Mustang-
Jagdbombern als Begleitschutz, erreichen
Wien und greifen als Einzelziel die Ölraffinerie Floridsdorf an.
Teilverband schwenkt bis Znaim aus und
greift Wien neuerlich mit Südkurs an.
Schwere Schäden in Wien-Floridsdorf sowie
zwischen Donau und Wien-Kagran. Mehrere Stadtteile von Gas und Stromverbin-
dungen abgeschnitten. Zur Abwehr gegen
möglichen Weiterflug und Großangriff des
US-Großverbands auf die lebenswichtigen
Hydrieranlagen in Oberschlesien noch 585
deutsche Jäger aufgeboten, jedoch Lan-
dungsbefehl nach Erkennen des Einzelziels
Floridsdorf. Vom US-Verband greifen 16
Jagdbomber in Einzelangriffen Einzelziele
im gleichen Zielgebiet an.
Getrennt greifen weitere zehn US-Bomber
verschiedene Einzelziele sowie die Panzerproduktion in Kapfenberg an.

6. November 1944

Am Morgen Einflug von Fernaufklärern in
den österreichischen Raum. Zwischen 8 und
9.05 Uhr Einflug von 580 viermotorigen
US-Bombern mit Begleitschutz über Klagenfurt–Leoben in den Raum Linz. Von
dort Einflug in den Großraum Wien. Raffinerie Moosbierbaum schwer getroffen.
Ebenso Angriffe auf Wiener Neustadt und
Graz. Teilangriffe auf verschiedene Nebenziele, wie Stahlwerke Kapfenberg, Flugplatz
bzw. Eisenbahnanlagen, Deutsch Wagram,
Marburg an der Drau.

7. November 1944

Gesamt über 550 viermotorige US-Bomber
mit Jagdschutz auf Ziele in Jugoslawien,
Norditalien, Teilverbände bis Österreich.
Angriffe auf Marburg an der Drau, Bren-
nerpaß, die Ölraffinerie Wien-Floridsdorf,
ebenso 10.50 bis 11.05 Uhr 50 viermotorige
US-Bomber auf Ziele südwestlich Lienz in
Osttirol.

8. November 1944

Mittags Störflugzeuge über Salzburg und
Graz.

10. November 1944

Mittags sechs Feindmaschinen mit Tiefangriffen und Bombenabwürfen bis Marburg
an der Drau und Graz.

11. November 1944

220 viermotorige US-Bomber mit Jagd-
schutz ab 9.40 Uhr über Villach (Söderbach)
östlich Innsbruck bis Protektorat Böhmen-
Mähren. Bei folgendem Südkurs Angriff auf
Linz. Aus dem Süden folgender weiterer
Verband von 100 Maschinen über Lienz bis
Passau, von dort mit Südkurs Angriff auf
Salzburg. Ebenso Angriffe auf Eisenbahn-
ziele in Zell am See, die Straßenbrücke bei
Sillian, den Wurzenpaß. Zusätzlich bei allen
Bombenabwürfen auch Tieffliegerangriffe
der Begleitjäger auf gleiche Zielgebiete.

12. November 1944

Von 9.30 bis 14.30 Uhr zwölf einzelne feindliche Maschinen über Niederdonau ohne
Angriff. 9.45 bis 10.35 Uhr etwa 20 P-51
Mustangs über Gurkfeld/Kärnten bis Marburg an der Drau und Slowenien. Angriffe
auf Lokomotiven. 10.05 bis 12.50 Uhr etwa
60 US-Maschinen aus Norditalien bis Innsbruck–Kufstein–Rosenheim.

15. November 1944

Am Vormittag aus dem Süden 80 B-17 Flying Fortresses und B-24 Liberators der
15. USAAF bis Salzburg. Dort Teilung des
Angriffsverbands: 25 Bomber auf Innsbruck
und Schwaz, weitere 20 auf Linz sowie etwa
15 Maschinen bis Prag–Pilsen.
Nebenziele Wolfsberg, Hieflau, die Stahlwerke in Kapfenberg, Ybbs an der Donau.

Die Bombenabwürfe erfolgten während zeitweise heftigem Schneetreiben aus dichter Wolkendecke. Masse der Bomben fiel in die Kranebittener Klamm bzw. im Karwendel. In Linz nur vereinzelte Treffer in den Hermann-Göring- und Stickstoffwerken. Eine Flakstellung getroffen.

16. November 1944
Ab 10.40 Uhr erreicht ein Großverband der 15. USAAF mit über 550 viermotorigen Bombern und Begleitjägern die norditalienische Adriaküste bei Venedig. Folgekurs über Tirol bis München. Bei Rückflug von 13.25 bis 13.32 Uhr 400 Sprengbomben auf Innsbruck. Eisenbahnverbindung kurzzeitig unterbrochen.

17. November 1944
Großverband mit insgesamt 630 B-17 und B-24 samt Jagdschutz am späten Vormittag aus dem Süden mit Nordkurs. Davon etwa 350 viermotorige Bomber bis Znaim, dort Teilung, Masse von Norden mit Großangriff auf Wien-Floridsdorf und Nebenziele. 200 viermotorige Bomber mit Jagdschutz greifen zur gleichen Zeit Salzburg (11.58 bis 12.52 Uhr) und in der Folge Passau an. Auf Salzburg 800 Spreng- und zahlreiche Brandbomben. Teilangriffe auf Graz, Marburg an der Drau, Villach, St. Johann in Tirol und verschiedene Nebenziele. Auch zahlreiche Tieffliegerangriffe auf Eisenbahn- und Verkehrsziele.

18. November 1944
Ab 8 Uhr erreichen etwa 500 viermotorige US-Bomber mit 126 P-38 Lightnings als Jagdschutz den norditalienischen Raum. Masse bis östlich Salzburg und von dort bis Wien und Znaim. Ab 12.50 Uhr gleichzeitiger Angriff auf Wien von Norden bis Westen auf die Raffinerien Korneuburg und Wien-Floridsdorf. Auf die Stadt selbst fielen zahlreiche Spreng- und Brandbomben, auf Wohnviertel, Industrie- und Verkehrsziele. Auf Schloß und Park Belvedere fallen 35 Sprengbomben, weitere auf das Viertel um den Stephansdom. Massive Abwürfe auf 3. und 6. Gemeindebezirk, Stadlau, Schwechat, Floridsdorf und Wiener Neudorf. Einige Donaubrücken erhalten Bombentreffer.

19. November 1944
Aus dem Süden ab 10.15 Uhr über 500 viermotorige US-Bomber mit massivem Jagdschutz in den österreichischen Raum. Davon greift ein Teilverband von 150 Maschinen Linz und ein Großverband von 250 Maschinen von 12.04 bis 12.55 Uhr den Großraum Wien an. Gleichzeitig massiver Jagdbombereinsatz. Im Großraum Wien zahlreiche Abwürfe auf die Raffinerien Schwechat und Vösendorf, die Öllager Winterhafen und Lobau, Bahnhof Simmering Ort, die Flugzeugwerke in Wiener Neudorf. Teilverband greift Raffinerieanlagen in Linz und den Flughafen in Hörsching an.
126 P-51 Mustangs betreiben freie Jagd auf Straßen und Eisenbahnen zwischen Wien und Westungarn. Marburg wird angegriffen. Während des Angriffs auf Wien gegen möglichen Angriffskurs Raffinerien in Oberschlesien starten 703 deutsche Jäger, da „nur" Wien angegriffen, erfolgt Landebefehl. Mindestens 17 Abschüsse von US-Maschinen durch Flak.

20. November 1944
8 Uhr Einflug verschiedener feindlicher Einzelflugzeuge und kleinerer Flugzeuggruppen aus dem Süden. Letzter Einflug ca. 14 Uhr. Störangriffe auf unterschiedliche Ziele im Großraum Neusiedler See und Untersteiermark. Hauptziel vermutlich Lähmung der deutschen Alarmsysteme. 43 P-38 Doppelrumpf-Lightnings greifen u. a. Erdziele zwischen Wien und Westungarn mit Bordwaffen und Bomben an.

22. November 1944
Ab 11.10 Uhr Einflug von zwei Bomberverbänden der 15. USAAF mit Jagdschutz. Weitere 214 US-Bomber greifen Villach, Lienz und Salzburg an. In Villach und Salzburg Schäden auf Bahnhofs- und Verkehrsanlagen. Tagsüber Einflug der bereits üblichen einzelnen Störflugzeuge und Jagdbombergruppen mit Angriffen im Großraum Villach und Marburg.

24. November 1944
3 bis 5.15 Uhr Einflug von insgesamt etwa 50 Störflugzeugen aus Norditalien über Brenner bis Zillertaler Alpen. Störangriffe

auf Innsbruck, Villach, Linz, Hörsching und Klagenfurt.

27. November 1944
Störflugzeuge der 15. USAAF zwischen 6.25 und 13.10 Uhr aus dem Süden bis Bayern–Niederdonau und Oberschlesien ohne Angriff.

29. November 1944
Vormittags zehn Aufklärer bis Niederdonau–Oberschlesien sowie Salzkammergut.

30. November 1944
Von 4.40 bis 5.40 Uhr Einflug von 30 Feindmaschinen aus dem Süden bis Innsbruck und München.
Im etwa gleichen Zeitraum rund 40 Feindmaschinen verteilt bis Linz–Braunau–(Ranshofen) und Marburg, hievon greifen 18 B-17 Flying Fortresses Raffinerieanlagen in Linz und weitere drei B-17 Eisenbahnziele in Villach, Klagenfurt und Gmunden an. Zwei B-24 Liberators bombardieren Innsbruck noch vor 5 Uhr früh. Abwurf von Langzeitzündern.

1. Dezember 1944
Gesamt 25 Aufklärer von 9 bis 15.40 Uhr in die Großräume Wien–Preßburg–Ödenburg und Innsbruck.

2. Dezember 1944
Etwa 500 B-17 und B-24 der 15. USAAF mit Jagdschutz am Vormittag über Ungarn–Ostösterreich bis Oberschlesien. Im Raum Wien Angriffe auf die Raffinerie Floridsdorf, den größten Verschiebebahnhof Österreichs, Straßhof, östlich von Wien. Zahlreiche Jagdbomberangriffe auf Nebenziele. Deutsche Abwehr setzt 406 Jäger ein.

3. Dezember 1944
Etwa 11 Uhr Einflug von 85 B-17 und B-24 mit Jagdschutz aus dem Süden. Angriff auf Ziele im Südosten von Wien und Industrieziele in Linz. Weitere Angriffe auf Verkehrsziele in Innsbruck, Villach und Klagenfurt. Begleitende P-38 Lightnings und P-51 Mustang Jagdbomber greifen verschiedene Nebenziele mit Bomben und Bordwaffen an.

4. Dezember 1944
Von Vormittag bis etwa 13.30 Uhr ca. 30 P-38 Lightnings über Großraum Niederdonau.

5. Dezember 1944
Die üblichen Feindaufklärer, diesmal 25 Maschinen, von 11.30 bis 13.15 Uhr im Raum Oberbayern und Niederdonau.

6. Dezember 1944
Ab etwa 10 Uhr Einflug von 270 schweren Bombern der 15. USAAF mit Jagdschutz in den Osten Österreichs, mit massiven Angriffen auf Graz, Wiener Neustadt und ebenso Marburg an der Drau. Zugehörige US-Jagdbomber und begleitende RAF-Jagdbomber greifen Nebenziele in Wien mit Bomben und Bordwaffen an.

7. Dezember 1944
Zwischen 3.50 und 5.30 Uhr Einflüge von 31 B-24 und B-17 in die Räume Salzburg, Klagenfurt, Villach, Lienz, Wolfsberg, Spittal an der Drau, Mittersill und St. Veit. Abwurf einzelner Sprengbomben im Raum Klagenfurt, Amstetten und Tulln. Zwischen 8.30 und 14.40 Uhr gesamt 24 P-38 Lightnings und P-51 Mustangs über den Raum Niederdonau und Innsbruck. (Fernaufklärer mit gleichen Maschinen als Begleitschutz.)

8. Dezember 1944
Aus dem Süden einfliegend, bombardieren 24 B-17 und B-24 die Ölraffinerie Moosbierbaum sowie Nebenziele in Graz, Klagenfurt und Villach. Später erreichen an die 30 US-Fernaufklärer mit Begleitschutz (P-38 und P-51) über Oberbayern den Großraum Wien.

9. Dezember 1944
Ab 10.50 Uhr Einflug eines in drei Wellen gefächerten US-Bomberverbandes von etwa 200 US-Bombern mit Jagdschutz bis Budweis und Niederdonau. Angriffe auf Linz, Wels und Villach.

10. Dezember 1944
Von 9.05 bis 13 Uhr an die 70 Jagdbomber P-38 Lightnings bis Oberbayern und Niederdonau mit Bordwaffenangriffen. Infolge

Schlechtwetters greifen nur sechs B-17 Verkehrsziele in Klagenfurt an.

11. Dezember 1944

Mittags 435 viermotorige Bomber der 15. USAAF mit Jagdschutz aus dem Adriaraum über Kroatien–Agram bis Wien. Großverband fächert aber zur Ablenkung der deutschen Abwehr zum Teil weit aus. Großangriff auf die Raffinerie Moosbierbaum – Werk Donauchemie schwer getroffen. Zweites Großangriffsziel Wiener Ost- und Südbahnhof sowie 3., 10. und 12. Wiener Gemeindebezirk.

Nebenziele an diesem Tag sind die Panzerproduktion bei Böhler in Kapfenberg sowie der deutsche Nachtjägerhorst Parndorf. Ebenso leichtere Angriffe auf Graz und Tulln. Jagdbomber bis Znaim. Bei Fehlabwürfen auf Tulln allein 83 Tote. Einzelne Bomber bis Innsbruck–München. Deutscher Einsatz von 149 Jägern zur Abwehr allfälliger Angriffe auf Oberschlesien; nach Erkennen des US-Hauptziels Wien zurückbeordert. Wiener Flak erzielt mindestens zwölf Abschüsse.

12. Dezember 1944

Ab 9.15 Uhr Einflug einiger hundert US-Maschinen aus dem Süden über Ostösterreich bis Oberschlesien. 10.40 bis 15.15 Uhr u. a. Einzelangriff auf Graz.

13. Dezember 1944

Ab Mittag gesamt 50 US-Maschinen über Tirol bis Bayern. Erstmals erreichen zehn Maschinen der 15. USAAF über Österreich den Großraum Berlin.

15. Dezember 1944

Ab 10.40 Uhr Einflug von 330 US-Bombern mit 250 P-38 und P-51 als Begleitschutz über Kroatien u. a. in den Raum Villach, Innsbruck, Salzburg, Linz und Amstetten, Nebenziele Klagenfurt, Waldhausen, St. Johann in Tirol und Schwaz. Ebenso angegriffen Linz. Angriffsschwerpunkt Industrie- und Verkehrsanlagen.

Auf Innsbruck ist es der zwölfte Angriff, diesmal von 40 Bombern, die große Schäden und 44 Tote zur Folge haben.

16. Dezember 1944

Aus dem Süden ab 10.15 Uhr Einflug von etwa 600 Bombern der 15. US Army Air Force zwischen Villach und Laibach. Auffächerung des Großverbands über Kärnten. Teilverband mit 50 Flugzeugen auf Linz, 150 auf Innsbruck. Auf Innsbruck, das in sechs Wellen zu je 20 Bombern angegriffen wird, fallen 600 Sprengbomben, 45 Langzeitzünder und etwa 12 000 Stabbrandbomben. Treffer und zahllose Brände in Wohnvierteln.

17. Dezember 1944

11.25 Uhr Teilverband mit 150 Bombern über Villach mit Angriff. Erster Teilverband bis Wels. Zweiter Teilverband greift Innsbruck und Salzburg an. Weiters 50 Jabos mit Bordwaffen gegen Erdziele.

18. Dezember 1944

Vormittags Einflug von 560 US-Bombern mit Jagdschutz in den ostösterreichischen Raum. Angriff auf die Raffinerie Wien-Floridsdorf. In Österreich Teilverbände auf Verkehrs- und Industrieziele in Graz und Bruck an der Mur.

In Graz und Wien schwere Verkehrsschäden. US-Fernaufklärer bis Oberbayern, Schlesien und Niederdonau.

19. Dezember 1944

In den Vormittagsstunden aus dem Süden Einflug nach Oberschlesien von über 400 B-17 und B-24 mit zahlreichen P-51 und P-38 als Jagdschutz. Teilverbände greifen Villach, Graz, Klagenfurt, Marburg an der Drau, Straßhof und Innsbruck an.

In Villach und Marburg schwere, in Klagenfurt mittlere Schäden an Verkehrsanlagen und Gebäuden.

20. Dezember 1944

Die 15. USAAF bietet diesmal 454 Flying Fortresses und Liberators sowie über 300 Lightning- und Mustang-Jagdbomber auf, um die deutsche Ölindustrie und Verkehrsziele zu treffen.

Angriffe auf Salzburg, Linz, Villach und Klagenfurt. Zahlreiche Fernaufklärer und Jagdschutz über Österreich.

21. bis 24. Dezember 1944
Die üblichen Einflüge von Lightnings P-38 bis Böhmen–Mähren–Oberbayern.
Am ersten Weihnachtstag von der 15. USAAF nur drei Fernaufklärer bis Oberbayern und Niederdonau.

25. Dezember 1944
Ein Teilverband von 145 Kampfflugzeugen der 15. USAAF bombardiert Innsbruck, Villach, Hall, Graz, Wels und den Fliegerhorst Hörsching bei Linz. Auf Innsbruck war dies der 15. Angriff von je etwa acht Flugzeugen in 16 Wellen. Industriewerk, Bahnanlagen und Wohngebäude schwer getroffen. Von der Flak ein Bomber über der Stadt abgeschossen.

26. Dezember 1944
60 Jäger und Jagdbomber über Österreich.

27. Dezember 1944
Aus dem Süden über Kroatien Einflug von 520 US-Bombern mit Jagdschutz mit Angriff auf Wien (Vösendorf), Linz, Wiener Neustadt, Villach, Klagenfurt, Bruck an der Mur, Graz, Marburg, Feldbach. Brenner-Eisenbahnlinie angegriffen, Bgleitende Jäger fliegen 250 Einsätze. Angriffe auf Eisenbahn- und Verkehrsziele durch 29 P-51 Mustangs. Erhebliche Verkehrsstörungen.

28. Dezember 1944
Etwa 480 viermotorige Bomber über Alpen – Brenner bis Regensburg. Teilverbände mit Angriffen auf Zwettl, Amstetten, Kalwang, Hieflau und Salzburg. Begleitende P-38 Lightnings und P-51 Mustangs greifen in über 350 Einsätzen Erdziele mit Bomben und Bordwaffen an.
Zusätzlich etwa 50 US-Fernaufklärer bis Oberbayern, Niederdonau, Oberschlesien.

29. Dezember 1944
270 viermotorige Bomber mit starkem Jagdschutz aus dem Süden über Oberitalien – Alpen mit Angriffen auf Innsbruck und Salzburg.

31. Dezember 1944
Acht Fernaufklärer bis Klagenfurt, Marburg und Wien.

1. Jänner 1945
Am Vormittag aus dem Süden verteilt zehn bis zwölf Fernaufklärer bis Graz–Leoben–Eisenerz–Bruck an der Mur und Marchtal südlich Lundenburg.

2. Jänner 1945
Von Vormittag bis etwa 14 Uhr sieben Fernaufklärer aus dem Süden über Graz und Lienz.

3. Jänner 1945
Aus dem Süden von etwa 8 bis 14.30 Uhr verteilt etwa 30 Maschinen bis Graz, Passau, Wien, St. Pölten, Klagenfurt, Villach, Marburg und Gurkfeld. Nachts vor 18 Uhr fünf Maschinen bis Laibach und Klagenfurt.

4. Jänner 1945
Das Zurückweichen der deutschen Fronten insbesondere in Italien ermöglicht den Alliierten nun auch die Verwendung wesentlich nördlicher gelegener Absprungbasen. Etwa ab Jahreswende 1944/45 können nun auch mittlere Bomber und Jagdbomber der 15. USAAF und der RAF Ziele, meist in „freier Jagd", im österreichischen Raum angreifen.
Tagesmeldung: 8.25 bis 13.44 Uhr 14 Maschinen von Graz, Linz, Wiener Neustadt, Wien, Moosbierbaum, Lundenburg bis Oberschlesien. 9 bis 12.08 Uhr 18 Maschinen bis Innsbruck und Oberbayern. 9.03 bis 13.10 Uhr bis zu 50 Jabos verteilt bis Marburg an der Drau, Ödenburg und Wien. 12.38 bis 12.53 Uhr 50 Maschinen mit Jagdschutz über Kitzbüheler Alpen bis südlich Salzburg.

5. Jänner 1945
8.05 bis 13.28 Uhr insgesamt etwa 40 Maschinen bis Untersteiermark – Graz, Judenburg, Fürstenfeld. Weitere 60 bis 65 Fernaufklärer mit Jagdschutz bis Innsbruck und Graz.

6. Jänner 1945
Mittags sechs oder sieben Aufklärer über die Alpen – Großraum Tirol.

7. Jänner 1945
Vormittags ein Fernaufklärer bis Linz, ein Fernaufklärer bis Liezen, Graz und Knittel-

feld. Ebenso Aufklärer über Selzthal. Nachts drei oder vier Flugzeuge über Graz.

8. Jänner 1945
Mehr als 300 B-17 Flying Fortresses und B-24 Liberators mit 200 P-38 und P-51 Mustangs als Jagdschutz greifen aufgeteilt Linz, Graz, Villach, Klagenfurt und Salzburg an. Getrennt davon über 30 P-38 Lightnings als Fernaufklärer im Einsatz.

10. Jänner 1945
Vom frühen Morgen bis über Mittag insgesamt fünf Aufklärer bis Innsbruck, Steyr und St. Pölten.

11. Jänner 1945
Mittags 13 Maschinen mit Jagdschutz aus dem Süden über dem Bodensee.

12. Jänner 1945
Aus dem Süden etwa 50 Flugzeuge über den Osten Österreichs.

13. und 14. Jänner 1945
Übliche Aufklärertätigkeit über Znaim, Innsbruck, Klagenfurt, Marburg an der Drau, Kufstein, Salzburg, Wiener Neustadt, Wien.

15. Jänner 1945
Von der 15. USAAF Großverband mit 400 Flying Fortresses und Liberators mit insgesamt 270 Lightnings und Mustangs als Begleitjäger von 12.11 bis 15.20 Uhr über Treviso bis Wien. Bombenabwürfe, insbesondere im Nordosten und Südosten der Stadt. Wohnviertel in fast allen Gemeindebezirken getroffen. Getrennt von 9 Uhr bis nach 15 Uhr etwa bis zu 27 Einzelmaschinen bis Wiener Neustadt, Baden bei Wien und Lienz.

16. Jänner 1945
Mittags 20 Einzelmaschinen verteilt über Wiener Neustadt, Salzburg und Graz.

18. Jänner 1945
Aufklärer und Störflugzeuge verteilt zwischen 10 und 15 Uhr, etwa 29 Maschinen über St. Pölten, Knittelfeld, Gasteiner Tal und Kärnten.

19. Jänner 1945
Einflüge von etwa 70 Maschinen, zum Teil mit Jagdschutz, bis Marburg an der Drau, Graz, Amstetten, St. Pölten, Steyr, Knittelfeld, Raum Neusiedler See bis Fürstenfeld, Untersteiermark, Krems, Fels am Wagram.

20. Jänner 1945
Von der 15. USAAF greifen insgesamt 345 Flying Fortresses und Liberators mit Jagdschutz um die Mittagszeit Ziele in Österreich und Bayern an. Hauptziele sind Regensburg, Salzburg (40 bis 50 Flugzeuge) und Linz (etwa 80 Maschinen). Von etwa 7 bis nach 15 Uhr 30 Aufklärer über Kärnten, Steiermark und Niederdonau.
Lage Ostfront: In Ostpreußen heftigste Kämpfe. Schwere Kämpfe in Ungarn um Budapest.

21. Jänner 1945
Nach deutschen Angaben 11.11 Uhr bis nach 13 Uhr Angriffe von 400 Bombern mit Jagdschutz auf Wien. Nach US-Angaben 170 Flying Fortresses mit 131 Mustangs und Lightnings auf Ölziele in Wien-Lobau und Schwechat. Vormittags acht Einflüge von insgesamt 30 Maschinen bis Linz, Graz und St. Pölten.

22. Jänner 1945
Um die Mittagszeit drei Aufklärer, 24 Störflugzeuge im Raum Villach; Bahnlinie Villach–Tarvis angegriffen.

23. Jänner 1945
32 Störflugzeuge mittags bis Pettau, Graz und Villach. Drei Aufklärer bis Kärnten, Neusiedler See.

25. bis 29. Jänner 1945
Feindliche Aufklärertätigkeit über dem gesamten österreichischen Luftraum.

30. Jänner 1945
Von der 15. USAAF infolge anhaltenden Schlechtwetters nur Aufklärertätigkeit, Jagdbomberangriffe auf österreichische Ziele. St. Veit an der Glan, Klagenfurt und Marburg an der Drau. Begleitjäger auch vom Typ Thunderbolt. Weitere 17 Jagdbomber bis Lienz, Villach und Cilli.

31. Jänner 1945
Wetterbesserung ermöglicht der 15. USAAF den Einsatz eines Großverbands von 670 Flying Fortresses und Liberators. Hauptverband gegen die Raffinerie Moosbierbaum, Teilverbände auf Wien, Preßburg, Graz, Marburg und Villach. Lightning- und Mustang-Jagdbomber fliegen über 300 begleitende Einsätze. Weitere Lightnings zur Aufklärung. Bomben- und Bordwaffenangriffe auf Einzelziele in Österreich.

1. Februar 1945
Schon ab etwa 6.45 Uhr Lightnings als Wetteraufklärer in die Räume Klagenfurt und Innsbruck. Ab 8 Uhr Versammlung der US-Bomberverbände über den italienischen Luftbasen. Über 300 Flying Fortresses und Liberators (US-Angaben) mit Lightnings und Mustangs als Begleitjäger (270 Einsätze) erreichen in der Folge den Raum Nordkroatien. Dort Aufteilung der 15. US-Bomberverbände. Etwa 150 viermotorige Bomber über Marburg auf Graz. 11.33 bis 12.39 Uhr Angriff in acht Wellen aus etwa 7 000 Meter Höhe. Abwurf von ca. 800 Sprengbomben auf das Stadtgebiet. Hauptverband mit etwa 250 Kampfflugzeugen (deutsche Angaben) über Plattensee in den Großraum Wien. Angriff von Norden auf die Großraffinerie Moosbierbaum in zwei Wellen. Abwurf von etwa 1 500 Sprengbomben von 12.34 bis 12.38 Uhr und von 13.18 bis 13.26 Uhr.
Abflug über Semmering mit einzelnen Bombenabwürfen auf Eisenbahnziele. Getrennt etwa 60 Jagdbomber in Gruppen bis Villach, Leoben und Eisenerz. Infolge der Rohstofflage ist der Krieg militärisch und kriegswirtschaftlich schon seit über einem Jahr verloren.
Die wesentlichsten deutschen Rüstungsanlagen wie auch die Treibstoffproduktion sind zerschlagen. Nur mehr in den total dezentralisierten Rüstungsfertigungen und in den unter Tage verlegten Produktionen, wie etwa der Raketenfertigung und den kleinen, den Bedarf der Front bei weitem nicht deckenden Treibstoffraffinerien (Kleinkocheranlagen), läuft der Betrieb noch ungebrochen, doch beginnt sich nun auch hier die

Zerschlagung der Verkehrswege, hauptsächlich der in der freien Einzeljagd alliierter Jagdbomber erfolgende tägliche Abschuß von Lokomotiven, als absolut tödliche Lähmung abzuzeichnen. Trotz der sich schon rein rechnerisch abzeichnenden deutschen Niederlage beginnt nun erst ein durch nichts begründeter verheerender Krieg gegen die Zivilbevölkerung. Ungeheure Terrorangriffe gegen die Zivilbevölkerung, die lähmende Zertrümmerung des deutschen Verkehrsnetzes und der Versuch der systematischen Einebnung der frontnahen Räume sind nun die westalliierten Hauptziele. Sie werden zum strategischen Schlüssel des Gesamtsiegs über Deutschland.

2. Februar 1945
Von 7 bis 15 Uhr etwa 60 Jagdbomber bis Bludenz, Wien und Steyr; einzeln neun Maschinen bis Knittelfeld, Steyr, Wien, Wiener Neustadt, Villach, Laibach und Marburg.

3. Februar 1945
Infolge Schlechtwetters aus dem Süden 30 Aufklärer mit Jagdschutz. Aufklärungsräume: Untersteiermark, Tirol westlich Innsbruck, St. Pölten, Wien, Graz, Klagenfurt, Amstetten und Bruck an der Mur.

4. Februar 1945
Den ganzen Tag über 17 Aufklärer über Tirol, Osttirol, Kärnten, Wien und Moosbierbaum. Mittags etwa 50 Maschinen samt Jagdschutz bis Klagenfurt und Untersteiermark; Raum St. Veit an der Glan und Villach angegriffen.

5. Februar 1945
Wetterlage ermöglicht der 15. USAAF den Einsatz eines Großverbandes. 730 Flying Fortresses und Liberators mit etwa 200 Lightnings und Mustangs als Jagdschutz erreichen aus dem Adriaraum kommend um 11.20 Uhr die Alpen zwischen Innsbruck und Lienz. Davon zweigt Teilverband mit etwa 40 Bombern im Raum Kufstein ab und greift auch Salzburg an. Villach im gleichen Zeitraum ebenfalls von schwachem Kampfverband angegriffen. Bei allen Angriffen auch Jagdbomberangriffe gegen Züge. Ein-

zelmaschinen am Vormittag verteilt bis Innsbruck–Rosenheim, Villach, Marburg, Leoben, St. Pölten, Graz, Linz, Salzburg ohne Angriff. Beim Angriff auf Salzburg von 13.17 bis 14.02 Uhr wurden 400 Sprengbomben auf Wohnviertel und Bahnanlagen abgeworfen. Villach ähnliche Lage, Wohnviertel stark getroffen.

7. Februar 1945
Schon ab 6.30 Uhr Wetteraufklärer über der Untersteiermark, Graz, St. Pölten und Wien.
Großverband der 15. USAAF mit 680 Flying Fortresses und Liberators erreicht gegen 9.30 Uhr Küste bei Zara. Hauptverband mit 274 Mustangs und Lightnings als Begleitjäger erreicht nach einer weiteren Stunde die Untersteiermark. Kurs westlich Graz–Bruck an der Mur–Eisenerz–St. Pölten–Krems bis Großraum Wien.
12.40 bis 14.40 Uhr Großangriff auf Raffinerie Moosbierbaum, 13.20 bis 14.30 Uhr auf Großraum Wien.
Auf Wohnviertel im 1., 3., 4., 10., 11., 19. und 21. Wiener Gemeindebezirk sowie einige Industrieziele zahlreiche Bombentreffer. Ölziele Lobau, Schwechat, Floridsdorf, Korneuburg, Kagran sowie Heinkelproduktion in Zwölfaxing und Nebenziele im Raum Tulln getroffen. Weitere 18 P-51 Mustangs greifen Fliegerhorst Zeltweg und Umgebung an. Deutsche Flak erzielt zahlreiche Abschüsse. Tatsächliche Tagesverluste allein über 30 Bomber.

8. Februar 1945
Schon am frühen Morgen Wetteraufklärer über Wien und Linz. Ab 10.30 Uhr Küstenüberflüge im Raum Split, 500 Liberators und Flying Fortresses mit 270 Lightnings und Mustangs als Begleitschutz. Einflug breit gefächert in drei Teilverbänden. Erste Gruppe über Klagenfurt bis südlich St. Pölten. Zweite Gruppe über Untersteiermark–Graz ebenfalls bis Wendepunkt südlich St. Pölten. Dritte Gruppe über Ungarn–Mittelburgenland. In Wien zahlreiche Spreng- und Brandbomben auf Stadtzentrum bis Südosten der Stadt und Wiener Neudorf. Teilverband mit etwa 20 Maschinen auf Graz ab 12.30 Uhr. Getrennt etwa

50 Jagdbomber, aufgegliedert tagsüber bis Bodensee–Salzburg und Marburg an der Drau.

9. Februar 1945
Ab etwa 6.30 Uhr bis abends insgesamt 33 Flugzeuge verteilt bis Graz – Wien – Salzburg – Innsbruck – Knittelfeld und Mähren. Ab 11.25 Uhr erreichen etwa 200 viermotorige Bomber und etwa 150 Begleitjäger die Untersteiermark mit Kurs Wien. Angriff auf Moosbierbaum ab 12.08 Uhr. Bei Rückflug Teilangriff auf Graz und Bruck an der Mur (deutsche Angaben).

10. Februar 1945
Von 8.15 bis 14 Uhr etwa 20 Jagdbomber im Raum Untersteiermark. Tagsüber verteilt sechs Aufklärer über Brenner, Klagenfurt, Linz, Villach, Salzburg, Graz und St. Pölten.

11. Februar 1945
Wetterbedingt am Vormittag nur insgesamt vier Aufklärer bis Bayern, Marburg an der Drau, Öldenburg–Wiener Neustadt–Wien–Mähren.
Lage Ostfront: Budapest gefallen.

12. Februar 1945
Von 7.15 bis 15.30 Uhr insgesamt 50 Jagdbomber und Aufklärer über Steinamanger – Wiener Neustadt–Marburg an der Drau–Klagenfurt–Lienz und Ötztaler Alpen. Hauptsächlich Angriffe auf Eisenbahnziele.

13. Februar 1945
Um 10.55 Uhr erreicht Großverband der 15. USAAF mit 640 viermotorigen Bombern und etwa 250 Lightning- und Mustang-Begleitjägern den Adriaraum bei Fiume. Folgekurs Cilli–Eisenerz–St. Pölten, dort Wendepunkt nach Osten und Großangriff auf Raum Wien von 12.10 bis 13 Uhr. Etwa 3 000 Sprengbomben auf gesamtes Stadtgebiet, insbesondere auf die südlichen Stadtteile und Vororte.
Unter anderem zahlreiche Kulturbauten, wie Schloß Belvedere, Industrie- und Verkehrsziele getroffen. 13.55 bis 15.40 Uhr weiterer Verband mit ca. 200 Bombern und Jagdschutz aus dem Süden. Graz, insbeson-

dere Stadtmitte, und Marburg an der Drau bombardiert.

14. Februar 1945

Ab 6 Uhr Wetteraufklärer bis Wien und Budweis. Einflug eines Kampfverbands von über 500 Liberators und Flying Fortresses mit etwa 300 Begleitjägern ab 11.25 Uhr zwischen Gurkfeld und Villach in das Reichsgebiet. Masse über Marburg an der Drau und Bruck zum Angriff auf das Stadtgebiet Wien und die Raffinerien Lobau, Floridsdorf, Schwechat sowie Moosbierbaum.
Teilverbände greifen Marburg, Graz, Villach, Gleisdorf und Klagenfurt an. In Innsbruck Tieffliegerangriff auf Verschiebebahnhof Thaur. Graz von rückfliegenden Verbänden erneut angegriffen.
Beim Angriff auf Moosbierbaum 12.50 bis 14 Uhr deutscher Flakeinsatz: 51 schwere Batterien mit 295 Rohren verfeuerten 4 878 Schuß.

15. Februar 1945

Großverband der 15. USAAF im Einsatz. Über 650 B-24 und B-17 mit etwa 280 Begleitjägern über Adria, Kroatien mit Nordkurs.
Weitgefächerter Großverband zwischen Marburg und Klagenfurt erreicht Zone zwischen St. Pölten und Linz und dreht auf Ostkurs. Ab 12.35 Uhr Angriffe auf Ölziele, Verkehrsanlagen und Wohnviertel im Großraum Wien. Klagenfurt, Wiener Neustadt, Graz, Leoben, Eisenerz und Judenburg ebenfalls von Teilverbänden angegriffen.

16. Februar 1945

650 viermotorige Bomber mit über 250 Begleitjägern der 15. USAAF im Einsatz. Von 12.54 bis 13.22 Uhr Angriff eines Teilverbandes von 110 Flugzeugen auf Innsbruck, mit Schwerpunkt Hall und Pradl. 500 bis 600 Sprengbomben. Schwere Verkehrsschäden – Bahnhof Hall zerstört. Raum Innsbruck 65 Tote, 1 200 Obdachlose. Teilangriff auch auf Kitzbühel. Jagdbomberangriffe auf Nebenziele.

17. Februar 1945

Aus dem Süden ab Mitternacht bis zum Morgen sieben Wetteraufklärer verteilt bis Klagenfurt–Leoben–Linz–Wien sowie bis Böhmen und Mähren.
12.05 Uhr erreicht Kampfverband mit über 500 Liberators und Flying Fortresses und Jagdschutz durch etwa 300 Lightnings und Mustangs die deutsche Reichsgrenze in der Untersteiermark. Hauptverband Kurs Nord über Marburg, Graz, Bruck in den Großraum Wien. Hier am Südrand Wiens zur Irreführung der deutschen Abwehr Kurswechsel und Weiterflug über St. Pölten in den Großraum Linz. Die vordem abgezweigten Teilverbände treffen nun über Nebenkurs Knittelfeld – Steyr ebenfalls im Hauptzielgebiet Linz ein. Im wesentlichen Raffinerieanlagen in Linz, Stahlwerk Judenburg, Panzerproduktion in Steyr und St. Valentin sowie Eisenbahnziele in Graz, Wels, Bruck an der Mur und Villach angegriffen. Etwa 80 begleitende Jagdbomber mit Bomben und Bordwaffen greifen freie Ziele entlang der Eisenbahnlinien an. Tagsüber 17 Aufklärer über Großraum Österreich. Linzer Flak: 35 schwere Batterien zu 192 Rohren verschoß 4 886 Schuß.

18. Februar 1945

Wetteraufklärer voraus, erreicht schwächerer viermotoriger Teilverband mit 160 Maschinen und etwa 150 Begleitjägern um 11.25 Uhr die Untersteiermark. Kurs über Bruck an der Mur-St. Pölten bis Budweis. Ab hier Südkurs mit Angriff auf Linz 12.40–12.50 Uhr. Hauptsächlich Stadtgebiet betroffen. Getrennt etwa 30 Jagdbomber mit Tiefangriffen auf Verkehrsziele in Kärnten. Neun Aufklärer vom Morgen bis 15.30 Uhr verteilt im Großraum Österreich.

19. Februar 1945

Aus dem Süden Wetteraufklärer ab dem Morgen voraus in die Zielräume. Etwa 11.30 Uhr erreicht Kampfverband mit ca. 350 viermotorigen Bombern und 250 Begleitjägern und Jagdbombern den Raum Untersteiermark–Südkärnten. Hauptverband über Knittelfeld–Eisenerz bis Großraum Wien. Teilverbände auf Graz–Klagenfurt und Bruck an der Mur sowie Marburg. Teile der begleitenden Jagdbomber mit Tiefangriffen im Großraum Wien sowie Nebenziele in den Großräumen. Eisenbahnlinien und Schiffsverkehr zwischen Linz und Wien von zahlreichen Jagdbombern angegriffen. In Wien verschossen 23 schwere Batterien mit 140 Rohren 2 022 Schuß. Vermutlich vier Abschüsse. Teilmeldung: in Graz u. a. das Landhaus und Strafanstalt Karlau getroffen. Dort 100 Verschüttete. Schwere Verkehrsschäden. In Wien Schloß Schönbrunn, Bahnhöfe Meidling, Penzing, Ostbahnhof schwer getroffen.

20. Februar 1945

Nach Einflug von Wetteraufklärer gesamt 520 viermotorige Bomber mit Jagdschutz über Kroatien. Masse der Bomber auf Hafenanlagen im Adriaraum. Teilverband etwa 120 Liberators und Flying Fortresses mit ca 200 Begleitjägern über Agram–Steinamanger–Preßburg–Marchtal bis Brünn. Hier Wendepunkt und Südkurs mit Angriff auf Großraum Wien. Ölanlagen Lobau, Schwechat und Floridsdorf sowie Industrieziele Simmering von 13.03 bis 13.20 Uhr angegriffen (gesamt 600 Sprengbomben). Wohnviertel in zehn Wiener Gemeindebezirken getroffen. Raffinerie Lobau Totalschaden. Durch begleitende Tieffliegerangriffe allein in Wien 21 Lokomotiven zerstört.

Wohnviertel, Verkehrsziele und Stahlproduktion in Kapfenberg bombardiert. Tagsüber die üblichen Aufklärer über Österreich. Vergleich Luftkrieg Reichsgebiet: Etwa zur gleichen Tageszeit werfen 1 100 Bomber 1 000 Sprengbomben zu 450 kg, 7 000 Sprengbomben zu 225 kg sowie Stab- und Phosphorbrandbomben auf Stadtgebiet Nürnberg ab.

21. Februar 1945

Wetteraufklärer voraus, erreicht Großverband der 15. USAAF, über 600 Liberators und Flying Fortresses mit etwa 250 Begleitjägern, etwa 10.15 Uhr Adriaküste bei Split. Überflug deutsche Südgrenze bei Gurkfeld 11.15 Uhr. Kurs Nord über Graz–Bruck an der Mur–St. Pölten, dann Ostkurs auf das Hauptziel Wien. Schwere Schäden in Wohnvierteln, Verkehrsanlagen, ein Lazarettzug und Wiener Universität getroffen.

Wiener Flak, 48 schwere Batterien mit 282 Rohren verfeuern 9 478 Schuß. Seit 12. April 1944, dem Beginn des Bombenkriegs der 15. USAAF in Wien, 5 000 getötete erwachsene Zivilpersonen und 358 getötete Kinder bis zum 14. Lebensjahr. Außerdem von 6.20 bis 15 Uhr insgesamt etwa 30 Jagdflugzeuge über Steiermark und Südkärnten. Etwa 18.45 bis 19.50 Uhr erstmals verschiedene Einflüge aus dem Osten in den Raum Preßburg–Wien–Neusiedler See mit Bombenabwürfen.

Für die 15. USAAF gilt Wien ab nun als strategisch erledigt, die folgenden Angriffe dienen nun nur noch taktischen Zielen zur Unterstützung der in Ungarn vorrückenden Roten Armee, aber auch um den Russen nur zerstörte Verkehrs- und Industrieanlagen zu überlassen.

22. Februar 1945

Noch nachts fünf Aufklärer bis Wien–Salzburg–Graz. Tagsüber ab 7.15 Uhr bis Nachmittag insgesamt 21 Aufklärer in die Räume Wien–Klagenfurt–Villach–Steyr–Krems–St. Pölten, Südmähren und Südbayern. Ebenso etwa 40 Jabos mit freier Jagd Großraum Osten und Süden Österreichs. Tagsüber, nach Wetteraufklärern, etwa über 600 viermotorige Bomber (deutsche Angaben) der 15. USAAF mit Nordkurs bis Innsbruck (etwa 11 Uhr). Von dort Auffächerung in zahlreiche Kleinverbände mit Angriffen auf hauptsächlich Verkehrsziele in Bayern und verschiedenen Orten Österreichs. (Unternehmen „Clarion" zur Lähmung des deutschen Verkehrsnetzes.) Etwa 200 begleitende Jäger und Jagdbomber fliegen an die 350 Einsätze gegen Eisenbahn, Straßen, Brücken und Nebenflugplätze. In Österreich unter anderem Wörgl angegriffen (36 Tote), Bischofshofen (14 Tote), Markt Pongau, Oberndorf, Amstetten, Pichl und Klagenfurt. Aus dem Osten neuerlich etwa 15 russische zweimotorige Störflugzeuge bis Preßburg–Wien, davon eine Maschine bis Steyr.

23. Februar 1945

Nachts insgesamt 20 Fernnachtjäger und Aufklärer aus dem Süden bis Südmähren–Südböhmen–Niederbayern. Ab dem Morgen zahlreiche Aufklärer im Großraum

Österreich und Bayern, ebenso etwa 100 Jagdbomber mit Angriffen auf einige Einzelziele.

Ab 10.35 Uhr Bomberstrom mit etwa 550 viermotorigen US-Bombern und 250 Begleitjägern (deutsche Angaben) aus dem Süden über Untersteiermark. Dort Auffächerung in zahlreiche Teilverbände; Hauptziel Verkehrsanlagen. Masse über Salzburg bis Rosenheim, Wörgl und Innsbruck. Teile bis Südböhmen und folgendem Südkurs mit Angriff auf Linz. Teilverbände auf Graz, Leoben, Pettau, Bruck an der Mur, Knittelfeld und Eisenerz. Später Teilverbände auf Villach, Klagenfurt, Kufstein, Kitzbühel, Landeck.

Abends Störangriffe von 50 russischen leichten Bombern Raum Preßburg, davon zehn Maschinen bis Wien und einzelne bis Prag.

24. Februar 1945

Mittags erreicht Verband mit etwa 250 viermotorigen Bombern und 180 Begleitjägern Raum Untersteiermark. Folgekurs und Angriff auf Knittelfeld und auf Graz von 12.52 bis 13.44 Uhr. Teilverbände greifen etwa zur gleichen Zeit Klagenfurt an.

25. Februar 1945

Der verheerende tägliche Bombenkrieg ist nun auch in Österreich Alltag geworden. Insgesamt 16 Aufklärer und etwa 40 Jagdbomber zum Teil mit Tiefangriffen während des Tages bis Wien, Linz, Villach, Lienz, Semmering, Amstetten, Salzburg und im Sudetenland. 11.35 Uhr US-Bomberstrom mit etwa 500 viermotorigen Bombern und an die 200 Begleitjägern im Raum Lienz. Folgekurs Nord bis Niederbayern. Ab dort Ostkurs und Angriff auf Linz (12.47 bis 13 Uhr). Teilverbände über Passau greifen Rosenheim, Salzburg, Knittelfeld, Klagenfurt und Villach an. In Linz Zivilbevölkerung schwer in Mitleidenschaft gezogen, zahlreiche Industrie- und Verkehrsschäden. Linzer Flak, 32 schwere Batterien mit 160 Rohren, verfeuerten 10 735 Schuß.

26. Februar 1945

Wetterbedingt nur sieben Aufklärer verteilt bis Großraum Wien, Graz, Leoben, Knittelfeld, Marburg, Villach und Innsbruck.

Aus dem Süden 32 P-38 Lightnings im Jagdbombereinsatz gegen Graz, Bruck an der Mur, Wiener Neustadt, Preßburg und Großraum Brennerlinie in Tirol. Begleitende P-38 Lightnings und P-51 Mustangs schirmen Angriffe gegen deutsche Maschinen ab. Vergleich Luftkrieg Reichsgebiet: Unter anderem mittags 1 100 Bomber mit Jagdschutz auf Berlin. Über 5 000 Sprengbomben, 300 000 Stabbrandbomben und 3 000 Flüssigkeitsbrandbomben abgeworfen.

27. Februar 1945

Am Morgen drei Aufklärer bis Lienz–Villach–Klagenfurt. Mittags Bomberstrom mit etwa 600 viermotorigen Bombern und etwa 256 Begleitjägern über Brenner–Innsbruck–Rosenheim–Salzburg bis Augsburg mit Großangriff. Teilverbände mit etwa 100 Kampfflugzeugen zu Nebenangriffen auf Salzburg und Lienz. Ebenso begleitende Jagdbomber auf Nebenziele. Salzburg schwere Schäden im Nordosten der Stadt. 14 Uhr einige Sprengbomben Nähe Hauptbahnhof Innsbruck.

28. Februar 1945

Aus dem Süden Bomberstrom der 15. USAAF mit über 680 Liberators, Flying Fortresses und Begleitjägern im Einsatz gegen Hauptziele in Norditalien und Südtirol. 75 P-38 Lightnings bombardieren St. Veit an der Glan und greifen Eisenbahnlinien im gleichen Raum sowie um Klagenfurt, Villach und Untersteiermark an. Über weitere 25 Lightnings und Mustangs mit Tiefangriffen gegen Verkehrseinrichtungen Raum Bruck an der Mur, Innsbruck, Wörgl und Passau.

1. März 1945

Vom Morgen bis 10.30 Uhr 60 Jagdbomber bis Wien und Südmähren, unter anderem je ein Ölzug bei Lundenburg und Krems vernichtet. Etwa 30 Aufklärer mit Jagdschutz bis Böhmen. Nach vorhergehender Wetteraufklärung erreicht Bomberstrom der 15. USAAF, über 630 Liberators und Flying Fortresses mit etwa 250 Begleitjägern, aus dem Adriaraum kommend Kroatien (Agram) und folgend Plattensee, Preßburg,

Marchtal, den Raum Lundenburg. Hier Wendepunkt und Westkurs bzw. Südkurs ab etwa 10.40 Uhr. Langzeitangriff, gesamt 2 600 Sprengbomben auf Moosbierbaum von 11.08 bis 15.10 Uhr, in etwa 14 Wellen. Außerdem 22 Lightnings mit zum Teil Tiefangriffen auf Moosbierbaum und Tulln, davon folgend 12 P-38 mit Tiefangriffen auf Eisenbahnlinie Wiener Neustadt–Gloggnitz. Tiefangriffe auf Zonen um Wien und Graz. Bei Rückflug bombardieren Teilverbände Marburg (1 000 Sprengbomben), Graz, Villach und Klagenfurt.

2. März 1945
Ein Bomberverband der 15. USAAF von 320 B-24 und B-17 und etwa 200 Begleitjägern greift über Triest, Lienz, Zell am See, Salzburg, Passau kommend ab 13.08 Uhr Linz, St. Pölten, Amstetten, Graz und Knittelfeld an. Etwa 50 Jabos bis Lienz und Augsburg. Aufklärer über Steyr, Bruck an der Mur, Eisenerz, Salzburg, Graz und Klagenfurt.
31 P-51 mit Tiefangriffen auf die Donaubrücken und Donauverkehr von Linz bis Regensburg. Auf Hermagor, Villach, Hörsching bei Linz, Ranshofen einzelne Bomben- bzw. Bordwaffenangriffe.

3. März 1945
Aus dem Süden wetterbedingt nur etwa 40 Lightnings als Aufklärer in den Großraum Österreich. Ab Mittag insgesamt 60 P-51 Mustangs mit Tiefangriffen gegen den Eisenbahnverkehr zwischen Leibnitz und Spittal an der Drau. Einzelne Tiefangriffe auch im Raum Graz.

4. März 1945
Voraus ab dem Morgen zehn Aufklärer in den Großraum Österreich. 15. USAAF bietet Bomberstrom mit 630 Liberators und Flying Fortresses mit etwa 300 Begleitjägern, Lightnings und Mustangs, gegen verschiedene Ziele im Großraum Österreich auf. Masse erreicht Kroatien etwa 10.20 Uhr. Ab hier Auffächerung in verschiedene Teilverbände im Großraum Österreich. Angriffe auf Steinamanger und zweimal auf Laibach, Ödenburg, Knittelfeld, Zeltweg, Klagenfurt, Marburg, St. Veit

an der Glan mit Doppelangriff sowie Graz und Wiener Neustadt mit 500 Bombern und weitere Einzelziele. Etwa 70 Jagdbomber, mit Tiefangriffen bis zur Linie Innsbruck–Südbayern–Wien–Budweis–Znaim.

5. März 1945
Wetterbedingt kommen nur fünf Aufklärer in den Großraum Österreich. Ebenso 90 Jäger und Jagdbomber verteilt über den ganzen Tag mit Bomben und Bordwaffenangriffen, hauptsächlich im Süden Österreichs.

6. März 1945
Sechs Aufklärer verteilt bis Wien, Steiermark, Kärnten und Osttirol. Tagsüber verteilt etwa 70 Jabos, hauptsächlich gegen Ziele Kärnten–Steiermark. Nachts, verteilt, etwa 60 RAF-Bomber auf Graz.

7. März 1945
Vormittags vier Aufklärer bis Wiener Neustadt–Salzburg–Bayern. 55 Jakobs bis Wiener Neustadt–Salzburg.

8. März 1945
Tagsüber sechs Aufklärer verteilt im Großraum Österreich und 40 Tiefflieger mit Bomben und Bordwaffen gegen verschiedene Einzelziele, hauptsächlich im Süden Österreichs, Untersteiermark, Kapfenberg und Bruck an der Mur.
Vormittags Großverband mit über 550 Liberators und Flying Fortresses mit etwa 250 Begleitjägern bis Plattensee. Masse der Bomber über Steinamanger bis Preßburg. Großangriff auf Eisenbahnziel Hegyeshalom bei Nickelsdorf im Burgenland. Teilverbände auf Marburg und Kapfenberg.

9. März 1945
Nach Wetteraufklärung ab 10.40 Uhr Einflug eines weit aufgefächerten Bomberverbandes von 372 B-17 und B-24 mit etwa 250 Begleitjägern in den Großraum Steiermark. Masse zum Angriff auf Graz von 12.31 bis 14.32 Uhr und auf Klagenfurt 12.40 bis 14.07 Uhr. Insgesamt etwa 60 Jabos, 27 P-38 bombardieren Knittelfeld, weitere 13 greifen Eisenbahnlinie Graz–Marburg an.

10. März 1945
Acht Aufklärer im Großraum Österreich
und Bayern. Ebenso tagsüber 35 Jabos verteilt gegen Verkehrsziele.

11. März 1945
Tagsüber verteilt zehn Aufklärer über
Großraum Österreichs bis München. 50
Jabos bis zur Linie Preßburg–München.

12. März 1945
Aus dem Süden ab 10.25 Uhr zwei Aufklä-
rer bis Wien, weitere zwei bis Innsbruck. Ab
11.50 Uhr etwa 120 Jabos im Großraum
Österreich mit Einflügen bis Nürnberg.
Unter anderem Angriffe von 98 Lightnings
auf Knittelfeld und nahe Ziele sowie
Angriffe auf der Linie Wiener Neustadt–
Graz–Klagenfurt. Zum 7. Jahrestag der
Annexion Österreichs verheerendster US-
Großangriff auf Wien. 7.50 Uhr Versamm-
lungsbeginn des Bomberstroms über süditalienischen Luftbasen. 790 B-24 Liberators
und B-17 Flying Fortresses mit etwa 200
Begleitjägern ab 9.45 Uhr aus Raum Zara
mit Nordkurs. 11.25 Uhr Überflug Laibach.
Folgekurs Graz–Leoben bis Donau; Folge-
kurs Nordosten bis Znaim. Ab hier Wendepunkt und Südkurs auf Wien. Gesamt 1 667
Tonnen Sprengbomben und zahllose Flug-
zettel von 12.30 bis 14.30 Uhr abgeworfen.
Hauptziel ist Floridsdorf, doch werden alle
Wiener Gemeindebezirke getroffen. Unter
anderem etwa 500 Wohnhäuser zerstört
oder beschädigt, mindestens 19 Brände.
Zahlreiche Kulturbauten getroffen.
Graz, Zeltweg, Wiener Neustadt von Teilverbänden bombardiert.

13. März 1945
Aus dem Süden greifen über 570 US-Bomber mit über 280 Lightnings und Mustangs
als Jagdschutz Regensburg und Nebenziele
an. Beim An- und Abflug Route Laibach–
Villach–Zell am See–Rosenheim vereinzelte
Bombenabwürfe sowie begleitende Tieffliegerangriffe im Raum Klagenfurt und
Wörgl. Einige Aufklärer mit Jagdschutz
über Großraum Wien und Linz. Getrennt
davon greifen Mustangs den Abschnitt zwischen Wien und Wiener Neustadt mit Bordwaffen an.

14. März 1945
Nach Wetteraufklärung erreicht ein Großverband der 15. USAAF mit 634 Liberators
und Flying Fortresses sowie etwa 200
Begleitjägern nach 9.30 Uhr den Großraum
Kroatien. Etwa 300 der viermotorigen
Maschinen greifen von 11.16 bis 11.27 Uhr
Wiener Neustadt an. An die 1 600 Sprengbomben und zahlreiche Brandbomben werden abgeworfen, dabei 168 Häuser zerstört,
300 beschädigt; zahlreiche Verletzte. Zweiter Teilverband mit etwa 200 Bombern über
Agram, Knittelfeld–Steyr–Krems (?)–
Znaim bis Lundenburg und folgendem Südkurs über Preßburg gegen Ziele auf Ungarn.
Teile beider Verbände greifen um etwa
14 Uhr Graz an. Einzelne Bombenabwürfe
auf Donawitz, Kapfenberg und Villach.
Über Österreich rege Aufklärungstätigkeit.

15. März 1945
US-Großverband erreicht um 9.15 Uhr den
Raum Laibach. Etwa 470 Bomber über Kla-
genfurt, Knittelfeld, Steyr bis Znaim und
Südkurs mit Großangriff auf die Raffinerien
Moosbierbaum, Schwechat, Großraum
Wien, Floridsdorf, Bruck an der Leitha und
Wiener Neustadt sowie St. Pölten, Graz,
Bruck an der Mur und Mürzzuschlag. Über
300 Begleitjäger bzw. Jagdbombereinsätze.
In Wien 600 Obdachlose. In Wiener Neu-
stadt schwere Schäden im Bahnhofsbereich.
Auf Moosbierbaum 1 200 Sprengbomben.
Teilverband greift Klagenfurt von 11.15 bis
11.30 Uhr an. Nachfolgend 109 B-17 über
Steyr–Großraum Böhmen-Mähren bis
Schlesien. Weitester Vorstoß der 15.
USAAF mit Angriff auf Raffinerien Ruhl-
and und Schwarzheide.

16. März 1945
Nach Wetteraufklärung erreichen 720 B-24
und B-17 der 15. USAAF mit zahlreichen
Begleitjägern etwa ab 10.30 Uhr den Raum
Laibach und Gurkfeld. Folgekurs über
Knittelfeld–Amstetten bis Znaim. Ab hier
Südkurs mit Angriff auf den Großraum
Wien; Ölziele in Korneuburg, Floridsdorf,
Schwechat und Moosbierbaum. In Wien
500 Obdachlose. Ebenso Nebenangriffe auf
Wiener Neustadt (11.44 bis 15.20 Uhr). Teil-
verbände erreichen gleiche Ziele über ge-

trenne Route Agram–Steinamanger–Neusiedler See. Teilangriffe auch auf St. Veit an der Glan, Amstetten, Graz, Klagenfurt, St. Valentin und Judenburg. Begleitend über 300 Tiefangriffe von Jagdbombern. Getrennt 52 P-51 Mustangs mit Tiefangriffen entlang der Eisenbahnlinie Wien–Linz–Passau. Mittags 12 Mitchell-Bomber (zweimot.) in den Großraum Innsbruck–Wörgl. Innbrücke bei Brixlegg schwer getroffen. Frontlage West: Rhein bei Remagen überschritten, Beginn der westalliierten Großoffensive an Mosel und Rhein. Ebenso zwischen Saar, Vogesen und im Unterelsaß.

Frontlage Ost: In Ungarn Zusammenbruch der letzten deutschen Offensive „Frühlingserwachen"; Beginn des russischen Großangriffs der 2. und 3. Ukrainischen Front („Wiener Operation"). Beginn des russischen Großangriffs bei der Heeresgruppe Mitte in Schlesien. Doppelschlacht in West- und Ostpreußen.

17. März 1945

Die alliierte Bomberoffensive zur vollständigen Zermürbung der österreichischen Zivilbevölkerung wird kurzzeitig unterbrochen. Nach dem totalen Einsatz der gesamten einsatzfähigen Bomberstreitmacht der 15. USAAF gibt es für alle ihre fünf Bomberverbände eine kurze Gefechtspause. Über dem Großraum Österreich nur einige Aufklärer und Jagdbomber.

18. März 1945

Wetterbedingt kann die 15. USAAF ihre Bomberstreitmacht nicht einsetzen. Drei Aufklärer bis Innsbruck–München und Lienz.

Insgesamt etwa 60 Jäger und Jagdbomber gegen Verkehrsziele und in freier Jagd bis etwa Wiener Neustadt–Salzburg–Augsburg. Marburg, Villach, Graz, Steinamanger speziell angegriffen.

19. März 1945

Ab 7.30 Uhr starten 800 Liberators und Flying Fortresses aller fünf Bomberverbände und etwa 350 Begleitjäger von den süditalienischen Luftbasen. Weitgefächerter Bomberstrom erreicht ab 10.45 Uhr österreichische Südgrenze. Folgekurs Großraum Vil-

lach–Salzburg–Bayern, dort Angriffsziele. In Österreich St. Veit an der Glan, Lambach, Mühldorf, Bruck an der Mur, Klagenfurt angegriffen.

Etwa 100 Jäger und Jagdbomber in Tiefangriffen bis Leoben–Linz–Bodensee. Nachts greifen etwa 70 RAF-Bomber der 205. Bombing Group ab 21.58 Uhr Bruck an der Mur an.

20. März 1945

Wiederaufnahme der US-Bomberoffensive zur Unterstützung der in Ungarn vordringenden Roten Armee. 760 viermotorige Bomber mit etwa 320 Begleitjägern hauptsächlich gegen Ziele im Osten Österreichs. Erste Angriffswelle, etwa 200 Bomber, in den Raum Wels. Eine nachfolgende Welle greift von 13.35 bis 15 Uhr Industrie- und Verkehrsziele in Wien-Floridsdorf, Stadlau, Großenzersdorf, Wolkersdorf, Korneuburg, Klosterneuburg und Zistersdorf an. Angriffe schwächerer Teilverbände richten sich gegen Wels, Amstetten, St. Pölten, Wiener Neustadt, St. Valentin, Klagenfurt, Oberdrauburg, Leoben und Steyr. Einzelne Jäger weit ausgefächert bis Prag. Etwa 140 Jagdbomber mit Tiefangriffen bis zur Linie Lindau am Bodensee–Innsbruck–Südbayern–Salzburg–Marburg an der Drau. Tagsüber 15 Aufklärer verteilt von Wien bis Prag, Brünn, Lindau am Bodensee. Außerdem am späten Vormittag 24 Mitchell-Bomber gegen Innsbruck–Wörgl. Nachts greifen etwa 70 RAF-Bomber etwa um 21 Uhr den Raum Marburg an der Drau an.

21. März 1945

660 Liberators und Flying Fortresses mit etwa 320 Begleitjägern der 15. USAAF im Einsatz.

Erster Bomberverband über Udine–Lienz–Kitzbühel–Rosenheim auf Neuburg an der Donau, zweiter über Split–Laibach–Klagenfurt–Knittelfeld–Großraum Linz bis Znaim. Ab hier Südkurs und Angriff auf Wien, etwa 12.27 bis 13.10 Uhr Abwurf von zahlreichen Spreng- und Brandbomben. Bei Überflug Graz, Bruck an der Mur und Villach angegriffen. Zusätzlich etwa 70 Maschinen mit Tiefangriffen bis Lundenburg, Prag, Regensburg–Bodensee. Tagsüber zehn Aufklärer über Großraum Österreich. Mittags 12.40 bis 13.20 Uhr 36 Mitchell-Bomber gegen den Raum Innsbruck–Zillertal.

22. März 1945
Nachts ein Aufklärer über Großraum Tirol. Einflug verschiedener weitgefächerter Bomberverbände ab 10.40 Uhr. 680 Liberators und Flying Fortresses mit etwa 300 Begleitjägern im Einsatz. Erster Verband über Marburg an der Drau–Leoben–Melk an der Donau–Gmünd bis Nordböhmen. Masse der Bomber bis Nordschlesien.
Folgeverband, etwa 300 Bomber, gleicher Kurs bis Donau. Ab hier Ostkurs und Angriff von 12.18 bis 12.43 Uhr auf Großraum Wien. Zahlreiche Spreng- und Brandbomben auf das Stadtgebiet und Ölziele.
Bei An- und Abflug Teilangriffe auf Graz und Raum Knittelfeld. Teilverbände auf Wels, Zeltweg und Klagenfurt. Zusätzlich tagsüber etwa 100 Jäger und Jagdbomber mit Tiefangriffen über Großraum Österreich bis Bayern.
13.40 bis 14.20 Uhr 40 Mitchell-Bomber mit Angriffen im Raum Innsbruck–Wörgl. Innbrücke bei Brixlegg kurz vor Wiederinbetriebnahme zerstört. Eisenbahnziele bei Reith und Matrei am Brenner angegriffen. Nachts, von 20.10 bis 20.23 Uhr, greifen etwa 100 Bomber Villach an.

23. März 1945
Nach Wetteraufklärung starten 658 Liberators und Flying Fortresses und etwa 350 Begleitjäger der 15. USAAF von den süditalienischen Luftbasen. Bomberstrom erreicht über Adria, Kroatien, Raum Laibach, Gurkfeld österreichische Grenze mit Kurs Klagenfurt–Knittelfeld–St. Pölten. Großverband mit etwa 300 Bombern weiter auf Nordkurs bis Oberschlesien. Von Folgeverbänden 12.13 bis 12.40 Uhr etwa 200 Bomber auf Linz–St. Valentin. In St. Valentin verfeuern zehn schwere Batterien aus 52 Rohren 1 172 Schuß. Weitere Teilverbände in den Raum Wien; hauptsächlich Kagran betroffen (11.49 bis 12 Uhr). Neben Hauptzielen Bombenabwürfe auch auf Gmünd und St. Pölten (1 000 Sprengbomben); Einzelabwürfe auf verschiedene Orte in Ober- und Niederdonau.

Mittags auch etwa 50 Mitchell-Bomber in den Raum Innsbruck. Tagsüber insgesamt 10 Aufklärer im Großraum Österreich.
Abends etwa 30 RAF-Bomber über Laibach–Klagenfurt auf St. Veit an der Glan (19.41 bis 19.46 Uhr). Danach noch zwei Aufklärer bis Neusiedler See und Krems.

24. März 1945
Einflug von 660 Liberators und Flying Fortresses mit 390 Begleitjägern ab 10.20 Uhr bei Laibach. Dann etwa 300 Bomber über Klagenfurt–Eisenerz–Linz–Prag–Dresden bis Berlin. Hier erstmals Angriff durch die 15. USAAF. Zweiter Verband, etwa 350 Bomber, über Klagenfurt–Salzburg auf Ziele in Bayern. Getrennt davon tagsüber etwa 100 Jagdbomber und Jäger mit Tiefangriffen bis etwa Graz–Salzburg–Bayern. Bis zum Abend gesamt 27 Aufklärer, davon einer bis Berlin. Mitags 36 Mitchell-Bomber über Brenner–Innsbruck–Südbayern. Angriffe insbesondere auf Steinach am Brenner (Sillbrücke), St. Jodok, Reith (Eisenbahnbrücke).

25. März 1945
Um Mitternacht drei Aufklärer bis Gurkfeld–Graz–Semmering. Vormittags 650 Liberators und Flying Fortresses mit etwa 350 Begleitjägern über Laibach–Klagenfurt–Linz in den Großraum Böhmen-Mähren. Bei Rückflug am Nachmittag Teilangriffe auf Wels und Klagenfurt. Mittags etwa 30 Mitchell-Bomber gegen Eisenbahnlinie Brenner–Innsbruck–München. Tagsüber gesamt etwa 20 Aufklärer über Großraum Österreich. Abends etwa 50 RAF-Bomber auf Villach. Hier ca. 500 Sprengbomben und an die 8 000 Stabbrandbomben abgeworfen.

26. März 1945
Einflug von über 500 B-17 Flying Fortresses und B-24 Liberators mit etwa 350 Begleitjägern ab etwa 10 Uhr zwischen Gurkfeld und Laibach. Großverband über Knittelfeld–Linz/Donau–St. Pölten in den Großraum Wien und Wiener Neustadt. Weitaufgefächerte Verbände greifen Wiener Neustadt von 10.54 bis 11.13 Uhr und von 13.42 bis 14.32 Uhr an (gesamt etwa 1 200 Sprengbomben).

Teilverband greift Zistersdorfer Ölfeld von 13.30 bis 13.33 Uhr an. Bruck an der Leitha und Lager Bruck-Neudorf um 12.20 Uhr, ebenso Neunkirchen, Straßhof an der Nordbahn und Steinamanger angegriffen. Weiterer Teilverband auf Preßburg.

Weitere 46 P-38 Lightnings gegen Raum Ybbs, 39 P-51 Mustangs in Tiefangriffen hauptsächlich gegen Eisenbahnziele in den Abschnitten Wiener Neustadt–Wien–Budweis–Passau.

Tagsüber sieben Aufklärer über Großraum Österreich.

27. März 1945

Aus dem Süden drei Aufklärer bis Wien, einer bis Linz und Graz.

Wien wurde seit 12. April 1944 bei 115 Fliegeralarmen 57mal angegriffen. Unter anderem fielen auf den Wiener Zentralfriedhof 700 Bomben, 10 000 Gräber wurden zerstört.

28. März 1945

Am Vormittag drei Aufklärer bis Wien, einer bis Graz, einer bis Steyr, einer bis Passau. Nachts fünf Aufklärer in die Räume Linz–Wien–Neusiedler See. 19.15 Uhr bis nach Mitternacht etwa 60 russische Bomber bis Wiener Neustadt und Bruck.

29. März 1945

Aus dem Osten 8 bis 11 Uhr fünf russische Aufklärer bis Neusiedler See und Wien. Aus dem Süden tagsüber 16 Aufklärer über Großraum Österreich, davon acht bis Wien. Ebenso etwa 25 Tiefflieger mit Angriffen, hauptsächlich entlang der Eisenbahnlinie Raum Marburg an der Drau–Graz–Knittelfeld–Passau. 19.40 bis 20.40 Uhr etwa 25 russische Bomber gegen Wiener Neustadt und Neunkirchen. Davon durch deutsche Nachtjäger ein Bomber abgeschossen. Abends schwerer Angriff auf Ödenburg.

Lage Ostfront: Rote Armee hat im Morgengrauen unbesetzten Südostwall an der burgenländischen Grenze zwischen Lutzmannsburg und Klostermarienberg überschritten. Ab nun nur noch bescheidener Einsatz deutscher Jäger und Schlachtflugzeuge im frontnahen, auch burgenländischen und niederösterreichischen Raum gegen vorrückende

Rote Armee. Treibstoffmangel verhindert Einsatz deutscher Maschinen. Kräfteverhältnis der russischen und der deutschen Luftwaffe zur Unterstützung der Bodentruppen etwa 20 bis 30 : 1.

30. März 1945

Etwa 500 Bomber mit etwa der gleichen Zahl an Begleitjägern weit aufgefächert über Kroatien–Ungarn–Plattensee–Neusiedler See bis Preßburg. Hier Kurswechsel und ab 10.20 Uhr Einflug in den Großraum Wien. Zahlreiche Sprengbomben auf Verkehrsanlagen und inneres Stadtgebiet.

Folgeverband mit etwa 100 Bombern über Neusiedler See–Preßburg–Lundenburg ebenfalls mit Kursänderung und Angriffen auf Wien und Wiener Neustadt. Bei Rückflügen Graz, Kapfenberg und Klagenfurt angegriffen. 10.34 Uhr etwa 20 Bomber aus dem Süden über Untersteiermark und Fürstenfeld mit Angriff auf Graz. Ab etwa 11.15 Uhr etwa 20 Jagdbomber bis Bayern. Ebenso mittags 14 Jagdbomber über Marburg an der Drau bis Graz–Semmering–Wiener Neustadt und Fürstenfeld. Tagsüber gesamt 27 Aufklärer über Großraum Österreich bis Bayern. Abends 20 bis 0.45 Uhr ca. 20 russische Maschinen bis Neusiedler See; zwei oder drei Maschinen bis Großraum Wien.

31. März 1945

Aus dem Süden 540 Liberators und Flying Fortresses mit Begleitjägern mit Angriff auf Linz. Teilverband bis Bayern. Weiterer Teilverband gegen Villach. Ab 9.23 bis etwa 16 Uhr gesamt etwa 150 Jagdbomber und Jäger (Lightnings und Mustangs) mit Angriffen entlang der Verkehrswege zwischen Innsbruck–Kitzbühel–Linz–Amstetten und Wien.

Ab 13.35 Uhr 30 Mitchell-Bomber entlang der Brennerbahn bis Innsbruck. Tagsüber 25 Aufklärer über Großraum Österreich. Ebenso aus dem Süden ab 19.32 bis 20.40 Uhr an die 80 RAF-Bomber mit Angriff auf Graz. 25 Tonnen Brandbomben abgeworfen. Aus dem Osten etwa um 20 Uhr russischer Aufklärer bis Wien. Etwa Mitternacht drei oder vier russische Maschinen bis Wiener Neustadt.

1. April 1945

Die 15. USAAF bietet an die 400 Liberators und Flying Fortresses mit Jagdschutz gegen verschiedene Ziele im Großraum Österreich auf. Verbände, zum Teil weit gefächert und in unterschiedlichen Intervallen, ab etwa 10 Uhr über südlicher Grenze Österreichs, hauptsächlich gegen Verkehrsziele.

Marburg an der Drau von 200, Graz von 150, St. Pölten von 100 Maschinen angegriffen. Nebenangriffe auf Selzthal, Zeltweg, Villach, Krieglach sowie Großraum Wien, Wiener Neustadt und Eisenerz. 82 Lightnings gegen Eisenbahnbrücke Ybbs. 52 Mustangs bis Prag. Bis zu 18 Jabos bis Innsbruck, Bayern, Mähren. Am Vormittag 18 Mitchell-Bomber in den Raum Innsbruck. Zahlreiche Aufklärer über Großraum Österreich. Ab 21.24 Uhr gesamt 18 Fernnachtjäger und Störflugzeuge bis Bayern, östlich bis Graz und Murau. Zwei Maschinen bis Krems und Amstetten. Um Mitternacht vier Aufklärer bis Innsbruck.

2. April 1945

Aus Süden etwa 600 Liberators und Flying Fortresses mit Jagdschutz ab 11.44 Uhr mit Angriff auf Verkehrs-, Industrieziele und Wohnviertel in Graz, St. Pölten, Krems. Auf Graz wurden von etwa 300 US-Maschinen über 750 Tonnen Bomben abgeworfen. Letzter Angriff auf Graz.

Ab 13.52 Uhr 54 Mitchell-Bomber auf Ziele entlang der Brennerlinie bis Innsbruck. Matrei am Brenner angegriffen. Tagsüber zahlreiche Jagdbomber und Jäger gegen Eisenbahnbrücke bei Wildon. 71 Lightnings und 55 Mustangs entlang der Eisenbahnlinie München–Wien und Wiener Neustadt–Marburg an der Drau. Gloggnitz, von Russen bereits besetzt, angegriffen. Gesamt 27 Aufklärer über Großraum Österreich. Auf Graz wurden gesamt etwa 17 000 Spreng- und 12 000 Brandbomben abgeworfen. Bisher 1 980 Luftkriegstote. 45 Prozent der gesamten Gebäude zerstört oder beschädigt. Frontlage Ost: Russen haben die von den US-Bombern zerstörte Ruinenlandschaft von Wiener Neustadt erreicht. Auf die Stadt wurden gesamt 55 000 Bomben abgeworfen, 1 000 Personen getötet, 88 Prozent aller Gebäude zerstört oder beschädigt.

3. April 1945

95 Lightnings gegen Eisenbahnbrücke Tainach–Stein. Gesamt 13 Aufklärer über Großraum Tirol.

4. April 1945

94 Lightnings gegen Verkehrsziele bis München–Pilsen–Linz und Gmunden–Lienz. Ab 15.06 Uhr 24 Marauder bis Lienz. Tagsüber drei Aufklärer bis Großraum Tirol.

Frontlage Ost: Russische Einheiten erreichen Stadtrand von Wien. Einsatz zahlreicher Flakbatterien im Erdkampf. Wiener Flaktürme schießen Sperrfeuer in russische Angriffszonen bis Laxenburg.

5. April 1945

Gesamt 40 Mustangs bis München und Linz. Matrei bombardiert. Einige Aufklärer über Großraum Österreich. Mittags zwei Jagdverbände bis Böhmen.

6. April 1945

Aus dem Süden sechs Mustangs mit Tiefangriffen bis Bayern. Mittags 100 Maschinen bis Süddeutschland. Einige Aufklärer über Großraum Österreich.

7. April 1945

Aus dem Süden greifen 128 Liberators und Flying Fortresses Innsbruck, St. Veit an der Glan und Klagenfurt an. 82 Lightnings neuerlich gegen Eisenbahnbrücke Tainach–Stein. 20. Angriff auf Innsbruck. Erstmals wurden auch 1 000-kg-Bomben abgeworfen. Zahlreiche Schäden in Wohnvierteln.

8. April 1945

Aus dem Süden 168 Lightnings gegen Brixlegg, Rattenberg in Tirol und in Tiefangriffen bis München–Salzburg–Linz.

9. April 1945

Aus dem Süden 150 Lightnings mit Bomben und Bordwaffen auf Ziele in Brixlegg, Rattenberg in Tirol, Seefeld, Telfs, Rosenheim und weitere Nachbarzonen.

10. April 1945

152 Lightnings greifen mit Bomben und Bordwaffen Verkehrsziele und Wohnviertel im Raum Seefeld, Reith bei Seefeld, Matrei

und Wörgl an. Nachtangriff auf Innsbruck. Schwere Schäden in Wohnvierteln.

11. April 1945
40 Lightnings bis Rosenheim. 29 Mustangs mit Tiefangriffen im Raum München, Salzburg, Linz und bis Böhmen. In Tirol Reith bei Seefeld neuerlich angegriffen.

12. April 1945
Aus dem Süden greifen 400 Bomber der 15. USAAF neben Zielen in Norditalien auch St. Veit an der Glan an, 123 Lightnings greifen Unzmarkt und Arnoldstein an.

14. April 1945
318 Bomber und 158 Begleitjäger der 15. USAAF greifen neben Zielen in Norditalien auch Klagenfurt an. 29 Lightnings mit Bomben und Bordwaffen bis München und Linz.

15. April 1945
12 Lightnings bombardieren Eisenbahnziele im Salzburger, Linzer und Vöcklabrucker Raum. Weitere 32 Lightnings und 36 Mustangs gegen Ziele im Raum München–Salzburg–Linz.

16. April 1945
Ende der strategischen Luftangriffe der 15. USAAF. Ab nun nur noch taktische Angriffe zur Unterstützung der Frontverbände. 36 Mustangs bis München–Pilsen–Linz. Einige Aufklärer über Großraum Österreich. Frontlage Ost: In Wien endet der letzte deutsche Widerstand.

17. April 1945
147 Lightnings greifen Matrei, Seefeld und Nebenziele an. 24 Mustangs bis München–Pilsen–Linz. Übliche Aufklärertätigkeit über Großraum Österreich.

18. April 1945
Aus dem Süden 51 Mustangs bis Augsburg–Pilsen–Linz. Aufklärer über Großraum Österreich.

19. April 1945
Aus dem Süden 619 Bomber gegen Verkehrsziele im Großraum Westösterreich und Süddeutschland, u. a. Brixlegg in 24 Anflügen angegriffen, Rattenberg bombardiert.

Angriffe auf Lienz, Klagenfurt, Bischofshofen, Linz, Rosenheim. 78 Lightnings bis Bayern.

20. April 1945
Teilverbände der 15. USAAF greifen Verkehrsziele entlang der Brennerstrecke an, u. a. von 10.13 bis 14 Uhr Raum Schwaz–Vomperbach–Roppen. Mittags Innsbruck bombardiert und mit Bordwaffen angegriffen. Bei bisher 22 Angriffen auf Innsbruck 495 Tote und an die 1 000 Verwundete. 1 819 Wohnhäuser teils mehrfach getroffen. Gesamt 3 833 Objekte beschädigt. 115 Lightnings gegen Eisenbahnlinie Innsbruck–Rattenberg–Rosenheim. Angriff auf Hall, Schwaz, Jenbach, Kundl, Wörgl, Obermoos, Kiefersfelden.
Aus dem Osten schon seit Anfang April die täglich rollenden Tiefangriffe von Jagdbombern sowie einigen Bombern in frontnahem Raum. Einige Jagdbomber mit Angriffen auf verschiedene Ziele im Waldviertel.

21. April 1945
240 B-17 Flying Fortresses und B-24 Liberators mit P-51 Mustangs als Jagdschutz bombardieren Attnang-Puchheim, Spittal an der Drau und Vöcklabruck. Flüchtlingstransporte angegriffen. Weitere 138 Lightnings gegen Ziele in Bayern und Raum Rattenberg–Rosenheim. Matrei am Brenner angegriffen. Aufklärer über Großraum Österreich.

25. April 1945
Aus dem Süden 467 Flying Fortresses und Liberators gegen Verkehrsziele und Wohnviertel in Linz, Wels und einige Nebenziele. 300 begleitende Jägereinsätze der 15. USAAF. In Tirol bei Angriffen entlang der Brennerlinie Steinach angegriffen.

26. April 1945
107 B-24 Liberators greifen unter anderem Verkehrsziele in Tarvis, Lienz, Spittal an der Drau, Klagenfurt und Sachsenburg an.

1. Mai 1945
Letzter Angriff der 15. USAAF. 27 Flying Fortresses greifen Verkehrsziele in Salzburg an. Lightnings und Mustangs als Aufklärer im Großraum Österreich.

Verzeichnis der über Österreich oder von in Österreich stationierten Luftabwehrkräften abgeschossenen, beschädigten und abgestürzten amerikanischen und englischen Flugzeuge

	Angriffsziel	Absturzstelle	Flugzeugtyp
29. 8. 1940	?	Lech, Vorarlberg	Englische Maschine
März 1941	?	Markt Allhau, Bgld.	Bristol Blenheim
16. 7. 1942	?	Fügenberg, Tirol	Englische Maschine
1. 10. 1943	?	Brandlucken	US-Bomber
1. 10. 1943/11.44	Wiener Neustadt	?	B-24
1. 10. 1943	Wiener Neustadt	südlich von Wiener Neustadt	B-24
1. 10. 1943/12.30	Wiener Neustadt	Notlandung in Brindisi	B-24
24. 10. 1943	Wiener Neustadt	Gerbini	B-24
30. 10. 1943/15.55	?	37° 08' N/25° 20' O	B-24
2. 11. 1943/12.30	Wiener Neustadt	bei Wiesmath	B-24
2. 11. 1943/12.30	Wiener Neustadt	Raum Wiener Neustadt	B-17
2. 11. 1943/12.32	Wiener Neustadt	Raum Pöttsching	B-24
2. 11. 1943/12.40	Wiener Neustadt	46° 50' N/16° 15' O	B-24
2. 11. 1943	Wiener Neustadt	Schlatten	B-17
2. 11. 1943	Wiener Neustadt	Hackerberg	US-Bomber
2. 11. 1943	Wiener Neustadt	Bocksdorf	US-Bomber
2. 11. 1943	Wiener Neustadt	Prebuch	US-Bomber
2. 11. 1943	Wiener Neustadt	Mönichkirchen	B-17
2. 11. 1943	Wiener Neustadt	Eltendorf	B-17
2. 11. 1943	Wiener Neustadt	bei Deutsch-Kaltenbrunn	US-Bomber
19. 12. 1943/11.45	Innsbruck	Explodiert zwischen Innsbruck und Mailand	B-17
19. 12. 1943/12.00	Innsbruck	46° 50' N/12° 05' O	B-17
19. 12. 1943	Landeck und Innsbruck	bei Caorle	
19. 12. 1943	Innsbruck	Rauchkofel	B-24
19. 12. 1943	Innsbruck	Wattens	B-24
30. 12. 1943/12.00	Deutschlandsberg	25 Meilen nordöstlich von Paris	B-17
7. 1. 1944/11.10	Wiener Neustadt	bei Szombathely	B-17
7. 1. 1944/11.20	Wiener Neustadt	im Zielgebiet	P-38
7. 1. 1944/11.30	Wiener Neustadt	bei Szombathely	B-17
7. 1. 1944	Wiener Neustadt	Bednja	P-38
7. 1. 1944	Wiener Neustadt	Hofstätten	P-38
22. 1. 1944	?	Kreuzkarsee, Tirol	US-Bomber
16. 1. 1944/12.10	Klagenfurt	südöstlich von Nakle	B-17
22. 2. 1944/13.45	Völkermarkt	Mahrenberg	P-38
22. 2. 1944	?	Koglhof	B-24
23. 2. 1944/12.01	Linz	bei Linz	B-24
23. 2. 1944/12.09	Steyr	48° 02' N/14° 24' O	
23. 2. 1944/12.15	Steyr	Marchtrenk, bei Wels	B-24
23. 2. 1944/12.30	Steyr	47° 20' N/14° 18' O	
		Abgestürzt auf ein Haus	B-24

23. 2. 1944/12.37	Steyr	10–15 Meilen südlich von Graz, bei Semriach	B-24
23. 2. 1944/13.45	Steyr	St. Valentin	B-24
23. 2. 1944/12.50	Steyr	45° 40' N/14° 30' O	B-24
23. 2. 1944/12.07	Steyr	Wels, Marchtrenk	B-24
23. 2. 1944/1.20 pm	Steyr	Mitterberg	B-24
23. 2. 1944	Steyr	bei Lambach	B-24
23. 2. 1944	Steyr	Grünau im Almtal	B-24
23. 2. 1944	Steyr	48° 08' N/14° 00' O	B-24
23. 2. 1944	Steyr	Graz-Andritz	B-24
24. 2. 1944/12.15	Steyr	45° 35' N/14° 32' O	B-17
24. 2. 1944/12.15	Steyr	bei Lambach	B-17
24. 2. 1944/ 12.15–13.15	Steyr	bei Fuschl	B-17
24. 2. 1944/ 12.15–13.15	Steyr	südwestlich von Christkindl	B-17
24. 2. 1944/ 12.15–13.15	Steyr	östlich Salzburg	B-17
24. 2. 1944/12.45	Steyr	bei Wels	B-17
24. 2. 1944/ 12.15–13.15	Steyr	zwischen 45° 35' N/14° 32' O und 47° 49' N/14° 28' O	B-17
24. 2. 1944/13.08	Steyr	Lambach	E-17
24. 2. 1944/13.20	Steyr	bei Hocheck	B-17
24. 2. 1944/13.25	Steyr	bei Windischgarsten	B-17
24. 2. 1944/13.40	Steyr	46° 33' N/14° 30' O	B-17
25. 2. 1944/11.55	Regensburg	47° 45' N/13° 10' O	B-17
25. 2. 1944/12.00	Graz	zuletzt gesehen: 42° 20' N/15° 10' O	
25. 2. 1944/12.05	Steyr	Hollenstein	
25. 2. 1944/12.15		Trahütten	B-24
25. 2. 1944/12.16	Graz	46° 15' N/15° 37' O	B-24
25. 2. 1944/12.30	Salzburg	in ein Gewässer (?) abgestürzt	P-38
25. 2. 1944/12.40	Regensburg	nördlich von Klagenfurt	B-17
25. 2. 1944/13.25	Regensburg	St. Anton/Jesnitz	B-17
25. 2. 1944	Regensburg	Gebiet von Kammer	
25. 2. 1944	Regensburg	Perbasdorf b. Traunstein	B-24
25. 2. 1944	Regensburg	St. Veit	B-24
2. 3. 1944	?	Leutasch, Tirol	US-Bomber
4. 3. 1944/13.03	Graz	bei Graz	B-24
17. 3. 1944/14.00	Fischamend	18 km nordwestlich von Tuglai, Debosnika	Lightning
17. 3. 1944	Schwechat	bei Adelsberg	B-17
17. 3. 1944	Wien	bei Schwechat	US-Bomber
17. 3. 1944	Wien		US-Bomber
17. 3. 1944	Wien		US-Bomber
17. 3. 1944	Wien		US-Bomber
18. 3. 1944	?	Fußach, Vorarlberg	B-24
19. 3. 1944	Steyr	Kirschentheuer, Kärnten	B-24
19. 3. 1944/12.00	Steyr	bei Nova Mesto	B-24
19. 3. 1944/ 13.30–14.00	Steyr		B-24

19. 3. 1944/			
14.30–15.00	Steyr	15 Meilen östlich von Kosova	B-24
19. 3. 1944/13.41	Klagenfurt	46° 26' N/15° 06' O	B-17
19. 3. 1944/14.00	Graz	bei Agram	B-24
19. 3. 1944/14.10	Steyr	bei Burgstall	B-24
19. 3. 1944/15.00	Steyr	Reichenstein	B-24
19. 3. 1944/15.15	48° 13' N/15° 55' O	42° 05' N/15° 25' O	B-24
2. 4. 1944/11.00	Steyr	Wolfsberg nächst Kumpitsch	B-24
2. 4. 1944/11.20	Steyr	Hausleiten bei St. Florian, Straßenabzweigung von St. Florian zur Straße Hofkirchen–Asten	B-24
2. 4. 1944/12.00	Steyr	bei Spannheim, Wolfsberg	B-17
2. 4. 1944/12.23	Steyr	bei Ostaria Generalski Stol	B-17
2. 4. 1944/12.30	Steyr	Zusammenstoß mit einer anderen B-24	B-24
2. 4. 1944/12.30	Steyr	Großraming	B-17
2. 4. 1944/13.00	Steyr	Molln bei Windischgarsten	B-17
2. 4. 1944/13.00	Steyr	Raum Ostaria Generalski Stol	B-17
2. 4. 1944/13.00	Steyr	Ostaria Generalski Stol	B-24
2. 4. 1944/13.00	Steyr	bei St. Lorenzen	B-24
2. 4. 1944/13.15	Steyr	45° 25' N/15° 00' O	B-24
2. 4. 1944/14.00	Steyr	Ostaria	B-24
2. 4. 1944/14.00	Steyr	bei Pecini	B-24
12. 4. 1944/12.16	Wiener Neustadt		P-47
12. 4. 1944/12.16	Bad Vöslau	0,4 km nördlich von Felbring	B-24
12. 4. 1944/12.22	Wien-Zwölfaxing	Stotzing	B-17
12. 4. 1944/12.20	Bad Vöslau	zuletzt gesichtet über Bad Vöslau	B-24
12. 4. 1944/12.20	Wiener Neustadt	Hochneunkirchen	B-24
12. 4. 1944/12.30	Bad Vöslau	zuletzt gesichtet über Bad Vöslau	B-24
12. 4. 1944/12.35	Wiener Neustadt		B-24
12. 4. 1944/12.45	Wiener Neustadt	bei Szombathely	B-24
12. 4. 1944/13.00	Bad Vöslau	4 km südöstlich von Steinhaus am Semmering	B-24
12. 4. 1944/13.15	Bad Vöslau	bei Stotzing	B-24
12. 4. 1944		Wald bei Wiesen	US-Bomber
12. 4. 1944		Althodis, südöstlich des Geschriebensteins	US-Bomber
21. 4. 1944/12.40		44° 25' N/26° 10' O	B-24
23. 4. 1944/12.31	Wiener Neustadt	bei Breitenau	B-24
23. 4. 1944/14.20	Wiener Neustadt	bei Györ	B-24
23. 4. 1944/14.45	Ternitz	1 km südwestlich von Siedlung bei Neunkirchen	B-17 Abschuß durch Jäger und Flak
23. 4. 1944/14.52	Schwechat		B-24

23. 4. 1944/15.00	Schwechat	östlich Fischamend; Himberg	B-24
23. 4. 1944/15.00	Bad Vöslau	bei Breitenau	B-24
23. 4. 1944/15.00	Wiener Neustadt	bei Gormet	B-17
23. 4. 1944	Wiener Neustadt	Neusiedler See bei Podersdorf	B-24
24. 4. 1944		bei Czorna	B-24
24. 4. 1944		nahe Ödenburg	
10. 5. 1944/11.00	Wiener Neustadt	bei Karlstadt	B-17
10. 5. 1944/11.02	Wiener Neustadt	Stinkenbrunn	B-17
10. 5. 1944/11.03	Wiener Neustadt	7 Meilen südsüdwestlich von Wiener Neustadt	B-17
10. 5. 1944/11.15	Wiener Neustadt	Buchschachen	B-24
10. 5. 1944/11.15	Wiener Neustadt	Zillingdorf	B-24
10. 5. 1944/11.20	Wiener Neustadt	bei Graz	B-17
10. 5. 1944/11.21	Wiener Neustadt	Scharnagl/1,5 km südwestlich von Matzendorf	B-24
10. 5. 1944/11.25	Wiener Neustadt	Hochstraß bei Piringsdorf	B-24
10. 5. 1944/11.34	Wiener Neustadt M/Y	Raum Wiener Neustadt	B-24
10. 5. 1944/11.45	Wiener Neustadt	2 Meilen nordwestlich von Wiener Neustadt	B-24
10. 5. 1944/11.45	Wiener Neustadt	bei Apetlon	B-24
10. 5. 1944/11.50	Wiener Neustadt	Stinkenbrunn	B-17
10. 5. 1944/11.55	Wiener Neustadt	bei Donnerskirchen	B-24
10. 5. 1944/12.00	Wiener Neustadt	Lichtenwörth bei Wiener Neustadt	B-17
10. 5. 1944/12.14	Wiener Neustadt	Rust	B-24
10. 5. 1944/12.15	Wiener Neustadt	östlicher Ortsrand von Breitensee	B-24
10. 5. 1944/12.15	Wiener Neustadt	Siernthalerhütte Puchberg	B-17
10. 5. 1944/12.40	Wiener Neustadt	3 km östlich von Allhau	B-17
10. 5. 1944/13.00	Wiener Neustadt	Wiener Neustadt	B-24
10. 5. 1944/13.00	Wiener Neustadt	bei Comje-Rijeka	B-24
10. 5. 1944	Wiener Neustadt	bei Rust	B-24
10. 5. 1944	Wiener Neustadt	bei St. Georgen	B-24
10. 5. 1944	Wiener Neustadt	Vöstenhof bei Pottschach	B-17
10. 5. 1944	Wiener Neustadt	Raum Ödenburg	US-Bomber
10. 5. 1944	Wiener Neustadt	Raum Ödenburg	US-Bomber
10. 5. 1944	Wiener Neustadt	Kroisbach	US-Bomber
10. 5. 1944	Wiener Neustadt	Raum Ödenburg	US-Begleit-jäger
24. 5. 1944/10.00	Wiener Neustadt	7 km nordöstlich von Veitsch	B-24
24. 5. 1944/10.13	Wiener Neustadt	Leithaprodersdorf	B-24
24. 5. 1944/10.18	Wiener Neustadt	Kriegskogl/Lanau	B-24
24. 5. 1944/10.20	Wiener Neustadt	bei Kernhof	B-24
24. 5. 1944/10.25	Wiener Neustadt	Türnitz	B-24
24. 5. 1944/10.25	Wiener Neustadt	St. Aegyd	B-24
24. 5. 1944/10.28	Wiener Neustadt	2 km nördlich von Wiesmath	B-24
24. 5. 1944/10.30	Wiener Neustadt	Gußwerk	B-24
24. 5. 1944/10.30	Wiener Neustadt	Raum Neuberg	B-24
24. 5. 1944/10.36	Wiener Neustadt	2 km nordöstlich von Eichbichl	B-24
24. 5. 1944/11.00	Graz	Insel Pag	B-24

24. 5. 1944/11.15	Wiener Neustadt	St. Marein	B-24
24. 5. 1944/12.05	Atzgersdorf	Sisak-Petrinja	B-17
24. 5. 1944	Wiener Neustadt	1 km westlich von Sigleß	B-24
24. 5. 1944	Wiener Neustadt	St. Stefan im Rosental	B-17
29. 5. 1944/9.57	Wiener Neustadt	Amstetten	B-24
29. 5. 1944/10.00	Wiener Neustadt	Stift Rein bei Eisbach	B-24
29. 5. 1944/10.00	Wien-Atzgersdorf	Schattendorf	B-24
29. 5. 1944/10.01	Wallersdorf	Ranshof bei Thomasberg	B-17
29. 5. 1944/10.05	Wiener Neustadt	bei St. Leonhard am Forst	B-24
29. 5. 1944/10.05	Wiener Neustadt	5 km südlich von Fischbach Ochsenkogel	B-24
29. 5. 1944/10.05	Wiener Neustadt	Seimetzbach?	B-24
29. 5. 1944/10.08	Wiener Neustadt	7 km südlich von Furth	B-24
29. 5. 1944/10.20	Wiener Neustadt	Kirchberg (am Wechsel?)	P-51
29. 5. 1944/10.20	Wiener Neustadt	2 km südlich von Seebenstein	B-24
29. 5. 1944/10.30	Wiener Neustadt	2 km nördlich von Wiener Neustadt	B-24
29. 5. 1944/10.30	Wiener Neustadt	5 Minuten nach dem Luftkampf bei Schwarzensee	P-51
29. 5. 1944/10.31	Liesing	2 km nördlich von Münchendorf	B-24
29. 5. 1944/10.33	Wiener Neustadt	südlich von Graz	B-24
29. 5. 1944/10.40	Atzgersdorf	bei Zara	B-24
29. 5. 1944/10.48	Atzgersdorf	bei Mönichkirchen	B-17
29. 5. 1944/11.00	Wien, Rüstungsbetriebe	Südostküste von Sitba, Jugoslawien	P-38
29. 5. 1944/11.45	Atzgersdorf	bei Petrinja	B-24
29. 5. 1944/12.00	Atzgersdorf	Bosnien	B-24
29. 5. 1944/12.00	Wels	Puchberg	B-24
29. 5. 1944	Wien	Zara	B-24
29. 5. 1944	Atzgersdorf	Petrinja	B-24
29. 5. 1944	Wien	bei Schwechat	US-Bomber
29. 5. 1944	Wien	Westungarn, Bezirk Ödenburg	US-Bomber
30. 5. 1944	Linz	Linz	B-24
30. 5. 1944/10.30	Pottendorf	beim Neusiedler See	B-24
30. 5. 1944/10.33	Ebreichsdorf	bei Krizevaco	B-24
30. 5. 1944/11. 37	Neudörfl	44° 86' N/16° 20' O	B-24
30. 5. 1944	Wels	Aschach	P-51
6. 6. 1944	?	bei Graz	?
7. 6. 1944/19.45	Angers?	Bruz?	B-17
9. 6. 1944/9.19	?	nördlich von Lienz	B-24
16. 6. 1944/10.00	Wien	südwestliche Spitze des Plattensees	
16. 6. 1944/10.30	Wien	Himberg	
16. 6. 1944/10.30	Wien	bei Dejon, 30 Meilen nördlich von Mostar	B-17
16. 6. 1944/10.48	Wien	?	?
16. 6. 1944/12.10	Wien	Pribelja	B-24
16. 6. 1944/12.17	Lobau, Ölraffinerie	Jugoslawien	B-24
16. 6. 1944	Schwechat	Glamoc/Jugoslawien	B-24
16. 6. 1944	Floridsdorf	?	B-17

16. 6. 1944	Wien	Györ	B-24
16. 6. 1944	Wien	Götzendorf	B-24
16. 6. 1944	Wien	Kittsee	B-24
24. 6. 1944/9.43	Wien	?	?
26. 6. 1944/8.50	Schwechat	Novsko	B-17
26. 6. 1944/9.20	Wien, Ölraffinerien	Vinenzo, Italien	P-38
26. 6. 1944/ 9.38–9.45	Moosbierbaum	zuletzt gesichtet: bei Trausdorf	B-24
26. 6. 1944/ 9.38–9.45	Wien, Ölraffinerien	bei Wien	B-24
26. 6. 1944/ 9.38–9.45	Moosbierbaum	bei Wien	B-24
26. 6. 1944/9.40	Moosbierbaum	Puchberg	B-24
26. 6. 1944/9.40	Korneuburg	Dürnkrut	B-24
26. 6. 1944/9.43	Moosbierbaum	48° 20' N/15° 56' O	B-24
26. 6. 1944/9.52	Floridsdorf	bei Hadersfeld	B-24
26. 6. 1944/9.55	Schwechat	westlich von Budapest	B-24
26. 6. 1944/9.55	Wien	16 km nordwestlich von Grafendorf	B-24
26. 6. 1944/10.00	Wien-Floridsdorf	bei Himberg	B-24
26. 6. 1944/10.07	Moosbierbaum	St. Ruprecht/Raab	B-24
26. 6. 1944/10.10	Wien-Floridsdorf	Preßbaum	B-24
26. 6. 1944/10.15	Schwechat	Wien	B-24
26. 6. 1944/10.17	Ölraffinerie Lobau	ungarische Seite des Neusiedler Sees	B-17
26. 6. 1944/10.20	Wien	Schloßhof	B-24
26. 6. 1944/10.30	Moosbierbaum	Michelbach	B-24
26. 6. 1944/10.50	Korneuburg	Maria Bistrica	B-24
26. 6. 1944/11.00	Moosbierbaum	16 km westlich von Bad Vöslau bei Furth	B-24
26. 6. 1944	Wien	bei Györ	B-17
26. 6. 1944	Korneuburg	Chorherrn (Stift Klosterneuburg?)	B-24
26. 6. 1944	Schwechat	bei Raasdorf	B-24
26. 6. 1944	Moosbierbaum	bei Pöllau	B-24
26. 6. 1944	Wien	Unterloisdorf 16° 30' N/47° 30' O	B-24
26. 6. 1944	Wien	Csapod	US-Bomber
26. 6. 1944	Wien	westlich Ödenburg	B-24
26. 6. 1944	Wien	Csepreg	US-Bomber
26. 6. 1944	Wien	Raum Ödenburg	B-24
7. 7. 1944		Strallegg, Steiermark	Englischer Bomber
8. 7. 1944/10.38	Wien	Schloßhof	B-24
8. 7. 1944/10.44	Wien-Floridsdorf	Gerasdorf	B-24
8. 7. 1944/10.40	Wien-Floridsdorf	1 km von Deutsch Altenburg	B-24
8. 7. 1944/10.40	Wien	bei Wien	P-51
8. 7. 1944/10.45	Wien	Fuchsenhofen bei Leobersdorf	B-24
8. 7. 1944/10.58	Wien	Schwechat	B-17
8. 7. 1944/11.01	Floridsdorf	Plattensee	B-24

8. 7. 1944/11.30	Wien	bei Parndorf	P-38
8. 7. 1944/11.30	Wien	Raum Deutsch Wagram	P-38
8. 7. 1944	Wien	Raum Györ	B-17
8. 7. 1944	Wien	Varaždin	B-17
12. 7. 1944	Wien, Ölraffinerien	Obsteig, Tirol	B-24
12. 7. 1944	Wien, Ölraffinerien	Imst, Tirol	B-24
16. 7. 1944/9.50	Wiener Neustadt?	Raum Tamasia	B-24
16. 7. 1944/10.20	Wien	bei Andau	P-38
16. 7. 1944/10.25	Wiener Neudorf	Neusiedler See	B-24
16. 7. 1944/10.27	Wiener Neudorf	bei Breitenbrunn	B-24
16. 7. 1944/10.40	Wiener Neudorf	?	B-24
16. 7. 1944/10.43	Wien	2 km östlich von Payerbach	B-17
16. 7. 1944/10.45	Wiener Neudorf	Tadten	B-24
16. 7. 1944/11.00	Wien	Andau	B-24
16. 7. 1944/11.00	Wien	Wittau	B-17
16. 7. 1944/11.00	Wiener Neudorf	Andau	B-24
16. 7. 1944/11.20	Münchendorf	Bad Vöslau	P-51
16. 7. 1944/11.30	Wien	Untersiebenbrunn	B-17
16. 7. 1944/12.00	Graz	Prebesdorf, nordöstlich von Gleisdorf	B-24
16. 7. 1944/12.00	Wien	Jugoslawien	B-24
16. 7. 1944/18.00	Wien	Wien XII	B-24
16. 7. 1944	Wien	Raum Wien	B-17
21. 7. 1944/10.30	Brüx	St. Urban	P-51
21. 7. 1944/10.55		bei Neukirchen Altmünster, Feuerkogel	B-17
21. 7. 1944/12.00	Brüx	30 km südlich des Feuer- kogels Wels	B-17
25. 7. 1944/11.03	Linz	bei St. Peter/Au	B-24
25. 7. 1944/11.03	Linz	20 Meilen südlich von Linz	B-24
25. 7. 1944/11.05	Linz	Hörsching	B-24
25. 7. 1944/11.05	Linz	Breitenau	B-24
25. 7. 1944/11.05	Linz	bei Linz	B-24
25. 7. 1944/11.14	Linz	Schwertberg	B-24
25. 7. 1944/11.20	Linz	bei Linz	B-24
25. 7. 1944/11.20	Linz	Stranzberg	B-24
25. 7. 1944/11.30	Linz	Raum Linz	B-17
25. 7. 1944/11.35	Linz	Raum Steyregg	B-17
25. 7. 1944/15.00		Wolfsberg	B-17
25. 7. 1944		Molln, Oberösterreich	B-24
26. 7. 1944/8.30	Wiener Neustadt	bei Güns	B-17
26. 7. 1944/9.43	Moosbierbaum	Michelbach	B-24
26. 7. 1944/10.30		Parndorf	
26. 7. 1944/10.47	Wien	Gschaid bei Birkfeld	P-38
26. 7. 1944/10.50	Zwölfaxing	bei Mariazell	P-51
26. 7. 1944/ 11.00–12.00	Wiener Neustadt	westlich St. Jakob im Walde	B-17
26. 7. 1944/11.05	Wiener Neudorf	bei Wiener Neustadt	B-17
26. 7. 1944/11.05	Wiener Neudorf	bei Pernitz	B-17
26. 7. 1944/11.05	Wiener Neudorf	Wiener Neustadt	B-17

26. 7. 1944/11.10	Wiener Neudorf	47° 35' N/15° 40' O	B-17
26. 7. 1944/11.10	Wiener Neudorf	Raum Wiener Neustadt	B-17
26. 7. 1944/11.18	Wiener Neudorf	Raum Wiener Neudorf	B-17
26. 7. 1944/11.24	Zwölfaxing	zuletzt gesichtet bei Wien	B-24
26. 7. 1944/11.31	Zwölfaxing	Münchendorf	B-24
26. 7. 1944/11.31	Zwölfaxing	bei Parndorf	B-24
26. 7. 1944/11.31	Zwölfaxing	Wien-Mauer	B-24
26. 7. 1944/11.40	Vöslau	südwestlich von Sopron	B-24
27. 7. 1944/11.00		Ratten	B-17
27. 7. 1944/11.50	Wiener Neustadt	1,5 km westlich von Stinatz	B-17
27. 7. 1944	Wien	Vösendorf (Ziegelteich)	B-24
3. 8. 1944		Lermoos	B-24
3. 8. 1944		Stams	B-24
3. 8. 1944		Leutasch	B-24
3. 8. 1944		Nassereith	B-24
3. 8. 1944		Ehrwald	B-24
7. 8. 1944/12.30	Blechhammer	Wiener Neustadt	B-17
7. 8. 1944	Wien	Vösendorf	B-17 Abschuß durch ME 109
20. 8. 1944		Weißenbach a. d. E.	Englischer Bomber
20. 8. 1944		Mitterkirchen	Englischer Bomber
20. 8. 1944		Mauer	Englischer Bomber
20. 8. 1944		Hollenstein	Englischer Bomber
22. 8. 1944/10.21	Lobau	südlich von Papa	B-24
22. 8. 1944	Korneuburg	Jugoslawien	B-24
22. 8. 1944	Lobau Korneuburg	Raum Ödenburg	B-24
22. 8. 1944	Lobau Korneuburg	Raum Ödenburg	B-24
23. 8. 1944	Vösendorf	Ebreichsdorf	B-24
23. 8. 1944/11.16	Markersdorf	Türnitz	B-24
23. 8. 1944/12.15	Markersdorf	bei St. Pölten	B-24
23. 8. 1944/12.20	Markersdorf	Raum Wiener Neustadt	P 51
23. 8. 1944/12.20	Markersdorf	Raum Annaberg	B-24
23. 8. 1944/13.30	Markersdorf	Annaberg	B-24
23. 8. 1944/13.50	Wien	Bosnia	B-17
23. 8. 1944	Markersdorf	Bischofstetten	B-24
23. 8. 1944	Markersdorf	nördlich von Bruck	B-24
24. 8. 1944	Ölraffinerien	Döllersheim	B-24
24. 8. 1944	Ölraffinerien	Marburg/Drau	US-Bomber
24. 8. 1944	Ölraffinerien	Langschlag/Kehrbach	B-24
24. 8. 1944/12.12	Ölraffinerien	Groß Gerungs/Etzen	B-24
26. 8. 1944	Ölraffinerien	Predlitz	B-24
27. 8. 1944	Ölraffinerien	Lockenhaus	
28. 8. 1944/12.00	Moosbierbaum	Untersiebenbrunn	P-51
28. 8. 1944	Moosbierbaum	südöstlich von Brünn, bei Budwitz	Mustang

29. 8. 1944	Vösendorf		
? 8. 1944	Ölraffinerien	südlich Ödenburg	B-24
6. 9. 1944/9.30	?	Linz	B-24
7. 9. 1944	Übungsflug	?	?
10. 9. 1944	Wien	Raum Wien	B-24
10. 9. 1944	Lobau, Ölraffinerie	Wien	B-17
10. 9. 1944	Wiener Neustadt	Somorja, Ungarn	B-17
10. 9. 1944	Wien	südlich vom Plattensee bei Kaposvar	B-17
10. 9. 1944	Wien	Wien	B-24
10. 9. 1944	Wien	nordöstlich von Edelsthal, bei Hainburg	B-24
10. 9. 1944	Wien	Karlova	B-17
10. 9. 1944	Wien	Wien	?
10. 9. 1944	Wien	Wien	B-24
10. 9. 1944	Wien	Explosion nach Treffer im Grubenschacht	B-24
12. 9. 1944		Karwendelhaus	B-17
22. 9. 1944		Weilhartfort	
1. 10. 1944	Wiener Neustadt	15 Meilen nördlich vom Ziel	
7. 10. 1944/14.30	Wien-Winterhafen	nördlich von Mostar	B-24
7. 10. 1944	Wien-Winterhafen	südöstlich von Livno, Jugoslawien	
7. 10. 1944	Wien	nördlich von Koprivnica, Jugoslawien	B-24
7. 10. 1944	Wien	?	B-24
11. 10. 1944/11.44	Wien	südlich von Wien	B-24
11. 10. 1944	Wien	bei Wien	B-24
13. 10. 1944/12.30	Wien	Raum Wien	B-24
13. 10. 1944	Blechhammer	?	B-24
13. 10. 1944	Wien	bei Korneuburg	B-24
13. 10. 1944	Wien	südlich von Wien	B-24
13. 10. 1944	Wien	Korneuburg	B-24
13. 10. 1944	Fliegerhorstkommandantur Parndorf	südlich von Andau	B-24
13. 10. 1944	Wien	bei Ozora	Mustang
13. 10. 1944	Wien	Wien	B-24
13. 10. 1944	Blechhammer	Ehrenforst	B-24
13. 10. 1944	Wien	Raum Wien	B-17
13. 10. 1944	Wien	bei Sopron	B-24
13. 10. 1944	Wien	Wien-Aspern	B-24
13. 10. 1944	Wien, Automobilfabrik	bei Tugo	?
14. 10. 1944	?	südlich von Andau	?
16. 10. 1944/9.44	Steyr	bei Cherso	B-24
16. 10. 1944/11.15	Steyr	bei Zagreb	B-24
16. 10. 1944/11.25	Linz	Prebichl	B-24
16. 10. 1944/11.59	Graz	Deutsch-Radersdorf	B-24
16. 10. 1944/12.01	Graz	Raaba bei Graz	B-24
16. 10. 1944/13.30	Graz-Neudorf	bei Zara	B-24
16. 10. 1944/14.00	Graz-Neudorf	Ebental bei Klagenfurt	B-24

16. 10. 1944		Rufing bei Leonding	B-24
17. 10. 1944/12.10	Wien	Raum Parndorf	B-24
17. 10. 1944/12.14	Wien	Götzendorf	B-24
17. 10. 1944/12.19	Wien	Stutova	B-24
17. 10. 1944/12.22	Wien	Eßling	B-24
17. 10. 1944/12.25	Wien	Leopoldsdorf	B-24
17. 10. 1944/13.45	Blechhammer	Malacky	B-17
17. 10. 1944	Wien	Pettau	?
20. 10. 1944/14.15	Brüx		B-17
20. 10. 1944	Brüx	Patscherkofel	?
20. 10. 1944	Brüx	Zirl	?
27. 10. 1944	Wien	Luttenburg	?
1. 11. 1944/13.00	Wien	bei Gospic, Jugoslawien	B-24
1. 11. 1944/13. 11	Wien	Raum Budapest	B-17
5. 11. 1944/10.42	Linz	?	B-17
5. 11. 1944/12.46	Wien	zuletzt gesichtet bei Wien	B-24
6. 11. 1944/10.09	Osten und Westen von Wien	15 km südlich von Agram	B-24
6. 11. 1944/10.30	Moosbierbaum	Reichenfels	P-51
6. 11. 1944	Moosbierbaum	Siebertgasse, Wien	Bomber
11. 11. 1944	?	Aschbach	US-Jäger
11. 11. 1944/8.20	Linz	43° 35' N/16° 20' O	B-24
11. 11. 1944/9.32	Linz	südöstlich von Villa di Raigno	B-24
11. 11. 1944/10.05	Villach	20 km südlich von Udine	B-24
11. 11. 1944/10.18	Salzburg	45° 40' N/13° 20' O	B-17
11. 11. 1944/11.00	Linz	bei Pismo	B-24
15. 11. 1944	Innsbruck	bei Innsbruck	B-24
17. 11. 1944/11.45	Wien	südlich von Himberg	B-24
19. 11. 1944/12.20	Linz	bei Salzburg	B-17
20. 11. 1944	?	Kittsee-Engerau	US-Jäger
25. 11. 1944	Linz	Großglockner	B-17
27. 11. 1944/12.05	Norden von Wien	zuletzt gesichtet 50 km nördlich von Wien (l. s.)	P-38
3. 12. 1944/11.50	Wien	44° 20' N/16° 10' O	
3. 12. 1944/12.45	Linz	50° 06' N/18° 17' O	B-17
3. 12. 1944/13.14	Maribor, Jugoslawien	bei Marburg/Drau	B-24
6. 12. 1944/13.30	Linz	47° 45' N/10° 10' O	P-38
7. 12. 1944/7.30	Salzburg	Agram	B-17
8. 12. 1944/12.50	München	3 Meilen südöstlich von Steinach	P-51
9. 12. 1944/13.20	Regensburg	40 Meilen südöstlich von Salzburg	P-51
9. 12. 1944/13.30	Pilsen	Raum Linz bei Unterhaid	B-17
11. 12. 1944/12.30	Wien	Wien-Floridsdorf	B-24
11. 12. 1944/12.30	Wien	Urschel bei Raab	B-24
11. 12. 1944/12.31	Wien	bei Wien	B-24
11. 12. 1944/12.35	Wien	bei Wien	B-24
11. 12. 1944/13.08	Wien	Komarom	B-24
15. 12. 1944	Linz	Kutina, Jugoslawien	B-24
16. 12. 1944		östlich von Passau	

20. 12. 1944		Rainbach	US-Bomber
25. 12. 1944	Innsbruck	Innsbruck	B-24
25. 12. 1944	Graz	Thal bei Graz	B-24
26. 12. 1944	Brenner-Paß	Caposile	B-24
27. 12. 1944	Linz	Wels	B-17
27. 12. 1944	Hörsching	Enzing	B-17
27. 12. 1944	Bruck	St. Michael	B-24
27. 12. 1944	Linz	Feldkirchen	B-17
27. 12. 1944	Hörsching	Feldkirchen	B-17
27. 12. 1944	Strafing–Wien–Linz, Eisenbahnziele	Falconara	?
27. 12. 1944	Bruck a. d. Mur		?
28. 12. 1944	Klagenfurt	Weißenstein an der Drau, 14 km westlich von Villach	B-24
29. 12. 1944	Innsbruck	Marmolada	B-24
15. 1. 1945	Wien	Karlova	B-24
15. 1. 1945	Wien	Kirchberg (?)	B-24
15. 1. 1945	Wien	?	B-24
15. 1. 1945	Wien	Glinzendorf	US-Bomber
15. 1. 1945	Wien	Obersiebenbrunn	US-Bomber
19. 1. 1945	?	Böhmhöf, Zwettl	US-Aufklärer
20. 1. 1945		Umgebung von Gleisdorf	US-Jäger
20. 1. 1945	Linz	Wels	B-24
20. 1. 1945	Hörsching	Kuhberg, Reifling	B-24
20. 1. 1945	Salzburg	Fiume	B-24
20. 1. 1945	Linz	Gospic	B-24
20. 1. 1945	Linz	?	B-24
21. 1. 1945	Lobau	?	B-17
31. 1. 1945/14.16	Moosbierbaum	Sunja	B-24
31. 1. 1945/14.30	Moosbierbaum	Marburg	B-24
31. 1. 1945/14.50	Moosbierbaum	Raum Budapest	B-24
31. 1. 1945	Spittal	Unteramlach	Lightning
31. 1. 1945	Graz	?	B-24
31. 1. 1945	Moosbierbaum	Olivia	B-24
31. 1. 1945	Moosbierbaum	Preßburg	B-24
31. 1. 1945	Moosbierbaum	46° 21' N/17° 22' O	B-24
1. 2. 1945/12.42	Moosbierbaum	Balston/Gelse	B-17
1. 2. 1945/13.00	Wien	Veliki	B-17
1. 2. 1945	Wien-Schwechat	Plattensee	B-24
5. 2. 1945	Wien	Italien	P-38
7. 2. 1945/12.02	Moosbierbaum	bei St. Pölten	B-24
7. 2. 1945/12.30	Zeltweg	46° 51' N/14° 50' O	P-51
7. 2. 1945/12.38	Wien	über Wien-Westbahnhof explodiert nach Bombentreffern der Nachbarmaschine	B-17
7. 2. 1945/12.55	Moosbierbaum	Pettau	B-24
7. 2. 1945/13.05	Wien-Schwechat	Pettau	B-17
7. 2. 1945/13.23	Wien	nordwestlich vom Helenenschacht (Kollision von 2 Bombern)	B-24
7. 2. 1945/13.23	Moosbierbaum	St. Pölten	B-24

7. 2. 1945/13.24	Wien Aspern	48° 16' N/16° 31' O	B-24
7. 2. 1945/14.00	Wien	Wien	B-24
7. 2. 1945/14.18	Wien-Lobau	bei Papa	B-17
7. 2. 1945/14.30	Wien	bei Petrovic	B-24
7. 2. 1945/14.30	Korneuburg	Neuhäusel	B-24
7. 2. 1945/14.45	Moosbierbaum	47° 50' N/16° 00' O	B-24
7. 2. 1945	Wien?	Langenzersdorf	
7. 2. 1945 (?)	Korneuburg	bei Langenzersdorf	US-Bomber
7. 2. 1945 (?)	Korneuburg	bei Langenzersdorf	US-Bomber
7. 2. 1945 (?)	Korneuburg	bei Langenzersdorf	US-Bomber
7. 2. 1945 (?)	Korneuburg	bei Langenzersdorf	US-Bomber
7. 2. 1945	Wien	20 Meilen nordwestlich Arad (Rumänien)	B-24
7. 2. 1945	Wien	explodiert über Floridsdorf	B-24
7. 2. 1945	Wien	nordöstlich Keszthely	US-Bomber
7. 2. 1945	Wien	Reichling bei Tulln	B-24
7. 2. 1945	Wien	last seen by Szil	B-24
7. 2. 1945	Wien		B-24
7. 2. 1945	Wien		B-24
7. 2. 1945	Wien		B-24
7. 2. 1945	Wien		B-24
7. 2. 1945	Wien		B-24
7. 2. 1945	Wien		B-24
8. 2. 1945	Wien?	Ornding bei Pöchlarn	US-Jäger
8. 2. 1945	Zeltweg	Mitterlobming	B-17
8. 2. 1945	Wien	Pöchlarn/Markersdorf	P-38
13. 2. 1945/12.12	Wien	Wien-Aspern	B-17
13. 2. 1945/12.20	Prag	20 Meilen nordöstlich von Linz	P-38
13. 2. 1945/12.25	Wien	48° 15' N/16° 20' O	B-17
13. 2. 1945/12.30	Wien	Szombathely	B-24
13. 2. 1945	Wien	Raum Plattensee	B-17
13. 2. 1945	Wien	Ungarn	B-24
13. 2. 1945	Wien	Schützen am Gebirge	US-Bomber
13. 2. 1945	Wien	Orth an der Donau	US-Bomber
14. 2. 1945/12.45	Schwechat	Boesing/Modra	B-17
15. 2. 1945	Matzendorf	Breitenbrunn	B-24
15. 2. 1945	Wien	Vösendorf	B-17
16. 2. 1945/12.54	Hall M/Y?	zuletzt gesichtet bei Hall	B-17
16. 2. 1945	München	Reidling, 2 km westlich von Moosbierbaum	B-24
16. 2. 1945	Neuberg	Gebiet Udine	B-24
19. 2. 1945		Hirm bei Kilb	Mustang
19. 2. 1945	Bruck/Mur	zuletzt gesichtet bei St. Valentin	Lightning
19. 2. 1945	Graz	?	?
19. 2. 1945	Graz	Schamberg	US-Jäger
20. 2. 1945	Schwechat-Ost	Kaposvar	B-24
21. 2. 1945/13.35	Wien	bei Wien	B-24
21. 2. 1945	Matzleinsdorf	bei Papa	B-24
21. 2. 1945	Wien	Wien XIV	B-17
21. 2. 1945	Wien	bei Raab	B-24

21. 2. 1945	Wien	Osijek	B-24
21. 2. 1945	Wien	Grafendorf	B-24
21. 2. 1945	Wien	bei Kecskemet	B-24
23. 2. 1945	Amstetten	bei Güssing	B-17
23. 2. 1945	Bruck a. d. Mur	bei Bruck a. d. Mur	B-24
25. 2. 1945	Linz	Theresienfeld	US-Bomber
25. 2. 1945	Linz	Hirm bei Melk	US-Bomber
25. 2. 1945	Linz	Raum Linz	B-24
25. 2. 1945	Linz	Raum Wien	B-17
27. 2. 1945	?	Füssen	US-Bomber
27. 2. 1945	?	Weißenbach?	US-Bomber
28. 2. 1945	Brennerpaß	Confernaro, Istrien	B-24
28. 2. 1945	Innsbruck–Salzburg	getroffen beim Beschuß eines Zuges bei Passau	
1. 3. 1945	Moosbierbaum	Ungarn	B-17
1. 3. 1945	Moosbierbaum	Ungarn	B-24
1. 3. 1945	Moosbierbaum	Pecs	B-24
1. 3. 1945	Moosbierbaum	Zara	B-24
1. 3. 1945	Moosbierbaum	bei Hollabrunn	B-24
1. 3. 1945	Moosbierbaum	40 Meilen nördlich von Zara	B-24
2. 3. 1945	?	Attnang-Puchheim	US-Jäger
4. 3. 1945	?	Plabutsch bei Graz	US-Bomber
9. 3. 1945	Graz	Zusammenstoß mit einer anderen Maschine über der jugoslawischen Küste	B-24
9. 3. 1945	Knittelfeld	Raum Knittelfeld	P-38
12. 3. 1945	Wien-Floridsdorf	47° 30' N/14° 35' O	B-24
12. 3. 1945	Wien-Floridsdorf	Ungarn	B-24
12. 3. 1945	Knittelfeld	bei Judenburg	P-38
12. 3. 1945	Wien?	Rennweg, Wien	US-Bomber
13. 3. 1945	Regensburg–Linz	?	?
	München-Strafing	St. Johann	P-51
15. 3. 1945	Floridsdorf	bei Kaposvar	B-24
21. 4. 1945		Gmunden	US-Bomber

Nachtrag:

Absturz einer US-Maschine (vermutlich P-38 Mustang) in den Dachstein-Südwänden („Dirndln") im Winter 1944/45 – exakter Zeitpunkt nicht mehr feststellbar. Die Abschußliste ist unvollständig.

Zu weiteren etwa 200 Abstürzen bzw. Notlandungen außerhalb Österreichs kam es durch in Österreich stationierte Flak. Diese sind in der vorliegenden Liste nicht enthalten. Es handelt sich vorwiegend um US-Bomber, die beim Überfliegen Österreichs zu weit entfernten „Angriffszielen", wie etwa den Raffinerien Blechhammer, Odertal, Heydebreck, Auschwitz oder München, Flaktreffer hauptsächlich beim Rückflug erhielten. Die meisten dieser Treffer müssen den Innsbrucker, Wiener oder Wiener Neustädter Batterien zugerechnet werden.

Eine komplette Auflistung wird nicht mehr möglich sein, da insbesondere die deutschen Abschußberichte unvollständig sind. Selbst das Material der US-Archive ist nicht einfach einzuordnen und dürfte bis zu einem allerdings geringen Grad lückenhaft sein. Insgesamt kann die Zahl der von in Österreich 1941 bis 1945 stationierten Flakbatterien oder Jägereinheiten abgeschossenen US- bzw. RAF-Flugzeuge mit über 650 angenommen werden.

Die Zahl der während der Kampfhandlungen 1945 hauptsächlich im Osten Österreichs abgeschossenen Maschinen, insbesondere jener der sowjetischen Luftwaffe, ließ sich mangels zugänglicher Unterlagen nicht eruieren.

Quellen:
Missing Air Crew Reports der National Archives, Washington; Angaben des Deutschen Bundesarchivs – Militärarchiv, Freiburg im Breisgau; Gemeindeberichte der österreichischen Bundesländer; Unterlagen von Luftwaffenhelfern der in Österreich 1943 bis 1945 stationierten Batterien; Archiv Banny; Archiv August Tropper, Leibnitz.

Leopold Banny: Krieg im Burgenland, Band I – Warten auf den Feuersturm, Eisenstadt 1983

Allan Burgess: Sieben Mann im Morgengrauen. Das Attentat auf Heydrich. Gütersloh 1961

Kit C. Carter, Robert Mueller: The Army Air Forces in World War II, Combat Chronology 1941–1945, Washington 1973

Wesley Frank Craven, James Lea Cate: The Army Air Forces in World War II, Volumne Three: Europe: Argument to V-E Day, Chicago 1951

Wesley Frank Craven, James Lea Cate: The Army Air Forces in World War II, Volumne Two: Europe: Torch to Point blank, Second Impression, Chicago 1956

Walter Dahl: Rammjäger, Das letzte Aufgebot. Heusenstein bei Offenbach am Main 1978

„Das Oberkommando der Wehrmacht gibt bekannt . . .". Der deutsche Wehrmachtsbericht, Band 3, Osnabrück 1982

Die geheimen Tagesberichte der Deutschen Wehrmachtsführung im Zweiten Weltkrieg 1939–1945, Band 9: 1. Dezember 1943–29. Februar 1944, Osnabrück 1987; Band 10: 1. März 1944–31. August 1944, Osnabrück 1985 (Arbeitskreis für Wehrforschung)

Adolf Galland: Die Ersten und die Letzten, München 1953

Werner Girbig: „. . . mit Kurs auf Leuna". Die Luftoffensive gegen die Treibstoffindustrie und der deutsche Abwehreinsatz 1944–1945, Stuttgart 1980

Leopold Grulich: Bomben auf Wien vom 12. 4. 1944 bis 23. 3. 1945. Unveröffentl. Manuskript, o. J.

Kriegstagebuch des Oberkommandos der Wehrmacht (Wehrmachtsführungsstab), Band IV, erster Halbband (eingeleitet und erläutert von Percy Ernst Schramm), Frankfurt am Main 1961

Frankland Noble: Die Bomberoffensive, Taschenbuchausgabe, Rastatt 1984

Manfried Rauchensteiner: Der Luftangriff auf Wiener Neustadt am 13. August 1943, Wien 1983 (= Militärhistorische Schriftenreihe, Heft 49).

Harry Slapanicka: Oberösterreich, als es Oberdonau hieß, 1938–1945, Linz 1978

Johann Ulrich: Der Luftkrieg über Österreich 1939–1945, Wien 1967 (= Militärhistorische Schriftenreihe, Heft 5/6)

Leo Unterrichter: Die Luftangriffe auf Nordtirol im Kriege 1939–1945, Innsbruck 1949 (= Veröffentlichungen des Museum Ferdinandeum, Band 26/29)

Weltenzyklopädie der Flugzeuge, Band I, Militärflugzeuge von 1914 bis heute, Mailand 1980

Die Angaben sind den obenangeführten Quellen entnommen. Vergleichsweise sind bei einigen Tagesberichten auch die stark divergierenden Angaben beider Seiten gegenübergestellt. Hierzu wird bemerkt, daß die deutschen Abschußmeldungen von mehreren Dienststellen bis hin zum Reichsluftfahrtministerium überprüft und erst nach Vergleich der jeweils mehrfach notwendigen Zeugenaussagen genehmigt wurden, die Abschüsse also als sicher gelten mußten. Bei den US-Angaben dürfte es sich in etlichen Fällen um die Summierung der Angaben von Beteiligten handeln. Nur dies erklärt die in einigen Fällen zu hohen Angaben über abgeschossene deutsche Jäger.

Die Oberbefehlshaber der Luftflotten 3 und 4 und nachfolgenden obersten Kommandobehörden der Luftwaffe in bezug auf Österreich von 1939 bis 1945[1]

Luftflotte 4 [2]

General der Flieger (später Generaloberst)
Alexander Löhr [3]
1. 4. 1939–19. 7. 1942

Generaloberst
Wolfram Frh. v. Richthofen
20. 7. 1942–10. 6. 1943

Generalleutnant
Alexander Holle
(mit der Wahrnehmung beauftragt)
11. 6. 1943–26. 9. 1944

Generaloberst
Otto Deßloch
27. 9. 1944–6. 4. 1945

Luftflotte 3 [4]

General der Flieger
(später Generalfeldmarschall)
Hugo Sperrle [5]
1. 4. 1939–21. 8. 1944

Generaloberst
Otto Deßloch
22. 8. 1944–27. 9. 1944

Luftwaffenkommando West

Generalleutnant
Alexander Holle
28. 9. 1944–11. 12. 1944

Generalleutnant
Joseph Schmid
12. 12. 1944–26. 4. 1945

Generalleutnant
Martin Harlinghausen
27. 4. 1945–Kriegsende

Luftwaffenbefehlshaber Mitte [6]

Generaloberst
Hubert Weise
1. 4. 1941–22. 12. 1943

Generaloberst
Hans-Jürgen Stumpff
23. 12. 1943–4. 2. 1944

Luftflotte Reich [7]

Generaloberst
Hans-Jürgen Stumpff
5. 2. 1944–Kriegsende

[1] Zusammengestellt nach Tessin, Verbände...; Absolon, Rangliste...; Völker, Die deutsche Luftwaffe..., und Obermayer, Ritterkreuzträger...
[2] Am 21. 4. 1945 wurde das Luftflottenkommando 4 in „Luftwaffen-Kommando 4" (auch IV) umbenannt und der Luftflotte 6 unterstellt.
[3] Vom 1. 8. 1938 bis 16. 3. 1939 „Kommandierender General und Befehlshaber des Luftwaffenkommandos Österreich, dann Ostmark". Löhr führte bis zu seiner Abberufung den Titel „Chef der Luftflotte 4 und Oberbefehlshaber Südost".
[4] Seit 28. 9. 1944 „Luftwaffen-Kommando West".
[5] Vom 4. 2. 1938 bis 30. 9. 1939 „Kommandierender General und Befehlshaber des Luftwaffengruppenkommandos 3" (München).
[6] Aufgestellt am 24. 3. 1941 aus dem Befehlshaber der Luftverteidigung in den Luftgauen III und IV Berlin. Gebildet für die Reichsluftverteidigung, zunächst nur in den nördlichen Luftgauen, dann auf das ganze Reich (einschließlich Dänemark und Ungarn) ausgedehnt. Am 3. 2. 1944 umgewandelt in „Luftflotte Reich".
[7] Aufgestellt am 3. 2. 1944 durch Umbenennung des Luftwaffenbefehlshabers Mitte.

Die Kommandierenden Generale und Befehlshaber in den Luftgauen VII und XVII und deren Unterstellungsverhältnis von 1938 bis 1945

Luftgau VII (München) [1]

Generalmajor Graf von Sponeck
  April 1938 bis 30. Juli 1938

General der Flakartillerie Emil Zenetti
  1. August 1938 bis 31. August 1944
Generalleutnant Wolfgang Vorwald
  1. September 1944 bis Mai 1945

Unterstellung	Oberbefehlshaber
Lw.Grp.Kdo. 3 (München) (bis 31. Jänner 1939)	
LFl. 3 (1. Februar 1939–23. März 1941)	Hugo Sperrle, Gen. d. Flg. (zuletzt GFM)
Lw.Bfh. Mitte (24. März 1941–2. Februar 1944)	Hubert Weise, GO. (1. April 1941–22. Dezember 1943) Hans-Jürgen Stumpff, GO. (23. Dezember 1943–3. Februar 1944)
LFl. Reich (3. Februar 1944 bis Ende März 1945)	Hans-Jürgen Stumpff, GO.
Lw.Kdo. West (April 1945)	Martin Harlinghausen, Gen.Lt.
LFl. 6 (1. Mai 1945 bis Kriegsende)	Otto Deßloch, GO.

Luftgau XVII (Wien) [2]

Generalleutnant (zuletzt Gen. d. FlakArt.)
  Friedrich Hirschauer
  August 1938 bis Juli 1942
General der Flieger Rudolf Bogatsch
  4. September 1942–31. August 1943
General der Flieger Stefan Fröhlich
  1. September 1943 bis Februar 1944
General der Flieger Egon Doerstling
  März 1944 bis April 1945

Unterstellung	Oberbefehlshaber
Lw.Kdo. Österreich (Ostmark) (bis 15. März 1939; Sitz: Wien)	
LF. 4 (16. März 1939–31. Dezember 1942; Sitz bis zum Balkanfeldzug: Wien)	Alexander Löhr, Gen.Lt. (zuletzt GO.)
Lw-Bfh. Mitte (1. Jänner 1943–2. Februar 1944)	Hubert Weise (wie oben)
LFl. Reich (3. Februar 1944 bis Ende Februar 1945)	Hans-Jürgen Stumpff (wie oben)
LFl. 4 (ab 6. April 1945: Lw.Kdo. 4) (1. März 1945–30. April 1945)	
LFl. 6 (1. Mai 1945 bis Kriegsende)	Otto Deßloch, GO.

[1] Vom österreichischen Staatsgebiet gehörte nur der Gau Tirol-Vorarlberg (ab 1. 5. 1939) zum Luftgau VII.
[2] Aufgestellt am 1. 7. 1938, aufgelöst am 21. 4. 1945.

Gliederung der Heimatluftverteidigung in bezug auf Österreich[1]

Luftflotte „Reich"
GenObst Stumpff
Einsatz der Flakartillerie in der Luftverteidigung „Reich" ab Februar 1944. Ab April 1945 zugleich Luftwaffenkommando Nordost.
Unterstellt (mit Unterbrechung): LGKdos VII und XVII.

Luftgaukommando VII (München)
Kommand. Gen.: Gen. d. Flakart. Zenetti, GenL: Dipl.-Ing. Vorwald
Unterstellung: LwBefh Mitte – Luftflotte Reich

Unterstellte Flakverbände:	4. Flakbrig, 26. Flakdiv
Flakeinsatz 13. Jänner 1943:	48 sBt, 22 Sperrfeuer-Bt, 41 l/mBt
	3 sEBt, 25 Scheinw-Bt
Flakeinsatz 15. Juni 1943:	76 sBt, 15 sABt, 18 Sperrfeuer-Bt,
	32 l/mBt, 25 l/mABt, 3 l/mEBt,
	4 sEBt, 32 Scheinw-Bt, 1 Nebel-Bt
Flakeinsatz 8. Juni 1944:	260 sBt, 48 sABt, 72 l/mBt, 50 l/mABt,
	2 lEBt, 15 sEBt, 84 Scheinw-Bt,
	6 Luftsperr-Bt, 11 Nebel-Bt
Flakeinsatz 21. Dezember 1944:	58 sBt, 29 sABt, 4 l/mBt, 2 l/mABt,
	1 sEBt, 1 lE-Trsp-Bt, 23 Scheinw-Bt,
	5 Nebel-Bt
Flakeinsatz 23. Jänner 1945:	68 sBt, 51 SABt, 16 l/mBt, 15 l/mABt,
	33 Scheinw-Bt, 9 Nebel-Bt

Luftgaukommando XVII (Wien)
Kommand. Gen.: Gen. d. Flakart. Hirschauer, Gen. d. Flg. Bogatsch, Gen. d. Flg. Fröhlich, Gen. d. Flg. Dorstling
Unterstellung: Luftflotte 4, LwBefh Mitte, Luftflotte Reich, LwKdo Südost

Unterstellte Flakverbände:	7., 16. Flakbrig, 24. Flakdiv
Flakeinsatz Jänner 1943:	15 sBt, 34 Sperrfeuer-Bt, 31 l/mBt, 9 Scheinw-Bt
Flakeinsatz Juni 1943:	51 sBt, 7 sAbt, 2 sEBt, 15 Sperrfeuer-Bt, 11 l/mBt,
	4 lEBt, 32 l/mABt, 35 Scheinw-Bt, 2 Nebel-Bt
Flakeinsatz Juni 1944:	168 sBt, 40 sABt, 3 Sperrfeuer-Bt,
	24 l/m Bt, 38 l/mABt, 17 sBt,
	41 Scheinw-Bt, 6 Nebel-Bt
Flakeinsatz Oktober 1944:	202 sBt, 32 sABt, 1 Sperrfeuer-Bt,
	16 l/mBt, 36 l/mABt, 36 Scheinw-Bt, 5 Nebel-Bt
Flakeinsatz Jänner 1945:	150 sBt, 19 sABt, 17 l/mBt,
	33 l/mABt, 37 Scheinw-Bt, 6 Nebel-Bt

24. Flakdivision
Kdr.: GenMjr Grieshammer
Im Dezember 1943 zur Luftverteidigung des Raumes Wien–Niederösterreich aus der 16. Flakbrigade mit Gefechtsstand Wien-Cobenzl aufgestellt; in diesem Einsatz verblieben und ab Februar 1945 dem V. Flakkorps unterstellt.
Unterstellung: LwBefh Mitte (LG XVII), Luftflotte „Reich" (LG XVII) und Luftflotte 6 (V. Flakkorps)
Einsatzkräfte im wesentlichen wie LG XVII

4. Flakbrigade
Kdr.: Obst (später GenMjr) Lichtenberger (1942/43), GenMjr Uhl, GenMjr Thym, Obst Dipl.-Ing. Heller

412

Vom Jänner 1943 bis zum März 1944 (eventuell schon vorher) im LG VII zur Luftverteidigung des Raumes München; später wahrscheinlich in den Stab der 26. Flakdivision umgewandelt.
Unterstellung: LG VII – LwBefh Mitte bzw. Luftflotte „Reich", LG III bzw. LG VIII – Luftflotte „Reich" und LwKdo 8
Einsatzkräfte: keine Angaben

7. Flakbrigade
Kdr.: Obst Frantz, GenMjr Schulze, GenLt Wagner
Von Juni 1944 an Führungsstab für die Luftverteidigung im Raum Linz–Steyr–Wels, verblieb in diesem Raum bis zum Kriegsende; zuletzt mit einigen Teilen im Fronteinsatz gegen die aus Bayern heranrückenden US-Truppen.
Unterstellung: Befh Süd – Gen d. Flakart. Süd, Luftflotte „Reich", LG XVII; V. Flakkorps
Einsatzkräfte: siehe LG XVII

16. Flak-Brigade
Kdr.: Keine Angaben
Juni 1943 bis Jänner 1944 im Raum Wien als Flakführungsstab, wurde dort zum Stab der 24. Flakdivision.
Unterstellung: LwBefh Mitte bzw. Luftflotte „Reich" – LG XVII

GenKdo V. Flak-Korps
Kommand. Gen.: Gen. d. Flakart. v. Renz
Im November 1944 aus dem Stab „Gen. d. Flakart. Südost" als Kommandobehörde für die Flakartillerie im Südostraum aufgestellt. Zuletzt bei der Heeresgruppe Süd unter Einschluß des LG XVII.
Unterstellung: Luftwaffen-Kommando 4, Luftflotte 6
Unterstellte Flakverbände (nicht kontinuierlich): 24. Flakdiv und 7. Flakbrig
Einsatzkräfte: keine Angaben vorhanden

[1] Horst Adalbert Koch: Die Kommandobehörden der Flakartillerie der Luftwaffe 1939–1945; in: „Feldgrau", Mitteilungsblätter einer Arbeitsgemeinschaft, 1–6/1959, 1–4/1960.

Chronologische Kriegsgliederung der Flakkräfte in Österreich

I. Osten
Luftgau XVII[1] *(Wien)*

Bis 1942 bestanden die Flakkräfte in Österreich aus einzelnen Flakregimentern, -abteilungen und Ausbildungs- und Ersatzeinheiten. Brigadegliederung gab es noch keine.

16. Flakbrigade
(Gefechtsstand Wien-Cobenzl)
Im September 1942 in Wien gebildet, umfaßte sie die gesamte Flak des Luftgaues XVII und bestand am 1. 11. 1943 aus:
Rgt. 28 = Flakgruppe Wien-West mit den Abt.: s. 223, 532, 533 und z. Zt. s./E 263
Rgt. 88 = Flakgruppe Wiener Neustadt mit den Abt.: s. 290 (Ugr. Theresienfeld), 336 (Ugr. Neudörfl) und z. Zt. s./E 543
Rgt. 98 = Flakgruppe Wien-Nord mit den Abt.: s. 288 und z. Zt. s./E 536
Sw.Rgt. 6 = Flakscheinwerfergruppe Wien mit den Sw.Abt.: 140, 338, 398, 560
Sw.Rgt. 1 = Flakgruppe Linz/Oberdonau mit den Abt.: s. 246 (Ugr. Steyr-West), 372, 388, 503, 805; le. 837: Sw. 188, 909 und z. Zt. s./E 429
Rgt. 76 = Flakgruppe Bruck/Mur mit den Abt.: s. 282, 615 (Ugr. Leoben), 644, 803 (Ugr. Graz); le. 751 (Ugr. Bruck)
Rgt. 184 = Flakgruppe Böhmen in Pilsen mit den Abt.: s. 285, 289; Sw. 189, 810
Rgt. z. b. V. Brüx: wurde zum Einsatz als Gruppe Wien-Süd (Rgt. 102) bestimmt; die bisherige Gruppe Wien-Süd wurde Wien-West.
Dazu kamen seit Juni 1943 7-47, zuletzt 19, schwere und 11-22, zuletzt 17, leichte und mittlere Heimatflak- bzw. Alarmbatterien.

24. Flakdivision
(Gefechtsstand Wien-Cobenzl)
Wurde im Dezember 1943 in Wien durch Umbenennung der überstarken 16. Flakbrigade ohne größere Veränderungen gebildet. Sie bestand am 1. 3. 1944 aus:
Rgt. 28 = jetzt Flakgruppe Wien-West mit den Abt.: gem. 288; s. 223 (Ugr. Laaerberg), 532 (Ugr. Wilhelminenberg), 533 (Ugr. Mödling); le. 807 (neu, Ugr. Lobau) und z. Zt. s./E 145, 423
Rgt. 88 = Flakgruppe Wiener Neustadt mit den Abt.: s. 284 (Ugr. Fischau), 290 (Ugr. Theresienfeld) und z. Zt. s./E 543
Rgt. 98 = Flakgruppe Wien-Nord mit der s. Abt. 288 (Ugr. Jedlersdorf)
Rgt. 102 = Flakgruppe Wien-Süd mit Nummern-Batterien und z. Zt. s./E 536
Sw.Rgt. 6 = Flakscheinwerfergruppe Wien mit den Sw.Abt.: 140, 338, 398, 400, 529, 560, 582
Sw.Rgt. 1 = Flakgruppe Linz/Oberdonau mit den Abt.: s. 141 (Steyr), 246 (Steyr-West), 342 (Steyr), 372, 388, 503, 805; le. 837; Sw. 188, 909 und z. Zt. 418, 429
Rgt. 76 = Flakgruppe Bruck/Mur mit den Abt.: 282, 336 (Ugr. Klagenfurt), 516 (Ugr. Marburg/Drau), 615 (Ugr. Leoben), 644, 803 (Ugr. Graz), le. 751 (Ugr. Bruck/Mur)
Rgt. 184 = Flakgruppe Böhmen (bei Pilsen) mit den Abt.: s. 285, 289, Sw. 189, 810
Luftnachrichten-Abt. 144
Am 1. 4. 1944 wurde aus Teilen der Division die 7. Flakbrigade in Linz gebildet. Die 24. Flakdivision beschränkte sich dadurch auf die Wiener Regimenter und die Flakgruppe Böhmen. Am 1. 12. 1944 bestand sie aus:
Rgt. 28 (Wien-West) mit den Abt. s. 184 (Turmflak, ohne Stab), 223, 532, gem. 655, Heimat-Flak-Abt. 12/XVII, le.Ers. 25
Rgt. 98 (Wien-Nord) mit den Abt. s. 274, 288, 696 (neu); gem. 807, s.Ers. 92
Rgt. 102 (Wien-Süd) mit den Abt. gem. 284, s. 290

414

Sw.Rgt. 6 (Wien) mit den Sw.Abt. 140, 338, 400, 560

Rgt. 63 (Böhmen) mit den Abt. s. 285, 289, 692 (neu), 693 (neu), Sw. 810

Das Rgt. 184 (bisher Flakgruppe Böhmen) war Stab der Flakbrigade 4 in Dresden geworden und durch den Stab/Flak-Rgt. 63 (bisher Weser-Ems, Luftgau XI) ersetzt worden. Der Stab des Flak-Rgts. 88 Wiener Neustadt war nach Brüx in den Luftgau III verlegt worden.

7. Flakbrigade
(Gefechtsstand Linz-Pöstlingberg)

In Linz am 1. 4. 1944 aus Teilen der bisher den ganzen Luftgau XVII umfassenden 24. Flak-division gebildet. Am 1. 12. 1944 bestand die Brigade aus den folgenden Einheiten (nachdem das Sw.Rgt. 1, das längst seinen Charakter als Scheinwerfer-Rgt. abgelegt hatte, in Flak-Rgt. 118 umbenannt und ein drittes Regiment 128 in Steyr neu gebildet worden war):

Rgt. 76 = Flakgruppe Bruck/Mur mit den Abt.: gem. 358 (neu); s. 516 (Ugr. Marburg), 803 (Ugr. Graz, ohne Stab); le. 699 (neu); Sw. 188 (Stab mit schweren Batterien); Heimat-Flak-Abt. 10/XVII

Rgt. 118 = Flakgruppe Linz mit den Abt.: s. 372, 388, 503; le. 837; Sw. 909; s.Ers. 38; Heimat-Flak-Abt. 16/XVII und z. Zt. s./E. 429

Rgt. 128 = Flakgruppe Steyr mit den Abt.: s. 684, 695, 805; Sw. 529; Heimat-Flak-Abt. 13/XVII.

II. Westen
Luftgau VII (München)

4. Flakbrigade (München)
Der seit 29. 9. 1942 in München liegenden Brigade unterstand am 1. 11. 1943 u. a. auch das Rgt. z. b. V. = Flakgruppe Innsbruck mit den Abt.: s. 577 (Ugr. Innsbruck-Nord) und z. Zt. le./E 730.

Das Rgt. z. b. V. wurde im Winter 1943/44 Flak-Rgt. 130 (= Flakgruppe Innsbruck). Gliederung am 1. 3. 1944: s. Abt. 506, 577.

26. Flakdivision (München)
Aufgestellt am 1. 5. 1944 in München aus der 4. Flakbrigade. Das Flakregiment 130 Innsbruck wurde an den Luftgau V abgegeben und durch einen neuen Stab 148 ersetzt; Einsatz (wie zuletzt schon das Regiment 130) außer bei Innsbruck und Salzburg in der Umgebung Münchens. So bestand am 1. 12. 1944 aus

Rgt. 148 = Flakgruppe Innsbruck (oder „München SW") aus den Abt. s. 577; le. 768; Heimat-Flak-Abt. 14/XIII.

---

[1] Gebiet der heutigen Republik Österreich (ohne Tirol und Vorarlberg), dazu gehörten ferner noch das Protektorat Böhmen und Mähren (= die Grenzen verschoben sich dort wiederholt), die Luftverteidigungszone Slowakei, die Untersteiermark, die Oberkrain, zeitweise der Raum Laibach und Ungarn bis Nagy-Kanizsa. Der Gau Salzburg, bis zur Höhe von Lofer, unterstand zeitweilig dem Luftgau VII.

Personalgliederung der 24. Flakdivision

Interessant ist vielleicht noch, die personelle Stärke der 24. Flakdivision zu schätzen. Geht man davon aus, daß die Batterien rund 100 Personen zum Funktionieren brauchten, dann benötigte ein Untergruppenstab etwa 90 Personen, ein Gruppenstab 60. Zum unmittelbaren Divisionsstab zählten rund 200 Personen, zur Luftnachrichtenabteilung rund 300 und zu den Versorgungs- und Sanitätseinheiten 250. Wenn also – unter Vernachlässigung der Hilfseinheiten, wie z. B. der Nebelbatterien, der Instandsetzungstrupps (I-Trupps), der Flakauswertezüge – im November 1944 88 schwere und 32 leichte sowie 21 Scheinwerferbatterien um Wien, Wiener Neustadt und Moosbierbaum vorhanden waren, die (einschließlich der Scheinwerferstäbe) von 11 Untergruppenstäben vier Gruppenstäben und dem Divisionsstab einschließlich der dazugehörenden Abteilungen, geführt wurden, so ergibt sich ein ungefährer Iststand von 16 170 Personen (13 700 bei den schießenden Einheiten, 2 470 bei den Scheinwerfern).

Diese etwa 16 200 Personen gehörten mehrheitlich den Flaksoldaten (4 000) und den Luftwaffenhelfern (4 000) an, wobei sich die letzteren je zur Hälfte aus Oberschülern oder Gymnasiasten sowie Lehrlingen oder Fachschülern zusammensetzten. Danach folgten die Flakwaffenhelferinnen (2 000), der männliche Reichsarbeitsdienst (1 800), das ausländische Hilfspersonal sowie der weibliche Reichsarbeitsdienst (mit je 1 500). Weniger stark waren die Flakwehrmänner (800) und die Stabshelferinnen (Luftwaffenhelferinnen) (600) vertreten. Überlegt man jedoch, daß vor dem November 1944 zahlreiche Flaksoldaten, die mehr oder minder kurzfristig in der Luftverteidigung des Wiener Raums aktiv waren, an die Front oder zu anderen Flakeinheiten der Reichsverteidigung versetzt wurden und die Luftwaffenhelfer der Jahrgänge 1926 und 1927 bereits entlassen waren, so ergibt sich gewiß eine wesentlich höhere Zahl von beteiligten Personen. Denn im Spätwinter 1944/45 wurde bekanntlich auch der zahlenmäßig starke Jahrgang 1928 der Luftwaffenhelfer von Flak-v-Soldaten abgelöst.

Das alles berechtigt zu der Annahme, daß von 1943 bis 1945 rund 30 000 Personen direkt oder indirekt an der Luftverteidigung im Bereich der 24. Flakdivision teilgenommen haben.

Regionale Flakkommandos im Raum Wien, Wiener Neustadt und Moosbierbaum

16. Flak-Brigade:
Herbst 1942 bis November 1943. Sitz: Wien-Cobenzl. Unterstellt: Flak-Gruppen Nord und Süd, Flak-Untergruppe Theresienfeld (ab September 1943, Flak-Gruppe Wiener Neustadt mit Untergruppen Theresienfeld, Neudörfl und Fischau). Dezember 1943 übergegangen in die 24. Flak-Division.

24. Flak-Division:
Dezember 1943 bis 14. April 1945. Sitz: Wien-Cobenzl. Unterstellt: Flak-Gruppen Nord, West (früher Süd), Süd und Wiener Neustadt (bis Juni 1944, nachher „Örtlicher Flakführer" mit Untergruppen Theresienfeld und Fischau: bis Herbst 1944).

Flak-Gruppe Nord (Flak-Rgt. 98):
Herbst 1942 bis 14. April 1945. Sitze: Kagran und Strebersdorf. Unterstellt: Flak-Untergruppen Lobau (Großenzersdorf), Großjedlersdorf, (ab Juni 1944) Moosbierbaum (Zwentendorf) und Stetteldorf.

Flak-Gruppe Süd, (ab 1944) West (Flak-Rgt. 28):
Von 1940 (Flak-Gruppe Wien) bis 14. April 1945. Sitz: Dornbach. Unterstellt: Flak-Untergruppen Wilhelminenberg, Laaerberg, (bis Juli 1943) Schmelz (= Mödling bis Dezember 1943).

Flak-Gruppe Süd (Flak-Rgt. 102):
Jänner 1944 bis 14. April 1945. Sitz: Himberg. Unterstellt: Flak-Untergruppen Mödling, Rauchenwarth, (ab Juni 1944) Theresienfeld und Fischau. Außerhalb der Staatsgrenzen: Preßburg (früher Fischau).

Flak-Gruppe Wiener Neustadt (Flak-Rgt. 88):
September 1943 bis Juni 1944. Sitz: Theresienfeld. Unterstellt: Flak-Untergruppen Theresienfeld, Neudörfl und Fischau. Gruppenstab im Juni 1944 nach Brüx verlegt.

Flak-Untergruppe Großjedlersdorf:
Vom Herbst 1942 bis 14. April 1945: Stab/s.
Flak-Abt. 288. Sitz: Siemensstraße, Schule.
Unterstellte schwere Batterien: Bruckhaufen, Bisamberg, Fuchsenboden, Rendezvous, Leopoldau, Süßenbrunn-Aderklaa. Taktisch untergeordnet: Alarmbatterien der Feld-Flakartillerieschule Stammersdorf und der Flak-Ers.-Abt. 92 Kagran.

Flak-Untergruppe Lobau:
Vom Herbst 1942 bis Juni 1943: Stab/s.
Flak-Abt. 803 (wurde später Untergruppe
Graz); danach bis 14. April 1945: Stab/gem.
Flak-Abt. 807. Sitz: Großenzersdorf. Unter-
stellte schwere Batterien: Breitenlee,
Aspern-Jägerhaus, Lobau-Napoleon-
schanze, Großenzersdorf, Pysdorf, Schön-
au.

Flak-Untergruppe Wilhelminenberg:
Vom Herbst 1942 bis 14. April 1945: Stab/s.
Flak-Abt. 532. Sitz: Schloß Wilhelminen-
berg. Unterstellte schwere Batterien:
Sophienalpe, Schafberg, Hagenberg,
Küniglberg, Nußberg, Himmel, Haschhof,
Schmelz, Hohe Warte, Arenbergpark,
Stiftskaserne, Augarten.

Flak-Untergruppe Schmelz:
Vom Herbst 1942 bis Sommer 1943: Stab/s.
Flak-Abt. 533. Sitz: Kreitnergasse, Schule.
Unterstellte schwere Batterien: Schmelz,
Stadion, Simmering. Stab 533 im Sommer
1943 nach Mödling übersiedelt.

Flak-Untergruppe Laaerberg:
Vom Herbst 1942 bis 14. April 1945: Stab/s.
Flak-Abt. 223. Sitz: Laaerberg, Kloster.
Unterstellte schwere Batterien: Rodaun,
Vösendorf, Wienerberg, Johannisberg, Sim-
mering, Stadion, Schwechat-Ost, Manns-
wörth, Schwechat-West.

Flak-Untergruppe Mödling:
Vom Sommer 1943 bis September 1944:
Stab/s. Flak-Abt. 533 (danach nach Ost-
preußen versetzt). Ab September 1944:

Stab/s. Flak-Abt. 290 (vorher in Theresien-
feld). Sitz: Mödling, Babenbergerhof.
Unterstellte schwere Batterien: Achau,
Münchendorf, Eichkogel, Wiener Neudorf,
Möllersdorf.

Flak-Untergruppe Rauchenwarth:
Von Jänner 1944 bis 14. April 1945: Stab/s.
Flak-Abt. 657. Sitz: Rauchenwarth. Unterstellte schwere Batterien: Königskogel, Pellendorf, Fischamend-Reichsstraße, Fischamend-Ost, Klein-Neusiedl, Kuckucksberg.

Flak-Untergruppe Theresienfeld:
Vom Frühjahr 1943 bis September 1944:
Stab/s. Flak-Abt. 290. Sitz: Theresienfeld.
Unterstellte schwere Batterien: Theresien-
feld-Nord, Heideäcker. Stab 290 im Septem-
ber 1944 nach Mödling verlegt.

Flak-Untergruppe Fischau:
Von Dezember 1943 bis Herbst 1944: Stab/
gem. Flak-Abt. 284. Sitz: Wiener Neustadt,
Pestalozzischule. Unterstellte schwere Bat-
terien: Luckerweg, Fischau. Taktisch zuge-
teilt: Alarmbatterien der Heeresflak-Ers.-
Abt. 277. Stab 284 im Herbst 1944 nach
Preßburg verlegt.

Flak-Untergruppe Neudörfl:
Von September bis Dezember 1943: Stab/s.
Flak-Abt. 336 (danach nach Klagenfurt ver-
legt). Von Jänner bis Juni 1944: Stab/s.
Flak-Abt. 696. Sitz: Neudörfl, Schule.
Unterstellte Batterien: Ungerfeld, Heuthal,
Katzelsdorf. Stab 696 im Juni 1944 nach
Zwentendorf (Moosbierbaum) verlegt.

Flak-Untergruppe Moosbierbaum:
Von Juni 1944 bis 14. April 1945: Stab/s.
Flak-Abt. 696. Sitz: Zwentendorf. Unter-
stellte schwere Batterien: Michelhausen,
Bärndorf, Schusterberg, Oberbierbaum.

Flak-Untergruppe Stetteldorf:
Von Juli 1944 bis April 1945: Stab/s. Flak-
Abt. 274. Sitz: Stetteldorf am Wagram.
Unterstellte schwere Batterien: Frauendorf,
Neuaigen, Asparn-Langenrohr.

Batteriestandorte

Gemischte Turmflak-Abt. 184
Stab: keiner vorhanden
1./184: Arenbergpark
2./184: Stiftskaserne (Esterházypark)
3./184: Augarten

Schwere Flak-Abt. 223
Stab: Untergruppe Laaerberg
1./223: Leopoldau
2./223: Rendezvous, Schwechat-Ost, Königskogel
3./223: Johannisberg, Wienerberg
4./223: Schwechat-Ost, Königskogel, Erdeinsatz Ödenburg
5./223: Fischamend-Reichsstraße
6./223: Wienerberg, Johannisberg
7./223: Stadion, Johannisberg
8./223: Pellendorf, Leopoldau
9./223: Pellendorf, Großenzersdorf

Schwere Flak-Abt. 274
Stab: Untergruppe Stetteldorf
Keine Batterien!

Gemischte Flak-Abt. 284
Stab: Untergruppe Fischau (ab Herbst 1944: Untergruppe Preßburg)
1./284: Fischau, Küniglberg
3./284: Heuthal, Oberbierbaum
4./284: Heuthal

Schwere Flak-Abt. 288
Stab: Untergruppe Großjedlersdorf
1./288: Bruckhaufen, Bisamberg
2./288: Breitenlee, Fischamend-Reichsstraße
3./288: Aspern-Jägerhaus, Süßenbrunn-Aderklaa
4./288: Großenzersdorf
5./288: Haschhof, Königskogel, Rastenburg (Ostpreußen)
6./288: Aspern-Jägerhaus, Süßenbrunn-Aderklaa
7./288: Rendezvous

Schwere Flak-Abt. 290
Stab: Untergruppe Theresienfeld (ab Herbst 1944: Untergruppe Mödling)
1./290: Theresienfeld-Nord
2./290: Ternitz, Ungerfeld, Asparn-Langenrohr, Schusterberg
3./290: (wahrscheinlich) Heideäcker
6./290: (wahrscheinlich) Heideäcker

7./290: Luckerweg, Erdeinsatz Mährisch-Ostrau
8./290: Luckerweg, Erdeinsatz Mährisch-Ostrau
9./290: Luckerweg, Asparn-Langenrohr, Schusterberg

Schwere Flak-Abt. 336
Stab: 1943 Untergruppe Neudörfl (ab 1944 Untergruppe Klagenfurt)
1./336: Katzelsdorf
3./336: Fischau

Schwere Flak-Abt. 532
Stab: Untergruppe Wilhelminenberg
1./532: Schafberg, Sophienalpe, Haschhof
2./532: Hagenberg, Knödelhütte
3./532: Sophienalpe, Achau
4./532: Rodaun
5./532: Himmelhof
6./532: Heideäcker, Brüx (Sudetenland)

Schwere Flak-Abt. 533
Stab: 1943 Untergruppe Schmelz (ab Herbst 1943 Untergruppe Mödling [September 1944 nach Ostpreußen])
1./533: Schmelz, Haschhof
2./533: Schmelz, Eichkogel
3./533: Simmering, Schönau
4./533: Stadion, Achau
5./533: Vösendorf, Wiener Neudorf, Möllersdorf
6./533: Rodaun
7./533: Heideäcker, Pysdorf
8./533: Königskogel, Rastenburg (Ostpreußen)

Schwere Flak-Abt. 657
Stab: Untergruppe Rauchenwarth
1./657: Klein-Neusiedl, Asparn-Langenrohr
2./657: Klein-Neusiedl, Möllersdorf, Asparn-Langenrohr
3./657: Fischamend-Ost, Asparn-Langenrohr
4./657: Fischamend-Ost
5./657: Münchendorf, Kuckucksberg, Erdeinsatz Petronell
6./657: Hohe Warte, Erdeinsatz Mährisch-Ostrau
7./657: Vösendorf, Erdeinsatz Mährisch-Ostrau
8./657: Vösendorf, Erdeinsatz Mährisch-Ostrau
9./657: Oberbierbaum

Schwere Flak-Abt. 696
Stab: 1944 Untergruppe Neudörfl (ab Juni 1944 Untergruppe Moosbierbaum)
1./696: Fischau
2./696: Katzelsdorf
3./696: Fuchsenboden, Kuckucksberg, Erdeinsatz Petronell
4./696: Breitenlee
5./696: Breitenlee

Schwere Flak-Abt. 803
Stab: 1942 Untergruppe Lobau (ab Juni 1943 Untergruppe Graz)
1./803: Vösendorf
2./803: Breitenlee
3./803: Pysdorf
4./803: Aspern-Jägerhaus
5./803: Großenzersdorf

Gemischte Flak-Abt. 807
Stab: Untergruppe Lobau
1./807: Schwechat-Ost, Königskogel
2./807: Wiener Neudorf, Rastenburg (Ostpreußen)
3./807: Knödelhütte
4./807: Aspern-Jägerhaus, Süßenbrunn-Aderklaa
5./807: Schönau
6./807: Pysdorf, Bärndorf, Michelhausen

Diverse Batterien:
2./185: Oberbierbaum
6./234: Frauendorf
7./234: Frauendorf
8./234: Frauendorf
1./273: Neuaigen
2./273: Neuaigen
2./354: Breitenlee
2./384: Fuchsenboden
6./403: Michelhausen
6./458: Michelhausen
4./601: Oberbierbaum

Schwere Alarm- und Heimatflak:
201/XVII: Ungerfeld, Heideäcker, Pysdorf
202/XVII: Großjedlersdorf, Ternitz, Bruckhaufen
203/XVII: Nußberg, Wienerberg
204/XVII: Kagran, Ternitz, Bruckhaufen
212/XVII: Lobau-Napoleonschanze, Ternitz
213/XVII: Mannswörth
217/XVII: Bruckhaufen, Passau
218/XVII: Bruckhaufen, Passau
301/XVII: Nußberg
303/XVII: Schwechat-West, Küniglberg
308/XVII: Rust-Oggau
FEA. 92: Karlskaserne Kagran (3 Batterien)
FAS. 17: Stammersdorf (3 Batterien)
HFEA. 277: Wiener Neustadt (2 Batterien)

Stärkenachweis[1] der 24. Flakdivision

	Personen
Divisionsstab	200
Nachrichtenabteilung	300
Versorgungseinheiten	250
Summe	750
Kanonenbatterien	
3 Regimentsstäbe	200
8 Abteilungsstäbe	750
88 schwere Batterien	8 800
32 leichte Batterien	3 200
Summe	13 700
Scheinwerferbatterien	
1 Sw.-Regimentsstab	100
3 Sw.-Abteilungsstäbe	270
21 Sw.-Batterien	2 100
Summe	2 470
Insgesamt:	**16 170**

Diese rund 16 200 Personen setzten sich folgendermaßen zusammen:

4 000 Flaksoldaten
4 000 Luftwaffenhelfer
1 800 Reichsarbeitsdienst (männlich)
2 000 Flakwaffenhelferinnen
1 500 RAD-Maiden
1 500 Ausländisches Hilfspersonal
  800 Flakwehrmänner
  600 Stabshelferinnen

[1] Schätzungen Holzmanns für November 1944

Batterienstatistik (Wien, Wiener Neustadt, Moosbierbaum)[1]

	1942/43	1943/44	1944/45
Schwere Batterien			
Wien	28	54	61
Wiener Neustadt	3	18	5
Moosbierbaum	–	–	17
Diverse	1	3	5
Summe	32	75	88
Ortsfeste Stellungen			
Einzelbatterien	28	26	21
Doppelbatterien	1	15	13
Dreifachbatterien	–	5	13
Summe	29	46	47
Geschützrohre			
Wien	112	324	432
Wiener Neustadt	18	94	30
Moosbierbaum	–	–	112
Diverse	4	18	30
Summe der schweren Flak	134	436	604
leichte Flak			840
Insgesamt			1 444
Kaliber			
8,8 cm	126	330	478
10,5 cm	8	78	94
12,8 cm	–	28	32
2,0 cm			800
3,7 cm			40
Insgesamt			1 444

[1] Berechnungen Gustav Holzmann

421

Aufruf an die Jugendlichen aus den besetzten Ostgebieten, SS-Luftwaffenhelfer zu werden

SS-Luftwaffenhelfer aus den Ostvölkern.

Die SS, die seinerzeit durch Errichtung der germanischen Freiwilligen-Verbände und später der französischen, wallonischen, lettischen, estnischen und galizischen Legionen den ersten praktischen Schritt tat, um über soldatische Waffenbrüderschaft das einige und doch völkisch gegliederte neue Europa zu schaffen, hat auch hier die Initiative ergriffen. Sie wendet sich an die Jugend der Völker des Ostens mit nachstehendem Aufruf:

Dich ruft die europäische Jugend zur Mitarbeit für ein neues Europa!
„Werde SS-Helfer für eine neue und schönere Heimat in einem Europa der Einigkeit, Freiheit und Gerechtigkeit!
Du erhältst gute Verpflegung, gute Unterkunft, gute Kleidung und Besoldung.
Du bist dem deutschen Soldaten in allem gleichgestellt, auch betreffs Urlaub.
Du lernst Europa, seine Sprachen und seine Kultur kennen.
Du bleibst mit Kameraden deines Volkes und mit Kameraden aus deinem Heimatort zusammen.
Du trittst in die Kameradschaft der europäischen Jugend ein.
Du kannst in eine frohe und glückliche Zukunft blicken, denn dir wird auf der Grundlage deiner Bewährung zugesichert: Berufsausbildung nach freier Wahl in allen kommunalen, verwaltungsmäßigen, wirtschaftlichen, betrieblichen, handwerklichen Aufgaben, die deine Heimat erfordert.
Du wirst nach Einsatz und Ausbildung entsprechend deinem Können in deiner Heimat tätig sein.
Du trittst damit zu der Avantgarde des Wiederaufbaues deines eigenen Landes.
Du erwirbst Zeugnisse.
Du kannst in den polizeilichen Einrichtungen und Organisationen deiner Heimat bis zum Offizier aufsteigen.
Du kannst eigenen Grund und Boden bekommen in einem Wehrdorf deiner Heimat.

Du kannst nach zwei Jahren nach eigenem Wunsch wieder ausscheiden.
Deine Angehörigen werden unterstützt und geschützt. Deine Zukunft ist gesichert, deine Heimat bleibt dir erhalten.
Melde dich sofort. Zögere nicht, abwarten ist Verrat an der Zukunft deiner Heimat. Der Führer Adolf Hitler ruft auch dich. Zeige dich seines Vertrauens würdig, beweise ihm, daß du Sohn deines Volkes bist und nicht Bolschewist. Wenn du dich bewährst, erhältst du das Kriegsdienstleistungszeugnis der europäischen Jugend in vier Klassen. Die Verleihung der 1. Klasse berechtigt zur kostenlosen Berufsausbildung nach Wahl. Die Verleihung der 2. Klasse berechtigt zur freien Berufswahl und Vermittlung von Lehrstellen."

Die Jungen, die sich auf diesen Aufruf melden, werden in völkische Gruppen zusammengefaßt, ebenso ausgebildet und ebenso behandelt wie die HJ.-Luftwaffenhelfer. Sie tragen als Kokarde und als Armbinde die nationalen Abzeichen ihres Volkstums, die auf einer diesem Hefte beiliegenden Farbtafel abgebildet sind.
Damit wächst die junge Mannschaft der östlichen Völker, Schulter an Schulter mit der deutschen und der übrigen europäischen Jugend, im Bombenhagel der plutokratischen Luftangriffe in die europäische Völkerfamilie hinein. Die Gemeinschaft, die so gegründet wird, ist unzerstörbar. Eine Entwicklung, die sonst Jahrzehnte, vielleicht Jahrhunderte in Anspruch genommen hätte, vollzieht sich damit, gerade durch den Druck der Gegner, in wenigen Jahren. Das neue Europa, in das endlich der weite, solange abgefallene Osten mit einbezogen ist, wächst heran in seiner Jugend, unauflöslich geeint in allen Fragen und Aufgaben, die dem gemeinsamen Ganzen zustehen und dienen, lebensvoll gegliedert in dem Bereich, der Würde und Eigenart der kulturschöpferischen Leistung jeder einzelnen Volkspersönlichkeit sichert – in der Eigenständigkeit des völkischen Lebens.

M. W.

Nationale Symbole für die Armbinden der SS-Helfer

Die hochstehenden Rhomben werden als Kokarden an der Mütze getragen

Estland

Lettland

Litauen

Weißruthenien

Galizien

Ukraine

Rußland

Wolga- und Krimtataren

Bibliographie

Die Österreich betreffenden Aktenbestände der Luftwaffe gingen größtenteils verloren oder wurden bei Kriegsende 1945 vernichtet. Dies bestätigt auch das Militärgeschichtliche Forschungsamt in Freiburg im Breisgau, indem es feststellt, daß der Befehl zur Vernichtung der Unterlagen noch vor der Kapitulation der deutschen Wehrmacht, vor allem von der Luftwaffe, offensichtlich am striktesten durchgeführt wurde.

Akten- und Kriegstagebücher des Luftgaukommandos XVII von 1938 bis etwa 1940 im Aktenbestand der Luftflotte 4 mußten vom Österreichischen Staatsarchiv/Kriegsarchiv (KA) im November 1945 an das Hauptquartier der USAF abgeführt werden. Aktensplitter der Luftwaffe, soweit sie für die Geschichte der Luftwaffenbodenorganisation in Österreich von Bedeutung sind, befinden sich im Bundesarchiv-Militärarchiv (BA-MA) Freiburg im Breisgau und im Österreichischen Staatsarchiv/Kriegsarchiv in Wien. Es handelt sich hierbei um Akten der Luftgaukommandos VII und XVII, des Luftflottenkommandos 4, der Abwicklungsstelle des Kommandos der (österreichischen) Luftstreitkräfte sowie um einige Nachlässe.

In der Zeitfolge weisen die Luftwaffenakten große Lücken auf, inhaltlich sind sie von unterschiedlichem Aussagewert. So fehlen etwa im ziemlich geschlossenen Bestand der für Tirol-Vorarlberg relevanten Kriegstagebücher des Luftgaukommandos VII sämtliche Anlagen. Korrespondenzen zwischen den Luftgaukommandos VII und XVII fanden sich ebensowenig wie solche zwischen den für Österreich zuständigen obersten Kommandobehörden der Luftwaffe oder sonstigen Luftwaffendienststellen und -formationen.

Als wertvoll und informativ erwiesen sich die in der Dokumentationszentrale des Militärgeschichtlichen Forschungsamtes (MGFA) aufbewahrten, nach 1945 entstandenen Ausarbeitungen ehemaliger hoher Luftwaffenoffiziere im Rahmen der „Studiengruppe Geschichte des Luftkrieges Karlsruhe". Vereinzelt fanden sich noch Erlässe und Verordnungsblätter des RML und des ObdL und dgl. vor.

Eine 1984 eingeleitete Fragebogenaktion erbrachte von seiten ehemaliger österreichischer Luftwaffenhelfer eine unerwartete und unglaubliche Fülle an Material. In überwiegendem Maß wurden Erinnerungsfotos, insgesamt etwa 1 000, eingesandt. Sehr viele von diesen sind von höchster Qualität und Aussagekraft und bilden das Gerüst dieser Bild- und Textdokumentation. Nicht minder wertvoll und informativ waren aber auch die übrigen eingegangenen „Erinnerungen", wie Wehrmachtsdokumente (Soldbücher, Luftwaffenhelferausweise, Erkennungsmarken, Urlaubsscheine, Auszeichnungsdekrete, Marschbefehle, Abschußbestätigungen usw.), Tagebücher, Luftwaffenhelfer(schul)zeugnisse u. v. a. Mit ihrer Hilfe war es überhaupt erst möglich, ein ziemlich vollständiges Bild des Luftwaffenhelfer-Einsatzes in Österreich zu gewinnen und nachzuzeichnen. In zahlreichen Fällen konnten ehemalige Luftwaffenhelfer auch befragt bzw. von ihnen Tonbandaufzeichnungen gemacht werden. In das Literaturverzeichnis wurden nur die wichtigen und auch tatsächlich benützten einschlägigen Werke aufgenommen.

Primär- und Sekundärquellen

Bundesarchiv-Militärarchiv (Freiburg im Breisgau)
Aktenbestände:
RL 5/4, 161, 325 und 365 (Abschußberichte), 5/283.
RL 19/74–101, Kriegstagebücher des Lg.Kdos. VII vom 23. September 1938 bis 31. Dezember 1944.
RL 7/726 und 727; RL 19/103, 114, 145, 146, 215 und 575.
RL 20/307; RL 21/23 und 352; RL 22/353; RL 23/72 und RL 24/60 – Akten des Lg.Kdos. XVII – Organisation, Einsatzbefehle, Stärkemeldungen, Lagemeldungen, Luftlagemeldungen, Flakveränderungsmeldungen, Aufstellungsbefehle, Auflösung des Lg.Kdos. XVII im April 1945.

Militärgeschichtliches Forschungsamt (Freiburg im Breisgau)

Studiengruppe Geschichte des Luftkrieges Karlsruhe (LKK). Signaturen: Lw. 7/5 und 6; 11/1–7; 20/2a; 34/1 und 2.

Österreichisches Staatsarchiv/Kriegsarchiv Nachlaßsammlung (NL.), Signatur B 528, Nr. 12

National Archives Washington USA RG 243
Records of the U.S. Strategic Bombing Survey, 3. Cl. (2501) St. Valentin area; Declassified: NND 760123 by REC NARS, Date: 5. September 1983.

Landesgericht für Strafsachen I, Wien
VGH Wien Vg 2b V3 586/1947–1949.

Schriftliche Mitteilungen:

Helmut Böhm, Attnang-Puchheim, vom 7. Mai 1985 und 14. Mai 1986;
Alfred Borth, Wien, vom 7. Februar 1986;
Franz (Graf) Czernin-Chudenitz, Wien, ohne Datum;
Dr. Albert Dauschan, Klagenfurt, 1986;
ADir Hermann Diemling, Dellach/Drau, vom 12. Februar 1987;
Deutsche Dienststelle (WASt), Berlin, vom 26. August 1986;
Walter Dusak, Unterlagen des ehemaligen Luftwaffenhelfers;
HR Dr. Rudolf Eder, Wien, vom 12. Februar 1985;
HR Dr. Hanns Filz, Furth bei Göttweig, 1986;
Dr. Josef Fink, St. Pölten (Wien), 1986;
Dipl.-Kfm. Wilfried Gallin, Keutschach-See, März 1987;
Dr. Herwig Glassl, Wien, 19. Mai 1986;
Dr. Paul Grande, Wien, vom 11. August 1986;
Dipl.-Kfm. Hubert Greinecker, Linz, 1986;
Dr. Heinz Isak, Wien, 22. Jänner 1985;
Dr. Peter Kisler, Wien, vom 10. Juli 1987;
Dr. Johann Müllegger, Wels, vom 26. Mai 1986;

Dr. Franz Niederwolfsgruber, Innsbruck, vom 23. Mai 1986 und 27. Mai 1986;
Josef Pesau, vom 16. August 1985;
Herta Püringer, Hollabrunn, vom 9. Juli 1985;
Mag. Alfred Ritter, St. Pölten, 1987;
Schutzverband ehemaliger Arbeitsdienstangehöriger (SchAD), Wien, vom 30. Oktober 1985;
Rudolf Schwaiger, Bernau/Chiemsee, vom 21. April 1986;
Oberst Herbert Seiser, Klagenfurt, 1987;
Maximilian Siegl, Freistadt, vom 22. April 1985;
Standesamt Bad Hofgastein, vom 30. Juli 1986;
Olga Steinbrugger, Graz, vom 30. Mai 1986;
Oberst Erich Strobl, Baden, 1987;
Major a. D. Horst Voigt, Hannover, vom 19. Juni 1986;
Rudolf Widdeck, Großebersdorf, vom November 1984;
Prof. Johannes Zopp, Wien, 1987;
Vizeleutnant Siegfried Rambousek, Hörsching, vom 19. Oktober 1987.

Mündliche Mitteilungen:

HR Dipl.-Ing. Alfred Gerl, Wien, vom 6. Juni 1986;
Prof. Gunther Martin, Wien, vom 10. Mai 1986;
Prim. Dr. Ludwig Lechner, Wien, vom 17. Juni 1986;
Dr. Franz Niederwolfsgruber, Innsbruck, vom 25. Mai 1986;
Herta Püringer, Hollabrunn, vom 21. Juli 1985;
Dipl.-Ing. Robert Ruschitzka, Wien, vom 16. April 1986;
Ing. Eugen Soukup, Wien, 1987;
Peter Stimakovits, Steinberg-Dörfl, vom 17. September 1986;
Friedrich Tscherney, Möllersdorf, 1986;
Heinrich Wegschaider, Ebenfurth, vom 13. Mai 1986.

Literatur

Absolon, Rudolf, Rangliste der Generale der Deutschen Luftwaffe nach dem Stand vom 20. April 1945, Friedberg 1984

Derselbe, Wehrgesetz und Wehrdienst 1935–1945. Das Personalwesen in der Wehrmacht, Boppard am Rhein 1960 (= Schriften des Bundesarchivs, Bd. 5)

Aichelburg, Wladimir, Kriegsschiffe auf der Donau, Wien 1978 (= Militärhistorische Schriftenreihe, Heft 37)

Alte Kameraden, Nr. 2/1984, Karlsruhe/Stuttgart 1984

Antosch, Karl, Klassenweiser Milieuwechsel. Höhere Schüler in den Jahren 1943 bis 1945; (Waldkraiburg) 1978.
Jungen von der Flak, Band I und II. Erweiterte Chronik der Hohenelber Luftwaffenhelfer Jahrgänge 1926, 1927 und 1928, Freilassing 1968

Banny, Leopold, Krieg im Burgenland, Bd. 1: Warten auf den Feuersturm. Vom Beginn des Luftkrieges 1943 bis zum Beginn der Kampfhandlungen Ende März 1945, Lackenbach 1983

Beer, Siegfried, Der Strategische Luftkrieg der westlichen Alliierten gegen Graz, 25. Februar 1944 bis 2. April 1945, Graz (= Historisches Jahrbuch der Stadt Graz, Bd. 16/17), S. 257–279

Borth, Fred, Nicht zu jung zum Sterben. Die „Hitlerjugend" im Kampf um Wien 1945, Wien–München 1988

Brandenburg, Hans Christian, Die Geschichte der HJ. Wege und Irrwege einer Generation, Köln 1968

Carter, Kit C., und Mueller, Robert, The Army Air Force in World War II. Combat Chronology 1941–1945; Washington 1973

Craven, Wesley F., und Cate, James L.: The Army Air Force in World War II (AAF). 6 Bde. Chikago 1948–1958

Csikos, Stefan, Der Minenkrieg auf der Donau, in: Marinerundschau, 72. Jahrgang, München 1975

Czesany, Maximilian, Alliierter Bombenterror, Luftkrieg gegen die Zivilbevölkerung Europas 1940–1945, Leoni am Starnberger See 1986

Derselbe, Nie wieder Krieg gegen die Zivilbevölkerung. Eine völkerrechtliche Untersuchung des Luftkrieges 1939–1945, Graz 1961

Der Adler, 3., 5. März 1942 und 2. Jännerheft, Berlin 1943

Der Bezirk Vöcklabruck (Autorenkollektiv), Linz 1981

Die Bombenangriffe auf Innsbruck in den Jahren 1943–1945, in: Tiroler Heimatblätter, 22. Jg., Innsbruck (1947), Seiten 60 und 61

Die Hitler-Jugend und ihr Selbstverständnis im Spiegel ihrer Aufgabengebiete, hrsg. von Dr. Jutta Rüdiger, Lindhorst 1983

Dierich, Wolfgang, Die Verbände der Luftwaffe 1935–1945, Gliederungen und Kurzchroniken – eine Dokumentation, Stuttgart 1976

Dornberger, Walter, Peenemünde. Die Geschichte der V-Waffen; Eßlingen 1981

Einsatzbereite Jugend, Feierliche Verpflichtung von Luftwaffenhelfern in Bruck a. d. M., in: Kleine Zeitung (Grazer Ausgabe), vom 21. Jänner 1944, Seite 5

Frankland, Noble, Die Bomberoffensive. Deutsche Übersetzung, Rastatt 1984

Garliński, Józef, Deutschlands letzte Waffen im Zweiten Weltkrieg. Der Untergrundkrieg gegen die V1 und V2, Stuttgart 1981

Gersdorff, Ursula v., Frauen im Kriegsdienst 1914–1945, Stuttgart 1969

Girbig, Werner, . . . mit Kurs auf Leuna. Luftoffensive gegen die Treibstoffindustrie und der deutsche Abwehreinsatz 1944–1945, Stuttgart 1980

Grulich, Leopold, Bomben auf Wien (Manuskript im Militärwissenschaftlichen Institut, Wien)

Hahn, Fritz, Waffen und Geheimwaffen des deutschen Heeres 1933–1945, Band 1, Koblenz 1986

Hoffmann, Karl Otto, Ln-. Die Geschichte der Luftnachrichtentruppe, 3 Bde., Nekkargemünd 1965, 1968 und 1973

Holzmann, Gustav, Der Einsatz der Flakbatterien im Wiener Raum 1940–1945, 3. Auflage, Wien 1985 (= Militärhistorische Schriftenreihe, Heft 14)

Hummelberger, Walter, und Kurt Peball, Die Befestigungen Wiens, Wien–Hamburg 1974 (= Wiener Geschichtebücher, Bd. 14)

Itschert, Ernst A., Marcel Reucher, Gerd Schuster und Hans Stiff, Feuer frei – Kinder! Eine mißbrauchte Generation – Flakhelfer im Einsatz. Saarbrücken 1984

Kampmüller, Otto, Ottensheim Jänner – April 1945, 1. Teil des Berichts „Ottensheim 1945", Ottensheim 1987

Kannapin, Norbert, Die deutsche Feldpostübersicht 1939–1945. Bände 1–3, Osnabrück 1980–1982

Karner, Stefan, Der Luftkrieg gegen Graz im Drahtfunk. Graz o. J. (Historisches Jahrbuch der Stadt Graz) Band 16/17, S. 239–256

Derselbe: Bemühungen zur Ausweitung der Luftrüstung im Dritten Reich 1940/41, in: Zeitgeschichte, 6. Jg., Heft 9/10, Wien–Salzburg, 1979, S. 318–345

Kaufmann, Günter, Das kommende Deutschland. Die Erziehung der Jugend im Reich Adolf Hitlers, Berlin 1940

Klietmann, Kurt-G., Auszeichnungen des Deutschen Reiches 1936–1945, Stuttgart 1984

Koch, Hans Joachim W., Geschichte der Hitlerjugend. Ihre Ursprünge und ihre Entwicklung 1922–1945, Percha/Starnberger See und Kempfenhausen am Starnberger See 1975

Koch, Horst Adalbert, Die Kommandobehörden der Flakartillerie 1939–1945; in: Feldgrau 4–6/1959 und 1–4/1960

Koch, Horst Adalbert, FLAK. Die Geschichte der deutschen Flakartillerie und der Einsatz der Luftwaffenhelfer, 2. Auflage, Bad Nauheim 1965

Krabicka, Karl, Hennersdorf. Ortsgeschichte, Hennersdorf 1978

Kurowski, Franz, Der Luftkrieg über Deutschland, Düsseldorf und Wien 1977

Kutschera, Richard, Die Fliegerangriffe auf Linz im Zweiten Weltkrieg, in: Historisches Jahrbuch der Stadt Linz 1966, Linz 1967

Liddel Hart, Sir Basil, Die Geschichte des Zweiten Weltkrieges, Wiesbaden, Deutsche Übersetzung der englischen Originalausgabe, London 1970

Litschel, Rudolf Walter, Lanze, Schwert und Helm. Beiträge zur oberösterreichischen Wehrgeschichte, Linz o. J., S. 133 bis 146

Luftwaffenhelfer. In: Das III. Reich, Zeitgeschehen in Wort, Bild und Ton, Nr. 56, S. 197

Lusar, Rudolf, Die deutschen Waffen und Geheimwaffen des Zweiten Weltkrieges und ihre Weiterentwicklung, 5. Auflage, München 1964

Mallebrein, Wolfram, Männer und Maiden, 2., verbesserte und erweiterte Auflage, Preußisch Oldendorf 1985

Marsalek, Hans, Die Geschichte des Konzentrationslager Mauthausen, Wien 1980

Martin, Franz, Die Luftangriffe auf die Stadt Salzburg, in: Mitteilungen der Gesellschaft für Landeskunde, Salzburg 1947

Martin, Gunther, Flak-Artillerie in Wien. In: Feldgrau, 3/1955

Mehner, Kurt (Hrsg.), Die geheimen Tagesberichte der Deutschen Wehrmachtführung im Zweiten Weltkrieg 1939–1945, Band 12: 1. Januar 1945–9. Mai 1945, Osnabrück 1984

Derselbe, Die geheimen Tagesberichte der Deutschen Wehrmachtführung im Zweiten Weltkrieg 1939–1945, Band 11: 1. September 1944–31. Dezember 1944, Osnabrück 1984

Derselbe, Die geheimen Tagesberichte der Deutschen Wehrmachtführung im Zweiten Weltkrieg 1939–1945, Band 10: 1. März 1944–31. August 1944, Osnabrück 1985

Derselbe, Die geheimen Tagesberichte der Deutschen Wehrmachtführung im Zweiten Weltkrieg 1939–1945, Band 9: 1. Dezember 1943–29. Februar 1944, Osnabrück 1987

Müller, Werner, Die schwere Flak 1933 bis 1945 – 8,8 cm, 10,5 cm, 12,8 cm, 15 cm mit den Ortungs- und Feuerleitgeräten, Friedberg 1984

Derselbe, Die 8,8-cm-Flak 18 – 36 – 37 – 41 (2. Heft), Friedberg 1986

Munson, Kenneth, Die Weltkrieg-II-Flugzeuge, Stuttgart 1981

Nicolaisen, Hans Dietrich, Der Einsatz der Luftwaffen- und Marinehelfer im Zweiten Weltkrieg. Darstellung und Dokumentation, Büsum 1981

Derselbe, Die Flakhelfer. Luftwaffenhelfer und Marinehelfer im Zweiten Weltkrieg. Berlin, Frankfurt/M., Wien 1981

Palm, Rolf, Die Brücke von Remagen, Bern/München 1985

Penner, Hermann, Unsere Schule vor 40 Jahren . . ., in: Höhere technische Bundes-Lehr- und Versuchsanstalt Mödling, 1984/85, S. 26–33

Piekalkiewicz, Janus, Luftkrieg 1939–1945, München 1978

Pitsch, Erwin, Die Fliegerhorste des Bundesheeres in Krieg und Frieden, Wien 1982 (= Die Kasernen Österreichs, Bd. 2)

Price, Alfred, Handbuch Deutsche Luftwaffe 1939–1945, Führung – Organisation – Ausstattung, Stuttgart 1979

Rappersberger, Othmar, Auch sie waren einmal in unserer Schule. Die Luftwaffenhelfer der Oberschule für Jungen in Freistadt und ihr Einsatz 1943–1945 im 115. Jahresbericht Freistadt 1985

Derselbe, Der Luftangriff auf Wiener Neustadt am 13. August 1943, Wien 1983 (Militärhistorische Schriftenreihe, Heft 49)

Derselbe und Erwin Pitsch, Die Stiftskaserne in Krieg und Frieden, Wien 1977 (= Die Kasernen Österreichs, Bd. 1)

Rauchensteiner, Manfried, 1945. Entscheidung für Österreich, eine Bilddokumentation, Graz 1975

Derselbe, (Der) Krieg in Österreich 1945, 1. bzw. 2., neu bearbeitete und erweiterte Auflage, Wien 1970 bzw. 1984 (= Schriften des Heeresgeschichtlichen Museums in Wien, Bd. 5)

Rebhann, Fritz Maria, Finale in Wien. Eine Gauhauptstadt im Aschenregen, Wien–München 1978

Ringler, Ralf Roland, Illusion einer Jugend. Lieder, Fahnen und das bittere Ende. Hitlerjugend in Österreich. Ein Erlebnisbericht, St. Pölten–Wien 1977

Rüdiger, Jutta, Zur Problematik von Soldatinnen. Der Kampf – von Flakwaffenhelferinnen im Zweiten Weltkrieg – Berichte und Dokumentationen, Lindhorst 1987

Schätz, Ludwig, Schüler-Soldaten. Die Geschichte der Luftwaffenhelfer im Zweiten Weltkrieg, Frankfurt am Main 1972

Schausberger, Norbert, Geschichte der Rüstungsindustrie auf dem Gebiet der sogenannten Donau- und Alpenreichsgaue 1938–1945, philosophische Dissertation, Wien 1968

Schelling, Georg, Festung Vorarlberg. Ein Bericht über das Kriegsgeschehen in unserem Lande, Bregenz 1947

Schirer Renato, Die Garnison Zwölfaxing im Luftkriegsgeschehen 1943/44, in: Das schwarze Barett, Informationen der Panzertruppenschule für Kommandanten, 3/1987, Zwölfaxing 1987

Schörken, Rolf, Luftwaffenhelfer und Drittes Reich. Die Entstehung eines politischen Bewußtseins, Stuttgart 1984

Seemen, Gerhard v., Die Ritterkreuzträger 1939–1945, Friedberg 1976

Seidler, Franz W., Blitzmädchen, Die Geschichte der Helferinnen der deutschen Wehrmacht im Zweiten Weltkrieg, Koblenz 1979

Slapnicka, Harry, Oberösterreich als es Oberdonau hieß 1938–1945, Linz 1978

Speer, Albert: Der Sklavenstaat. Meine Auseinandersetzung mit der SS; Stuttgart 1981

Steyr-Daimler-Puch AG, 100 Jahre Steyr 1864–1964, Steyr 1964

Tessin, Georg, Verbände und Truppen der deutschen Wehrmacht und Waffen-SS im Zweiten Weltkrieg 1939–1945, 14 Bde., Frankfurt am Main bzw. Osnabrück 1965–1980

Trenkle, Fritz, Die deutschen Funkmeßverfahren bis 1945, Stuttgart 1979

Tuider, Othmar, Die Luftwaffe in Österreich 1939–1945 (= Militärhistorische Schriftenreihe, Heft 54) Wien 1985

Ulrich, Johann, Der Luftkrieg über Österreich 1939–1945, Wien 1967 (= Militärhistorische Schriftenreihe, Heft 5/6)

Unterrichter, Leo, Die Luftangriffe auf Nordtirol im Kriege 1939–1945. Sonderdruck aus Veröffentlichungen des Ferdinandeum, Bde. 26–29, Jge. 1946–1949, Innsbruck 1949 (Klebelsberg-Festschrift)

Voigt, Horst, Studie. Jugend in der Zivilverteidigung Erster und Zweiter Weltkrieg.

Waffen-Revue, III. Quartal, Heft 58, Schwäbisch Hall 1985

Zentner, Christian, Lexikon des Zweiten Weltkrieges, Hamburg 1977

Zimmermann, Adolf, Alte Stadt im Ungewitter, Innsbruck 1949

Abkürzungsverzeichnis

Abt.	Abteilung
Art.	Artillerie
Ausb.	Ausbildung(s)
BA	Bundesarchiv
BDM	Bund Deutscher Mädchen
B-Lehrer	Betreuungslehrer
Btl.	Bataillon
Bttr.	Batterie
Div.	Division
Eisb.	Eisenbahn
Eis (E)	Eisenbahn, verlastet
E.K.	Eisernes Kreuz
EM	Entfernungsmesser
Ers.	Ersatz
FAR	Flak-Ausbildungsregiment
FAS	Flakartillerieschule
FER	Flak-Ersatzregiment
F-FAS	Feld-Flakartillerieschule
Flak	Flugabwehrkanone
Flak-v-Sol-daten	flakverwendungsfähige Soldaten
Fl.Div.	Fliegerdivision
Fluko	Flugwachkommando
Flum (Flugm.)	Flugmelde
Fluwa	Flugwache
FuMG (FMG)	Funkmeßgerät (Radar)
Gen. (G)	General
Gen.d.Flak	General der Flakartillerie
Gen.Lt. (GL)	Generalleutnant
Gen.Maj. (GM)	Generalmajor
Gen.Ob. (GO)	Generaloberst
Gfm. (GF)	Generalfeldmarschall
Grp.	Gruppe
Hiwi	Hilfswilliger (Ausländisches Hilfspersonal)
HJ	Hitler-Jugend
Höh.Nafü	Höherer Nachrichtenführer
Hptm.	Hauptmann
i.G. (im Genst.)	im Generalstabe (bei Luftwaffe)
Ilo (ILO)	Jägerleitoffizier
Jafü	Jagdfliegerführer
J.D.	Jagd-Division
KdoGer	Kommandogerät
KVK	Kriegsverdienstkreuz
Lfl.	Luftflotte
LG	Luftgau
LG VII	München
LG XVII	Wien
LGK	Luftgau-Kommando
Lgn.	Luftgaunachrichten
Ln.	Luftnachrichten
LOH	Luftwaffenoberhelfer
Lv.	Luftverteidigungs
Lw.	Luftwaffe
Lwh	Luftwaffenhelfer
mittl. (m)	mittlere(s)
Nachr. (N)	Nachrichten
Nafü	Nachrichtenführer
NSDAP	Nationalsozialistische Deutsche Arbeiterpartei
(o)	ortsfest
Ob.d.L.	Oberbefehlshaber der Luftwaffe
Oblt. (OL)	Oberleutnant
Obstlt. (OTL)	Oberstleutnant
O.K.L. (OKL)	Oberkommando der Luftwaffe
RAD	Reichsarbeitsdienst
RADwJ	Reichsarbeitsdienst weibliche Jugend
RAF	Royal Air Force (britische Luftwaffe)
R.d.L. (RdL)	Reichsminister der Luftfahrt
REM	Reichsministerium für Erziehung, Wissenschaft und Volksbildung
Rgt.	Regiment
RM	Reichsmarschall
SB REM	Sonderbeauftragter des Reichserziehungsministeriums für den Luftwaffenhelferunterricht
Stb.	Stab
USAAF	United States Army Air Force
V_0	Anfangsgeschwindigkeit (bei Munition nach Abschuß)
(v)	verlegefähig
z.b.V.-Batterie	zur besonderen Verwendung (Batteriebezeichnungen: 1./372 = 1. Batterie der Flak-Abteilung 372)

Bildnachweis

American Battle Monuments Commission: Seite 362

Bezirksmuseum Wien-Landstraße: Seite 150 (2)

Bildarchiv Banny, Lackenbach: Seiten 19 (2), 21 (u.), 22, 32 (2), 53 (2), 55 (l. o.), 85 (r. o.), 103, 110 (u.), 143 (2), 144 (2), 145, 147, 161 (u.), 169 (o.), 198 (r. o.), 292 (3), 299 (2), 300 (2), 301 (2), 302 (3), 303 (2), 304 (2), 314 (u.)

Bundesarchiv Koblenz: Seiten 151 (l. o., r. o.), 152 (u.), 197 (3)

Foto H. Böhm, Wien: Seite 338

Grafik Einöder: Seiten 155, 178, 187

Grafik Harald Freyler, Eisenstadt: Seiten 23, 24, 138, 139, 188, 189

Grafik Friedrich Schunko, Wien: Seite 141

Heeresgeschichtliches Museum, Wien: Seite 176 (u.)

Imperial War Museum, Foto British Crown: Seiten 146, 169 (u.), 170 (u.), 291 (o.), 298 (u.), 337

National Archives Washington: Seiten 216, 217

Sammlung Apfel: Seite 20

University of Keele, Foto British Crown: Seiten 90 (o.), 168 (u.), 177, 181, 236 (u.), 322, 323, 324, 325, 326, 327, 328, 329, 330, 331, 332, 333, 334, 360

US Air Force: Seiten 201 (u.), 237 (u.)

Alle übrigen Fotos wurden dem Autor von ehemaligen Luftwaffenhelfern zur Verfügung gestellt.

Bei dem vorliegenden Werk wurde Bildmaterial aus unzähligen Quellen zusammengetragen. Dabei war es oft schwierig festzustellen, wer der Inhaber des Copyrights ist. Sollte bei einer oder der anderen Reproduktion unwissentlich das Copyright verletzt worden sein, so bitten wir, dieses Versäumnis zu entschuldigen.

Umschlagfoto entnommen aus: Manfried Rauchensteiner, 1945 – Entscheidung für Österreich, Graz 1975.